태평광기 9

이 책은 2001년도 한국학술진흥재단의 지원에 의하여 연구되었음.
(KRF-2001-045-A11005)

태평광기 9

(宋)李昉 등 모음
김장환·이민숙 外 옮김

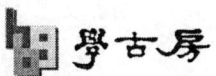

【일러두기】

1. 본서는 총 21책으로 구성되어 있는데, 제 1책부터 제 20책까지는 각 책마다 원서의 25권 분량을 수록했으며, 마지막 제 21책에는 「편목색인」·「인명색인」·「인용서목색인」·「지명색인」과 기타 참고자료를 수록했다.
2. 본서는 汪紹楹 點校本(北京中華書局, 1961) 10책을 저본으로 했다. 이 판본은 台灣 文史哲出版社(1981)에서 5책으로 覆印한 바 있다.
3. 淸代 黃晟의 「重刻太平廣記序」는 본래 저본에는 없지만 보충하여 수록했다.
4. 본서의 번역은 가능한 한 직역을 위주로 하되 직역으로 문맥이 통하지 않을 경우에는 본래 뜻을 벗어나지 않는 범위 내에서 의역을 했다. 그리고 원문에는 없지만 내용 전개상 부연 설명이 필요하다고 판단되는 부분은 [ ] 안에 넣어 보충했다.
5. 본서의 역주는 의미의 전달이 어렵다고 판단되는 경우에 한해 간략하게 달았다.
6. 본서에서 언급되는 인명과 지명·서명 등 고유명사는 모두 우리말 발음으로 표기하고, 각 고사마다 처음에만 ( ) 안에 원문을 넣었다.
7. 본서의 각 고사 처음에 표기되어 있는 숫자는 차례대로 각 권의 순서, 각 권에서의 고사 순서, 전체 고사의 순서를 나타낸다. 예) 5·2(0023) : 제 5권의 2번째 고사로서 『태평광기』 전체로는 제 23조에 해당하는 고사.

추천의 말

전인초
(연세대 중문과 교수)

　김장환 교수가 주관하여 '중국필기문헌연구소'에서『태평광기』500권의 번역을 시작했다니, 정말 뭐라고 찬사를 보내야 할지 모르겠다. 우리 속담에 시작이 반이라는 말이 있듯이 이미 반은 이루어진 것이나 다름이 없다는 생각이 든다. 일찍이 필기문헌 연구를 시작한 김 교수가 이제까지 이어온 연구를 일관성 있게 추진하는 모습이 옆에서 보기에도 든든하다. 요즘 젊은 학자들은 시세와 영합하여 일시적인 명예와 재부(財富)를 탐하기가 보통인데, 이와는 무관한 어렵고 힘들고 많은 시간을 요하는 작업을 김 교수가 중심이 되어 드디어 시작했다. 이제껏 어떤 작업이든 시작하여 마무리짓지 않은 적이 없는 것이 김 교수의 성품인지라 일정한 시간이 지나면 이 엄청난 작업의 결과가 우리 앞에 드러나 모든 사람들을 놀라게 해 줄 것으로 믿는다.
　『태평광기』는 단순히 중국 북송 초의 태종(太宗) 태평흥국연간(太平興國年間: 976~984)에 이루어진 민간문학의 총집(叢集)으로만 끝나는 문헌이 아니다. 우리나라 고려 고종(高宗: 1214~1259 재위) 때 한림(翰林)

제유(諸儒)의 소작으로 알려진 「翰林別曲」의 제 2절에서 다음과 같이 노래하고 있는 점에 주목해 보아야 한다.

    唐漢書 莊老子 韓柳文集 李杜集 蘭臺集 白樂天集 毛詩尙書 周易春
 秋 周戴禮記
     위 註조쳐 내외온景 긔 엇더ᄒᆞ니잇고 太平廣記 四百餘卷 太平廣記
四百餘卷 위 歷覽ㅅ景 긔 엇더ᄒᆞ니잇고

  이로써 이미 우리나라 고려시대 후기에 한림원의 여러 유생들 사이에서 『태평광기』가 널리 애독되었음을 알 수 있다. 경기체가(景幾體歌)인 「한림별곡」은 적어도 양반 계층에서 애독되었는데, 『태평광기』가 북송에서 간행된 지 불과 200여 년 만에 우리나라에까지 널리 퍼졌음은 특기할 만한 일이다. 언해본(諺解本) 『태평광기』까지 조선시대 초기에 나왔음을 볼 때 얼마나 많은 독자를 가지고 있었는지 가히 짐작이 가고도 남는다.
  과거의 기록을 들추어 『태평광기』의 중요성을 거론하는 것은 오히려 궁색한 표현에 지나지 않는다. 그 이유는 번역된 내용을 통해 실증될 수 있을 것이기 때문이다. 『태평광기』에 기록되어 전해지는 내용은 한대(漢代)부터 당대(唐代)에 이르는 동안 수집된 것으로, 지괴(志怪)·일사(軼事)·잡기(雜記)적 내용의 고사가 위주이다. 또한 비록 야사적 성격을 띠고 있기는 하지만 부분적으로는 정사(正史)의 부족한 면을 채워 주고 있어, 실로 민간문학의 보고라고 할 수 있을 것이다. 널리 알려진 당대

전기(傳奇)도 대부분 이『태평광기』에 실려 전해지고 있다. 그래서 중국소설을 연구하는 사람이라면 누구든지 이 책을 필독서로 여기고 있다. 뿐만 아니라 우리나라에서 국문학과 한문학, 특히 고대소설을 전공하는 사람에게도 이『태평광기』는 또한 필독서이다.『태평광기』가 조선시대 소설문학에 끼친 영향에 대한 연구는 이미 상당한 연구결과가 축적되어 있다.

먼저 제 1책을 검토해 보았다. 우선 고사명의 괄호 속에 원제를 한자로 넣어 읽고 보는 데 편리하며, 주요 인명·지명과 연호·연대를 국한문과 숫자로 병기하여 독자의 이해를 쉽게 하고 있다. 또한 번역상 보충이 필요하다고 인정되는 곳에서는 원문의 생략된 부분을 괄호로 처리하여 이해를 돕고 있다. 그리고 등장인물의 대화체 문장은 자연스런 구어체로 소화하여 내용 파악을 한결 쉽게 느끼도록 번역했다. 그간 역자 김장환 교수의 오랫동안 쌓아 온 번역 경험이 이제는 완숙의 경지에 들었음을 볼 수 있었다.

총 21책이나 되는 거질(巨帙)의 번역이 완성되는 날, 이 책은 우리나라에서 중국문학번역사의 새로운 이정표가 될 수 있을 것으로 확신한다. 찬찬하고 꼼꼼한 자세를 그대로 견지하며 대업을 성취하는 그 때를 느긋한 마음으로 기대하면서, 두서 없는 추천의 글로 대신한다.

송파(松坡) 설악산방(雪嶽山房)에서
전인초(全寅初) 씀

추천의 말

정재서
(이화여대 중문과 교수)

　지난해 가을쯤인가, 『태평광기』 국역에 착수했다는 말을 김장환 교수로부터 들었을 때 필자는 마음속으로 "마침내 큰 일이 벌어졌구나" 하는 생각을 하였다. 『태평광기』! 그 이름만 들어도 광막하기 그지없는 이야기의 바다가 펼쳐질 듯한 느낌이 드는, 중국 아니 동아시아 설화 문학의 보고(寶庫)이자 집대성, 도대체 그 엄청난 분량에 감히 손 댈 엄두조차 못냈던 그런 굉장한 책이 아니었던가? 사실 이전부터 필자는 김교수와 『태평광기』의 학술적 가치, 그리고 국역의 필요성에 대해 이야기를 나누어 왔고 은근히 김교수에게 번역을 권유한 적도 있었다. 그러나 그 대단한 책을 번역한다는 것은 경황없는 요즘의 대학 현실, 경제성, 소요해야 할 시간과 노력 등을 고려할 때 보통 모험적인 일이 아니다. 이 점은 김교수보다 일찍 번역계에 발을 들여놓은 바 있는 필자로서 능히 짐작할 수 있는 일이다. 그런데 막상 김교수가 그것을 실행에 옮기겠다고 통고해 왔을 때 필자가 어찌 놀라지 않을 수 있었겠는가? 그러나 놀람도 잠깐, 추천인은 이러한 대작업은 결국 김교수 같은 근면하고 용의 주도한 학자에 의해 이루어질 수밖에 없다는 확신 같은 느낌이 들었다. 김교수는 일찍이 『열선전(列仙傳)』 국역을 통해 젊은 번역가로서 만만치 않은 역량을 인정받은 바 있었고 최근에는 『세설신어(世說新語)』를 전3권으로 완역하여 사계의 학자들을 경탄케 하기도 하였다. 마침내 김교수는 거서(巨書) 『태평광기』를 만나게 되었고 한국의 고전 국역상 획기적이랄 수 있는 대작업을 시작하게 되었던 것이다. 과연 김교수는 패기만만하고 유능한 젊은 학인들을 이끌고 번역에 착수하여, 1년여의 세월이 흐른 오늘 그 첫 성과를 이룩하고 필자에게 추장(推獎)의 글을 청해왔다.

실로 놀랍지 아니한가? 이 책이 전역(全譯) 21책 중의 제1책이라 하나 결국 이 땅에서 『태평광기』의 완역이 시도되었다는 사실이. 과거 조선시대에 선인들에 의해 『태평광기』의 언해(諺解)가 시도된 적은 있었다. 그러나 완역에는 이르지 못하였다. 앞으로 김교수의 번역팀은 분명히 완역의 소임을 다 해내고야 말 것이다. 계속 한 책, 한 책이 나올 때마다 그것들은 사계의 촉목(囑目)하는 바가 될 것임에 틀림없고, 마침내 전질(全帙)이 완성될 때의 그 감동과 영향력이란 가히 상상하기 어려울 정도일 것이다. 아마 국문학이든 중문학이든 이 땅의 서사학은 『태평광기』의 완역으로 인해 공전(空前)의 큰 혜택을 입게 될 것이다. 서사학 뿐이겠는가? 우리는 이 전집을 통하여 동아시아 설화의 힘을 도처에서 실감하게 될 것이다. 그러나 앞에서 말했듯이 이 영광된 종착지를 향한 행로는 고달프고도 멀다. 번역에 대한 한국 학계의 열악한 인식에서 이러한 일은 자기희생이고 대가 없는 노력이나 진 배 없다. 인기도 없고 누구도 원하지 않는 그 길을 순수한 사명감 하나만으로 감연(敢然)히 선택한 김 교수와 젊은 학인들에게 우리는 마땅히 경의와 격려를 보내야 할 것이다. 그것이 동도(同道)를 걷는 학인으로서의 최소한의 예의가 아닐까 한다. 가을이 성큼 다가온 이 때 삽상(颯爽)한 서풍인양 들려온 첫 책 출간의 낭보에 두서없는 글을 부쳐 추천사에 대신하고자 한다.

경진(庚辰) 초추(初秋)
온성후인(溫城後人) 정재서(鄭在書)

옮긴이의 말

김장환
(연세대 중문과 교수)

　당시 설화인(說話人)들은 반드시 어려서는 『태평광기』를 익혔고, 장성해서는 역대 사서(史書)를 공부했다. ─── 宋 羅燁 『醉翁談錄』

　비록 패관(稗官)의 야사(野史)일지라도 시속을 치료하는 훌륭한 약이 아닌 것이 없으니, 『태평광기』는 약상자 속의 대단한 약제(藥劑)가 아니겠는가! ─── 明 馮夢龍 「太平廣記鈔小引」

　내가 삼가 이 책을 살펴보았더니, 그 일을 모은 것이 넓고 그 부류를 취한 것이 광범위하여, 안으로는 성명(性命)의 요체를 참조할 수 있고 밖으로는 술수의 쓰임에 통달할 수 있으며, 멀게는 시세(時勢)에 적합한 일을 두루 섭렵할 수 있고 가깝게는 시문을 읊는 자료를 제공받을 수 있으니, 참으로 설부(說部)의 으뜸이다. ─── 淸 黃晟 「重刻太平廣記序」

　고래의 숨은 이야기와 자질구레한 일, 보기 드문 책과 없어진 문장이 모두 여기에 있는데, 그 권질(卷帙)이 적은 것은 종종 전부 수록해 놓았으니,

대개 소설가의 깊은 바다이다. ……이 책은 비록 신괴(神怪)를 많이 얘기하고 있지만 채록한 고사가 매우 풍부하고 명물(名物)과 전고(典故)가 그 사이에 섞여 있기에, 문장가들이 늘 인용하는 바이고 고증가들 역시 자료로 삼는 바가 많다. 또한 당(唐) 이전의 책 가운데 세상에 전해지지 않는 것으로 잔결(殘缺)된 서적이 10분의 1이나 여전히 보존되어 있으므로 더욱 귀중하다. ── 淸 紀昀『四庫全書總目提要』

고래의 기문(奇文)과 비적(秘籍)이 모두 여기에 있으며, 소설가의 깊은 바다이다. ── 淸 永瑢『四庫全書簡明目錄』

무릇 신괴(神怪)를 두루 언급한 것은 특히 빠짐없이 망라했으니, 진실로 소설의 총집결이다. ── 淸 周中孚『鄭堂讀書記』

나는『태평광기』의 장점에 두 가지가 있다고 생각한다. 첫째는 육조(六朝)에서 송초(宋初)까지의 소설이 거의 전부 그 안에 수록되어 있으므로 만약 대략적인 연구를 한다면 많은 책을 따로 살 필요가 없다는 것이고, 둘째는 요괴·귀신·화상(和尙)·도사 등을 한 부류씩 매우 분명하게 분류하고 아주 많은 고사를 모아 놓았으므로 우리들이 물리도록 실컷 볼 수 있다는 것이다. ── 魯迅「破『唐人說薈』」

패사(稗史)와 설화(說話)의 깊은 바다일 뿐만 아니라 그 당시 문학적 관심사에 대한 통계이기도 하다. —— 魯迅 『中國小說史略』

우리나라 문인들은 모두 『태평광기』를 공부했다. —— 朝鮮 柳夢寅 『於于野談』

『태평광기』는 북송의 이방(李昉)이 후몽(扈蒙)·이목(李穆)·서현(徐鉉) 등 12명과 함께 태종(太宗)의 명을 받들어 태평흥국(太平興國) 3년(978)에 수찬했으며, 태평흥국 6년(981)에 판각했다. 나중에 이것이 학자들에게 시급히 요구되는 책이 아니라는 논의가 있어서 인판(印版)을 태청루(太淸樓)에 거두어들이는 바람에 당시에는 거의 통행되지 못했다. 그러나 세간에는 이미 통행되던 판본이 있어서 남송 때 번각(翻刻)했지만 이것은 전해지지 않는다. 현재 전해지는 『태평광기』의 주요 판본은 다음과 같다.

· 명가정담각본(明嘉靖談刻本): 명대 가정연간(1522~1566)에 무석(無錫)의 담개(談愷: 號 十山先生)가 초본(鈔本)을 얻어 교감하고 융경(隆慶) 원년(1567)에 간행함.
· 명활자본(明活字本): 명대 융경연간(1567~1572)에 담각본에 근거하여 활자로 간행함.[2차 담각본]
· 명만력허각본(明萬曆許刻本): 명대 만력연간(1573~1619)에 장주

(長洲)의 허자창(許自昌: 字 玄祐)이 담각본에 근거하여 교간(校刊)함.[3차 담각본]

- 명심씨야죽재초본(明沈氏野竹齋鈔本): 명대 고소(姑蘇)의 심여문(沈與文: 字 辨之)이 사초(寫鈔)함.
- 청건륭황각본(淸乾隆黃刻本): 청대 건륭 20년(1755)에 오현(吳縣)의 황성(黃晟: 字 曉峯)이 3차 담각본에 근거하여 교간하고 이를 다시 수진소자본(袖珍小字本)으로 번각함.
- 청가경방각본(淸嘉慶坊刻本): 청대 가경 11년(1806)에 소주(蘇州) 취문당(聚文堂)에서 황각본에 근거하여 번각함.
- 민국필기소설대관본(民國筆記小說大觀本): 민국 11년(1922)에 상해(上海) 문명서국(文明書局)에서 황각본에 근거하여 필사 간행함.
- 민국소엽산방석인본(民國掃葉山房石印本): 민국 12년(1923)에 상해 소엽산방에서 황각본에 근거하여 석판 인쇄함.
- 왕소영점교본(汪紹楹點校本): 1959년에 북경 중화서국(中華書局)에서 배인(排印) 출판함. 왕소영은 담각본을 저본으로 하고 진전교송본(陳鱣校宋本)·심씨야죽재초본·허각본·황각본을 참고하여 점교함.

이상에서 보았듯이 『태평광기』 판본은 담각본 계통과 황각본 계통으로 크게 나뉘는데, 담각본 계통이 보다 훌륭한 판본으로 인정받고 있다.

현재 가장 완비된 판본으로는 왕소영점교본을 꼽는다.

『태평광기』는 한대(漢代)부터 북송 초에 이르는 소설·필기·야사 등의 전적에 수록되어 있는 고사들을 광범위하게 채록하여, 총 500권을 내용에 따라 92대류(大類)로 나누고 150여 소류(小類)로 세분했으며, 총 7000여 조에 달하는 고사를 수록했다. 각 고사는 모두 인물명을 제목으로 삼았으며, 고사의 끝에는 채록 출처를 밝혀 놓았다. 인용된 책은 거의 500종에 가까운데, 그 중에서 절반 가량은 이미 망실된 것으로『태평광기』에 의거해서 적지 않은 내용이 세상에 전해지게 되었다. 또한 현존하는 절반 가량의 인용서도『태평광기』에 인용된 해당 고사에 근거하여 잘못된 부분을 고증하거나 교감할 수 있다. 따라서 고소설의 일문(佚文)을 보존하고 있는 측면과 고소설의 변화 발전을 연구하는 측면에서 볼 때『태평광기』의 중요성은 지대하다고 하겠다.

『태평광기』에 수록된 고사는 신선귀괴(神仙鬼怪)와 인과응보(因果應報)에 관한 것이 비교적 큰 비중을 차지하고 있다. 어떤 경우는 한 부류가 한 권으로 되어 있기도 하고 어떤 경우는 한 부류가 여러 권으로 되어 있기도 한데,「신선(神仙)」류는 55권이며「귀(鬼)」류는 40권,「보응(報應)」류는 33권,「신(神)」류는 25권,「여선(女仙)」류는 15권,「요괴(妖怪)」류는 9권으로 기타 다른 부류의 권수보다 상대적으로 분량이 많다. 이것은 고대 민간풍속과 위진남북조 이래 지괴(志怪) 소설의 흥성을 반영하고 있다. 또한「잡전기(雜傳記)」류 9권은 모두 당대(唐代)의 전기(傳

奇) 작품을 수록했는데, 이를 통하여 당대 전기에 주로 어떤 종류의 내용이 기록되었는지를 구체적으로 이해할 수 있다. 부류별로 고사를 배열하는 이러한 체제는 독자들이 이를 분석하고 연구하는 데에 많은 편리함을 제공하고 있다. 그래서 송대 이전 고소설의 변천과 발전 상황을 알고 싶으면 이 책에 근거해서 탐색해 나갈 수 있다. 따라서 청대 기윤(紀昀)이 이 책을 "소설가의 깊은 바다[小說家之淵海]"라고 칭송한 것은 결코 과찬이 아니다.

  그러나 금본(今本) 『태평광기』는 결코 완전무결한 책이 아니며, 그 중에는 후대 사람들이 고치거나 보충하고 삽입한 고사들도 있다. 100여 조에서는 채록 출처를 밝히지 않았고, 권수(卷首)의 『인용서목』도 후대인들이 여러 차례 증보했으며, 수록된 고사들 또한 모두 원서에서 직접 채록한 것은 아니고 경우에 따라서는 여러 유서(類書)에서 채록한 것이 상당히 많다. 또한 이 책의 분류는 기타 유서(類書)와 마찬가지로 나누고 합친 것이 부분적으로 합당하지 않거나 중복되어 있다. 예를 들어 「신선」류 이외에도 「여선」류가 있고 다시 별도로 「신」류를 한 부류로 나눈 것은 타당하지 못하다. 그리고 같은 조의 고사가 종종 두 부류 혹은 몇 부류에 걸쳐 중복 출현하기도 하는데, 이 문제는 여러 사람들이 이 책을 수찬하는 과정에서 각기 다른 각도에서 분류했기 때문에 자료를 선택할 때 중복된 것으로 보인다. 그밖에도 이 책은 권수가 너무 많고 분류가 상당히 복잡하여 특정한 고사를 쉽게 찾아보기에 곤란한 점이 있는데, 이 문제는 그 동안 이루어진 「편목색인」·「인명색인」·「인용서목색인」 등을 통하여 해결할 수 있다.

그렇지만 이로 인해 『태평광기』의 가치가 흔들리는 것은 결코 아니다. 왜냐하면 『태평광기』는 각종 대량의 고소설을 모아 놓았을 뿐만이 아니라 역사·지리·종교·민속·명물·전고·문장·고증 등등의 풍부한 내용을 포함하여 다방면의 연구와 참고 자료를 제공할 수 있기 때문이다. 특히 위진남북조와 당대의 사회 상황을 연구하는 데에 있어서도 이 책에서 많은 유용한 자료를 찾아 낼 수 있다.

『태평광기』가 처음 우리나라에 전래된 시기는 분명히 알 수 없지만, 『삼국사기(三國史記)』·『삼국유사(三國遺事)』·『고려사(高麗史)』 등에 그 서명이나 내용이 보이는 것으로 보아 대체로 고려 고종(高宗: 1214~1259 재위) 이전에 전래된 것으로 추정한다. 이것은 『태평광기』가 중국에서 간행된(981년) 지 약 200여 년 뒤의 일이다. 그 뒤 조선 초기에 중국 판본이 재차 수입되어 당시 식자층의 필독서가 되었다. 그러나 원서는 분량이 너무 방대하고 중국에서 수입해야 했기 때문에 구해 보기가 쉽지 않았다. 그래서 세조(世祖) 8년(1462)에 성임(成任: 1421~1484)이 원서를 50권으로 축약하여 143항목에 843편의 고사를 수록한 『태평광기상절(太平廣記詳節)』을 간행했으며, 그 후 다른 여러 책에서 채록한 30권 분량의 고사를 합쳐 80권으로 된 『태평통재(太平通載)』를 다시 간행했다. 『태평광기상절』과 『태평통재』는 여러 차례의 간행을 통해 많은 독자층을 확보했지만 어디까지나 한문을 이해할 수 있는 식자층에 국한되어 있었다. 따라서 한문을 해독할 수 없는 일반 서민이나 여성 독자들을 위해서는 우리말로 된 번역본이 필요했다. 이러한 필요에 의해 명종(明宗: 1545~1567 재위) 때를 전후해서 나온 것이 바로『태평광기언해(太平廣記諺解)』이다. 그 저본은 이전에 간행된『태평광기』축약본이 아닌 중국 명대 판본인 것으로 추정된다.『태평광기언해』는 현재 2가지 판본이 있는데, 하나는 먹남본(覓南本) 5권 5책[필사본, 제2권 1책 缺, 총 106편의 고사 수록]이고 다른 하나는 낙선재본(樂善齋本) 9권 9책[필사본, 全本, 총 268편의 고사 수록]이다. 이 책은 조선시대 번역문학의 양상을 고찰하는 데 귀중한 사료적 가치를 지니고 있다.

이상에서 살펴보았듯이 고려시대에 우리나라에 전래된『태평광기』는 조선시대 이르러 중국 판본의 수입과 함께 원서를 축약한 축약본이 여러 차례 간행되었으며, 마침내 우리말로 번역한 번역본까지 나오게 되었다. 이러한 과정을 통하여 당시 설화와 소설에 대한 흥미와 관심을 가진 독자층이 확대되었고, 소설문학에 새로운 소재와 기법을 제공함으로써 우리나라 소설문학의 생성과 발달을 촉진했다. 특히 이인로(李仁老)의『파한집(破閑集)』, 이규보(李奎報)의『백운소설(白雲小說)』, 최자(崔滋)의『보한집(補閑集)』, 이제현(李齊賢)의『역옹패설(櫟翁稗說)』등과 같은 잡록식 패관(稗官) 문학과, 임춘(林椿)의「국순전(麴醇傳)」·「공방전(孔方傳)」, 이규보의「청강사자현부전(淸江使者玄夫傳)」등과 같은 가전체(假傳體) 문학에 커다란 영향을 미쳤다.

　옮긴이가 『태평광기』에 관심을 갖고 읽어 본 것은 대학원에 입학해서부터이니 벌써 15년이 넘는 셈이다. 그 동안 혼자 틈나는 대로 우리말로 옮겨 보았는데, 이런저런 일에 쫓기다 보니 최근 3년 동안 겨우 10권밖에 옮기지 못했다. 그러다가 올해 초에 옮긴이가 재직하고 있는 연세대 중문과 대학원의 필기문학 전공자들을 중심으로 '중국필기문헌연구소'를 설립하면서부터 『태평광기』 번역 작업의 일정을 구체화하고 번역 인원을 조직하여 5월부터 마침내 본격적인 번역에 착수했다. 본 연구소는 학술적 가치가 높은 중국 필기문헌과 연구서를 역주하거나 원전을 교간(校刊)하여 국내외 학계에 소개하는 것을 주요 목적으로 한다. 앞으로 본 연구소에서 나오는 결과물은 '중국필기문헌번역총서'로 출판할 예정인데, 『태평광기』가 바로 그 총서의 처음이다. 아직은 연구소의 문패도 없고 연구 인원도 부족하지만, 이번 『태평광기』의 번역 작업을 바탕으로 하여 착실히 내실을 다져 나간다면 머지않아 긍정적인 결과가 나오리라 기대한다.

　총 21책으로 발간될 예정인 『태평광기』 번역본 가운데 그 첫 번째 책을 이제 학계에 내 놓게 되었다. 그러나 기쁨은 잠시이고 당장 부끄러움과 두려움이 앞선다. 가능한 거의 모든 참고자료와 있는 사전 없는 사전을 총 동원하여 한 글자 한 구절 정확하게 옮기려고 무척 애를 쓰긴 했지만, 여전히 석연치 않은 부분이 남아 있음을 고백하지 않을 수 없다.

또한 그렇게 눈 씻고 보면서 글자 귀신하고 싸웠지만 행여 오탈자가 나오지나 않을지, 역주는 제대로 달았는지, 무엇보다도 원문의 의미를 적절한 우리말로 매끄럽게 표현해 내었는지 등등 걱정스럽기만 하다. 다만 이 책이 간략한 역주를 병행한 완역이자 초역(初譯)이라는 점에 다소 용기를 갖고 부끄러움과 두려움을 감수하기로 했다. 앞으로 보다 나은 번역서가 될 수 있도록 여러 명현(名賢)들께 호된 꾸지람을 부탁드린다.

끝으로 그야말로 천학비재한 옮긴이를 늘 옆에서 학문의 곧은 길로 인도해 주시는 전인초 은사님과, 비슷한 전공을 하고 있다는 이유만으로 부족한 옮긴이를 애써 격려해 주시는 정재서 선생님께 깊은 감사를 드리며, 어려운 여건 속에서도 21책이나 되는 전집 출판을 흔쾌히 수락하고 지난(至難)한 편집작업에 선뜻 나선 학고방(學古房) 출판사 하운근 사장님과 편집실 직원 여러분께 고마움을 드린다.

2000년 9월 5일
옮긴이를 대표하여
김장환 삼가 씀

차 례

추천의 말 - 전인초(全寅初) · 5
추천의 말 - 정재서(鄭在書) · 8
옮긴이의 말 - 김장환(金長煥) · 11

권제201 재명(才名) 好尙附
  재명
  상관의(上官儀) · 33
  동방규(東方虯) · 34
  소정(蘇頲) · 34
  이옹(李邕) · 36
  이화(李華) · 37
  이백(李白) · 38
  호상
  방관(房琯) · 44
  한유(韓愈) · 45
  이약(李約) · 46
  육홍점(陸鴻漸) · 49
  독고급(獨孤及) · 50
  두겸(杜兼) · 51
  이덕유(李德裕) · 51

  반언(潘彥) · 52
  송지손(宋之遜) · 53
  주전의(朱前疑) · 54
  선우숙명(鮮于叔明) · 55
  권장유(權長孺) · 56

권제202
  유행(儒行)
  유헌지(劉獻之) · 61
  노경유(盧景裕) · 63
  소덕언(蕭德言) · 64
  장초금(張楚金) · 64
  연재(憐才)
  심약(沈約) · 66
  당고종(唐高宗) · 67
  천후(天后) · 68

원건요(源乾曜)·68
장건봉(張建封)·70
이실(李實)·71
한유(韓愈)·72
양경지(楊敬之)75·
노조(盧肇)·76
영호도(令狐綯)·77
최현(崔鉉)·78
고일(高逸)
공치규(孔稚珪)·79
이원성(李元誠)·80
도홍경(陶弘景)·81
전유암(田遊巖)·84
주도추(朱桃椎)·85
노홍(盧鴻)·86
원결(元結)·87
하지장(賀知章)·88
고황(顧況)·89
진숙(陳俶)·89
공증(孔拯)·92

권제203 악(樂) 1
　악(樂)
　순백옥관(舜白玉琯)·97
　사연(師延)·97
　사광(師曠)·99
　사연(師涓)·101
　초회왕(楚懷王)·103

함양궁동인(咸陽宮銅人)·104
수문제(隋文帝)·105
당태종(唐太宗)·105
위도필(衛道弼)·조소기(曹紹夔)·110
배지고(裴知古)·111
이사진(李嗣眞)·112
송연(宋沇)·114
왕인유(王仁裕)·116
이사회(李師誨)·117
금(琴)
여번악(璵瑤樂)·118
유도강(劉道強)·119
조후(趙后)·119
마음(馬融)·120
양수(楊秀)·120
이면(李勉)·121
장홍정(張弘靖)·122
동정란(董庭蘭)·122
채옹(蔡邕)·123
우적(于頔)·125
한고(韓皐)·125
왕중산(王中散)·127
슬(瑟)
슬(瑟)·133
완함(阮咸)·133

권제204 악2
　악(樂)

대포(大酺)·137
　이원악(梨園樂)·139
　태진비(太眞妃)·140
　천보악장(天寶樂章)·141
　위고(韋臯)·142
　우적(于頔)·142
　문종(文宗)·143
　심아교(沈阿翹)·144
　의종(懿宗)·145
　왕령언(王令言)·146
　영왕헌(寧王獻)·147
　왕인유(王仁裕)·148
가(歌)
　진청(秦靑)·한아(韓娥)·149
　척부인(戚夫人)·151
　이귀년(李龜年)·151
　이곤(李袞)·156
　한회(韓會)·157
　미가영(米嘉榮)·157
적(笛)
　소화관(昭華管)·159
　당현종(唐玄宗)·159
　한중왕우(漢中王瑀)·161
　이모(李謩)·162
　허운봉(許雲封)·167
　여향균(呂鄕筠)·172
필률(觱篥)
　이위(李蔚)·175

권제205 악3
　갈고(羯鼓)
　갈고(羯鼓)·181
　현종(玄宗)·183
　송경(宋璟)·189
　이귀년(李龜年)·191
　조왕고(曹王皐)·191
　이완(李琬)·193
　두홍점(杜鴻漸)·196
　동고(銅鼓)
　동고(銅鼓)·199
　장직방(張直方)·200
　정속(鄭續)·200
　비파(琵琶)
　나흑흑(羅黑黑)·202
　배락아(裴洛兒)·203
　양비(楊妃)·203
　단사(段師)·204
　한중왕우(漢中王瑀)·204
　위응물(韋應物)·205
　송연(宋沇)·206
　황보직(皇甫直)·208
　왕기(王沂)·209
　관별가(關別駕)·210
　왕씨녀(王氏女)·212
　오현(五弦)
　조벽(趙辟)·214

공후(箜篌)
서월화(徐月華)·215

권제206 서(書)1
고문(古文)·219
대전(大篆)·219
주문(籀文)·220
소전(小篆)·221
팔분(八分)·222
예서(隷書)·223
장초(章草)·223
행서(行書)·224
비백(飛白)·225
초서(草書)·226
급총서(汲冢書)·227
이사(李斯)·227
소하(蕭何)·230
채옹(蔡邕)·230
최원(崔瑗)·231
장지(張芝)·232
장창(張昶)·233
유덕승(劉德升)·234
사의관(師宜官)·235
양곡(梁鵠)·236
좌백(左伯)·237
호소(胡昭)·238
종요(鍾繇)·239
종회(鍾會)·241
위탄(韋誕)·242

권제207 서2
왕희지(王羲之)·247
왕헌지(王獻之)·253
왕수(王修)·258
순여(荀輿)·259
사안(謝安)·260
왕이(王廙)·261
대안도(戴安道)·강흔(康昕)·261
위창(韋昶)·262
소사화(蕭思話)·264
왕승건(王僧虔)·265
왕융(王融)·267
소자운(蕭子雲)·268
소특(蕭特)·269
승지영(僧智永)·270
승지과(僧智果)·272

권제208 서3
당태종(唐太宗)·277
구난정서(購蘭亭序)·278
한왕원창(漢王元昌)·290
구양순(歐陽詢)·290
구양통(歐陽通)·292
우세남(虞世南)·292
저수량(褚遂良)·293
설직(薛稷)·295
고정신(高正臣)·296
왕소종(王紹宗)·298
정광문(鄭廣文)·299

이양빙(李陽冰)·300
장욱(張旭)·301
승회소(僧懷素)·303

권제209 서4
　잡편(雜編)
　정막이하(程邈已下)·307
　한단순이하(邯鄲淳已下)·309
　강허이하(姜詡已下)·310
　왕희지(王羲之)·314
　왕이(王廙)·315
　노주로(潞州盧)·315
　환현(桓玄)·317
　저수량(褚遂良)·318
　난정진적(蘭亭眞迹)·319
　왕방경(王方慶)·320
　이왕진적(二王眞跡)·321
　팔체(八體)·324
　이도(李都)·324
　동도걸아(東都乞兒)·325
　노홍선(盧弘宣)·326
　영남토(嶺南兎)·327

권제210 화(畫)1
　열예(烈裔)·331
　경군(敬君)·332
　모연수(毛延壽)·332
　조기(趙岐)·334
　유포(劉褒)·334

장형(張衡)·335
서막(徐邈)·336
조불흥(曹不興)·337
위협(衛協)·338
왕헌지(王獻之)·339
고개지(顧愷之)·340
고광보(顧光寶)·346
왕이(王廙)·347
왕몽(王濛)·348
대규(戴逵)·349
종병(宗炳)·351
황화사벽(黃花寺壁)·351

권제211 화2
　종측(宗測)·359
　원천(袁倩)·360
　양원제(梁元帝)·361
　도홍경(陶弘景)·362
　장승요(張僧繇)·362
　고효형(高孝珩)·365
　양자화(楊子華)·366
　유살귀(劉殺鬼)·367
　정법사(鄭法士)·368
　염립덕(閻立德)·369
　염립본(閻立本)·371
　설직(薛稷)·375
　울지을승(尉遲乙僧)·376
　왕유(王維)·377
　이사훈(李思訓)·379

한간(韓幹)・380

권제212 화3
　오도현(吳道玄)・387
　풍소정(馮紹正)・393
　장조(張藻)・394
　진굉(陳閎)・396
　위무첨(韋無忝)・397
　노릉가(盧稜伽)・399
　필굉(畢宏)・400
　정역사(淨域寺)・401
　자성사(資聖寺)・402
　노군묘(老君廟)・404
　금교도(金橋圖)・406
　최원벽(崔圓壁)・408

권제213 화4
　보수사(保壽寺)・411
　선천보살(先天菩薩)・412
　왕재(王宰)・414
　양염(楊炎)・415
　고황(顧況)・417
　주방(周昉)・417
　범장수(范長壽)・421
　정수기(程修己)・422
　변란(邊鸞)・424
　장훤(張萱)・425
　왕묵(王墨)・426
　이중화(李仲和)・427

유상(劉商)・428
여귀진(厲歸眞)・429
성화(聖畫)・430
염광(廉廣)・432
범산인(范山人)・436
위숙문(韋叔文)・437

권제214 화5
　관휴(貫休)・441
　초안(楚安)・444
　응천삼절(應天三絶)・445
　팔선도(八仙圖)・450
　황전(黃筌)・451
　잡편(雜編)・453

권제215 산술(算術)
　정현(鄭玄)・463
　진현토(眞玄兎)・465
　조원리(曹元理)・467
　조달(趙達)・469
　정관비기(貞觀祕記)・470
　일행(一行)・471
　형화박(邢和璞)・473
　만사(滿師)・478
　마처겸(馬處謙)・480
　원홍어(袁弘禦)・481

권제216 복서(卜筮)1
　관로(管輅)・485

순우지(淳于智)・487
유림조(柳林祖)・488
외소(隗炤)・489
곽박(郭璞)・490
채철(蔡鐵)・492
오중찰성자(吳中察聲者)・493
왕자정(王子貞)・494
장경장(張璟藏)・496
주주서자(湊州筮者)・497
채미원(蔡微遠)・498
차삼(車三)・499
이로(李老)・500
개원중이도사(開元中二道士)・504
장직(蔣直)・506

권제217 복서2
심칠(沈七)・509
영음일자(潁陰日者)・511
왕서암(王栖巖)・513
노생(路生)・514
추생(鄒生)・516
오명도사(五明道士)・519
황하(黃賀)・524
등주복자(鄧州卜者)・529

권제218 의(醫)1
화타(華佗)・533
장중경(張仲景)・535
오태의(吳太醫)・536

구려객(句驪客)・537
범광록(范光祿)・538
서문백(徐文伯)・539
서사백(徐嗣伯)・542
복하병(腹瘕病)・544
이자예(李子豫)・545
서지재(徐之才)・546
견권(甄權)・547
손사막(孫思邈)・548
허예종(許胤宗)・555
진명학(秦鳴鶴)・556
노원흠(盧元欽)・557
주윤원(周允元)・558
양현량(楊玄亮)・560
조현경(趙玄景)・561
장문중(張文仲)・562
학공경(郝公景)・563
최무(崔務)・563

권제219 의2
주광(周廣)・567
백잠(白岑)・570
장만복(張萬福)・570
왕언백(王彦伯)・571
이우부(李祐婦)・573
원항(元頏)・574
양혁(梁革)・576
양신(梁新)・조악(趙鄂)・580
고병(高駢)・583

전령자(田令孜) · 585
우구(于遘) · 587
안수(顏燧) · 589

권제220 의3

신광손(申光遜) · 593
손광헌(孫光憲) · 594
어인처(漁人妻) · 595
진채(陳寨) · 596
도준(陶俊) · 597
장역(張易) · 599
광릉목공(廣陵木工) · 600
비고(飛蠱) · 602
균독(菌毒) · 602
전승조(田承肇) · 603
사독(蛇毒) · 605
야갈짐(冶葛鴆) · 605
잡설약(雜說藥) · 606

이질(異疾)

강주승(絳州僧) · 607
최상(崔爽) · 609
유록사(劉錄事) · 609
구용좌사(句容佐史) · 611
최융(崔融) · 612
조준조(刁俊朝) · 613
이생(李生) · 616
위숙(魏淑) · 617
황보급(皇甫及) · 618
왕포(王布) · 618

후우현(侯又玄) · 621
이언길(李言吉) · 622
괴량(蒯亮) · 623

권제221 상(相)1

원천강(袁天綱) · 627
장경장(張憬藏) · 642
장간지(張柬之) · 649
육경융(陸景融) · 650
정행심(程行諶) · 651
위원충(魏元忠) · 653

권제222 상2

배광정(裴光庭) · 659
안록산(安祿山) · 660
손사막(孫思邈) · 662
손생(孫生) · 663
형상(衡相) · 664
마록사(馬祿師) · 667
이함장(李含章) · 669
상형(尙衡) · 671
유방(柳芳) · 672
진소(陳昭) · 674
노제경(盧齊卿) · 675
양십이(梁十二) · 677
풍칠(馮七) · 680
마생(馬生) · 682

권제223 상3
상도무(桑道茂) · 687
위하경(韋夏卿) · 688
낙산인(駱山人) · 689
이생(李生) · 692
왕악(王鍔) · 694
두역직(竇易直) · 695
이동(李潼) · 696
가속(賈餗) · 698
누천보(婁千寶) · 699
정중(丁重) · 704
하후생(夏侯生) · 707
설소윤(薛少尹) · 708
주현표(周玄豹) · 709
정손(程遜) · 712

권제224 상4
왕정군(王正君) · 715
황패(黃霸) · 716
매퇴온(賣䭔媼) · 717
소씨녀(蘇氏女) · 719
무후(武后) · 721
이순풍(李淳風) · 722
양귀비(楊貴妃) · 723
강교(姜皎) · 724
상곤(常袞) · 727
유우석(劉禹錫) · 728
정랑(鄭朗) · 730
영호도문승(令狐綯門僧) · 731

승처홍(僧處弘) · 733
범씨니(範氏尼) · 734
임지량(任之良) · 736
은구하(殷九霞) · 738
상수판유도민(相手板庾道敏) · 741
이참군(李參軍) · 742
용복본(龍復本) · 743

권제225 기교(伎巧)1
인기국(因祇國) · 749
갈유(葛由) · 750
노반(魯般) · 751
궁인(弓人) · 752
연교인(燕巧人) · 753
운명대(雲明臺) · 754
음연포(淫淵浦) · 755
신풍(新豐) · 757
장형(張衡) · 758
왕숙(王肅) · 759
능운대(凌雲臺) · 760
진사왕(陳思王) · 760
오부인(吳夫人) · 761
구순(區純) · 764
수지의기(水芝欹器) · 764
난릉왕(蘭陵王) · 765
승영소(僧靈昭) · 766
칠보경대(七寶鏡臺) · 767

태평광기 권제 201

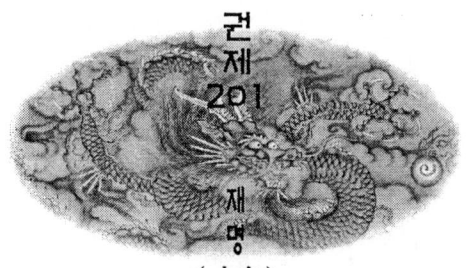

재명(才名)
好尙附

재명
1. 상관의(上官儀)
2. 동방규(東方虯)
3. 소 정(蘇 頲)
4. 이 옹(李 邕)
5. 이 화(李 華)
6. 이 백(李 白)

호상
7. 방 관(房 琯)
8. 한 유(韓 愈)
9. 이 약(李 約)
10. 육홍점(陸鴻漸)
11. 독고급(獨孤及)
12. 두 겸(杜 兼)
13. 이덕유(李德裕)
14. 반 언(潘 彦)
15. 송지손(宋之遜)
16. 주전의(朱前疑)
17. 선우숙명(鮮于叔明)
18. 권장유(權長孺)

재 명

201 · 1(2232)
상관의(上官儀)

[당나라] 고종(高宗)이 [태종의] 정관지치(貞觀之治)를 이어받은 후로 천하가 태평무사했을 때, 상관의가 혼자 국정을 잡고 있었다. 한번은 상관의가 첫새벽에 입조(入朝)하면서 낙수(洛水)의 제방을 따라 달빛을 받으며 천천히 말고삐를 잡고 가면서 시를 읊었다.

    길게 이어진 드넓은 강물,
    말 몰고 지나가는 길다란 모래톱.
    까치 날아다니는 산엔 새벽 달,
    매미 지저귀는 들엔 가을 바람.

그 소리가 너무 맑고 낭랑하여 뭇 문무백관들은 그를 바라보며 신선 같다고 생각했다. (『국사이찬』)

    高宗承貞觀之後, 天下無事, 上官儀獨持國政. 嘗凌晨入朝, 巡洛水隄, 步月徐轡, 詠詩曰: "脈脈廣川流, 驅馬歷長洲. 鵲飛山月曙, 蟬噪野風秋." 音韻淸亮, 群公望之若神仙. (出『國史異纂』)

201·2(2233)
동방규(東方虯)

좌사(左史) 동방규는 이렇게 말하곤 했다.

"200년 후에 서문표(西門豹: 戰國時代 魏나라 사람. 급한 성격을 다스리기 위하여 늘 가죽을 차고서 자신을 경계했으며, 鄴令으로 있을 때는 무당을 강물에 던져 河伯取婦[매년 백성들로부터 많은 돈을 거두고 여자를 뽑아 하백에게 바치던 일]라는 폐습을 고쳤음)와 병칭(並稱)되었으면 한다."

그는 특히 시에 뛰어났다. [그와 같은 시대 사람인] 심전기(沈佺期)도 시를 잘 지어 이름이 알려졌는데, 연국공(燕國公) 장열(張說)이 일찍이 이렇게 말했다.

"심씨(沈氏: 沈佺期) 삼형제의 시 중에서 그래도 역시 그의 시가 제일이다."

(『국사이찬』)

左史東方虯每云: "二百年後, 乞與西門豹作對." 尤工詩. 沈佺期以工詩著名, 燕公張說嘗謂之曰: "沈三兄詩, 直須還他第一." (出『國史異纂』)

201·3(2234)
소 정(蘇 頲)

소정은 어려서부터 총명하고 준일(俊逸)하여 한눈에 천 자(字)를 읽어냈다. 경룡(景龍) 2년(708) 6월 2일에 내란이 막 평정되었을 때, 소정은 중서사인(中書舍人)에 제수되어 태극전(太極殿)의 후각(後閣)에서 근무했다. 당시 소정은 아직 젊었고 처음으로 중임(重任)을 맡았는데, [작성해야 할] 각종 문서와 조서가 쌓여 있고 썼다하면 수만 자에 달했기에, 때때로 어떤 사람은 그가 일을 당해내지 못할까 걱정했다. 그러나 소정은 손으로 쓰고 입으로 부르면서 털끝만큼의 실수도 없었다. 주서(主書: 문서를 관장하는 관리) 한례(韓禮)와 담자양(譚子陽)은 [소정이 작성한] 조서의 초안을 옮겨 적으면서 자주 소정에게 이렇게 말했다.

"공(公)께서는 좀 천천히 부르십시오. 저희들은 미처 따라 쓰지 못하겠으니, 팔목이 부러질까 걱정입니다."

중서령(中書令) 이교(李嶠)가 이를 보고 감탄했다.

"사인(舍人: 蘇頲)의 생각은 마치 솟아나는 샘과 같으니, 우리들이 헤아릴 수 있는 바가 아니다!"

(『담빈록』)

蘇頲少聰俊, 一覽千言. 景龍二年六月二日, 初定內難, 准(明鈔本'准'爲'唯')頲爲中書舍人, 在太極後閣. 時頲尙年少, 初當劇任, 文詔塡委, 動以萬計, 時或憂其不濟. 而頲手操口對, 無毫釐差失. 主書韓禮·譚子陽轉書詔草, 屢謂頲曰: "乞公稍遲. 禮等書不及, 恐手腕將廢." 中書令李嶠見之, 歎曰: "舍人思若湧泉, 嶠等所不測也!" (出『譚賓錄』)

201 · 4(2235)
이 옹(李 邕)

이옹은 자사(刺史)로서 입계(入計: 唐代에 각 州에서 매년 4월~6월 사이에 해당 지역의 재정 통계를 내서 연말이나 그 이듬해 초에 상경하여 尙書省에 보고하는 일)하러 도성에 갔다. 이옹은 본래 재명(才名)이 뛰어났으나 자주 폄적당했다. 사람들은 모두 이옹이 문장에 능하고 선비를 잘 양성한다고 생각하여, 그를 가생(賈生: 賈誼. 西漢 때의 문인이자 정치가)이나 신릉군(信陵君: 戰國時代 魏나라의 公子)과 같은 무리라고 여겼다. 그러나 조정의 고관들은 그의 뛰어남을 시기하여 그를 도성 밖으로 내쫓았다. 그는 세상에서 본래 명성이 높았으나 후진(後進)들은 그를 알아보지 못했다. 동경(東京) 낙양(洛陽)의 길거리에서는 사람들이 모여들어 구경하면서 그를 옛 사람이라 여겼으며, 혹은 그의 미목(眉目)을 남다르다 하고 그의 의관(衣冠)을 흠모하면서 그가 머무는 골목을 찾아오곤 했다. 또한 중사(中使: 궁중에서 파견한 사신으로 주로 宦官이 맡았음)는 탐문하여 그에게 새로 지은 문장을 구하기도 했다. 그러나 다시 남에게 모함을 받아 결국 승진할 수 없었다. 천보연간(天寶年間: 742~755) 초에 그는 급군태수(汲郡太守) 겸 북해태수(北海太守)가 되었다. 그는 성품이 호탕하고 사치스러워서 사소한 예절에 구애받지 않은 채 마음대로 사냥하면서 제멋대로 즐겼다. 나중에 [左驍衛兵曹] 유적(柳勣)이 하옥되었을 때 [兵部侍郞] 길온(吉溫)이 유적에게 이옹을 연루시키게 하여, 조정에서 그의 공과(功過)에 대한 논의가 벌어졌다. 길온은 유적에게 후한 뇌물을 보내주고 이옹이 연루되었다는 고발장을 쓰게 했는데, 그 결과 황제는 [刑部員外郎] 기순지(祁順之)와 [監察御史] 나희석(羅希奭)을 급군으로 급파하여 이옹을 처형하게 했다. 이옹은 일찍부터 재명을 날렸으며 특히 비문(碑文)에 뛰어났다. 그가 일생동안 지은 비문은 수백 편이나 되었으며, 그로 인해 받은 재물도 수만 금이나 되었다. 예로부터 문장을 팔아 재물을 얻은 자로는 이옹 만한 이가 없었다. (『담빈록』)

李邕自刺史入計京師. 邕素負才名, 頻被貶斥. 皆以邕能文養士, 賈生・信陵之流. 執事忌勝, 剝落在外. 人間素有聲稱, 後進不識. 京洛阡陌聚看, 以爲古人, 或將眉目有異, 衣冠望風. 尋訪門巷. 又中使臨問, 索其新文. 復爲人陰中, 竟不得進改. 天寶初, 爲汲郡・北海太守. 性豪侈(明鈔本'侈'爲'俊'), 不拘細行, 馳獵縱逸. 後柳勔下獄, 吉溫令勔引邕, 議及休咎. 厚相賂遺, 詞狀連引, 敕初(明鈔本'初'作'祁')順之・羅希奭馳往, 就郡決殺之. 邕早擅才名, 尤長碑記. 前後所製, 凡數百首, 受納饋送, 亦至鉅萬. 自古鬻文獲財, 未有如邕者. (出『譚賓錄』)

201・5(2236)
이 화(李 華)

이화(李華)는 천보연간(天寶年間: 742~755) 말에 문학으로 명성이 높았다. 지덕연간(至德年間: 756~757)에는 이전의 임직(任職)에서 원외(員外)로 임명되었으며, 상국(相國) 양공(梁公) 이현(李峴)의 종사(從事)로 기용되어 검교이부원외랑(檢校吏部員外郎)을 맡았다. 당시 진소유(陳少

遊)는 유양(維揚: 揚州府의 별칭)을 다스리고 있었는데 그의 명성을 특히 흠모했다. 어느 날 아침에 성문 관리가 이화가 양주부(揚州府)로 들어왔다고 보고하자, 진소유는 매우 기뻐하며 홀(笏)을 꽂고서 그를 기다렸다. 잠시 후 성문 관리가 다시 아뢰었다.

"이화는 이미 소공조(蕭功曹)를 방문했습니다."

소공조는 양주공조참군(揚州功曹參軍) 소영사(蕭穎士)이다. (『척언』)

李華以文學名重於天寶末. 至德中, 自前司封員外, 起爲相國李梁公峴從事, 檢校吏部員外. 時陳少遊鎭維揚, 尤仰其名. 一旦, 城門吏報華入府, 少遊大喜, 簪笏待之. 少頃, 復白云: "已訪蕭功曹矣." 穎功曹士也. (出『摭言』)

201 · 6(2237)
이 백(李 白)

이태백(李太白: 李白)이 처음 촉(蜀)에서 도성으로 와서 여관에 묵었는데, 비서감(秘書監) 하지장(賀知章)이 그의 이름을 듣고 맨 처음 그를 찾아갔다. 이백의 풍모를 특이하게 생각하고 있던 하지장이 그가 지은 문장을 청했더니, 이백이 「촉도난(蜀道難)」을 꺼내 보여주었다. 하지장은 그 글을 다 읽기도 전에 여러 차례 감탄하면서 이백을 '적선인(謫仙人)'이라 불렀다. 이백은 술을 몹시 좋아했기에, 하지장은 [차고 있던] 금귀(金龜: 唐代 三品 이상의 관리가 차던 거북 모양의 패물)를 풀어 술과 바꿔와서 함께 마시고 진탕 취했으며, 며칠 안에 다시 만나자고 약속했다. 이로 인해 이백의 명성이 혁혁하게 드러났다. 하지장은 또 이백의 「오서곡(烏棲曲)」을 보고 그 고뇌에 찬 노래에 찬탄하며 말했다.

"이 시는 귀신도 감읍(感泣)시킬 수 있다!"

「오서곡」은 다음과 같다.

> 고소대(姑蘇臺) 위에 까마귀 깃들었을 때,
> 오왕(吳王: 夫差)의 궁궐에선 서시(西施)가 취해 있었지.
> 오나라 노래와 초(楚)나라 춤의 기쁨 아직 끝나지 않았을 때,
> 서산(西山)엔 여전히 반쪽 해가 걸려 있었지.
> 금호(金壺: 구리로 만든 물시계)에서 똑! 똑! 물방울 많이 떨어질 때,
> 일어나 보니 가을달이 강물에 빠져 있네.
> 동쪽이 점점 밝아지니 이 즐거움을 어찌 할거나?

어떤 사람은 이 시를 「오야제(烏夜啼)」라고 하는데, 2편 중에서 어느 것이 맞는지 모르겠다. 또한 「오야제」의 내용은 다음과 같다.

> 누런 구름 드리운 성 옆에서 깃들려던 까마귀,
> 날아 돌아와 까악! 까악! 가지 위에서 우네.
> 베틀에서 비단 짜던 진천(秦川)의 아낙,
> 안개 같은 푸른 깁 쳐 놓은 창 너머로 얘기하네.
> 북[梭] 멈추고 다른 사람에게 옛 남편 물어보더니,
> 요서(遼西) 얘기 하려다가 눈물을 비처럼 흘리네.

이백은 재능이 빼어나고 기품이 고상하여, 습유(拾遺) 진자앙(陳子昂)과 이름을 나란히 하면서 줄곧 뜻을 같이 했다. 이백은 시를 다음과 같이 논평했다.

"양(梁)나라・진(陳)나라 이후로 부염(浮艶)한 시풍이 극에 달했는데

심휴문(沈休文: 沈約)이 또 성률(聲律)을 숭상했다. 그러니 장차 옛 시도(詩道)를 회복할 사람은 내가 아니면 누구이겠는가!"

현종(玄宗)은 이백의 명성을 듣고 그를 한림원(翰林院)으로 불러들였는데, 그의 재능이 남보다 탁월하고 기량과 식견이 모두 훌륭하다고 인정하여 곧장 높은 지위에 앉혔으며, 일부러 관직에는 임명하지 않았다. 한번은 궁인(宮人)들과 즐겁게 놀 때, 현종이 고력사(高力士)에게 말했다.

"이렇게 좋은 때와 아름다운 경치를 마주하고 있는데, 어찌 가기(歌妓)의 음악소리만 즐기겠는가? 만약 재주가 뛰어난 시인을 불러와 시를 읊게 한다면, 후세에 자랑거리로 삼을 수 있을 것이다."

그리고는 마침내 이백을 불러오라고 명했다. 그때 이백은 영왕(寧王)의 초청을 받아 술을 마시고 이미 취해 있었다. 이백은 궁궐에 도착하여 쓰러질 듯 흔들리는 자세로 현종을 배알했다. 현종은 이백이 성률에 밝지 못하여 그가 잘 짓는 바가 아니라는 것을 알면서도, 그에게「궁중행락(宮中行樂)」이라는 오언율시(五言律詩) 10수를 지으라고 명했더니, 이백이 머리를 조아리며 말했다.

"영왕이 신에게 술을 내려주어 신은 지금 이미 취했사옵니다. 만약 폐하께서 신을 외람되다 여기지 않으신다면 신의 보잘것없는 재주를 다 펼쳐 보이겠사옵니다."

현종은 "좋다"고 한 뒤, 내신(內臣: 宦官) 2명을 보내 이백을 부축하게 하고 먹을 갈아 붓에 적셔 그에게 주라고 명했으며, 또 2사람에게 그의 앞에 주사란(朱絲欄: 붉은 금을 넣어 짜거나 붉은 금을 그려 칸을 쳐놓은 絹紙)을 펼쳐 놓으라고 명했다. 이백은 붓을 들고 생각을 가다듬더니 거의 멈추지 않고 금세 10수를 지어냈는데 더 이상 손댈 것이 없었다. 또한 필적이 힘있고 유려하여 웅크린 봉황을 용이 낚아채는 듯하고, 율격(律格)과 대우(對偶)까지도 절묘하지 않은 것이 없었다. 그 첫 수는 다음과 같다.

> 갓 돋아난 버들 잎새는 황금색으로 빛나고,
> 향기 머금은 배꽃은 흰눈처럼 피어 있네.
> 옥루(玉樓)엔 비취새 둥지 틀고,
> 주전(珠殿)엔 원앙새 잠들어 있네.
> 뽑힌 기녀는 조연(雕輦: 천자의 수레)을 따르고,
> 불려온 가기(歌妓)는 동방(洞房: 신혼 방)을 나서네.
> 궁중에서 누가 제일인가?
> 소양궁(昭陽宮)에 있던 조비연(趙飛鷰: 漢 成帝의 皇后)이라네.

현종은 이백에게 두터운 은총을 내렸지만, 이백은 재주와 품행이 예속에 구애받지 않았으며 자유분방하고 솔직담백했기 때문에 고향으로 돌아가겠다고 청했다. 현종도 이백이 조정에 있을 인재가 아니라고 여겨 특별히 그의 귀향을 윤허했다.

이백은 일찍이 취중에 다음과 같은 시[「月下獨酌」 4首 중 제2수의 일부임]를 읊었다.

> 하늘이 술을 좋아하지 않는다면,
> 주성(酒星)이 하늘에 있지 않을 것이며,
> 땅이 술을 좋아하지 않는다면,
> 응당 땅에 주천(酒泉)이 없을 것이네.
> 하늘과 땅이 이미 술을 좋아하니,
> 술 좋아하는 것이 어찌 부끄러우랴?
> 석 잔이면 대도(大道)에 통하고,

> 다섯 말이면 자연(自然)과 합치되네.
> 단지 술 속의 흥취를 얻을 뿐,
> 깨어 있는 사람에겐 전하지 말라.

이백이 다시 비서감 하지장을 떠올리며 지은 시[본래 제목은 「重憶賀監知章」임]는 다음과 같다.

> 동남쪽으로 떠나고 싶지만,
> 정작 누구와 함께 술잔을 들까?
> 회계산(會稽山)엔 하로(賀老: 賀知章. 하지장은 會稽 사람임)가 없으니,
> 도로 주선(酒船)을 노 저어 돌아가네.

나중에 이백은 심양(潯陽)에 있다가 또 영왕(永王) 이린(李璘)의 초징을 받고 그의 막료가 되었지만, [이린의 모반이 실패하자] 야랑(夜郎)으로 유배당했다. 당시 두보(杜甫)가 이백에게 보낸 20운(韻) 시[본래 제목은 「寄李十二白二十韻」임]에 그 일이 많이 기술되어 있다. 이백은 나중에 유배에서 풀려나 돌아오면서 강남의 산수를 유람하다가 선성(宣城)의 채석(采石)에서 죽었으며, 사공청산(謝公靑山: 晉代 謝安이 은거하던 東山을 말함)에 묻혔다. 범전정(范傳正)이 선흡관찰사(宣歙觀察使)로 있을 때 이백을 위해 비석을 세우고 그의 무덤길에 정문(旌門)을 세워 표창했다.

처음에 이백은 어려서부터 술을 좋아하여 연주(兗州)에서 학업을 닦을 때에도 평소에 술을 많이 마셨다. 또 임성현(任城縣)에 주루(酒樓)를 지어놓고 날마다 친구들과 함께 그 위에서 질탕하게 마셨는데, 깨어 있을 때가 드물 정도였다. 그러나 마을 사람들은 이백의 명망이 높았기 때문에 그의 높은 명망을 흠모하여 그를 더욱 존경했다. (『본사시』)

李太白初自蜀至京師, 舍於逆旅, 賀監知章聞其名, 首訪之. 旣奇其姿, 又請所爲文, 白出「蜀道難」以示之. 讀未竟, 稱歎數四, 號爲'謫仙人'. 白酷好酒, 知章因解金龜換酒, 與傾盡醉, 期不間日. 由是稱譽光赫. 賀又見其「烏棲曲」, 歎賞苦吟曰: "此詩可以泣鬼神矣!" 曲曰: "姑蘇臺上烏棲時, 吳王宮裏醉西施. 吳歌楚舞歡未畢, 西山猶銜半邊日. 金壺丁丁漏水多, 起看秋月墮江波. 東方漸高奈樂何?" 或言是「烏夜啼」, 二篇未知孰是. 又「烏夜啼」曰: "黃雲城邊烏欲棲, 歸飛啞啞枝上啼. 機中織錦秦川女, 碧紗如煙隔窓語. 停梭向人問故夫, 欲說遼西淚如雨."

白才逸氣高, 與陳拾遺子昂齊名, 先後合德. 其論詩云: "梁('梁'字原闕, 據明鈔本補)·陳已來, 豔薄斯極, 沈休文又尙以聲律. 將復古道, 非我而誰歟!" 玄宗聞之, 召入翰林, 以其才藻絶人, 器識兼茂, 便以上位處之, 故未命以官. 嘗因宮人行樂, 謂高力士曰: "對此良辰美景, 豈可獨以聲伎爲娛? 儻時得逸才詞人吟詠之, 可以誇耀於後." 遂命召白. 時寧王邀白飲酒, 已醉. 旣至, 拜舞頹然. 上知其薄聲律, 謂非所長, 命爲「宮中行樂」五言律詩十首, 白頓首曰: "寧王賜臣酒, 今已醉. 儻陛下賜臣無畏, 始可盡臣薄技." 上曰: "可." 旣遣二內臣掖扶之, 命硏墨濡筆以授之, 又命二人張朱絲欄於其前. 白取筆抒思, 略不停綴, 十篇立就, 更無加點. 筆跡遒利, 鳳跱龍拏, 律度對屬, 無不精絶. 其首篇曰: "柳色黃金嫩, 梨花白雪香. 玉樓巢翡翠, 珠殿宿鴛鴦. 選妓隨雕輦, 徵歌出洞房. 宮中誰第一? 飛鷰在昭陽." 玄宗恩禮極厚, 而白才行不羈, 放曠坦率, 乞歸故山. 玄宗亦以非廊廟器, 優詔許之.

嘗有醉吟詩曰: "天若不愛酒, 酒星不在天. 地若不愛酒, 地應無酒泉. 天地旣愛酒, 愛酒胡愧焉? 三盃通大道, 五斗合自然. 但得酒中趣, 勿爲醒者傳." 更「憶賀監知章」詩曰: "欲向東南去, 定將誰擧杯? 稽山無賀老, 却棹酒船回." 後在潯陽, 復爲永王璘延接, 累謫夜郎. 時杜甫贈白詩二十韻, 多敍其事. 白後放還, 遊賞江表山水, 卒於宣城之采石, 葬於謝公靑山. 范傳正爲宣歙觀察使, 爲之立碑,以旌其隧.

初白自幼好酒, 於兗州習業, 平居多飮. 又於任城縣搆酒樓, 日('日'原作'三', 據明鈔本改)與同志荒宴其上, 少有醒時. 邑人皆以白重名, 望其重而加敬焉. (出 『本事詩』)

호 상

201 · 7(2238)
방 관(房 琯)

소주(蘇州)의 동정산(洞庭山)과 항주(杭州)의 흥덕사(興德寺)에 대해, 태위(太尉) 방관이 이렇게 말했다.

"흥덕사와 동정산을 유람하지 않으면 멋진 곳을 아직 보지 못한 것이다."

수안현(壽安縣)에 옥수(玉水)가 솟아나는 석계(石溪)가 있었는데, 이곳은 산수가 아주 빼어난 명승지이다. 정원연간(貞元年間: 785~804)에 방관은 빈객들과 유람하기 위하여 수안현령을 사직하고 우거진 수풀을 베어 [석계로 가는] 오솔길을 뚫었는데, 사람들은 그 소식을 듣고 이상하게 생각했다. 태화연간(太[大]和年間: 827~835) 초에 박릉(博陵) 사람 최몽(崔蒙)이 수안현의 주부(主簿)가 되어 도로의 이정표를 정비하고 나서야 사람들은 비로소 석계로 가서 유람할 수 있었다. 또한 태사(太師)

안진경(顔眞卿)은 바위에 자신의 성명을 새긴 뒤, 어떤 것은 높은 산 위에 옮겨놓고 어떤 것은 큰 강 밑에 가라앉히면서 이렇게 말했다.

"구릉과 계곡이 서로 변하여 뒤바뀌지 않으리란 것을 어찌 알겠는가!"

(『전기』)

蘇州洞庭, 杭州興德寺, 房太尉琯云: "不遊興德・洞庭, 未見佳處." 壽安縣有噴玉泉石溪, 皆山水之勝絶者也. 貞元中, 琯以賓客辭爲縣令, 乃刻翳薈, 開徑隧, 人聞而異焉. 太和初, 博陵崔蒙爲主簿, 標准於道周, 人方造而遊焉. 又顏太師眞卿刻姓名於石, 或置之高山之上, 或沈之大洲之底, 而云: "安知不有陵谷之變耶!" (出『傳記』)

201・8(2239)
한 유(韓 愈)

한유는 호기심이 많았는데, 한번은 손님과 함께 화산(華山)의 맨 꼭대기에 올랐다가 아무리 생각해봐도 [내려가는 길이 너무 험하여] 돌아갈 수가 없자 실성한 듯이 통곡하면서 화음현령(華陰縣令)에게 [도와달라는] 서찰을 보냈다. 그래서 화음현령은 온갖 방법을 다 동원하여 결국 한유를 내려오게 했다.

또한 이씨 집안의 아들 이천우(李千牛: 千牛는 唐代 禁衛軍의 하나로 左右千牛가 있었음)는 친구들과 함께 자은사(慈恩寺)의 불탑에 올라갔는데, 위험하기 짝이 없는 그곳에서 난간 밖으로 뛰어내리다가 실족하여 떨어졌지만, [다행히도] 허리띠가 못에 걸려 바람에 흔들리는 채로 한참 동안 떨어지지 않고 [대롱대롱 매달려] 있었다. 그와 함께 올라간 이들은 너무 놀란 나머지 난간 안에 엎드려 일어날 수조차 없었다. 사원의 승려들이 멀리서 이 광경을 보고 다급하게 소리치자 경내의 모든 사람들이 그를 구하려고 나왔는데, 결국 승복을 연결하여 줄을 만들어 한참만에 그를 끌어내렸다. 이천우는 [기절했다가] 하룻밤이 지난 뒤에 깨어났다. (『국사보』)

韓愈好奇, 與客登華山絶峯, 度不能返, 發狂慟哭, 爲書遺('書遺'二字原作'遺書', 據明鈔本改)華陰令. 令百計取之, 乃下.
又李氏子爲千牛, 與其儕類登慈恩寺浮圖, 窮危極險, 躍出檻外, 失身而墜, 賴腰帶掛釘, 爲風所搖, 久而未落. 同登者驚倒檻中, 不能復起. 院僧遙望急呼, 一寺悉出以救之, 乃連衣爲繩, 久之取下. 經宿而蘇. (出『國史補』)

201·9(2240)
이 약(李 約)

병부원외랑(兵部員外郎) 이약은 견국공(汧國公)의 아들이었다. 그는 황실의 근친(近親)인 재상의 아들이었으나, 평소에 현묘한 이치를 좋아하고 성품이 소탈하면서도 고고했으며 덕행에도 뛰어났다. 그는 또한 산림을 즐기는 풍류를 지녔고, 금(琴)·술·시에 있어서도 모두 한 시대의 으뜸이었으나 평생 여색은 가까이 하지 않았으며, 천성적으로 사람을 만나길 좋아했으나 세속적인 이야기는 좋아하지 않았다. 그는 새벽에 일어나 대충 머리를 싸매고 빈객과 축융(蹙融: 옛날에 장기알 5개를 가지고 하는 놀이의 일종으로 格五라고도 함)을 두면서 그렇게 하루를 보내곤 했다. 그는 골동품을 많이 소장했는데, 일찍이 윤주(潤州)에 있을 때 얻은 오래된 쇳조각 하나는 그것을 치면 소리가 맑게 울렸다. 또한 생공(生公)이라 하는 원숭이 한 마리를 길렀는데, 늘 그것을 데리고 다녔다. 달 밝은 밤에 강에 배를 띄우고 놀다가 금산(金山)에 올라 그 쇳조각을 치면서 금(琴)을 타면, 원숭이가 반드시 휘파람을 불어 화답했다. 그렇게 저녁 내내 술병을 기울여 술을 마시면서도 다른 손님은 기다리지 않았으며, 취한 후에야 놀이를 그만 두었다.

이약은 일찍이 서인(庶人: 庶民 신분으로 관리가 된 자로서 府史 따위를 말함) 이기(李錡)를 보좌하여 절서부(浙西府)의 막료를 지낸 적이 있었는데, 그는 처음 금릉(金陵)에 도착하여 부주(府主)인 서인 이기를 만난 자리에서 초은사(招隱寺)의 빼어난 풍치를 자주 칭송했다. 하루는 서인이 초은사에서 연회를 즐기고 나서 다음날 이약에게 말했다.

"십랑(十郞: 李約)이 일찍이 초은사에 대해 자랑하기에 어제 그곳에서 연회를 즐기면서 자세히 살펴보았는데, 다른 고을과 무엇이 다른가?"

이약이 웃으며 말했다.

"제가 감상한 것은 꾸미지 않은 들녘의 정취였습니다. 만약 먼 산을 비취 장막으로 가리고 오래된 소나무를 알록달록한 장식물로 감싸며, 비린내나는 고기로 사슴이 먹는 맑은 샘물을 더럽히고 음악소리로 산새들의 노래 소리를 어지럽힌다면, 이는 진실로 숙부님의 대청만 못하지요."

이약의 말을 듣고 서인은 크게 웃었다.

이약은 또한 본래 차를 좋아하여 자신이 직접 차를 볶을 줄 알았는데, 사람들에게 이렇게 말했다.

"차란 모름지기 약한 불로 덖다가 센 불로 볶아야 하는데, 센 불은 석탄의 불꽃을 말한다."

이약은 손님이 찾아오면 찻사발 수를 한정하지 않고 온종일 찻그릇을 들고 차를 따르면서도 피곤해하지 않았다. 이약은 한번은 사명(使命)을 받들고 협석현(硤石縣) 동쪽으로 간 적이 있었는데, 그곳의 맑은 계곡물을 너무 좋아하여 열흘 동안 떠나는 걸 잊어버렸다. (『인화록』)

兵部員外郞李約, 沂公之子也. 以近屬宰相子, 而雅愛玄機. 蕭蕭冲遠, 德行旣優. 又有山林之致, 琴道・酒德・詞調, 皆高絶一時, 一生不近女色, 性喜接引人物, 而不好俗談. 晨起草裹頭, 對客蹙融, 便過一日. 多蓄古器, 在潤州嘗得古鐵一片, 擊之精越. 又養一猨名生公, 常以之隨. 逐月夜泛江, 登金山, 擊鐵鼓琴, 猨必嘯和. 傾壺達夕, 不俟外賓, 醉而後已.

約曾佐李庶人錡浙西幕, 約初至金陵, 於府主庶人錡坐, 屢讚招隱寺標致. 一日, 庶人宴於寺中, 明日, 謂約曰: "十郞嘗誇招隱寺, 昨遊宴細看, 何殊州中?" 李笑曰: "某所賞者疎野耳. 若遠山將翠幕遮, 古松用彩物裹, 腥膻浣鹿捂泉, 音樂亂山鳥聲, 此則實不如在叔父大廳也." 庶人大笑.

約性又嗜茶, 能自煎, 謂人曰: "茶須緩火炙, 活火煎, 活火謂炭火焰火也." 客至, 不限甌數, 竟日執持茶器不倦. 曾奉使行硤石縣東, 愛渠水淸流, 旬日忘發. (出『因話錄』)

201 · 10(2241)
육홍점(陸鴻漸)

태자문학(太子文學: 皇太子의 文學 侍從官) 육홍점은 이름이 우(羽)이며, 그의 출신 내력은 모른다. 경릉현(竟陵縣) 용개사(龍蓋寺)의 성이 육씨(陸氏)인 어떤 스님이 제방 위에서 갓 태어난 아이를 주워 기르다가 마침내 그 아이의 성을 육씨로 했다. 그 아이는 장성하자 총명하고 견문이 넓었으며 학식이 풍부하고 문장이 빼어난 데다 남과 잘 어울리고 담론까지 뛰어나서, [옛날 漢나라의] 동방만천(東方曼倩: 東方朔)과 같은 무리였다. 육홍점은 본래 차를 좋아하여 처음으로 차 볶는 법을 만들었다. 오늘날 차 파는 사람들은 도자기로 그의 형상을 만들어 백철 그릇 사이에 모셔두고서, '부디 차를 팔아 이득을 많이 보게 해주소서' 하고 빈다. 태화연간(太[大]和年間: 827~835)에 복주(復州: 治所가 竟陵縣에 있었음)의 어떤 노승은 자칭 육씨 스님의 제자라고 하면서 다음과 같은 세태 풍자 노래를 늘 불렀다.

    황금 성채도 부럽지 않고,
    백옥 술잔도 부럽지 않네.
    아침에 관청 들어가는 것도 부럽지 않고,
    저녁에 대각(臺閣) 들어가는 것도 부럽지 않네.
    오직 서강(西江)의 맑은 물만 부러워하여,
    일찍이 진릉성(晉陵城)을 향해 내려왔다네.

육홍점은 또 『다경(茶經)』 2권을 지었는데, 그것이 대대로 세상에 전해진다. 오늘날 차 파는 사람들은 육홍점의 형상을 만들어놓고 '차신(茶

神'으로 여긴다. 그들은 장사를 할 때는 차를 바쳐 그에게 제사를 올리고, 장사를 하지 않을 때는 뜨거운 물로 그를 씻겨준다. (『전재』)

太子文學陸鴻漸, 名羽, 其生不知何許人. 竟陵龍蓋寺僧姓陸, 于堤上得一初生兒, 收育之, 遂以陸爲氏. 及長, 聰俊多聞, 學瞻辭逸, 恢諧談辯, 若東方曼倩之儔. 鴻漸性嗜茶, 始創煎茶法. 至今鬻茶之家, 陶爲其像, 置於錫器之間, 云'宜茶足利'. 至太和, 復州有一老僧, 云是陸僧弟子, 常諷歌云: "不羨黃金罍, 不羨白玉杯. 不羨朝入省, 不羨暮入臺. 唯羨西江水, 曾向晉陵城下來" 鴻漸又撰『茶經』二卷, 行於代. 今爲鴻漸形者(明鈔本'者'作'貌'), 因目爲'茶神'. 有交易則茶祭之, 無以釜湯沃之. (出『傳載』)

201·11(2242)
독고급(獨孤及)

상주(常州)의 독고급은 말년에 금(琴) 연주를 너무 좋아하여, 눈병이 걸렸는데도 치료는 하지 않고 오로지 금 연주를 듣고 싶은 생각뿐이었다. (『전재』)

常州獨孤及, 末年尤嗜鼓琴, 得眼病不理, 意欲專聽. (出『傳載』)

201·12(2243)
두 겸(杜 兼)

두겸은 일찍이 만 권의 책을 모았는데, 책의 매 권(卷) 뒤에 반드시 직접 이렇게 써놓았다.

"[이 책은] 남에게 삯을 주고 베껴서 손수 교정한 것이니, 너희들은 이것을 읽으면 성인의 도리를 알게 될 것이지만, 이를 버리거나 팔면 불효를 저지르게 된다."

(『전재』)

杜兼嘗聚書萬卷, 每卷後必自題云: "倩俸寫來手自校, 汝曹讀之知聖道, 墜之鬻之爲不孝." (出『傳載』)

201·13(2244)
이덕유(李德裕)

이덕유는 동료들과 흉금을 터놓을 정도로 가까이 지냈는데, 어떤 이가 그에게 좋아하는 것이 무엇인지 물었더니, 이덕유가 대답했다.

"나는 아직 들어보지 못한 새로운 서책을 보길 좋아하네."

위국공(魏國公) 최현(崔鉉)은 갓 볶은 엽두(饁頭: 볶은 쌀 과자)를 먹길 좋아하여 그것을 진미(珍美)로 여겼다. 그래서 그의 종사(從事)는 연회를 열 때면 미리 하루 전에 반드시 사원(使院: 節度使留後의 官署)에 가서 갓 볶은 엽두를 마련해 놓았다. 빈국공(邠國公) 두종(杜悰)은 매일 아침에 고두밥과 말린 육포를 먹길 좋아했고, 시중(侍中) 최안잠(崔安潛)은 소싸움을 구경하길 좋아했다. 이들이 좋아하는 바는 비록 각기 다르지만 이득을 가까이 한 것은 아니었으니, 대저 상아 산가지를 쓰고 황금 담장을 쌓거나 돈밖에 모르고 곡식을 산처럼 쌓아놓는 것과는 차이가 많지 않는가! (『북몽쇄언』)

李德裕與同列款曲, 或有徵所好者, 德裕言: "己喜見未聞新書策." 崔魏公鉉好食新餕頭, 以爲珍美. 從事開('從'字原闕, '開'原作'聞', 據『北夢瑣言』補改)筵, 先一日前, 必到使院索('索'原作'案', 據『北夢瑣言』改)新煮餕頭也. 杜邠公悰每早食饋飯乾脯, 崔侍中安潛好看鬪牛. 雖各有所美, 而非近利, 與夫牙籌金埒, 錢癖穀堆, 不其遠乎! (出『北夢瑣言』)

201 · 14(2245)
반 언(潘 彦)

함형연간(咸亨年間: 670~673)에 패주(貝州)의 반언은 쌍륙(雙陸: 2개의 주사위를 던져 나오는 점수대로 말을 써서 상대편보다 먼저 궁으로 들어가면 이기는 놀이의 일종으로 판은 12줄임)을 몹시 좋아하여, 외출할 때마다 항상 쌍륙판을 몸에 지니고 다녔다. 그는 한번은 바다에 나갔다가 풍랑을 만나 배가 난파되었는데, 오른손으로는 판자 하나를 잡고 왼손으로는 쌍륙판을 안고 입으로는 쌍륙 주사위를 물었다. 1박 2일 동안 표류한 끝에 겨우 해안에 이르렀는데, 두 손은 뼈가 드러날 정도였지만 쌍륙판은 끝내 놓지 않았으며 주사위도 입에 그대로 있었다. (『조야첨재』)

咸亨中, 貝州潘彦好雙陸, 每有所詣, 局不離身. 曾泛海, 遇風船破, 彦右手挾一板, 左手抱雙陸局, 口銜雙陸骰子. 二日一夜至岸, 兩手見骨, 局終不捨, 骰子亦在口. (出『朝野僉載』)

201 · 15(2246)
송지손(宋之愻)

낙양현승(洛陽縣丞) 송지손은 본래 노래부르길 좋아했다. 그는 지방으로 나가 연주참군(連州參軍)이 되었는데, 연주자사(連州刺史) 진희고(陳希古)는 용렬한 사람이었다. 진희고가 송지손에게 비녀(婢女)에게 노래를 가르치라고 했는데, [비녀와 직접 만나는 것을 진희고가 꺼려했기에] 그가 매일 아침에 홀(笏)을 단정히 들고 정원에 서서 아~ 아~ 하고 노래를 부르면 그 비녀는 창 너머에서 따라 불렀다. 그 소리를 들은 사람은 모두들 크게 웃었다. (『조야첨재』)

洛陽縣丞宋之愻性好唱歌. 出爲連州參軍, 刺史陳希古者, 庸人也. 令之愻教婢歌, 每日端笏立於庭中, 呦呦而唱, 其婢隔窓從而和之. 聞者無不大笑. (出『朝野僉載』)

201 · 16(2247)
주전의(朱前疑)

　병부랑중(兵部郞中) 주전의는 아주 못생겼지만 그의 부인은 미인이었다. 칙천무후(則天武后) 때, 낙중(洛中: 洛陽) 식업방(殖業坊) 서대문의 술집에 머리를 풀어헤치고 얼굴에 때국물이 흐르는 계집종이 있었는데, 그녀는 어깨가 구부정하고 배가 튀어나와 그 못생긴 꼬락서니는 이 세상에 다시없을 정도였다. 그러나 주전의는 그녀를 몹시 좋아하여 거의 먹고 자는 것을 잊어버릴 지경이었다. 이로써 보건대, 이전 사람들이 '숙류(宿瘤: 戰國時代 齊나라 閔王의 王后로 목덜미에 커다란 혹이 있었음)도 총애를 받는다'고 한 말이 진실로 거짓이 아님을 알겠다. 대저 인간세상에서 좋아하는 바는 어찌 이리도 서로 다른가? 예전부터 듣기로, [周나라] 문왕(文王)은 창포 다짐[원문은 '昌歜'이라 되어 있는데 문맥상 '昌歜'의 誤記로 보임]을 좋아했고, 초왕(楚王)은 미나리 절임을 좋아했으며, 굴도(屈到: 春秋時代 楚나라 사람으로 屈蕩의 아들)는 세발 마름을 좋아했고, 증석(曾晳)은 고욤나무 열매[羊棗: 君遷子라고도 함]를 좋아했으며, [南朝] 송(宋)나라 유옹(劉邕)은 상처 딱지를 좋아했다. 유옹의 본전(本傳)에는 다음과 같이 기록되어 있다.

　"유옹이 전 오흥태수(吳興太守) 맹령휴(孟靈休)를 찾아갔는데, 맹령휴가 버선을 벗었을 때 덴 상처에 붙어 있던 딱지가 바닥에 떨어지자, 유옹이 몸을 숙여 그것을 집어먹었다."

　송나라 명제(明帝)는 꿀에 잰 가을매미를 좋아하여 매번 몇 되씩 먹곤 했다. 이로써 알 수 있으니, 악취를 좋아한 바닷가 사람[海上逐臭: 출전은『呂氏春秋』「遇合」. 어떤 사람에게 심한 악취가 나서 그의 친척·형제·처첩까지도 함께 살 수 없자 그는 이를 괴로워하여 바닷가로 가서 살았는데, 그곳에는 그의 악취를 좋아하는 사람이 있어서 밤낮으로 그를 따라다녔다고 함. 사람의 嗜好가 怪癖한 것을 비유하는 말의 이야기와 추녀를 사랑한 진군(陳君: 미상)의 이야기를 어찌 괴상하다 하겠는가? 이는 모두 하늘이 그들에게 괴벽(怪癖)을 부여했기 때문이다. (『조야첨재』)

兵部郞中朱前疑貌醜, 其妻有美色. 天后時, 洛中殖業坊西門酒家, 有婢蓬頭垢面, 傴肩皤腹, 寢惡之狀, 舉世所無. 而前疑大悅之, 殆忘寢食. 乃知前世言'宿瘤蒙愛', 信不虛也. 夫人世嗜慾, 一何殊性? 前聞文王嗜昌歜, 楚王嗜芹菹, 屈到嗜芰, 曾晳嗜羊棗, 宋劉邕嗜瘡痂. 本傳曰: "邕詣前吳興太守孟靈休, 靈休脫襪, 粘炙瘡痂墜地, 邕俯而取之飡焉." 宋明帝嗜蜜漬蛷蚭, 每啖數升. 是知海上逐臭之談, 陳君愛醜之說, 何其怪歟? 天與其癖也. (出『朝野僉載』)

201·17(2248)
선우숙명(鮮于叔明)

검남동천절도사(劍南東川節度使) 선우숙명은 빈대를 먹길 좋아했는데, 당시 사람들은 그것을 '반충(蟠蟲)'이라 불렀다. 그는 매번 조회가 끝나면 사람들에게 3~5되 가량의 빈대를 잡아오게 하여, 미지근한 물에 그것을 띄워 냄새를 다 빼낸 다음에, 연유와 갖은 양념을 넣어 볶아서 떡에 넣어 먹으면서 이렇게 말했다.

"이 맛이 정말 최고야!"

(『건손자』)

劍南東川節度鮮于叔明好食臭蟲, 時人謂之'蟠蟲'. 每散, 令人採拾得三五升, 卽浮之微熱水中, 以抽其氣盡, 以酥及五味熬之, 卷餠而啖, 云: "其味實佳!"(『乾饌子』)

201 · 18(2249)
권장유(權長孺)

장경연간(長慶年間: 821~824) 말에 전 복건지현(福建知縣) 권장유는 죄를 범하여 유배당했는데, 나중에 그는 옛 예부상서(禮部尙書)를 지낸 상국(相國) 권덕여(權德輿)의 가까운 친족이었기에 황제의 은전을 받아 복직되었다. 그가 광릉(廣陵)에서 여러 날 머무르는 동안 그를 만난 관부(官府)의 빈객들은 모두 그를 경시했다. 그는 장차 벼슬을 구하러 대궐로 갈 예정이었는데, 떠날 때 여러 관원들이 선지정사(禪智精舍)에서 그를 전별했다. 그전에 광사(狂士: 행동거지가 常軌를 벗어난 사람) 장전(蔣傳)은 권장유가 사람의 손톱을 먹길 좋아하는 괴벽이 있다는 사실을 알고서, 군졸과 여러 잡역부들에게 약간의 품삯을 주고 몇 냥(兩)의 깎은 손톱을 모았는데, 어떤 것은 미처 깨끗이 씻지도 않은 채로 그냥 종이에 싸두었다가, 권장유가 술이 얼큰해졌을 때 그에게 바치며 말했다.

"시어(侍御: 權長孺)께서 먼길을 떠나시는데 달리 선물해드릴 것이 없습니다. 지금 맛있는 것이 조금 있으니 감히 드리겠습니다."

그리고는 권장유에게 손톱을 올렸다. 권장유는 그것을 보더니 마치 천금의 선물이라도 받은 듯이 얼굴에 기쁜 기색을 띠며 침을 흘리면서 연신 집어먹었는데, 몹시 뿌듯한 표정이었다. 이것을 본 온 좌중의 사람들은 그 괴상함에 놀랐다. (『건손자』)

長慶末, 前知福建縣(明鈔本'縣'作'院')權長孺犯事流貶, 後以故禮部相國德興之近宗, 遇恩復資. 留滯廣陵多日, 賓府相見, 皆鄙之. 將詣闕求官, 臨行, 群公飮餞於禪智精舍. 狂士蔣傳知長孺有嗜人爪癖, 乃於步健及諸庸保處, 薄給酬直, 得數兩削下爪, 或洗濯未精, 以紙裹, 候其酒酣, 進曰: "侍御遠行, 無以餞送. 今有少佳味, 敢獻." 遂進長孺. 長孺視之, 忻然有喜色, 如獲千金之惠, 涎流於吻, 連撮噉之, 神色自得. 合坐驚異. (出『乾𦠿子』)

태평광기 권제 202

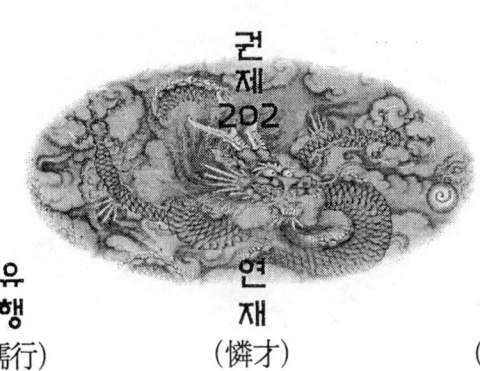

유행 (儒行) 연재 (憐才) 고일 (高逸)

1. 유헌지(劉獻之)
2. 노경유(盧景裕)
3. 소덕언(蕭德言)
4. 장초금(張楚金)
5. 심 약(沈 約)
6. 당고종(唐高宗)
7. 천 후(天 后)
8. 원건요(源乾曜)
9. 장건봉(張建封)
10. 이 실(李 實)
11. 한 유(韓 愈)
12. 양경지(楊敬之)
13. 노 조(盧 肇)
14. 영호도(令狐綯)
15. 최 현(崔 鉉)
16. 공치규(孔稚珪)
17. 이원성(李元誠)
18. 도홍경(陶弘景)
19. 전유암(田遊巖)
20. 주도추(朱桃椎)
21. 노 홍(盧 鴻)
22. 원 결(元 結)
23. 하지장(賀知章)
24. 고 황(顧 況)
25. 진 숙(陳 琡)
26. 공 증(孔 拯)

유 행

202 · 1(2250)
유헌지(劉獻之)

후위(後魏: 北魏)의 유헌지는 어려서부터 학문 배우기를 좋아했고, 특히 『시경(詩經)』과 『춘추삼전(春秋三傳)』에 정통했으며, 각종 제자서와 역사책을 두루 보았다. 그는 명법(名法: 名家와 法家)의 저서를 읽고 난 뒤에 책을 덮고 웃으면서 말했다.

"양주(楊朱)와 묵적(墨翟)과 같은 이들이 이와 같은 책을 쓰지 않았다면 천년동안 누군들 조금이라도 그들을 알았겠는가!"

유헌지는 또 가까운 친구에게 이렇게 말했다.

"굴원(屈原)의 「이소(離騷)」를 살펴보았더니 그는 본래 미친 사람이었네. 그런 자가 죽었으니, 뭐 그리 안타까울 것이 있겠는가!"

당시에 그를 좇아 학문을 배우는 사람이 있었는데, 유헌지는 그에게 이렇게 말했다.

"입신함에 모름지기 그 방법은 다를 수 있지만, 반드시 사과(四科: 孔門의 네 가지 학과로, 德行·言語·政事·文學을 말함)를 모범으로 삼아야 하고, 그 가운데서는 반드시 덕행을 으뜸으로 해야 한다. 만약 그대가 집에 들어와서는 효도를 행하고 밖에 나가서는 웃어른을 공경하며, 나라에 충성하고 다른 사람에게 신의가 있으며 다른 사람을 아낄 줄 알고 겸손해할 줄 안다면 문을 나서지 않아도 천하의 사람들이 절로 그대를 알게 될 것이다. 만약 이와 같이 할 수 없다면, 설령 그대가 다시 방안에 휘장을 쳐 놓고 허벅지에 침을 찔러가며 공부하고, 멀리까지 스승을 좇아 다니며 공부한다 하더라도 그것은 그저 그대의 견문과 지식을 넓히는데 불과할 뿐이다. 그것은 마치 지렁이가 하늘에 비를 구하듯 그저 그대의 장래를 현혹시킬 뿐이니, 입신의 도에 무슨 보탬이 되겠는가? 공자의 제자들도 처음에는 이 도리를 깨닫지 못하다가 오구(吾丘: 퐘丘子 혹은 丘吾子라고도 하는데, 春秋시대의 孝子. 丘吾子의 이야기는 『說苑』「敬愼」에 나오는데, '나무가 고요하고자 하나 바람이 멎지 아니하고, 자식이 부모를 봉양하고자 하나 어버이는 자식을 기다려주지 않는다'는 말로 유명한 고사임)의 탄식을 보고 난 뒤에 비로소 집으로 돌아가 어버이를 모셨다. 아! 덕행과 학문이 뛰어난[즉 공자와 그의 제자들] 사람들조차도 스스로 학문을 터득함이 어찌 이리도 늦은가!"

이로부터 사방의 학생들이 그를 흠모하며 모여들었다. 이에 유헌지는 이렇게 탄식했다.

"나는 버려져 있는 가죽나무에 자신을 비유하는 장주(莊周: 莊子)를 따라가려면 한참 멀었구나!"

그리고는 한사코 병을 핑계로 그들을 물리쳤다. (『담수』)

後魏劉獻之少好學, 尤精詩傳, 泛觀子史. 見名法之言, 掩卷而笑曰: "若使楊・墨之流, 不爲此書, 千載誰知少也!" 又謂所親曰: "觀屈原「離騷」之作, 自是狂人. 死何足惜!" 時人有從之學者, 獻之曰: "立身雖百行殊途, 准之四科, 要以德行爲首. 子若能入孝出悌, 忠信仁讓, 不待出戶, 天下自知. 儻不能然, 雖復下帷針股, 躡履從師, 止可博聞强識. 不過爲土龍乞雨, 眩惑將來. 其於立身之道何益乎?

孔門之徒. 初亦未悟. 見吾丘之歎. 方乃歸而養親. 嗚呼! 先達之人, 何自學之晚也!" 由是四方學者慕之. 歎曰: "吾不如莊周樗散遠矣!" 固以疾辭. (出『談藪』)

202 · 2(2251)
노경유(盧景裕)

범양(范陽) 사람 노경유는 태상(太常) 노정지(盧靜之)의 아들이자, 사공(司空: 三公의 하나로, 실권이 없는 명예직을 말함) 노동(盧同)의 조카이다. 그는 어려서부터 조용한 것을 좋아했고, 경사(經史: 儒家의 전적과 역사책 및 일부 지리서)를 두루 읽었으며, 공손하고 순박하게 자신의 도를 지키며 영리를 추구하는데 뜻을 두지 않았기 때문에 당시 사람들은 그를 거사(居士)라 불렀다. 처음 머리에 한 무더기의 흰 머리카락이 나기 시작했을 때 그가 세어보았더니 모두 49 가닥이었다. 노경유는 특별히 『노자(老子)』와 『역경(易經)』을 좋아해서 이 두 책에 주석을 달았으며 49살에 죽었기에, 그의 어릴 적 이름을 백두(白頭)라 불렀다. 그는 성정이 바르고 자신에게 엄했기 때문에 어두운 방에 혼자 있다 하더라도 반드시 그 몸가짐을 엄중히 했으며, 한여름에도 웃통을 벗지 않았다. 그리고 아내와 마주 앉아 있을 때도 마치 중요한 손님을 모시듯 했다. 노경유는 중서시랑(中書侍郎)을 역임했다. (『담수』)

范陽盧景裕, 太常靜之子, 司空同之猶子. 少好閑默, 馳騁經史, 守道恭素, 不以榮利居心, 時號居士焉. 初頭生一叢白毛, 數之四十九莖. 故偏好『老』・『易』,

爲注解, 至四十九而卒, 故小字白頭. 性端謹, 雖在暗室, 必矜莊自持, 盛暑之月, 初不露袒. 妻子相對, 有若嚴賓. 歷位中書侍郞. (出『談藪』)

202·3(2252)
소덕언(蕭德言)

당(唐)나라 소덕언은 학문에 뜻을 두었다. 그래서 오경(五經)을 펼칠 때마다 반드시 몸을 깨끗이 씻고 의복을 가지런하게 차려입은 뒤 단정하게 앉아서 책을 대했다. 이에 그 부인이 이렇게 말했다.

"종일토록 그렇게 하고 앉아 있으면 피곤하지 않으세요?"

소덕언이 말했다.

"성현의 말씀을 공경하는데 있어 어찌 이 정도의 수고로움을 꺼리겠소!"

(『담빈록』)

唐蕭德言篤志於學. 每開五經, 必盥濯束帶, 危坐對之. 妻子謂曰: "終日如是, 無乃勞乎?" 德言曰: "敬先師之言, 豈憚於此乎!" (出『譚賓錄』)

202·4(2253)
장초금(張楚金)

장초금은 월석(越石)과 함께 향공진사(鄕貢進士: 鄕貢은 지방관의 추천을 거쳐 名帖에 이름을 기록하는 것을 가리키며, 鄕貢으로 京試에서 진사과에 합격한 사람을 鄕貢進士라 했음) 시험에 참여했는데, 주사(州司: 州의 관리)가 월석은 떨어뜨리고 장초금만을 추천하려 하자, 장초금은 주사에게 이렇게 말했다.

"나이의 순서로 따져도 월석이 연장자이고, 재주로 보아도 제가 그만 못합니다."

장초금은 한사코 그의 추천을 받지 않고 월석과 같이 물러나겠다고 청했다. 당시 도독(都督)으로 있던 이적(李勣)이 이 이야기를 듣더니, 이렇게 탄복했다.

"공사(貢士: 지방관의 추천을 받은 인재)에겐 본래 재주와 덕행이 요구되는 바인데, 장초금과 월석이 이렇게 서로를 추천하니, 두 사람 모두 추천한다고 해서 안될 것이 뭐가 있겠는가!"

그리하여 장초금과 월석 두 사람은 함께 추천을 받아 과거에 급제했다. (『담빈록』)

張楚金與越石同預鄕貢進士, 州司將罷越石而貢楚金, 楚金辭曰: "以順卽越石長, 以才卽楚金不如." 固請俱退. 李勣爲都督, 歎曰: "貢士本求才行, 相推如此, 何嫌雙擧!" 乃薦擢第. (出 『譚賓錄』)

연 재

202 · 5(2254)
심 약(沈 約)

    양(梁)나라 낭아(瑯邪) 사람 왕균(王筠)은 어리면서도 열심히 학습하여 문채(文彩)가 유려했기에 심약의 칭찬을 들었다. 심약이 상서령(尚書令)이 되었을 때 왕균은 그 아래의 상서랑(尚書郎)으로 있었다. 심약이 왕균에게 말했다.

    "내가 일전에 왕융(王融)·사조(謝朓) 등 여러 현인들과 함께 문회(文會: 문인들이 술을 마시고 난 뒤에 시를 짓거나 학문을 닦았던 모임)를 열어 문장을 감상하곤 했었소. 그러나 가문이 영락한 이래로 몸도 노쇠하고 병이 잇달아 찾아오는 바람에 평생에 좋아하던 바를 모두 거의 손에서 놓아야 할 판이었으나, 문장을 짓고 글을 읽는 일만은 그만둘 수 없었소. 그런데 뜻밖에도 만년에 다시 성덕(盛德: 인품이 고상한 사람 즉, 王筠을 말함)을 지닌 인물을 만나게 되었구려. 예전에 백개(伯喈: 漢나라 蔡邕의 字)가 왕중선(王仲宣: 王粲)을 만나고 나서 이렇게 칭찬했다고 하더이다.

    '이 사람은 왕씨 집안의 손자가 될 만하구나[그 재주가 뛰어난 것을 말하는데, 『三國志』「魏書」 권21에 보면, 王粲은 山陽 高平 사람으로 증조부 王襲, 조부 王暢이 모두 漢나라의 三公을 지냈음]. 우리 집에 장서만 권이 있으니, 이 책 모두를 마땅히 그에게 주어야겠다.'

내 비록 불민하지만, 삼가 이 말을 따르고자 하오."

그리하여 왕균은 서사(書史: 經典)를 헤아리고 토론할 때마다 밤이 지나 날이 밝도록 문장을 두루 살펴 자신을 알아준 심약의 뜻에 보답했다. 왕균은 사도(司徒: 三公의 하나로 敎化의 일을 담당했는데, 실권이 없는 명예직을 말함)·좌장사(左長史) 및 탁지상서(度支尙書)를 두루 지냈다.(『담수』)

梁瑯邪王筠幼而淸棣, 文采逸艷, 爲沈約所賞. 及沈爲尙書令, 筠爲郞. 謂筠曰: "僕昔與王·謝諸賢, 爲文會之賞. 自零落以來, 朽疾相繼, 平生翫好, 殆欲都絶, 而一文一詠, 此事不衰. 不意疲暮, 復遇盛德. 昔伯喈見王仲宣歎曰: '此王公之孫. 吾家書籍萬卷, 必當相與.' 僕雖不敏, 請慕斯言." 每商確書史, 流('流'字原闕, 據明鈔本補)閱篇章, 畢夜闌景, 以爲得志之賞. 筠歷位司徒·左長史·度支尙書. (出『談藪』)

202·6(2255)
당고종(唐高宗)

호초빈(胡楚賓: 唐나라 秋浦 사람)은 문장을 아주 신속하게 지었는데, 매번 술이 얼큰하게 오른 연후에야 붓을 잡았다. 고종(高宗)은 그에게 문장을 짓게 할 때마다 반드시 금 술잔이나 은 술잔에 술을 가득 담아 주면서 술을 마시게 했으며, 또한 그 술잔을 그에게 상으로 내렸다.(『담빈록』)

胡楚賓屬文敏速, 每飮酒半酣而後操筆. 高宗每令作文, 必以金銀杯盛酒, 令飮, 便以杯賜之. (出『譚賓錄』)

202·7(2256)
천 후(天 后)

측천무후(則天武后)는 용문(龍門)에 행차하여 수행관리들로 하여금 시를 짓게 했다. 좌사(左史: 唐代 起居郞의 別稱) 동방규(東方虬)가 먼저 시를 완성해서 올리자, 측천무후는 비단 옷을 그에게 상으로 내렸다. 그러나 송지문(宋之問)이 시를 지어 올리자 측천무후는 송지문의 시가 동방규의 시보다 훌륭하다고 칭찬하면서 동방규에게 주었던 비단 옷을 다시 빼앗아 송지문에게 상으로 내렸다. (『담빈록』)

則天幸龍門, 令從官賦詩. 左史東方虬詩先成, 則天以錦袍賜之. 及宋之問詩成, 則天稱詞更高, 奪袍以賜之. (出『譚賓錄』)

202·8(2257)
원건요(源乾曜)

원건요가 상주한 일이 현종황제(玄宗皇帝)의 뜻에 부합했기 때문에 현종황제는 그를 매우 좋아했다. 그리하여 현종황제는 급히 그를 발탁해서 관리에 임용했는데, 그는 호부시랑(戶部侍郞)·경조윤(京兆尹)을 거쳐서 재상(宰相)에까지 이르렀다. 다른 날 현종황제는 고력사(高力士)에게만 이렇게 말했다.

"그대는 짐이 원건요를 빨리 발탁하여 쓴 사실을 알고 있느냐?"

고력사가 말했다.

"알지 못합니다."

현종황제가 말했다.

"짐은 그의 용모와 말투가 소지충(蕭至忠: 蕭德言의 증손자)과 비슷하다고 생각되어 그를 기용했다."

고력사가 대답했다.

"소지충은 일찍이 폐하를 등진 인물이 아닙니까? 그런데도 폐하께서는 어찌하여 이토록 오랫동안 그를 생각하고 계십니까?"

현종황제가 말했다.

"소지충은 만년에 마음을 잘못 먹었을 뿐이다. 처음 그가 조정에 섰을 때는 현상(賢相)이라고 할 만하지 않았던가?"

현종황제가 인재를 아끼고 그 허물을 용서하는 것이 이와 같았기에 이 이야기를 들은 사람들 가운데 감복하고 기뻐하지 않은 이가 없었다. (『국사보』)

源乾曜因奏事稱旨, 上悅之. 於是驟拔用, 歷戶部侍郎·京兆尹以至宰相. 異日, 上獨與高力士語曰: "汝知吾拔用乾曜之速乎?" 曰: "不知也." 上曰: "吾以容貌言語類蕭至忠, 故用之." 對曰: "至忠不嘗負陛下乎? 陛下何念之深也?" 上曰: "至忠晚乃謬計耳. 其初立朝, 得不謂賢相乎?" 上之愛才宥過, 聞者莫不感悅. (出『國史補』)

202 · 9(2258)
장건봉(張建封)

최응(崔膺)은 천성이 자유분방했지만, 장건봉이 그 문장을 아껴서 그를 빈객으로 대우해주었기 때문에 늘 장건봉의 군영을 따라 다녔다. 한번은 최응이 한밤중에 크게 고함을 질러 군사들을 놀라게 만들었다. 군사들은 모두 화를 내며 그를 잡아먹으려고 했으나 장건봉은 그를 숨겨주었다. 이튿날 군영에서 잔치가 열리자 감군(監軍)이 말했다.

"내 상서(尙書: 張建封)와 한 가지 약속할 일이 있으니, 피차간에 서로의 약속을 어겨서는 안 됩니다."

장건봉이 말했다.

"알겠소이다."

감군이 말했다.

"내게 한 가지 청이 있는데, 최응을 주십시오."

장건봉이 말했다.

"약속대로 하지요."

잠시 뒤에 장건봉이 다시 말했다.

"제게도 청이 하나 있는데, 다시 최응을 돌려주시지요."

좌중이 크게 웃었다. 그 후에야 최응은 죽음에서 면할 수 있었다.

(『국사보』)

崔膺性狂, 張建封愛其文, 以爲客, 隨建封行營. 夜中大叫驚軍. 軍士皆怒, 欲食其肉, 建封藏之. 明日置宴, 監軍曰: "某有與尙書約, 彼此不得相違." 建封曰:

"唯." 監軍曰: "某有請, 請崔膺." 建封曰: "如約." 逡巡, 建封又曰: "某亦有請, 却請崔膺." 座中皆笑. 後乃得免. (出『國史補』)

202 · 10(2259)
이 실(李 實)

이실[唐나라 德宗 때 京兆尹으로 있었는데, 그 권력을 믿고 횡포를 부리다가 많은 사람들의 참소를 받았음]은 사농경(司農卿: 司農寺의 장관으로, 양곡 창고나 백관의 봉급을 관리했음)으로 있으면서 관세(官稅)를 독촉했다. 마침 상중이던 소우(蕭祐: 字는 祐之로, 司農卿 李實의 추천을 받아 左拾遺가 되었음)는 제 날짜에 맞추어 관세를 내지 못했다. 이실이 화를 내며 그를 불러들였을 때 마침 세금을 실은 수레도 함께 따라 들어왔기에 문책 당하지 않을 수 있었다. 한번은 덕종(德宗)의 사여(賜與: 常賜 이외의 특별한 恩賜)를 받은 일이 있어 마땅히 감사의 표문을 올려야 했는데, 늘 붓을 잡았던 사람이 마침 일이 있었다. 이실은 상황이 다급해지자, 이렇게 말했다.

"자최(齊衰: 親喪을 당했을 때 입는 喪服. 여기서는 蕭祐를 지칭함) 입은 자를 불러들여라."

이에 소우가 들어와서 즉시 이실을 위해 감사 표문(表文)의 초안을 잡았다. 이실은 크게 기뻐하며 연영전(延英殿)에서 소우를 덕종황제(德宗皇帝)께 추천했다. 덕종황제는 그의 상기(喪期)를 물어보게 한 뒤 그를 만날 날을 손꼽아 기다렸다. 소우는 상복을 벗던 이튿날 처사(處士)

에서 습유(拾遺)가 되었다. 소우는 문장을 잘 썼을 뿐만 아니라 그림에도 뛰어났으며, 금(琴) 타기를 좋아했다. 그의 관리등용은 정말 우연에서 나온 것이었다. (『국사보』)

李實爲司農卿, 促責官租. 蕭祐居喪, 輸不及期. 實怒, 召至, 租車亦至, 故得不罪. 會有賜與, 當爲謝狀, 常秉筆者方有故. 實急, 乃曰: "召衣齊衰者." 祐至, 立爲草狀. 實大喜, 延英薦之. 德宗令問喪期, 屈指以待. 及釋服之明日, 自處士拜拾遺. 祐有文章, 善畫, 好鼓琴. 其拔擢乃偶然耳. (出『國史補』)

202 · 11(2260)
한 유(韓 愈)

이하(李賀)는 자(字)가 장길(長吉)이며 당(唐)나라 황실의 자손이다. 이하의 부친 이진숙(李瑨肅: 李晉肅의 오기로 보임)은 변방의 한 종사(從事: 刺史의 屬官)로 있었다. 이하는 일곱 살 되던 해에 장단가(長短歌: 長短句. 시구의 길이가 일정치 않는 시가를 말함)로써 도성에 명성을 날렸다. 당시에 [문단에서 이름을 날리고 있던] 한유와 황보식(皇甫湜)은 이하가 지은 시를 보고 뛰어나다고 칭찬했는데, 일찍이 그 사람에 대해서는 알지 못했다. 그리하여 서로 이렇게 말했다.

"만약 그가 옛날 사람이라면 우리들이 모르는 것이 당연하지만, 만약 그가 지금 사람이라면 어찌 모를 수가 있단 말인가!"

때마침 이진숙의 거처에 대해 알려주는 사람이 있었기에 두 사람은 함께 말을 타고 그 집으로 찾아가서 이진숙에게 아들을 불러달라고 청했다. 잠시 뒤에 총각머리의 소년이 옷을 걸치고 걸어나왔다. 두 사람은 [이 총각머리의 소년이 도성을 떠들썩하게 만든 시인이라는 사실이] 믿어지지 않아 곧장 그 자리에서 시험 삼아 글 한 편을 짓게 했다. 이하는 흔쾌히 명을 받들면서 마치 주위에 아무도 없는 것처럼 붓을 잡고 먹을 찍어 글을 써나갔다. 글의 제목은 「고헌과(高軒過)」였는데, 그 내용은 다음과 같았다.

아름다운 옷자락에 수놓아진 물총새는 파처럼 푸르고,
황금고리 재갈은 흔들리며 영롱한 소리 내네.
말발굽 소리 귀에 울리는가 싶더니 그 소리 우렁차게 울려 퍼지고,
문안으로 들어와 말에서 내리는데 그 정기 무지개 빛처럼 화려하고 장엄하네.
낙양에서 온 뛰어난 선비로,
문장의 대가라고 하네.
28수(宿)가 그 흉중에 늘어서 있고,
전각 앞에서 시를 읊는데 그 소리 허공을 뒤흔드네.
붓으로 조물주를 보필해내니 하늘도 그 공을 양보하고,
그 정기 높이 올라가 하늘을 관통하고 있네.
희끗희끗한 눈썹의 한 서생은 가을 쑥처럼 될까 걱정했는데,
누가 알았겠는가! 말라 죽은 풀에 따뜻한 바람이 일 줄.
이내 몸 지금은 날개 드리우고 저 하늘 큰기러기에 의지하고 있지만,
그 언젠가 부끄럽지 않게 작은 뱀 큰 용으로 변하리니.

두 사람은 깜짝 놀라며 자신들이 타고 왔던 말의 재갈을 연결시키게 한 뒤에 이하를 데리고 집으로 돌아와서 친히 그를 위해 머리를 묶어주었다. 이하는 채 약관이 되기도 전에 모친상을 당했다. 다른 날 그가 진사시험에 응시하려 할 때 어떤 사람이 이하가 가휘(家諱: 조부와 부친의

이름을 부르는 일)를 피하지 않았다고 비방했기에[이하의 부친 이름이 晉肅 jìn sù 이니 이하는 進士 jìn shì에 응시하지 말았어야 했고, 그를 응시하도록 권한 자도 옳지 못하다고 한 일] 한유는 당시에 「변휘(辨諱: 본문에는 辨諱라 되어 있으나, 諱辯이 맞음)」한 편을 써서 그를 변호해 주었다. 그러나 이하는 불행하게도 채 장실(壯室: 남자 나이 서른을 壯年이라 했는데, 이때 아내를 맞아들일 수 있다고 해서 壯室이라 했음)도 되지 않아 죽었다. (『척언』)

또 한유가 후진들을 이끌어 그들을 추천해서 과거를 보게 했기에 투권(投卷: 과거 응시자가 시험 보기 전에 자신이 지은 문장을 官界의 실력자에게 보이는 일. 처음 투고하는 것을 行卷이라 하고 재차 투고하는 것을 溫卷이라 했으며, 이러한 행위를 통틀어 投卷이라 했음)하고 도움을 청하는 이들이 많았다. 그리하여 당시 사람들은 이들을 '한문제자(韓門弟子)'라 불렀다. 후에 한유는 관직이 높아진 뒤로 더 이상 이렇게 하지 않았다. (『국사보』)

李賀字長吉, 唐諸王孫也. 父瑨肅, 邊上從事. 賀年七歲, 以長短之歌名動京師. 時韓愈與皇甫湜賢賀所業, 奇之而未知其人. 因相謂曰: "若是古人, 吾曹不知者, 若是今人, 豈有不知之理!" 會有以瑨肅行止言者, 二公因連騎造門, 請其子. 旣而總角荷衣而出. 二公不之信, 因面試一篇. 賀承命欣然, 操觚染翰, 旁若無人. 仍目曰「高軒過」, 曰: "華裾織翠靑如蔥, 金環壓轡搖玲瓏. 馬蹄隱隱聲隆隆, 入門下馬氣如虹. 云是東京才子, 文章鉅公. 二十八宿羅心胸, 殿前作賦聲磨空. 筆補造化天無功, 元精耿耿貫當中. 龐眉書客感秋蓬, 誰知死草生華風. 我今垂翅負天鴻, 他日不羞蛇作龍." 二公大驚, 遂以所乘馬, 命聯鑣而還所居, 親爲束髮. 年未弱冠, 丁內艱. 他日擧進士, 或謗賀不避家諱, 文公時著「辨諱」一篇. 不幸未壯室而終. (出『摭言』)

又韓愈引致後輩, 爲擧科第, 多有投書請益者. 時人謂之'韓門弟子'. 後官高, 不復爲也. (出『國史補』)

202 · 12(2261)
양경지(楊敬之)

양경지는 재주 있는 사람을 아끼고 그 사람됨이 공정했다. 그는 일찍이 강표(江表: 長江 이남의 지역)의 항사(項斯)라는 선비와 알고 지냈는데, 그에게 다음과 같은 시를 보냈다.

도처에서 보이는 시는 모두가 훌륭했는데,
그 풍모와 인품을 살펴보니 시보다 낫네.
평생동안 다른 사람의 장점을 감출줄 몰라,
도처에서 만나는 이마다 항사에 대해 말하네.

그리하여 항사는 좋은 성적으로 과거에 합격했다. (『상서고실』)

楊敬之愛才公正. 嘗知江表之士項斯, 贈詩曰: "處處見詩詩總好, 及觀標格過於詩. 平生不解藏人善, 到處相逢說項斯." 因此遂登高科也. (出『尙書故實』)

202 · 13(2262)
노 조(盧 肇)

왕료(王鐐)는 뛰어난 재주를 가지고 있으면서도 여러 차례 과거시험에서 떨어졌다. 그의 문하생 노조 등이 춘관(春官: 唐代 禮部의 別稱)에게 공(公: 王鐐)을 추천하며 다음과 같이 말했다.

"뜻을 같이 한 사람이 관직이 끊긴 것은 현자(賢者)가 비방을 당하고 있기 때문입니다. 상자(相子: 藺相如)에게 [廉頗가] 나뭇짐을 지고 사죄한 것은 훌륭한 신하가 비웃음을 당했기 때문입니다."

그리고는 왕료의 시 가운데 훌륭한 구를 예로 들어 칭찬하며 말했다.

　　돌을 부딪쳐서 불을 얻기란 쉬우나,
　　사람의 마음을 두드려서 그 마음을 움직이기란 어렵네.
　　지금의 권문세가들도,
　　이전에는 다른 권문세가를 깊이 원망했지.

이로부터 왕료의 명성이 널리 알려졌으며, 결국 왕료는 높은 성적으로 과거에 합격했다. (『서정시』)

王鐐富有才情, 數擧未捷. 門生盧肇等, 公薦於春官云: "同盟不嗣, 賢者受譏. 相子負薪, 優臣致誚." 乃旌鐐嘉句曰: "擊石易得火, 扣人難動心. 今日朱門者, 曾恨朱門深." 聲聞藹然, 果擢上第. (出『抒情詩』)

202 · 14(2263)
영호도(令狐綯)

선황(宣皇: 宣宗皇帝)은 조정에서 정사를 볼 때 차대관(次對官: 唐나라 중엽 이후의 對制官 혹은 巡對官을 지칭하던 말로, 관리들이 돌아가면서 門下省이나 中書省에서 숙직을 서다가 황제의 부름을 받으면 불려가서 황제의 질문에 대답했던 관리)이 내전에 달려오면 반드시 그들의 호흡이 가라앉기를 기다렸다가 질문했다. 영호도가 이원(李遠)을 항주자사(杭州刺史)로 추천하자 선종황제가 말했다.

"짐은 이원의 '하루 왼 종일 그저 장기를 두며 소일하네'라는 시구를 들었는데, 어찌 그를 한 군(郡)의 지방장관으로 보낼 수 있겠느냐?"

이 말을 들은 영호도가 다음과 같이 말했다.

"시구에 담긴 말이 모두 사실이라고 보기에는 부족합니다."

그리고 나서 영호도가 다시 이원을 염찰(廉察: 觀察使 혹은 職權이 그에 상당하는 관리에 대한 칭호)로 임명하기에 충분하다고 추천하자, 선종황제는 곧 바로 이를 윤허했다. (『유한고취』)

宣皇坐朝, 次對官趨至前, 必待氣息平勻, 上然後問事. 令狐綯進李遠爲杭州刺史, 宣皇曰: "我聞李遠詩云'長日唯銷一局棋', 豈可以臨郡哉." 對曰: "詩人之言, 不足有實也." 仍薦遠廉察可任, 乃兪之. (出『幽閑鼓吹』)

202 · 15(2264)
최현(崔鉉)

상서(尙書) 정우(鄭愚)는 광주(廣州) 사람으로, 진사과에 급제해서 출세한 관리로서의 능력을 드러내며 혁혁한 공을 세웠다. 그는 명망이 매우 높았지만 천성적으로 호화스러운 것을 좋아해서 비단으로 반팔 옷을 만들어 입었다. 위공(魏公) 최현이 형남(荊南: 荊州 一帶로, 湖北·湖南·四川에 걸쳐 있음) 지방을 다스릴 때 정우가 광남절제(廣南節制: 節制는 節度使를 말함)로 임명되었다. 광남은 저궁(渚宮: 湖北에 있음)을 거쳐서 가야 했기 때문에 최현은 정해진 예법에 따라 그를 대접했다. 정우는 진사로 있을 때 한번도 자신의 글을 들고 위공의 문하를 찾아간 적이 없었기 때문에 이번 참에 자신이 지은 글을 들고 갔다. 위공은 정우의 글을 읽더니 깊이 감탄하며 이렇게 칭찬했다.

"반소매 옷도 비단으로 해 입을 만하구나!"

(『북몽쇄언』)

鄭愚尙書, 廣州人, 擢進士第('第'下原有'士'字, 據『北夢瑣言』三刪), 揚歷淸顯. 聲甚高而性好華, 以錦爲半臂. 崔魏公鉉鎭荊南, 鄭授廣南節制. 路由渚宮, 鉉以常禮待之. 鄭爲進士時, 未嘗以文章及魏公門, 至是乃贄所業. 魏公覽之, 深加歎賞曰: "眞銷得半臂也!" (出『北夢瑣言』)

고 일

202 · 16(2265)
공치규(孔稚珪)

　제(齊)나라 회계(會稽) 사람 공치규는 광록(光祿) 공령산(孔靈産)의 아들이자 시중(侍中) 공도륭(孔道隆)의 손자이며, 장융(張融)의 처남이다. 공치규는 학식이 풍부했으며 육사효(陸思曉)·사약(謝瀹)과 군자지교(君子之交)를 맺었다. 공치규는 속세의 일을 그다지 좋아하지 않았으며 집안에는 풀이 자라 사람이 파묻힐 지경이었다. 집의 남쪽에 산지(山池: 산 속에 자리잡고 있는 연못)가 있는데, 봄이면 개구리가 울어댔다. 한번은 복야(僕射) 왕안(王晏)이 갈잎피리를 불고 북을 치면서 그를 찾아왔다가 많은 개구리 울음소리를 듣고 이렇게 말했다.

　"개구리 울음소리가 정말 사람의 귀를 따갑게 하는구려."

　그러자 공치규가 말했다.

　"내가 듣기에는 그대의 북 치고 갈잎피리 부는 소리가 그만 못한 것 같소이다."

　왕안은 부끄러운 기색을 띠었다. 공치규는 태자첨사(太子詹事)를 거쳐 사후에 광록대부(光祿大夫)에 추증되었다. (『담수』)

　齊會稽孔稚珪, 光祿靈産之子, 侍中道隆之孫, 張融之內弟. 稚珪富學, 與陸思曉·謝瀹爲君子之交. 珪不樂世務, 宅中草沒人. 南有山池, 春日蛙鳴. 僕射王晏嘗鳴笳鼓造之, 聞群蛙鳴, 晏曰: "此殊聒人耳." 答曰: "我聽卿鼓吹, 殆不及此."

晏有愧色. 歷位太子詹事, 贈光祿大夫. (出『談藪』)

202 · 17(2266)
이원성(李元誠)

북제(北齊) 때 조군(趙郡) 사람 이원성은 거록(鉅鹿) 사람 정공(貞公) 이회(李恢)의 손자이자 거록 사람 간공(簡公) 이령(李靈)의 증손이다. 그는 거리낌없는 성격에 세상일에는 그다지 관심이 없었으며 술 마시는 것을 일로 삼았다. 그가 태상경(太常卿)으로 있을 때 태조가 그를 복야(僕射)에 임명하고자 했으나, 그가 술을 많이 마셔 일을 그르칠 까 걱정해서 주저했다. 그러자 그의 아들 이소(李騷)가 이원성에게 술을 적게 마시라고 간하자, 이원성이 말했다.

"복야가 되면 그 즐거움이 술 마시는 것만 못하다. 너는 복야가 좋거든 마땅히 술을 마시지 말거라."

한번은 행대상서(行臺尙書: 魏晉시대에 정벌 임무를 담당했는데, 지방에 설치된 尙書省의 파견기구로, 한 지방의 군사 업무를 총괄했음) 사마자여(司馬子如)와 손등(孫騰)이 이원성을 찾아갔는데, 집안이 휑하고 잡초가 수북히 자라 있었으며 담이 내려앉을 판이었다. 이원성은 나무 아래서 이불을 끌어안은 채 홀로 술 한 병을 마시고 있었는데, 한창 흥이 올라 있었다. 그들이 그의 부인을 만나보았더니 옷이 짧아 땅에 끌리지도 않았다. 그는 자신이 깔고 앉았던 요를 거두어 술과 고기로 바꾸어 와서 아주 즐겁게 술을 마셨다. 두 사람이 그의 이와 같은 손님 대접에 감탄하고 그 뜻을 가상히 여겨 각자 음식물을 보냈으나, 이원성은 사양하지 않고 받아 친구들에게 모두 나누어주었다. 이원성은 일명 이원충(李元忠)이라고도 불렸다. 그는 의동(儀同: 散官名으로 儀同三司를 말하는데, 여기서 太衛·司徒·司空을 三司 혹은 三公이라 함. 儀同三司란 三司가 아니면서도 儀制가 三公과 같은 것을 말함)에 임명되고 위위(衛尉: 도성 성곽의 파손 여부나 궁문의 자물쇠를 취급하던 관리)를 맡았으며 진양공(晉陽公)에 봉해졌다. 사후에는 사도(司徒)에 추증되었고, 시호는 문선(文宣)이다. (『담수』)

北齊趙郡李元誠, 鉅鹿貞公恢之孫, 鉅鹿簡公靈之('靈之'原作'之公', 據『北齊書』二二「李元忠傳」改)曾孫. 性放誕, 不好世務, 以飲酒爲務. 爲太常卿, 太祖欲以爲僕射, 而疑其多酒. 子騷諫之, 元誠曰: "我言作僕射不如飲酒樂. 爾('爾'原作'耳', 據明鈔本改)愛僕射, 宜勿飲酒." 行臺尙書司馬子如及孫騰, 嘗詣元誠, 其庭宇蕪曠, 環堵頹圮. 在樹下, 以被自擁, 獨對一壺, 陶然樂矣. 因見('見'字原闕, 據明鈔本補)其妻, 衣不曳地. 撤所坐在褥, 質酒肉, 以盡歡意焉. 二公嗟尙, 各置餙饋, 受之而不辭, 散之親故. 元誠一名元忠. 拜儀同, 領衛尉, 封晉陽公. 卒贈司徒, 諡曰文宣. (出『談藪』)

202·18(2267)
도홍경(陶弘景)

단양(丹陽) 사람 도홍경은 어려서부터 지혜로와 경사(經史: 유가의 전적과 역사책 및 일부 지리서)를 두루 읽었다. 그는 갈홍(葛洪)의 『신선전(神仙傳)』을 보자마자 바로 양생에 뜻을 두었다. 그리하여 늘 [사람들에게] 푸른 하늘의 쨍쨍 내리쬐는 태양을 바라보며 자신이 등선(登仙)할 날이 멀지 않았다고 말했다. 처음에 도홍경은 의도군왕(宜都郡王)의 시독(侍讀)이 되었으며 후에는 다시 봉조청(奉朝請: 옛날에 제후들이 봄에 천자를 알현하는 것을 朝라 하고, 가을에 천자를 알현하는 것을 請이라 했는데, 朝請을 구실로 정기적으로 조회에 참여하는 것을 奉朝請이라 했음. 남북조 시대에는 주로 散官들이나 퇴직한 관리들이 이를 맡아보았는데 실권은 없었음)으로 옮겨갔다. 그는 영명(永明) 10년(492)에 사직하고 모산(茅山)으로 들어가 은거했다. 모산에 금릉(金陵) 동굴이 있었는데, 사방 150리에 걸쳐 있고 화양동천(華陽洞天)이라고도 불렸다. 동굴 안에 삼모사명부(三茅司命府: 三茅는 漢代의 세 道士인 茅盈·茅固·茅衷을 말함)가 있었기 때문에 당시 사람들은 이를 모산이라 불렀다. 이때부터 도홍경은 자칭 '화양은거(華陽隱居)'라고 했으며, 세상 사람들과 서찰을 주고받을 때도 도홍경이란 이름 대신 모두 이 이름을 사용했으니, 이는 사안(士安: 皇甫謐의 字)이 자신을 현안(玄晏)이라 하고, 치천(稚川: 葛洪의 字)이 자신을 포박(抱朴)이라고 한 것과 같다.

도홍경은 숲과 샘을 좋아했을 뿐만 아니라 특히 저술활동을 좋아했다. 고관 사대부나 뭇 선비가 그의 도를 받들어 스승으로 모셨으며, 그의 인품이나 학문을 앙모하여 천리를 멀다 않고 찾아왔다. 도홍경이 한번은 이렇게 말했다.

"내가 외서(外書: 불가에서는 佛經 이외의 서적을 外書라고 하고, 신선이 되려고 하는 사람들은 修練 이외의 서적을 外書라고 함)는 채 만

권도 읽지 않았지만, 내서(內書: 方術 및 불교 서적을 內書라 함)를 합하면 만 권이 약간 넘는다."

제(齊)나라 고조(高祖)가 도홍경에게 이렇게 물었다.

"산중에 무엇이 있는가?"

도홍경이 시를 지어 이에 대답했는데, 다음과 같다.

  산중에 무엇이 있는가?
  산봉우리엔 흰 구름이 두둥실.
  홀로 즐길 수는 있지만,
  그대에게 보내줄 수는 없네.

고조는 시를 읽고 난 뒤 도홍경을 칭찬했다. (『담수』)

丹陽陶弘景幼而惠, 博通經史. 覩葛洪『神仙傳』, 便有志於養生. 每言仰視青雲白日, 不以爲遠. 初爲宜都王侍讀, 後遷奉朝請. 永明('永明'原作'水平', 按『梁書』五一「陶弘景傳」謂永明十年上表辭祿, 據改)中, 謝職隱茅山. 山是金陵洞穴, 周廻一百五十里, 名曰華陽洞天. 有三茅司命之府, 故時號茅山. 由是自稱華陽隱居, 人間書疏, 皆以此代名, 亦士安之玄晏, 稚川之抱朴也.

惟愛林泉, 尤好著述. 縉紳士庶稟道伏膺, 承流向風, 千里而至. 先生嘗曰: "我讀外書未滿萬卷, 以內書兼之, 乃當小出耳." 齊高祖問之曰: "山中何所有?" 弘景賦詩以答之, 詞曰: "山中何所有? 嶺上多白雲. 只可自怡悅, 不堪持寄君." 高祖賞之. (出『談藪』)

202 · 19(2268)
전유암(田遊巖)

당(唐)나라 전유암은 처음에 유학으로 이름을 날려 여러 차례 초징되었지만 나아가지 않았으며, 어머니를 모시고 숭산(嵩山)에 들어가 은거 생활을 했다. 조로연간(調露年間: 679~680. 원문에는 甘露라 되어 있으나, 甘露는 三國시대 吳나라의 연호로서 誤記로 보임. 또한 調露는 唐나라 高宗 때의 연호이고, 薛元超는 高宗 儀鳳 元年 676년에 中書侍郎에 除授되었다가 681년에 中書令이 되었으며, 中宗 즉위 직전인 683년에 죽은 것으로 보아, 이 일은 中宗 李顯이 태자로 있을 때의 일로 추정됨)에 중종(中宗)이 중악(中嶽: 嵩山)에 행차했다가 그가 사는 곳을 찾아갔더니, 전유암이 나와서 중종을 맞이하며 절을 했다. 중종은 중서시랑(中書侍郎) 설원초(薛元超)에게 안으로 들어가 그 노모의 안부를 묻게 했으며, 직접 그 문에 "은사 전유암의 집"이라 썼다. 그리고는 전유암을 초징해서 홍문학사(弘文學士)에 임명했다. (『한림성사』)

唐田遊巖初以儒學累徵不起, 侍其母隱嵩山. 甘露中, 中宗幸中嶽, 因訪其居, 遊巖出拜. 詔命中書侍郎薛元超入問其母, 御題其門曰"隱士田遊巖宅". 徵拜弘文學士. (出『翰林盛事』)

202 · 20(2269)
주도추(朱桃椎)

주도추는 촉(蜀) 땅 사람이다. 그는 명리를 추구하지 않고 산 속에서 은거하면서 벼슬길에 나아가지 않았다. 주도추는 갖옷을 걸치고 새끼줄을 허리에 두른 채 인간세상에서 생활했다. 두궤(竇軌)는 익주(益州)를 다스릴 때 그에 관한 소문을 듣고 그를 불러 옷을 내리면서 억지로 그에게 향정(鄕正: 隋唐시대에 500戶를 鄕이라 했고, 500호마다 鄕正 1人을 두어 그 마을의 소송을 맡아보게 했음)의 임무를 맡겼다. 그러자 주도추는 아무 말 없이 물러나 산 속으로 달아났다. 그는 여름에는 옷을 벗은 채로 지내고 겨울에는 나무 껍질로 몸을 가렸다. 무릇 다른 사람이 준 것은 하나도 받지 않았으며, 짚신을 짜서 사람들이 다니는 길 위에 놓아두었는데, 이를 본 사람들은 하나같이 이렇게 말했다.

"주거사(朱居士: 朱桃椎)의 신발이다."

사람들은 주도추 대신 짚신을 팔아서 쌀로 바꾸어 짚신이 놓여 있던 곳에 갖다 두었다. 그러면 주도추는 저녁에 그곳에 와서 쌀을 가져갔는데, 그는 끝내 사람을 만나지 않았다.

[이 이야기를 들은] 고사렴(高士廉)이 수레에서 내려 주도추에게 깊이 경의를 표하고, 그를 부르면서 계단을 내려가 말을 부쳤다. 그러자 주도추는 한 마디만 대답하고는 잠시 뒤에 그대로 떠나갔다. 고사렴은 매번 그를 기이한 사람이라 칭찬했고, 촉 땅 사람들도 이를 미담으로 생각했다. (『대당신어』)

朱桃椎, 蜀人也. 澹泊無爲, 隱居不仕. 披裘帶索, 沈浮人間. 竇軌爲益州, 聞而召之, 遺以衣服, 逼爲鄕正. 桃椎不言而退, 逃入山中. 夏則裸形, 冬則以樹皮自覆. 凡所贈遺, 一無所受, 織芒屩, 置之於路上, 見者皆曰:"朱居士之屩也."爲齎取米, 置之本處. 桃椎至夕取之, 終不見人. 高士廉下車, 深加禮敬, 召至, 降階與語. 桃椎一答, 旣而便去. 士廉每加襃異, 蜀人以爲美談. (出『大唐新語』)

202·21(2270)
노 홍(盧 鴻)

현종(玄宗)이 숭산(嵩山)의 은자 노홍을 초징(招徵)했는데, 세 번 조서를 내린 뒤에야 그가 왔다. 그는 현종을 알현할 때도 절을 하지 않고 그저 몸만 굽힐 따름이었다. 현종이 그 이유를 묻자 노홍이 이렇게 대답했다.

"신은 노자(老子)가 '예(禮)라는 것은 충(忠)과 신(信)에 대한 경시에서 나온 것으로 족히 따를 만한 것이 못된다'라고 한 말을 들었사옵니다. 그래서 산신(山臣: 隱士가 君主에게 자신을 낮추어 이르는 말) 노홍은 감히 충과 신으로써 황제폐하를 받들고자 하옵니다."

현종은 그를 남달리 여겨 연회석상으로 불러들여 간의대부(諫議大夫)에 임명하고 장복(章服: 日月星辰 등의 그림이 수놓아져 있는 옛날 禮服. 도안 하나를 1章이라고 하는데, 천자는 12章, 신하들은 품계에 따라 9·7·5·3章을 수놓았음)을 내렸으나, 그는 한사코 사양하면서 받지 않았다. 그리하여 현종은 그에게 쌀 100석(石)과 비단 100필을 내리면서 그를 원래 살던 곳으로 돌려보내게 했다. (『대당신어』)

玄宗徵嵩山隱士盧鴻, 三詔乃至. 及謁見, 不拜, 但磬折而已. 問其故, 鴻對曰: "臣聞老子云'禮者忠信之薄, 不足可依.' 山臣鴻, 敢以忠信奉上." 玄宗異之, 召入賜宴, 拜諫議大夫, 賜章服, 并辭不受. 給米百石, 絹百疋, 送還隱居之處. (出『大唐新語』)

202 · 22(2271)
원결(元 結)

천보(天寶)의 난[安祿山의 난] 때 원결은 여분(汝濆)에서 마을 사람들을 이끌고 남쪽 양양(襄陽) · 한양(漢陽)으로 가서 천 여 가구의 목숨을 보존시켰다. 그리고 나서 원결은 곧장 완구(宛丘)와 · 섭현(葉縣) 사이에서 의군을 일으켜 성을 둘러싸고 반란군을 막은 공로를 세웠다. 천보연간(天寶年間: 742~755)에 원결은 중행자(中行子: 春秋시대 晉나라의 荀吾)를 본받아 비로소 상오산(商於山)에서 거처하면서 자칭 '원자(元子)'라고 했고, 난을 피하여 의우산(猗玗山)에 들어가 '의우자(猗玗子)' 혹은 '낭사(浪士)'라고 칭했다. 낚시꾼들은 원결을 '오수(聱叟)'라 불렀고, 술꾼들은 그를 '만수(漫叟)'라 불렀으며, 관리가 되어서는 그를 '만랑(漫郞)'이라 불렀다. (『국사보』)

天寶之亂, 元結自汝濆, 大率鄰里南投襄 · 漢, 保全者千餘家. 乃擧義師宛 · 葉之間, 有嬰城捍寇之力. 結天寶中師中行子, 始在商於之山稱'元子', 逃難入猗玗之山稱'猗玗子', 或稱浪士'. 漁者呼爲'聱叟', 酒徒呼爲'漫叟', 及爲官呼'漫郞. (出『國史補』)

202 · 23(2272)
하지장(賀知章)

하지장은 성품이 활달하여 다른 사람의 구속을 받지 않았으며 담소를 잘하여 당시의 현달(賢達)한 사람들이 모두 그를 앙모했다. 육상선(陸象先)은 하지장의 고모의 아들이었기 때문에 하지장은 특별히 그와 가까이 지냈다. 육상선은 사람들에게 이렇게 말했다.

"하형(賀兄)은 그 말하는 솜씨나 모습으로 보아 정말 풍류를 아는 선비라 할 만합니다."

하지장은 만년에 더욱 큰 소리를 치고 거리낌없는 행동을 하면서 더 이상 법도를 지키지 않았으며, 자칭 '사명광객(四明狂客)'이라 했다. 그가 술 취한 뒤에 글을 지으면 곧 문장을 이루고 책을 완성했는데, 더 이상 수식을 가하지 않아도 모두 볼만 한 것들이었다. 또한 그는 초서(草書)와 예서(隷書)를 잘 썼기 때문에 호사가들이 이를 보물로 여기며 전했다. 하지장은 도사가 되기를 청하며 고향으로 돌아가 집을 희사하여 도관(道觀)을 짓고자 했다. 황제는 이를 허락하고 나아가 하지장의 아들을 회계군사마(會稽郡司馬)에 임명했으며, 직접 시를 써서 하지장에게 주며 그를 전송했다. (『담빈록』)

賀知章性放曠, 美談笑, 當時賢達咸傾慕. 陸象先卽知章姑子也, 知章特相親善. 象先謂人曰: "賀兄言論調態, 眞可謂風流之士." 晚年縱誕, 無復規檢, 自號四明狂客. 醉後屬詞, 動成篇卷, 文不加點, 咸有可觀. 又善草·隷書, 好事者共傳寶之. 請爲道士歸鄕, 捨宅爲觀. 上許之, 仍拜子爲會稽郡司馬, 御製詩以贈行. (出『譚賓錄』)

202·24(2273)
고 황(顧 況)

고황은 명리를 추구하지 않고 은일(隱逸)에 뜻을 두었기 때문에 도사에 가까운 생활을 했다. 당시에 어떤 재상이 한번은 그를 불러들여 장차 좋은 관직을 주고자 했으나, 고황은 다음의 시를 지어 이에 답변했다.

지금의 천하는 이미 태평시대를 구가하고 있거늘,
상공께서는 무슨 일로 이 미치광이를 불러들이시는가!
이내 몸은 [조정으로] 돌아가면 조롱 속에 갇힌 학,
동쪽 푸른 창공을 바라보며 소리내어 울뿐이네.

훗날 오중(吳中)의 사람들은 모두 고황이 득도하여 신선이 되어 떠나갔다고 말했다. (『상서고실』)

顧況志尙疎逸, 近於方外. 有時宰曾招致, 將以好官命之, 況以詩答之日: "四海如今已太平, 相公何事喚狂生! 此身還似籠中鶴, 東望滄溟叫數聲." 後吳中皆言況得道解化去. (出『尙書故實』)

202·25(2274)
진 숙(陳 琡)

진숙은 진홍(陳鴻)의 아들이다. 진홍은 일찍이 백부(白傅: 白居易의

別稱)의「장한사(長恨詞)」에 근거하여「長恨歌傳」을 지어주었는데, 그 문장의 풍격이 높은 것이 진실로 우수한 사관(史官)이라 할 수 있다. [唐나라] 함통연간(咸通年間: 860~873)에 진숙은 서주(徐州)에서 염사(廉使: 視察을 담당하는 관리의 총칭으로, 唐代에는 觀察使가 여기에 해당됨) 겸 상시(常侍: 황제의 좌우에서 시중을 담당하는 관리를 常侍라고 하는데, 唐代에는 주로 환관이 이를 맡아보았음) 곽전지(郭銓之)를 보좌하여 막료로 있었다. 그는 성정이 특히 곧아 사람됨이 자신과 다르면 그와 사귀지 않았다. 같은 관청에 무씨(武氏) 성을 가진 소계(小計: 計吏. 도성에 들어가 지방장관의 치적을 보고하던 관리)가 있었는데, 그는 상국(相國) 무원형(武元衡)의 후손이자, 분양(汾陽: 汾陽郡王 郭子儀)의 사위였다. 진숙은 이에 대해 불만을 품고 가족들을 데리고 모산(茅山)으로 들어가 살았는데, 처자와는 산을 사이에 두고 거처했다. 그는 짧은 베옷을 입고 허리를 새끼줄로 나뭇가지를 묶은 채 향불을 피우며 참선(參禪)했으며, 간혹 1년 반에 한번 씩 처자와 대충 얼굴을 마주했다. 진숙이 막료로 있을 때 유독 유구사(流溝寺)의 장로(長老)가 그와 더불어 교유했는데, 이때도 역시 짧은 베옷을 입고 서로 만났다. 진숙은 『단경(檀經)』 3권을 저술한 이후 지금껏 그것을 보관하고 있었는데, 막료 생활을 그만두고 떠날 때 그 가운데 1장(章)을 스님께 남겨 놓으면서 말했다.

"걸어갈 때는 독륜거(獨輪車: 손으로 미는, 바퀴가 하나밖에 없는 작은 수레)처럼 늘 큰길에서 넘어질까 두려워했고, 움직이지 않을 때는 밑이 둥근 그릇처럼 늘 다른 물건에 부딪칠까 걱정했습니다. 행동거지가 이와 같으니, 어찌 속세를 떠나지 않을 수 있겠습니까?"

건부연간(乾符年間: 874~879)에 동생 진련(陳璉)이 다시 설능(薛能)

을 보좌하여 서주에서 막료로 일하게 되었을 때, 진숙은 단양(丹陽)에서 작은 배를 타고 팽문(彭門)으로 가서 동생과 만났다. 설공(薛公: 薛能)은 진숙의 사람됨을 중히 여겨 그에게 함께 성으로 들어가기를 청했다. 그러자 진숙은 굳이 이를 거절하며 말했다.

"저는 이미 맹세한 바가 있으니, 공의 문하에 발을 들여놓을 수가 없습니다."

그리하여 설공은 배를 타고 그를 찾아가 종일토록 도(道)를 논하고 날이 저문 뒤에 돌아갔다. 진숙의 지향하는 바에 대한 고집과 굳은 절개가 대개 이와 같았다. (『옥당한화』)

陳俶, 鴻之子也. 鴻與白傅傳「長恨詞」, 文格極高, 蓋良史也. 咸通中, 佐廉使郭常侍銓之幕于徐. 性尤耿介, 非其人不與之交. 同院有小計姓武, 亦元衡相國之後, 蓋汾陽之坦牀也. 乃心不平之, 逐挈家居于茅山, 與妻子隔山而居. 短褐束縧, 焚香習禪而已, 或一年半載, 與妻子略相面焉. 在職之時, 唯流溝寺長老與之款接, 亦具短褐相見. 自述『檀經』三卷, 今在藏中, 臨行, 留一章與其僧云: "行若獨車輪, 常畏大道覆, 止若圓底器, 常恐他物觸. 行止既如此, 安得不離俗?"

乾符中, 弟璉復佐薛能幕于徐, 自丹陽棹小舟至于彭門, 與弟相見. 薛公重其爲人, 延請入城. 遂堅拒之曰: "某已有誓, 不踐公門矣." 薛乃攜舟造之, 話道永日, 不宿而去. 其志尙之介僻也如此 (出『玉堂閒話』)

202 · 26(2275)
공증(孔拯)

시랑(侍郎) 공증이 유보(遺補: 拾遺와 補闕을 총칭해서 이르는 말)로 있을 때 한번은 조정에서 집으로 돌아오다가 비를 만났는데, 우비가 없어 하는 수 없이 남의 집 처마 아래서 비를 피했다. 식사시간이 지난 뒤에 빗줄기는 더욱 거세졌다. 그때 그 집에서 공증을 청사(廳事)로 불러들였다. 어떤 노인이 나오더니 아주 공손하게 그를 맞이하며 술과 음식을 차리게 했는데, 왕공(王公)이나 대신의 집에서도 따라가지 못할 정도로 정갈하고 풍성하게 차려왔다. 공증이 부끄러운 듯 사양하면서 우비를 빌리자 노인이 말했다.

"저는 이곳에서 한가로이 거하면서 세상사에 관여하지 않습니다. 더우나 추우나 바람이 불거나 비가 내리거나 일찍이 밖에 나가 맞아본 적이 없으니, 이곳에 우비를 갖추어둔 들 무슨 쓰일 데가 있겠습니까?"

노인은 사람을 시켜 다른 곳에 가서 우비를 빌려와 그에게 주도록 했다. 공증은 그 집을 나와서 마치 벼슬하고픈 생각이 다 없어진 것처럼 탄식했다. 공증은 사람들에게 이렇게 말했다.

"그 사람은 정말 대은자(大隱者)입니다."

(『북몽쇄언』)

孔拯侍郎爲遺補時, 嘗朝回値雨, 而無雨備, 乃於人家簷廡下避之. 過食時, 雨益甚. 其家乃延入廳事. 有一叟出迎甚恭, 備酒饌亦甚豐潔, 公侯家不若也. 拯憨謝之, 且假雨具, 叟曰: "某閒居, 不預人事. 寒暑風雨, 未嘗冒也, 置此欲安施乎?" 令於他處假借以奉之. 拯退而嗟嘆, 若忘宦情. 語人曰: "斯大隱者也." (出『北夢瑣言』)

태평광기 권제 203 악(樂) 1

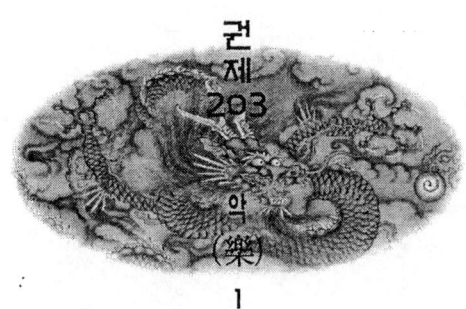

악(樂)

1. 순백옥관(舜白玉琯)
2. 사 연(師 延)
3. 사 광(師 曠)
4. 사 연(師 涓)
5. 초회왕(楚懷王)
6. 함양궁동인(咸陽宮銅人)
7. 수문제(隋文帝)
8. 당태종(唐太宗)
9. 위도필(衛道弼)·조소기(曹紹夔)
10. 배지고(裴知古)
11. 이사진(李嗣眞)
12. 송 연(宋 沇)
13. 왕인유(王仁裕)
14. 이사회(李師誨)

금(琴)

15. 여번악(璵璠樂)
16. 유도강(劉道强)
17. 조 후(趙 后)
18. 마 융(馬 融)
19. 양 수(楊 秀)
20. 이 면(李 勉)
21. 장홍정(張弘靖)
22. 동정란(董庭蘭)
23. 채 옹(蔡 邕)
24. 우 적(于 頔)
25. 한 고(韓 皋)
26. 왕중산(王中散)

슬(瑟)

27. 슬(瑟)
28. 완 함(阮 咸)

악(樂)

203·1(2276)
순백옥관(舜白玉琯)

순(舜)임금 때에 서왕모(西王母)가 백옥(白玉) 피리를 바쳐왔다. 한(漢)나라 장제(章帝) 때에 영릉(零陵)의 유생인 해경(奚景)이 냉도(冷道)의 순임금 사당 아래에서 백옥 피리를 얻었다. [이로써 볼 때] 옛날에는 옥으로 피리를 만들었는데 나중에 그것을 바꿔서 대나무로 피리를 만들었음을 알 수 있다. 옥으로 소리를 냈기 때문에 신인(神人)이 화답하고 봉황이 더불어 짝했다. (『풍속통』[『풍속통의』])

舜之時, 西王母來獻白玉琯. 漢章帝時, 零陵文學奚景於冷道舜祠下得笙白玉琯. 知古以玉爲琯, 後乃易之以竹爲琯耳. 夫以玉作音, 故神人和, 鳳凰儀也. (出『風俗通』)

203·2(2277)
사 연(師 延)

사연은 은(殷)나라 때의 악공(樂工)이다. 포황(庖皇: 庖羲) 이래로 그의 집안에서 이 직분을 세습해왔다. 사연에 이르러서 음양(陰陽)에 정통하고 상위(象緯: 日月五星)를 환히 알게 되었는데, 사람들은 그가 어떤 사람인지 끝내 알지 못했다. 오랜 세월 동안 살아오면서 세상에 나타나기도 하고 숨어서 지내기도 했다. 헌원(軒轅: 黃帝)의 세상에서는 음악을 관장하는 관리가 되었다. 은나라 때가 되어서는 삼황오제(三皇五帝)의 음악을 총체적으로 정비했다. 사연이 금(琴)을 한 번 퉁기면 땅의 신이 모두 올라오고, 옥피리를 불면 하늘의 신이 모두 내려왔다. 헌원 때에 이미 나이가 수백 살이었으며, 여러 나라들의 음악 소리를 듣고서 세상의 흥망에 관한 조짐을 살펴 헤아릴 수 있었다.

하(夏)나라 말에 이르러서 악기를 품에 안고서 은나라로 달아났다. 그러나 주왕(紂王)은 음악과 여색에 빠져서 사연을 음궁(陰宮: 음궁은 죄인이 있는 곳이다) 안에다 잡아놓고 극형에 처하고자 했다. 사연은 갇혀 있으면서 「청상(淸商)」·「유치(流徵)」·「조각(調角)」 등의 음악을 연주했다. 감옥을 관리하는 이가 주왕에게 아뢰자 주왕은 오히려 싫어하며 이렇게 말했다.

"이것은 순박하고 예스러운 먼 옛날의 음악이지, 내가 즐겨 들을 수 있는 게 아니다."

[그리고는 끝내 사연을] 풀어주지 않자 사연은 혼백을 미혹시키는 곡으로 바꾸어 연주함으로써 긴 밤의 즐거움을 돋구어 포락(炮烙: 불에 달군 구리기둥에 사람을 묶어서 지져 죽이는 형벌)의 해를 면했다.

사연은 주(周)나라 무왕(武王)이 군사를 일으킨다는 소식을 듣고 복수(濮水)를 건너다가 물에 떠내려가 죽었다. 어떤 사람은 사연이 본래는 수부(水府)에서 죽었다고 말한다. 그래서 진(晉)과 위(衛) 지역 사람들은 돌로 조각하거나 쇠로 주물하거나 그림으로 그려서 사연의 형상을 본뜨고 사당을 세우는 일을 그치지 않는다. (『왕자년습유기』)

師延者, 殷之樂工也. 自庖皇以來, 其世遵此職. 至師延精述陰陽, 曉明象緯, 終莫測其爲人. 世載遼絶, 而或出或隱. 在軒轅之世, 爲司樂之官. 及乎殷時, 總修三皇五帝之樂. 撫一絃之琴, 則地祇皆升, 吹玉律, 則天神俱降. 當軒轅之時, 已年數百歲, 聽衆國樂聲, 以審世代興亡之兆.

至夏末, 抱樂器以奔殷. 而紂淫於聲色, 乃拘師延於陰宮之內, 欲極刑戮(陰宮囚人之所). 師延旣被囚縶, 奏「淸商」·「流徵」·「調角」之音. 司獄者以聞於紂, 猶嫌曰: "此乃淳古遠樂, 非余可聽悅也." 猶不釋, 師延乃更奏迷魂淫魄之曲, 以歡修夜之娛, 乃得免炮烙之害.

聞周武王興師, 乃越濮流而逝. 或云, 其本死於水府. 故晉衛之人鐫石鑄金圖畫以象其形, 立祠不絶矣. (出『王子年拾遺記』)

203 · 3(2278)
사 광(師 曠)

사광은 어떤 사람이 말하기로는, 진(晉)나라 영공(靈公) 때 태어났는데 음악을 주관하는 관직에 있으면서 음률을 분간하는 데 능했으며 병서(兵書) 만 편을 지었다고 한다. 당시 사람들은 그가 어느 조상의 후예인지 알지 못했고 생졸 연대 역시 자세히 알기 어렵다. 진나라 평공(平公) 때 음양에 관한 학문으로 당시 세상에 이름을 날렸다. 사광은 연기를 쐬어서 눈이 멀어 장님이 되자 온갖 근심을 끊고 성산(星筭: 天文曆數)과 음률에 마음을 쏟았다. 음률을 살펴서 사시(四時)를 정했는데, 털 끝만큼의 차이도 없었다. 『춘추(春秋)』에는 사광이 어느 왕 때의 사람인지 기록되어 있지 않다. 사광은 자신의 명이 다할 것을 알고서 『보부(寶符)』 백 권을 저술했지만, 전국(戰國) 시대의 전란을 맞아 그 책이 모두 없어졌다.

진나라 평공이 사광으로 하여금 「청치(淸徵)」를 연주하게 하자 사광이 말했다.

"「청치」는 「청각(淸角)」만 못합니다."

평공이 물었다.

"「청각」은 들을 만한가?"

사광이 대답했다.

"군주의 덕이 박하면 들을 만하지 못하오니 [덕이 박함에도 불구하고] 듣는다면 장차 두려운 재앙이 닥칠 것입니다."

평공이 말했다.

"과인은 늙었고 좋아하는 것이 음악이니 그것을 듣고 싶소."

그러자 사광은 어쩔 수없이 [「청각」을] 연주했다. 「청각」을 한 번 연주하자 구름이 서북쪽에서 일어났고, 그것을 다시 연주하자 큰바람이 이르렀으며 이어서 큰비가 내렸다. 휘장이 찢기고 제기(祭器)가 깨졌으며 행랑의 기와가 떨어졌다. 앉아 있던 사람들이 모두 흩어져 도망가고 평공은 두려워서 행랑에 엎드려 있었다. 진나라에는 큰 가뭄이 들어서 3년 동안 땅에서 아무 것도 나지 않았고, 평공의 몸도 마침내 병들었다. (『왕자년습유기』)

師曠者, 或云出於晉靈之世, 以主樂官, 妙辯音律, 撰兵書萬篇. 時人莫知其原裔, 出沒難詳也. 晉平公時, 以陰陽之學, 顯於當世. 乃薰目爲瞽, 以絶塞衆慮, 專心於星筭・音律. 考鐘呂以定四時, 無毫釐之異.『春秋』不記師曠出於何帝之時. 曠知命欲終, 乃述『寶符』百卷, 至戰國分爭, 其書滅絶矣.

晉平公使師曠奏「淸徵」, 師曠曰: "「淸徵」不如「淸角」也." 公曰: "「淸角」可得聞乎?" 師曠曰: "君德薄, 不足聽之, 聽之將恐敗." 公曰: "寡人老矣, 所好者音, 願遂聽之." 師曠不得已而鼓. 一奏之, 有雲從西北方起, 再奏之, 大風至, 大雨隨之, 裂帷幕, 破俎豆, 墮廊瓦, 坐者散走, 平公恐懼, 伏於廊室. 晉國大旱, 赤地三年, 平公之身遂病. (出『王子年拾遺記』)

203 · 4(2279)
사 연(師 涓)

사연은 위(衛)나라 영공(靈公) 때 태어났다. 그는 각 조대의 악곡을 적는 데에 능했으며 새로운 곡도 잘 만들어서 [새 곡으로] 옛 곡을 대체했다. 그래서 사시(四時)의 음악이 있게 되었는데, 봄에는 「이홍(離鴻)」・「거안(去鴈)」・「응빈(應蘋)」 등의 노래가 있고, 여름에는 「명신(明晨)」・「초천(焦泉)」・「주화(朱華)」・「유금(流金)」 등의 곡조가 있으며, 가을에는 「상표(商飇)」・「백운(白雲)」・「낙엽(落葉)」・「취봉(吹蓬)」 등의 악곡이 있고, 겨울에는 「응하(凝河)」・「유음(流陰)」・「침운(沉雲)」 등의 곡조가 있었다.

이 사계절의 노래를 영공에게 연주해주자 영공은 그것에 빠져 마음이 미혹되어 정사를 잊었다. 그러자 거백옥(蘧伯玉)이 간했다.

"이것은 비록 기(氣)를 발양시키는 음률이기는 하나 결국엔 빠지면 헤어나지 못하게 만드는 아름답기만 한 음악입니다. 「풍(風)」이나 「아(雅)」와는 합치되지 아니하니 신하된 자가 군주에게 마땅히 권해드릴 만한 것이 아닙니다."

그러자 영공은 새로운 음악을 물리치고 친히 정사를 돌보았다. 그래서 위나라 사람들은 그의 교화를 찬미했다. 사연은 자신이 「아」와 「송(頌)」을 져버리고 신하로서의 도리를 잃은 것을 후회하면서 물러나 자취를 감추었다. 거백옥은 사통팔달한 길에서 사연이 만든 악기를 불살랐는데, 후세 사람들에게 그것이 전해져서 다시 만들어질까 두려웠기 때문이다. 그 악곡은 없어지고 세대가 멀어지면서 오직 그 편목의 대체적인 의미만 기록되었다. (『왕자년습유기』)

師涓者出於衛靈公之世. 能寫列代之樂, 善造新曲, 以代古聲. 故有四時之樂, 春有「離鴻」·「去鴈」·「應蘋」之歌, 夏有「明晨」·「焦泉」·「朱('朱'原作之', 據明鈔本改)華」·「流金」之調, 秋有「商颷」·「白雲」·「落葉」·「吹蓬」之曲, 冬有「凝河」·「流陰」·「沉雲」之操.

此四時之聲, 奏於靈公, 公沉湎心惑, 忘於政事. 蘧伯玉諫曰: "此雖以發揚氣律, 終爲沉湎靡曼之音. 無合於「風」·「雅」, 非下臣宜薦於君也." 靈公乃去新聲而親政務. 故衛人美其化焉. 師涓悔其違於「雅」·「頌」, 失爲臣之道, 乃退而隱迹. 伯玉焚其樂器於九達之衢, 恐後世傳造焉. 其歌曲湮滅, 世代遼遠, 唯紀其篇目之大意也. (出『王子年拾遺記』)

203 · 5(2280)
초회왕(楚懷王)

동정산(洞庭山)은 물위에 떠 있었는데, 그 아래에는 수백 칸으로 이루어진 황금 집이 있고 제왕의 딸[堯임금의 두 딸인 娥皇과 女英을 말함]이 그곳에 살고 있었다. 사계절 내내 산꼭대기에서 금(金: 鐘)·석(石: 磬)·사(絲: 絃)·죽(竹: 管)의 소리가 들려왔다. 초나라 회왕 때에 회왕은 여러 인재들과 더불어 물가에서 시를 읊었다. 옛적에 이르기를, "소수(瀟水)와 상수(湘水)가 흘러드는 동정(洞庭)의 음악은 듣는 사람을 늙지 않게 하니, 비록「함지(咸池: 堯임금 때의 음악. 일설에는 黃帝 때의 음악이라고도 함)」와「소소(簫韶: 舜임금 때의 음악)」라 할지라도 이것에 비할 수 없다"고 했다. 매번 사중(四仲: 仲春·仲夏·仲秋·仲冬)의 절기가 되면 회왕은 항상 요산(嶢山)에서 잔치를 베풀고 놀았다. 각각 사중의 기(氣)로써 악장을 만들었는데, 중춘(仲春)의 음률에 해당하는 협종(夾鐘: 12律의 하나이며 음력 2월의 별칭이기도 함)으로는「경풍(輕風: 원문에는 '風'이 빠져 있으나『拾遺記』권10에 의거하여 보충함)」·「유수(流水)」의 노래를 짓고 산의 남쪽에서 잔치를 즐겼다. 유빈(蕤賓: 12律의 하나이며 음력 5월의 별칭이기도 함)의 때가 되었을 때에는「호로(皓露)」·「추상(秋霜)」등의 곡을 지었다.

그 후에 회왕이 간웅(奸雄)을 즐겨 중용하자 여러 현인들이 달아났다. 굴평(屈平: 屈原)은 충직함으로 인해 내침을 당하고서 원수(沅水)와 예수(澧水) 일대에 숨어 지냈다. 회왕이 계속해서 핍박하며 쫓자 굴원은 맑고 찬 못[汨羅江을 말함]에 몸을 던졌다. 초나라 사람들은 굴원을 생각하고 그리워하면서 그를 '수선(水仙)'이라고 불렀다.(『왕자년습유기』)

洞庭之山浮於水上, 其下金堂數百間, 帝女居之. 四時聞金·石·絲·竹之音徹於山頂. 楚懷王之時, 與群才賦詩於水湄. 故云:"瀟·湘洞庭之樂, 聽者令人難老, 雖「咸池」·「簫韶」不能比焉." 每四仲之節, 王嘗繞山以遊宴. 各擧四仲之氣, 以爲樂章, 惟仲春律中夾鐘, 乃作「輕」·「流水」之詩, 宴於山南. 時中蕤賓, 乃作「皓露」·「秋霜」之曲.

其後懷王好進姦雄, 群賢逃越. 屈平以忠見斥, 隱於沅·澧之間. 王迫逐不已, 乃赴淸冷之淵. 楚人思慕之, 謂之'水仙'. (出『王子年拾遺記』)

203 · 6(2281)
함양궁동인(咸陽宮銅人)

진(秦)나라 함양궁(咸陽宮)에는 12개의 동상(銅像)이 있었는데, 앉은 키가 모두 3~5척(尺) 정도였다. 한 자리에 나란히 앉아서 금(琴)·축(筑)·피리·생황을 각각 하나씩 잡고 있었다. 모두들 아름다운 인끈을 드리우고 있었는데 마치 살아있는 사람 같았다. 자리 아래에는 동관(銅管)이 있었는데, 위쪽 입구의 높이가 수 척이나 되었다. 그 중 하나의 관은 비어 있고 안에는 손가락만한 굵기의 줄이 들어 있었다. 한 사람이 빈 관을 불고 다른 한 사람이 줄을 잡아당기면 금·슬(瑟)·피리·축에서 모두 소리가 났는데 진짜 악기소리와 다름이 없었다.(『서경잡기』)

秦咸陽宮中有銅人('銅人'原作'鑄銅', 據明鈔本改)十二枚, 坐高皆三五尺. 列在一筵上, 琴・筑・竽・笙, 各有所執. 皆組綬華采, 儼若生人. 筵下有銅管, 上口高數尺. 其一管空, 內有繩大如指. 使一人吹空管, 一人紐繩, 則琴・瑟・竽・筑皆作, 與眞樂不異. (出『西京雜記』)

203・7(2282)
수문제(隋文帝)

수나라 문제 개황(開皇) 14년(604)에 적천(翟泉)에서 옥경(玉磬) 14개를 얻어 그것을 뜰에다 매달아 놓았다. 흰옷을 입은 신인(神人) 두 명이 와서 옥경을 쳤는데, 그 소리가 절묘했다. (『흡문기』)

隋文帝開皇十四年, 於翟泉獲玉磬十四, 懸之於庭. 有二素衣神人來擊之, 其聲妙絶. (出『洽聞記』)

203・8(2283)
당태종(唐太宗)

당나라 태종은 아정(雅正)함에 마음을 두고 문교(文敎)에 힘썼다. 태종은 태상경(太常卿) 조효손(祖孝孫)에게는 궁상(宮商: 音律)을 바로잡고 기거랑(起居郎) 여재(呂才)에게는 음운(音韻)을 익히고 협률랑(協律郎)

장문수(張文收)에게는 율려(律呂: 六律과 六呂)를 살피도록 명했다. 또한 산만함을 바로잡게 하여 이것과 저것을 가려서 알맞은 것을 얻도록 했다. 이렇게 해서 「강신악(降神樂)」과 「구공무(九功舞)」를 만드니 천하가 바람에 쏠리듯 따랐다.

처음에 조효손은 양(梁)과 진(陳) 지역의 옛 음악에 오(吳)와 초(楚) 지역의 악곡이 섞여있고, 주(周)와 제(齊) 지역의 옛 음악에 호(胡: 북방 이민족)와 융(戎: 서방 이민족)의 기예(伎藝)가 많이 들어가 있다고 여겼다. 그래서 그는 남과 북의 악곡을 헤아리고 옛 악곡을 살펴서 대당(大唐)의 아악(雅樂)을 만들었다. 12율(律)을 각각 그 [해당하는] 달에 따라서 돌아가며 서로 궁(宮)이 되도록 했다[12律과 7음을 배합하는 것을 말하며 旋相爲宮, 혹은 旋宮이라고 함].『예기(禮記)』[「樂記」]에서는 말하길, "위대한 음악은 천지와 더불어 함께 조화롭다"고 했다.『시경』「서(序: 大序를 말함)」에서는 말하길, "치세(治世)의 음악은 편안하고 즐거우니 그 정사(政事)가 조화롭다"고 했다. 그러므로 12화(和)의 악곡을 만들고 30곡(曲) 84조(調)를 배합했다. 하늘과 땅에 제사 드릴 때에는 황종(黃鐘: 12律의 하나인 陽律로서 음력 11월의 별칭이기도 함)을 궁으로 삼고, 대택(大澤)에 제사드릴 때에는 대려(大呂: 12律 중 두 번째 소리이며 陰呂에 속함)를 궁으로 삼고, 종묘에 제사드릴 때에는 태주(太簇: 12律의 하나로 大簇, 혹은 泰簇이라고도 함)로 궁을 삼았다. 오교(五郊: 五行의 神祇를 맞아들이는 곳으로 東郊·南郊·中郊·西郊·北郊를 말함)에 제사드릴 때에는 달에 따라 [해당하는] 율(律)을 사용하여 궁을 삼았다. 처음에 수(隋)나라에서는 오직 황종(黃鐘) 하나의 궁만을 사용하여 7개의 종만 두드렸으며, 나머지 5개의 종은 아무런 쓸모 없이 매달아 놓은 채 두드리지 않았다. 조효손이 선궁(旋宮: 12律을 7音과 배합하는 것을 말함)의 법을 만들고서는 12개의 종이 두루 쓰였으며 더 이상 쓸모 없이 매달려 있는 것이 없게 되었다.

그 당시에 장문수는 음률을 잘 알았는데, 소길(蕭吉)이 만든 악보가 그다지 상세하지 않다고 여겼다. 그래서 [음률에 관한] 역대의 연혁을 취하여 대나무를 잘라 12율을 만들어서 불었고[12律의 음높이를 맞추기 위해서 쓰던 원통형의 管, 즉 律管을 사용했다는 말임], 이렇게 해서 선궁의 법식을 모두 갖추게 되었다. 태종은 또한 장문수를 태상(太常: 宗廟禮儀를 관장하던 官名)으로 불러서 조효손과 함께 아악을 살펴서 정하게 했다. 태악(太樂: 宗廟禮儀를 관장하던 官名)의 옛 종 12개를 세상 사람들은 '아종(啞鍾: 鐘을 설치해 놓기만 하고 치지 않는 것을 말함)'이라고 불렀는데, 그것에 대해 통달한 자가 없었다. 장문수가 율관(律管)을 불어서 그것을 조절하자 소리가 [각각의 음에 맞도록 분명하게] 통하게 되었다. 음악을 아는 사람들은 모두 그 오묘함에 탄복했으며, 장문수는 협률랑을 제수받았다. 조효손이 세상을 떠나자 장문수는 비로소 삼례(三禮: 天神·地祇·人鬼를 제사지내는 禮)를 다시 채집하고 또 그것을 개량했는데, 이렇게 해서 악교(樂敎)가 완비되었다. (『담빈록』)

윤주(潤州: 지금의 江蘇省 鎭江縣에 해당함)의 한 스님이 옥경(玉磬) 12개를 얻어서 바쳤는데, 장솔갱(張率更)이 그 중 하나를 두드리며 말했다. "이것은 진(晉)나라 아무 해에 만든 것이다. 그 해는 윤달이었고 옥경을 만든 사람은 [옥경의 개수를] 달의 수에 따랐을 것이다. 그러므로 마땅히 13개가 있었을 텐데 그 중 하나가 없으니, 만약 황종(黃鍾)이 있던 곳에서 동쪽으로 9척(尺)이 되는 곳을 파 본다면 반드시 [나머지 하나를] 얻을 수 있을 것이다."

[사람들이 그가 말한 곳에서] 그것을 찾아봤더니 그가 말한 대로 얻을 수 있었다. (『국사이찬』)

정관연간(貞觀年間: 627~650)에 상서로운 구름이 나타나고 황하의 물이 맑아졌다. 장솔갱(張率更)이 「경운하청가(景雲河淸歌)」를 짓고 「연악(燕樂)」이라고 이름지었다. 오늘날 원회(元會: 元旦에 열리는 朝會)에서 제일 먼저 연주되는 것이 바로 이것이다. (『국사이찬』)

태종(太宗)이 유무주(劉武周: 자신을 帝라 칭하고 年號를 天興이라 했으며, 武德年間에 幷州를 침략하여 점거하고 있다가 나중에 秦王의 공격을 받고 突厥로 달아났다가 피살됨)를 평정하자, 하동(河東)의 사대부와 서민들이 길에서 노래하고 춤추었으며, 군인들은 서로 더불어서 진왕(秦王: 唐 太宗 李世民)이 만든 「파진악(破陣樂)」이라는 악곡을 연주했다. 후에 이 악곡은 『악부(樂府)』에 편입되었다고 한다.

「파진악」을 연주할 때에는 갑옷을 입고 창을 잡는데, 이것은 전쟁을 표현하는 것이다. 「경선악(慶善樂)」을 연주할 때에는 소매를 길게 늘어뜨리고 신을 끄는데, 이것은 문덕(文德)을 표현하는 것이다. 정공(鄭公: 魏徵으로 추정됨)은 「파진악」이 연주되는 것을 보자 고개를 숙이고서 보지 못하더니 「경선악」이 연주되자 그것을 즐기며 싫증내지 않았다. (『국사이찬』)

唐太宗留心雅正, 勵精文敎. 及命太常卿祖孝孫正宮商, 起居郎呂才習音韻,協律郞張文收考律呂. 平其散濫, 爲之折衷. 作「降神樂」, 爲「九功舞」, 天下靡然向風矣.

初孝孫以梁·陳舊樂雜用吳·楚之音, 周·齊舊樂多涉胡戎之伎. 於是斟酌南北, 考以古音, 而作大唐雅樂. 以十二律, 各順其月, 旋相爲宮. 按『禮記』云: "大樂與天地同和." 『詩』「序」云: "太平之音安以樂, 其政和." 故制十二和之樂, 合三十曲八十四調. 祭園丘以黃鐘爲宮, 方澤以大呂爲宮, 宗廟以太簇爲宮. 五郊迎享, 則隨月用律爲宮. 初, 隋但用黃鐘一宮, 唯扣七鐘, 餘五虛懸而不扣. 及孝孫造旋宮之法, 扣鐘皆遍, 無復虛懸矣.

時張文收善音律, 以蕭吉樂譜未甚詳悉. 取歷代沿革, 截竹爲十二律吹之, 備盡旋宮之義. 太宗又召文收於太常, 令與孝孫參定雅樂. 太樂古鐘十二, 俗號'啞鍾', 莫能通者. 文收吹律調之, 聲乃暢徹. 知音樂者咸伏其妙, 授協律郞. 及孝孫卒, 文收始復採三禮, 更加釐革, 而樂敎大備矣. (出『譚賓錄』)

又, 潤州曾得玉磬十二以獻, 張率更叩其一曰: "晉某歲所造也. 是歲閏月, 造磬者法月數. 當有十三箇, 闕其一, 宜如黃鍾東九尺掘, 必得焉." 求之, 如言所得. (出『國史異纂』)

又, 貞觀中, 景雲見, 河水淸. 張率更制爲「景雲河淸歌」, 名曰「燕樂」, 今元會第一奏是也. (出『國史異纂』)

又, 太宗之平劉武周, 河東士庶歌舞於道, 軍人相與作秦王「破陣樂」之曲. 後編『樂府』云.

又, 「破陣樂」, 被甲持戟. 以象戰事. 「慶善樂」, 長袖曳屐, 以象文德. 鄭公見奏「破陣樂」, 則俯而不視, 「慶善樂」, 則翫之不厭. (出『國史異纂』)

203 · 9(2284)
위도필(衛道弼) · 조소기(曹紹夔)

악공(樂工) 위도필은 천하의 그 누구도 소리로써 그를 속일 수 있는 사람이 없었다. 조소기와 위도필은 모두 태악(太樂)이 되어서 북교(北郊: 立冬에 北郊에서 黑帝 玄冥에게 제사지냄)에서 제사지냈다. 어사(御史)가 조소기에게 화가 나서 음악이 조화롭지 못하다는 이유로 조소기에게 죄를 주고자 했다. 어사는 종(鐘)과 경쇠를 마구 두드려 소리를 내어 조소기로 하여금 듣고서 어떤 소리인지 말하도록 했는데 틀림이 없자 이로 인해서 더욱 탄복하게 되었다.

낙양(洛陽)에 어떤 스님이 있었는데 [그 스님의] 방에 있는 경쇠가 밤이면 번번이 스스로 소리를 냈다. 스님은 괴이하게 여겼고 두려운 나머지 병이 생겼다. 술사(術士)를 부르고 온갖 방법을 써서 경쇠 소리를 멈추게 하려 했지만 끝내 그렇게 하지 못했다. 조소기는 스님과 친한 사이였기 때문에 병문안을 왔는데 스님이 그에게 사정을 자세히 말했다. 잠시 후에 재당(齋堂)의 종을 치자 [방에 있던 경쇠가] 또 소리를 내는 것이었다. 그러자 조소기가 웃으며 말했다.

"내일 성찬을 차려 놓으시지요. 분명히 그대를 위해 경쇠 소리를 없애주겠습니다."

스님은 비록 조소기의 말을 믿지 않았지만 혹시나 효험이 있기를 바라며 성찬을 갖추어서 그를 초대했다. 조소기는 식사를 마치고 품에서 줄을 꺼내 방에 있는 경쇠의 여러 곳을 줄로 갈고서 떠났는데, 그러자 경쇠 소리가 마침내 사라졌다. 스님이 그 까닭에 대해 간절히 묻자 조소기가 말했다.

"이 경쇠 소리는 종과 음률이 합치되기 때문에 저것을 치면 이것이 응답했던 것입니다."

스님은 크게 기뻐했고 병도 나았다. (『국사이찬』)

樂工衛道弼, 天下莫能以聲欺者. 曹紹夔與道弼偕爲太樂, 合享北郊. 御史怒紹夔, 欲以樂不和爲罪. 雜叩鐘磬聲, 使夔聞, 召之無誤者, 由是反歎伏.

洛陽有僧, 房中磬子夜輒自鳴. 僧以爲怪, 懼而成疾. 求術士, 百方禁之, 終不能已. 夔與僧善, 來問疾, 僧具以告. 俄擊齋鐘, 復作聲. 紹夔笑曰: "明日可設盛饌. 當爲除之." 僧雖不信紹夔言, 冀其或效, 乃具饌以待之. 夔食訖, 出懷中錯, 鑢磬數處而去, 其聲遂絶. 僧苦問其所以, 夔云: "此聲與鐘律合, 擊彼此應." 僧大喜, 其疾亦愈. (出『國史異纂』)

203 · 10(2285)
배지고(裴知古)

배지고가 음악을 연주하고서 원행충(元行冲)에게 말했다.

"금석(金石: 鐘과 磬)이 조화로우니 분명 길하고 경사스런 일이 있을 것이오. 아마도 당(唐)나라 왕실 자손에게 [경사가] 있을 것이오."

그 달에 중종(中宗: 李顯)이 즉위했다. (『담빈록』)

배지고가 태상시(太常寺)에 숙직을 서러 가다가 길에서 말을 타고 있는 이를 만났는데, 말의 소리를 듣고는 배지고가 혼자서 몰래 말했다.

"이 사람은 바로 말에서 떨어지겠다."

[이 말을 들은] 호사가가 말을 탄 사람을 따라가며 관찰했는데, 말을 타고 가다가 동네를 반도 못 벗어나서 말이 놀라 난동을 피우는 바람에 거의 죽을 뻔했다.

또 한번은 배지고가 어느 집에서 며느리를 맞이하는 것을 보았는데, 며느리가 차고 있던 패옥 소리를 듣고 말했다.

"이 며느리는 시어머니에게 이롭지 못하다."

바로 그 날 시어머니에게 병이 생기더니 끝내 죽고 말았다. 배지고는 섭생(攝生)에 능했으며 개원(開元) 12년(724)에 100세로 세상을 떠났다. (『국사이찬』)

裴知古奏樂, 謂元行冲曰: "金石諧和, 當有吉慶之事. 其在唐室子孫耳." 其月, 中宗卽位. (出『譚賓錄』)

又, 知古直太常, 路逢乘馬者, 聞其聲, 竊言曰: "此人卽當墮馬." 好事者隨而觀之, 行未半坊, 馬驚殆死

又嘗觀人迎婦, 聞婦珮玉聲曰: "此婦不利姑." 是日姑有疾, 竟亡. 善於攝生, 開元十二年, 年百歲而卒. (出『國史異纂』)

203 · 11(2286)
이사진(李嗣眞)

당(唐)나라가 주(周: 北周)나라와 수(隋)나라의 혼란을 이어받았을 때,

틀에 매달아 쓰는 악기[여기서는 磬을 말함]가 망실되었는데 유독 치음(徵音)이 없었다. ['徵'는 '治'와 음이 같은데, '치음'이 없다는 것은] 나라의 다스림이 부족하다는 의미이므로 [徵音이 빠진 것을] 알고 있는 사람들도 감히 이 일을 언급하지 못했다. 천후(天后: 則天武后) 말년에 어사대부(御史大夫) 이사진이 몰래 구하고자 했으나 얻지 못했다. 어느 날 아침 가을 기운이 시원한 때에 지금의 노영(弩營)에서 다듬질 소리가 들려왔는데, 그곳은 그 당시 영공(英公: 徐敬業을 말함)의 집이었다. 다시 여러 해가 지나도록 그 소리를 얻을 수 없었다.

그 후에 서경업(徐敬業)이 반란을 일으키자 천후가 그의 집을 물에 잠기게 했다. 이에 이사진이 상여에서 작은 검 하나를 구해 얻어서 [서경업의 집으로] 들어가 동남쪽 귀퉁이를 두드리자 과연 응답이 있었다. 그래서 마침내 그곳을 파서 돌판 하나를 얻었는데, 그것을 네 토막으로 잘라 틀에 매달아 쓰는 악기의 부족함을 보충했다. 후에 종묘에 제사지내고 하늘에 제사드릴 때 순거(簨簴: 악기를 거는 틀)에 걸어 놓는 것[즉 磬을 말함]은 바로 이사진이 얻은 것이다. (『독이지』)

　　唐朝承周·隋離亂, 樂懸散失, 獨無徵音. 國姓所闕, 知者不敢言達其事. 天后末, 御史大夫李嗣眞密求之不得. 一旦秋爽, 聞砧聲者在今弩營, 是當時英公宅. 又數年, 無由得之.
　　其後徐業反, 天后瀦其宮. 嗣眞乃求得喪車一鐸, 入振之於東南隅, 果有應者. 遂掘之, 得石一段, 裁爲四具, 補樂懸之闕. 後享宗廟郊天, 掛簨簴者, 乃嗣眞所得也. (出『獨異志』)

203 · 12(2287)
송 연(宋 沇)

송연은 태악령(太樂令)이 되었는데, 지음(知音)에 있어서 근래의 누구도 그에 비견할 만한 자가 없었다. 태상시(太常寺)에 오랫동안 치조(徵調)가 없었는데 송연이 종(鐘)의 음률을 살펴서 그것을 얻었다. (『국사보』)

송연이 태상승(太常丞)으로 있을 때, 어느 날 아침 광택불사(光宅佛寺)에서 입조(入朝)하기를 기다리다가 탑 위에서 풍경 소리가 들리자 귀 기울여 오랫동안 그 소리를 들었다. 그는 조정에서 돌아온 후에 다시 절에 가서 머물며 주지 스님에게 물었다.

"스님은 탑에 있는 풍경이 어디에서 난 것인지 아시는지요?"

스님이 대답했다.

"모릅니다."

송연이 말했다.

"그 중 하나는 고대에 만든 것입니다. 청컨대 제가 탑에 한번 올라가 풍경 줄을 흔들어서 풍경을 모두 두드려 그것을 판별해 보고자 하는데, 괜찮겠습니까?"

스님은 처음에는 곤란해하다가 나중에는 허락해 주었다. 그래서 송연은 풍경을 두드려서 [과연 고대에 만든 것인지를] 판별해 보게 되었는데, 절에 있던 사람이 이렇게 말했다.

"[탑 위에 있던 풍경은] 늘 바람이 불지 않아도 저절로 흔들려 소리를 내는데, 그 소리가 아름다워 매우 듣기 좋아요. [당신이 방금 울린] 이런 소리와는 다릅니다."

그러자 송연이 말했다.

"그렇습니다. 분명히 제사드릴 때 본래 매달려 있는 종을 치면 풍경이 응답할 것입니다."

그리고는 그 풍경을 떼어내서 관찰하게 해달라고 거듭 청하면서 이렇게 말했다.

"이것은 고세(沽洗: 姑洗, 즉 12律의 하나로 3월에 해당함)의 편종(編鐘)이니, 청컨대 아침에 이것만 떼어서 절의 뜰에다 놓아주십시오."

송연은 태상시로 돌아온 후에 악공에게 승려와 함께 그것을 지켜보도록 했다. 정해진 시간이 되어서 저곳에서 본래 매달려 있는 종을 치자 이곳에 있는 종[절의 뜰에 놓아둔 종으로 앞에서 말한 沽洗編鐘]이 과연 응답하는 것이었다. 마침내 송연은 그것을 구입해 얻었다.

또 한번은 송연이 손님을 통화문(通化門) 밖으로 전송하다가 탁지(度支: 財政을 맡은 벼슬)의 운송 수레를 만나게 되었다. 송연은 잠시 말을 멈추고는 갑자기 바삐 손님들에게 읍(揖)하고 헤어진 후 수레를 따라가다가 방울 하나를 알아보게 되었는데, 역시 편종이라고 했다. 다른 사람들은 그 방울이 독특하고 뛰어나게 주조되어서 다른 것들과 같지 않다는 것만 알았지 그 나머지[즉 그 방울이 편종이라는 것]에 대해서는 알지 못했다. [그것을 제자리에] 배치해서 매달아 두니 소리와 형태가 모두 그 법도에 합치되었다. 뛰어나구나! 이 사람[宋沈] 역시 종을 연주하는 데 있어서 치음(徵音: 원문에는 '徵'로 되어 있는데, 『羯鼓錄』에는 '微'로 되어 있음)을 아는 이로다. (『갈고록』)

宋沈爲太樂令, 知音近代無比. 太常久亡徵調, 沈考鐘律得之 (出『國史補』)

沈爲太常丞, 嘗一日早, 於光宅佛寺待漏, 聞塔上風鐸聲, 傾聽久之. 朝廻, 復止寺舍, 問寺主僧曰: "上人塔鈴, 皆知所自乎?" 曰: "不能知." 沈曰: "其間有一是古製. 某請一登塔, 循金索, 試歷扣以辨之, 可乎?" 僧初難後許, 乃扣而辨焉, 在寺之人, 卽言: "往往無風自搖, 洋洋有聞. 非此耶." 沈曰: "是耳. 必因祠祭, 考本懸鐘而應之." 固求摘取而觀之, 曰: "此沽洗之編鐘耳, 請旦獨掇('旦掇'『羯鼓錄』作'且綴')於僧庭." 歸太常, 令樂工與僧同臨之. 約其時, 彼扣('扣'原作'知', 據明鈔本改)本懸, 此果應. 遂購而獲焉.

又曾送客出通化門, 逢度支運乘. 駐馬俄頃, 忽草草揖客別, 乃隨乘行, 認一鈴, 言亦編鍾也. 他人但覺鎔鑄獨工, 不與衆者埒, 莫知其餘. 乃配懸, 音·形皆合其度. 異乎! 此亦識徵在金奏者與. (出『羯鼓錄』)

203 · 13(2288)
왕인유(王仁裕)

진(晉: 五代十國의 後晉을 말함)의 도성 낙하(洛下)에서 병신년(丙申年: 936) 봄에 한림학사(翰林學士) 왕인유가 밤에 숙직을 서게 되었다. 궁중에서 종소리가 들려왔는데, 매번 소리가 날 때마다 마치 목과 머리 사이를 두드려 맞는 것 같았다. 종이 갑자기 울리면서 '삭삭' 소리를 냈는데, 마치 깨지고 찢어지는 것 같았다. 열흘이 넘도록 계속 그와 같은 것이었다. 왕인유는 매번 같은 직위에 있는 사람들과 [이 일에 대해서] 몰래 논의해 보았지만 그것이 무슨 징조인지 아무도 몰랐다. 그 해 중춘(仲春)에 진나라 황제가 변량(汴梁)으로 수도를 옮기게 되어서 석거(石

渠: 石渠閣)와 금마(金馬: 궁전의 金馬門 앞에 있던 銅製의 말)를 설궁(雪宮)으로 옮겼는데, 지금까지 13년이 된다. 그러므로 '삭삭' 소리가 나타낸 징조는 믿을 만하고 증거도 있는 것이다. (『옥당한화』)

晉都洛下, 丙申年春, 翰林學士王仁裕夜直. 聞禁中蒲牢, 每發聲, 如叩項腦之間. 其鐘忽撞作'索索'之聲, 有如破裂. 如是者旬餘. 每與同職默議, 罔知其何兆焉. 其年中春, 晉帝果幸於梁汴, 石渠・金馬, 移在雪宮, 迄今十三年矣. '索索'之兆, 信而有徵. (出『玉堂閒話』)

203・14(2289)
이사회(李師誨)

이사회는 변방의 말을 잘 그렸던 이점(李漸)의 손자이다. 그는 노주자사(潞州刺史) 유종간(劉從諫)의 종사(從事: 刺史의 屬官으로 기록을 맡음)가 되었는데, 유종간이 모반을 꾀하려는 것을 알고 마침내 여성산(黎城山)에 숨어살았다. 노주가 평정되자 조정에서는 이사회를 가상히 여겨서 그를 현령(縣令)에 제수했다.

한번은 승려로부터 운석(隕石) 하나를 얻었는데, 승려가 이렇게 말했다.
"촉(蜀) 지방에서 아침에 길을 가다가 앞쪽에 별이 떨어지는 것을 보고 마침내 그곳을 파내었더니 잘라진 경쇠처럼 생긴 돌 하나를 얻게 되었지요. 그 돌의 가장자리에 사자머리가 조각되어 있었는데, 역시 경쇠처럼 구멍이 있었고 끈을 꿰는 자리는 빛이 나고 반들반들했어요. 아마도 하늘에서 음악을 연주하다가 악기가 망가지자 땅에 떨어뜨린 것이겠지요?"

이 돌은 여러 사람의 손을 거치다가 안읍(安邑)에 있는 이보(李甫)의 집으로 들어가게 되었다. (『상서고실』)

李師誨者, 畫番馬李漸之孫也. 爲劉從諫潞州從事, 知從諫不軌, 遂隱居黎城山. 潞州平, 朝廷嘉之, 就除縣宰.

曾於衲僧處, 得落星石一片, 僧云: "於蜀路早行, 見星墜於前, 遂掘之, 得一片石, 如斷磬. 其石端有雕刻狻猊之首, 亦如磬, 有孔, 穿條處尙光滑. 豈天上奏樂器毀而墜歟?" 此石流轉到安邑李甫宅中. (出『尙書故實』)

금(琴)

203 · 15(2290)
여번악(璵璠樂)

진(秦)나라 함양궁(咸陽宮)에는 6척(尺) 길이의 금(琴)이 있었는데, 13개의 현과 26개의 휘(徽: 음 표지)가 달려 있었다. 금 전체가 칠보(七寶)로 장식되어 있었으며 그 위에는 '여번지악(璵璠之樂: 璵璠은 春秋시대 魯나라에서 나던 美玉임)'이라고 새겨져 있었다. (『서경잡기』)

秦咸陽宮有琴長六尺, 安十三絃, 二十六徽, 皆七寶飾之, 銘曰'璵瑤之樂'. (出『西京雜記』)

203·16(2291)
유도강(劉道强)

제(齊)나라 사람인 유도강(劉道强)은 금(琴)을 아주 잘 탔는데,「단부과학(單鳧寡鶴)」이라는 곡을 잘 연주했다. 이 곡을 듣는 사람들은 모두가 슬퍼서 스스로를 추스를 수 없었다. (『서경잡기』)

齊人劉道强善彈琴, 能作「單鳧寡鶴」之弄. 聽者皆悲, 不能自攝. (出『西京雜記』)

203·17(2292)
조 후(趙 后)

조후(趙后: 趙飛燕)에게는 '봉황'이라고 하는 보금(寶琴)이 있었는데, [그 보금 위에는] 모두 금과 옥으로 용·봉황·교룡·난새 및 옛 현인과 열녀의 모습이 약간 도드라지게 새겨져 있었다. 조후는 또한「귀봉(歸鳳)」·「송원(送遠)」이란 곡을 잘 연주했다. (『서경잡기』)

趙后有寶琴曰'鳳凰', 皆以金玉隱起爲龍·鳳·螭·鸞, 古賢烈女之象. 亦善爲「歸鳳」·「送遠」之操焉. (出『西京雜記』)

203·18(2293)
마 융(馬 融)

마융은 2개의 군과 2개의 현에서 관직을 지냈는데, 정무(政務)는 무위(無爲)로써 돌보고 일 처리는 그 간략함을 따랐다. 무도(武都)에서 7년, 남군(南郡)에서 4년 동안 있으면서 일찍이 법률에 따라 사람을 사형에 처한 적이 한 번도 없었다. 성품이 음악을 좋아하여 금(琴)을 잘 타고 피리를 잘 불었다. 매번 금을 타고 피리를 불면 귀뚜라미가 화답했다. (『상운소설』[『은운소설』])

馬融歷二郡兩縣, 政務無爲, 事從其約. 在武都七年, 南郡四年, 未嘗按論刑殺一人. 性好音樂, 善鼓琴吹笛. 每氣出蜻蜊(明鈔本'蜊'作'蚓')相和. (出『商芸小說』)

203·19(2294)
양 수(楊 秀)

수(隋) 문제(文帝)의 아들인 촉왕(蜀王) 양수가 이전에 천면금(千面琴)을 만들었는데 세상에서 사라지고 말았다. (『상서고실』)

隋文帝子蜀王秀, 嘗造千面琴, 散在人間. (出『尚書故實』)

203 · 20(2295)
이 면(李 勉)

당(唐)나라의 견공(汧公) 이면은 아름다운 금(琴)을 좋아했다. 이면은 일찍이 오동나무와 가래나무 중에서 가장 좋은 것을 골라 그것들을 섞어 짜서 금을 만들었는데, 그것을 '백납금(百衲琴)'이라고 불렀다. 달팽이 껍질로 휘(徽: 음표지)를 만들었는데, 그 중에서 3면으로 된 금은 더욱 절묘하여 통상 그것을 '향천운경(響泉韻磬)'이라고 불렀다. 그 위에 줄을 한 번 매면 10년 동안 연주해도 끊어지지 않았다. (『상서고실』)

이면은 옻칠한 통으로도 금을 만들었는데, 수백 개를 만들어서 달라고 하는 이에게 주었다. 가장 절묘한 것이 있었는데, 하나는 '향천(響泉)'이라 하고 다른 하나는 '운경(韻磬)'이라 했으며 가보로 간직했다.

도성(都城: 長安)에서는 또한 번씨(樊氏)와 노씨(路氏)가 만든 금을 제일로 쳤다. 노씨에게는 방태위(房太尉)의 돌베개가 있었는데, 베개 위에 손상된 부분이 있었지만 아까워하며 고치지 않았다. 촉(蜀) 지방의 뇌씨(雷氏)는 금을 깎아 만들면서 늘 스스로 금의 등급을 품평했다. 가장 좋은 것은 옥으로 휘를 만들고 다음 것은 보석으로 휘를 만들고 그 다음 것은 황금소라 껍질로 휘를 만들었다.

唐汧公李勉好雅琴. 嘗取桐梓之精者, 雜綴爲之, 謂之('謂之'二字原闕, 據明鈔本補)'百衲琴'. 用蝸殼爲徽, 其間三面尤絶異, 通謂之'響泉韻磬'. 絃一上, 可十年不斷. (出『尙書故實』)

又, 勉又取漆筩爲之, 多至數百張, 求者與之. 有絶代者, 一名'響泉', 一名'韻磬', 自寶於家.

又, 京中又以樊氏·路氏琴爲第一. 路氏有房太尉石枕, 損處惜而不治. 蜀中雷氏斲琴, 常自品第. 上者以玉徽, 次者以寶徽, 又次者以金螺蚌徽.

203 · 21(2296)
장홍정(張弘靖)

재상 장홍정이 어느 날 밤에 [琴을 잘 타는] 명가(名家)들을 불렀는데, 정유(鄭宥)가 금(琴) 2개의 음률을 아주 절묘하게 조율하는 것이었다. 금 2개를 각각 평상에 하나씩 두고서 궁(宮)을 소리내면 궁으로 응답하고 각(角)을 소리내면 각으로 응답했는데, 조금이라도 맞지 않으면 응답하지 않았다. 정유의 스승인 동정란(董庭蘭)은 범성(汎聲: 汎氏의 琴聲)과 축성(祝聲: 祝氏의 琴聲)에 더욱 능했다. (『국사보』)

張相弘靖夜會名家, 觀鄭宥調二琴至切. 各置一榻, 動宮則宮應, 動角則角應, 稍不切, 乃不應. 宥師董庭蘭, 尤善汎(按吳曾『能改齋漫錄』五引'汎'作'沉')聲·祝聲. (出『國史補』)

203 · 22(2297)
동정란(董庭蘭)

향천(響泉)과 운경(韻磬)은 본래 사도(司徒) 번택(樊澤)의 집으로 갔다가 나중에는 주애(珠崖)의 집으로 들어갔고 그 다음에는 장언원(張彦遠)의 집으로 들어갔는데, 지금은 누구의 손에 들어갔는지 알 수 없다. 금(琴)을 잘 타는 사람으로 근래에는 하약이(賀若夷)와 감당(甘鐺)을 꼽을 수 있다. 이전에는 동정란(董庭蘭)과 진회고(陳懷古)가 있었는데, 진회고는 범가(汎家)와 축가(祝家) 2가의 소리에 능했으며, 이들을 대호가(大胡笳: 胡笳란 본래 북방의 胡人이 갈대의 잎을 말아서 부는 피리를 말하는데, 지금 전해지는 것은 木管으로 세 개의 구멍이 있음)와 소호가(小胡笳)라고 한다. 소고(蕭古) 역시 금을 잘 탔는데, '호가의 제4인자'라고 한다. 소고는 무역(無射: 12律의 하나로 음력 9월에 해당함) 상(商)을 변조(變調)했는데, 마침내 그 소리를 사용하여 소씨구농(蕭氏九弄: 蕭氏九曲)을 만들게 되었다. (『노씨잡설』)

響泉·韻磬, 本落樊澤司徒家, 後在珠崖宅, 又在張彦遠宅, 今不知流落何處. 彈琴近代稱賀若夷·甘鐺. 前有董庭蘭·陳懷古, 懷能況'況'疑是'汎', 詳前'張弘靖'條)·祝二家聲, 謂大·小胡笳也. 蕭古亦善琴, 云'胡笳第四頭'. 犯無射商, 遂用其音爲蕭氏九弄. (出『盧氏雜說』)

203·23(2298)
채 옹(蔡 邕)

채옹이 진류(陳留)에서 지낼 때 그의 이웃이 술과 음식을 대접하겠다고 채옹을 초대했다. 채옹이 [초대받은 집에] 거의 다 이르렀을 때 주연은 이미 무르익고 있었으며, 손님 중에 금(琴)을 타는 사람이 있었다. 채옹은 문 앞에 이르러서 그 소리를 몰래 듣고 말했다.

"아! 음악으로 나를 부르면서 살심(殺心)이 있으니 어째서인가?"

마침내 채옹은 돌아갔다. 명을 전하는 이가 주인에게 [이 사실을] 아뢰자, 주인은 황급히 직접 쫓아가서 그 이유를 물었다. 채옹이 [자신이 돌아갔던 이유를] 자세히 알려주자 금을 타던 이가 말했다.

"제가 아까 줄을 퉁기면서 보니 사마귀가 마침 매미를 향하고 있었는데, 매미가 막 떠나가려 하자 사마귀가 나아갔다 물러갔다 하는 것이었습니다. 저는 마음속으로 사마귀가 매미를 놓칠까 봐 조마조마했을 뿐인데 이것이 어찌 살심 때문에 생겨난 소리이겠습니까?"

그러자 채옹이 감탄하여 말했다.

"그렇다면 충분히 그럴 만하오!"

(『한서』[화색『한서』][화교『후한서』])

蔡邕在陳留, 其鄰人有以酒食召邕. 比往而酒會已酣焉, 客有彈琴者. 邕至門, 潛聽之曰: "嘻! 以樂召我而有殺心, 何也?" 遂返. 將命者告主人, 主人遽自追而問其故. 邕具以告, 琴者曰: "我向鼓絃, 見螳蜋方向鳴蟬, 蟬將去, 螳蜋爲之一前一却. 吾心唯恐螳蜋之失蟬也, 此豈爲殺心而聲者乎?" 邕歎曰: "此足以當之矣!"
(出『漢書』, 明鈔本作'出華嶠『漢書』', 疑是'華嶠『後漢書』')

203 · 24(2299)
우 적(于 頔)

사공(司空) 우적은 늘 손님에게 금(琴)을 타도록 했다. 우적의 형수가 음악에 대해 잘 알았는데, 발 뒤에서 [손님이 타는 금 소리를] 듣다가 탄식하며 말했다.

"3분의 1은 쟁(箏) 소리이고 3분의 2는 비파 소리이니 금 본래의 소리가 없구나!"

(『국사보』)

于司空頔常令客彈琴. 其嫂知音, 聽於簾下, 歎曰: "三分之中, 一分箏聲, 二分琵琶聲, 無本色韻!" (出『國史補』)

203 · 25(2300)
한 고(韓 皐)

한고는 음률을 잘 알았다. 일찍이 금(琴)을 타는 것을 보다가 「지식(止息)」에 이르자 감탄하며 말했다.

"묘하구나! 혜생(嵇生: 본문에는 '稽生'으로 나와 있으나 嵇康, 즉 嵇叔夜를 가리키므로 '嵇生'으로 고침)이 만든 것이로다!"

혜생은 위(魏)나라와 진(晉)나라의 교체기에 살았는데, 「지식」의 소리는 상(商: 五音의 하나로 五行說에서 가을에 해당되므로 悲哀·寂廖 등의 뜻을 나타냄)을 위주로 한다. 상은 가을의 소리이니 가을이라는 것은 하늘이 장차 가을 기운으로 초목을 말라죽게 하는 때로서 한 해가 저물어 가는 때이다. 또한 진나라는 금운(金運)의 소리를 이어받았으니 이로써 위나라가 말년에 이르렀으며 진나라가 장차 위나라를 대신할 것임을 알 수 있다. 상의 소리를 내는 현을 늦추면 궁(宮)과 같은 음이 되는데, 이것은 신하가 임금의 자리를 빼앗는 의미이다. 이로써 사마씨(司馬氏)가 장차 찬탈할 것임을 알 수 있는 것이다. 사마의(司馬懿)는 위 명제(明帝: 曹叡)로부터 후사를 부탁 받았는데[曹叡가 세상을 떠나기 전에 司馬懿에게 曹芳을 보좌하도록 부탁한 일을 말함], 나중에는 도리어 찬탈하고자 하는 마음이 생겨났으며 조상(曹爽)을 죽이면서부터는 반역의 의도가 더욱 드러났다. 양주도독(揚州都督) 왕릉(王陵)은 초왕(楚王) 조표(曹彪)를 옹립하고자 했다. 무구검(毋丘儉: 毋立儉)·문흠(文欽)·제갈탄(諸葛誕)이 앞뒤로 잇달아 양주도독이 되었는데, 모두가 위나라 황실을 부흥시키고자 도모하다가 사마의 부자에게 죽임을 당했다. 혜숙야(嵇叔夜)는 양주가 옛 광릉(廣陵)의 땅이고, 그 4사람은 모두 위나라 황실의 문무대신이었으며 또한 모두가 광릉에서 패하여 흩어졌기 때문에 그 곡을 「광릉산(廣陵散)」이라고 이름지었던 것이다. [「廣陵散」이라는 것은] 위나라가 망하게 된 것이 광릉에서 비롯되었음을 말하는 것이다.

「지식(止息)」은 진나라가 비록 급작스럽게 일어나긴 했지만 결국엔 이곳에서 [國運이] 그치게 될 것임을 말하는 것이다. 혜숙야의 슬픔·분함·서러움·근심·괴로움의 절박한 소리가 모두 이 곡에 들어있다. 영가지란(永嘉之亂: 西晉末의 大亂으로, 前趙의 劉聰이 洛陽을 함락시키고 懷帝를 弑害했음)은 바로 그것에 대한 응답이었다. 혜숙야는 이 곡을 지으면서 후대의 음악을 아는 이에게 [이러한 내용들을] 전해주고 또한 진나라의 화(禍)를 피하고자 귀신에게 가탁했던 것이다. [「止息」이 嵇叔夜가 만든 것임을 알았던] 한고는 음악에 있어서 지극한 경지에 이르렀다고 이를 만하다. (『노씨잡설』)

韓皐生知音律. 嘗觀彈琴, 至「止息」, 歎曰: "妙哉! 稽生之爲是也!" 其當晉魏('魏'原作'衛', 據明鈔本改)之際, 其音主商. 商爲秋聲, 秋也者, 天將搖落肅殺, 其歲之晏乎. 又晉承金運之聲也, 此所以知魏之季, 而晉將代之也. 慢其商絃, 以宮同音, 是臣奪君之義也. 此所以知司馬氏之將簒也. 司馬懿受魏明帝顧托, 後返有簒奪之心, 自誅曹爽, 逆節彌露. 王陵都督揚州, 謀立楚王彪. 毋丘儉・文欽・諸葛誕, 前後相繼爲揚州都督, 咸有匡復魏室之謀, 皆爲懿父子所殺. 叔夜以揚州故廣陵之地, 彼四人者, 皆魏室文武大臣, 咸散敗於廣陵, 故名其曲爲「廣陵散」. 言魏氏散亡, 自廣陵始也.

「止息」者, 晉雖暴興, 終止息於此也. 其哀・憤・戚・慘・痛迫切之音, 盡在於是. 永嘉之亂, 是其應乎. 叔夜撰此, 將貽後代之知音者, 且避晉禍, 所以託之鬼神也. 皐之於音, 可謂至矣. (出『盧氏雜說』)

203・26(2301)
왕중산(王中散)

당(唐)나라 건부연간(乾符年間: 874~879)에 황소(黃巢)가 두 도성[都城: 長安과 洛陽을 말함]을 침략하여 장안의 사대부들 중에 전란을 피해서 북쪽으로 떠난 사람이 많았다. 그 당시에 전 한림대조(翰林待詔: 궁중에서 皇帝를 받들던 技藝人)였던 왕경오(王敬傲)라는 사람이 있었는데, 그는 장안(長安) 사람으로서 바둑을 잘 두고 금(琴)을 잘 탔으며 풍모가 뛰어났다. 그는 처음에 포판(蒲坂: 蒲州를 말하며 오늘날 山西의 南部에 해당함)을 지나서 병주(幷州: 開元年間에 太原府로 명칭을 바꿨는데, 여기에서는 舊稱을 쓰고 있음. 오늘날 山西 陽曲의 남쪽에 해당함)로 갔다. [그 당시] 병주절도사(幷州節度使) 정종당(鄭從讜)이 상국(相國)으로서 분양(汾陽)과 진양(晉陽)에 주둔하며 그곳을 지키고 있었는데, 왕경오가 그를 알현했으나 예로써 대접받지 못했다.

후에 왕경오는 업(鄴)으로 갔는데, 이 때는 나소척(羅紹戚)이 막 자리를 잡고서 병사들을 위무하면서 전쟁에 힘쓰고 있었다. 왕경오는 업에서 여러 해를 지냈다. 이 때에 이산보(李山甫)는 문필(文筆)이 웅건하여 이름을 날렸는데, 도관(道觀)에 갔다가 왕경오와 만나게 되었다. 또한 이처사(李處士)라는 이 역시 금을 잘 탔다. 이산보가 두 손님[王敬傲와 李處士]에게 말했다.

"「유란(幽蘭)」과 「녹수(綠水)」라는 곡을 들을 수 있겠습니까?"

왕경오가 즉시 명에 응하여 그 곡을 연주했는데, 소리가 맑고 예스러워서 귀신을 감동시킬 정도였다. 곡이 끝나자 왕경오는 가만히 소매를 뒤집어서 [눈물을 훔치며] 말했다.

"함통연간(咸通年間: 860~873), 조정에서 가을밤에 지극히 존귀하신 황제를 받들던 때를 추억해 보면 이곳까지 흘러들 줄은 생각도 못했습니다."

[이번에는] 이처사가 「백학(白鶴)」이라는 곡조를 연주했다. 그러자 이

산보가 붓을 잡고서 생각을 펴내어 시를 써서 주었다.

「유란」과 「녹수」는 밝고 맑은 소리이거늘,
선생이 헛되이 마음씀을 탄식하노라.
세상에 언제 옛날보다 좋은 때가 있었다고,
남 앞에서 무엇 하러 옷깃을 적시느뇨?

나머지 구가 아직 다 이루어지지 않았는데, 이산보는 절로 상심하며 자신의 회재불우(懷才不遇)를 슬퍼했다. 그러자 왕경오가 또 다른 곡을 하나 연주했는데, 앉아 있던 손님들은 더욱 그를 공경하며 [그가 연주하는 것이] 평범한 수준의 곡조가 아니라고 여겼다. 이산보가 마침내 술을 권하며 연주를 멈추게 하자 각자 술잔을 가득 채워서 여러 잔 마셨다. 잠시 후에 풍채가 수려한 사람들이 [술에 취해서] 쓰러졌다. 술에서 깨자 이산보는 조용히[원문에는 '從客'이라고 되어 있지만 문맥상 '從容'으로 해석함] 왕경오에게 물었다.

"아까 연주한 곡이 어떤 곡입니까? 다른 곳에서는 들어보지 못했습니다."

왕경오가 말했다.

"저희 집에서 익힌 정음(正音)으로서 대대로 전수해져 온 것이지요. 덕종(德宗)과 순종(順宗) 이래로 금문(金門: 金馬門을 말함. 재능이 우수하다고 여겨진 사람들이 金馬門에서 황제의 명을 기다렸음) 아래에서 [황제의 명을] 기다린 지가 모두 4대가 됩니다. 자주 연주되던 악곡들에 대해서는 사람들이 모두 알고 있지만, 혜중산(嵇中散: 中散大夫 嵇康)이 전수받은 영륜(伶倫: 黃帝의 樂官)의 곡만은 사람들이 모두 말하길 '낙양(洛陽)의 동시(東市)에서 멸절되었으며 전수받은 이가 있는지 알지 못한다

[嵇康이 司馬氏에 의해 洛陽 東市에서 죽임을 당한 후로는 이 곡을 전수 받은 이가 있는지 알 수 없다는 말임]'고 합니다. 저는 선친으로부터 그것을 얻어 배웠는데 그 악곡의 이름은 「광릉산(廣陵散)」이라고 하지요."

이산보는 일찍이 그 음악소리가 신공(神工)과 같다고 여겼던 데다가 왕경오의 말을 듣고서는 그것이 바로 고대의 「광릉산」이 세상에 전해진 것임을 알았다. 이산보는 마침내 4운(韻)으로 된 시를 지었는데 그 시는 시집에 실려 있다. 오늘날 이산보의 문집에는 '이처사'로 표제되어 있는데 아마도 기록이 잘못된 것일 것이다. 이로부터 이공(李公: 李山甫)은 늘 대조[王敬傲]를 '왕중산(王中散)'으로 여겼다.

왕경오는 후에 또 상산(常山)에서 노닐었다. 이 때에 절도사 왕용(王鎔)은 나이도 젊고 처음으로 병권을 잡았는데, 바야흐로 많은 선비를 끌어들여서 명성을 널리 알리고자 했다. 이 때에 낭중(郎中) 이형(李夐), 비서(祕書) 막우현(莫又玄), 원외(員外) 소상(蕭瑀), 장도고(張道古) 및 재주와 학식이 뛰어난 선비들이 모두 사방에서 문화관(文華館)으로 모였다. 이렇게 해서 왕경오의 금과 바둑 솜씨 역시 빈객으로서의 예우를 받았으며, 세시(歲時)에 따른 공급은 풍성하지 않음이 없었다. 또한 왕용은 왕경오에게 금을 타게 할 때면 반드시 큰 대가를 하사했다. 상산에서 십여 년을 지내는 동안 왕경오는 후한 예우를 받았다. 왕경오는 매번 높은 관을 쓰고 높은 신발을 신고서 여유있게 노닐며 휘파람을 불고 시를 읊조렸다. 겨울에도 홑옷을 입고 갈건(葛巾)을 두르고서 몸에 솜옷도 걸치지 않은 채 대낮에 시장에서 취해 있었으므로 사람들은 모두 그를 괴이하게 여겼다. 왕경오는 소종(昭宗)이 도성으로 돌아왔다는 소식을 듣고 [상산을] 떠나서 도성으로 돌아갔는데, 이후로는 그의 행방을 알 수 없었다.

왕경오는 또한 전지(剪紙)한 종이를 옷소매 속에 넣었다가 그것을 벌과 나비가 되게 할 수 있었는데, 소매를 들어 그것들을 날아가게 해서 사방에 가득하게 했다. 그런데 어쩌다가 그것들이 다른 사람의 옷깃이나 소매로 들어가게 되어 손으로 잡으려고 하면 즉시 예전에 있던 데[왕경오의 옷소매 속을 말함]로 돌아갔다. 그래서 당시 사람들은 모두들 왕경오에게 신선의 도술이 있을 것이라고 의심했다.

장도고는 왕경오와 사이가 좋았으며 늘 왕경오의 도덕과 학예(學藝)를 흠모했는데, 그가 일찍이 『왕일인전(王逸人傳)』을 지은 것은 바로 이 때문이다. 장도고는 이름이 현(晛)인데, 박학하고 고문(古文)에 뛰어났으며 책 만 권을 읽었지만 시 짓는 것은 좋아하지 않았다. 한번은 장도고가 장초몽(張楚夢)이 마련한 자리에 참석하게 되었는데, 그 당시 오랫동안 가물다가 갑자기 큰비가 내렸다. 그러자 여러 손님들이 모두 그것을 기뻐하며 시로 읊었다. 장도고가 마지막으로 절구를 지었다.

> 심한 가뭄이 오늘까지 이미 오래되었는데,
> 기쁜 비가 구름에서 쏟아지네.
> 한 방울도 새어나가지 않다가,
> 가득 차니 드디어 내리는구나!

좌중의 손님들은 장도고의 문학적 명성을 중시하긴 했지만 이 시의 졸렬함을 비웃었다. (『이목기』)

唐乾符之際, 黃巢盜據兩京, 長安士大夫避地北遊者多矣. 時有前翰林待詔王敬傲, 長安人, 能碁善琴, 風骨淸峻. 初自蒲坂歷於幷. 幷帥鄭從讜, 以相國鎭汾・晉, 傲謁之, 不見禮.

後又之鄴, 時羅紹戚(明鈔本'戚'作'威')新立, 方撫士卒, 務在戰爭. 敬傲在鄴中數歲. 時李山甫文筆雄健, 名著一方, 適於道觀中, 與敬傲相遇. 又有李處士亦善撫琴. 山甫謂二客曰: "「幽蘭」・「綠水」, 可得聞乎?" 敬傲卽應命而奏之, 聲淸韻古, 感動神(許刻本'神'下有'爽'字). 曲終, 敬傲潸然返袂云: "憶在咸通, 王庭秋夜, 供奉至尊之際, 不意流離於此也." 李處士亦爲「白鶴」之操. 山甫援毫抒思, 以詩贈曰: "「幽蘭」・「綠水」耿淸音, 歎息先生枉用心. 世上幾時曾好古, 人前何必苦霑襟." 餘句未成, 山甫亦自黯然, 悲其未遇也. 王生因別彈一曲, 坐客彌加悚敬, 非尋常之品調. 山甫遂命酒停絃, 各引滿數杯. 俄而玉山俱倒. 洎酒醒, 山甫方從客問曰: "向來所操者何曲? 他處未之有也." 王生曰: "某家習正音, 奕世傳受. 自由德・順以來, 待詔金門之下, 凡四世矣. 其常所操弄, 人衆共知, 唯嵇中散所受伶倫之曲, 人皆謂: '絶於洛陽東市, 而不知有傳者'. 余得自先人, 名之曰「廣陵散」也." 山甫早疑其音韻, 殆似神工, 又見王生之說, 卽知古之「廣陵散」, 或傳於世矣. 遂成四韻, 載於詩集. 今山甫集中, 只標'李處士', 蓋寫錄之誤耳. 由是李公常目待詔爲'王中散'也.

王生後又遊常山. 是時節帥王鎔年在幼齡, 初秉戎鉞, 方延多士, 以廣令名. 時有李復郞('郞'原作'卽', 據明鈔本・許刻本改)中・莫又玄祕書・蕭瑀員外・張道古, 並英儒才學之士, 咸自四集於文華館. 故待詔之琴碁, 亦見禮於賓榻, 歲時供給, 莫不豐厚. 王或命揮絃動軫, 必大加錫遺焉. 在常山十數年, 甚承禮遇. 敬傲每戴危冠, 着高屐, 優遊嘯詠而已. 冬月亦葛巾單衣, 體無綿纊, 日醺酣於市, 人咸怪異之. 聞昭宗返正, 辭歸帝里, 後不知所終.

敬傲又能衣袖中翦紙爲蜂蝶, 擧袂令飛, 滿於四座. 或入人之襟袖, 以手攬之, 卽復於故所也. 常時咸疑有神仙之術.

張道古與相善, 每欽其道藝, 曾著『王逸人傳』, 爲此也. 道古名眖, 博學, 善古文, 讀書萬卷, 而不好爲詩. 曾在張楚夢座上, 時久旱, 忽大雨. 衆賓皆喜而詠之. 道古最後方成絶句曰: "亢暘今已久, 喜雨自雲傾. 一點不斜去, 極多時下成!" 坐客重其文學之名, 而哂其詩之拙也. (出『耳目記』)

슬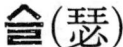(瑟)

203·27(2302)
슬(瑟)

중승(中丞) 노매(盧邁)에게 보슬(寶瑟) 4개가 있었는데, 각각의 가치가 수십만 냥에 달했다. 그 보슬의 이름은 한옥(寒玉)·석경(石磬)·향천(響泉)·화지(和至)이다. (『전기』)

盧中丞邁有寶瑟四, 各直數十萬. 有寒玉·石磬·響泉·和至之號. (出『傳記』)

203·28(2303)
완 함(阮 咸)

빈객(賓客: 太子賓客의 略稱으로 太子를 보호하고 시중들며 간하는

악1 · 133

일을 주관함) 원행충(元行沖)이 태상소경(太常少卿)으로 있을 때 어떤 사람이 옛 무덤에서 청동기물을 얻었는데, 비파와 비슷하고 아주 둥근 형태였다. 이것에 대해서 아는 사람이 아무도 없었는데, 원행충이 그것을 보고서 말했다.

"이것은 완함이 만든 악기이다."

그리고는 장인에게 명하여 [청동 대신에] 나무로 바꾸어서 만들게 했는데, 그 소리가 청아했다. 오늘날 '완함'이라고 부르는 것이 바로 이것이다. (『국사이찬』)

『진서(晉書)』에서는 완함(阮咸)이 비파를 잘 탔다고 한다. 후에 어떤 사람이 완함의 묘를 파서 비파를 얻었는데, 흙을 구워서 만든 것이었다. 그 당시 사람들은 [그것이 무엇인지] 알지 못했기에 완함의 묘에서 얻었다고 해서 그것의 이름을 '완함'이라고 했다. 근자에는 [阮咸이라는 악기를] 잘 타는 사람들이 많은데, 금(琴)과 함께 음조를 맞춰 보면 [그 음조가] 대부분이 금과 같다. (『노씨잡설』)

元行沖賓客爲太常少卿時, 有人於古墓中得銅物似琵琶而身正圓. 莫有識者, 元視之曰: "此阮咸所造樂也." 乃令匠人改以木, 爲聲淸雅. 今呼爲'阮咸'者是也. (出『國史異纂』)

又, 『晉書』稱阮咸善彈琵琶, 後有發咸墓者, 得琵琶, 以瓦爲之. 時人不識, 以爲於咸墓中所得, 因名'阮咸'. 近有能者不少, 以琴合調, 多同之. (出『盧氏雜說』)

태평광기 권제 204 악 2

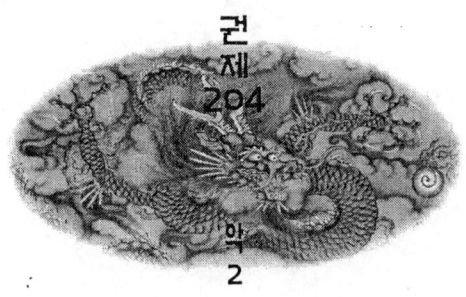

악(樂)
1. 대 포(大 酺)
2. 이원악(梨園樂)
3. 태진비(太眞妃)
4. 천보악장(天寶樂章)
5. 위 고(韋 皐)
6. 우 적(于 頔)
7. 문 종(文 宗)
8. 심아교(沈阿翹)
9. 의 종(懿 宗)
10. 왕령언(王令言)
11. 영왕헌(寧王獻)
12. 왕인유(王仁裕)

가(歌)
13. 진청(秦靑)・한아(韓娥)
14. 척부인(戚夫人)
15. 이귀년(李龜年)
16. 이 곤(李 袞)
17. 한 회(韓 會)
18. 미가영(米嘉榮)

적(笛)
19. 소화관(昭華管)
20. 당현종(唐玄宗)
21. 한중왕우(漢中王瑀)
22. 이 모(李 謩)
23. 허운봉(許雲封)
24. 여향균(呂鄕筠)

필률(觱篥)
25. 이 위(李 蔚)

악(樂)

204·1(2304)
대 포(大 酺)

    당(唐)나라 태종(太宗)이 동도(東都: 洛陽)에 있을 때 오봉루(五鳳樓)에서 큰 연회를 열고, 300리 이내의 현령(縣令)과 자사(刺史)들에게 악공들을 거느리고 함께 입궐하라고 명했다. 혹자는 [악공들로 하여금] 승부를 겨루게 하여 상금을 준다고 했다. 당시 하내군수(河內郡守: 元德秀)는 수백 명의 악공들을 수레에 태우고 비단옷을 입혔으며, 수레 옆에 엎드려 있는 소들에게 호랑이 가죽을 씌워 무소나 코끼리 모양으로 꾸몄는데, 이를 본 구경꾼들은 모두 눈이 휘둥그레졌다. 원로산(元魯山: 元德秀)은 악공 수십 명을 보내 손에 손을 잡고「우위(于蔿)」를 부르게 했는데,「우위」는 바로 원로산이 쓴 글이었다. 태종은 이 노래를 듣고 기이하게 여겨 그 가사를 읽어보고는 감탄하며 말했다.

  "이건 현자의 말이로다."

  그 후 태종이 재상에게 말했다.

  "하내 사람이 매우 고생스러운가?"

  그리고는 급히 원덕수를 불러들여 편안한 관직을 하사했다.

  신하들에게 주연(酒宴)을 베풀 때마다 태종은 근정루(勤政樓)로 드셨는데, 금오위(金吾衛: 황제의 시위병)와 사방 호위병이 해도 뜨기 전부터 깃발을 꽂아놓고, 황금 갑옷을 두르고 비단 단후포(短後袍: 뒤가 짧은 무관이 입던 옷)를 입고 정렬해 있었다. 태상(太常: 禮儀를 장관하던 관직명)은 음악을 연주하고, 위위(衛尉: 軍器와 儀仗, 그리고 막부의 일을 장관하던 관직명)가 장막을 펼친 뒤에, 번진의 수장(首長)들은 각자 속한 부현(府縣)으로 가서 앉아 음식을 먹었다. 교방(敎坊)에서는 모든 광대들을 다 동원해 산거한선(山車旱船: 채색을 하여 산 모양으로 장식한 수레와 대나무로 엮어 채색한 후 배 모양으로 만든 가짜 배)·심당주삭(尋撞走索: 尋撞이란 한 사람이 긴 막대를 들고 서 있고 여러 사람이 그 위에 타고 올라가 재주를 부리는 고대 유희의 일종으로 원래는 尋橦임. 走索은 밧줄을 가지고 하는 고대 유희의 일종으로 줄타기와 흡사함)·환검각저(丸劍角抵: 丸劍은 칼을 휘두르며 하는 고대 유희. 角抵는 힘을 겨루는 시합)·희마투계(戲馬鬪鷄: 말 타기 시합과 닭싸움) 등 온갖 종류의 유희를 다 펼쳐 보였다. 또 구슬과 비취로 장식을 하고 비단옷을 입은 궁녀 수백 명이 휘장 뒤에서 나와, 북을 치며「파진악(破陣樂)」·「태평악(太平樂)」·「상원악(上元樂)」을 연주했다. 그리고 코끼리와 무소를 입장시켜 예(禮)를 올리며 춤을 추니, 그 동작이 음률에 매우 잘 들어맞았다. 매년 정월 대보름날 밤이면 태종은 근정루에 행차하여 음악연주를 관람했고, 신하들과 왕가의 친지들은 관(官)이 마련한 누각에서 연주를 관람했다. 밤이 깊어지면 태종은 궁녀들을 누각 앞으로 보내 가무를 하게 하여 그들을 즐겁게 해 주었다. (『명황잡록』)

  唐玄宗在東洛, 大酺於五鳳樓下, 命三百里內縣令刺史, 率其聲樂來赴闕者.

或謂令較其勝負而賞罰焉. 時河內郡守令樂工數百人於車上, 皆衣以錦繡, 伏廂之牛, 蒙以虎皮, 及爲犀象形狀, 觀者駭目. 時元魯山遣樂工數十人聯袂歌「于蔿」,「于蔿」, 魯山之文也. 玄宗聞而異之, 徵其詞, 乃歎曰: "賢人之言也." 其後上謂宰臣曰: "河內之人, 其在塗炭乎." 促命徵還, 而授以散秩.

每賜宴設酺會, 則上御勤政樓. 金吾及四軍兵士, 未明陳仗, 盛列旗幟. 皆被黃金甲, 衣短後繡袍. 太常陳樂, 衛尉張幕後, 諸蕃酋長就食府縣. 敎坊大陳, 山車旱船・尋橦走索・丸劍角抵・戲馬鬪鷄. 又令宮女數百飾以珠翠, 衣以錦繡, 自帷中出, 擊雷鼓, 爲「破陣樂」・「太平樂」・「上元樂」. 又引大象犀牛入場, 或拜舞, 動中音律. 每正月望夜, 又御勤政樓觀作樂. 貴臣戚里, 官設看樓. 夜闌, 卽遣宮女於樓前歌舞以娛之. (出『明皇雜錄』)

204・2(2305)
이원악(梨園樂)

천보연간(天寶年間: 742~755)에 현종(玄宗)은 궁녀 수백 명을 이원(梨園: 당나라 현종이 악공이나 궁녀에게 음악과 무용을 연습시키던 곳) 예인(藝人)으로 삼고 이들을 의춘북원(宜春北院)에 머물도록 했다. 현종 자신도 음률에 정통했으며, 당시의 마선기(馬仙期)・이귀년(李龜年)・하회지(賀懷智) 등도 모두 음률에 밝았다. 안록산(安祿山)이 범양(范陽)에서 [장안으로] 들어와 천자를 배알할 때 백옥으로 된 통소 수백 개를 진상하자 이를 모두 이원에 진열해 두었는데, 이때부터 음악소리가 이 세상의 것과는 달라졌다. (『담빈록』)

天寶中, 玄宗命宮女數百人爲梨園弟子, 皆居宜春北院. 上素曉音律, 時有馬仙期・李龜年・賀懷智皆洞知律度. 安祿山自范陽入覲. 亦獻白玉簫管數百事, 皆陳於梨園, 自是音響殆不類人間. (出『譚賓錄』)

204・3(2306)
태진비(太眞妃)

　　태진비[楊貴妃]는 예기(藝技)에 능했는데, 그 중에서도 경(磬: 고대 타악기의 일종)을 가장 잘 다뤄 그 두드리는 소리가 영롱하고 특이하여, 태상시(太常寺)나 이원(梨園)의 뛰어난 악공이라 해도 이보다 더 잘할 수는 없을 정도였다. 현종(玄宗)은 남전(藍田)의 벽옥(碧玉)을 구해와 경을 만들게 하고, 경을 걸어두는 대와 장식품도 금은보화와 진기한 물건으로 치장하게 했다. 또한 짐승을 낚아채려고 뛰어오르는 모습을 한 사자 두 마리를 순금으로 주조하여 순거(簨簴: 경을 걸어두는 대)의 받침대로 삼았는데, [그 무게가] 각각 2백여 근에 달했다. 그 외 장식품의 사치스러움과 아름다움은 당대에 비할 바가 없었다. 현종이 촉(蜀)에서 장안으로 돌아왔을 때[安史의 亂이 끝나고 다시 장안으로 돌아왔을 때를 말함] 이 악기들은 거의 남아있지 않았고, 오직 이 옥으로 만든 경만이 남아있을 뿐이었다. 임금은 슬픔에 겨워 차마 눈앞에 두고 볼 수가 없어 그것을 태상시로 싣고 가라 했다. 오늘날 태악서(太樂署: 음악을 장관하던 관서명) 정성고(正聲庫)에 보존되어 있는 것이 바로 그것이다. (『개천전신기』)

太眞妃多曲藝, 最善擊磬, 拊搏之音, 玲玲然多新聲, 雖太常・梨園之能人, 莫能加也. 玄宗令採藍田綠玉琢爲磬, 尙方造簨簴流蘇之屬, 皆以金鈿珠翠珍怪之物雜飾之. 又鑄金爲二獅子, 拏攫騰奮之狀, 各重二百餘斤, 以爲趺. 其他綵繪繡麗, 製作精妙, 一時無比也. 及上幸蜀回京師, 樂器多亡失, 獨玉磬偶在. 上顧之悽然, 不忍置於前, 促令載送太常寺. 至今藏於太樂署正聲庫者是也. (出『開天傳信記』)

204・4(2307)
천보악장(天寶樂章)

천보연간(天寶年間: 742~755)에 대부분의 악장 명칭이 변방의 지명을 따서 붙여졌으니, 「양주(涼州)」・「감주(甘州)」・「이주(伊州)」 등이 그러한 것들이다. 그 곡들은 번성(繁聲: 기존의 5음계 체제를 더욱 복잡하게 만든 음계)을 주로 썼고, 입파(入破: 한 곡에서 제3단락, 즉 대단원에 해당하는 부분. 음이 갑자기 급해지고 격렬한 소리가 남)로 유명했다. 훗날 그 지역은 모두 서번(西蕃: 서쪽의 이민족)에 의해 함락 당했는데, 그것이['繁聲'의 '繁'자가 '西蕃'의 '蕃'자와 발음이 같고, '入破'의 '破'자에는 망하다는 뜻이 있음] 바로 징조였던 것이다. (『전재록』)

天寶中, 樂章多以邊地爲名, 若「涼州」・「甘州」・「伊州」之類是焉. 其曲遍 '繁('繁'原作'繫', 據明鈔本改)聲', 名 '入破'. 後其地盡爲西蕃所沒破, 乃其兆矣. (出『傳載錄』)

204 · 5(2308)
위 고(韋 皐)

위고가 서천절도사(西川節度使)로 있을 때 「성악곡(聖樂曲)」을 천자께 바치면서 무희(舞姬)와 곡보(曲譜)도 함께 바치려고 했다. 그런데 위고가 도성에 도착한 후 관저에서 [악보를] 펼쳐보고 있을 때, 교방(敎坊)에 있던 몇 명이 몰래 훔쳐보고는 먼저 천자께 바쳤다. (『노씨잡설』)

韋皐鎭西川, 進奉「聖樂曲」, 兼與舞人曲譜同進. 到京, 於留邸按閱, 敎坊數人潛窺. 因得先進. (出『盧氏雜說』)

204 · 6(2309)
오 적(于 頔)

사공(司空) 우적은 위태위(韋太尉: 韋皐를 말함)가 「성악곡(聖樂曲)」을 바치자 「순성악(順聖樂)」을 지어 올렸다. 천자는 연회가 있을 때마다 반드시 연주하도록 했는데, [이 곡은] 곡이 절반쯤 연주되었을 때 모든 무인(舞人)들이 춤을 멈추고 엎드려 있고, 그 중 한사람만 일어나 가운데서 춤을 추게 되어 있었다. 막객(幕客) 위수(韋綬)가 웃으며 말했다.

"왜 궁병독무(窮兵獨舞: 전쟁을 그치지 않고 폭력을 무절제하게 사용함을 뜻하는 窮兵黷武의 '黷武'가 '獨舞'와 발음이 같으므로 이렇게 말한 것임)를 쓰셨습니까?"

비록 우스개 소리지만 나름대로 일리가 있는 말이었다. 우적은 또 기녀로 하여금 「일무(佾舞)」를 추게 했는데, 웅장하고 아름다웠으며 「손무순성악(孫武順聖樂)」이라 불렀다. (『국사보』)

于司空頔因韋太尉奉「聖樂」, 亦撰「順聖樂」以進. 每宴, 必使奏之, 其曲將半, 行綴皆伏, 而一人舞於中央. 幕客韋綬笑曰: "何用窮兵獨舞?" 雖詼諧, 亦各有爲也. 頔又令女妓爲「佾舞」, 雄健壯妙, 號「孫武順聖樂」. (出『國史補』)

204·7(2310)
문 종(文 宗)

문종은 소관(小管)을 잘 불었다. 당시에 문서법사(文漵法師)가 내대덕(內大德: 궁 안에 있는 스님 중 지위가 가장 높은 사람)이 되었다가 죄를 짓고 추방당한 일이 있었다. 그 후 [문서법사의] 제자가 궁에 들어와 문법서사의 거처에 있던 장부에 기록된 가구 등을 정리하다가 법사의 설법 소리를 흉내내보았는데, 천자는 그 소리를 채택해 곡을 만들고 「문서자(文漵子)」라 이름지었다. (『노씨잡설』)

文宗善吹小管. 時法師文漵爲入內大德, 一日得罪流之. 弟子入內, 收拾院中籍入家具輩, 猶作法師講聲, 上採其聲爲曲子, 號「文漵子」. (出『盧氏雜說』)

204 · 8(2311)
심아교(沈阿翹)

문종 때 궁인이었던 심아교가 황제를 위해 「하만자(河滿子: 원래의 곡명은 「何滿子」가 맞음)」를 추었는데, 소리와 가사, 그리고 자태까지 아름답기 그지없었다. 곡이 끝나자 문종은 금으로 된 팔찌를 하사하고 출신을 물었다. 그러자 심아교가 대답했다.

"신첩은 본래 오원제(吳元濟)의 기녀였으나, 오원제가 패망한 후에 노래를 잘한 덕에 궁녀가 되었습니다."

그리고는 백옥으로 만든 방향(方響: 동이나 철, 혹은 옥으로 만든 타악기의 일종으로 상하 2단으로 만들어 편종처럼 걸어 놓고 침)을 문종께 바치면서 말했다.

"이것은 원래 오원제의 것이었습니다."

그 방향은 맑고 투명해서 능히 10보 밖을 비추었는데, 방향의 채는 코뿔소의 뿔로 만들었다고 말했다. 무릇 모든 만물이 내는 소리는 다 그 안에서 되울려 나왔다. 그 대는 단향목(檀香木)으로 만들었다고 했는데 무늬가 마치 운하(雲霞)와 같았고, 그 향기를 한번 쐬면 한 달이 지나도록 가시질 않았다. 만든 모양새도 정교하여 본디 중국의 것이 아닌 듯싶었다. 문종은 심아교에게 「양주곡(涼州曲)」을 연주해보라 했는데, 그 소리가 맑고 낭랑하여 듣고 있던 사람들 모두가 슬퍼했다. 문종이 말했다.

"이것은 천상의 음악이로다!"

그리고는 궁인 중에서 한 명을 뽑아 심아교의 제자로 삼게 했다. (『두양잡편』)

文宗時, 有宮人沈阿翹爲上舞「河滿子」, 聲詞風態, 率皆宛暢. 曲罷, 上賜金臂環, 卽問其從來. 阿翹曰:"妾本吳元濟之妓, 元濟敗, 因以聲得爲宮娥." 遂自進白玉方響, 云:"本吳元濟所有也." 光明潔泠, 可照十數步, 言其槌卽犀也. 凡物有聲, 乃響其中焉. 架則云檀香也, 而文彩若雲霞之狀, 芬馥著人, 則彌月不散. 製度精妙, 故非中國所有. 上因令阿翹奏「涼州曲」, 音韻淸越, 聽者無不愴然. 上謂之曰:"天上樂!" 仍選內人, 與阿翹爲弟子. (出『杜陽雜編』)

204·9(2312)
의 종(懿 宗)

의종이 하루는 악공들을 불러들였는데, [악공이]「도조농(道調弄)」이라는 곡을 연주하자 의종은 박자를 치기 시작했다. 악공들도 그 박자에 맞추어 연주를 했고, 이에 곡명을「도조자(道調子)」라 했다. 당시 십왕택(十王宅: 開元年間에 苑城에 大宮을 짓고 여러 황태자들을 각 院에 머물게 하고 十王宅이라 불렀음. 그 후로도 황태자들이 장성하면 이곳에 살았으며, 慶忠·棣鄂·榮光·儀穎·永年·盛濟 등이 있었음)의 제왕(諸王)들도 모두 음악에 밝았는데, 그들은 배우와 기예인들을 모두 갖춰놓고 황제가 그 집에 행차하면 어가(御駕)를 맞이하여 음악을 연주할 준비를 해두었다. 궁궐 사람들은 의종을 '음성랑군(音聲郎君)'이라 불렀다. (『노씨잡설』)

懿宗一日召樂工, 上方奏樂爲「道調弄」, 上遂拍之. 故樂工依其節, 奏曲子, 名

「道調子」. 十宅諸王, 多解音聲, 倡優雜戲皆有之, 以備上幸其院. 迎駕作樂. 禁中呼爲'音聲郎君'. (出『盧氏雜說』)

204 · 10(2313)
왕령언(王令言)

수(隋)나라 양제(煬帝)가 강도(江都)를 순행(巡行)할 때 악공 왕영언의 아들이 궁에서 돌아왔다. 왕령언이 아들에게 물었다.

"오늘 올린 곡은 무엇이냐?"

아들이 말했다.

"「안공자(安公子)」입니다."

왕령언은 아들에게 그 곡을 연주해보게 한 후 말했다.

"너는 어가(御駕)를 따라가선 안 된다. 이 곡에는 궁성(宮聲)이 없으니, 천자께서는 분명 돌아오지 못할 것이다."

과연 그의 말대로 되었다. (『노씨잡설』)

隋煬帝幸江都時, 樂工王令言子自內歸. 令言問其子: "今日所進曲子何?" 曰: "安公子." 令言命其子奏之, 曰: "汝不須隨駕去. 此曲子無宮聲, 上必不廻." 果如其言. (出『盧氏雜說』)

영왕헌(寧王獻)

서량주(西涼州) 사람들은 본디 음악을 좋아했는데, 새로운 곡을 지어 「양주(涼州)」라 이름짓고 개원연간(開元年間: 713~741)에 천자께 올렸다. 천자는 여러 왕들을 불러모아 편전(便殿)에서 함께 관람했다. 곡이 끝나자 여러 왕들은 경하 드리며 춤이 특히 좋았다고 격찬했다. 그러나 영왕만은 칭찬하지 않았다. 천자가 그 이유를 묻자 영왕이 말했다.

"이 곡이 비록 훌륭하기는 하나 신이 들은 바가 있어 그러하옵니다. 무릇 소리라는 것은 궁성(宮聲)에서 시작하여 상성(商聲)으로 끝나며, 각(角)·치(徵)·우(羽)와 어우러져 완성된다 하는데, 모든 곡은 궁(宮)과 상(商)에 처음과 끝을 두고 이 두 음과 이어가며 연주합니다. 그러나 이 곡은 궁(宮)이 홀로 떨어져 있고 매우 적으며, 치(徵)와 상(商)이 산재해 있고 또 너무 많습니다. 신이 듣기에 궁은 군왕이고, 상은 신하라 했습니다. 궁이 적다는 것은 군왕의 위세가 낮아진다는 것이고, 상이 많다는 것은 신하가 군왕을 참월(僭越)한다는 것입니다. 위세가 낮아지면 강제로 하야하게 되고, 참월하면 군왕을 범하게 되는 것입니다. [그 모든 게] 사소한 데서 비롯되어 소리에 나타나고, 시를 붙여 노래하다가 마침내는 현실로 드러나게 되는 것입니다. 신은 어느 날 참월의 화(禍)나 반란의 환(患)이 생길까 두려운데, 이 곡에 정말 그 징조가 보입니다."

천자는 이를 듣고 아무 말이 없었다. 안사(安史)의 난이 일어나 중원(中原)이 들끓은 후에야 영왕의 음악 판별의 신묘함이 증명되었다. (『개천전신기』)

西涼州俗好音樂, 製新曲曰「涼州」, 開元中, 列上獻之. 上召諸王於便殿同觀焉. 曲終('終'原作'江', 據明鈔本改), 諸王拜賀, 蹈舞稱善. 獨寧王不拜. 上顧問之, 寧王進曰:"此曲雖佳, 臣有所聞焉. 夫音也, 始之於宮, 散之於商, 成之於角・徵・羽, 莫不根蔕而襲於宮・商也. 斯曲也, 宮離而少, 徵・商亂而加暴. 臣聞宮君也, 商臣也. 宮不勝則君勢卑, 商有餘則臣事僭. 卑則逼下, 僭則犯上. 發於忽微, 形於音聲, 播之於詠歌, 見之於人事. 臣恐一日有播越之禍, 悖逼之患, 莫不兆於斯曲也." 上聞之默然. 及安史亂作, 華夏鼎沸, 所以見寧王審音之妙也. (出『開天傳信記』)

204 · 12(2315)
왕인유(王仁裕)

후당(後唐) 청태연간(淸泰年間: 934~936) 초에 왕인유는 양원(梁苑)에서 종사(從事)로 일하고 있었다. 당시 범연광(范延光)이 그곳을 관장하고 있었는데, 교외가 아직 추운 정월에 막료들을 데리고 절류정(折柳亭)에서 조정사신의 전별연을 열었다. 당시 연주하던 곡은 우조(羽調)였는데, 향철(響鐵: 鐵響이라고도 하며 方響을 말함)이 유독 궁성(宮聲)을 내는 바람에 소리가 서로 부딪히기 시작하여 결국 음이 조화롭지 못하게 되었다. 왕인유만은 이를 의아히 여겨 조용히 음판대부(戎判大夫) 이식(李式)과 관기원외(管記員外) 당헌(唐獻)에게 말했다.

"오늘 필시 잘못된 일이 생길 거요. 음악이 조화롭질 않소. 지금 모든 음이 우성(羽聲)인데, 오직 향철만이 궁성을 내고 있었소. 게다가 우(羽)는 물이고 궁(宮)은 흙이니, 물과 흙은 상극이오. 그러니 탈이 안 나겠소?"

전별연이 끝나고 사신은 장안으로 돌아갔는데, 범공(范公: 范延光)은 빈객들과 더불어 사냥개와 매를 끌고 왕파점(王婆店) 북쪽으로 사냥을 나섰다가 달리는 말에서 떨어져 황량한 비탈에 쓰러진 채 아무런 도움도 받지 못했다. 범공은 진사시(辰巳時: 오전 7시부터 11시)부터 오후까지 기절해 있다가 간신히 다시 살아났다. 왕인유가 음악으로 앞일을 내다본 것은 진실로 대단하다. (『옥당한화』)

後唐淸泰之初, 王仁裕從事梁苑. 時范公延光師之, 春正月, 郊野尙寒, 引諸幕寮, 餞朝客于折柳亭. 樂則於羽, 而響鐵獨有宮聲, 洎將摻執, 竟不諧和. 王獨訝之, 私謂戎判李大夫式・管記唐員外獻曰:"今日必有壽張之事. 蓋樂音不和. 今諸音擧羽, 而獨扣金有宮聲. 且羽爲水, 宮爲土, 水土相剋. 得無憂乎?" 于時筵散, 朝客西歸, 范公引賓客, 紲鷹犬, 獵于王婆店北, 爲奔馬所墜, 不救于荒陂. 自辰巳至午後, 絶而復蘇. 樂音先知, 良可至矣. (出『玉堂閑話』)

가(歌)

204・13(2316)
진청(秦靑)・한아(韓娥)

설담(薛談)은 진청에게서 노래를 배웠는데, 진청의 재주를 다 배우지도 않고 스스로 다 배웠다 여겨 돌아가겠다고 했다. 진청은 설담을 말리지 않고 동구 밖 큰길에서 전별연을 베풀어주었는데, 박자를 치며 슬픈 노래를 부르니 그 소리가 숲을 뒤흔들고 구름을 가로막았다. 설담은 사죄하고 다시 돌아오게 해달라고 청했고, 그 후 죽을 때까지 돌아가겠다는 말을 입 밖에도 내지 않았다. 진청이 그의 친구들에게 말했다.

"옛날에 한아가 동쪽 제(齊)나라로 갈 때 먹을 것이 없어 옹문(雍門)을 지나며 노래를 팔아 연명한 적이 있었는데, 그가 떠난 후에도 그 여운이 삼일동안 대들보를 맴돌며 사라지질 않아, 사람들은 그가 아직 거기 머물러 있는 줄로 알았다 하오. 또 그가 여관에 머물 때 다른 여행객이 그를 욕보이려 하자 긴 소리로 슬피 울며 노래를 하니, 온 마을 사람들이 서로 부둥켜안고 울며 삼일을 먹지도 않아 결국은 한아를 찾아가 사죄를 했다 하오. 한아가 다시 긴 소리로 노래를 부르자, 마을의 남녀노소가 기뻐하며 손뼉을 치고 춤을 추면서 스스로 멈출 수가 없었기에 한아에게 돈을 두둑이 주어 떠나보냈다오. 그래서 옹문 사람들은 지금도 노래도 잘하고 울기도 잘하는데, 그게 다 한아가 남긴 소리를 배운 탓이라오."

(『박물지』)

薛談學謳於秦靑, 未窮靑之技, 自謂盡之, 遂辭去歸. 秦靑弗止, 餞於郊衢, 撫節悲歌, 聲振林木, 響遏行雲. 談謝求返, 終身不敢言歸. 秦靑顧謂其友曰: "昔韓娥東之齊, 匱糧, 過雍門, 鬻歌假食, 旣去而餘音繞梁, 三日不絶, 左右以其人弗去. 過逆旅, 旅人辱之, 韓娥因曼聲哀哭, 一里老幼悲愁涕泣相對, 三日不食, 遽追而謝之. 娥復曼聲長歌, 一里老幼喜歡抃舞, 弗能自禁, 乃厚賂而遣之. 故雍門之人, 至今善歌善哭, 効娥之遺聲也." (出『博物志』)

204 · 14(2317)
척부인(戚夫人)

  한(漢)나라 척부인은 교수절요(翹袖折腰: 소매를 흔들고 허리를 꺾으며 추는 춤) 춤에 능했고, 「출새(出塞)」·「입새(入塞)」·「망귀(望歸)」 등의 노래를 잘 불렀다. 그녀를 모시던 시녀 수백 명도 모두 그것을 익히면서 후궁에서 일제히 소리 높여 노래를 부르면 그 소리가 하늘에까지 닿았다. (『서경잡기』)

  漢戚夫人善爲翹袖折腰之舞, 歌「出塞」·「入塞」·「望歸」之曲. 侍婢數百人皆爲之, 後宮齊唱, 常入雲霄. (出『西京雜記』)

204 · 15(2318)
이귀년(李龜年)

  당(唐)나라 개원연간(開元年間: 713~741)에 악공 이귀년·이팽년(李彭年)·이학년(李鶴年) 형제는 모두 학식과 재기(才氣)로 명성이 자자했다. 이팽년은 춤을 잘 췄고 이학년과 이귀년은 노래에 능했는데, 특히

「위천(渭川)」과 같은 훌륭한 노래를 직접 작곡하기도 했다. 이귀년은 천자의 특별한 대우를 받아 동도(東都: 洛陽)에 대저택을 지었으니, 그 사치스러움이 왕공과 제후를 능가했다. 그 저택은 낙양의 통원리(通遠里)에 있었는데, 중당(中堂)의 규모가 낙양에서 으뜸갔다(오늘날 裴晉公[裴度]이 그 당을 定鼎門 남쪽의 별장으로 옮기고서 '綠野堂'이라 불렀다). 그 후[安史의 亂이 터진 이후] 이귀년은 이리저리 떠돌다 강남으로 가게 되었다. 그는 좋은 날이면 경치 좋은 곳에서 남에게 노래 몇 곡을 불러주었는데, 그 소리를 듣던 사람들은 모두 술잔을 내려놓고 눈물을 닦았다. 두보(杜甫)가 그에게 준 시[제목은 「江南逢李龜年」임]가 한 수 있으니, 다음과 같다.

> 기왕(岐王)의 저택에서 그대를 자주 보았고,
> 최구(崔九)의 집에서도 그대의 노래 소리 몇 번인가 들었었지.
> 강남 경치 제일 좋은 이 때에,
> 꽃 지는 시절에 다시 만났네.

'최구의 집'에 나오는 최구는 전중감 최척(崔滌)으로, 중서령(中書令) 최식(崔湜)의 동생이다. (『명황잡록』)

개원연간에 궁중에 목작약(木芍藥)을 처음 심었으니[본문에는 '重'으로 되어 있으나, 樂史의 「李翰林別集序」에는 '種'으로 되어 있고, 문맥상으로도 '種'이 맞는 듯하여 고쳐 번역함], 이는 바로 오늘날의 모란이다(『開元天寶花木記』: "궁중에서는 목작약을 모란이라 부른다."). 그 해 모두 네 송이가 피어났는데, 붉은색, 자주색, 분홍색, 그리고 새하얀색이었다. 현종은 그것들을 홍경지(興慶池) 동쪽에 있는 침향정(沈香亭) 앞에다 옮겨 심었다. 꽃이 흐드러지게 필 때면 현종은 조야백(照夜白: 말의 이름)을 타고 그 앞을 거닐었고, 태진비(太眞妃: 楊貴妃)는 가마를 타고 현종의 뒤를 따랐다. 현종은 명을 내려 이원(梨園) 예인들 중에서 소리 잘하는 사람 몇을 뽑아 악곡 16부(部)를 만들도록 했다. 이귀년은 소리 잘하기로 당대 으뜸이었는데, 단판(檀板: 타악기의 일종. 견고한 나무 세 쪽을 묶어 박자를 치면서 노래를 부름)을 손에 들고 여러 악공들 앞에 서서 노래를 불렀다. 현종이 말했다.

"명화(名花)를 감상하며 태진비를 앞에 두고 어찌 옛 가사를 사용하는가?"

그리고는 이귀년에게 명해 금화전(金花牋: 황제의 친필 서한)을 들고 가서 이백(李白)에게 이를 선독(宣讀)하여 즉시「청평조(淸平調)」3장(章)을 짓도록 했다. 이백은 아직 숙취가 가시지 않아 좀 불편했지만 흔쾌히 어지를 받들어 붓을 들고 시를 지었으니, 그 글은 다음과 같다.

> 구름 같은 옷에 꽃다운 얼굴,
> 새벽에 봄바람 선들 부니 이슬 먹은 꽃잎 더욱 더 붉네.
> 군옥산(群玉山) 위에서 그대를 못 만난다면,
> 달빛 아래 경요대(瓊瑤臺)에서 만나리.

> 한 떨기 붉은 꽃 이슬 맞아 더 향기롭고,
> 무산(巫山)에서의 하룻밤 사랑은 괜시리 사람 애를 끊게 하네.
> 묻노니 한궁(漢宮)에서 그 누가 이만할까,
> 아리따운 비연(飛燕: 즉 趙飛燕을 말함)이 갓 화장한 후라면 이같을까.

> 명화(名花)와 미인은 모두 임금의 사랑을 얻으니,
> 임금은 항상 미소로써 그들을 대하네.

봄바람의 깊은 원망 알 듯도 하네,
침향정(沈香亭) 북쪽 난간에 기대있는 그들 보니.

이귀년이 급히 이 시를 올리니, 현종은 이원 예인들에게 악기로 연주하게 하고 이귀년에게 어서 불러보라고 했다. 태진비는 유리 칠보잔에 서량주(西涼州)에서 만든 포도주를 부어 마시면서 웃음을 머금으며 노래를 감상했고, 현종은 옥피리로 반주를 했는데, 매번 한 곡조가 끝나고 바뀔 때마다 끝소리를 길게 늘어뜨리며 곡에 흥취를 더했다. 태진비는 술을 다 마시고 일어나 수놓은 손수건을 손에 들고 현종에게 절을 올렸다. 이귀년이 오왕(五王: 현종의 다섯 형제 憲·撝·範·業·悌를 가리킴. 이들은 사이가 매우 좋아서 한 이불을 덮고 한 베개를 베고 잤다 함)에게 항상 말하기를, 혼자 생각건대 노래로써 명성을 얻기로는 그때만한 적이 없었고 아마도 그 당시의 최고였을 것이라고 했다. 현종은 그때부터 이한림(李翰林: 李白. 李白은 翰林供奉을 지냈음)을 그 어떤 학사들보다도 각별히 대했다.

고력사(高力士)는 이백의 신발을 벗겨준 일을 시종 매우 수치스럽게 여기고 있었는데, 어느 날 태진비가 앞의 그 시를 또 읊조리고 있자 놀리듯 말했다.

"황비께서는 이 시 때문에 이백을 뼈에 사무치게 원망을 해야 옳은데, 어찌 오히려 이토록 좋아하며 잊지 못하고 계십니까?"

태진비가 놀라 물었다.

"한림학사가 어찌 그렇게 사람을 모욕했겠소?"

고력사가 대답했다.

"비연(飛鷰)을 황비님에 빗댔으니, 황비님을 무시함이 이만저만한 게 아닙니다."

태진비는 일리가 있다고 여겼다. 후에 현종은 이백에게 세 번이나 관직을 주려 했으나 결국은 내궁의 방해로 그만 두었다. (『송창록』)

唐開元中, 樂工李龜年・彭年・鶴年兄弟三人皆有才學盛名. 彭年善舞, 鶴年・龜年能歌, 尤妙製「渭川」. 特承顧遇, 於東都大起第宅, 僭侈之制, 踰於公侯. 宅在東都通遠里, 中堂制度, 甲於都下(今裴晉公移於定鼎門南別墅, 號'綠野堂'). 其後龜年流落江南. 每遇良辰勝賞, 爲人歌數闋, 座中聞之, 莫不掩泣罷酒. 則杜甫嘗贈詩, 所謂: "岐王宅里尋常見, 崔九堂前幾度聞. 正値江南好風景, 落花時節又逢君." 崔九堂, 殿中監崔滌, 中書令湜之弟也. (出『明皇雜錄』)

開元中, 禁中初重木芍藥, 卽今牡丹也(『開元天寶花木記』云: "禁中呼木芍藥爲牡丹"). 得四本, 紅・紫・淺紅・通白者. 上因移植於興慶池東沉香亭前. 會花方繁開, 上乘照夜白, 太眞妃以步輦從. 詔特選梨園弟子中尤者, 得樂十六部. 李龜年以歌擅一時之名, 手捧檀板, 押衆樂前, 將歌之. 上曰: "賞名花, 對妃子, 焉用舊樂詞爲?" 遂命龜年持金花牋, 宣賜李白, 立進「淸平調」辭三章. 白欣然承旨, 猶苦宿酲未解, 因援筆賦之, 辭曰: "雲想衣裳花想容, 春風曉拂露華濃. 若非羣玉山頭見, 會向瑤臺月下逢. 一支紅豔露凝香, 雲雨巫山枉斷腸. 借問漢宮誰得似, 可憐飛燕倚新粧. 名花傾國兩相歡, 長得君王帶笑看. 解釋春風無限恨, 沉香亭北倚欄杆." 龜年遽以辭進, 上命梨園弟子, 約略調撫絲竹, 遂促龜年以歌. 太眞妃持玻璃七寶盞, 酌西涼州葡桃酒, 笑領歌意甚厚, 上因調玉笛以倚曲, 每曲遍將換, 則遲其聲以媚之. 太眞飮罷, 斂繡巾重拜上. 龜年常語於五王, 獨憶以歌得自勝者, 無出於此, 抑亦一時之極致耳. 上自是顧李翰林, 尤異於他學士.

會高力士終以脫韡爲深恥, 異日, 太眞妃重吟前詞, 力士戱曰: "此爲妃子怨李白, 深入骨髓, 何反拳拳如是?" 太眞因驚曰: "何翰林學士能辱人如斯?" 力士曰:

"以飛鴦指妃子, 是賤之甚矣." 太眞頗深然之 上嘗三欲命李白官, 卒爲宮中所捍而止. (出『松牕錄』)

204·16(2319)
이 곤(李 袞)

이곤은 강남에서 노래 잘하기로 유명하여 그 이름이 도성까지 퍼졌다. 최소(崔昭)는 입조(入朝)할 때 몰래 그를 수레에 태워 데려가서, 빈객들을 초청해 도성에서 제일가는 악단과 명창들을 불러놓고 성대한 연회를 열었다. 최소는 자기 사촌동생이 왔으니 말석에라도 앉히겠다고 말하고, 이곤에게 헤진 옷을 입고 연회석으로 나오게 했다. [이곤이 들어오자] 사람들은 모두 그를 비웃었다. 잠시 후 술을 내오라고 한 뒤, 최소가 말했다.

"동생에게 노래나 한 수 시켜봅시다."

좌중이 또 웃었다. 그러나 그가 한 곡조를 뽑자 악공과 가수들이 모두 깜짝 놀라며 말했다.

"이사람이 바로 이팔랑(李八郎)이다."

그리고는 둘러서서 절을 올렸다. (『국사보』)

李袞善歌於江外, 名動京師. 崔昭入朝, 密載而至, 乃邀賓客, 請第一部樂及京邑之名倡, 以爲盛會. 昭言有表弟, 請登末座, 令袞弊衣而出. 滿坐嗤笑之. 少頃命酒, 昭曰: "請表弟歌." 坐中又笑. 及喉囀一聲, 樂人皆大驚曰: "是李八郎也."

羅拜之. (出『國史補』)

204·17(2320)
한 회(韓 會)

한회는 노래에 능했는데, 그 소리가 매우 절묘했다. 그는 당시의 다른 세 명과 함께 '사기(四夔: 夔는 舜임금 때의 전설적인 樂官)'로 불렸는데, 한회가 그 중의 우두머리였다. (『국사보』)

韓會善歌, 絶妙. 名輩號爲'四夔', 會爲夔頭. (出『國史補』)

204·18(2321)
미가영(米嘉榮)

노래의 아름다움은 그 유래가 깊다. 원화연간(元和年間: 806~820)에 나라에 으뜸가는 가수로는 미가영과 하감(何戡)이 있었고, 근세에는 진불혐(陳不嫌)과 그의 아들 진의노(陳意奴)가 있었다. 그러나 근 10~20년 간 정식노래는 들리지 않고, 박탄(拍彈: 눈을 꿈뻑이고 이상한 몸짓을 해 가며 익살스럽게 부르는 것)만이 성행하고 있을 뿐이었다. 박탄은 이가구(李可久)로부터 시작되었는데, 의종(懿宗)도 이를 좋아하여 「별조십(別趙十)」·「곡조십(哭趙十)」 등의 곡을 특히 즐겨 들었다. 상서(尙書)

유우석(劉禹錫)이 미가영에게 준 시[제목은 「歌者米嘉榮」임]는 다음과 같다.

> 세 조정에서 봉직한 미가영은,
> 능히 새로운 소리도 옛것처럼 부를 줄 알았네.
> 오늘날의 후배들은 선배들을 깔보면서,
> 수염 물들이며 젊은이들을 좇길 좋아하네.

유우석은 훗날 유배지에서 도성으로 다시 돌아와 하감의 노래를 듣고 다음과 같은 시[제목은 「與歌者何戡」임]를 썼다.

> 20년 간 도성을 떠나 있다 이제야 돌아와,
> 다시 천상의 음악 들으니 솟아나는 감정 가눌 길 없네.
> 옛 사람이라곤 하감만이 남아 있으니,
> 「위성(渭城)」을 불러 달라고 은근히 다시 청하네.

(『노씨잡설』)

歌曲之妙, 其來久矣. 元和中, 國樂有米嘉榮·何戡, 近有陳不嫌, 不嫌子意奴. 一二十年來絶不聞善唱, 盛以拍彈行於世. 拍彈起於李可久(明鈔本'久'作'及'), 懿宗朝恩澤曲子, 「別趙十」·「哭趙十」之名. 劉尙書禹錫與米嘉榮詩云: "三朝供奉米嘉榮, 能變新聲作舊聲. 于今後輩輕前輩, 好染髭鬚事後生." 又自貶所歸京, 聞何戡歌, 曰: "二十年來別帝京, 重聞天樂不勝情. 舊人唯有何戡在, 更請殷勤唱「渭城」." (出『盧氏雜說』)

적(笛)

204·19(2322)
소화관(昭華管)

진(秦)나라 함양궁(咸陽宮)에 길이가 2척(尺) 3촌(寸)이나 되고 구멍이 26개나 있는 옥피리가 있었는데, 한번 불면 거마(車馬)가 수풀에서 나타나면서 덜컹거리는 소리가 차례로 이어지다가 불기를 그치면 더 이상 나타나지 않았다. 이 피리는 '소화지관(昭華之管)'이라고 불렸다. (『서경잡기』)

秦咸陽宮有玉笛長二尺三寸, 二十六孔, 吹之則見車馬山林, 隱隱相次, 息亦不見. 名曰'昭華之管'. (出『西京雜記』)

204·20(2323)
당현종(唐玄宗)

현종이 한번은 조회에 참석했을 때 손가락으로 배 위아래를 계속 눌러댔다. 조회가 끝나자 고력사(高力士)가 물었다.

"폐하께서는 아까 계속해서 손가락으로 배 위아래를 누르시던데, 어디 불편하신 데라도 있으십니까?"

현종이 말했다.

"아니네. 나는 어젯밤에 월궁(月宮)을 거니는 꿈을 꾸었네. [꿈에서] 여러 선녀들이 상청악(上淸樂: 천상의 노래라는 뜻)을 부르며 나를 즐겁게 해주었는데, 그 음이 청아하고 멀리 퍼지는 것이 인간세계에서 들을 수 있는 그런 것이 아니었네. 나는 한참을 그 소리에 취해있었네. 후에 선녀들은 상청악을 합주하고 나를 배웅해 주었는데, 그 소리 또한 슬프고도 아름다워 사람의 마음을 뒤흔들어 놓았네. [꿈에서 깬 뒤에도 그 소리가] 귓가에 울리고 있는 듯 하여 옥피리로 그 음을 좇아 불어보니 거의 다 비슷하게 얻을 수 있었네. 조회를 하고 있는 중에도 혹시나 그 소리를 잊을까 걱정이 되어 옥피리를 품에 품고 때때로 위 아래로 더듬으며 음을 짚어봤던 것이었네. 어디가 불편해서 그랬던 게 아니네."

고력사가 재배하며 경하 드렸다.

"이건 보통 일이 아닙니다. 폐하, 저를 위해 한번 연주해 주시기를 청하옵니다."

이에 현종이 연주했는데, 그 소리는 적막하기 그지없는 것이 뭐라 이름 붙여야 할지조차 몰랐다. 고력사가 다시 절을 올리며 그 곡명을 묻자 현종이 웃으며 말했다.

"이 곡의 이름은 「자운회(紫雲廻)」라네."

그리고는 악장(樂章)에다 실었다. 지금도 당시 태상부(太常府)의 석각(石刻)이 남아있다. (『개천전신기』)

玄宗嘗坐朝時, 以手指上下按其腹. 朝退, 高力士進曰: "陛下向來數以手指按其腹, 豈非聖體小不安耶?" 玄宗曰: "非也. 吾昨夜夢遊月宮. 諸仙娛余以上淸之樂, 流亮淸越, 殆非人所聞也. 酣醉久之, 合奏淸樂, 以送吾歸, 其曲淒楚動人. 杳杳在耳, 吾向以玉笛尋, 盡得矣. 坐朝之際, 慮或遺忘, 故懷玉笛, 時以上下尋之非不安也." 力士再拜賀曰: "非常之事也. 願陛下爲臣一奏之." 上試奏, 其音寥寥然, 不可名也. 力士又奏拜, 且請其名, 上笑曰: "此曲名「紫雲廻」." 載於樂章. 今太常刻石在焉. (出『開天傳信記』)

204・21(2324)
한중왕우(漢中王瑀)

한중왕 이우(李瑀)가 태복경(太僕卿)으로 있을 때, 아침에 일어나 조회에 참석하려다가 영흥리(永興里)의 어떤 사람이 피리 부는 소리를 듣고 좌우 사람에게 물었다.

"[피리부는 사람이] 태상시(太常寺)의 악공이냐?"

옆에서 대답했다.

"그렇습니다."

그 후 그는 악곡을 열람하다가 그 사람을 불러들여 물었다.

"너는 어찌하여 그 날 누워서 피리를 불었더냐?"

(『전기』)

漢中王瑀爲太卿, 早起朝, 聞永興里人吹笛, 問: "是太常樂人否?" 曰: "然." 已後因閱樂而喚之, 問曰: "何得某日臥吹笛耶?" (出『傳記』)

204 · 22(2325)
이 모(李 謩)

　호사가(好事家) 이주(李舟)는 어느 날 한 시골집에서 대로 만든 낚싯대를 얻어 이로써 피리를 만들었는데, 쇠나 돌처럼 단단했다. 그는 이것을 이모에게 선물했는데, 이모는 피리 잘 불기로 천하의 으뜸이었다. 이모는 어느 날 달밤에 배를 강에 띄우고 같이 배를 탄 사람들을 위해 피리소리를 들려주었는데, 그 맑은 소리가 멀리까지 울려 퍼졌다. 잠시 후에 한 사람이 저쪽 강가에서 손짓을 하며 배를 좀 태워달라고 했다. 태워주자 그는 피리를 달라하여 한 곡조 불었는데, 그 소리가 기묘하기 이를 데 없어 산의 바위가 다 갈라질 정도였다. 이모는 지금껏 이런 소리는 들어 본 적조차 없었다. 입파(入破: 곡의 절정 대목)에 이르자 호흡이 흐르다 끊어지고, 소리에 맞춰 움직이는 손가락이 부서질 듯했다. 객들이 돌아간 후에 찾아보니 그 사람은 이미 간 곳이 없었다. 뱃사람은 기억을 더듬으며 아마도 그가 물 속에 사는 교룡(蛟龍)일 것이라고 추측했다.

　이모는 어느 해 가을밤에 과주(瓜洲)에서 피리를 불었는데, 뱃길은 너무 좁은데다 사람들로 붐벼댔다. 그러나 피리소리가 울리자 모든 움직임이 멈추었고, 연주를 시작하자 미풍이 쏴아 하고 불어대기 시작했다. 잠시 후에 뱃사람들과 상인들은 모두 탄식하며 슬피 우는 소리를 내었다. (『국사보』)

　이모는 개원연간(開元年間: 713~741)에 피리불기로 당대 으뜸이었고, 근세에도 그를 따를 자가 없었다. 이모가 한번은 사정이 생겨 교방

(敎坊)에 휴가를 내고 월주(越州)로 가게 되었다. 월주 사람들은 공적으로 혹은 사적으로 번갈아 가며 연회석을 마련해 그의 피리연주의 신묘함을 보고자 했다. 그때 월주에 진사에 급제한 선비가 10명 있었다. 그들은 모두 재산가여서 2천 냥씩 돈을 걷어 경호(鏡湖)에서 모임을 갖고, 이생(李生: 李謩)을 호숫가로 모셔 한 곡조 감상하고자 했는데, 그의 고상한 운치를 생각하며 더욱 신처럼 공경히 모셨다. 그들은 경비는 풍족한데 사람이 너무 적다고 여겨 서로 한 사람씩 데리고 참가하기로 약속했다. 모임에 참가하기로 한 사람 중의 한 명은 밤이 되어서야 이 일이 기억나서, 미처 다른 사람을 초청할 시간이 없었다. 마침 이웃에 독고생(獨孤生)이라는 노인이 있었는데, 그는 오래도록 전원에 묻혀 지내 세상 일에 어두웠으며, 초가집 몇 칸에서 살고 있어 독고장(獨孤丈)이라 불렀다. 이웃은 독고생을 데리고 연회에 참가했다. 모임에 도착해보니 만경창파에 경물 또한 모두 신기하기 그지없었다. 이생은 피리를 매만지고 있었고, 배는 점점 호수 중심에 다다르고 있었다. 하늘에는 가벼운 구름이 덮여 있고 미풍이 물결을 스치고 있었다. 그때 갑자기 물결이 세게 일어나자 이윽고 이생이 일어나 피리를 들었다. 피리소리가 울리기 시작하자 어두움이 일시에 걷히고, 물과 나무가 섬뜩하게 조용해지는 것이 마치 귀신이 온 것만 같았다. 앉아 있던 객들이 모두 경탄하며 천상의 음악도 이보다는 못할 것이라 말했다. 그러나 독고생만 말을 한 마디도 하지 않고 있자 사람들은 모두 그에게 역정을 냈다. 이생도 자기를 업신여기는 것이라 생각하여 속으로 화가 나 있었다. 한참 후에 이생이 조용히 생각에 잠기며 다른 한 곡조를 부니, 그 신묘함이 한결 더해 모두 감탄해 마지않았으나, 독고생만은 이번에도 아무 말이 없었다. 그를

데려온 이웃은 너무 무안하여 후회하면서 사람들에게 말했다.

"독고생이 촌에 묻혀 혼자 살며 성곽에는 나가보질 않아 음악 같은 것은 전혀 몰라 그렇습니다."

사람들이 모두 그를 책망하고 비난했으나 독고생은 대꾸조차 하지 않고 그저 조용히 웃고 있을 뿐이었다. 이생이 말했다.

"공은 보잘 것 없는 기예라서 경시하시는 겁니까? 아니면 음악의 고수라도 되신다는 겁니까?"

독고생이 드디어 천천히 입을 열었다.

"공께서 제가 음악을 아는지 모르는지 어찌 아십니까?"

자리의 객들은 모두 정색하며 이생에게 사과했다. 독고생이 말했다.

"「양주(涼州: 宮調의 곡명)」를 한 번 불어 보시지요."

곡이 끝나자 독고생이 말했다.

"공의 연주도 훌륭하긴 합니다만, 곡조에 오랑캐의 음악소리가 섞여 있습니다. 혹시 동료 중에 구자국(龜玆國) 사람이 있었습니까?"

이생은 크게 놀라며 절을 올리고는 말했다.

"선생께서는 대단하십니다. 저 자신도 그걸 못 느끼고 있었습니다. 저는 본디 구자국 사람에게 배웠습니다."

독고생은 또 말했다.

"제 13첩(疊)에 실수로 「수조(水調: 商調로 된 당나라 때 大曲의 명칭)」가 들어갔는데, 그걸 알고 계셨습니까?"

이생이 대답했다.

"제가 어리석고 부족하여 몰랐습니다."

독고생은 이생에게 피리를 달라 했다. 이생은 다른 피리 하나를 꺼내 잘 닦은 후 드렸다. 독고생이 [피리를] 보고 말했다.

"이 피리는 불 수가 없습니다. 이걸 부는 사람들은 피리를 대충 터득한 사람들이지요."

이생이 다른 피리로 바꿔주니 독고생이 또 말했다.

"이 피리는 입파에 이르면 분명 갈라질 것입니다. 아깝지 않으시겠습니까?"

이생이 대답했다.

"그럴 리 있겠습니까."

피리를 부니 그 소리가 구름 속으로 들어가는 듯 하여, 모든 사람들로 하여금 전율을 느끼게 했다. 이생은 가슴을 졸이며 감히 움직이지도 못했다. 제 13첩에 이르러 독고생이 잘못된 곳을 지적하여 주자, 이생은 엎드려 절을 올렸다. 입파에 이르자 피리가 과연 갈라져 버리니, 더 이상 곡을 마칠 수 없었다. 이생은 거듭 절했고, 다른 사람들도 숨을 죽이고 있다 모임이 끝나자 각자 돌아갔다. 다음날 아침, 이생은 모임에 참가했던 객들과 함께 독고생의 집을 찾아갔으나, 초가집만 남아있을 뿐 독고생은 보이질 않았다. 월주 사람들 중에 이 일을 아는 자는 모두 독고생을 찾아갔으나, 그가 어디로 가버렸는지 알 길이 없었다. (『일사』)

李舟好事嘗得村舍煙竹, 截爲笛, 堅如鐵石. 以遺李謩, 謩吹笛, 天下第一. 月夜泛江, 與同舟人吹, 寥亮逸發. 俄有客於岸, 呼舟請載. 旣至, 請笛而吹, 甚爲精妙, 山石可裂. 謩平生未嘗見. 及入破, 呼吸盤擗, 應指粉碎. 客散, 不知所之. 舟人著記, 疑其蛟龍也.

謩嘗秋夜吹笛於瓜洲, 槪載甚隘. 初發調, 群動皆息, 及數奏, 微風颯然立至.

有頃, 舟人賈客, 有怨歎悲泣之聲. (出『國史補』)

譽, 開元中吹笛爲第一部, 近代無比. 有故, 自敎坊請假至越州, 公私更醮, 以觀其妙. 時州客擧進士者十人. 皆有資業, 乃醵二千文同會鏡湖, 欲邀李生湖上吹之, 想其風韻, 尤敬人神. 以費多人少, 遂相約各召一客. 會中有一人, 以日晩方記得, 不遑他請. 其鄰居有獨孤生者, 年老, 久處田野, 人事不知, 茅屋數間, 嘗呼爲獨孤丈. 至是遂以應命. 到會所, 澄波萬頃, 景物皆奇. 李生拂笛, 漸移舟於湖心. 時輕雲蒙籠, 微風拂浪. 波瀾陡起, 李生捧笛. 其聲始發之後, 昏曀齊開, 水木森然, 髣髴如有神鬼之來. 坐客皆更贊詠之, 以爲鈞天之樂不如也. 獨孤生乃無一言, 會者皆怒. 李生爲輕已, 意甚忿之. 良久, 又靜思作一曲, 更加妙絶, 無不賞駭, 獨孤生又無言. 鄰居召至者甚慚悔, 白於衆曰:"獨孤村落幽處, 城郭稀至, 音樂之類, 率所不通." 會客同誚責之, 獨孤生不答, 但微笑而已. 李生曰:"公如是, 是輕薄爲(明鈔本'爲'作'技')? 復是好手?" 獨孤生乃徐曰:"公安知僕不會也?" 坐客皆爲李生改容謝之. 獨孤曰:"公試吹「涼州」." 至曲終, 獨孤生曰:"公亦甚能妙, 然聲調雜夷樂. 得無有龜茲之侶乎?" 李生大駭, 起拜曰:"丈人神絶. 某亦不自知. 本師實龜茲之人也." 又曰:"第十三疊誤入「水調」, 足下知之乎?" 李生曰:"某頑蒙, 實不覺." 獨孤生乃取吹之. 李生更有一笛, 拂拭以進. 獨孤視之曰:"此都不堪取. 執者粗通耳." 乃換之, 曰:"此至入破, 必裂. 得無恡惜否?" 李生曰:"不敢." 遂吹. 聲發入雲, 四座震慄. 李生蹐踏不敢動. 至第十三疊, 揭示謬誤之處, 敬伏將拜. 及入破, 笛遂敗裂, 不復終曲. 李生再拜, 衆皆帖息, 乃散. 明旦, 李生並會客皆往候之, 至則唯茅舍尙存, 獨孤生不見矣. 越人知者皆訪之, 竟不知其所去. (出『逸史』)

204 · 23(2326)
허운봉(許雲封)

허운봉은 피리 악공이었다. 정원연간(貞元年間: 785~804) 초에 위응물(韋應物)은 난대랑(蘭臺郞)에서 화주목(和州牧)으로 부임하게 되었는데, 원하던 일이 아니라 뜻을 펼 바 없어 답답해했다. 어느 날 그는 작은 배를 타고 동쪽으로 내려가다 밤이 되자 영벽역(靈璧驛)에 정박하게 되었다. 그때 구름이 걷혀 하늘은 투명하고 가을 이슬이 맺히기 시작하니 [위응물]이 홀로 배에 앉아 노래를 읊조리다 가사를 붙이려는데, 어디선가 홀연히 허운봉의 피리소리가 들려왔다. 위응물은 오래도록 감탄했다. 그는 본디 음악에 조예가 깊었던지라 그 피리소리를 듣고는 꼭 천보연간(天寶年間: 742~755)에 이모(李謩)가 불던 이원(梨園)의 법곡(法曲: 악곡명.「破陣樂」·「長生殿」·「霓裳羽衣」등 곡의 총칭) 같다 여겨, 허운봉을 불러들여 물어보니 그는 과연 이모의 외손자였다. 허운봉이 말했다.

"저는 본디 임성(任城) 사람이나 오래도록 돌아가질 못했습니다. 천보(天寶) 원년(742)에 제가 태어나 한 달 되었을 때 현종(玄宗) 황제께서 동쪽 태산(泰山)에서 봉선(封禪)을 마치고 돌아가시던 길에 임성에 들리게 되었는데, 그때 외조부께서 제가 태어났단 얘기를 듣고 와 보시고는 무척 기뻐하셨다 합니다. 그래서 저를 안고 학사(學士) 이백(李白)에게로 가서 이름을 지어달라 하셨답니다. 이공(李公: 李白)은 술집에 앉아서 술을 가져오라고 큰 소리로 명령을 했답니다. 주막의 하란씨(賀蘭氏)는 그때 이미 나이가 90이었는데, 그가 이공을 그 정자로 초대해 술상을 차려주었다 합니다. 외조부께서 술을 가지고 가자, 이공은 붓을 잡고 취한 채로 저의 가슴에 이렇게 썼다고 합니다.

> 나무 아래 저 사람 누구인가?
> 말 말게, 내가 진정 좋아하는 사람이니.
> 대낮까지 이야기를 하다보니,
> 구름은 보물 되길 사양하네.

[그 걸 받아들고] 외조부께서 말씀하셨습니다.

'저는 이름을 지어 달라 했을 뿐인데, 여기 적힌 말의 뜻은 도무지 모르겠습니다.'

이공이 말했습니다.

'이름이 바로 그 안에 들어 있소. 나무 아래 사람[樹下人]이란 목자(木子)이니, 목자란 곧 이(李)자이오. 말 말게[不語]는 막언(莫言)이니, 막언은 곧 모(謩)자이오. 좋아하다[好]는 딸의 아들[女子]이니, 딸의 아들이란 외손자란 뜻이오. 대낮까지 이야기한대[語及日中]는 언오(言午)이니, 언오는 곧 허(許)가 되는 것이오. 구름은 보물 되길 사양하다[煙霏謝成寶]란 운(雲)이 봉중(封中)을 나간다는 뜻이니, 즉 운봉(雲封)이오. 그러니 이모(李謩)의 외손(外孫) 허운봉(許雲封)이란 뜻이오.'

그래서 제 이름을 짓게 되었다 합니다. 저는 겨우 10살 때 고아가 되어 말을 얻어 타고 장안에 들어갔는데, 외조부께서 제가 멀리서 찾아온 것을 불쌍히 여기시어 여러 삼촌에게 제게 [음악을] 가르치게 하셨습니다. 그리고는 제가 본디 음률에 밝다 하시며 횡적(橫笛: 옆으로 부는 피리)을 가르치셨는데, 한 곡을 다 배우면 꼭 등을 두드리며 칭찬해 주셨습니다. 이원법부(梨園法部) 아래에 소부음성(小部音聲: 15세 미만의 악공들로 구성된 기관으로 法曲을 전문적으로 익히고 연주함)을 만들 때, 30여명을 뽑았는데 모두 15살 아래였습니다. 천보(天寶) 14년(755) 6월에 황제께서 여산(驪山)에 머무르고 계실 때, 귀비(貴妃)의 생신을 맞아 소부음성들에게 장생전(長生殿)에서 연주하라 하셨습니다. 저희가 연주한 곡이 신곡이라 아직 제목이 없었는데, 그때 마침 남해에서 여지(荔枝)를 진상해 오니 곡명을 「여지향(荔枝香)」이라 붙였습니다. [연주가 끝나자] 사람들은 환호했고, 그 소리가 계곡을 가득 메웠습니다. 그 해에 안록산(安祿山)이 반란을 일으키자 황제께서는 도성으로 급히 돌아가셨는데, 그 후 우리들은 난리 통에 뿔뿔이 흩어져 남해로 흘러 들어온 지 어언 40년이 다 되어갑니다. 저는 지금에서야 여러 친지분을 찾아 용구(龍丘)로 가는 길입니다."

위공(韋公: 韋應物)이 말했다.

"내 유모의 아들이 있었는데, 그 이름이 천금(千金)이었소. 천보연간에 이공봉(李供奉: 供奉은 천자를 가까이에서 모시던 신하를 통칭함. 여기서는 李謩를 말함)에게서 피리를 하나 얻었는데, 기예가 완성되자 곧 죽었다오. 내 매번 이 일을 슬퍼하고 있는데, 그가 예전에 불던 피리가 곧 이군(李君: 李謩)이 준 것이라 하네."

이렇게 말하고는 짐 속에서 오래된 피리를 꺼냈다. 허운봉은 무릎을 꿇고 매우 슬퍼하며 피리를 받아 들고는, 만져보고 이리저리 살펴본 후에 말했다.

"이것이 참 좋은 피리이기는 하지만 제 외조부께서 불던 것은 아닙니다."

그는 위응물에게 또 말했다.

"대[竹]는 운몽(雲夢)의 남쪽에서 자라는데, 가정(柯亭: 정자 이름. 피리는 柯亭의 대로 만든 것을 으뜸으로 여겼다 함) 아래쪽에서 고릅니다. 올 7월 15일 전에 나기 시작하면 이듬해 7월 15일 전에 벱니다. 때가 지났는데도 안 베면 음이 막혀 안 나오고, 때가 안 됐는데 베면 그 음이 뜹니다. 음이 뜨는 것은 겉은 윤기가 흐르나 속이 마른 것이고, 마른 것은 기(氣)를 골고루 못 받은 것입니다. 기가 온전하지 못하면 그 대는 일찍 죽습니다. 한 번 소리를 내면 아홉 번 숨 쉴 동안 소리가 이어진다는 옛날의 지음(至音)은 한 첩(疊)에 12절(節), 한 절에 12고(敲)가 있습니다. 오늘날의 유명한 곡 중에 「낙매화(落梅花)」에 담긴 운치는 금곡(金谷: 晉나라 石崇이 이곳에 金谷園을 짓고 빈객들과 더불어 시를 지으며 연회를 즐겼다 함)에서 노닐던 사람들을 감동시켰고, 「절양류(折楊柳)」에 실어 보낸 정은 옥관(玉關)에서 수자리 서는 병사를 슬프게 하니, 진실로 맑은 소리이고 훌륭한 곡이기는 합니다. 그러나 지음과는 달라 신을 강림케 하거나 복을 빌 수는 없습니다. 또 이미 죽은 대로 피리를 만들면 비록 지음에 이른다 해도 반드시 갈라지게 되어 있습니다. 그래서 이것이 외조부께서 부시던 피리가 아니라는 것을 알 수 있습니다."

위공이 말했다.

"당신의 말이 정말인지 보고 싶으니, 피리가 깨져도 무방하오."

이에 허운봉이 피리를 들고 「육주편(六州遍)」을 불자 한 첩이 채 끝나기도 전에 가운데가 쩍 갈라져버렸다. 위공은 오래도록 경탄했으며, 허운봉을 이원곡부(梨園曲部)로 예우(禮遇)했다. (『감택요』)

許雲封, 樂工之笛者. 貞元初, 韋應物自蘭臺郞出爲和州牧, 非所宜願, 頗不得志. 輕舟東下, 夜泊靈璧驛. 時雲天初瑩, 秋露凝冷, 舟中吟瓢(明鈔本'瓢'作'凬', 疑當作'諷'), 將以屬詞, 忽聞雲封笛聲. 嗟歎良久. 韋公洞曉音律, 謂其笛聲, 酷似天寶中梨園法曲李謩所吹者, 遂召雲封問之, 乃是李謩外孫也. 雲封曰: "某任城舊土, 多年不歸. 天寶改元, 初生一月, 時東封廻, 駕次至任城, 外祖聞某初生, 相見甚喜. 乃抱詣李白學士, 乞撰令名. 李公方坐旗亭, 高聲命酒. 當爐賀蘭氏年且九十餘, 邀李置飮於樓上. 外祖送酒, 李公握管醉書某胸前曰: '樹下彼何人, 不語眞吾好. 語若及日中, 煙霏謝成寶.' 外祖辭曰: '本於李氏乞名, 今不解所書之語.' 李公曰: '此卽名在其間也. 樹下人是木子, 木子李字也. 不語是莫言, 莫言謩也. 好是女子, 女子外孫也. 語及日中, 是言午, 言午許也. 煙霏謝成寶, 是雲出封中, 乃是雲封也. 卽李謩外生許雲封也.' 後遂名之. 某纔始十年, 身便孤立, 因乘義馬, 西入長安, 外祖憫以遠來, 令齒諸舅學業. 謂某性知音律, 敎以橫笛, 每一曲成, 必撫背賞歎. 値梨園法部置小部音聲, 凡三十餘人, 皆十五以下. 天寶十四載六月, 時驪山駐蹕, 是貴妃誕辰, 上命小部音聲, 樂長生殿. 仍奏新曲, 未有名, 會南海進荔枝, 因以曲名「荔枝香」. 左右歡呼, 聲動山谷. 其年安祿山叛, 車駕還京, 自後俱逢離亂, 漂流南海, 近四十載. 今者近訪諸親, 將抵龍丘." 韋公曰: "我有乳母之子, 其名千金. 嘗於天寶中受笛李供奉, 藝成身死. 每所悲嗟, 舊吹之笛, 卽李君所賜也." 遂囊出舊笛. 雲封跪捧悲切, 撫而觀之曰: "信是佳笛, 但非外祖所吹者." 乃爲韋公曰: "竹生雲夢之南, 鑒在柯亭之下. 以今年七月望前生, 明年七月望前伐. 過期不伐, 則其音窒, 未期而伐, 則其音浮. 浮者外澤中乾, 乾者受氣不全. 氣不全則其竹夭. 凡發揚一聲, 出入九息, 古之至音者, 一疊十二節, 一節十二敲. 今之名樂也, 至如「落梅」流韻, 感金谷之遊人,「折柳」傳情, 悲玉關之戍客, 誠爲淸響. 且異至音, 無以降神而祈福也. 其已夭之竹, 遇至音必破. 所以知非外祖所吹者." 韋公曰: "欲旌汝鑒, 笛破無傷." 雲封乃捧笛吹「六州遍」, 一疊未盡, 驌然中裂. 韋公驚歎久之, 遂禮雲封於曲部. (出『甘澤謠』)

204 · 24(2327)
여향균(呂鄕筠)

동정(洞庭)의 상인 여향균은 늘 장사를 하면서 강서(江西)에 여러 물건들을 내다 팔아 10분의 1의 이윤을 남겼다. 이윤 외에 남는 것이 있으면 먼저 가난한 친지들에게 베풀었고, 그 다음은 가난한 자에게 나누어 주었다. 그러다보니 저축해 놓은 것은 별로 없었다. 그는 피리를 잘 불어 좋은 경치를 보면 배를 묶어놓고 감상을 하고, 한 곡조 불은 연후에야 떠났다.

어느 봄날 밤에, 그는 군산(君山) 밑에 배를 정박하고 술을 시켜 혼자 마시고 있었다. 술 한 잔 마시고 몇 곡조를 불고 있는데 홀연히 물위에 고깃배가 떠오는 게 보였다. 점차 가까워져서 보니 수염이 허연 노인이 배에 타고 있었는데, 행동거지가 비범해 보였다. 여향균은 피리를 놓고 일어나 배를 맞이했다. 노인은 고깃배를 묶어두고 여향균의 배에 올라탔다. 서로 인사말을 주고받은 후, 노인이 말했다.

"그대의 피리소리가 매우 청량하고, 곡조 또한 비범하여 여기까지 오게 되었소."

여향균이 노인에게 술을 몇 잔 권하고 나자 노인이 또 말했다.

"이 늙은이가 젊을 적에 피리를 좀 배웠었는데, 좀 가르쳐줘도 되겠소?"

여향균은 본디 배우기를 좋아하는지라, 일어나 절하며 노인의 제자가 되고 싶다고 말했다. 노인은 품속에서 피리 세 개를 꺼냈다. 그 중 제일 큰 것은 한 아름이나 되었고, 그 다음 것은 보통 사람들이 가지고 있는 정도의 크기였으며, 가장 작은 것은 얇은 붓 정도의 굵기였다. 여향균이 다시 절하며 한 곡 불어 주십사고 청하자 노인이 말했다.

"큰 것은 불 수가 없고, 그 다음 것도 마찬가지요. 제일 작은 걸로 그대를 위해 한 곡 불어주겠는데, 끝까지 불 수 있을지는 잘 모르겠소."

여향균이 말했다.

"그 불 수 없다는 피리소리를 듣고 싶습니다."

노인이 대답했다.

"첫 번째 것은 본디 하늘에 있던 것인데, 상제(上帝)나 원군(元君), 혹은 상원부인(上元夫人) 앞에서, 그것도 천상의 음악과 합해져야만 불 수 있소. 만일 인간세상에서 그것을 불면, 사람이 죽고 땅이 갈라지며 해와 달이 빛을 잃고 오성(五星)이 순서를 잃으며 산악이 무너져 버리니, 다른 것은 얘기할 필요도 없소. 두 번째 것은 동부(洞府)의 선인이나 봉래산(蓬萊山)과 고야산(姑射山)의 신선들, 곤륜산(崑崙山)의 서왕모(西王母), 그리고 여러 진군(眞君)들 앞에서 신선의 음악과 합하여 부는 것이니, 만일 사람 앞에서 불면 돌과 모래가 날아다니고 나르던 새가 땅에 떨어져 버리며 짐승들의 머리가 깨지고 오성이 엇갈리고 어린아이들이 모두 죽임을 당하며 사람들이 길을 다닐 수 없게 되니, 다른 것은 더 얘기할 필요도 없소. 이 작은 것은 이 늙은이가 친구들과 함께 어울려 즐기던 것으로, 여러 무리들이 서로 섞여 들었던 것이라 불어도 괜찮기는 하지만 곡을 끝낼 수 있을지는 잘 모르겠소."

말을 마치고는 피리를 뽑아 세 곡을 불었다. 그러자 호수에 바람이 일고 파도가 치며 물고기들이 날뛰니, 여향균과 어린 몸종은 놀라 벌벌 떨었다. 다섯 곡, 여섯 곡 째로 접어들자 군산의 들짐승 날짐승이 울부

짖고 달빛이 어두워지면서 배의 노가 크게 흔들렸다. 노인은 이에 부는 것을 멈추고 술을 가득 부어 마시며 시[이 시는 당나라 賈至가 쓴 「君山詩」임]를 읊조렸다.

> 상중노인(湘中老人)은 황로(黃老)를 읽고,
> 손으로 자줏빛 등나무 넝쿨 타고 올라가 푸른 풀 위에 앉아 있네.
> 봄이 왔는데도 상수(湘水) 깊은 줄을 모르고,
> 날 저물었는데도 파릉(巴陵) 길로 돌아갈 것을 잊었네.

노인은 다시 몇 잔을 마시고 여향균에게 말했다.
"내년 가을 제사 때 다시 여기서 만나세."
그리고 노인은 고깃배를 저으며 차츰 물결사이로 사라져갔다. 다음 해 가을에 여향균은 열흘이나 군산(君山: 원문에는 '筠山'이라 되어 있으나, 『博異志』원문에 의거하여 '君山'으로 고침) 밑에서 기다렸으나 결국은 그 노인을 다시 만나지 못했다. (『박이지』)

洞庭賈客呂鄕筠常以貨殖, 販江西(明鈔本'江西'作'山海')雜貨, 逐什一之利. 利外有羨, 卽施貧親戚, 次及貧人. 更無餘貯. 善吹笛, 每遇好山水, 無不維舟探討, 吹笛而去.

嘗於中春月夜, 泊於君山側, 命罇酒獨飮. 飮一杯而吹笛數曲, 忽見波上有漁舟而來者. 漸近, 乃一老父鬢眉皤然, 去就異常. 鄕筠置笛起立, 迎上舟. 老父維漁舟於鄕筠舟而上. 各問所宜, 老父曰: "聞君笛聲嘹亮, 曲調非常, 我是以來." 鄕筠飮之數盃, 老父曰: "老人少業笛, 子可敎乎?" 鄕筠素所耽味, 起拜, 願爲末學. 老父遂於懷袖間出笛三管. 其一大如合拱, 其次大如常人之蓄者, 其一絶小如細筆管. 鄕筠復拜請老父一吹, 老父曰: "其大者不可發, 次者亦然. 其小者爲子吹一曲, 不知得終否." 鄕筠曰: "願聞其不可發者." 老父曰: "其第一者在諸天, 對諸上帝, 或元君, 或上元夫人, 合上天之樂而吹之. 若於人間吹之, 人消地拆, 日月無光, 五星失次, 山岳崩坵, 不暇言其餘也. 第二者對諸洞府仙人·蓬萊姑射·昆丘王母及諸眞君等, 合仙樂而吹之, 若人間吹之, 飛沙走石, 翔鳥墜地, 走獸腦裂, 五星內錯, 稚幼振死, 人民纏路, 不暇言餘也. 其小者, 是老身與朋儕可樂者, 庶類雜而聽之, 吹之不安(明鈔本'安'作'妨'), 未知可終曲否." 言畢, 抽笛吹三聲. 湖上風動, 波濤沆瀁, 魚鱉跳噴, 鄕筠及童僕恐聳戰慄. 五聲六聲, 君山上鳥獸叫噪, 月色昏昧, 舟檝大恐. 老父遂止, 引滿數杯, 乃吟曰: "湘中老人讀黃老, 手援紫藟坐翠草. 春至不知湘水深, 日暮忘却巴陵道." 又飮數盃, 謂鄕筠曰: "明年社, 與君期於此" 遂棹漁舟而去, 隱隱漸沒於波間. 至明年秋, 鄕筠十旬於筠山伺之, 終不復見也. (出『博異志』)

필률(觱篥)

204·25(2328)
이 위(李 蔚)

함통연간(咸通年間: 860~894)에 승상(丞相) 이위는 재상이 되었다. 그가 대량절도사(大梁節度使)에서 회해절도사(淮海節度使)로 전임되었을 때 치적이 날로 늘어났는데, 채 일년도 안 돼 토목 공사를 하고 풍속을 개량하여 민심을 크게 얻었다. 팽문(彭門)의 난(亂)이 있은 후로 변방이 어지러울 때도 이위는 차분히 치정에 임해 허물어진 것을 고치고 버려진 기강을 정리하여 하루도 헛되이 보내는 날이 없었다. 그 군(郡)에는 명승지가 별로 없어서 정자나 누각 모두가 황량하기 짝이 없었고, 화원이나 낚시터 역시 맘에 들지 않았다. 그는 어느날 희마정(戱馬亭) 서쪽의 옥구사도(玉鉤斜道)로 이어지는 부근에 연못을 파고 정자를 건축하도록 명령했다. 공사가 끝나자 그곳을 '상심(賞心)'이라 이름 짓고, 꽃과 나무를 심고 이역의 기이한 금수를 길러 한껏 꾸며놓으니, 봄이 다 가도록 마을에 사는 남녀들이 모두 모여 즐기며 놀았다.

하루는 절우(浙右: 浙西 지방)의 소교(小校) 설양도(薛陽陶)가 임시로 탁지(度支)의 조운미(租運米: 나라에 세금으로 바치는 곡식)를 운반해 이곳에 왔다는 얘기를 들었는데, 이위는 그의 이름이 예전에 주애이상(朱崖李相: 李德裕를 말함) 곁에서 함께 일하던 사람과 비슷하다고 여겨, 기쁜 마음에 사람을 보내 알아보게 하니 과연 그의 옛 동료였다. 이위는 마치 옛 물건을 얻은 듯이 기뻐했다. 그는 관아의 한 무관에게 대신 그 곡식을 운반케 하고, 별관에 [설양도를] 머물게 했다. 이위는 설양도와 함께 놀러 나가 그가 들은 여러 이야기들을 물었는데, 옛날 함께 노관(蘆管: 갈대피리)을 불던 일도 물었다. 설양도가 이덕유·육창(陸暢)·원진(元稹)·백거이(白居易)가 지은 노래 한 수씩을 꺼내 바치자 이위는 더욱 기뻐했다. 잠시 후 노관을 꺼내 정자에서 연주하니(노관은 매우 얇아 필률 한 개에 세 개의 노관을 넣을 수 있다), 그 소리가 하늘에서 온 것만 같아서 듣고 있노라니 기분이 편안해졌다. 이위는 그를 크게 칭찬하며(시 한 수를 바쳤는데 다 기록하지는 않겠다. 그 마지막 구절은 이러하다: "작은 몸에 속도 비어 있는 노관, 기러기도 너를 족히 물겠지만, 네가 내는 소리는 봉황이나 용도 따를 길이 없으리") 많은 재물을 하사했다. 또 그의 두 아들에게는 뇌분(牢盆: 원래는 소금을 끓이는 큰솥을 의미하나, 더 나이가 鹽政 혹은 염정관리를 의미함)의 직책을 주었다.

연못과 정자가 갓 완성되었을 때 아직 좋은 이름이 없었는데, 공(公: 李蔚)은 눈으로 보아 즐겁다 하여 그냥 '상심(賞心)'이라고 붙였다. 여러 종사(從事)들은 공에게 피휘(避諱)할 것을 주장했으나('賞'에는 '尙'의 뜻이 있다. 唐나라 太宗 李世民이 尙書令을 지냈으므로 '尙'자를 피휘했음), 공은 말했다.

"공자는 '징(徵)'을 말하면 '재(在)'는 말하지 않고, '재'를 말하면 '징'은 말하지 않는데[공자의 어머니 이름이 徵在였으나 공자는 徵과 在를 붙여 말하지만 않았을 뿐 '徵'字와 '在'字 모두를 피휘하지는 않았음], 게다가 나는 내관이나 궁첩도 아닌데 왜 피휘를 해야 하느냐?"

그리고는 끝내 고치지 않았다. 그 정자는 진필(秦畢)의 난[秦彦과 畢師鐸의 반란. 揚州 牙將 필사탁이 僖宗 光啓 3년 4월에 군사를 일으켜 양주와 도성을 치고 宣歙 시찰사 진언에게 양주를 맡겼으나, 그 해 11월에 楊行에게 패함] 후에 소돼지를 키우는 우리가 되어버렸다. 아! 공손홍(公孫弘)의 동합(東閤: 漢나라 公孫弘이 재상으로 있을 때 동합을 짓고 賢士들을 불러 들였다 함)이 유굴리(劉屈氂: 漢나라 武帝 때의 재상이었으나 훗날 죄를 지어 처형당함)의 마굿간이 되어버린 것과 무엇이 다르겠는가! (『계원총담』)

咸通中, 丞相李蔚拜端揆日. 自大梁移鎭淮海, 政績日聞, 未朞周, 榮加水土, 移風易俗, 甚洽群情. 洎彭門亂常之後, 藩鎭瘡痍未平, 公按轡恭己而治之, 補綴頹毁, 整茸壞綱, 功無虛日. 以其郡寡勝遊之地, 且風亭月觀, 旣以荒涼, 花圃釣臺, 未愜深旨. 一旦, 命於戲馬亭西, 連玉鉤斜道, 開刱池沼, 構茸亭臺. 揮斥旣畢, 號曰'賞心', 栽培花木, 蓄養遠方奇禽異畜, 畢萃其所, 芳春九旬, 居人士女得以遊觀.

一旦, 聞浙右小校薛陽陶, 臨押度支運米入城. 公喜其姓名, 有同襄日朱崖李相左右者, 遂令試詢之, 果是舊人矣. 公甚喜, 如獲古物. 乃命徇庭小將代押運糧, 留止別館. 一日, 公召陽陶遊, 詢其所聞, 及往日蘆管之事. 薛因獻朱崖李相·陸暢·元·白所撰歌一軸, 公益喜之. 次出蘆管, 於茲亭奏之(其管絶微, 每於一觱篥中, 常容三管也. 明鈔本'三'作'一'), 聲如天際自然而來, 情思寬閑. 公大加賞之(亦贈其詩不記, 終篇云: "虛心纖質鴈銜餘, 鳳吹龍吟定不如." 明鈔本'終'作'全'), 於是錫賚甚豊. 出其二子, 皆授牢盆倅職.

初公搆池亭畢, 未有嘉名, 因目曰'賞心'. 諸從事以公近諱(蓋'賞'字有'尙'字也), 公曰: "宣父言徵不言在, 言在不言徵. 且非內官宮妾, 何避其疑哉?" 遂不改作. 其亭自秦畢亂逆, 乃爲芻豢之地. 嗟呼! 公孫弘之東閤, 劉屈氂後爲馬廐, 亦何異哉! (出『桂苑叢談』)

태평광기 권제 205 악 3

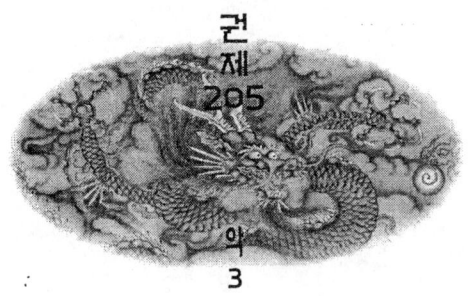

갈고(羯鼓)
1. 갈 고(羯 鼓)
2. 현 종(玄 宗)
3. 송 경(宋 璟)
4. 이귀년(李龜年)
5. 조왕고(曹王皐)
6. 이 완(李 琬)
7. 두홍점(杜鴻漸)

동고(銅鼓)
8. 동 고(銅 鼓)
9. 장직방(張直方)
10. 정 속(鄭 續)

비파(琵琶)
11. 나흑흑(羅黑黑)
12. 배락아(裴洛兒)
13. 양 비(楊 妃)
14. 단 사(段 師)
15. 한중왕우(漢中王瑀)
16. 위응물(韋應物)
17. 송 연(宋 沇)
18. 황보직(皇甫直)
19. 왕 기(王 沂)
20. 관별가(關別駕)
21. 왕씨녀(王氏女)

오현(五弦)
22. 조 벽(趙 辟)

공후(箜篌)
23. 서월화(徐月華)

갈 고

205 · 1(2329)
갈 고(羯 鼓)

갈고는 변방 밖 이민족의 악기로 융갈(戎羯: 匈奴의 별족으로 서북방의 부족)의 북이기에 갈고라 부른다. 갈고의 음은 태주(太簇: 12律 중에 세 번째 율)과 하나되어 조화를 이루며, 구자부(龜玆部)·고창부(高昌部)·소륵부(疏勒部)·천축부(天竺部)에서 모두 이 북을 사용한다. 갈고는 도담고(都曇鼓)·답랍고(答臘鼓) 아래 위치하고(도담고는 모양이 요고[腰鼓: 허리에 차고 양손으로 두드리는 원통형으로 생긴 북]와 비슷하나 그보다 작으며, 답랍고는 손으로[원문에는 '指'자가 없으나 今本『羯鼓錄』에 의거해 넣어 번역함] 치는 북이다) 계루고(雞婁鼓) 위에 위치한다. 갈고는 북통이 옻칠한 통 같이 생겼으며(갈고는 산뽕나무로 만든다), 아래에는 상아로 만든 대로 받쳐 놓고 북채 두 개를 사용하여 북을 친다. 갈고의 소리는 빠르고 맹렬하여 특히 빠른 절주의 악곡에 적합하며, 전장(戰場)에서의 북소리처럼 빠른 소리가 난다[원문에는 '聲'자가 없으나 今本『羯鼓錄』에 의거해 넣어 번역함]. 또한 높은 누각에서 경치를 감상하는 데 적합하여 밝은 달과 청량한 바람 속에 허공을 넘어 멀리 멀리 울려퍼지니 다른 악기와는 사뭇 다르다. 갈고의 북채는 황단(黃檀: 檀香木의 일종)·구골(狗骨: 木犀科에 속하는 常綠亞喬木)·화초(花椒: 산초나무) 등의 나무로 만드는데, 지극히 단단하고 건조한 나무여야 하므로 습기를 완전히 없앤 뒤에 부드럽고 매끄럽게 다듬는다. 건조시키면 높은 음이 울리게 되고, 매끄럽게 다듬으면 힘차게 박차는 군마(軍馬)의 말발굽 소리가 나게 된다. 그리고 권(棬: 갈고면을 빙 둘러 박는 조임쇠. 원문에는 '捲'이라고 되어있으나 今本『羯鼓錄』에 의거해 고쳐 번역함. 이하 같음)은 강철로 만드는데, 철은 반드시 정련해야 하며 권은 균일해야 한다. 만약에 권이 강하지 않으면 양쪽 북면을 잡아매는 데 높낮이가 생겨 계속해서 소리가 어긋나게 되며, 권이 균일하지 않으면 북면에 느슨한 곳과 팽팽한 곳이 생기게 된다. 이는 금(琴)의 휘(徽: 음표지)에 하자가 있는 것과 같다. (『갈고록』)

羯鼓出外夷樂, 以戎羯之鼓, 故曰羯鼓. 其音主太簇一均('均'原作'云', 據『羯鼓錄』及『太平御覽』五三八改), 龜玆部·高昌部·疎勒部·天竺部皆用之. 次在都曇鼓·答臘鼓之下(都曇鼓, 狀腰鼓而小, 答臘者, 卽揩鼓也), 雞婁鼓之上. 膝如漆桶(山桑木爲之), 下以牙牀承之, 擊用兩杖. 其聲焦殺鳴烈, 尤宜促('促'原作'但', 據『羯鼓錄』改)曲急破, 作戰杖連碎之. 又宜高樓玩景, 明月淸風. 凌空透遠, 極異衆樂. 杖用黃檀·狗骨·花椒等木, 須至乾緊, 絶濕氣而復柔膩. 乾取發越響, 膩取戰裏健擧. 捲用剛鐵, 鐵當精鍊, 捲當至勻. 若不剛, 卽應條高下, 搋捩不停, 不勻, 卽鼓面緩急. 若琴徽之牧病矣. (出『羯鼓錄』)

205 · 2(2330)
현 종(玄 宗)

당(唐)나라 현종은 음률에 정통했으니, 그의 재능은 천부적이었다. 무릇 현종이 관악기와 현악기를 다루면 반드시 절묘한 음색을 만들어 냈으며, 곡조를 지으면 마음먹은 대로 즉시 완성하곤 했다. 현종은 [연주할 때] 악장의 법식을 정하지 않고도 적절한 장단을 취했으며, 손가락이 가는 대로 소리를 내도 모두 박자에 맞았다. 청탁(淸濁)의 변화에 있어서는 음률이 서로 조화를 이루고, 주된 선율과 보조 선율 그리고 여러 곡조가 서로 잇달아 상응하며 절제되면서도 조화를 이루어 비록 옛날 기(夔: 舜임금의 樂官)와 사광(師曠: 春秋時代 晉나라의 樂師)이라 하더라도 그를 능가할 수 없었다. 현종은 특히 갈고(羯鼓)를 좋아하여 늘 이렇게 말했다.

"갈고는 팔음(八音: 金·石·絲·竹·匏·土·革·木으로 만든 악기)의 으뜸이어서, 다른 악기는 이와 비교될 수 없다."

한번은 2월 초이튿날 아침 현종이 머리를 빗고 두건 쓰는 것을 끝냈을 때, 밤새 내리던 비가 막 개어 경치가 무척 아름다웠다. 현종이 소전(小殿) 안의 정자에서 보니 버드나무와 은행나무가 잎을 틔우려고 하고 있었기에 그것을 보고 감탄하여 말했다.

"이런 경치를 두고 어찌 그것과 더불어 감상하지 않을 수 있겠는가?"

그러자 좌우 시종들이 서로 눈짓하여 술을 준비하라고 명했으나, 고력사(高力士)만은 사람을 보내 갈고를 가져오게 했다. 현종이 그 자리에서 즉시 연주하라고 하자, 고력사는 처마 밑에서「춘광호(春光好)」(현종이 직접 지은 곡이다)라는 곡을 한 곡 연주했다. 그러자 현종은 아주 만족한 표정을 지었으며, 버드나무와 은행나무를 돌아보았더니 모두 벌써 싹을 틔우고 있었기에, 그것을 가리키고 웃으면서 궁녀들과 내관(內官)들에게 이렇게 말했다.

"이번 일로 어찌 나를 '천공(天公)'이라고 부르지 않을 수 있겠느냐?"

그러자 그들은 모두 '만세(萬歲)'를 외쳤다. 현종은 또 「추풍고(秋風高)」를 지었는데, 매년 가을 하늘이 드높고 구름 한 점 없이 맑을 때면 그 곡을 연주했다. 그러면 반드시 멀리서 바람이 서서히 불어와 정원의 낙엽이 팔랑이며 떨어졌으니, 그 절묘한 연주는 이처럼 입신(入神)의 경지에 이른 듯했다. (『갈고록』)

현종이 한번은 제왕(諸王)들을 살피어 조사했는데, 영왕(寧王: 李成器)은 한여름에 땀을 닦으며 북면에 가죽을 씌우고 있었으며 구자부(龜玆部)의 악보(樂譜)를 읽고 있었다. 현종이 그 일을 알고 기뻐하며 말했다.

"천자의 형제들인데 마땅히 그런 음악쯤은 되어야지."

(『유양잡조』)

여양왕(汝陽王) 이진(李璡)은 영왕의 장자이다. 그는 용모가 매우 뛰어났는데, 지방의 황족들 중에서도 그 수려함이 출중했기에 현종은 특별히 그를 총애하여 직접 그에게 [갈고 연주를] 전수해주었다. 이진은 총명하고 슬기가 있어 항상 어지를 잘 파악했기에, 현종은 매번 출행(出幸)을 나갈 때 잠시도 그를 버려두지 않았다. 이진이 한번은 아견모(砑絹帽: 흰 광택이 나는 모자)를 쓰고 악곡을 연주하고 있었는데, 현종이 직접 붉은 무궁화 한 송이를 꺾어 이진의 모자 위에 놓아두었다. 모자와 꽃은 둘 다 아주 매끄러운 것이어서 한참 후에야 잘 놓여지게 되었는데,

이진이「무산향(舞山香)」한 곡을 모두 연주하는 동안 꽃은 떨어지지 않았다(그 모양은 이른바 '머리와 목을 고정시킨다'는 것인데, 움직이지 않고 있기가 어려운 것을 말한다). 현종은 크게 즐거워하며 웃으면서 금그릇을 하사했고, 이 일로 이진을 칭찬하여 이렇게 말했다.

"화노(花奴)(이진의 어릴적 이름이다)는 영명한 자질을 갖추고 있으며 피부와 머리결도 곱고 빛이 나니, 그는 이 세상 사람이 아니라 필시 신선이 인간 세상에 유배되어 내려온 것이리라."

그러자 영왕은 겸사(謙謝)하면서 이어 그의 단점을 지적했다. 그러자 현종이 웃으며 말했다.

"형님은 지나치게 염려하실 필요 없습니다. 아만(阿瞞: 玄宗이 자신을 지칭하던 말)이 직접 가르쳤습니다. 무릇 제왕의 상은 모름지기 영특하고 출중한 기질이 있어야 하며, 그렇지 않으면 심도 있고 포용력 있게 가르치는 도량이 있어야 합니다. 화노는 출중함이 다른 이들을 능가하는데, 다른 이들은 모두 이런 모습을 갖추지 못하고 있으나 결코 화노를 시기하지 않습니다. 그리고 화노는 행동거지가 고상하여 공경(公卿)들 사이에서 높은 명성을 얻고 있습니다."

그러자 영왕이 또 현종에게 겸사하며 이렇게 말했다.

"그리 말하신다면, 신이 졌사옵니다."

그러자 현종이 말했다.

"그렇게 말씀하시니 아만 역시 형님께 졌습니다."

영왕이 또 겸사하자, 현종이 웃으며 말했다.

"아만이 여러모로 이긴 게 많으니, 형님께서는 겸사하시며 읍하지 않으셔도 됩니다."

그러자 사람들은 모두 기뻐하며 현종께 하례했다. 현종은 천성이 호방하여 금(琴)을 몹시 싫어했다. 한번은 한창 금을 타는 소리를 듣고는 연주가 아직 끝나지도 않았는데 현종이 금을 타던 사람을 꾸짖으며 이렇게 말했다.

"대조(待詔)는 이 자를 끌어내라!"

그리고는 내관에게 이렇게 말했다.

"속히 화노에게 갈고를 가져와서 나의 더럽혀진 귀를 씻게 하라고 해라."

(『갈고록』)

황번작(黃幡綽)도 음악에 조예가 깊었는데, 현종이 일찍이 사람을 시켜 그를 불러오게 했으나 때가 되었는데도 제 때에 도착하지 않았다. 현종이 노하여 끊이지 않고 사람을 보내 그를 찾아오게 했다. 황번작이 당도하여 어전 옆에서 현종이 갈고를 연주하는 소리를 듣고는 한사코 알자(謁者: 응접을 맡은 관리)를 제지하며 [자신이 온 것을] 고하지 못하게 했다. 잠시 후에 현종이 또 시관(侍官)에게 물었다.

"황번작이 왔느냐?"

그러자 황번작은 또 알자에게 아뢰지 못하게 했다. 현종이 연주하던 곡이 끝나고 다시 곡을 바꿔서 몇 소절이 지나자, 황번작은 곧 안으로 들어갔다. 현종이 물었다.

"어디에서 오는 길이냐?"

황번작이 아뢰었다.

"멀리 떠나는 친구가 있어서 성(城) 밖까지 배웅했습니다."

현종은 고개를 끄덕였으며, 갈고 연주가 끝나자 이렇게 말했다.

"네가 조금 늦었기에 아까부터 화가 나 있었으니, 네가 당도했어도 필시 벌을 내렸을 것이다. 그러나 방금 생각해 보니 너는 명을 받들어서 50여 일이라는 오랜 기간 동안 어전에 들었는데 잠시 하루쯤 궁 밖으로 나간 것이니, 다른 사람과 왕래하는 것은 허락하지 않을 수 없는 노릇이다."

황번작이 감사의 절을 올리자, 내관 중에 서로 마주보고 웃는 사람이 있었다. 현종이 그 이유를 따져 물었더니, 황번작이 아까 당도했는데도 북 소리를 들으며 때를 기다렸다가 들어간 일을 자세히 아뢰었다. 현종이 황번작에게 그 이유를 묻자, 그가 아뢰었다.

"황상께서 한창 화가 나 계셨을 때와 화가 풀어지셨을 때를 거의 틀림없이 알아 맞출 수 있었사옵니다."

현종은 그를 남다르다고 여기고, [짐짓] 다시 역정을 내며 황번작에게 말했다.

"내 마음 속의 일을 어찌 시관따위가 북소리를 듣고 알아낼 수 있단 말이냐? 그러면 지금은 내 마음이 어떤지 말해 보겠느냐?"

그러자 황번작은 섬돌 아래로 내려가 북쪽을 바라보고 허리를 굽혀 절하며 큰소리로 이렇게 외쳤다.

"금계(金鷄: 옛날 대사면 때의 의식의 일종으로 긴 장대를 세워놓고 그 꼭대기에 금빛의 닭모양을 올려놓은 뒤 죄인들을 모아놓고 사면령을 읽었음)를 세우라는 칙령을 받들겠나이다."

현종은 크게 웃으며 화를 멈추었다. (『갈고록』)

唐玄宗洞曉音律, 由之天縱. 凡是管絃, 必造其妙, 若製作調曲, 隨意卽成. 不立章度, 取適短長, 應指散聲, 皆中點指. 至於淸濁變轉, 律呂呼召, 君臣事物, 迭相制使, 雖古之夔・曠, 不能過也. 尤愛羯鼓, 常云: "八音之領袖, 諸樂不可爲比." 嘗遇二月初詰旦, 巾櫛方畢, 時宿雨始晴, 景色明麗. 小殿內亭, 柳杏將吐, 覾而歎曰: "對此景物, 豈可不與他判斷之乎?" 左右相目, 將命備酒, 獨高力士遣取羯鼓. 上旋命之, 臨軒縱擊一曲, 曲名「春光好」(上自製也). 神思自得, 及顧柳杏, 皆已發拆, 指而笑謂嬪嬙內官曰: "此一事, 不喚我作'天公'可乎?" 皆呼'萬歲'. 又製「秋風高」, 每至秋空迥澈, 纖翳不起, 卽奏之. 必遠風徐來, 庭葉徐下, 其妙絶入神如此 (出『羯鼓錄』)

玄宗嘗伺察諸王, 寧王夏中揮汗戞鼓, 所讀書乃龜茲樂譜也. 上知之, 喜曰: "天子兄弟, 當極此樂." (出『酉陽雜俎』)

汝陽王璡, 寧王長子也. 姿容姸美, 秀出藩邸, 玄宗特鐘愛焉, 自傳授之. 又以其聰悟敏慧, 妙達其旨, 每隨遊幸, 頃刻不捨. 璡嘗戴砑絹帽打曲, 上自摘紅槿花一朵, 置於帽上. 其二物皆極滑, 久之方安, 遂奏「舞山香」一曲, 而花不墜(本色所謂'定頭項', 難在不搖動也). 上大喜笑, 賜金器, 因誇曰: "花奴(璡小名), 姿質明瑩, 肌髮光細, 非人間人, 必神仙謫墜也." 寧王謙謝, 隨而短斥之. 上笑曰: "大哥不必過慮. 阿瞞自是相師. 夫帝王之相, 且須英特越逸之氣, 不然, 有深沈包育之度. 花奴但秀邁人, 悉無此狀, 固無猜也. 而又擧止閑雅, 當更得公卿間令譽耳." 寧王又謝之, 而曰: "若於此, 臣乃輸之." 上曰: "若此一條, 阿瞞亦輸大哥矣." 寧王又謙謝, 上笑曰: "阿瞞贏處多, 太哥亦不用攟揖." 衆皆歡賀. 玄宗性俊邁, 酷不好琴. 曾聽彈正弄, 未及畢, 叱琴者曰: "待詔出去!" 謂內官曰: "速召花奴將羯鼓來, 爲我解穢."

黃幡綽亦知音, 上曾使人召之, 不時至. 上怒, 絡繹遣使尋捕之. 綽旣至, 及殿側, 聞上理鼓, 固止謁者, 不令報. 俄頃, 上又問侍官: "奴來未?" 綽又止之. 曲罷, 復改曲, 纔三數十聲, 綽卽走入. 上問: "何處來?" 曰: "有親故遠適, 送至城外."

上頷之, 鼓畢, 上謂曰: "賴稍遲, 我向來怒意, 至必禍焉. 適方思之, 長入供奉五十餘日, 暫一日出外, 不可不許他東西過往." 綽拜謝畢, 內官有相偶語笑者. 上詰之, 具言綽尋至, 聽鼓而候其時入. 上問綽, 綽語: "上方怒, 其解怒之際, 皆無少差誤." 上奇之, 復厲聲謂之曰: "我心脾骨下事, 安有侍官奴聽小鼓能料之耶? 今且謂我如何?" 綽遂走下階, 面北鞠躬, 大聲曰: "奉敕監(明鈔本'監'作'豎')金鷄." 上大笑而止. (並出『羯鼓錄』)

205·3(2331)
송 경(宋 璟)

　개부(開府: 府署를 설치하고 관리를 배치할 만큼 고위직에 있는 관리) 송경은 성격이 너무 강직하여 사람들과 잘 어울리지 못했으나 음악을 매우 좋아했으며, 특히 갈고에 능했다. 송경은 현종의 성은을 갓 입었을 때 현종과 북에 대해 논하면서 이렇게 말했다.
　"청주(青州)의 석말(石末: 정확한 것은 미상이나 북의 몸통을 만들 때 쓰이는 석재로 추정됨)이 아니면 노산(魯山)의 화옹(花甕: 磁器 중에 채색한 것)이어야 하며 소벽(小碧: 미상) 위를 손바닥으로 치면 '붕긍(朋肯: 북소리를 형용한 말)' 소리가 납니다."
　이 말에 근거해 보면 [여기서 말하는 북은] 제 2고[원문에는 '第一鼓'라 되어있으나 今本『羯鼓錄』에 근거해 '第二鼓'로 고쳐 번역함]인 한진(漢震)을 말하는 것이다. 또한 북통을 석말이나 화옹으로 만든다는 것은 본디 요고(腰鼓: 허리에 차고 양손으로 두드리는 원통형으로 생긴 북)이며, 손바닥으로 쳤을 때 붕긍 소리가 난다는 것은 손으로 치는 북이니[원문에는 '指'라 되어있으나 今本『羯鼓錄』에 근거해 '拍'으로 고쳐 번역함] 이는 갈고가 아닌 것이 분명하다(제 2고는 왼쪽은 북채로 치며 오른 쪽은 손가락으로 친다)."

송경이 또 현종에게 아뢰었다.

"'머리는 청산(靑山)의 산봉우리 같고, 손은 흰 빗방울이 떨어지는 듯하다'는 말은 갈고를 잘 치는 것에 대한 말이온데, 산봉우리라고 한 것은 움직이지 않는 것을 뜻하며 빗방울은 빠르다는 뜻입니다."

현종은 송경과 함께 두 북을 모두 잘 연주했지만 갈고를 특히 좋아했는데, 그것은 한진에 비해 그 소리가 고상하고 섬세했기 때문이었다. 송경의 집에서는 이 두 북을 연주하는 것이 모두 전해졌다. 동도유수(東都留守) 정숙명(鄭叔明)의 조모(祖母)는 송경의 딸인데, 지금 [낙양(洛陽)] 존현리(尊賢里) 정씨(鄭氏) 집에 있는 작은 누각이 바로 송부인(宋夫人)이 북을 연습하던 곳이다. (『갈고록』)

宋開府璟, 雖耿介不羣, 亦深好聲樂, 尤善羯鼓. 始承恩顧, 與玄宗論鼓事曰: "不是青州石末, 卽是魯山花甕(明鈔本'甕'作'甃', 下同), 撚小碧上, 掌下須有'朋(去聲)肯'聲." 據此乃是漢震第一鼓也. 且磉用石末·花甕, 固是腰鼓, 掌不(明鈔本'不'作'下')朋(去聲)肯聲, 是以手指, 非羯鼓明矣(第二鼓者, 左以杖, 右以手指)('杖'字原闕, 據明鈔本補)." 璟又謂上曰: "'頭如青山峯, 手如白雨點', 按此卽羯鼓之能事, 山峯取不動, 雨點取其急." 玄宗與璟兼善兩鼓也, 而羯鼓偏好, 以其比漢震稍雅細焉. 開府之家悉傳之. 東都留守鄭叔明祖母, 卽開府之女, 今尊賢里鄭氏第有小樓, 卽宋夫人習鼓之所也. (出『羯鼓錄』)

205·4(2332)
이귀년(李龜年)

이귀년은 갈고(羯鼓)에 능했는데, 현종(玄宗)이 그에게 이렇게 물었다.
"그대는 북채를 몇 개나 부러뜨렸소?"
그러자 이귀년이 대답했다.
"신은 지금까지 북채 50개를 부러뜨렸사옵니다."
현종이 말했다.
"경은 아직 멀었소이다. 나는 북채 세 궤짝을 부러뜨렸소."
몇 년 후에 이귀년이 북채 한 궤짝을 부러뜨렸다는 소문이 들리자, 현종은 그에게 북채 하나와 갈고 권(棬: 갈고면을 빙 둘러 박는 조임쇠. 원문에는 '捲'이라고 되어있으나 今本『羯鼓錄』에 의거해 고쳐 번역함)을 하사했다. (『전기』)

李龜年善羯鼓, 玄宗問:"卿打多少枚?"對曰:"臣打五十杖訖"上曰:"汝殊未. 我打却三豎櫃也." 後數年, 又聞打一豎櫃, 因錫一拂枚·羯鼓棬. (出『傳記』)

205·5(2333)
조왕고(曹王皐)

사조왕(嗣曹王) 이고(李皐)는 기교와 창작력이 있었고 악기를 다루는 데 정통했다. 이고가 형주절도사(荊州節度使)가 되었을 때 타향에 객거하고 있던 한 선비가 갈고(羯鼓) 권(棬: 갈고면을 빙 둘러 박는 조임쇠. 원문에는 '捲'이라고 되어 있으나 今本『羯鼓錄』에 의거해 고쳐 번역함. 이하 같음) 두 개를 품고 와서 알현하기를 청했다. 그 선비가 먼저 빈부(賓府)에 여쭈자, 그것을 본 사람들이 의아해 하며 말했다.

"어찌 이런 것이 귀하겠느냐?"

그러자 선비가 말했다.

"일단 상서(尙書)께 아뢰시면 상서께서는 마땅히 아실 것입니다."

그리하여 그것을 보이자, 이고는 그것을 들어올리고 감탄하며 말했다.

"오늘 굉장한 보물을 얻게 될 줄은 생각지도 못했구나!"

그리고 이고가 강하고 균일한 갈고 권을 가리키자, 자리한 빈객들은 이고가 말하는 대로 그냥 맞장구를 치면서도 혹 마음속으로는 [귀한 보물이] 아니라고 생각했다. 그러자 이고가 말했다.

"여러 공(公)들께서는 아직 믿지 못하실 것입니다."

이고는 쟁반을 가지고 오게 해서 가장 평평한 것을 직접 골랐다. 그리고 이고가 권 두 개를 쟁반 중심에 포개 놓고는 기름을 가득 부었는데도 [그 사이로] 기름이 스며나오지 않았으니, 이것은 아마도 서로 맞닿은 곳에 틈이 [벌어진 곳이] 없었기 때문일 것이다. 이고가 말했다.

"이것은 틀림없이 개원연간(開元年間: 713~741)에서 천보연간(天寶年間: 742~756) 중에 황상께 바친 갈고 권일 것입니다. 그렇지 않다면 이럴 수 없습니다."

그리고 이고가 이것이 어디에서 났는지 묻자, 손님이 말했다.

"저의 선친께서 검주(黔州: 貴州省)에 계실 때 고력사(高力士)의 집안에서 얻었습니다."

사람들은 그제서야 깊이 감복했다. ([『갈고록』])

嗣曹王皐有巧思, 精於器用. 爲荊州節度使, 有羈旅士人懷二捲, 欲求通謁. 先啓於賓府, 觀者訝之曰: "豈足尙耶?" 士曰: "但啓之, 尙書當解矣." 及見, 皐捧而歎曰: "不意今日獲逢至寶!" 指其剛勻之狀, 賓坐唯唯, 或腹非之. 皐曰: "諸公未必信." 命取食柈, 自選其極平者. 遂重二捲於柈心, 以油注捲滿, 而油不寢漏, 相蓋契際也. 皐曰: "此必開元天寶中供御捲, 不然無以至此" 問其所自, 客曰: "先人在黔, 得於高力士家." 衆方深伏. (原闕出處, 據本書卷二百三十一, 作'出『羯鼓錄』')

205 · 6(2334)
이 완(李 琬)

광덕연간(廣德年間: 763~764)에 촉(蜀)지방의 빈객인 전 쌍류현승(雙流縣丞) 이완이라는 사람 역시 [갈고(羯鼓)에] 능했다. 이완은 관리 임용을 위해 장안(長安)으로 오게 되자 무본리(務本里)에 묵었다. 어느 날 밤 갈고(羯鼓) 소리가 들렸는데, 곡조가 사뭇 절묘했다. 그래서 이완이 달빛 아래 [갈고 소리가 나는 곳을] 찾아 걷다가 작은 집에 당도했는데, 그 집의 문은 아주 낮고 좁았다. 이완이 그 집 문을 두드리고 만나기를 청하여 갈고를 연주하던 사람에게 말했다.

"당신이 치시던 곡이 혹시 「야파색계(耶婆色鷄)」가 아닙니까? 매우 정묘하고 능하게 치시는데 종결부가 없으니 어찌된 일입니까?"

그러자 갈고를 연주하던 사람이 그를 남다르다고 여기며 이렇게 말했다.

"당신은 진실로 음악을 아는 분이시군요. 이 일은 아는 사람이 없습니다. 저는 태상시(太常寺)의 일개 악공이온데, 저의 조부가 이 기예를 전수해 주셨으며 특히 이 곡을 잘 타셨습니다. 근자에 장유(張儒)가 장안으로 쳐들어와 저의 집안 사람들은 뿔뿔이 흩어졌는데, 부친께서 하서(河西)지방에서 돌아가시어 이 곡은 전수가 끊어지게 되었습니다. 오늘 저는 다만 옛 악보 몇 권에 의지해 찾고 있으나 모두 종결부의 곡조가 없었기에 밤중에 [갈고를 연주하며] 종결부를 생각해내고 있는 중이었습니다."

이완이 말했다.

"지금 남아있는 곡만으로도 뜻을 다 표현할 수 있소?"

악공이 말했다.

"모두 표현되었습니다."

이완이 물었다.

"뜻을 다 표현했으면 곡도 끝난 것인데, 다시 또 무엇을 찾는단 말이오?"

악공이 말했다.

"소리가 끝나지 않은 것을 어찌합니까?"

이완이 말했다.

"이렇게 말해 봅시다. 대저 어떤 곡에 이런 것이 있다면 모름지기 다른 곡으로 마무리를 지으면 소리를 끝마칠 수 있습니다. 「야파색계」는 마땅히「굴자급편(屈柘急遍)」을 사용해서 마무리를 지어야 합니다."

악공이 가르침을 받은 대로 했더니, 과연 화음이 어우러졌으며 소리와 뜻이 모두 끝났다(예를 들면「자지(柘枝: 唐代의 對曲名)」는「혼탈(渾脫: 唐代의 對曲名. 원문에는 '渾'이라고만 되어있으나『羯鼓錄』에 의거하여 '脫'을 덧붙임)」을 사용하여 마무리짓고,「감주(甘州: 唐代의 對曲名)」는「급료(急了: 唐代의 對曲名)」를 사용해서 마무지 짓는 따위이다). 악공은 흐느끼며 이완에게 감사했다. 악공은 즉시 [이 일을] 태상시경(太常寺卿)에게 아뢰었고, 이완을 주부(主簿)로 임명할 것을 주청드렸다. 후에 이완은 승진을 거듭하여 관직이 태상소경(太常少卿)・종정시경(宗正寺卿)까지 이르렀다. (『갈고록』)

廣德中, 蜀客前雙流縣丞李琬者亦能之. 調集至長安, 居務本里. 嘗夜聞羯鼓, 曲頗工妙. 於月下步尋, 至一小宅, 門戶極卑隘. 叩門請謁, 謂鼓工曰: "君所擊者, 豈非「耶婆色雞」乎(一本作'耶婆娑雞')? 雖至精能, 而無尾何也?" 工大異之曰: "君固知音者. 此事無有知. 某太常工人也, 祖父傳此藝, 尤能此曲. 近者張儒入長安, 其家流散, 父沒河西, 此曲遂絶. 今但按舊譜數本尋之, 竟無結尾之聲, 因夜夜求之也." 琬曰: "曲下意盡乎?" 工曰: "盡." 琬曰: "意盡卽曲盡, 又何索焉?" 工曰: "奈聲不盡何?" 琬曰: "可言矣. 夫曲有如此者, 須以他曲解之, 方可盡其聲也. 夫「耶婆娑雞」當用「屈柘急遍」解." 工如所教, 果相諧協, 聲意皆盡(如「柘枝」用「渾」解,「甘州」用「急了」解之類也)(明鈔本'急了'作'吉子'). 工泣而謝之. 卽言於寺卿, 奏爲主簿. 後累官至太常少卿・宗正卿. (出『羯鼓錄』)

205 · 7(2335)
두홍점(杜鴻漸)

대종(代宗) 때에 재상(宰相) 두홍점도 갈고(羯鼓)에 능했다. 그는 영태연간(永泰年間: 765~766)에 삼주부원사(三州副元帥) 겸 서천절도사(西川節度使)가 되었다. 그가 성도(成都)에 당도했을 때, 촉(蜀)지방에 있는 이완에게 삭장(削杖)을 만드는 사람이 있었기에, 북채 하나를 두홍점에게 바쳤다. 두홍점은 그것을 받아 여러 사람들에게 보여주며 말했다.

"이것은 아주 좋은 물건이니 마땅히 옷가지 속에 오랫동안 간직했던 물건일 것입니다."

그러자 [그것을 깎은] 장인이 말했다.

"제가 등에 10년 동안 넣고 다녔습니다."

두홍점이 촉 지방을 떠나 이주(利州) 서쪽 경계에 당도하여 가릉현(嘉陵縣)[원문에는 '陵'자가 없으나 今本『羯鼓錄』에 의거해 넣어서 번역함] 역참의 길이 바라다 보이는 곳에서 한천(漢川)으로 들어갔다. 서남쪽에서 오다가 처음 가릉강(嘉陵江)과 만나는 곳은 산수가 절경을 이룬다. 그 날은 달빛 또한 아름다워 두홍점은 종사(從事) 양염(楊炎)·두종(杜悰) 등과 역참의 누각에 올라 강에 비친 달을 바라보았다. 두홍점은 주연을 벌이고 이렇게 말했다.

"오늘날 환난과 시름에서 빠져 나오니[安史의 난이 종결(763)됨을 말함] 밖으로는 조정의 어명을 욕되게 하지 않으며, 안으로는 이 미천한 몸에 미친 화를 면할 수 있었다. 이러한 편안한 유람을 하면서 더욱이 이런 빼어난 경치를 보게 되니, 어찌 스스로 축하하지 않을 수 있겠는가?"

 그리고는 가동(家僮)들에게 갈고와 박판(拍板), 그리고 적(笛)을 가져오게 하여 새로 얻게 된 북채로 몇 곡을 연주했다. 그러자 사방의 산에서 원숭이와 새들이 모두 놀라 날아가고 소리지르며 달아났다. 종사들은 모두 그것을 이상하게 여겨 말했다.

 "옛날 기(夔: 舜임금의 樂官)가 부(拊: 고대의 악기 이름으로 小鼓의 한 가지)를 치자 그 소리를 듣고 온갖 짐승들이 뜰에서 춤을 추었는데, 이 소리에는 어찌 멀리 달아납니까?"

 두홍점이 말했다.

 "내가 이곳에서 힘을 조금만 더 기울인다면, 비록 연주가 절묘한 지경에 이르지는 못하더라도 그런 경지에 이를 수 있을 것이다. 하물며 지극한 성군께서 천하를 다스리시고 현신들이 음악을 고찰하니, 날짐승과 길짐승들이 어찌 감동하지 않겠는가?"

 그리고 두홍점이 이로 인해 이렇게 말했다.

 "이곳 별장 근처의 화암각(花巖閣)에서 매번 청명한 풍경이 펼쳐질 때마다 나는 즉시 화암각에 올라 이 악기를 연주했었다. 나는 처음에 냇가에 방목되고 있는 양떼들 중에 갑자기 몇 마리가 계속해서 왔다갔다 하는 것이 보였는데, 처음에는 그것이 갈고 때문에 그렇다고 생각지 않았다. 그런데 갈고 소리가 멈추자 양들의 움직임도 멈췄고 갈고 소리가 계속되면 양들도 계속 움직였다. 결국 내가 갈고의 빠르기와 높낮이를 다르게 하여 연주했더니 양들이 모두 그 소리에 따라 움직였다. 또 그곳을 돌아다니던 개 두 마리가 있었는데, 그것들은 자신의 집에서 나와 양들을 보고 짖다가 양떼들 옆에 이르자 점차 소리를 그치고 머리를 쳐드는 것이 마치 음악소리를 듣는 것 같았다. 잠시 후에는 목과 꼬리를 흔들며 음악에 맞추어 움직였다. 이로써 음악에 따라 춤을 추게 하는 것이 결코 어려운 것이 아님을 알게 되었다."

근래에 사림(士林) 중에 갈고를 익히는 사람이 없는데, 복야(僕射) 한고(韓皐)만은 갈고에 능했으나 자신의 재주를 드러내지 않는다. 내[『갈고록(羯鼓錄)』의 작자 南卓을 말함]가 악주절도사(鄂州節度使)로 있을 때 한고가 황학루(黃鶴樓)에서 한 두 차례 연습하는 소리를 들었을 뿐이다. (『갈고록』)

代宗朝, 宰相杜鴻漸亦能羯鼓. 永泰中爲三(按『羯鼓錄』‘三’下有‘州’字)副元帥·西川節度使. 至成都, 李琬有削杖者在蜀, 一杖獻鴻漸. 鴻得之, 示與衆曰: "此尤物也, 當衣衾中收貯積時矣." 匠曰: "某於脊溝中養者十年." 及出(‘出’字原闕, 據『羯鼓錄』補)蜀至利州西界, 望嘉驛路入漢川矣. 自西南來, 始會嘉陵江, 頗有山水景致. 其夜月色又佳, 乃與從事楊炎·杜悰(明鈔本‘悰’作‘亞’)輩登驛樓望江月. 行酒讌語曰: "今日出艱危猜迫, 外卽不辱命於朝廷, 內卽免中禍於微質. 卽保此安步, 又瞰此殊境, 安得不自賀乎?" 遂命家僮取鼓與板·笛, 以所得杖奏數曲. 四山猨鳥, 皆驚飛噭走. 從事悉異之曰: "昔夔之搏拊, 百獸舞庭, 此豈遠耶?" 鴻漸曰: "若某於此, 稍曾致力, 猶未臻妙, 尙能及是. 況至聖御天(‘御天’原作‘遇夫’, 據『羯鼓錄』改), 賢臣考樂, 飛走之類, 何有不感?" 因言: "此有別墅近花嚴閣, 每遇風景淸明, 卽時或登閣奏此. 初見群羊牧於川下, 忽數頭躑躅不已, 某不謂之以鼓然也. 及止鼓亦止, 復鼓之亦復然. 遂以疾徐高下而節之, 無不應之而變. 旋有二犬, 自其家走而吠之, 及群羊側, 遂漸止聲仰首, 若有所聽. 少選, 又復宛頸搖尾, 亦從而變態. 是知率舞固無難矣." 近士林中無習之者, 唯僕射韓皐善, 亦不甚露. 爲鄂州節度使時, 聞於黃鶴樓一兩習而已. (出『羯鼓錄』)

동 고

205 · 8(2336)
동 고(銅 鼓)

   남이(蠻夷)의 악기에 동고(銅鼓)라는 것이 있다. 모양은 요고(腰鼓)와 같으며 한쪽 북면은 직경이 2 척(尺)정도 되는 원형이다. 북면과 몸통은 연결되어있는데 전부 구리로 주조되어 있으며 몸통 둘레로 곤충과 물고기, 화초 등의 형상이 새겨져 있다. 몸통은 모두 똑같이 2푼[푼은 척의 백분의 일] 두께로 되어 있어서 그 주조해낸 기술이 정말 정묘하다. 동고에서 맑게 퍼지는 울림은 타고(鼉鼓: 악어가죽으로 만든 북)의 울림보다 뒤지지 않는다. 정원연간(貞元年間: 785~805)에 표국(驃國)에서 악기를 진상했는데 그 중 옥라동고(玉螺銅鼓)가 있었다(玉螺는 모두 흰 소라고동으로, 옥을 다듬어서 만든 것은 아니다). 이로써 남만 우두머리의 집에 모두 이 동고가 있음을 알 수 있다. (『영표록이』)

  蠻夷之樂, 有銅鼓焉. 形如腰鼓, 而一頭有面, 鼓面圓二尺許. 面與身連, 全用銅鑄, 其身遍有蟲魚花草之狀. 通體均勻, 厚二分以來, 爐鑄之妙, 實爲奇巧. 擊之響亮, 不下鳴鼉. 貞元中, 驃國進樂, 有玉螺銅鼓玉螺皆螺之白者, 非琢玉所爲也). 卽知南蠻酋首之家, 皆有此鼓也.

205·9(2337)
장직방(張直方)

함통연간(咸通年間: 860~874) 말에 유주자사(幽州刺史) 장직방은 공주자사(龔州刺史)로 폄적되었다. 장직방은 임지에 도착한 뒤, 즙주성(茸州城)을 개수하면서 땅을 파다가 동고(銅鼓) 하나를 얻었다. 임기가 만료되자 장직방은 그 북을 수레에 싣고 도성으로 돌아갔다. 양한(襄漢: 襄陽과 漢城)에 이르렀을 때, 그는 이 북이 자신에게 소용없다는 생각이 들어서 연경선원(延慶禪院: 원문에는 '延壽慶院'이라고 되어있으나 『嶺表錄異』에 근거하여 '延慶禪院'으로 고쳐 번역함)에 희사했다. 연경선원에서는 목어(木魚)를 대신하여[원문에는 大라고 되어있으나 『嶺表錄異』에 근거하여 代로 고쳐 번역함] 재실(齋室)에 북을 걸었다. 그 북은 지금도 그곳에 걸려 있다. (『영표록이』)

咸通末, 幽州張直方貶龔州刺史. 到任後, 修茸州城. 因掘土, 得一銅鼓. 滿任, 載以歸京. 到襄漢, 以爲無用之物, 遂捨延壽慶院. 用大木魚懸於齋室. 今見存焉. (並出『嶺表錄異』)

205·10(2338)
정 속(鄭 續)

희종(僖宗) 때에 정속이 번우(番禺: 당시 廣州의 治所)를 진수(鎭守)하고 있을 무렵에 임애(林藹)라는 사람이 고주태수(高州太守)를 맡고 있었다. 어떤 목동이 소를 치고 있는데 밭 가운데서 두꺼비[蛤]가 우는 소리가 들려왔다(蛤은 바로 두꺼비[蝦蟆]이다). 목동이 두꺼비를 잡으려고 하자 두꺼비가 어떤 구멍 속으로 도망갔다. 목동이 그 곳을 파자 땅 속에 매우 큰 공간이 있었는데, 바로 만족(蠻族) 우두머리의 무덤이었다. 두꺼비는 온데간데없었다. 무덤 속에서 동고(銅鼓) 하나를 얻었는데, 비취빛 녹색으로 여러 곳이 흙에 부식되어 떨어져나갔다. 그 위에는 많은 개구리와 맹꽁이의 형상이 주조되어 있었다. 목동은 [밭에서] 울던 두꺼비가 동고의 정령(精靈)일 것이라고 생각했다. 마침내 이 동고를 얻게된 연유를 장계로 올리면서 광주절도사(廣州節度使: 鄭續)에게 바쳤다. 동고는 광주의 무고(武庫)에 걸리게 되었고 지금까지도 그곳에 남아 있다. (『영표록이』)

僖宗朝, 鄭續鎭番禺日, 有林藹者爲高州太守. 有牧兒因放牛, 聞田中有蛤鳴(蛤卽是蝦蟆). 牧童遂捕之, 蛤跳入一穴. 掘之深大, 卽蠻酋塚也. 蛤乃無蹤. 穴中得一銅鼓, 其色翠綠, 土蝕數處損缺. 其上隱起, 多鑄蛙黽之狀. 疑其鳴蛤, 卽鼓精也. 遂狀其緣由, 納於廣帥. 懸於武庫, 今尙存焉. (出『嶺表錄異』)

비파

205·11(1339)
나흑흑(羅黑黑)

태종(太宗) 때에 서역에서 비파를 잘 타는 사람을 바쳤다. 그가 곡을 지었는데 그가 타는 비파의 현과 술대는 보통 비파보다 배는 두껍고 컸다. 태종은 언제나 변방사람이 중국사람보다 뛰어난 것을 싫어했기에 큰 주연을 베풀고서 나흑흑에게 장막 너머에서 서역인의 연주를 듣고 한번만에 다 외우게 했다. 태종이 서역인에게 말했다.

"이 곡은 우리 궁인(宮人)도 할 수 있다."

태종이 큰 비파를 가져다가 장막 뒤에 있는 나흑흑에게 타게 하자, 나흑흑은 조금도 틀림없이 곡을 연주해냈다. 그 서역인은 궁녀가 연주한 것이라고 생각해서 놀라고는 경탄해 마지않았으며 작별하고 떠났다. 서역에서 이 일을 듣고 귀항(歸降)한 곳만 수십 국이나 되었다. (『조야첨재』)

太宗時, 西國進一胡善彈琵琶, 作一曲, 琵琶絃撥倍麤. 上每不欲番人勝中國, 乃置酒高會, 使羅黑黑隔帷聽之, 一遍而得. 謂胡人曰: "此曲吾宮人能之" 取大琵琶, 遂於帷下, 令黑黑彈之, 不遺一字. 胡人謂是宮女也, 驚歎辭去. 西國聞之, 降者數十國. (出『朝野僉載』)

205 · 12(2340)
배락아(裵洛兒)

정관연간(貞觀年間: 627~649)에 비파를 잘 연주하던 배락아가 처음으로 술대를 쓰지 않고 손으로 연주했다. 지금 사람들이 말하는 '추비파(搊琵琶: 손으로 타는 비파)'란 바로 이것이다. (『국사이찬』)

貞觀中, 彈琵琶裵洛兒始廢撥用手. 今俗所謂'搊琵琶'是也. (出『國史異纂』)

205 · 13(2341)
양 비(楊 妃)

개원연간(開元年間: 713~741)에 백수정(白秀貞)이라는 중관(中官: 내시)이 촉(蜀)에 사신으로 갔다가 돌아오면서 비파를 얻어다 바쳤다. 그 비파는 줄을 거는 몸채와 바탕이 모두 사라나무와 박달나무로 되어있었는데, 옥처럼 매끄럽고 거울처럼 빛이 반짝였으며 금색 실과 붉은 무늬로 한 쌍의 봉황이 그려져 있었다. 양귀비(楊貴妃)가 항상 이 비파를 안고서 이원(梨園)에서 연주했는데, 그 부드럽고 맑은 음색은 멀리 구름 밖까지 퍼져나가는 것 같았다. 제왕과 공주, 괵국부인(虢國夫人: 양귀비의 언니로 함께 현종의 총애를 받음) 이하로 모두들 다투어 양귀비에게서 비파를 배웠다. 그들은 매번 곡을 다 배울 때면 양귀비에게 많은 예물을 바쳤다. (『담빈록』)

開元中, 有中官白秀貞自蜀使廻, 得琵琶以獻. 其槽邏皆㪬・檀爲之, 溫潤如玉, 光耀可鑒, 有金縷紅文, 影成雙鳳. 楊妃每抱是琵琶, 奏於梨園, 音韻凄淸, 飄如雲外. 而諸王貴主, 自號國以下, 競爲貴妃琵琶弟子. 每受曲畢, 皆廣有進獻. (出『譚賓錄』)

205 · 14(2342)
단 사(段 師)

옛날에 비파의 현은 곤계(鵾鷄)의 힘줄을 사용했다. 개원연간(開元年間: 713~741)에 뛰어난 비파 연주자인 단사는 가죽 현을 사용했다. 하회지(賀懷智)가 술대가 부서져라 힘을 주어가면서까지 단사의 비파를 연주해 보았지만 소리조차 낼 수 없었다. (『유양잡조』)

古琵琶絃用鵾鷄筋. 開元中, 段師能彈琵琶, 用皮絃. 賀懷智破撥彈之, 不能成聲. (出『酉陽雜俎』)

205 · 15(2343)
한중왕우(漢中王瑀)

한중왕(漢中王) 이우(李瑀)는 강곤륜(康崑崙: 崑崙奴 康氏. 곤륜노는 아랍 지역 출신의 피부 빛이 검은 노비를 지칭함)이 비파 연주하는 것을 보고 이렇게 말했다.

"비(琵) 소리가 많고 파(琶)소리가 적으니 54현(絃)의 큰 비파를 탈 수 없겠구나."

아래에서 위로 연주해 가는 것을 비라고 하고 위에서 아래로 연주해 가는 것을 파라고 한다. (『전기』[『전재』])

漢中王瑀見康崑崙彈琵琶, 云: "琵聲多, 琶聲('琶聲'二字原闕, 據『傳載』補) 少, 亦未可彈五十四絃大絃也." 自下而上謂之琵, 自上而下謂之琶. (出『傳記』, 明鈔本作出『傳載』)

205·16(2344)
위응물(韋應物)

위응물이 소주자사(蘇州刺史)로 있을 때에 한 속관(屬官)이 건중연간(建中年間: 780~783)의 난리 통에[魏博節度使 田悅의 반란] 나라에서 가장 뛰어난 비파연주자였던 강곤륜(康崑崙)의 금(琴)·슬(瑟)·비파(琵琶)를 얻게 되었다. 속관이 그것들을 관부로 보내자, 위응물은 표문을 올리고 조정에 진상했다. (『국사보』)

韋應物爲蘇州刺史, 有屬官, 因建中之亂, 得國工康崑崙琴·瑟·琵琶. 至是送官, 表進入內. (出『國史補』)

205 · 17(2345)
송 연(宋 沇)

송개부(宋開府: 開府란 幕府를 열어 屬官을 두는 것으로 三公과 節度使에 해당함. 여기서는 宋璟을 지칭함)에게 송연이라는 음율에 뛰어난 손자가 있었다. 송연이 정원연간(貞元年間: 785~805)에 『악서(樂書)』 2권을 진상했는데, 덕종(德宗)은 그것을 보고 기뻐했다. 또한 송연이 송경의 손자임을 알게되자 덕종은 그를 불러들여 마주 대하고 앉아 음악을 논하며 즐거워했다. 며칠 뒤 덕종은 그를 다시 불러 선휘원(宣徽院)에 가서 악공들이 음악 연주하는 것을 보면서 말했다.

"틀리거나 잘못된 것, 음율에 맞지 않는 것이 있다면 다 말하라."

송연이 말했다.

"소신이 악관들과 음악에 대해 상의하고 토론하게 허용하신다면 세세히 적어 상주하겠나이다."

덕종은 선휘원과 교방(敎坊)에서도 악관들과 함께 논의에 참가하도록 했다. 며칠 뒤에 상주문이 올라왔는데 악공들은 대부분 송연이 음율을 이해하지 못하고 박자도 살필 줄 모르는 데다가 눈병까지 있어서 음악을 논의할 수 없다고 했다. 덕종은 자못 이상한 생각이 들어서 다시 선휘원에서 송연을 불러 만났는데 송연이 말했다.

"소신은 늙고 병이 많아 귀는 실제로 밝지 못하옵니다. 그러나 음율에 대해서라면 아무 것도 모를 정도는 아니옵니다."

덕종이 다시 악공들에게 음악을 연주하라고 한 뒤 곡이 끝나자 송연에게 연주의 장단점을 물었는데 송연이 명을 받고도 느릿느릿하게 대답을 질질 끌자 대다수의 악공들이 그를 비웃었다. 송연은 웃는 이들을 뒤돌아보더니 분연히 화를 내며 이렇게 아뢰었다.

"곡의 연주가 비록 정묘하지만 그 중에 여기에 있어서는 안 되는 자가 있사옵니다."

덕종이 놀라 묻자 송연은 한 비파연주자를 가리키며 말했다.

"이 사람은 대역무도하게도 차마 살인을 저질러서 며칠 안으로 법에 저촉될 것이니 지존(至尊)의 안전에 있어서는 아니 되옵니다."

송연은 또 한 생(笙) 연주자를 가리키며 말했다.

"이 사람은 영혼이 이미 무덤 사이를 떠돌고 있으니 폐하를 모시게 해서는 아니 되옵니다."

덕종은 크게 놀라 관리를 시켜 그들을 몰래 살펴보게 했다. 얼마 후 비파 연주자는 동료의 고발을 당했는데 6~7년 전에 그의 아비가 스스로 목을 매고 죽었는데 아무런 이유도 찾지 못했다는 것이었다. 그리하여 그를 사로잡아 심문하자 그는 마침내 자신의 죄를 인정했다. 생을 불던 사람은 곧 근심과 두려움으로 밥을 먹지 않더니 열흘만에 죽고 말았다. 덕종은 송연을 더욱 공경하게 되었으며 그를 불러 장복(章服: 기호나 무늬를 수놓은 예복)을 하사했다. 덕종은 누차 송연을 불러 대면했으며 매번 음악을 살펴보게 할 때면 악공들이 모두 두려움에 숨을 죽이고 그를 제대로 쳐다보지도 못했다. 송연은 화를 당할까 두려워서 병을 이유로 물러났다. (『갈고록』)

宋開府孫沈有音律之學. 貞元中, 進『樂書』二卷, 德宗覽而嘉焉. 又知是璟之孫, 遂召賜對坐, 與論音樂, 喜. 數日, 又召至宣徽, 張樂使觀焉, 曰: "有舛誤乖濫, 悉可言之." 沈曰: "容臣與樂官商榷講論, 具狀條奏." 上使宣徽使敎坊與樂官參議. 數日然後奏進, 樂工多言沈不解聲律, 不審節拍, 兼又贖疾, 不可議樂. 上頗異之, 又宣召見, 對曰: "臣年老多疾, 耳實失聰. 若迨於音律, 不至無業." 上又使作樂, 曲罷, 問其得失, 承稟舒遲, 衆工多笑之. 沈顧笑, 忿怒作色, 奏曰: "曲雖妙, 其間有不可者." 上驚問之, 卽指一琵琶云: "此人大逆戕忍, 不日間卽抵法, 不宜在至尊前." 又指一笙云: "此人神魂已遊墟墓, 不可更令供奉." 上大駭焉, 令主者潛伺察之. 旣而琵琶者爲同儕告訐, 稱其六七年前, 其父自縊, 不得端由. 卽令按鞫, 遂伏罪. 笙者乃憂恐不食, 旬日而卒. 上轉加欽重, 面賜章服. 累召對, 每令察樂, 樂工悉惴恐脅息, 不敢正視. 沈懼罹禍, 辭病而退. (出『羯鼓錄』)

205 · 18(2346)
황보직(皇甫直)

촉(蜀) 땅의 장수 황보직은 음율을 잘 식별했으니, 도기(陶器)로 만든 악기를 치면 그 만든 시기와 달을 알 수 있었다. 그는 또한 비파타기를 좋아했다. 원화연간(元和年間: 806~820)에 한번은 한 곡조를 지어서 시원할 때에 연못 가에 앉아 탄주했는데, 본래 황종(黃鐘: 12音 중에서 여섯 陽律의 하나로 六律 중에서 첫 번째이며 11월을 상징함)인 소리가 유빈(蕤賓: 12音 중에서 여섯 陽律의 하나로 六律 중에서 네 번째이며 5월을 상징함)이 되는 것이었다. 그리하여 황보직은 현을 바꿔서 두세 번 탄주했지만 소리는 더욱 유빈으로 났다. 그는 매우 꺼림찍해하며 뭔가 불길한 징조라고 생각했다. 이틀 뒤에 그가 다시 못 가에 가서 연주했는데 소리는 전과 똑같았다. 그가 시험삼아 다른 곳에서 탄주해 보자 황종소리가 났다. 그리하여 그는 곡조를 유빈으로 바꾼 뒤 밤에 다시 연못 가에서 탄주했다. 이때에 근처 못 기슭에서 파동이 느껴졌는데 어떤 물건이 물고기가 솟구치는 것처럼 물을 격동시키다가 현에서 손을 놓으면 사라지는 것이었다. 황보직은 마침내 막객들을 모아 수차로 물을 빼내서 못이 마르자 진흙을 파헤치고 며칠동안 찾았다. 진흙 아래로 1장(丈) 정도 파 내려가자 쇳조각을 하나 얻었으니 바로 방향(方響: 정음을 내는 쇳조각을 나무틀에 두 줄로 걸어만든 악기. 北周때부터 만들어짐)의 유빈음을 내는 쇳조각이었다. (『유양잡조』)

蜀將皇甫直別音律, 擊陶器, 能知時月. 好彈琵琶, 元和中, 嘗造一調, 乘涼, 臨水池彈之, 本黃鐘而聲入蕤賓. 因更絃, 再三奏之, 聲尤蕤賓也. 直甚惑不悅, 自意不祥. 隔日又奏於池上, 聲如故. 試彈於他處, 則黃鐘也. 直因切調蕤賓, 夜復鳴於池上. 覺近岸波動, 有物激水如魚跳, 及下絃則沒矣. 直遂集客車水, 竭池窮泥, 索之數日. 泥下丈餘, 得鐵一片, 乃方響蕤賓鐵也. (出『酉陽雜俎』)

205·19(2347)
왕 기(王 沂)

왕기는 평소에 악기를 연주할줄 몰랐다. 그는 어느 날 아침에 잠이 들었다가 밤이 되어서야 깨어났는데, 비파를 찾아 탄주하더니 몇 곡을 완성하여 「작탁사(雀啅蛇)」·「호왕조(胡王調)」·「호과원(胡瓜苑)」이라고 이름지었다. 이 곡들은 사람들이 들어보지 못한 곡이었는데, 듣는 사람마다 눈물을 흘리지 않는 이가 없었다. 그의 여동생이 배우기를 청하자 몇 소절을 가르쳐 주었는데, 금방 모두 잊어버려서 다시는 그 곡을 완성하지 못했다. (『조야첨재』)

王沂者平生不解絃管. 忽旦睡, 至夜乃寤, 索琵琶絃之, 成數曲, 一名「雀啅蛇」・一名「胡王調」・一名「胡瓜苑」. 人不識聞, 聽之者莫不流淚. 其妹請學之, 乃敎數聲, 須臾總忘, 不復成曲. (出『朝野僉載』)

205 · 20(2348)
관별가(關別駕)

소종(昭宗) 말년에 도성에서 노래를 잘 부르는 기녀들은 모두 강한 제후의 소유가 되었다. 황제를 모시며 비파를 탄주하는 관별가라는 악공(樂工)이 있었는데 그녀의 아명은 소홍(小紅)이었다. 양(梁: 後梁)나라 태조(太祖: 朱溫)가 관별가를 요구했는데 얼마 후 그녀가 도착하자 양나라 태조가 말했다.

"너는 비파나 탄주할 줄 알지 뽕잎은 따지 못하겠구나!"

관별가는 고개숙이고 비파나 탄주할 뿐이었다. 그녀가 나가려고 할 때에 양나라 태조는 다시 자신의 친척과 친구를 위해 비파를 탄주하고 술을 마시게 했다. 관별가는 이로 인해 마음이 울컥해져서 얼마 후 죽고 말았다.

비파를 잘 타는 석총(石㶇)이라는 사람이 있었는데 석사마(石司馬)라고도 불렸다. 석총은 스스로 말하기를 어렸을 때에 상국(相國: 宰相) 영호도(令狐絢)의 칭찬을 받아서 그의 아들들인 영호환(令狐渙)·영호풍(令狐渢)과 함께 물 수(水) 변이 있는 이름을 얻었다고 했다. 석총은 전란이 일어난 뒤에 촉(蜀) 땅으로 들어가서 관가의 악적(樂籍)에 소속되지 않은 채 주로 여러 고관(高官)의 집을 돌아다녔는데, 그들은 모두 석총을 빈객(賓客)으로 접대해주었다. 하루는 군교(軍校) 여러 명이 모여서 술을 마시고 놀고 있었는데, 석총이 호금(胡琴)을 타도 아무도 음율(音律)을 알아듣지 못하는 데다가 다들 시끄럽게 웃고 떠드느라고 경청해주는 이가 없었다. 석총은 박달나무로 만든 호금을 내리치더니 욕하며 말했다.

"내가 일찍이 조정에서 재상과 황제를 받들었건만, 오늘 무장들에게는 탄주해줘도 내 소리를 듣지 않는구나. 어찌 슬프지 아니한가!"

당시 식자들은 이를 듣고 탄식하지 않는 이가 없었다. (『북몽쇄언』)

昭宗末, 京都名娼妓兒, 皆爲强諸侯所有. 供奉彈琵琶樂工, 號關別駕, 小紅者, 小名也. 梁太祖('祖'原作'宗', 據明鈔本改)求之, 旣至, 謂曰: "爾解彈手(明鈔本 '手'作'羊'), 不採桑乎!" 關俛而奏之. 及出, 又爲親近者, 俾其彈而飮酒. 由是失意, 不久而殂.

復有琵琶石㶇者, 號石司馬. 自言早爲相國令狐絢見賞, 俾與諸子渙·渢, 連水邊作名. 亂後入蜀, 不隷樂籍, 多遊諸大官家, 皆以賓客待之. 一日會軍校數員, 飮酒作歡, 石㶇以胡琴在坐非知音者, 誼譁語笑, 殊不傾聽. 㶇乃撲檀槽而訴曰: "某曾爲中朝宰相供奉, 今日與健兒彈而不我聽. 何其苦哉!" 于時識者歎訝之

(出『北夢瑣言』)

205 · 21(2349)
왕씨녀(王氏女)

왕촉(王蜀: 王建의 前蜀)의 검남절도사(黔南節度使) 왕보의(王保義)는 형남절도사(荊南節度使) 고종회(高從誨)의 아들 고보절(高保節)에게 딸을 시집보냈다. 왕보의의 딸은 시집가기 전에 잠시 도관(道觀)에 있었는데 성품이 총명했으며 비피를 잘 연주했다. 그녀는 꿈에서 이인(異人)을 만나 악곡(樂曲)을 여러 곡 전수 받았다. 그녀에게 곡을 전수해준 사람은 때로는 도인(道人)이거나 때로는 속인(俗人)이었으며 옷도 자색(紫色: 신선이나 제왕의 복색)이나 황색(黃色: 군왕의 복색)을 입고 있었다. 어느날 저녁에는 여러 곡을 전수해 주었는데 한번 듣자마자 바로 외워지는 곡이 있었다. 그 곡은 소리가 맑고 아름다워 일반적인 곡과 달랐으니, 선가(仙家)의 「자운(紫雲)」에 버금가는 곡이었다. 그녀가 말했다.

"이 곡의 곡보(曲譜)에 큰 오라버니께서 서(序)를 지어 갑인(甲寅: 동쪽) 방향으로 돌에 세겨 주시어요."

그녀의 오라버니는 바로 형남추관(荊南推官)으로 소감(少監)을 지낸 왕정범(王貞範)이다.

서를 지어 돌에 새겼으니, 전해지는 곡으로 [宮調인]「도조궁(道調宮)」·「왕신궁(王宸宮)」·「이칙궁(夷則宮)」·「신림궁(神林宮)」·「유빈궁(蕤賓宮)」·「무역궁(無射宮)」·「현종궁(玄宗宮)」·「황종궁(黃鐘宮)」·「

산수궁(散水宮)」・「중려궁(仲呂宮)」, 상조(商調)인 「독지범청상(獨指泛淸商)」・「호선상(好仙商)」・「측상(側商)」・「홍초상(紅綃商)」・「봉말상(鳳抹商)」・「옥선상(玉仙商)」, 각조(角調)인 「쌍조각(雙調角)」・「취음각(醉吟角)」・「대려각(大呂角)」・「남려각(南呂角)」・「중려각(中呂角)」・「고대식각(高大殖角)」・「유빈각(蕤賓角)」, 우조(羽調)인 「봉음우(鳳吟羽)」・「배풍향(背風香)」・「배남우(背南羽)」・「배평우(背平羽)」・「응성우(應聖羽)」・「옥궁우(玉宮羽)」・「옥신우(玉宸羽)」・「풍향조(風香調)」・「대려조(大呂調)」는 그 곡의 이름이 인간세상의 곡과 같았다. 「양주(涼州)」・「이주(伊州)」・「호위주(胡渭州)」・「감주(甘州)」・「연요(緣腰)」・「막단(莫靼)」・「항분악(項盆樂)」・「안공자(安公子)」・「수고자(水牯子)」・「아람범(阿濫泛)」 등 200여 이상의 곡은 인간세상과 이름이 다른 것들이다. 치조(徵調)로는 「상비원(湘妃怨)」・「곡안회(哭顔回)」가 있었는데 당시에는 호금(胡琴)으로 치조를 탄주하지 않았었다.

왕씨는 고씨 가문에 시집간 지 몇 년 지나지 않아 죽고 말았으니, 그녀는 인간세상에 내려온 적선(謫仙)이 아니었겠는가! 손광헌(孫光憲)의 며느리가 왕씨의 조카로 한두 곡을 외우고 있어서 나는 일찍이 그녀의 탄주를 들을 수 있었으니 이 역시 기이한 일이다. (『북몽쇄언』)

王蜀黔南節度使王保義, 有女適荊南高從誨之子保節. 未行前, 暫寄羽服, 性聰敏, 善彈琵琶. 因夢異人, 頻授樂曲. 所授之人, 其形或道或俗, 其衣或紫或黃. 有一夕而傳數曲, 有一聽而便記者. 其聲淸越, 與常異, 類於仙家「紫雲」之亞也. 乃曰: "此曲譜請元昆製序, 刊石於甲寅之方." 其兄卽荊南推官王少監貞範也.
爲製序刊石, 所傳曲, 有「道調宮」・「王宸宮」・「夷則宮」・「神林宮」・「蕤賓宮」・「無射宮」・「玄宗宮」・「黃鐘宮」・「散水宮」・「仲呂宮」, 商調, 「獨指泛淸商」・「好仙商」・「側商」・「紅綃商」・「鳳抹商」・「玉仙商」. 角調, 「雙調角」・「醉吟角」・「大呂角」・「南呂角」・「中呂角」・「高大殖角」・「蕤賓角」. 羽調, 「鳳吟羽」・「背風香」・「背南羽」・「背平羽」・「應聖羽」・「玉宸羽」・「玉宸羽」・「風香調」・「大呂調」, 其曲名一同人世. 有「涼州」・「伊州」・「胡渭州」・「甘州」・「緣腰」・「莫鞊」・「項(明鈔本'項'作'頃', 疑當作'傾')盆樂」・「安公子」・「水牯子」・「阿濫泛」之屬, 凡二百以上曲, 所異者. 徵調中有「湘妃怨」・「哭顏回」, 當時胡琴不彈徵調也.

　　王適高氏, 數年而亡, 得非謫墜之人乎! 孫光憲子婦('婦'原作'父', 據明鈔本改)卽王氏之姪也, 記得一兩曲, 嘗聞彈之, 亦異事也. (出『北夢瑣言』)

오 현

205 · 22(2350)
조 벽(趙 辟)

　　조벽이 오현금(五絃琴)을 탔는데 어떤 이가 그에게 그 방법을 묻자 조벽이 대답했다.

　　"제가 오현금을 타는 것은, 처음에는 제가 신령을 만난 듯하다가 나중에는 천연(天然)의 뜻이 저를 따라오는 듯 합니다. 연주할 때에 저는 탁 트인 듯해져서 눈이 귀와도 같고 코와도 같아져서 오현금이 저인지 제가 오현금인지 알지 못합니다."

(『국사보』)

趙辟彈五絃, 人或問('或問'原作'聞無', 據明鈔本改)其術, 辟曰: "吾之於五絃也, 始則神遇之, 終則天隨之. 方吾浩然, 眼如耳, 目如鼻, 不知五絃爲辟, 辟之爲五絃也." (出『國史補』)

공후

205 · 23(2351)
서월화(徐月華)

위(魏: 北魏)나라 고양왕(高楊王) 탁발옹(拓跋雍)에게 서월화라는 미인이 있었는데, 와공후(臥箜篌)를 잘 연주해서 「명비출새(明妃出塞)」를 연주했다.

전기(田起)라는 스님이 있었는데 가(笳)를 잘 불어서 「장사가(壯士歌)」· 「항우음(項羽吟)」을 불었다. 장군 최연백(崔延伯)은 출전해서 매번 적과 대치해 있을 때면 전기스님에게 「장사성(壯士聲)」을 불게 한 뒤, 단기(單騎)로 적진에 쳐들어갔다. (『유양잡조』)

魏高楊王雍美人徐月華, 能彈臥箜篌, 爲「明妃出塞」之聲.

有田僧起能吹笳, 爲「壯士歌」·「項羽吟」. 將軍崔延伯出師, 每臨敵, 令僧起爲「壯士聲」, 遂單馬入陣. (出『酉陽雜俎』)

태평광기 권제 206 서(書) 1

1. 고 문(古 文)
2. 대 전(大 篆)
3. 주 문(籀 文)
4. 소 전(小 篆)
5. 팔 분(八 分)
6. 예 서(隸 書)
7. 장 초(章 草)
8. 행 서(行 書)
9. 비 백(飛 白)
10. 초 서(草 書)
11. 급총서(汲冢書)
12. 이 사(李 斯)
13. 소 하(蕭 何)
14. 채 옹(蔡 邕)
15. 최 원(崔 瑗)
16. 장 지(張 芝)
17. 장 창(張 昶)
18. 유덕승(劉德升)
19. 사의관(師宜官)
20. 양 곡(梁 鵠)
21. 좌 백(左 伯)
22. 호 소(胡 昭)
23. 종 요(鍾 繇)
24. 종 회(鍾 會)
25. 위 탄(韋 誕)

206·1(2352)
고 문(古 文)

생각건대: 고문은 황제(黃帝)의 사관 창힐(蒼頡)이 만든 것이다. 창힐은 머리에 눈이 4개 있어서 천지신명에 통했다. 그래서 위로는 규성(奎星: 北斗七星의 方形을 이루는 네 별로, 예로부터 문장의 성쇠를 주관는 神으로 받들었음. 魁星이라고도 함)의 둥글고 구비진 형세를 관찰하고, 아래로는 거북의 무늬와 새의 발자국 형상을 살피는 한편, 세상의 온갖 아름다운 문양을 널리 모아 이를 합하여 문자를 만들었는데, 이를 '고문'이라 했다. 『효경원신계(孝經援神契)』에서 "규성은 문장을 주관하고, 창힐은 온갖 형상을 본떠 문자를 만들었다"고 한 것이 이것이다. (『서단』)

按: 古文者, 黃帝史蒼頡所造也. 頡首有四目, 通於神明. 仰觀奎星圜曲之勢, 俯察龜文鳥跡之象, 博采衆美, 合而爲字, 是曰'古文'. 『孝經援神契』云"奎主文章, 蒼頡仿象"是也. (出『書斷』)

206·2(2353)
대 전(大 篆)

생각건대: 대전은 주(周)나라 선왕(宣王)의 태사(太史) 사주(史籒)가 만

든 것이다. 어떤 사람은 말하길, 주하사(柱下史: 周나라의 史官은 大殿의 기둥 아래에서 侍立했기 때문에 그렇게 불렀음)가 처음으로 고문(古文)을 변형하면서 [고문과] 같게도 하고 다르게도 하여 그것을 '전(篆)'이라 불렀다고 했다. 전(篆)은 전한다[傳]는 뜻이니, 특정한 사물의 이치를 전하여 [다른 사물에] 무궁하게 적용한다는 말이다. 견풍(甄酆)이 정한 육서(六書: 古文·奇字·篆書·隸書·繆篆·蟲書)에서는 세 번째가 '전서(篆書)'이고, 팔체서법(八體書法: 大篆·小篆·刻符·蟲書·摹印·署書·殳書·隸書)에서는 첫 번째가 '대전'이다. 또한 『한서(漢書)』「예문지(藝文志)」에 저록(著錄)되어 있는 『사주(史籒)』 15편은 모두 대전에 관한 것이다. 이를 바탕으로 관부(官府)에서 대전을 만들어 그것으로 사람들을 가르쳤으며 이를 '사서(史書)'라고 불렀는데, 모두 9천 자였다. (『서단』)

按: 大篆者, 周宣王太史史籒所作也. 或云, 柱下史始變古文, 或同或異, 謂之'篆'. 篆者傳也, 傳其物理, 施之無窮. 甄酆定六書, 三曰'篆書', 八體書法, 一曰'大篆'. 又『漢書』「藝文志」, 『史籒』十五篇, 並此也. 以此官製之, 用以敎授, 謂之'史書', 凡九千字. (出『書斷』)

206·3(2354)
주 문(籒 文)

주(周)나라 태사(太史) 사주(史籒)가 만든 것이다. 고문(古文)·대전(大

篆)과 약간 다른데, 후대 사람들이 사주의 이름으로 그 서체를 불러 '주문'이라 했다.『칠략(七略)』에서는 다음과 같이 말했다.

"『사주』는 주나라 때 사관(史官)이 학동을 가르칠 때 사용한 책으로, 공씨(孔氏: 孔子) 구택(舊宅)의 벽에서 나온 고문 서체와 다르다."

견풍(甄酆)이 정한 육서(六書: 古文·奇字·篆書·隸書·繆篆·蟲書)에서 두 번째인 '기자(奇字)'가 이것이다. (『서단』)

周太史史籀所作也. 與古文·大篆小異, 後人以名稱書, 謂之'籀文'.『七略』曰:"『史籀』者, 周時史官敎學童書也, 與孔氏壁中古文體異." 甄酆定六書, 二曰 '奇字'是也. (出『書斷』)

206·4(2355)
소 전(小 篆)

소전은 진(秦)나라 승상(丞相) 이사(李斯)가 만들었다. 그는 대전(大篆)에 첨삭을 가하고 주문(籀文)과의 이동(異同)을 고찰하여 [새로운 서체를 만들어] 이를 '소전'이라 했는데, 또한 '진전(秦篆)'이라고도 한다. (『서단』)

小篆者, 秦丞相李斯所作也. 增損大篆, 異同籀文, 謂之'小篆', 亦曰'秦篆'. (出『書斷』)

팔 분(八 分)

생각건대: 팔분은 진(秦)나라 때 상곡(上谷) 사람 왕차중(王次仲)이 만든 것이다. 왕음(王愔)은 다음과 같이 말했다.

"왕차중은 처음으로 옛 서체의 꼴이 너무 넓고 휘어지는 필세(筆勢)가 부족하다고 생각했다. 그 후 [後漢 章帝] 건초연간(建初年間: 76~83)에 예서(隸書)와 초서(草書)를 가지고 해서(楷書)를 만들어 글자의 꼴이 8푼이 되었는데, 이는 격식에 들어맞는다는 것을 말한다."

진시황(秦始皇)은 왕차중의 서체를 보고 그것이 간략하여 급할 때 사용하기에 좋다고 생각하여, 매우 기뻐하면서 사신을 보내 왕차중을 불러오게 했으나 그는 3번 모두 나아가지 않았다. 그래서 진시황은 크게 노하여 함거(檻車: 옛날 죄수를 운반하던 수레)를 만들어 왕차중을 압송해오게 했는데, 도중에 그는 큰 새로 변하여 날아가 버렸다. (『서단』)

按: 八分者, 秦時人上谷王次仲所作也. 王愔云: "王次仲始以古書方廣, 少波勢. 建初中, 以隸·草作楷法, 字方八分, 言有模楷." 始皇得次仲文, 簡略, 赴急疾之用, 甚喜, 遣使召之, 三徵不至. 始皇大怒, 制檻車送之, 於道化爲大鳥飛去. (出『書斷』)

206 · 6(2357)
예 서(隸 書)

생각건대: 예서는 진(秦)나라 하규(下邽) 사람 정막(程邈)이 만든 것이다. 정막은 자가 원잠(元岑)이다. 그는 처음에 현(縣)의 관리로 있었는데, 죄를 짓자 진시황(秦始皇)이 그를 운양(雲陽)의 감옥에 가두었다. 그는 감옥에서 10년 동안 깊이 연구한 끝에 소전(小篆)의 꼴을 다듬어서 예서 3천 자를 만들어 상주했다. 진시황은 그것을 훌륭하다고 여겨 그를 어사(御史)로 기용했다. 당시에는 상주할 일이 많고 번잡했는데, 전서로는 쓰기가 어려웠기에 [그보다 편리한] 예서로 바꿔 사용했다. 죄인[정막]이 전서의 번거로움을 덜었다[隸人佐書]고 하여 '예서'라고 했다. (『서단』)

按: 隸書者, 秦下邽人程邈所作也. 邈字元岑. 始爲縣吏, 得罪, 始皇幽繫雲陽獄中. 覃思十年, 益小篆方圓, 而爲隸書三千字, 奏之. 始皇善之, 用爲御史. 以奏事煩多, 篆字難成, 乃用隸字. 以爲隸人佐書, 故曰'隸書'. (出『書斷』)

206 · 7(2358)
장 초(章 草)

생각건대: 장초는 한(漢)나라 황문령사(黃門令史) 사유(史游)가 만든 것이다. 위항(衛恒)과 이탄(李誕)은 모두 이렇게 말했다.
"한나라 초에 초서체가 있었는데 누가 만들었는지는 모른다."

[梁나라] 소자량(蕭子良)은 이렇게 말했다.

"장초는 한나라 제국(齊國)의 승상 두조(杜操)가 처음으로 고법(藁法: 문서의 초고를 작성할 때 쓰던 서체)을 고쳐서 만들었다."

소자량의 이 말은 잘못된 것이다. 왕음(王愔)은 다음과 같이 말했다.

"[한나라] 원제(元帝) 때, 사유가 『급취장(急就章: 急就篇. 아동들이 글자를 빨리 익히기 위한 문장을 수록한 책)』을 지으면서 예서체를 해체하여 간략하게 기록했는데, 한나라 사람들은 간략함을 좋아하고 번거로움을 싫어하여 이 서체가 점점 유행하게 되었다."

왕음의 이 말은 옳다. (『서단』)

按: 章草, 漢黃門令史游所作也. 衛恒·李誕並云: "漢初而有草法, 不知其誰." 蕭子良云: "章草者, 漢齊相杜操始變藁法." 非也. 王愔云('云'字原闕, 據明鈔本補): "元帝('帝'原作'章', 據明鈔本改)時, 史游作『急就章』, 解散隸體, 麤書之, 漢俗簡惰, 漸以行之." 是也. (出『書斷』)

206·8(2359)
행 서(行 書)

생각건대: 행서는 후한(後漢)의 예천(隸川: 潁川의 오기로 보임. 本卷 제18조에는 '潁川'이라 되어 있음) 사람 유덕승(劉德昇)이 만든 것이다. 행서는 바로 정자체를 약간 변화시킨 것으로 간편하게 쓰는 데 주안점을 두었는데, 사람들이 서로 듣고 이를 유행시켰기 때문에 이를 '행서'

라고 불렀다. 왕음(王愔)은 다음과 같이 말했다.

"진대(晉代) 이후로 서법(書法)에 뛰어난 자는 대부분 행서로 이름을 드러냈는데, 종원상(鍾元常: 鍾繇)이 행서에 뛰어났다."

왕음의 이 말은 옳다. 그 후로 왕희지(王羲之)와 왕헌지(王獻之)는 모두 행서의 지극한 경지에 이르렀다. (『서단』)

按: 行書者, 後漢隸川劉德昇所造也. 行書卽正書之小變('變'原作'僞', 據明鈔本改), 務從簡易, 相聞流行, 故謂之'行書'. 王('王'原作'云', 據明鈔本改)愔云: "晉世以來, 工書者多以行書著名, 鍾元常善行書." 是也. 爾後王羲之・獻之, 並造其極焉. (出『書斷』)

206・9(2360)
비 백(飛 白)

생각건대: 비백은 후한(後漢)의 좌중랑(左中郎) 채옹(蔡邕)이 만든 것이다. 왕은(王隱)과 왕음(王愔)이 모두 이렇게 말했다.

"비백은 해서(楷書)를 변화시킨 것이다. 본래는 궁전의 편액에 쓰던 서체로서 필세(筆勢)가 약간 가볍고 꽉 차지 않기 때문에 '비백'이라 불렀다."

왕승건(王僧虔)은 이렇게 말했다.

"비백은 팔분(八分) 서체를 약간 가볍게 쓴 것이다. 채옹이 홍도문(鴻都門)에서 장인이 빗자루로 회칠하는 것을 보고 이를 창안해냈다."

(『서단』)

按: 飛白者, 後漢左中郎蔡邕所作也. 王隱·王愔並云: "飛白, 變楷制也. 本是宮殿題署, 勢旣勁, 文字宜輕微不滿, 名爲'飛白'." 王僧虔云: "飛白, 八分之輕者. 邕在鴻都門, 見匠人施堊帚, 遂創意焉."(出『書斷』)

206·10(2361)
초 서(草 書)

생각건대: 초서는 후한(後漢)의 징사(徵士: 조정의 부름을 받고도 나아가지 않고 은거하는 학문과 덕행이 높은 선비) 장백영(張伯英: 張芝)이 만든 것이다. 양(梁)나라 무제(武帝)의 「초서장(草書狀)」에서 이렇게 말했다. "채옹(蔡邕)이 말하길, '옛날 진(秦)나라 때 제후들이 패권을 다투느라 우격(羽檄: 새의 깃털을 꽂아 다급한 상황을 알리던 檄文)을 급히 전달하고 봉화를 바라보며 역참으로 내달렸는데, [급보를] 전서나 예서로 써서 알리기는 어려웠고 급한 일을 처리할 수 없었으므로, 마침내 급보를 빨리 알릴 수 있는 서체를 만들었다'고 했는데, 대개 지금의 초서가 바로 이것이다."

(『서단』)

按: 草書者, 後漢徵士張伯英所造也. 梁武帝「草書狀」曰: "蔡邕云: '昔秦之時, 諸侯爭長, 羽檄相傳, 望烽走驛, 以篆·隸難, 不能救急, 遂作赴急之書.' 蓋今之草書是也." (出『書斷』)

206 · 11(2362)
급총서(汲冢書)

급총서는 대개 [戰國時代] 위(魏)나라 안리왕(安釐王) 때 위군(衛郡) 급현(汲縣)의 어떤 농부가 옛 무덤 속에서 발견한 것으로 보인다. 이것은 죽간(竹簡)에 옻칠로 쓴 올챙이 모양의 서체로 여러 경서와 사서를 기록했는데, [그 경서와 사서는] 지금의 판본과 대조해보면 다른 곳이 많다. 그 농부는 성명이 표준(不准: 원문에는 '准'이 '淮'로 되어 있으나 誤記임.『尙書故實』에도 '准'으로 되어 있음)이다.[『尙書故實』에는 이 구절부터 주석으로 처리되어 있음](『상서고실』)

汲冢書, 蓋魏安釐王時, 衛郡汲縣耕人, 於古冢中得之. 竹簡漆書科斗文字, 雜寫經史, 與今本校驗, 多有異同. 耕人姓不＇＇不＇字呼作＇彪＇, 其名曰准, 出『春秋後序』『文選』中註. (出『尙書故實』)

206 · 12(2363)
이 사(李 斯)

진(秦)나라 승상(丞相) 이사가 말했다.

"상고시대에는 대전(大篆)이 만들어져 자못 세상에 유행했으나, 너무 오래되었기 때문에 사람들이 자세히 알 수 없다. 지금 [대전 중에서] 번잡한 것을 삭제하고 적합한 것을 취한 뒤 그것을 참조하여 소전(小篆)을 만들었다."

이사는 서법(書法)에 뛰어나서 조고(趙高) 이하의 사람들이 모두 보고 탄복했다. 여러 명산에 새긴 글씨와 비석·인장·동상에 새긴 글자도 모두 이사의 필적이었다. 이사는 「진망기공석(秦望紀功石)」을 쓰면서 이렇게 말했다.

"내가 죽은 후 530년 뒤에 틀림없이 어떤 사람이 나의 필적을 대신하게 될 것이다."

(몽념 『필경』)

이사는 대전에 정통했으며 처음으로 그것을 간략하게 고쳐서 소전을 만들고 『창힐편(蒼頡篇)』 7장(章)을 지었다. 비록 옛 제왕의 질박함과 꾸밈에는 대대로 손익(損益)이 있었지만, 결국에는 꾸밈으로 질박함을 대신했으며 점점 간편함으로 나아갔다. 그래서 삼황(三皇: 燧人·伏羲·神農)은 새끼매듭을 묶어서 일을 표시했고 오제(五帝: 黃帝·顓頊·帝嚳·堯·舜)는 형상을 그려서 일을 기록했으며 삼왕(三王: 夏 禹王, 商 湯王, 周 文王)은 육형(肉刑: 夏나라 때부터 실시한 體刑. 일반적으로 墨刑·劓刑·剕刑·宮刑을 말함. 여기서는 복잡한 형법을 실시할 정도로 기록이 발전했다는 의미임)의 규정을 두었으니, 이사는 이들에 비할 만하다. 고문(古文)은 상고(上古) 시기의 문자이고, 대전은 중고(中古) 시기의 문자이며, 소전은 하고(下古) 시기의 문자이다. 삼고(三古) 시기의 문자는 질박하고 초서(草書)와 예서(隸書)는 화려하다. 화려함의 극치에 이른 자는 왕희지(王羲之)와 왕헌지(王獻之)이며, 질박함의 궁극에 이른 자는 사주(史籒)와 이사이다. 진시황(秦始皇)은 화씨벽(和氏璧)을 다듬어서 옥새를 만들고 이사에게 글씨를 쓰게 했다. 지금 태산(泰山)·역산(嶧山)과 진망(秦望) 등에 있는 비문은 모두 그가 남긴 필적인데, 이는 또한 국가 대대로 전해질 진귀한 보물이자 백대(百代)의 법식이라 할 수 있다. 이사의 소전은 신(神)의 경지에 들었고, 대전은 묘(妙)의 경지에 들었다. 이사의 글씨는 마치 고관(高官)의 관개(冠蓋: 官帽와 수레덮개. 여기서는 뛰어남을 비유함)와 같아서 쉽게 쓸 수 없도다! (『서평』·『서단』)

秦丞相李斯曰: "上古作大篆, 頗行於世, 但爲古遠, 人多不能詳. 今刪略繁者, 取其合體, 參爲小篆." 斯善書, 自趙高以下, 咸見伏焉. 刻諸名山, 碑·璽·銅人, 並斯之筆. 書「秦望紀功石」, 乃曰: "吾死後五百三十年, 當有一人, 替吾迹焉." (出蒙恬『筆經』)

斯妙篆, 始省改之爲小篆, 著('著'原作'者', 據明鈔本改)『蒼頡篇』七章. 雖帝王質文, 世有損益, 終以文代質, 漸就澆醨. 則三皇結繩, 五帝畫象, 三王肉刑, 斯可況也. 古文可爲上古, 大篆爲中古, 小篆爲下古. 三古爲實, 草·隷爲華. 妙極於華者羲·獻, 精窮其實者籒·斯. 始皇以和氏之璧, 琢而爲璽, 令斯書其文. 今泰山·嶧山及秦望等碑, 並其遺迹, 亦謂傳國之偉寶, 百世之法式. 斯小篆入神, 大篆入妙. 李斯書, 知(明鈔本'知'作'如')爲冠蓋, 不易施乎! (出『書評』, 並出『書斷』)

206·13(2364)
소 하(蕭 何)

전한(前漢)의 소하는 전서(篆書)와 주문(籒文)에 뛰어났다. 전전(前殿)이 완성되자 소하는 3개월 동안 심사숙고한 끝에 그 편액에 글씨를 썼는데, 이를 구경하는 사람들이 물결을 이루었다. 소하는 독필(禿筆: 모지랑붓. 끝이 닳아서 무딘 붓)을 사용하여 글씨를 썼다. (양흔『필진도』)

　　前漢蕭何善篆・籒. 爲前殿成, 覃思三月, 以題其額, 觀者如流. 何使禿筆書. (出羊欣『筆陣圖』)

206·14(2365)
채 옹(蔡 邕)

후한(後漢) 채옹은 자가 백개(伯喈)이며 진류(陳留) 사람이다. 그는 위의가 훌륭하고 효성이 지극하고 박학했으며, 그림과 음악에 뛰어나고 천문과 술수(術數)에도 밝았다. 또한 서법(書法)에 뛰어나 전서(篆書)와 예서(隸書)는 당시의 으뜸이었다. 특히 그는 팔분(八分) 서체의 정미(精微)함을 터득했는데, 필체가 변화무쌍하고 너무나도 영묘(靈妙)하여 고금에 독보적이었다. 또한 비백(飛白) 서체를 창조했는데 그 오묘함은 따를 자가 없었다. 채백개의 팔분과 비백은 신(神)의 경지에 들었고, 대전·소전·예서는 묘(妙)의 경지에 들었다. 그의 딸 채염(蔡琰)은 매우 현숙하고 서법에도 뛰어났다. 채백개는 숭산(嵩山)에 들어가 서법을 공부하다가 석실(石室) 안에서 소서(素書: 道書) 한 권을 얻었는데, 그 책은 8모퉁이에서 빛이 나왔으며 이사(李斯)와 사주(史籒)의 필법을 사용하여 전서체로 쓴 것이었다. 채백개는 그것을 얻고 세 끼 식사도 하지 않은 채 크게 소리지르며 기뻐했는데, 마치 수십 명을 마주 대하고 있는 듯했다. 채백개는 그것을 3년 동안 연구한 끝에 그 뜻에 통달했다. 채백개는 태학(太學)에 오경(五經)을 직접 적어놓았는데, 이를 구경하는 이들이 시장 사람들처럼 많았다. (양흔『필법』)

채옹의 글씨는 필세(筆勢)가 웅건하고 기품이 뛰어났으며 기상이 빼어나 신의 경지에 들었다. (원앙『서평』,『서단』)

後漢蔡邕字伯喈, 陳留人. 儀容奇偉, 篤孝博學, 能畫善音, 明天文術數. 工書, 篆·隷絶世. 尤得八分之精微, 體法百變, 窮靈盡妙, 獨步今古. 又剏造飛白, 妙有絶倫. 伯喈八分·飛白入神, 大篆·小篆·隷書入妙. 女琰甚賢, 亦工書. 伯喈入嵩山學書, 於石室內得一素書, 八角垂芒, 篆寫李斯並史籒用筆勢. 伯喈得之, 不食三時, 乃大叫喜歡, 若對數十人. 伯喈因讀誦三年, 便妙達其旨. 伯喈自書五經於太學, 觀者如市. (出羊欣『筆法』)

蔡邕書, 骨氣風透, 精爽入神. (出袁昂『書評』, 並出『書斷』)

206·15(2366)
최 원(崔 瑗)

최원은 자가 자옥(子玉)이며 안평(安平) 사람이다. 그의 증조부는 최

몽(崔蒙)이고 부친은 최인(崔駰)이다. 최자옥은 벼슬이 제북국(濟北國)의 승상(丞相)에 이르렀으며, 문장이 한 시대의 으뜸이었고 장초서(章草書)에 뛰어났다. 그는 두도(杜度)를 스승으로 모셨는데, 글씨의 아름다운 운치는 스승을 뛰어넘었다. 그 정교한 점과 획은 막힘 없이 변화무쌍했으며 백 번 단련한 쇠처럼 예리하고 천연의 미옥처럼 아름다웠으니, 가히 '얼음이 물보다 차다[氷寒於水]'고 할 만했다. 원앙(袁昂)은 [최원의 글씨에 대해] 다음과 같이 말했다.

"마치 해를 가리고 있는 까마득한 산봉우리의 한 그루 외로운 소나무와 같다."

왕은(王隱)은 그를 '초현(草賢)'이라 불렀다. 최원의 장초는 신(神)의 경지에 들었고, 소전(小篆)은 묘(妙)의 경지에 들었다. (『서단』)

崔瑗字子玉, 安平人. 曾祖蒙, 父駰. 子玉官至濟北相, 文章蓋世, 善章草書. 師於杜度, 媚趣過之. 點畫精微, 神變無礙, 利金百鍊, 美玉天姿, 可謂'氷寒於水'也. 袁昂云: "如危峰阻日, 孤松一枝." 王隱謂之'草賢'. 章草入神, 小篆入妙. (出『書斷』)

206 · 16(2367)
장 지(張 芝)

장지는 자가 백영(伯英)이다. 천성적으로 서법을 좋아하여, 집에 있는 옷가지와 비단은 모두 [그 위에] 먼저 글씨를 쓴 이후에 삶아 빨았다.

그는 특히 장초(章草)에 뛰어났으며 예서(隷書)에도 뛰어났다. 위중장(韋仲將: 韋誕)은 그를 '초성(草聖)'이라 불렀으며, 또한 다음과 같이 말했다.

"[장초는 모름지기] 최씨(崔氏: 崔瑗)의 살과 장씨(張氏: 張芝)의 뼈를 갖추어야 한다."

그가 장초로 쓴 『급취장(急就章)』은 모두 단숨에 이어 쓴 것이다. 장백영의 장초와 행서(行書)는 신(神)의 경지에 들었고 예서는 묘(妙)의 경지에 들었다. (『서단』)

장백영의 글씨는 마치 한(漢) 무제(武帝)가 도술을 좋아하여 허공을 타고 신선 되어 올라가는 듯한 기세이다. (원앙『서평』)

張芝字伯英. 性好書, 凡家之衣帛, 皆書而後練. 尤善章草, 又善隷書. 韋仲將謂之'草聖', 又云: "崔氏之肉, 張氏之骨." 其章草『急就章』字, 皆一筆而成. 伯英章草·行入神, 隷書入妙. (出『書斷』)

伯英書, 如漢武愛道, 憑虛欲仙. (出袁昂『書評』)

206 · 17(2368)
장 창(張 昶)

장창은 자가 문서(文舒)이며 장백영(張伯英: 張芝)의 막내 동생이다. 그는 황문시랑(黃門侍郎)을 지냈으며, 특히 장초(章草)에 뛰어났다. 그의 글씨는 장백영과 비슷하여 당시 사람들이 그를 '아성(亞聖)'이라 불렀다. 장문서의 장초는 신(神)의 경지에 들었고 팔분(八分)은 묘(妙)의 경지에 들었으며 예서(隸書)는 능(能)의 경지에 들었다. (『서단』)

張昶字文舒, 伯英季弟. 爲黃門侍郞, 尤善章草. 書類伯英, 時人謂之'亞聖'. 文舒章草入神, 八分入妙, 隸入能. (出『書斷』)

206 · 18(2369)
유덕승(劉德升)

유덕승은 자가 군사(君嗣)이며 영천(潁川) 사람이다. [後漢] 환제(桓帝) · 영제(靈帝) 시대에 행서(行書)를 만들어 이름을 날렸다. 행서는 바로 그가 창안해낸 것으로 역시 매우 아름답고 기품이 완약(婉約)하여 당시에 독보적이었다. 호소(胡昭)와 종요(鍾繇)는 모두 그의 서법을 본받았다. 세상사람들은 이렇게 말했다.

"종요가 행압서(行狎書: 行押書. 行書의 별칭)에 뛰어난 것은 이 때문이다. 호소의 서체는 통통하고 종요의 서체는 야위었지만, 역시 각각 유군사 서법의 장점을 지니고 있다."

(『서단』)

劉德升字君嗣, 潁川人. 桓 · 靈世以造行書擅名. 卽以草刱, 亦甚姸美, 風流婉約, 獨步當時. 胡昭 · 鍾繇, 並師其法. 世謂: "鍾繇善行狎書是也. 而胡書體肥, 鍾書體瘦, 亦各有君嗣之美也." (出『書斷』)

206 · 19(2370)
사의관(師宜官)

사의관은 남양(南陽) 사람이다. [後漢] 영제(靈帝)가 서법을 좋아하여 천하의 글씨 잘 쓰는 사람 수백 명을 홍도문(鴻都門)에 초징했는데, 팔분서(八分書)에서는 사의관의 글씨가 최고였다. 그의 글씨 가운데 큰 것은 한 글자의 직경이 1장(丈)이나 되었으며, 작은 것은 사방 1촌(寸)에 천 글자가 들어갔다. 그는 자신의 재능을 매우 자부했고 본래 술을 좋아했는데, 간혹 빈손으로 주막에 가서 주막 벽에 글씨를 써서 내보이면 구경꾼들이 구름처럼 몰려들었으며, 이로 인해 술이 많이 팔리고 나면 곧 글씨를 깎아내 지워버렸다. 나중에 원술(袁術)의 부장(部將)인 거록(鉅鹿) 사람 경구(耿球)의 비문을 지었는데, 그 비석은 원술이 세웠고 비문은 사의관이 썼다. (『서단』)

사의관의 글씨는 마치 독수리가 쉬지 않고 날개짓하며 훨훨 떠나가는 것 같다. (원앙 『서평』)

師宜官, 南陽人. 靈帝好書, 徵天下工書於鴻都門者數百人, 八分稱宜官爲最. 大則一字徑丈, 小則方寸千言. 甚矜能而性嗜酒, 或時空至酒家, 因書其壁以售之, 觀者雲集, 酤酒多售, 則鏟滅之. 後爲袁術將鉅鹿耿球碑, 術所立, 宜官書也. (出『書斷』)

宜官書, 如鵰翅未息, 翩翩自逝. (出袁昻『書評』)

양 곡(梁 鵠)

양곡은 자가 맹황(孟皇)이며 안정(安定) 오지(烏氏) 사람이다. 그는 어려서부터 서법을 좋아하여 사의관(師宜官)에게서 서법을 전수 받았으며, 팔분서(八分書)에 뛰어나 이름이 알려졌다. 그는 효렴(孝廉)에 천거되어 낭(郎)이 되었고, [사의관과 함께] 역시 홍도문(鴻都門)에서의 초징에 참여했으며, 선부랑(選部郎: 吏部郎)으로 전임되었다. [後漢] 영제(靈帝)는 그를 중시했다. 위(魏) 무제(武帝)는 그의 글씨를 매우 좋아하여 늘 휘장 안에 걸어두거나 벽에 못박아 두고서 사의관의 글씨보다 낫다고 생각했다. 당시 한단순(邯鄲淳)도 왕차중(王次仲)의 팔분 서법을 터득했는데, 한단순은 작은 글씨에 뛰어났고 양곡은 큰 글씨에 뛰어났다. 그러나 [한단순의 筆勢는] 양곡의 곡진한 운필(運筆) 기세만 못했다. (『서단』)

梁鵠字孟皇, 安定烏氏人. 少好書, 受法於師宜官, 以善八分書知名. 擧孝廉爲郎, 亦在鴻都門下, 遷選部郎. 靈帝重之. 魏武甚愛其書, 常懸帳中, 又以釘壁, 以爲勝宜官也. 于時邯鄲淳亦得次仲法, 淳宜爲小字, 鵠宜爲大字. 不如鵠之用筆盡勢也. (出『書斷』)

206 · 21(2372)
좌 백(左 伯)

좌백은 자가 자읍(子邑)이며 동래(東萊) 사람이다. 그는 특히 팔분서(八分書)에 뛰어나 모홍(毛弘) 등과 명성을 나란히 했는데, 한단순(邯鄲淳)의 팔분서와는 약간 달랐다. 그 역시 한(漢)나라 말에 이름을 날렸으며, 종이 만드는 것에도 깊은 조예가 있었다. 한나라가 흥기하고 나서 종이가 죽간(竹簡)이나 목간(木簡)을 대신했는데, 화제(和帝) 시대에 이르러 채륜(蔡倫)이 종이를 만드는 데 뛰어났으며, 좌자읍은 특히 그 오묘한 기술을 터득했다. 그래서 소자량(蕭子良)이 왕승건(王僧虔)에게 답하는 서신에서 이렇게 말했다.

"자읍의 종이는 곱고 매끈하여 빛이 나고, 중장(仲將: 韋誕)의 먹은 한 점마다 옻칠처럼 검고, 백영(伯英: 張芝)의 붓은 뜻과 생각을 다 표현하게 하는데, 이러한 절묘한 물건은 오래 전에 만들어졌으나 도저히 따라갈 수가 없다."

(『서단』)

左伯字子邑, 東萊人. 特工八分, 名與毛弘等列, 小異於邯鄲淳. 亦擅名漢末, 又甚能作紙. 漢興, 有紙代簡, 至和帝時, 蔡倫工爲之, 而子邑尤得其妙. 故蕭子良答王僧虔書云: "子邑之紙, 姸妙輝光, 仲將之墨, 一點如漆, 伯英之筆, 窮聲盡思, 妙物遠矣, 邈不可追." (出『書斷』)

호 소(胡 昭)

호소는 자가 공명(孔明)이며 영천(潁川) 사람이다. 그는 젊어서부터 박학했고 영화와 명리를 바라지 않았으며 백이(伯夷)와 사호(四皓: 商山四皓. 漢初 商山의 네 隱士. 東園公·綺里季·夏黃公·甪里先生을 말함)의 절조를 지니고 있었다. 그는 주서(籒書)에 크게 뛰어났으며, 진서(眞書: 楷書)와 행서(行書) 또한 절묘했다. 위항(衛恒)은 이렇게 말했다.

"호소와 종요(鍾繇)는 모두 유덕승(劉德升)을 스승으로 삼아 둘 다 초서(草書)와 행서에 뛰어났는데, 호소의 글씨는 통통하고 종요의 글씨는 야위었다. [두 사람이] 서신에 쓴 필적은 모두 서법의 모범으로 여겨졌다."

양흔(羊欣)은 이렇게 말했다.

"호소는 장지(張芝)의 뼈를 얻었고 색정(索靖)은 장지의 살을 얻었으며 위탄(韋誕)은 장지의 힘줄을 얻었다."

장화(張華)는 이렇게 말했다.

"호소는 예서(隸書)에 뛰어났다. 무선(茂先: 張華)이 순욱(荀勖)과 함께 [호소가 남긴] 기록과 서적을 정리했으며, 또한 서박사(書博士)를 설치하여 제자들을 가르치면서 종요와 호소의 서법을 모범으로 삼았으니, [호소는] 가히 '숙사(宿士: 학덕이 고매한 선비)'라고 할 만하다."

(『서단』)

胡昭字孔明, 潁川人. 少而博學, 不慕榮利, 有夷·皓之節. 甚能籒書, 眞·行又妙. 衛恒云: "胡昭與鍾繇, 並師於劉德升, 俱善草·行, 而胡肥鍾瘦. 尺牘之迹,動見模楷." 羊欣云: "胡昭得張芝骨, 索靖得其肉, 韋誕得其筋." 張華云: "胡昭善隷書. 茂先與荀勗共整理記籍, 又立書博士, 置弟子敎習, 以鍾·胡爲法, 可謂 '宿士'矣." (出『書斷』)

206 · 23(2374)
종 요(鍾 繇)

위(魏)나라 종요는 자가 원상(元常)이다. 그는 젊어서 유승(劉勝: 後漢의 平原王)을 따라 포독산(抱犢山)으로 들어가 3년 동안 서법을 공부하여, 마침내 위(魏)나라 태조(太祖: 曹操)·한단순(邯鄲淳)·위탄(韋誕) 등과 함께 운필(運筆)에 대해 논의했다. 그때 종요가 위탄에게 채백개(蔡伯喈: 蔡邕)의 필법에 대해 물었으나 위탄은 아까워서 그에게 가르쳐주지 않았다. 그래서 종요가 자신의 가슴을 치며 피를 토하자, 태조가 급히 오령단(五靈丹)으로 그를 구해 살려냈다. 그 후 위탄이 죽자 종요는 사람을 시켜 그의 묘를 도굴하게 하여 마침내 채백개의 필법을 얻었는데, 이로 인해 종요의 필법은 더욱 절묘해졌다. 종요는 서법을 공부하는 데 정심하여, 누워있을 땐 [덮고 있던] 이불 위에 [손가락으로] 글씨 연습을 하느라 이불 겉천이 뚫어졌으며, 측간에 가서는 [골똘히 생각하느라] 종일토록 돌아오는 것을 잊어버릴 정도였다. 또한 온갖 사물을 볼 때마다 모두 그 형상을 글씨로 표현해보곤 했다. 종요는 삼색서(三色書: 銘石書·章程書[八分書]·行狎書[行書]를 말함. 자세한 것은 本書 제209권 제3조에 나옴)에 뛰어났으며, 가장 절묘한 것은 팔분서(八分書)였다. (양흔 『필진도』)

  종요는 조희(曹喜)·채옹(蔡邕)·유덕승(劉德升)보다 훨씬 글씨를 잘 썼다. 그의 진서(眞書: 楷書)는 한 시대의 으뜸으로 강함과 부드러움을 모두 갖추었으며, 점과 획 사이에 특이한 운치가 많이 담겨 있어서, 끝없는 심원함과 넘치는 고아(古雅)함을 갖춘 이는 진(秦)·한(漢) 이후로 그 한 사람뿐이라고 할 만하다. 비록 옛날에 선정(善政)을 실시하여 사랑을 베푼 자가 있다 하더라도, [종요처럼 글씨로] 사람들의 마음을 휘어잡은 자는 많지 않으니, 이는 덕행을 숭상한 결과로다! 종요의 행서(行書)는 왕희지(王羲之)와 왕헌지(王獻之)에 버금갔고, 초서(草書)는 위항(衛恒)과 색정(索靖)보다 못했다. 팔분서로 쓴 것으로는 「위수선비(魏受禪碑)」가 있는데 이것이 가장 뛰어나다고 일컬어진다. 그는 태화(太和) 4년(230)에 80세의 나이로 죽었다. 종원상의 예서(隸書)와 행서는 신(神)의 경지에 들었고, 초서와 팔분서는 묘(妙)의 경지에 들었다. (『서단』)

  종요가 남긴 글씨는 12점이 있는데, 그 교묘함이 매우 놀라우며 진실로 또한 특이한 점이 많다. (원앙 『서평』)

魏鍾繇字元常. 少隨劉勝入抱犢山, 學書三年, 遂與魏太祖·邯鄲淳·韋誕等議用筆. 繇乃問蔡伯喈筆法於韋誕, 誕惜不與. 乃自搥胸嘔血, 太祖以五靈丹救之, 得活. 及誕死, 繇令人盜掘其墓, 遂得之, 由是繇筆更妙. 繇精思學書, 臥畫被穿過表, 如廁終日忘歸. 每見萬類, 皆書象之. 繇善三色書, 最妙者八分. (出羊欣 『筆陣圖』)

  繇尤善書(明鈔本無'書'字)於曹喜·蔡邕·劉德升. 眞書絶世, 剛柔備焉, 點畫之間, 多有異趣, 可謂幽深無際, 古雅有餘, 秦漢以來, 一人而已. 雖古之善政遺愛, 結人於心, 未足多也, 尙德哉! 若其行書則羲之・獻之之亞, 草書則衛・索之下. 八分則有「魏受禪碑」, 稱此爲最也. 太和四年薨, 追八十矣('矣'原作'年', 據明鈔本改). 元常隷・行入神, 草・八分入妙. (出『書斷』)

鍾書有十二種, 意外巧妙, 實亦多奇. (出袁昻『書評』)

206・24(2375)
종 회(鍾 會)

종회는 자가 사계(士季)이며 종원상(鍾元常: 鍾繇)의 아들이다. 그는 서법에 뛰어났으며 부친의 기풍을 지니고 있었는데, [부친보다] 힘과 기골을 좀 더 갖추었다. 그는 행서(行書)와 초서(草書) 모두 훌륭했으며, 예서(隷書)에 특히 뛰어났다. 그의 글씨는 빼어난 운치가 표연하여 구름을 뛰어넘는 뜻을 지니고 있었으니, '검으로 치자면 간장(干將)과 막야(鎭鋣) 같은 보검이다'고 할 만했다. 한번은 종회가 순욱(荀勗)의 글씨를 위조하여 순욱의 모친 종부인(鍾夫人)에게서 보검을 가져온 적이 있었다. 그 후 종회의 형제가 천만 금을 들여 저택을 지어 아직 이사하지 않았을 때, 순욱이 [그의 새집에] 종원상의 모습을 몰래 그려놓았는데, 종회 형제는 새집에 들어와서 그것을 보고는 [부친 생각이 나서] 크게 애통해했다. 순욱의 서법 역시 종회와 비슷했다. 종회는 예서・행서・초서・장초서(章草書)에서 모두 묘(妙)의 경지에 들었다. (『서단』)

鍾會字士季, 元常子. 善書, 有父風, 稍備筋骨. 美兼行・草, 尤工隷書. 遂逸致飄然, 有凌雲之志, 亦所謂'劒則干將·鏌鋣焉'. 會嘗詐爲荀勖書, 就勖母鍾夫人取寶劒. 兄弟以千萬造宅, 未移居, 勖乃潛畫元常形象, 會兄弟入見, 便大感慟. 勖書亦會之類也. 會隷·行·草·章草並入妙. (出『書斷』)

206·25(2376)
위 탄(韋 誕)

위(魏)나라 위탄은 자가 중장(仲將)이며 경조(京兆) 사람으로 태복경(太僕卿: 韋端)의 아들이었으며, 벼슬은 시중(侍中)에 이르렀다. 그는 장백영(張伯英: 張芝)을 스승으로 삼고 한단순(邯鄲淳)의 서법까지 공부하여 여러 서체에 두루 뛰어났는데, [그 중에서] 제서(題署: 扁額이나 對聯 등에 쓰는 글)에 특히 정통했다. 명제(明帝)는 능운대(凌雲臺)가 막 완성되자 위중장에게 편액에 글씨를 쓰게 했는데, 글씨의 높낮이가 맞지 않았기에 마땅히 올라가서 그것을 수정해야만 했다. 그래서 위탄은 몹시 두려워하여 자손들에게 대자해서(大字楷書)를 공부하지 말라고 경계시켰다. 원앙(袁昂)은 [그의 필법에 대해] 이렇게 말했다.

"마치 용이 낚아채고 호랑이가 움켜잡는 듯하며, 칼을 뽑아들고 쇠뇌를 잡아당기는 것 같다."

장무선(張茂先: 張華)은 이렇게 말했다.

"경조의 위탄과 그의 아들 위웅(韋熊), 영천(潁川)의 종요(鍾繇)와 그의 아들 종회(鍾會)는 모두 예서(隷書)에 뛰어났다."

처음 [명제] 청룡연간(靑龍年間: 233~236)에 낙양(洛陽)·허(許)·업

(鄴)의 세 도읍지에 궁궐과 대관(臺觀)이 막 완성되자, 황제는 칙명을 내려 위중장에게 그 편액들을 큰 글씨로 쓰게 하여 영원한 법식으로 삼고자 했다. 그래서 그에게 황제가 쓰는 붓과 먹을 주었으나, 그는 모두 사용하기에 적당치 않다고 여겨 이렇게 상주했다.

"채옹(蔡邕)은 서법에 뛰어남을 자부하고 이사(李斯)와 조희(曹喜)의 필법을 겸비했지만, 고운 비단이 아니면 함부로 붓을 대지 않았사옵니다. 대저 무슨 일을 잘 이루려면 반드시 그 도구를 잘 갖추어야 하옵니다. 만약 장지(張芝)의 붓과 좌백(左伯)의 종이와 신의 먹, 이 세 가지를 다 겸비하고 거기에 또한 신의 손을 더한다면, 그런 연후라야 직경이 1장(丈)이나 되는 큰 글씨와 사방 1촌(寸)에 천 자나 들어가는 작은 글씨가 나올 수 있사옵니다. 그러나 신은 초서의 뛰어남은 색정(索靖)만 못하옵니다."

위탄은 [齊王] 가평(嘉平) 5년(253)에 75세로 죽었다. 그의 팔분서(八分書)·예서·장초서(章草書)·비백서(飛白書)는 묘(妙)의 경지에 들었고, 소전(小篆)은 능(能)의 경지에 들었다. 그의 형 위강(韋康: 字는 元將)도 서법에 뛰어났고 그의 아들 위웅(韋熊: 字는 少季)도 서법에 뛰어났다. 그래서 당시 사람들이 "명필 아버지에 그 아들, 둘 다 뛰어남 지녔네"라고 했으니, 세상에서 훌륭하게 여기는 바이었다. (『서단』)

또 이런 이야기가 있다.

위 명제가 능운대를 세웠을 때, 아직 글씨를 쓰기도 전에 잘못하여 먼저 편액을 달아 버렸다. 그래서 위탄을 바구니에 담고 긴 밧줄에 도르래를 달아 끌어 올려 편액에 글씨를 쓰게 했는데, 편액이 지면에서 25장(丈)이나 떨어져 있었기에 위탄은 몹시 두려워했다. 그래서 위탄은 자손들에게 해서 공부를 그만 두라고 경계시켰다. (『서법록』)

　魏韋誕字仲將, 京兆人, 太僕之子, 官至侍中. 伏膺於張伯英, 兼邯鄲淳之法, 諸書並善, 題署尤精. 明帝凌雲臺初成, 令仲將題牓, 高下異好, 宜就點正之. 因危懼, 以戒子孫, 無爲大字楷法. 袁昂云: "如龍拏虎據, 劒拔弩張." 張茂先云: "京兆韋誕・誕子熊, 穎川鍾繇・繇子會, 並善隷書." 初, 靑龍中, 洛陽・許・鄴三都, 宮觀始就, 詔令仲將大爲題署, 以爲永制. 給御筆墨, 皆不任用, 因奏: "蔡邕自矜能書, 兼斯・喜之法, 非紈素不妄下筆. 夫欲善其事, 必利其器. 若用張芝筆・左伯紙及臣墨, 兼此三者, 又得臣手, 然後可以逞徑丈之勢, 方寸千言. 然草跡之妙, 亞乎索靖也." 嘉平五年卒, 年七十五. 仲將八分・隷書・章草・飛白入妙, 小篆入能. 兄康字元將, 工書, 子熊字少李(明鈔本'李'作'季')亦善書. 時人云: "名父之子, 克有二事." 世所美焉. (出『書斷』)

　又云: 魏明帝凌雲臺成, 誤先訂牓, 未題署. 以籠盛誕, 轆轤長絚引上, 使就牓題, 去地二十五丈, 誕危懼, 誡子孫, 絶此楷法. (出『書法錄』)

태평광기 권제 207 서 2

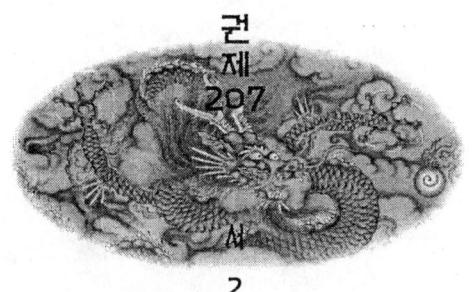

1. 왕희지(王羲之)
2. 왕헌지(王獻之)
3. 왕 수(王 修)
4. 순 여(荀 輿)
5. 사 안(謝 安)
6. 왕 이(王 廙)
7. 대안도(戴安道)·강흔(康昕)
8. 위 창(韋 昶)
9. 소사화(蕭思話)
10. 왕승건(王僧虔)
11. 왕 융(王 融)
12. 소자운(蕭子雲)
13. 소 특(蕭 特)
14. 승지영(僧智永)
15. 승지과(僧智果)

207 · 1(2377)
왕희지(王羲之)

진(晉)나라 왕희지는 자가 일소(逸少)로, 왕광(王曠)의 아들이다. 그는 일곱 살 때 서체에 뛰어났으며, 12살 때는 부친의 베개 속에서 전대의 『필설(筆說)』을 보고 몰래 꺼내어 읽었다. [이 모습을 본] 그의 부친이 말했다.

"너는 어찌하여 내가 비밀리에 간직하고 있는 서책을 몰래 꺼내왔느냐?"

왕희지가 웃으면서 아무런 대답도 하지 않자, 모친이 말했다.

"너는 운필법(運筆法)을 보았느냐?"

그 부친은 왕희지가 어려서 책을 비밀리에 간직할 수 없다는 생각이 들어 이렇게 말했다.

"네가 성인이 되면 내 이 책을 네게 주마."

그러자 왕희지는 절을 하면서 그 책을 달라고 청했다.

"소자에게 지금 그 책을 사용하게 해 주십시오. 소자 성인이 되기를 기다리다가 소자의 총명함을 가리게 될 까 두렵사옵니다."

[그 말을 들은] 부친은 기뻐하면서 그 자리에서 『필설』을 왕희지에게 주었는데, 그로부터 한 달도 되지 않아 왕희지는 서법에 큰 진전이 있었다. 위부인(衛夫人: 王羲之의 스승으로, 이름은 鑠이고 字는 茂猗임)이 왕희지의 글씨를 보고 대상(大常: 太常. 종묘제사나 예악 및 문화교육을

담당하던 관리) 왕책(王策)에게 이렇게 말했다.

"이 아이는 틀림없이 운필의 비법을 보았을 것입니다. 근자에 이 아이의 글씨를 보아하니 크게 될 기미가 보입니다."

또 위부인은 눈물을 주르르 흘리면서 말했다.

"이 아이는 틀림없이 내 명성을 뛰어넘을 것입니다."

진(晉)나라 성제(成帝) 때 「제북교문(祭北郊文)」을 쓸 때 축판(祝板: 제사 지낼 때 祝文을 써놓은 木版이나 紙版)을 바꿨는데, 장인이 축판을 깎으면서 보았더니 글씨가 3푼이나 안으로 들어가 있을 정도로 글씨에 힘이 넘쳤다. 왕희지는 33세에 「난정서(蘭亭序)」를 썼고, 37세에 『황정경(黃庭經)』을 썼는데, 그가 글을 다 쓰고 나자 하늘에서 다음과 같은 소리가 들렸다.

"그대의 서체가 나를 감동시켰으니, 하물며 인간 세상의 사람들에게 있어서야! 나는 천태문인(天台文人)이다."

왕희지 자신도 스스로 진서(眞書: 楷書)에 있어서는 종요(鐘繇: 三國시대 魏나라 潁川 사람으로, 특히 해서에 뛰어났음. 자세한 내용은 本書 권206 제23조에 나옴)보다 뛰어나다고 말했다. 왕희지는 어느 한 서체에만 뛰어난 것이 아니었다. (양흔『필진도』)

그는 초서(草書)·예서(隸書)·팔분(八分)·비백(飛白)·장행(章行)등 여러 서체에 두루 정통하여 일가를 이루었고, 많은 변화를 주어 신의 경지에 이르렀다. 왕일소(王逸少: 王羲之)는 예서(隸書)·행서(行書)·초서(草書)·장행(章行)·비백(飛白) 등 다섯 문체 모두 신(神)의 경지에 들었고, 팔분(八分)은 묘(妙)의 경지에 들었으며, 그의 처 치씨(郗氏)도 서체에 매우 뛰어났다. 왕희지에게는 7명의 아들이 있는데, 그 가운데서도 왕헌지(王獻之)가 가장 유명하다. [그 이외에] 왕현지(王玄之)·왕응지(王凝之)·왕휘지(王徽之)·왕조지(王操之)도 초서에 뛰어났다.(『서단』)

또 한번은 왕희지가 장초(章草: 草書 가운데 가장 예스럽고 점잖은 필체)로 서신을 써서 유량(庾亮)에게 답신했다. 유량이 그것을 유익(庾翼)에게 보여주자, 유익은 그 자리에서 탄복하면서 왕희지에게 이렇게 편지를 썼다.

"내 일전에 백영(伯英: 後漢 張芝의 字로, 張芝는 草書에 뛰어나 草聖이라 불렸음)의 장초 8폭을 가지고 있었는데, 강남으로 넘어오면서 난리 통에 잃어버리고 말았습니다. 그래서 늘 묘적(妙跡: 훌륭한 書藝 作品을 지칭하는 말)이 아주 끊어져 없어졌다고 한탄했는데, 오늘 갑자기 그대가 형께 보낸 답신을 보고서야 정신이 밝아지는 듯했으며, 이전에 잃어버렸던 그 작품이 마치 제 눈앞에 있는 것 같습니다."

왕희지는 회계내사(會稽內史)의 직책을 그만두고 즙산(戢山) 아래에 살고 있었다. 그는 어느 날 아침 열 개 남짓한 육각죽선(六角竹扇)을 팔러 시장으로 나가는 한 노파를 보고 애오라지 이렇게 물었다.

"이 모두를 사려고 하는데, 하나에 얼마나 하오?"

그러자 노파가 말했다.

"20전 조금 넘습니다."

왕우군(王右軍: 王羲之는 일찍이 右軍將軍을 역임했음)은 붓을 꺼내더니 부채마다 다섯 글자씩을 적어 넣었다. 그러자 노파는 크게 원망하며 말했다.

"이 늙은이 일가의 생계가 모두 이에 달려 있는데, 그대는 어찌하여 여기에다 글을 써서 육각죽선을 못쓰게 만드시오?"

왕희지가 대답했다.

"손해는 없을 것입니다. 그저 왕우군이 글씨를 썼다고만 말하고 부채 하나에 100냥을 달라고 하십시오."

잠시 뒤에 노파는 시장에 가서 [왕희지가 시키는 대로] 부채를 팔았더니 사람들이 다투어 사갔다. 며칠 뒤에 노파가 다시 부채 몇 개를 가지고 왕희지를 찾아와서 재차 글씨를 써 달라고 부탁했으나, 왕희지는 웃으면서 아무런 대답도 하지 않았다.

또 한번은 왕희지가 직접 표문(表文)을 써서 진(晉) 목제(穆帝)에게 올렸는데, 정신을 하나로 모아 내키는 대로 써 내려갔다. 이에 목제는 곧장 사람을 시켜 같은 색깔의 종이를 찾아 왕희지가 올린 표문의 길이와 폭에 맞추어 자르게 한 뒤에 장익(張翼)으로 하여금 모방하여 쓰게 했는데, [왕희지가 보낸 표문의 글씨체와] 조금도 다르지 않았다. 그리하여 표문 끝에 제(題)를 한 뒤에 돌려주었다. 왕희지는 처음에는 그 사실을 알아채지 못했으나, 나중에 다시 그것을 본 연후에 탄식하며 말했다.

"소인배가 진서를 어지럽힌 것이 이 지경에 이를 줄이야."

왕희지는 천성적으로 거위를 좋아했다. 산음(山陰) 담양촌(曇䃳村)에 한 도사가 좋은 거위 10여 마리를 기르고 있었다. 왕희지는 이른 새벽에 작은 배를 타고 그곳으로 거위를 보러 갔다. 거위를 본 왕희지가 크게 기뻐하며 도사에게 거위를 팔 것을 권했지만, 도사는 거위를 내놓지 않았다. 이에 왕희지는 온갖 방법을 다해 이야기 해보았지만, 거위를 손에 넣을 수 없었다. 도사는 천성적으로 도에 대해 이야기하기를 좋아했고, 오래 전부터 하상공(河上公: 漢나라 文帝 때의 신선으로, 黃河의 물가에서 풀을 엮어 초막을 짓고 살았기 때문에 '河上公'이라 불렸음)이 주를

단『노자(老子)』를 베끼고 싶어 진작에 흰 비단을 준비해두었으나, [이를 대신 써 줄] 서법에 능한 사람이 없었다. [도사가 말했다.]

"부군(府君: 太守의 존칭)께서 만약 직접『노자』「도경(道經)」과「덕경(德經)」 각각 두 장을 써 주신다면 곧 바로 이 모두를 드리겠습니다."

왕희지는 반나절 동안 머물면서 도사를 위해『노자』을 다 쓰고 난 뒤 거위를 대롱 속에 넣은 채로 가지고 돌아오면서 크게 기뻐했다.

또 한번은 한 문하생의 집을 찾아갔는데, 그곳에서 한 상 크게 차려내자 왕희지는 매우 감격하여 글을 써서 그에게 보답하려 했다. 마침 왕희지는 아주 반들반들하고 깨끗한 비자나무로 만든 새 안석 하나를 발견하고 그곳에다 바로 초서와 정해(正諧: 楷書)를 반반 섞어가며 글을 써 나갔다. 문하생이 고을로 돌아가는 왕희지를 전송하고 집으로 돌아왔을 때에는 이미 그 부친이 왕희지가 비자나무 안석에 써 놓았던 글을 거의 다 깎아낸 뒤였다. 문하생은 집으로 들어가 그곳을 보고는 며칠동안 한스러워 했다. (『도서회수』)

또 진(晉)나라 목제(穆帝) 영화(永和) 9년(354) 늦봄 3월 3일에 한번은 산음에 놀러갔다가 태원(太原) 사람 승공(承公: 孫統의 字) 손통, 홍공(興公) 손작(孫綽: 孫統의 동생), 광한(廣漢) 사람 도생(道生) 왕빈지(王彬之), 진군(陳郡) 사람 안석(安石) 사안(謝安), 고평(高平) 사람 중희(重熙) 극담(郄曇: 郗曇), 태원 사람 숙인(叔仁) 왕온(王蘊), 도림(道林) 스님 지둔(支遁: 字는 道林으로, 일찍이 支硎山에서 은거하면서 수도했기 때문에 支硎이라고 했고, 세상에서는 그를 支公 혹은 林公이라 했으며, 謝安·王羲之 등과 方外之交를 맺었음) 및 일소(逸少: 王羲之의 字)의 아들 왕응지(王凝之)·왕휘지(王徽之)·왕조지(王操之) 등 41명이 함께 수불계(修祓禊: 3월

삼짇날 물가에 가서 흐르는 물에 몸을 깨끗이 씻고 신께 빌어 재앙을 없애고 복을 기원하는 행사를 말함)의 예를 올리고 붓을 들어 서문을 지은 뒤 흥이 일어 글을 써 나갔다. 왕희지는 잠견지(蠶繭紙)에 서수필(鼠鬚筆: 쥐의 수염으로 만든 붓)로 글을 써 나갔는데, 힘이 있고 부드러운 것이 고금에 없을 정도로 뛰어났다. 모두 28행 324자로 구성되었고, 글자 가운데 중복되어 출현하는 것은 모두 다른 서체로 썼는데, 그 가운데 '지(之)' 자가 가장 많은 비율을 차지했다. (『법서요록』)

晉王羲之字逸少, 曠子也. 七歲善書, 十二, 見前代『筆說』於其父枕中, 竊而讀之. 父曰: "爾何來竊吾所祕?" 羲之笑而不答, 母曰: "爾看用筆法?" 父見其小, 恐不能祕之, 語羲之曰: "待爾成人, 吾授也." 羲之拜請: "今而用之 使待成人, 恐蔽兒之幼令也." 父喜, 遂與之, 不盈朞月, 書便大進. 衛夫人見, 語大常王策曰: "此兒必見用筆訣. 近見其書, 便有老成之智." 涕流曰: "此子必蔽吾名." 晉帝時, 「祭北郊文」, 更祝板, 工人削之, 筆入木三分. 三十三書「蘭亭序」, 三十七書『黃庭經』, 書訖, 空中有語: "卿書感我, 而況人乎! 吾是天台文(『說郛』九二 '文'作 '丈')人." 自言眞勝鐘繇. 羲之書多不一體. (出羊欣『筆陣圖』)

逸少善草・隷・八分・飛白・章行, 備精諸體, 自成一家法. 千變萬化, 得之神功. 逸少隷・行・草・章・飛白五體俱入神, 八分入妙, 妻郗氏甚工書. 有七子, 獻之最知名. 玄之・凝之・徽之, 操之並工草. (出『書斷』)

又羲之, 書以章草答庾亮. 示翼, 翼見, 乃歎伏. 因與羲之書云: "吾昔有伯英章草八紙, 過江顚沛, 遂乃亡失. 常歎妙跡永絶, 忽見足下答家兄書, 煥若神明, 頓還舊觀."

羲之罷會稽, 住蕺山下. 旦見一老姥, 把十許六角竹扇出市, 王聊問: "比欲貨耶,一枚幾錢?" 答云: "二十許." 右軍取筆書扇, 扇五字. 姥大悵惋云: "老婦('婦'字原闕, 據明鈔本補)擧家朝湌, 俱仰於此, 云何書壞?" 王答曰: "無所損. 但道是王右軍書字, 請一百." 旣入市, 人競市之. 後數日, 復以數扇來詣, 請更書, 王笑而不答.

又云, 義之曾自書表與穆帝, 專精任意. 帝乃令索紙色類, 長短濶狹, 與王表相似, 使張翼寫效, 一毫不異. 乃題後答之. 義之初不覺, 後更相看, 迺歎曰: "小人亂眞乃爾." 義之性好鵝. 山陰曇礦村有一道士養好者十餘. 王淸旦乘小船, 故往看之. 意大願樂, 乃告求市易, 道士不與. 百方譬說, 不能得之. 道士言性好道, 久欲寫河上公『老子』, 縑素早辦, 而無人能書. "府君若能自書『老子('老子'原作'屈', 據明鈔本改)』「道」・「德」各兩章, 便合羣以奉." 義之停半日, 爲寫畢, 籠鵝而歸, 大以爲樂.

又嘗詣一門生家, 設佳饌供給, 意甚感之, 欲以書相報. 見有一新榧几, 至滑淨, 王便書之, 草正相半. 門生送王歸郡, 比還家, 其父已刮削都盡. 兒還去看, 驚懊累日. (出『圖書會粹』)

又晉穆帝永和九年, 暮春三月三日嘗遊山陰, 與太原孫統承公・孫綽興公('公'字原闕, 據『法書要錄』補)・廣漢王彬之道生・陳郡謝安石・高平郄曇重熙・太原王('王'字原闕, 據『法書要錄』補)蘊叔仁・釋支遁道林・幷逸少子凝・徽・操之等四十一人, 修祓禊之禮, 揮毫製序, 興樂而書. 用蠶繭紙鼠鬚筆, 遒媚勁健, 絶代更無. 凡二十八行, 三百二十四字, 字有重者皆別體, 就中'之'字最多. (出『法書要錄』)

207・2(2378)
왕헌지(王獻之)

왕헌지는 자가 자경(子敬)이고, 특히 초서(草書)와 예서(隸書)에 뛰어났다. 어려서는 부친에게서 서법을 배웠고, [후에는] 장지(張芝)의 서법을 익혔다. 그 이후로 왕헌지는 이전의 서체를 바꾸어 따로 새로운 서체를 만들어내고, 자신의 생각대로 막힘 없이 글씨를 써 나갔는데, 그 오묘함이 자연의 법칙에 부합했다.

처음에 사안(謝安)이 그를 장사(長史)로 초빙했다. 태원연간(太元年間: 376~396)에 새로 태극전(太極殿)을 건립하고 난 뒤에 사안은 왕자경에게 편액을 쓰게 해서 만대의 보배로 삼을 생각이었으나, 말을 꺼내기가 쉽지 않았다. 그리하여 사안은 위중장(韋仲將: 仲將은 三國시대 魏나라 韋誕의 字)이 영운대(靈雲臺: 本書 권206 제25조에는 凌雲臺라 되어 있는데, 이것이 옳은 듯함)의 현판에 글씨를 쓴 일을 왕자경에게 말했다 [魏나라 明帝 때 凌雲殿을 건립하고 위탄에게 글씨를 쓰게 했음]. 왕자경은 그의 말뜻을 알아채고 정색하며 말했다.

"중장은 위(魏)나라의 대신인데, 어찌 그런 일을 했겠습니까? 만약 그런 일이 있었다면 이로부터 위나라의 국덕(國德)이 길지 못하다는 것을 알 수 있습니다."

사안은 이 일로 더 이상 왕자경을 강요하지 않았다.

왕자경이 대 여섯 살 때 서법을 배울 무렵 우군(右軍: 王羲之)이 그의 등뒤에서 몰래 붓을 잡아당겼으나 빼앗을 수 없었다. 이에 왕우군은 이렇게 감탄했다.

"이 아이는 마땅히 크게 이름을 날릴 것이다."

그리고는 마침내 「악의론(樂毅論)」을 써서 그에게 주었다. 왕자경은 「악의론」을 다 배우고 나서 높은 수준에 이를 수 있었다. 그가 쓴 소진서(小眞書: 楷書)는 아주 정미한 것이 성(聖)의 경지에 들어섰다고 할 수 있는데, 힘과 기골이 단단하게 연결된 것이 그의 부친의 솜씨에도 뒤지지 않았다. 큰 글씨 같은 경우는 글씨가 지나치게 반듯하고 기품이 모자라니 어찌 함께 논할 수 있겠는가! 행서와 초서에 있어서의 뛰어난 기상은 부친을 넘어섰지만, 여러 서체를 함께 논하면 대부분 부친인 왕우군만 못하다. 전체적으로 보면 백중지세로 우열을 가릴 수 없을 정도의 차이가 있을 뿐이다. 왕자경의 예서·행서·초서·장초·비백의 다섯 서체는 모두 신(神)의 경지에 들었고, 팔분은 능(能)의 경지에 들었다. (『서단』)

또 왕희지가 회계내사(會稽內史)로 있던 어느 날 밖에 나가 놀던 왕자경(子敬: 王獻之)은 백토(白土)로 막 칠한 북쪽 관사의 벽을 보았는데, 아까울 정도로 희고 깨끗했다. 왕자경은 사람을 시켜 비를 가져오게 한 다음 흙탕물을 적셔 벽에다 글씨를 써 나갔다. 글자 한 자가 사방 1장(丈) 정도 되었는데, 음영이 적절히 조화되어 필세(筆勢)가 아주 좋았다. 그리하여 날마다 이를 구경하려는 사람들로 문전성시를 이루었다. 왕희지가 후에 그것을 보고 그 뛰어남에 감탄하여 누가 썼냐고 물어보았더니, 이렇게 대답했다.

"일곱째 도련님께서 쓰신 것입니다."

그리하여 왕희지는 가까운 사람들에게 다음과 같은 글을 써주면서 말했다.

"자경이 비백체에 큰 진척이 있었기에 이 벽에다 글씨를 쓴 것이오."

왕자경은 글씨 쓰기를 좋아했고, 또 기회만 닿으면 그 때마다 현묘(玄妙)한 경지를 일구어내었다. 한 젊은 호사가가 일부러 아주 깨끗한 흰 종이로 만든 수갑을 만들어서 차고 왕자경을 찾아왔다. 왕자경은 곧 바로 수갑을 받아들고 글씨를 써 나갔는데, 초서와 정서(正書: 楷書) 및 각종 서체를 모두 갖추고 있었다. 왕자경은 젊은 호사가의 양쪽 소매 둘레에 글씨를 다 쓰고 난 뒤에 그 젊은이가 [수갑을 찬 모양이] 북쪽에서 내려온 자신의 처지와 일치한다고 여겨 스스로 개탄했다. 젊은 호사가는 왕자경 주변의 사람들이 자신의 수갑을 빼앗으려는 조짐을 느끼고 곧 바로 수갑을 들고 달아났다. 왕자경 주위에 있던 사람들이 결국 문밖까지 그를 쫓아와서 다투어 수갑을 잡아 찢는 바람에 젊은 호사가는 겨우 한쪽 팔에 찼던 수갑만 건졌을 따름이다.

왕자경이 오흥태수(吳興太守)로 있을 때 양흔(羊欣)의 부친 양불의(羊不疑)는 오정현령(烏程縣令)이었다. 양흔은 나이 15~16세 때에 이미 서법에 뜻을 가지고 있었다. 그 사실을 안 왕자경이 오정현(烏程縣)으로 양흔을 찾아가서 그의 서재로 들어갔더니, 양흔이 새로 만든 흰 비단 속옷을 입고 낮잠을 자고 있었다. 이에 왕자경은 그 속옷과 허리띠에 글자를 썼다. 잠에서 깨어난 양흔은 이를 보더니 매우 기뻐하며 이를 보배롭게 간직하다가 훗날 조정에 바쳤다. (『도서회수』)

또 왕헌지가 한번은 간문제(簡文帝)에게 10여 장의 종이에다 글을 쓰고 난 뒤 맨 끝에 이렇게 적었다.

"하관(下官: 六朝시대 有官者의 謙稱)의 이 서첩은 서법(書法)의 법도에 부합하니, 원컨대 잘 보관하십시오."

이 글씨는 환현(桓玄)에 의해 귀하게 간직되었다. 환현은 이왕(二王: 王羲之와 王獻之)을 매우 아껴 그들의 작품을 손에서 놓을 수 없었다. 그래서 자신이 가지고 있는 비단이나 종이에 씌어진 이왕의 글씨 가운데 정해(正諧: 楷書)와 행서(行書) 중 특히 뛰어난 것을 가려 모아서 한 권의 서첩으로 만들어 늘 자신의 곁에 두고 감상했다. 또한 환현은 남쪽으로 달아나는 정신 없는 상황에서도 오히려 이 서첩만은 직접 몸에 지니고 다녔다. 그가 싸움에서 패하게 되자 이왕의 서첩도 그와 함께 강물 속으로 사라졌다. (『법서요록』)

王獻之字子敬, 尤善草·隸. 幼學於父, 習於張芝. 爾後改變制度, 別創其法, 率爾師心, 冥合天矩.

初謝安請爲長史. 太元中, 新起太極殿, 安欲使子敬題榜, 以爲萬代寶, 而難言之. 乃說韋仲將題靈雲臺之事. 子敬知其旨, 乃正色曰: "仲將魏之大臣, 寧有此事? 使其有此, 知魏德之不長." 安遂不之逼.

子敬年五六歲時學書, 右軍從後潛掣其筆, 不脫. 乃歎曰: "此兒當有大名." 遂書「樂毅論」與之. 學竟能極. 小眞書可謂窮微入聖, 筋骨緊密, 不減於父. 如大則尤直而寡態, 豈可同年! 唯行草之間, 逸氣過也, 及論諸體, 多劣右軍. 總而言之, 季孟差耳. 子敬隸·行·草·章草·飛白五體, 俱入神. 八分入能. (出『書斷』)

又羲之爲會稽, 子敬出戲, 見北館新白土壁, 白淨可愛. 子敬令取掃帚, 沾泥汁中, 以書壁. 爲方丈一字, 晻曖斐亹, 極有勢好. 日日觀者成市. 羲之後見, 歎其美, 問誰所作, 答曰: "七郞." 羲之於是作書與所親云: "子敬飛白大有(按『說郛』九二有下多一'進'字), 直是圖於此壁." 子敬好書, 觸遇造玄. 有一好事年少, 故作精白紙械, 着往詣子敬. 便取械書之, 草正諸體悉備. 兩袖及標略周, 自歎北來之合. 年少覺王左右有凌奪之色, 如是掣械而走. 左右果逐及於門外, 鬪爭分裂, 少年纔得一袖而已.

子敬爲吳興, 羊欣父不疑爲烏程令. 欣時年十五六, 書已有意. 爲子敬所知, 往縣, 入欣齋, 著新白絹裙晝眠. 子敬乃書其裙幅及帶. 欣覺歡樂, 遂寶之, 後以上朝廷. (出『圖書會粹』)

又獻之嘗與簡文帝書十許紙. 最後題云: "下官此書甚合作, 願聊存之." 此書 爲桓玄所寶. 玄愛重二王, 不能釋手. 乃撰縑素及紙書正行之尤美者, 合爲一帙, 嘗置左右. 及南奔, 雖甚狼狽, 猶以自隨. 將敗, 並沒于江. (出『法書要錄』)

207 · 3(2379)
왕 수(王 修)

왕수는 자가 경인(敬仁)으로, 왕중조(王仲祖)의 아들이며 관직이 저작랑(著作郎)에까지 이르렀다. 그는 어려서부터 수재라는 칭찬을 들었고, 16살에는 「현령론(賢令論)」을 지었는데, 유진장(劉眞長: 劉惔)은 이를 보고 찬탄해 마지 않았다. 왕수는 예서(隷書)와 행서(行書)에 뛰어났다. 한번은 그가 왕우군(王右軍: 王羲之)을 찾아가 글씨 한 점을 청했더니, 왕희지는 곧바로 「동방삭화찬(東方朔畫讚)」을 써서 그에게 주었다. 왕승건(王僧虔)이 말했다.

"왕경인의 글씨는 거의 오묘한 경지에 도달했기 때문에 왕자경(王子敬: 王獻之)은 그의 글씨를 볼 때마다 놀라 자빠졌다."

왕수는 승평(昇平) 원년(357)에 죽었는데, 이때 그의 나이 24세였다. 이전에 왕도(王導)가 종씨(鐘氏: 鍾繇)의 글씨를 좋아했는데, 그는 정국이 어지러운 정신 없는 상황 속에서도 오히려 의대(衣帶) 속에 종요의 「상서선시첩(尙書宣示帖)」을 감추어두었다. 왕도는 강남으로 넘어온 뒤에 이것을 왕일소(逸少: 王羲之)에게 주었고, 왕일소는 이것을 왕경인에게 주었다. 왕경인이 죽은 뒤에 그 모친은 아들이 이 서첩을 평생 좋아한 것을 보고 관에 함께 넣어주었다. 왕경인의 예서(隷書)와 행서(行書)는 묘(妙)의 경지에 들었으며, 은중감(殷仲堪)의 서법 역시 경인에 버금갔다. (『서단』)

　　王修字敬仁, 仲祖之子, 官至著作郞. 少有秀令之譽, 年十六著「賢令論」, 劉眞長見之, 嗟歎不已. 善隷·行書. 嘗就右軍求書, 乃寫「東方朔畫讚」與之. 王僧虔云: "敬仁書殆窮其妙, 王子敬每看, 咄咄逼人." 昇平元年卒, 年二十四歲. 始王導愛好鐘氏書, 喪亂狼狽, 猶衣帶中藏('藏'原作'戱', 據明鈔本改)「尙書宣示」. 過江後, 以賜逸少, 逸少乞敬仁. 敬仁卒, 其母見此書平生所好, 以入棺. 敬仁隷行入妙, 殷仲堪書, 亦敬仁之亞也. (出『書斷』)

207·4(2380)
순　여(荀　興)

　　순여는 서법에 능했으며 일찍이 「이골방(狸骨方)」을 쓴 적이 있었다. 왕우군(王右軍: 王羲之)이 이를 모방해서 썼는데 사람들은 지금에 이르도록 그것을 「이골첩(狸骨帖)」이라 부른다. (『상서고실』)

　　荀興能書, 嘗寫「狸骨方」. 右軍臨之, 至今謂之「狸骨帖」. (出『尙書故實』)

사 안(謝 安)

사안은 자가 안석(安石)으로 왕우군(右軍: 王羲之)에게 정서(正書: 楷書)를 배웠다. 왕우군이 말했다.

"그대는 서법을 이해하는 사람이지만, 서법을 이해하는 것이 어렵다는 사실도 알고 있소."

사안석은 특히 행서(行書)에 뛰어났으며 그 역시 위세마(衛洗馬: 衛玠)와 같은 풍류지사로 세상에서 존경받는 사람이었다. 왕승건(王僧虔)이 말했다.

"사안은 『능서품록(能書品錄)』에 들어간다."

사안석의 예서(隷書)·행서·초서(草書)는 모두 묘(妙)의 경지에 들었다. 형 사상(謝尙)은 자가 인조(仁祖)이고 동생 사만(謝萬)은 자가 만석(萬石: 본명은 謝萬이고 字는 萬石임)인데, 모두 서법에 뛰어났다. (『서단』)

謝安字安石, 學正於右軍. 右軍云: "卿是解書者, 然知('知'原作'之', 據明鈔本改)解書爲難." 安石尤善行書, 亦猶衛洗馬, 風流名士, 海內所瞻. 王僧虔云: "謝安入『能書品錄』也." 安石隷行草幷入妙. 兄尙字仁祖, 萬石(『法書要錄』'萬石'作'弟萬字安石'), 並工書. (出『書斷』)

207·6(2382)
왕 이(王 廙)

진(晉)나라 평남장군(平南將軍)으로 사후에 시중(侍中)으로 추증(追贈)된 왕이(王廙)는 왕우군(右軍: 王羲之)의 숙부로 예서(隷書)와 비백(飛白)에 뛰어났으며, 장지(張芝)와 위항(衛恒)의 서법을 본받았다. 왕이는 색정(索靖: 晉나라 때의 敦煌 사람으로, 草書에 뛰어났음)에게 보낸 7월 26일자 서신 한 점을 늘 보물처럼 아끼며 감상했다. 영가(永嘉)의 난리 때에는 이것을 네 번 접어 옷 속에 넣어 꿰맨 채 강을 건넜다. 오늘날의 포주(蒲州) 상천현령(桑泉縣令) 두로기(豆盧器)가 그것을 손에 넣었는데, 서신을 접은 흔적이 그대로 남아있었다. (『도사이찬』)

晉平南將軍後侍中王廙, 右軍之叔父, 工隷·飛白, 祖述張·衛法. 復索靖書七月二十六日一紙, 每寶玩之. 遭永嘉喪亂, 乃四疊綴衣中以渡江. 今蒲州桑泉令豆盧器得之, 疊跡猶在. (出『圖史異纂』)

207·7(2383)
대안도(戴安道)·강흔(康昕)

진(晉)나라의 대안도(戴安道: 戴逵)는 은거하면서 벼슬길에 나아가지 않았다. 그는 아이 때 달걀껍란에 흰 기와가루를 반죽해서 정현(鄭玄)의 비석을 만들고 그 위에다 직접 글씨를 쓰고 새겨 넣었는데, 문장이 기려

(奇麗)하고 서법도 절묘했다.

또 강흔이라는 사람이 있었는데, 역시 초서(草書)와 예서(隸書)에 뛰어났다. 한번은 왕자경(王子敬: 王獻之)이 방산정(方山亭) 벽에다 몇 줄 제사(題辭)했는데, 강흔이 그것을 몰래 고쳐 적었으나, 왕자경은 후에 이곳을 지나가면서도 조금도 [자신의 글씨에 대해] 의심하지 않았다. 또 강흔이 사거사(謝居士: 謝安)를 위해 화상(畫像)에 제(題)를 써서 왕자경에게 보여주었더니 왕자경은 감탄하면서 비할 데 없이 기묘하다고 생각했다. 강흔은 자가 군명(君明)이고 외지 사람으로, 임기현령(臨沂縣令)을 지냈다. ([『서단』])

晉戴安道隱居不仕. 總角時, 以鷄子汁溲白瓦屑作鄭玄碑, 自書刻之, 文旣奇麗, 書亦絶妙.

又有康昕, 亦善草隸. 王子敬嘗題方山亭壁數行, 昕密改之, 子敬後過不疑. 又爲謝居士題畫像, 以示子敬, 嗟嘆('嗟嘆'原作'歎能', 據明鈔本改)以爲奇('奇'原作'川河', 據明鈔本改)絶矣. 昕字君明, 外國人, 官臨沂令. (原闕出處, 明鈔本作'出『書斷』')

207·8(2384)
위 창(韋 昶)

진(晉)나라 위창은 자가 문립(文林: 文休의 誤記로 보임. 今本『法書要錄』에 의거함)이고, 위중장(韋仲將: 韋誕의 字)의 형인 양주자사(涼州刺史) 원장(元將) 위강(韋康)의 현손(玄孫)으로, 영천태수(潁川太守)와 산

기상시(散騎常侍)를 지냈다. 그는 고문(古文)·대전(大篆) 및 초서(草書)에 뛰어나고 글씨가 아주 예스러운 것이 사람으로 치면 순박한 사람이요, 나무로 치면 얼어붙은 나무와 같이 필봉(筆鋒)이 기이하고 또한 힘이 있었다. 태원연간(太元年間: 376~396)에 효무제(孝武帝)가 궁실과 사당 등의 문을 고치고 왕헌지를 시켜 예서와 초서로 편액을 쓰게 하려 했는데, 왕헌지는 한사코 이를 사양했다. 그리하여 유괴(劉瓌)에게 팔분(八分)으로 편액을 쓰게 했으며 후에 다시 위창에게 대전으로 팔분을 고쳐 쓰게 했다. 어떤 사람이 물었다.

"왕우군(王右軍: 王羲之) 부자의 서법을 어떻게 생각하십니까?"

이에 위창은 다음과 같이 대답했다.

"이왕(二王: 王羲之와 王獻之)은 본디 능(能)의 경지에 들만 하지만, 대전(大篆)는 이해하지 못했다."

위창은 또한 붓을 기가 막히게 잘 만들었는데, 왕자경(王子敬: 王獻之)이 그 붓을 얻고서 세상에 보기 드문 것이라 감탄했다. 위창은 의희연간(義熙年間: 405~418) 말에 죽었는데, 그의 나이 70세 조금 넘어서였다. 그의 고문(古文)·대전(大篆)·초서(草書)는 모두 묘(妙)의 경지에 들었다. (『서단』)

晉韋昶字文林, 仲將兄康字元將, 涼州刺史之玄孫, 官至潁川太守·散騎常侍. 善古文·大篆及草, 狀貌極古, 亦猶人則抱素, 木則封氷, 奇而且勁. 太元中, 孝武帝改治宮室及廟諸門, 並欲使王獻之隷草書題牓, 獻之固辭. 及使劉瓌以八分書之, 後又以文休以大篆改八分焉. 或問: "王右軍父子書名, 以爲云何?" 答曰: "二王自可謂能, 未知是書也." 又妙作筆, 王子敬得其筆, 歎爲絕世. 義熙末卒,年七十餘. 文體古文·大篆·草書並入妙. (出『書斷』)

207·9(2385)
소사화(蕭思話)

[南北朝시대] 송(宋)나라 소사화는 난릉(蘭陵) 사람이다. 부친 소원(蕭源)은 관군장군(冠軍將軍)과 낭야태수(瑯琊太守)를 지냈고, 소사화는 정서장군(征西將軍)과 좌복야(左僕射)까지 지냈다. 그는 서법에 능했으며, 양흔(羊欣)에게서 서법을 배웠는데 양흔의 서법을 모두 터득했다. 그의 글씨는 비록 기이한 봉우리나 벼랑이 우뚝 솟아 있는 것 같은 빼어남은 없지만, 연이은 산등성이가 끝없이 바라보이듯 그 기세가 끊이지 않으니 역시 공력(功力)을 갖추었다고 말할 수 있다. 왕승건이 말했다.

"소사화는 양흔의 서법을 전적으로 본받았을 뿐만 아니라, 풍류를 좋아하는 것까지 거의 뒤지지 않았다. 단지 필력(筆力)이 약한 것이 아쉽다."

원앙(袁昂)이 말했다.

"양흔의 진서(眞書: 楷書), 공림지(孔琳之)의 초서(草書), 소사화의 행서(行書), 범엽(范曄)의 전서(篆書)는 각자 한 시대의 묘품(妙品)이다."

(『서단』)

宋蕭思話, 蘭陵人. 父源, 冠軍·瑯琊太守, 思話官至征西將軍·左僕射. 工書, 學於羊欣. 得具體法. 雖無奇峯壁立之秀, 連岡盡望, 勢不斷絶, 亦可謂有功矣. 王僧虔云: "蕭全法羊, 風流媚好, 殆欲不減. 筆力恨弱." 袁昂云: "羊眞·孔草, 蕭行·范篆, 各一時之妙也." (出『書斷』)

207 · 10(2386)
왕승건(王僧虔)

낭야(瑯琊) 사람 왕승건은 경사에 두루 통했으며 초서(草書)와 예서(隸書)에도 뛰어났다. 태조(太祖)가 그에게 말했다.

"나의 글씨가 그대의 글씨에 비해 어떠한가?"

왕승건이 말했다.

"신의 정서(正書: 楷書)는 가장 으뜸이고, 초서는 세 번째 갑니다. 반면 폐하의 초서는 두 번째이고, 정서는 세 번째 가니, 신은 두 번째가 없는 것이고, 폐하께서는 첫 번째가 없습니다."

그러자 태조는 크게 웃으며 말했다.

"그대는 참으로 언변에 뛰어나구려. '[공자도] 천하에 도(道)가 있다면 세상을 바꾸려 하지 않을 것이다'라고 했소."

왕승건은 좌복야(左僕射)와 상서령(尙書令)을 역임했으며, 사후에는 간목공(簡穆公)이라는 시호가 내려졌다. 왕승건의 장자 왕자(王慈)가 일곱 살 때 외조부 강하왕(江夏王) 유의공(劉義恭)은 그를 데리고 중재(中齋: 정중앙에 있는 대청)로 들어가 많은 보물을 펼쳐놓고 마음대로 가지게 했다. 그런데 왕자는 단지 소금(素琴: 장식하지 않은 琴)과 「효자도(孝子圖)」한 장만 가질 뿐이었다. 또 열 살 때 시배(時輩: 당시의 유명한 인물) 채약(蔡約)과 함께 사찰에 들어가 예불을 올렸다. 그때 마침 스님들이 참회의 예불을 올리고 있었는데, 이를 본 채약이 놀리면서 이렇게 말했다.

"스님들께서는 무슨 일로 오늘 이렇게 공손하게 예불을 올리고 계시지[王僧虔의 '虔'자가 '乾乾'의 '乾'자와 발음이 같음]?"

그러자 왕자가 곧장 이렇게 대답했다.

"경께서 이처럼 예절을 모르고 계시니, 어떻게 채씨 가문을 일으킬 수 있겠습니까?"

채약은 채흥종(蔡興宗)의 아들이다. 사초종(謝超宗)은 왕자가 서법을 배우는 것을 보고 이렇게 말했다.

"경의 글씨는 건공(虔公: 王僧虔)의 글씨에 비해 어떠한가?"

그러자 왕자가 이렇게 대답했다.

"저의 글씨를 부친의 글씨와 비교하는 것은 마치 닭을 봉황에 비유하는 것과 같습니다."

사초종은 바로 사봉(謝鳳)의 아들이다. 왕자는 시중(侍中)을 역임했으며, 사후에 태상경(太常卿)에 추증(追贈)되었다. 채약은 태자첨사(太子詹事)를 역임했다. (『담수』)

또 제(齊)나라 고제(高帝)가 한번은 자신의 글씨와 왕승건의 글씨의 우열을 가리고 난 뒤에 말했다.

"누구의 글씨가 제일인가?"

그러자 왕승건이 이렇게 대답했다.

"신의 글씨는 신하들 가운데 제일이고, 폐하의 글씨는 황제들 가운데 제일입니다."

고제가 웃으면서 말했다.

"그대는 임기응변에 뛰어나구려."

(『남사』)

瑯琊王僧虔博通經史, 兼善草・隷. 太祖謂虔曰: "我書何如卿?" 曰: "臣正書第一, 草('草'原作'章', 據明鈔本改)書第三. 陛下草書第二, 正書第三, 臣無第二, 陛下無第一." 上大笑曰: "卿善爲詞也. 然'天下有道, 丘不與易也.'" 虔歷左僕射・尙書令, 謐簡穆公. 僧虔長子慈, 年七歲, 外祖江夏王劉義恭, 迎之入中齋, 施實寶物, 恣其所取. 慈唯取素琴・一張「孝子圖」而已. 年十歲, 共時輩蔡約入寺禮佛. 正見沙門等懺悔, 約戲之曰: "衆僧今日何乾乾?" 慈應聲答曰: "卿如此不知禮, 何以興蔡氏之宗?" 約, 興宗之子也. 謝超宗見慈學書, 謂之曰: "卿書何如虔公?" 答云: "慈書與大人, 如鷄之比鳳." 超宗, 鳳之子. 慈歷侍中, 贈太常卿. 約歷太子詹事. (出『談藪』)

又齊高帝嘗與王僧虔賭書畢, 帝曰: "誰爲第一?" 僧虔對曰: "臣書人臣中第一, 陛下書帝中第一." 帝笑曰: "卿可謂善自謀矣." (出『南史』)

207・11(2387)
왕 융(王 融)

[南北朝시대] 송(宋)나라 말년에 왕융은 고금의 여러 서체를 모방하여 모두 64서체를 만들어냈다. 당시의 젊은이들이 이 서체를 모방하여 집집마다 소장하느라 종이가 귀해졌다. 또한 풍서(風書)・어서(魚書)・

충서(蟲書)·조서(鳥書)는 7국[전국시대를 말함] 때의 글씨인데, 왕원장(王元長: 王融)은 이러한 서체를 모두 예서(隸書)로 바꾸었기에 훗날 사람들의 비난을 받게 되었다. 상동왕(湘東王)은 저양현령(沮陽縣令) 위중(韋仲)으로 하여금 이 서체를 91종으로 정하게 했고, 그 다음으로 공조(功曹) 사선훈(謝善勛)이 9개의 서체를 보태고 합쳐서 100개의 서체를 만들었다. 그 가운데 팔괘로써 서체의 하나를 만들고, 태극으로 서체 두 가지를 만들어냈다. 큰 글자는 한 글자의 직경이 1장(丈)이나 되었으며, 작은 글자는 사방 1촌(寸)에 천 글자가 들어갔다. (『법서요록』)

宋末, 王融圖古今雜體, 有六十四書. 少年倣效, 家藏紙貴. 而風·魚·蟲·鳥, 是七國時書, 元長皆作隸字, 故貽後來所誚(明鈔本'誚'作'詰'). 湘東王遣沮陽令韋仲定爲九十一種, 次功曹謝善勛增其九法, 合成百體. 其中以八卦爲書爲('爲'原作'爲', 據明鈔本改)一, 以太極爲兩法. 徑丈一字, 方寸千言. (出『法書要錄』)

207·12(2388)
소자운(蕭子雲)

양(梁)나라 소자운은 자가 경교(景喬)이다. 무제가 그에게 말했다.
"채옹의 글씨는 비(飛)하되 백(白)하지 않고, 왕희지의 글씨는 백(白)하되 비(飛)하지 않은데[飛白: 楷書의 필법을 약간 변형하여 만든 것인데, 본래는 궁중의 편액에 쓰던 서체로서, 筆勢가 약간 가볍고 꽉 차지 않은 데서 나온 이름으로 後漢의 蔡邕에게서 시작되었음], 비(飛)와 백(白)사이는 그대가 알아서 헤아리시오."

한번은 소자운이 '소(蕭)'자를 크게 썼는데, 후인들이 이를 상자에 넣어두고 보물처럼 아꼈으며 장빈호(張賓護)에게까지 전해졌다. 동도(東都: 洛陽)에 있는 소자운의 옛 저택에 그의 서재가 있는데, 서재의 전후 담벼락에는 모두 명인들의 글이 적혀 있다. (『상서고실』)

무제(武帝)가 사찰을 조성하고 소자운에게 비백체로서 '소(蕭)'자를 크게 쓰게 했는데, 지금까지 '소(蕭)'자가 남아있다. 이약(李約)은 가산을 모두 처분하여 강남에서 이 '소(蕭)'자를 구입해서 동락(東洛: 洛陽)으로 돌아와 작은 정자를 짓고 이 글자를 감상했다. 그래서 이 정자를 '소재(蕭齋)'라 불렀다. (『국사보』)

梁蕭子雲字景喬. 武帝謂曰: "蔡邕飛而不白, 羲之白而不飛. 飛白之間, 在卿勘酌耳." 嘗大書蕭字, 後人匣而寶之, 傳至張氏賓護. 東都舊第有蕭齋, 前後序皆名公之詞也. (出『尙書故實』)

武帝造寺, 令蕭子雲飛白大書'蕭'字, 至今'蕭'字存焉. 李約竭産, 自江南買歸東洛, 建一小亭以翫, 號曰'蕭齋'. (出『國史補』)

207·13(2389)
소 특(蕭 特)

난릉(蘭陵) 출신의 해염현령(海鹽縣令) 소특은 초서(草書)와 예서(隸

書)에 뛰어났다. 고조는 그를 다음과 같이 칭찬했다.

"왕자경(子敬: 王獻之)의 글씨는 왕일소(逸少: 王羲之)의 字)만 못한데, 소특의 글씨는 그 부친을 뛰어넘었구나."

(『담수』)

海鹽令蘭陵蕭特善草‧隷. 高祖賞之曰: "子敬之書, 不如逸少, 蕭特之跡, 遂過其父." (出『談藪』)

207 · 14(2390)
승지영(僧智永)

진(陳)나라 때 영흔사(永欣寺)의 지영 스님은 줄곧 조상 왕일소(逸少: 王羲之)를 스승으로 받들어 그의 서법을 배웠다. 지영 스님은 몇 해 동안 정성을 다해 한 마음으로 서법을 연마하고, 공손하게 예의를 갖추었으며, 초서 탐구에만 힘쓸 뿐이었다. 그리하여 지영 스님의 장초(章草)와 초서(草書)는 묘(妙)의 경지에 들었고, 행서(行書)는 능(能)의 경지에 들었다. 그의 형 지해(智楷)도 서법에 뛰어나고, 정첨(丁覘) 역시 예서(隷書)에 뛰어났다. 그리하여 당시의 사람들은 이렇게 말했다.

"정첨의 진서(眞書: 楷書), 지영의 초서."

(『서단』)

또 지영은 일찍이 누각 위에서 서법을 배웠는데, 서법을 다 배우고 나서야 비로소 누각을 내려왔다. (『국사찬이』)

양(梁)나라의 주흥사(周興嗣)가 [1000개의 글자를] 순서에 따라 나열하여 『천자문(千字文)』을 편찬했다. 『천자문』의 글자는 모두 왕우군(王右軍: 王羲之)의 글씨에서 나온 것인데, 사람들은 그 사실을 몰랐다. 처음에 양 무제(武帝)가 여러 왕에게 글을 가르치기 위한 생각으로 은철석(殷鐵石)으로 하여금 대왕(大王: 王羲之)의 글씨 가운데서 글자가 중복되지 않게 1000자를 베껴 적게 했다. 그런데 각 글자가 여기저기 분산되어 있어서 잡다하고 순서가 없었다. 그리하여 무제는 주흥사를 불러 이렇게 말했다.

"경은 문재(文才)를 갖추고 있으니, 나를 위해 한편의 운문으로 만들어보시오."

주흥사는 하룻밤 사이에 운문을 만들어 무제께 진상했는데, 귀밑 털이 모두 세어 있었다. 그리하여 무제는 그에게 후한 상을 내렸다. 왕우군의 손자 지영선사는 직접 왕희지의 『천자문』 800부를 베껴 적어 그것을 사람들에게 나누어 주고, 강남의 여러 절에 각각 한 부씩 남겨두었다. 영공(永公: 智永)은 오흥(吳興) 땅의 영혼사에 머물면서 오랫동안 서법을 배웠으며, 후에 10개의 항아리에 독필(禿筆: 모지랑붓. 끝이 닳아서 더 이상 사용할 수 없는 붓)의 끝 토막을 담아 두었는데, 항아리마다 수천 개의 독필의 끝 토막이 담겨져 있었다. 글씨를 구하러 찾아오거나 편액에 글씨를 부탁하러 오는 사람들로 문전성시를 이루었으며, 그가 머무는 방의 문지방에 구멍이 나서 철판으로 막았기 때문에 사람들은 이를 '철문한(鐵門限)'이라 불렀다. 후에 지영선사는 독필의 끝 토막을 묻고, '퇴필총(退筆塚)'이라 했으며, 직접 명문을 지었다. (『상서고실』)

지영선사는 늘 영혼사의 누각 위에 머물면서 글씨를 베껴 썼는데, 다 사용한 퇴필두(退筆頭: 禿筆)를 커다란 대나무 상자에 넣어두었다. 대나무 상자는 쌀 한 섬 남짓을 담아 둘 수 있는데, 대나무 상자 5개가 모두 퇴필의 끝 토막으로 가득 찼다. (『법서요록』)

陳永欣寺僧智永, 永師遠祖逸少. 歷紀專精, 攝齋升堂, 員草唯命. 智永章草及草書入妙, 行入能. 兄智楷亦工書, 丁覘亦善隷書. 時人云: "丁眞, 永草." (出『書斷』)

又智永嘗於樓上學書, 業成方下. (出『國史纂異』)

梁周興嗣編次『千字文』. 而有王右軍者, 人皆不曉. 其始乃梁武教諸王書, 令殷鐵石於大王書中, 搨一千字不重者. 每字片紙, 雜碎無序. 武帝召興嗣謂曰: "卿有才思, 爲我韻之." 興嗣一夕編綴進上, 鬢髮皆白. 而賞錫甚厚. 右軍孫智永禪師, 自臨八百本, 散與人外, 江南諸寺各留一本. 永公住吳興永欣寺, 積學書, 後有禿筆頭十甕. 每甕皆數千. 人來覓書, 並請題額者如市, 所居戶限爲穿穴, 乃用鐵葉裹之, 謂爲'鐵門限'. 後取筆頭瘞之, 號爲'退筆塚', 自製銘志. (出『尙書故實』)

常居永欣寺閣上臨書, 所退筆頭, 置之於大竹簏. 簏受一石餘, 而五簏皆滿. (出『法書要錄』)

207 · 15(2391)
승지과(僧智果)

수(隋)나라 영흔사(永欣寺)의 지과 스님은 회계(會稽) 사람으로, 양제(煬帝)가 그를 몹시 잘 대해 주었다. 그는 서법에 뛰어나고 명문을 잘 새겼는데, 글씨체가 가늘면서도 힘이 있어서 빠른 시간 내에 그와 비슷해지기란 어려웠다. 양제가 한번은 영사(永師: 僧智永)에게 이렇게 말했다.

"스님께서는 왕우군(右軍: 王羲之)의 살을 얻으셨고, 지과스님은 뼈를 얻었습니다."

무릇 힘줄과 기골은 피부 속에 숨어있고, 산수는 높고 깊은 것을 싫어하지 않는다. 그런데 이 공(公: 僧智果)의 서법은 수려함과 그윽함이 다소 부족하고 붓끝이 지나치게 쉽게 드러나는 것이 흠이니, 마치 오(吳)나라 사람들이 전쟁을 치를 때 경솔하게 진격하고 쉽게 물러나며, 큰 힘만을 믿고 병법을 강구하지 않으면서 허장성세 하는 것과 같으니, 바로 명리를 탐하는 학자가 아닌가! 지과의 예서(隸書)·행서(行書)·초서(草書)는 능(能)의 경지에 들었다. (『서단』)

隋永欣寺僧智果, 會稽人也, 煬帝甚善之. 工書銘石, 其爲瘦健, 造次難類. 嘗謂永師云: "和尙得右軍肉, 智果得骨." 夫筋骨藏於膚肉, 山水不厭高深. 而此公稍乏淸幽, 傷於淺露, 若吳人之戰, 輕進易退, 勇力而非武, 虛張誇耀, 無乃小人儒乎! 智果隸·行·草入能. (出『書斷』)

태평광기 권제 208

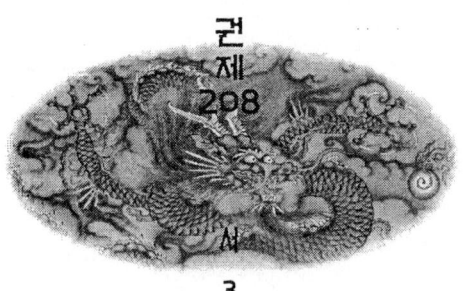

3

1. 당태종(唐太宗)
2. 구난정서(購蘭亭序)
3. 한왕원창(漢王元昌)
4. 구양순(歐陽詢)
5. 구양통(歐陽通)
6. 우세남(虞世南)
7. 저수량(褚遂良)
8. 설 직(薛 稷)
9. 고정신(高正臣)
10. 왕소종(王紹宗)
11. 정광문(鄭廣文)
12. 이양빙(李陽冰)
13. 장 욱(張 旭)
14. 승회소(僧懷素)

208 · 1(2392)
당태종(唐太宗)

당나라 태종이 정관(貞觀) 14년(640)에 친히 진서(眞書: 楷書)와 초서(草書)로 병풍에 글을 써서 여러 신하들에게 보여주었는데, 필력(筆力)에 힘이 넘쳐 한 시대의 최고라고 할 만했다. 태종은 일찍이 조정의 신하들에게 이렇게 말했다.

"서법(書法)이라는 학문은 소도(小道)로서, 처음에는 급선무가 아니지만 때에 맞추어 마음을 쏟아 익히면 쓸데없이 시간을 버리는 것보다는 낫느니라. 무릇 모든 기예란 배우는데도 불구하고 얻지 못하는 경우는 없으니, 마음이 게을러져서 집중하지 못하는 데에 병폐가 있다."

또 이렇게 말했다.

"짐이 옛 사람의 글을 볼 때에는 오직 그 형체만을 배우려 하지 않고 필력(筆力)을 배우고자 한다. 필력을 얻게 되면 형체는 저절로 생겨난다."

한번은 3품(品) 이상의 관리들을 불러 현무문(玄武門)에서 연회를 베풀었다. 태종이 붓을 쥐고 비백서(飛白書: 八書體의 하나로 八分과 비슷한데 筆勢가 나는 듯하고 붓 자국이 비로 쓴 자리처럼 보이는 서체)를 쓰자, 여러 신하들이 술기운에 태종의 손에서 태종이 쓴 글씨를 서로 차지하고자 했다. 이 때 산기상시(散騎常侍) 유계(劉洎)가 용상(龍床)에 올라가 손을 내뻗어서 글씨를 낚아챘다. 글씨를 얻지 못한 자들은 모두 유계가 용상에 올라갔으니 마땅히 죽을죄에 해당한다고 말하면서 법에 따라 처벌하길 청했다. 그러자 태종이 웃으며 말했다.

"예전에 듣기로 첩여(婕妤: 漢 班況의 딸 班婕妤로 班倢伃라고도 함)가 수레에 오르기를 거절했다는데[成帝가 함께 수레에 타자고 하자 班倢伃가 거절한 일을 말함], 지금은 상시[劉泊를 말함]가 용상에 올랐구나!"

(『상서고실』)

唐太宗貞觀十四年, 自眞・草書屛風, 以示羣臣, 筆力遒勁, 爲一時之絶. 嘗謂朝臣曰: "書學小道, 初非急務, 時或留心, 猶勝棄日. 凡諸藝業, 未有學而不得者也, 病在心力懈怠, 不能專精耳." 又云: "吾臨古人之書, 殊不學其形勢, 惟在骨力. 及得骨力, 而形勢自生耳."

嘗召三品已上, 賜宴於玄武門. 帝操筆作飛白書, 衆臣乘酒, 就太宗手中相競. 散騎常侍劉泊, 登御牀引手, 然後得之. 其不得者, 咸稱泊登牀, 罪當死, 請付法. 太宗笑曰: "昔聞婕妤辭輦, 今見常侍登牀!" (出 『尙書故實』)

208・2(2393)
구난정서(購蘭亭序)

왕희지(王羲之)의 「난정서(蘭亭序)」. 지영(智永: 陳・隋代의 유명한 書法家) 스님의 제자인 변재(辨才)가 침실 들보에 구멍을 뚫어서 「난정서」를 보관했는데, 스승이 살아 계실 때보다 더욱 아끼고 귀중히 여겼다. 정관연간(貞觀年間: 627~650)에 태종(太宗)은 정사를 돌보다가 틈이 날 때면 글씨에 대해 열심히 연구했다. 태종은 왕희지의 해서(楷書)와 초서(草書)가 실린 서첩을 거의 다 구입하여 갖추었는데 오직「난정서」만을 얻지 못했다. 그는 이 서첩을 찾던 중에 그것이 변재의 수중에 있음을 알게 되었다. 그래서 칙서를 보내 변재로 하여금 도성으로 들어와 내도량(內道場: 승려가 講經하는 곳으로 궁전 안에 설치되어 있음)에서 공양을 받게 했으며 하사품도 넉넉히 내렸다. 며칠 후 태종은 [글씨에 대해서] 말하던 차에「난정서」에 대해 물었는데, 온갖 방법으로 유혹해도 소용이 없었다. 변재가 말하길, 이전에 스승님을 모실 때에는 정말로 늘 그것을 볼 수 있었지만 스승님이 돌아가시고 거듭 혼란을 겪으면서 어디로 사라졌는지 알 수 없다고 했다. 기왕 [「난정서」를] 얻을 수 없게 되자 태종은 마침내 [변재를] 월주(越州)로 되돌려 보냈다. 나중에 더욱 캐어보고서는 변재의 수중에서 벗어나지 않았음을 알고 다시 칙명을 내려 변재로 하여금 도성으로 들어오게 해서「난정서」에 대해 다시 물었다. 이렇게 하기를 3차례나 했지만 변재는 결국 꼭꼭 감춰두고 내놓지 않았다. 그러자 태종이 측근 신하에게 말했다.

 "우군(右軍: 王羲之가 右軍將軍을 지낸 적이 있으므로 王羲之를 右軍이라고 함)의 글씨는 짐이 특히 아끼는 것이지만 수중에 있는 일소(逸少: 王羲之의 字)의 친필 중에서「난정서」만한 것이 없소. 이 서첩을 구해서 보고자 짐은 오매불망 마음을 썼다오. 변재 스님은 나이도 많고 [그에게는「난정서」가] 쓸모도 없으니, 만약 지략이 있는 선비가 계책을 내어서 그것을 구한다면 반드시 얻을 수 있을 것이오."

그러자 상서좌복야(尙書左僕射)인 방현령(房玄齡)이 말했다.

"신이 듣기로 감찰어사(監察御史) 소익(蕭翼)이란 자는 양(梁)나라 원제(元帝)의 증손으로 지금 위주(魏州) 신현(莘縣) 출신인데, 재예(才藝)가 있고 권모(權謀)가 풍부하다 하오니 이번 임무를 감당할 수 있을 것입니다. [만약 그에게 이 일을 맡기신다면] 반드시 [「난정서」를] 얻어서 올 것입니다."

태종이 마침내 소익을 불러 만나보았는데, 소익이 이렇게 아뢰었다.

"만약 신을 공적인 신분으로 보내신다면 도의상 사리에 맞지 않사오니 청컨대 사적인 신분으로 그 사람에게 가도록 해주십시오. 그리고 왕씨 두 부자[王羲之와 王獻之를 말함]의 글씨가 함께 들어있는 서첩 서너 통이 필요합니다."

그러자 태종은 그의 말대로 [그가 요구한 것을 그에게] 주었다.

소익은 드디어 관복을 벗고 변장을 하고서 낙수(洛水)로 갔다. 거기서 상인의 배를 타고 월주(越州)로 내려갔다. 그리고는 다시 [서민이 입는] 누런 윗도리를 입었는데 옷이 너무나 헐렁하고 초라해서 마치 산동(山東)의 서생(書生)과 같은 모습이었다. 해가 저물 무렵에 절로 들어가서 복도를 따라가며 벽화를 구경하다가 변재 스님의 방까지 와서는 문 앞에 멈추었다. 변재 스님이 멀리서 소익을 보고는 물었다.

"어디서 오신 시주(施主)이신지요?"

소익은 앞으로 나아가서 절을 하며 말했다.

"제자(弟子)는 북쪽 사람이온데, 누에씨를 조금 가지고 다니면서 팝니다. 여러 절들을 다니면서 마음대로 구경하는데 운 좋게도 스님을 만나게 되었습니다."

인사가 끝나자 서로 말이 통하고 마음이 맞았다. 변재 스님은 소익을 이끌고 방으로 들어가서 함께 바둑을 두고 금(琴)을 연주하고 투호(投壺: 화살처럼 만든 靑紅의 긴 막대기를 두 사람이 갈라 가지고 일정한 거리에 놓인 병 속에 던져 넣는 놀이)와 악삭(握槊: 雙陸이라고도 하는데 주사위를 써서 말이 먼저 궁에 들어가기를 겨루는 놀이)을 하면서 놀고 문학과 역사에 대해 이야기했는데, 뜻이 아주 잘 맞았다. 그러자 변재 스님이 말했다.

"머리가 허옇게 셀 때까지 사귀어도 금방 사귄 사이처럼 생소한 경우가 있고, 길을 가다가 우연히 만나 서로 수레 덮개를 기울이고서 잠깐 이야기해도 오랫동안 사귄 사이처럼 친한 경우도 있다는데, 이제부터는 행적에 얽매이지 맙시다."

그리고는 바로 소익을 머무르게 하면서 밤에 묵도록 하고 항면(缸面)과 약주와 과일 등을 내놓았다. 강동(江東)에서 '항면'이라고 부르는 것은 하북(河北)에서 '옹두(甕頭)'라고 부르는 것과 같은데, 이제 막 빚어서 익힌 새 술을 말한다. 한창 즐거움이 무르익은 후에 손님에게 시 짓기를 청하면서 [먼저] 변재 스님이 '래(來)'자를 운으로 삼아서 다음과 같은 시를 읊었다.

막 빚은 술항아리 여니,
새 친구가 만리에서 왔네.
구름을 헤치며 함께 외로워하고,
달빛 아래서 걸으며 함께 배회하네.
밤은 깊어 외로운 금(琴) 소리에 생각에 잠기고,
바람 길게 부니 멀리 가는 기러기 슬피 우는구나.
비밀스런 술법을 지닌 그대가 아니라면,

타지 않는 재[不燃灰: 死灰를 가리키며 불기운이 없어진 재라는 의미로 寡欲하여 名利에 담박한 마음을 비유함]와 같은 나를 누가 비춰주리?

이번엔 소익이 '초(招)'자를 운으로 삼아서 다음과 같은 시를 읊었다.

  우연히 서로 만나 좋은 밤을 보내게 되었지,
  훌륭한 초대 은근히 받았다오.
  미천(彌天: 大德을 말함. 大德은 唐나라에서 승려에 대한 法階로 사용했으며 덕망이 높은 승려를 부르던 존칭으로 여기에서는 변재 스님을 가리킴)이 갑자기 오랜 친구 같으니,
  초지(初地: 불교용어로서 大乘의 菩薩 수행 과정상에서 거치게 되는 10단계의 境地 중 첫 번째 경지에 해당하는 歡喜地를 말함. 十地 중 첫 번째라 하여 初歡喜地라고도 하는데, 보살이 처음으로 의혹을 끊고 깨달음에 눈을 뜬 경지임)가 어찌 멀리서 이루어지리?
  개미처럼 뜬 술 찌꺼기는 따라내도 다시 떠오르지만,
  원숭이처럼 어지럽던 마음은 길들여진 듯하네.
  뉘라서 무리를 잃어버린 새를 가련히 여기리?
  휘몰아치는 업풍(業風: 불교용어로서 惡業으로 인해 맞는 猛風을 말함)에 길이 고뇌하네.

두 시의 수준이 대략 비슷했는데, 두 사람은 서로 시를 주고받으며 서로가 너무 늦게 알게 된 것을 안타까워했다. 밤새도록 즐기다가 다음날이 되어서 소익이 떠나게 되자 변재 스님이 말했다.

"시주께서 한가하시면 다시 오십시오."

그러자 소익은 술을 가지고 다시 절로 와서 흥이 나면 시를 지었다. 이렇게 하기를 여러 차례 거듭했는데, 시 짓고 술 마시기에 힘쓰면서 그들의 습관이 아주 비슷해졌다.

열흘 정도 지나서 소익은 양나라 원제가 직접 그리고 쓴 「직공도(職

貢圖)」를 [변재 스님에게] 보여주었는데, 스님은 감탄하여 칭찬해 마지 않았다. 이렇게 해서 글씨에 대해 이야기하게 되었는데, 소익이 이렇게 말했다.

"저는 이전에 왕희지 부자의 해서 필법을 전수 받았는데, 어려서부터 그것에 푹 빠져서 지금도 왕희지 부자의 서첩 몇 개를 몸에 지니고 다닌답니다."

그러자 변재 스님이 기뻐하며 말했다.

"내일 오실 때 그걸 가지고 오셔서 보여 주시지요."

소익은 때에 맞추어 가서 그 서첩을 꺼내 변재 스님에게 보여주었다. 그러자 변재 스님은 그것을 자세히 살펴보더니 이렇게 말했다.

"[왕희지 부자의 친필이] 맞긴 맞는데, 가장 좋은 작품은 아니군요. 저에게도 진품이 하나 있는데 보통 것과는 아주 많이 다르지요."

그러자 소익이 물었다.

"어떤 서첩입니까?"

변재 스님이 대답했다.

"「난정서」랍니다."

소익이 웃으며 말했다.

"난리를 여러 번 겪었는데 진품이 어찌 남아있을 수 있겠습니까? 분명히 향탑(響搨: 書畵 등을 寫生할 때 그림이나 글씨의 가장자리 선을 그어서 베껴내는 것을 말하며 雙鉤라고도 함)으로 만든 위작에 불과하겠지요."

그러자 변재 스님이 말했다.

"선사(禪師)께서 살아 계실 때 보배처럼 아끼셨고 돌아가실 때가 되어서는 저에게 직접 주셨습니다. 주고받음이 확실한데 어찌 착오가 있겠습니까? 내일 보러 오셔도 좋습니다."

다음 날 소익이 오자 스님은 방에 있는 들보의 구멍에서 「난정서」를 꺼냈다. 소익은 그것을 다 보고 나서 일부러 흠을 잡으며 말했다.

"과연 베껴서 쓴 글씨이군요."

의견이 분분하여 결국 결론을 내리지 못했다. 변재 스님은 소익에게 「난정서」를 보여준 후에 그것을 다시 들보에 두지 않고 소익이 가지고 있는 왕희지 부자의 여러 서첩들을 빌려서 그것들과 함께 책상에다 두었다. 변재 스님은 이때 나이가 80여 세나 되었는데도 매일 창문 아래에서 글씨를 몇 번씩이나 쓰면서 연습했는데, 늙었지만 이처럼 성실히 배우기를 좋아했다. 이로부터 소익이 여러 번 왕래하자 [변재 스님의] 동복(童僕)과 제자들 중에서 더 이상 그를 의심하는 사람은 아무도 없었다.

후에 변재 스님이 성읍으로 나가 사교(汜橋)의 남쪽에 있는 엄천(嚴遷)의 집에 공양하러 가게 되었는데, 이때 소익은 마침내 가만히 변재 스님의 방 앞으로 가서 동복에게 이렇게 말했다.

"내가 수건을 평상 위에다 두고 갔다."

동복은 바로 문을 열어주었고, 소익은 드디어 책상 위에서 「난정서」와 어부(御府: 임금이 쓰는 물품을 넣어두는 곳집)에서 가져온 왕희지 부자의 서첩을 가지고 곧바로 영안역(永安驛)으로 가서 역장에게 엄중히 말했다.

"나는 어사(御史)로서 칙명을 받들고 이곳에 왔느니라. 지금 묵칙(墨敕: 궁중에서 직접 發布하는 칙서로서 거기에 찍힌 옥새의 빛이 검기 때문에 墨敕이라고 함)을 가지고 있으니 이것을 너의 도독(都督)에게 알리거라."

도독 제선행(齊善行)이 이러한 소식을 듣고는 말을 타고 달려와 배알했다. 이에 소익이 칙서를 보여주고 자기가 온 까닭을 자세히 알려주자 제선행은 사람을 보내 변재 스님을 불러오게 했다. 변재 스님은 그때까지도 엄천의 집에 있었고 아직 절로 돌아가지 않은 상태였다. 그는 갑자기 불림을 당해 무슨 영문인지 알지도 못하는 상황이었는데, 그를 부르러 온 사람이 또 이렇게 말하는 것이었다.

"시어사(侍御史)께서 보고자 하십니다."

변재 스님이 가서 어사를 뵈니 바로 [이전에 자신의] 방에서 함께 있었던 소익이었다. 소익이 말했다.

"일찍이 칙명을 받들고 「난정서」를 가지러 왔으며, 「난정서」는 이제 이미 얻었소. 그래서 이별을 고하고자 스님을 부른 것이오."

변재 스님은 이 말을 듣고는 바로 기절했다가 한참이 지나서야 깨어났다.

소익은 역참에서 말을 달려 도성에 도착해서 태종에게 아뢰었다. 그러자 태종은 매우 기뻐하면서 방현령이 사람을 잘 천거했다며 그에게 채색비단 1000단(段: 1段은 半匹에 해당함)을 하사했다. 그리고 소익을 원외랑(員外郞)으로 승진시키고 5품(五品)을 더해주었으며 은병(銀甁)과 금실을 새겨 넣은 병[金縷甁]과 마노(瑪瑙: 石英의 일종으로 색깔이 고와서 장식품으로 쓰임)로 만든 그릇을 각각 하나씩 주면서 그것들을 모두 진주로 채워주었다. 또한 궁중의 마구간에 있는 좋은 말 2필과 보배로 장식한 안장과 고삐, 그리고 가택과 장원도 하사했다. 태종은 처음에는 노승[변재 스님을 말함]이 「난정서」를 비밀스럽게 아낀 것 때문에 화가 났지만 잠시 후에 그가 연로하다는 것을 생각하고는 차마 형벌을 내리지 못했다. 그리고 몇 달이 지나자 하사품으로 비단 3000단과 곡식 3000섬을 주면서 월주(越州)에서 지급하도록 칙명을 내렸다. 변재 스님은 하사품을 감히 자신이 사용하지는 못하고 그것으로 3층 보탑을 쌓았는데, 탑이 매우 아름다웠으며 그 탑은 아직까지도 남아 있다. 노승은 [여러 가지 일들로] 놀라는 바람에 병이 중해져서 억지로라도 밥을 먹지 못하고 오직 미음만 마시다가 1년 남짓 지나서 세상을 떠났다.

태종은 향탑을 담당하고 있는 조모(趙模)·한도정(韓道政)·풍승소(馮承素)·제갈진(諸葛眞) 4명에게 「난정서」를 몇 부씩 향탑하도록 명을 내려서 황태자와 제왕(諸王)과 측근 신하들에게 하사했다. 정관(貞觀) 23년(649)에 태종은 몸이 좋지 않아서 옥화궁(玉華宮) 함풍전(含風殿)에서 머물렀다. 태종은 붕어하기 전에 고종(高宗)에게 이렇게 말했다.

"내가 너에게 물건 하나를 청하고자 한다. 너는 진실로 효자이니 어찌 이 아비의 마음을 져버릴 수 있겠느냐? 네 뜻은 어떠하냐?"

고종은 슬픔에 목이 메여 눈물을 흘리며 귀를 기울여서 명을 들었다. 태종이 말했다.

"내가 원하는 것은 「난정서」이니 내가 가지고 갈 수 있게 해다오."

그 후 「난정서」는 황제의 시신과 함께 무덤 속으로 들어갔다. 오늘날 조모 등이 향탑하여 남아 있는 것은 한 부의 가치가 수만 냥에 달한다. (『법서요록』)

일설에 의하면 왕희지가 일찍이 「난정회서(蘭亭會序)」를 썼는데, 수(隋)나라 말에 광주(廣州)의 호사가(好事家)인 한 스님이 그것을 얻었다

고 한다. 이 스님에게는 세 가지의 보물이 있었는데, 그것들을 보배롭게
여기며 간직했다. [세 가지 보물 중에서] 첫째는 우군의「난정회서」서
첩이고, 둘째는 신령스러운 거북(銅으로 만들어진 것인데, 거북의 배는
한 되 정도의 부피이다. 거기에 물을 저장하면 거북이 네 발을 움직여
걷는데, 어디든지 갈 수 있다)이며, 셋째는 여의(如意)(鐵로 꾸며져 있고
빛이 환하게 비치며 수정과 같은 빛깔이다)였다. 태종은 특히 글씨에 조
예가 깊었다. 태종은 우군의 진필인「난정회서」에 대해 듣고 그것을 구
하고자 했는데, 다른 것들은 얻었으나 제일본(第一本)만은 광주의 스님
에게 있음을 알면서도 억지로 가질 수 없었다. 그래서 사람을 시켜서 스
님을 속여 마침내 그 서첩을 얻게 되었다. 그러자 스님은 이렇게 말했
다.

 "첫 번째 보물을 잃었으니 그 나머지야 아껴서 무엇하리!"

 그리고는 여의로 돌을 쳐서 여의가 부러지자 그것을 버렸다. 또 거북
을 던져서 한쪽 다리가 망가졌는데, 이때부터 거북은 걸을 수 없게 되었
다. (『기문』)

 王羲之「蘭亭序」. 僧智永弟子辨才, 嘗於寢房伏梁上, 鑿爲闇檻, 以貯「蘭亭」,
保惜貴重於師在日. 貞觀中, 太宗以聽政之暇, 銳志翫書. 臨羲之眞・草書帖, 搆
募備盡, 唯未得「蘭亭」. 尋討此書, 知在辨才之所. 乃敕追師入內道場供養, 恩賚
優洽. 數日後, 因言次, 乃問及「蘭亭」, 方便善誘, 無所不至. 辨才確稱往日侍奉
先師, 實常獲見, 自師沒後, 荐經喪亂, 墜失不知所在. 旣而不獲, 遂放歸越中. 後
更推究, 不離辨才之處, 又敕追辨才入內, 重問「蘭亭」. 如此者三度, 竟靳固不出.
上謂侍臣曰: "右軍之書, 朕所偏寶, 就中逸少之蹟, 莫如「蘭亭」. 求見此書, 勞於

瘡瘵. 此僧耆年, 又無所用, 若得一智略之士, 設謀計取之必獲." 尙書左僕射房玄
齡曰: "臣聞監察御史蕭翼者, 梁元帝之曾孫, 今貫魏州莘縣, 負才藝, 多權謀, 可
充此使. 必當見獲." 太宗遂召見, 翼奏曰: "若作公使, 義無得理, 臣請私行詣彼.
須得二王雜帖三數通." 太宗依給.

翼遂改冠微服, 至洛潭. 隨商人船, 下至越州. 又衣黃衫, 極寬長潦倒, 得山東
書生之體. 日暮入寺, 巡廊以觀壁畫, 遇辨才院, 止於門前. 辨才遙見翼, 乃問曰:
"何處檀越?" 翼就前禮拜云: "弟子是北人, 將少許蠶種來賣. 歷寺縱觀, 幸遇禪
師." 寒溫旣畢, 語議便合. 因延入房內, 卽共圍碁·撫琴·投壺·握槊, 談說文
史, 意甚相得. 乃曰: "白頭如新, 傾蓋如舊, 今後無形跡也." 便留夜宿, 設缸面·
藥酒·果等. 江東云'缸面', 猶河北稱'甕頭', 謂初熟酒也. 酣樂之後, 請賓賦詩,
辨才探得'來'字韻, 其詩曰: "初酳一缸開, 新知萬里來. 披雲同落寞, 步月共徘徊.
夜久孤琴思, 風長旅鴈哀. 非君有祕術, 誰照不燃灰?" 蕭翼探得'招'字韻, 詩曰:
"邂逅款良宵, 殷勤荷勝招. 彌天俄若舊, 初地豈成遙? 酒蟻傾還泛, 心猨躁似調.
誰憐失羣翼? 長苦業風飄." 妍蚩略同, 彼此諷咏, 恨相知之晚. 通宵盡歡, 明日乃
去, 辨才云: "檀越閑卽更來." 翼乃載酒赴之, 興後作詩. 如此者數四, 詩酒爲務,
其俗混然.

經旬朔, 翼示師梁元帝自書「職貢圖」, 師嗟賞不已. 因談論翰墨, 翼曰: "弟子
先傳二王楷書法, 弟子自幼來就翫, 今亦數帖自隨." 辨才欣然曰: "明日來, 可把
此看." 翼依期而往, 出其書以示辨才. 辨才熟詳之曰: "是卽是矣, 然未佳善也.
貧道有一眞跡, 頗是殊常." 翼曰: "何帖?" 才曰: "「蘭亭」." 翼笑曰: "數經亂離,
眞迹豈在? 必是響搨僞作耳." 辨才曰: "禪師在日保惜, 臨亡之時, 親付於吾. 付
受有緖, 那得參差? 可明日來看." 及翼到, 師自於屋梁上檻內出之. 翼見訖, 故駁
瑕指頴曰: "果是響搨書也." 紛競不定. 自示翼之後, 更不復安於伏梁上. 並蕭翼
二王諸帖, 並借留置于几案之間. 辨才時年八十餘, 每日於窗下臨學數遍, 其老而

篤好也如此．自是翼往還旣數，童第等無復猜疑．

後辨才出赴邑汜橋南嚴遷家齋，翼遂私來房前，謂童子曰："翼遺却帛子在牀上."童子卽爲開門，翼遂于案上，取得「蘭亭」及御府二王書帖，便赴永安驛．告驛長陵愬曰："我是御史，奉敕來此．今有墨敕，可報汝都督知."都督齊善行聞之，馳來拜謁．蕭翼因宣示敕旨，具告所由，善行走使人召辨才．辨才仍在嚴遷家未還寺．遽見追呼，不知所以，又遣云："侍御須見."及師來見御史，乃是房中蕭生也．蕭翼報云："奉敕遣來取「蘭亭」，「蘭亭」今已得矣．故喚師來別."辨才聞語而便絕倒，良久始蘇．

翼便馳驛南(『法書要錄』·'南'作'而')發，至都奏御．太宗大悅，以玄齡擧得其人，賞錦綵千段．擢拜翼爲員外郎，加五品，賜銀缾一·金縷缾一·馬腦椀一，並實以珠．內廏良馬兩匹，兼寶裝鞍轡，宅·莊各一區．太宗初怒老僧之祕恡，俄以其年老，不忍加刑．數月後，仍賜物三千段，穀三千石，便敕越州支給．辨才不敢將入己用，迺造三層寶塔，塔甚精麗，至今猶存．老僧因驚悸患重，不能彊飯，唯歠粥，歲餘乃卒．

帝命供奉榻書人趙模·韓道政·馮承素·諸葛眞等四人，各榻數本，以賜皇太子·諸王·近臣．貞觀二十三年，聖躬不豫，幸玉華宮含風殿．臨崩，謂高宗曰："吾欲從汝求一物．汝誠孝也，豈能違吾心耶？汝意何如？"高宗哽咽流涕，引耳而聽受制命．太宗曰："吾所欲得「蘭亭」，可與我將去."後隨仙駕入玄宮矣．今趙模等所榻在者，一本尙直錢數萬也．(出『法書要錄』)

又，一說王羲之嘗書「蘭亭會序」，隋末，廣州好事僧得之．僧有三寶，寶而持之．一曰右軍「蘭亭」書，二曰神龜(以銅爲之，龜腹受一升．以水貯之，龜則動四足行，所在能去)，三曰如意(以鐵爲文，光明洞徹，色如水晶)．太宗特工書．聞右軍蘭亭眞跡，求之得其他本，若第一本，知在廣州僧，而難以力取．故令人詐僧，果得其書．僧曰："第一寶亡矣，其餘何愛！"乃以如意擊石，折而棄之．又投龜一足傷，自是不能行矣. (出『紀聞』)

208 · 3(2394)
한왕원창(漢王元昌)

당(唐)나라 때의 한왕(漢王) 이원창(李元昌)은 신요(神堯: 唐 高祖 李淵)의 아들로서 행서(行書)를 잘 썼다. 여러 왕들 중에서 둘째와 막내 역시 글씨를 잘 써서 유명했다. 한왕(韓王)과 조왕(曹王) 역시 그에 버금갔다. 조왕은 비백(飛白)에 묘한 재주가 있었고, 한왕(韓王)은 초서(草書)와 행서(行書)에 솜씨가 있었다. 위왕(魏王)과 노왕(魯王) 역시 한왕(韓王)과 같은 무리였다. (『서단』)

唐漢王元昌, 神堯之子, 善行書. 諸王仲季並有能名. 韓王·曹王, 亦其亞也. 曹則妙於飛白, 韓則工於草·行. 魏王·魯王, 亦韓王之倫也. (出『書斷』)

208 · 4(2395)
구양순(歐陽詢)

당(唐)나라 구양순은 자(字)가 신본(信本)으로, 고금(古今)의 일을 두루 알고 있었으며 관직이 은청광록대부솔갱령(銀青光祿大夫率更令)까지 이르렀다. 서법에 있어서는 팔체(八體: 古文·大篆·小篆·隸書·飛

白·八分·行書·草書)에 모두 능했으며 필력이 힘있고 기험(奇險)했다. 고려(高麗: 高句麗)에서 그의 서법을 좋아하여 사신을 파견해 [구양순의 글을] 청했는데 신요(神堯: 唐 高祖 李淵)가 감탄하며 말했다.

"구양순 서법의 명성이 멀리 동쪽 오랑캐에게까지 전해질 줄은 생각도 못했도다!"

구양순은 진관(眞觀: 貞觀) 15년(641)에 세상을 떠났는데, 향년 85세였다. 그의 비백(飛白)·예서(隷書)·행서(行書)·초서(草書)는 묘(妙)의 경지에 들었으며, 대전(大篆)과 장초(章草)는 능(能)의 경지에 들었다. (『서단』)

구양솔갱(歐陽率更: 歐陽詢)이 한번은 출타했다가 색정(索靖)이 쓴 옛 비문을 보게 되었다. 말을 멈추고 그것을 살피다가 한참이 지나서야 떠나갔다. 몇 발자국 가다가 다시 말에서 내려 [비석 앞으로 가서] 우두커니 서 있다가 피곤해지자 깔개를 깔고 앉아서 비문을 보았다. 이렇게 비석 옆에서 밤을 지내고 3일이 지나서야 떠나갔다. 오늘날 '개원통보(開元通寶)'라는 동전은 무덕(武德) 4년(621)에 주조된 것으로서 동전에 쓰여진 글씨는 바로 구양솔갱이 쓴 것이다. (『국사이찬』)

唐歐陽詢字信本, 博覽今古, 官至銀靑光祿大夫率更令. 書則八體盡能, 筆力勁險. 高麗愛其書, 遣使請焉, 神堯歎曰: "不意詢之書名, 遠播夷狄" 眞觀十五年卒, 年八十五. 詢飛白·隸·行·草入妙, 大篆·章草入能 (出『書斷』)

又, 率更嘗出行, 見古碑索靖所書. 駐馬觀之, 良久而去. 數步, 復下馬佇立, 疲則布毯坐觀, 因宿其傍, 三日而後去. 今'開通元寶'錢, 武德四年鑄, 其文乃歐陽率更書也. (出『國史異纂』)

208 · 5(2396)
구양통(歐陽通)

당(唐)나라 구양통은 구양순(歐陽詢)의 아들로 글씨를 잘 썼는데, 아버지에게서 글씨 쓰는 법을 배웠다. 그는 늘 글씨를 잘 쓴다고 자부했는데, 반드시 상아나 무소 뿔을 붓대로 삼았으며 삵의 털을 붓의 가운데 부분으로 삼고 붓의 바깥쪽 부분은 가을 무렵의 토끼털을 썼다. 또한 송연(松烟)으로 만든 먹[소나무를 태워서 그 그을음으로 만든 먹]에 사향가루가 들어간 것을 사용했다. 종이는 반드시 질기고 얇으며 희고 매끄러운 것이라야 글씨를 썼는데, [이렇게 했던 것은 모두] 자신의 글씨를 스스로 중시했기 때문이다. 설순타(薛純陀) 역시 구양순의 초서를 본받았지만 글씨가 두텁고 무딘 단점이 있어서 구양통보다는 한 수 아래였다. (『조야첨재』)

唐歐陽通, 詢子, 善書, 瘦怯(明鈔本'瘦怯'作'取法')於父. 常自矜能書, 必以象牙・犀角爲筆管, 狸毛爲心, 覆以秋兎毫. 松煙爲墨, 末以麝香. 紙必須堅薄白滑者乃書之, 蓋自重其書. 薛純陀亦效歐草, 傷於肥鈍, 亦通之亞也. (出『朝野僉載』)

208 · 6(2397)
우세남(虞世南)

우세남은 자(字)가 백시(伯施)이고 회계(會稽) 사람으로 수(隋)나라에서 비서랑(秘書郞)이라는 관직을 맡았다. 양제(煬帝)는 우세남의 재능을 알았으나 그가 너무나 곧은 것을 싫어했기 때문에, 우세남은 칠품(七品)의 자리에 계속해서 10여 년 동안 머물렀다. 우세남은 당(唐)나라에서는 관직이 비서감(秘書監)에 이르렀다. 문제(文帝)가 이렇게 말했다.

"우세남은 한 사람의 몸에 오절(五絶)을 겸비하고 있다. 하나는 박학이요, 둘은 덕행이며, 셋은 명필이요, 넷은 뛰어난 문장이요, 다섯은 충직이로다. 이것들 중에서 한 가지만 있어도 명신(名臣)이라고 하기에 충분한데, 우세남은 모두를 겸비하고 있다."

우세남은 행서(行書)와 초서(草書)에 특히 능했다. 본래는 지영(智永) 스님을 스승으로 삼았는데 만년에 이르러서는 필세가 더욱 힘있고 빼어났다. 그는 향년 89세로 세상을 떠났다. 백시의 예서(隸書)·초서·행서는 모두 묘(妙) 경지에 들었다. (『서단』)

虞世南字伯施, 會稽人也. 仕隋爲祕書郎. 煬帝知其才, 嫉其鯁直, 一爲七品十餘年. 仕唐至祕書監. 文皇曰: "世南一人, 遂兼五絶. 一曰博學, 二曰德行, 三曰書翰, 四曰詞藻, 五曰忠直. 有一於此, 足謂名臣, 而世南兼之." 行·草之際, 尤所偏工. 本師於釋智永, 及其暮齒, 加以遒逸. 卒年八十九. 伯施隸·草·行入妙. (出『書斷』)

208·7(2398)
저수량(褚遂良)

저수량은 하남(河南) 사람이다. 아버지 저량(褚亮)은 태상경(太常卿)이었고, 저수량은 관직이 복야(僕射)에 이르렀으며 글씨를 잘 썼다. 어렸을 때에는 우감(虞監: 虞世南)을 스승으로 따랐고 자라서는 우군(右軍: 王羲之)을 스승으로 본받았다. [그가 쓴] 진서(眞書: 楷書)는 매우 고아한 정취를 지니고 있었다. 현경연간(顯慶年間: 656~661)에 세상을 떠났는데 향년 64세였다. 저수량의 예서(隸書)와 행서(行書)는 묘(妙)의 경지에 들었다. 저수량은 일찍이 사릉(史陵)에게서도 배웠는데, 사릉의 글씨도 예스럽고 바르긴 하지만 거칠고 빈약한 단점이 있었다.(『서단』)

저수량이 우감에게 여쭈었다.

"제 글씨를 지영(智永) 스님과 비교하면 어떤지요?"

우감이 말했다.

"내가 듣기로 지영 스님의 글씨는 한 글자에 5만 냥의 가치가 있다는데, 자네가 어찌 그와 같을 수 있겠는가?"

저수량이 또 여쭈었다.

"구양순(歐陽詢)과 비교하면 어떤지요?"

우감이 말했다.

"내가 듣기로 구양순은 종이와 붓을 가리지 않고도 뜻대로 글씨를 쓸 수 있다는데, 자네가 어찌 그와 같을 수 있겠는가?"

저수량이 또 여쭈었다.

"그렇다면 제가 어떻게 더 이상 여기에 뜻을 두겠습니까?"

우감이 말했다.

"만약 손과 붓이 서로 조화되어 함께 글씨를 이루어낸다면 그것 역시 정말로 귀한 것이지."

그러자 저수량은 기뻐하며 물러갔다. (『국사이찬』)

褚遂良, 河南人. 父亮, 太常卿. 遂良官至僕射. 善書. 少則伏膺虞監, 長則師祖右軍. 眞書甚得其媚趣. 顯慶中卒, 年六十四. 遂良隸・行入妙. 亦嘗師受史陵, 然史亦有古直, 傷於疎瘦也. (出『書斷』)

又, 遂良問虞監曰: "某書何如永師?" 曰: "吾聞彼一字直五萬, 官豈得若此者?" 曰: "何如歐陽詢?" 虞曰: "聞詢不擇紙筆, 皆能如志, 官豈得若此?" 褚曰: "旣然, 某何更留意於此?" 虞曰: "若使手和筆調, 遇合作者, 亦深可貴尙." 褚喜而退. (出『國史異纂』)

208・8(2399)
설 직(薛 稷)

설직은 하남(河南) 사람으로 관직이 태자소보(太子少保)에 이르렀다. 저수량(褚遂良)의 서법을 배웠는데, 특히 화려함과 아름다움을 숭상했다. 설직이 쓴 글씨의 형체는 스승의 절반을 터득했으므로 그를 하남공(河南公: 褚遂良)의 수재자라고 할 만했다. 그의 글씨는 당시에 매우 진귀하게 여겨져 숭상 받았다. 설직의 예서(隸書)와 행서(行書)는 능(能)의 경지에 들었다. (『서단』)

설직의 외할버지인 위징(魏徵)의 집에는 책이 많았는데, 우세남(虞世南)과 저수량의 옛 글씨들이 많이 있었다. 설직은 마음을 단단히 먹고 힘써서 [그 글씨들을] 모방했는데, 필체가 힘있고 아름다워 그 당시에 아무도 따라올 자가 없었다. 그는 그림에도 뛰어나 옛 작품들을 두루 섭렵했으며, [그의 작품들은] 비서(祕書: 天子의 藏書)에도 소장되었다.

(『담빈록』)

 薛稷, 河南人, 官至太子少保. 書學褚, 尤尙綺麗媚好. 膚肉得師之半矣, 可謂河南公之高足. 甚爲時所珍尙. 稷隷·行入能. (出『書斷』)

 又, 稷外祖魏徵家, 富圖籍, 多有虞·褚舊跡. 銳精模倣, 筆態遒麗, 當時無及之者. 又善畫('畫'原作'書', 據明鈔本改), 博采古跡, 埒於祕書. (出『譚賓錄』)

208·9(2400)
고정신(高正臣)

 고정신은 광평(廣平) 사람으로 관직이 위위경(衛尉卿)에 이르렀다. 고정신은 우군(右軍: 王羲之)의 서법을 익혔는데, 예종(睿宗)이 그의 글씨를 좋아했다. 장회소(張懷素)의 선조와 고정신의 집안과는 오래된 친분이 있었으므로, 조정의 관리들이 고정신에게 글씨를 청하면 간혹 장회소가 고정신을 빙자해서 대신 써주곤 했다.

 한번은 고정신이 글씨를 써달라는 사람에게 15장을 써 주었는데, 장회소가 장난으로 그 중 5장을 바꿔치기하고서는 고정신에게 보여주도록 했다. 고정신이 다시 보고도 [바뀐 것을] 깨닫지 못하자 손님[글씨를 부탁한 사람]이 말했다

 "어떤 사람이 당신의 글씨를 바꿔치기 했습니다."

 그러자 고정신이 웃으며 말했다.

 "분명 장공(張公: 張懷素)일 것이오."

그리고는 다시 자세히 들여다보고는 3장을 골라냈다. 그러자 손님이 말했다.

"아직도 더 있습니다."

고정신이 다시 살펴봤지만 결국엔 분간해내지 못했다.

한번은 고정신이 어떤 사람에게 병풍에 글씨를 써주기로 약속했는데 기일이 지나서도 다 쓰기 못했다. 그 사람은 곧 회남(淮南)으로 파견가게 되어 있었는데 떠나기 전에 [병풍의 글씨가 완성되지 못한 것에 대해서] 한스러워했다. 그러자 고정신이 그에게 말했다.

"저의 오랜 친구가 신주(申州)에 있는데 저와 글씨체가 똑같으니, 당신은 그에게 가서 병풍의 글씨를 써달라고 하시면 될 겁니다."

그리고는 즉시 이러한 뜻이 담긴 서신을 보냈다.

한번은 육간지(陸柬之)가 고정신을 위해서 직첩(職牒)을 써주었는데, 고정신은 그것을 늘 싫어했으므로 그것을 휴대하지 않고 조정에 들었다. 나중에 쥐가 그 문서를 망가뜨리자 고정신이 그것을 장공에게 보여주며 이렇게 말했다.

"요놈의 쥐는 내 뜻을 잘도 아는구려."

[육간지와 고정신의] 풍격이 어울리지 못함이 이런 정도까지 이르렀던 것이다. 고정신의 예서(隸書)·행서(行書)·초서(草書)는 모두 능(能)의 경지에 들었다.(『서단』)

高正臣, 廣平人, 官至衛尉卿. 習右軍之法, 睿宗愛其書. 張懷素之先, 與高有舊, 朝士就高乞書, 或憑書之.

高常爲人書十五紙, 張乃戱換其五紙, 又令示高. 再看不悟, 客曰: "有人換公書." 高笑曰: "必是張公也." 乃詳觀之, 得其三紙. 客曰: "猶有在." 高又觀之, 竟不能辨.

高嘗許人書一屛障, 逾時未獲. 其人乃出使淮南, 臨別, 大悵惋. 高曰: "正臣故人在申州, 正與僕書一類, 公可便往求之" 遂立申此意.

陸柬之嘗爲高書告身, 高常嫌之, 不將入秩. 後爲鼠所傷, 乃持示張公曰: "此鼠甚解正臣意." 風調不合, 一至於此 正臣隷·行·草入能. (出『書斷』)

208 · 10(2401)
왕소종(王紹宗)

왕소종은 자(字)가 승렬(承烈)이며 관직이 비서소감(秘書少監)에 이르렀다. 그는 자경(子敬: 王獻之)을 스승으로 본받았으며 육간지(陸柬之)를 흠모했다. 그가 쓴 글씨 중에서 해서(楷書)의 글씨체가 가장 뛰어났으며 행서(行書)와 장초(章草)는 해서 다음이었다. 한번은 그가 어떤 사람에게 이런 편지를 보냈다.

"저는 서법에 특별한 재주는 없고 오직 계속해서 글씨 연습을 할뿐입니다. 항상 마음을 집중하고 뜻을 모아서 잡념을 비우고 생각을 고요히 함으로써 서법의 도를 깨달았습니다. 매번 오중(吳中)의 육대부(陸大夫: 陸柬之)와 함께 서법에 대해 논하고 나면 다음 날 아침 반드시 저 자신도 모르는 사이에 이미 진전된 바가 있었습니다. 육대부가 나중에 은밀히 저를 찾아와 이러한 사실을 알고는 감탄하며 칭찬했습니다. 저를 우칠(虞七: 虞世南)과 비교하는 것은 우칠 역시 다른 글씨체를 모방하려고 힘쓰지 않기 때문일 것입니다. 단지 마음을 바르게 하고 눈으로 생각할 뿐이지요. 제가 듣기로 우칠은 무명 이불 속에서 잠들어서도 항상 손으로 뱃가죽에 글씨를 쓴다고 하는데 저와 정말 똑같습니다."

승렬[王紹宗]의 예서(隸書)・행서(行書)・초서(草書)는 모두 능(能)의 경지에 들었다. (『서단』)

王紹宗字承烈, 官至祕書少監. 祖述子敬, 欽羨束之. 其中小眞書, 體象尤異, 其行書及章草, 次於眞. 常與人書云: "鄙夫書翰無工者, 特由水墨之積習. 恒精心率意, 虛神靜思以取之. 每與吳中陸大夫論及此道, 明朝必不覺已進. 陸後於密訪知之, 嗟賞不少. 將余比虞七, 以虞亦不臨寫故也. 但心準目想而已. 聞虞眠布被中, 恒手畫腹皮, 與余正同也." 承烈隸・行・草入能. (出『書斷』)

208・11(2402)
정광문(鄭廣文)

정건(鄭虔)은 광문박사(廣文博士)라는 벼슬을 지냈다. 글씨를 배우면서 종이가 없음을 걱정했는데, 자은사(慈恩寺)에 감나무 잎이 있는 방이 여러 칸 있다는 것을 알고는 마침내 승방(僧房)을 빌어서 머물며 지냈다. 날마다 붉은 잎을 사용해서 글씨를 익혔는데, 여러 해가 지나자 [감나무 잎을] 거의 다 써버렸다. 그는 후에 자신이 쓰고 그린 시와 그림을 1권으로 묶어서 현종(玄宗)에게 올렸다. 그러자 현종은 친히 그 서첩의 끝에 '정건삼절(鄭虔三絶)'이라는 글씨를 써주었다. (『상서고실』)

鄭虔任廣文博士. 學書而病無紙, 知慈恩寺有柿葉數間屋, 遂借僧房居止. 日取紅葉學書, 歲久殆遍. 後自寫所製詩幷畫, 同爲一卷封進. 玄宗御筆書其尾曰'鄭虔三絶'. (出『尙書故實』)

208·12(2403)
이양빙(李陽冰)

이양빙은 소전(小篆)에 뛰어났는데, 사옹(斯翁: 李斯. 秦나라 때의 丞相으로 그 당시의 여러 글자체를 小篆으로 통일했음) 이후로는 오직 자신밖에 없으며 조희(曹喜)나 채옹(蔡邕)도 언급할 가치가 없다고 스스로 말했다. 개원연간(開元年間: 713~741)에 장회관(張懷瓘)이 지은 『서단(書斷)』에는 이양빙과 장욱(張旭)이 모두 실려있지 않다. 강주(絳州)의 [碑石에 씌어진] 전서(篆書)가 옛것과 같지 않았기 때문에 [사람들은 이것을] 매우 괴이하게 여겼다. 이양빙은 그것을 보고 비석 아래에서 잠을 자며 며칠 동안이나 떠나가지 못했다. 조사해 본 결과 그 글씨는 당(唐)나라 초의 것으로서 글씨를 쓴 사람의 이름은 기재되어 있지 않았다. 비석에 '벽락(碧落)'이라는 2글자가 있었으므로 그 당시 사람들이 그것을 '벽락비(碧落碑)'라고 불렀다. (『국사보』)

李陽冰善小篆, 自言斯翁之後, 且('且'原作'耳', 據明鈔本改)至小生, 曹喜·蔡邕不足言. 開元中, 張懷瓘撰『書斷』, 陽冰·張旭並不載. 絳州有篆字與古不同, 頗爲怪異. 李陽冰見之, 寢臥其下, 數日不能去. 驗其書是唐初, 不載書者名姓. 碑有'碧落'二字, 時人謂之'碧落碑'. (出『國史補』)

208 · 13(2404)
장 욱(張 旭)

장욱은 초서(草書)의 필법에 능했는데, 후에 최막(崔邈)과 안진경(顔眞卿)에게 전수했다. 장욱이 말했다.

"처음에 나는 공주와 짐꾼이 길을 다투었다는 이야기를 듣고서 필법의 의미를 깨달았다. 나중에는 공손씨(公孫氏: 唐人으로 敎坊의 妓女였던 公孫大娘을 말함)가 검기무(劍器舞)를 추는 것을 보고서 필법의 신묘함을 깨달았다."

그는 술에 취하면 번번이 초서를 썼는데, [글씨를 쓸 때면] 붓을 휘두르며 고함을 질렀다. 머리를 먹물에 적셔서 글씨를 썼는데, 세상 사람들이 그것을 '장전(張顚)'이라고 불렀다. 장욱은 술에서 깬 후에 자기가 쓴 글씨를 보고는 신비로워서 다시는 얻을 수 없는 글씨라고 여겼다. 후대 사람들이 명필에 대해 논할 때 구양순(歐陽詢) · 우세남(虞世南) · 저수량(褚遂良) · 설직(薛稷)에 대해서는 간혹 이견이 있긴 하지만 장사(長史: 張旭)에 대해서는 이견이 없었다. (『국사보』)

장욱이 처음으로 벼슬살이를 하게 되었을 때 소주(蘇州)의 상숙위(常熟尉)가 되었다. 임관된 지 열흘이 지나서 어떤 노인이 소장(訴狀)을 제출했는데 [장욱이 그 일에 대한] 판결을 내리고 노인을 보냈다. 그런데 며칠 지나지 않아서 노인이 다시 온 것이었다. 그러자 장욱이 화를 내며 질책하면서 말했다.

"감히 쓸데없는 일로 누차 관아를 소란스럽게 만들다니!"

그러자 노인이 말했다.

"사실 소인은 일을 따지려고 온 것이 아니오라 다만 젊은 나으리의 필적이 뛰어나기에 귀하다고 생각되어 보배처럼 상자에 넣어두고 싶어서 왔을 뿐입니다."

장사[張旭]는 이상하게 여기며 그가 어떻게 글씨를 아끼게 되었는지 물었다. 노인이 대답했다.

"선친께서 글을 배우신 데다가 저술도 있으십니다."

장사는 그것을 취하여 보고서 [노인의 부친이] 천하의 명필임을 믿게 되었다. 이로부터 그는 필법의 오묘함을 갖추게 되어서 한 시대의 으뜸이 되었다. (『유한고취』)

張旭草書得筆法, 後傳崔邈·顔眞卿. 旭言: "始吾聞公主與擔夫爭路, 而得筆法之意. 後見公孫氏舞劍器而得其神." 飮醉輒草書, 揮筆大叫. 以頭搵水墨中而書之, 天下呼爲'張顚'. 醒後自視. 以爲神異, 不可復得. 後輩言筆札者, 歐·虞·褚·薛, 或有異論, 至長史無間言. (出『國史補』)

又, 旭釋褐爲蘇州常熟尉. 上後旬日, 有老父過狀, 判去. 不數日復至. 乃怒而責曰: "敢以閒事, 屢擾公門!" 老父曰: "某實非論事, 但覩少公筆跡奇妙, 貴爲篋笥之珍耳." 長史異之, 因詰其何得愛書. 答曰: "先父受書, 兼有著述." 長史取視之, 信天下工書者也. 自是備得筆法之妙, 冠於一時. (出『幽閒鼓吹』)

208 · 14(2405)
승회소(僧懷素)

장사(長沙)의 회소(懷素)라는 스님은 초서(草書)를 좋아했는데, 자칭 '초성삼매(草聖三昧: 三昧란 梵語 samadhi의 音譯으로서 오직 한 가지 일에만 마음을 집중시키는 경지를 말함)'에 이르렀다고 했다. [글씨 연습을 하고서] 버린 붓이 무더기로 쌓여서 산 아래에다 묻었는데, 그것을 '필총(筆塚)'이라고 불렀다. (『국사보』)

長沙僧懷素好草書, 自言得'草聖三昧'. 棄筆堆積, 埋於山下, 號曰'筆塚'. (出『國史補』)

태평광기 권제 209

서 4

잡편(雜編)

1. 정막이하(程邈已下)
2. 한단순이하(邯鄲淳已下)
3. 강허이하(姜詡已下)
4. 왕희지(王羲之)
5. 왕 이(王 廙)
6. 노주로(潞州盧)
7. 환 현(桓 玄)
8. 저수량(褚遂良)
9. 난정진적(蘭亭眞迹)
10. 왕방경(王方慶)
11. 이왕진적(二王眞跡)
12. 팔 체(八 體)
13. 이 도(李 都)
14. 동도걸아(東都乞兒)
15. 노홍선(盧弘宣)
16. 영남토(嶺南兎)

209 · 1(2406)
정막이하(程邈已下)

진(秦)나라 옥리(獄吏) 정막은 대전(大篆)을 잘 썼다. 그는 진시황(秦始皇)에게 죄를 지어 운양옥(雲陽獄)에 갇혔는데, [옥중에서] 대전의 글자체를 증감(增減)하여 그 번잡함을 없애니, 진시황은 이를 가상히 여겨 그를 감옥에서 꺼내주고 어사(御使)로 삼았다. 그리고 그 서체의 이름을 '예서(隷書: 죄인이 만든 글이라는 뜻)'라 했다.

부풍(扶風)의 조희(曹喜)는 후한(後漢) 사람으로 관직은 알 수 없다. 그는 전서와 예서에 모두 능했으며, 이사(李斯)의 서체와 약간 차이가 있었으나 당시에 추앙을 받았다.

진류(陳留)의 채옹(蔡邕)은 후한 사람으로 좌중랑장(左中郎將)을 지냈다. 그는 전서를 잘 썼으며, 조희의 서법을 사용했다. 「진정직부비문(眞定直父碑文)」이 세상에 전해지고 있는데, 전서 쓰는 사람들은 이 서체를 많이 본받았다.

두릉(杜陵)의 진준(陳遵)은 후한 사람이고 관직은 잘 알 수 없으나 전서와 예서에 모두 능해, 매번 그가 글씨를 쓰면 좌중이 모두 경탄했다 하여 그 당시 사람들은 그를 진경좌(陳驚坐)라 불렀다.

상곡(上谷)의 왕차중(王次仲) 역시 후한 사람으로 팔분해서체(八分楷書體)를 만들었다.

사의관(師宜官)은 후한 사람인데, 그에 대해 자세한 사항은 알려져 있지 않으나 그가 쓴 큰 글자는 한 글자가 사방 1장(丈)이나 되었고, 작은 글자는 1촌(寸)에 수천 자가 들어갔다.「경구비(耿球碑)」는 바로 사의관이 쓴 것임이 분명하다. 그는 자부심이 매우 강했는데, 간혹 빈손으로 술집에 가서 먼저 술집 벽에 글씨를 쓰면 사람들이 구름 떼처럼 몰려들어 술이 잘 팔렸다. [사례로] 술을 족히 얻어 마신 후에, 그는 다시 그 글씨를 지워버리고 떠났다.

안정(安定)의 양곡(梁鵠)은 후한 사람으로 선부상서(選部尙書: 吏部尙書)를 지냈다. 그는 사의관의 서체를 본받았는데, 위(魏)나라 무제(武帝)는 그를 존중해 그의 글씨를 항상 휘장에 걸어두었고, 궁전 각 관서의 현판(懸板) 대부분도 양곡이 쓴 글씨였다. (왕승건『명서록』)

秦獄吏程邈善大篆. 得罪始皇, 囚於雲陽獄, 增減大篆篆體, 去其繁復, 始皇善之, 出爲御史. 名書曰'隸書'.

扶風曹喜, 後漢人, 不知其官. 善篆隸, 小異李斯, 見師一時.

陳留蔡邕, 後漢人, 左中郎將. 善篆, 採喜之法.「眞定直父碑文」, 猶傳於世, 篆者師焉.

杜陵陳遵, 後漢人, 不知官, 善篆隸, 每書, 一坐皆驚, 時人謂爲'陳驚坐'.

上谷王次仲, 後漢人, 作八分楷法.

師宜官, 後漢, 不知何許人, 宜官爲大字方一丈, 小字方寸千言.「耿球碑」是宜官書. 甚自矜重, 或空至酒家, 先書其壁, 觀者雲集, 酒因大售. 至飮足, 削書而退.

安定梁鵠, 後漢人, 官至選部尙書. 乃師宜官法. 魏武重之, 常以書懸帳中, 宮殿題署, 多是鵠手也. (出王僧虔『名書錄』)

209 · 2(2407)
한단순이하(邯鄲淳已下)

진류(陳留)의 한단순(邯鄲淳)은 위(魏)나라 임치후(臨淄侯)의 문학(文學)을 지냈는데, 왕차중(王次仲)의 서법을 배워 그 명성이 양곡(梁鵠)의 뒤를 이었다.

모홍(毛弘)은 양곡의 제자였는데, 비서(秘書: 後漢 때 세워진 문서를 관리하던 관직명)의 팔분체(八分體)는 모두 모홍의 서법을 전수받았다.

또 좌자읍(左子邑)은 [서법이] 한단순과 비슷했고, 역시 명성이 있었다.

경조(京兆: 地名. 한나라 때 京兆·左馮翊·右扶風을 三輔帝室이라 불렀음) 출신 두도(杜度)는 위(魏)나라 제상(齊相: 齊는 지금의 山東省에 해당하는 당시의 郡名. 相은 민정을 담당하던 관직으로 郡守의 직무와 유사함)을 지냈는데, 처음으로 초서(草書)로써 이름을 날렸다.

안평(安平)의 최원(崔瑗)은 후한의 제북상(濟北相)을 지냈고, 역시 초서를 잘 썼다. 평부견(平符堅)은 최원의 서법을 모방했는데, 훗날 왕자경(王子敬: 王獻之의 字)이 가서 보고는 [그의 서체가] 장백영(張伯英: 張芝)과 매우 비슷하다 여겼다.

최원의 아들 최식(崔湜)은 관직이 상서(尙書)에 이르렀으며, 역시 초서에 능했다.

홍농(弘農)의 장지(張芝)는 뜻이 높아 벼슬을 하지 않았다. 그는 초서를 잘 썼는데, 그 힘차고 빼어난 경지는 아무도 따를 자가 없었다. 집안에 있는 천은 반드시 먼저 글씨를 쓴 후에 다시 빨아 썼는데, 연못가에서 글씨 연습을 해서 연못이 모두 먹물로 변해버렸다. 매번 글씨를 쓸 때면, "바쁘게 쓰느라 대충 썼네"라고 말했다. 당시 사람들은 그를 '초성(草聖)'이라 불렀다.

한나라의 황문시랑(黃門侍郎)을 지낸 장지의 동생 장창(張昶)도 초서를 잘 썼는데, 오늘날 사람들이 '지서(芝書)'라 하는 것은 대부분이 장창의 것이다. (왕승건『명서록』)

陳留邯鄲淳爲魏臨淄侯文學, 得次仲法('法'字原闕, 據『法書要錄』補), 名在鵠後. 毛弘, 鵠弟子, 秘書八分, 皆傳弘法.

又有左子邑, 與淳小異, 亦有名.

京兆杜度爲魏齊相, 始有草名.

安平崔瑗, 後漢濟北相, 亦善草書.

平符堅, 得摹崔瑗書, 王子敬去, 極似張伯英.

瑗子寔官至尙書, 亦能草.

弘農張芝, 高尙不仕. 善草書, 精勁絶倫. 家之衣帛, 必先書而後練, 臨池學書, 池水盡墨. 每書云: "匆匆不暇草." 時人謂爲'草聖'.

芝弟昶, 漢黃門侍郎, 亦能草, 今世人所云'芝書'者, 多是昶也. (出王僧虔『名書錄』)

209 · 3(2408)
강허이하(姜詡已下)

강허(姜詡)·양선(梁宣)·전언화(田彦和), 그리고 사도(司徒) 위탄(韋

誕은 모두 장백영(張伯英: 張芝)의 제자들로, 초서에 능했다. 그 중에서 위탄이 가장 뛰어났는데, 위(魏)나라 궁궐에 있던 보기(寶器)에 새겨진 글씨는 모두 그가 쓴 것이었다. 위나라 명제(明帝)가 능운대(凌雲臺)를 완공했을 때, 실수로 미처 글씨도 새겨 넣기 전에 먼저 현판을 달아버렸다. 이에 위탄을 바구니 속에 넣고 매달아 도르래로 끌어올려 글씨를 쓰게 했는데, 땅에서 25장(丈)이나 떨어져 있는 높은 곳이라 위탄은 몹시 겁이 났다. 그는 자손들에게 해서 쓰기를 그만 두라고 훈계했다. 그러나 그의 아들 위소계(韋少季) 또한 서예에 능하다는 소리를 들었다.

나휘(羅暉)와 조공(趙恭)은 어떤 사람인지는 자세히 알 수 없으나 장백영과 동시대 사람이었고, 서주(西州)에서는 꽤 이름이 있었다. 그러나 그들은 자부심이 강하고 잘난 체를 많이 해서 사람들이 자못 그들에게 현혹됐다. 장백영은 주관(朱寬)에게 준 편지에서 자신을 다음과 같이 평가했다.

"위로 최원(崔瑗)이나 두도(杜度)에게 견주기에는 부족하고, 아래로 나휘(羅暉)나 조공(趙恭)에 비하기엔 남음이 있습니다."

하간(河間)의 장기(張起) 역시 초서에 능했으나, 최원과 장백영에는 미치지 못했다.

유덕승(劉德升)은 행서(行書)를 잘 썼는데, 어떤 사람이었는지는 자세히 모른다.

위나라 태위(太尉)였던 영천(潁川)의 종요(鍾繇), 그리고 같은 군(郡)의 호소(胡昭)는 공거(公車: 公車는 漢代와 三國시대에 설치했던 관명으로, 궁중의 司馬門 경위와 신하들의 상소 등을 접수하는 일을 했음)에 초징되었는데, 이들은 모두 유덕승의 서법을 배웠다. 그러나 호소의 필체는 통통했으며, 종요의 필체는 야위었다. [종요의] 서체에는 세 가지가 있다. 그 첫째는 명석서(銘石書: 石刻體)로 가장 훌륭한 필체라 할 수 있으며, 둘째는 장정서(章程書: 八分體)이고, 셋째는 압서(狎書: 行狎書, 즉 行書)인데, 이는 서로 듣고 유행시킨 필체였다[南朝 宋나라의 羊欣은 『古來能書人名』에서 다음과 같이 기재하고 있음. "鍾書有三體, 一曰銘石之書, 最妙者也. 二曰章程書, 傳秘書敎小學者也. 三曰行狎書, 相聞者也"].

종요의 아들 종회(鍾會)는 진서장군(鎭西將軍)을 지냈고, 다른 사람의 서체를 배우는 데 재주가 뛰어나 등애(鄧艾)가 쓴 상소를 다시 바꿔 썼는데도 알아차린 자가 아무도 없었다.

하동(河東)의 위개(衛覬: 본문에는 '魏覬'라 되어 있고 明鈔本에는 '衛覬'라 되어있는데, 후자가 맞음)는 위(魏)나라의 상서복야(尙書僕射)를 지냈고 초서와 고문에 능해 서체의 신묘함을 거의 다 발휘했다. 그의 초서체는 약간 야위기는 했으나 필체가 훌륭하고 노련했다.

위개의 아들 위관(衛瓘)은 진(晉)나라 태보(太保)를 지냈고, 장지(張芝)의 필체를 취하고 위개의 서체를 참고해 다시 초고(草藁)를 썼는데, 이에 사람들은 서로 듣고 초고를 쓰기 시작했다. 위관의 아들 위항(衛恒) 역시 글씨를 잘 썼고, 고문자에 능통했다.

돈황(燉煌)의 색정(索靖)은 장지(張芝) 누이의 자손으로 진(晉)나라의 정서사마(征西司馬)를 지냈으며 초서에 능했다.

진국(陳國)의 하원공(何元公) 역시 초서를 잘 썼고 오(吳) 사람 황상(皇象) 역시 초서의 대가였는데, 당시 사람들은 [그의 서체를 두고] 침착하면서도 화통하다고 말했다.

형양(滎陽)의 진창(陳暢)은 진(晉)나라의 비서령사(秘書令史)를 지냈으며 팔분서(八分書)에 뛰어났다. (『명서록』)

姜詡・梁宣・田彦和及司徒韋誕, 皆伯英弟子, 並善草. 誕最優, 魏宮館寶器, 皆是誕書. 魏明帝起淩雲臺, 誤先釘榜, 而未之題. 以籠盛誕, 轆轤引上書之, 去地二十五丈, 誕甚危懼. 乃戒子孫, 絶此楷法. 子少季亦有能稱.

羅暉・趙恭不詳何許人, 與伯英同時, 見稱西州. 而矜許自與, 衆頗惑之. 伯英與朱寬書自叙云: "上比崔・杜不足, 下方羅・趙有餘."

河間張起亦善草書, 不及崔・張.

劉德升善爲行書, 不詳何許人.

潁川鍾繇, 魏太尉, 同郡胡昭, 公車徵, 二家俱學於德升. 而胡書肥, 鍾書瘦. 有三體, 一曰銘石之書, 最妙者也. 二曰章程書, 三曰狎書, 相聞者也.

繇子會, 鎭西將軍, 絶能學人書, 改易鄧艾上章, 事莫有知者.

河東魏(明鈔本'魏'作'衛')覬, 魏尙書僕射, 善草及古文, 略盡其妙. 草體微瘦, 而筆跡精熟.

覬子瓘爲晉太保, 採芝法, 以覬法參之, 更爲草藁, 藁是相聞書也. 瓘子恒亦善書, 博識古文字.

燉煌索靖, 張芝姊子孫, 晉征西司馬, 亦善草.

陳國何元公亦善草書, 吳人皇象能草, 世稱沉著痛快.

滎陽陳('陳'原作'姊', 據『法書要錄』改)暢, 晉秘書令史, 善八分. (出『名書錄』)

209·4(2409)
왕희지(王羲之)

오늘날에 전해지고 있는 왕희지의 「고서문(告誓文)」은 초고(草藁)여서 연월일이 정확히 기재되어 있지 않다. 진본(眞本)은 '유영화십년삼월계묘구월신해(維永和十年三月癸卯九月辛亥)'라 적혀 있는데, 그 글씨 또한 진필(眞筆)이다. 개원연간(開元年間: 713∼741) 초에 윤주(潤州) 강녕현(江寧縣)의 와관사(瓦棺寺)에서 법당을 수리할 때, 장인(匠人)이 치문(鴟吻: 漢나라 이후부터 궁궐이나 사원에 불이 나는 것을 방지하기 위해 지붕 위에 꼬리가 하늘로 향한 모습을 한 물고기 모양을 장식해 놓았음) 안의 죽통(竹筒) 속에서 이를 얻어 한 스님에게 건네주었다. 개원 8년(720)에 현승(縣丞) 이연업(李延業)이 이를 구해 기왕(岐王)께 바쳤고, 기왕은 이것을 다시 천자께 올렸다. 천자는 이를 궁 안에 두고 밖에 내놓지 않았다. 혹자는 말하기를 그 후 천자가 [「고서문」 진본을] 다시 기왕에게 빌려주었는데, 개원 12년(724)에 기왕부(岐王府)에 불이나 도서가 모두 재로 변했을 때 이 글씨도 함께 타버렸다 한다. (『국사이찬』)

王羲之「告誓文」, 今之所傳, 卽其藁本, 不具年月日朔. 其眞本'維永和十年三月癸卯九月辛亥(劉禹錫『嘉話錄』 '癸卯九月辛亥'作'癸卯朔九日辛亥', 此有脫誤.)' 而書亦眞. 開元初, 潤州江寧縣瓦棺寺修講堂, 匠人於鴟吻內竹筒中得之, 與一沙門. 至八年, 縣丞李延業求得, 上岐王, 王以獻上. 留內不出. 或云, 其後却借岐王, 十二年, 王家失火, 圖書悉爲灰燼, 此書已見焚矣. (出『國史異纂』)

209 · 5(2410)
왕 이(王 廙)

왕이는 왕희지(王羲之)의 숙부이고, 서예와 그림에 능했다. 그는 일찍이 왕희지에게 이렇게 말했다.

"내 다른 것은 내세울 바 못되나 글씨와 그림만은 본받을 만 하다."

진(晉)나라 명제(明帝)는 그의 그림을 배웠고, 우군(右軍: 王羲之)은 그의 글씨를 배웠다. (『상서고실』)

王廙, 羲之之叔也, 善書畫. 嘗謂右軍曰: "吾諸事不足道, 唯書畫可法." 晉明帝師其畫, 王右軍學其書. (出『尙書故實』)

209 · 6(2411)
노주로(潞州盧)

일전에 동도(東都: 洛陽)에 방추관(防秋館)을 지을 때, 땅에서 채옹(蔡邕)이 홍도학(鴻都學: 後漢 靈帝 때 鴻都門에 學書藏을 설치하고 詩와 賦, 그리고 篆刻에 능한 문인들을 모아들였음)에서 썼던 석경(石經)을 많이 파냈다. 그 후 낙중(洛中: 洛陽)에는 이 석경을 가지고 있는 집이 몇 집 있었다. 왕희지(王羲之)의 「차선첩(借船帖)」은 글씨 중에서도 매우 잘 된 것이다. 그래서 산북(山北)의 노광(盧匡)은 몇 년간이나 이를 보물단지 모시듯 했다. 노공(盧公)이 그에게 편지를 보내 이를 빌리려

했으나 빌리지 못했다. 노광은 이렇게 말했다.

"이 서첩(書帖)은 와서 볼 수는 있으나 남에게 빌려주는 일은 절대 없습니다."

노공이 노주절도사(潞州節度使)로 제수되었을 때, 깃발과 의장을 갖추고 임지(任地)로 가는데, 얼마 못 가서 한 사람이 이 서첩을 들고 갑자기 나타나 노공에게 이를 팔겠다고 했다. 노공이 받아 보니 바로 「차선첩」이었다. 노공이 놀라 물으니, 그 사람이 말했다.

"노씨 댁 낭군께서 돈이 필요해 저를 보내 팔아오라 하셨습니다."

노공은 한동안 놀라움을 금치 못하다가 가격도 묻지 않고 값을 치렀다. 그 후 그것이 누구의 손에 들어갔는지 알 길이 없다.

도성에 손영(孫盈)이란 서승(書僧)이 있었는데, 명성이 자자했다. 손영의 아버지 손중용(孫仲容)은 서화(書畵) 감별에 뛰어났고, 특히 품평에 밝아 당시 부호들이 소장하고 있던 보물들은 거의 모두 그의 손을 거쳤는데, 진위(眞僞)가 그의 눈을 피할 방법이 없었다. 노공의 「차선첩」은 당시 손영이 소장하고 있었는데, 어떤 사람이 비싼 값으로 이를 사려 했으나 결국 사지 못했다. 그 전에 노공이 급박한 사정이 있어 싼값에 이를 팔아 위기를 모면했다 하는데, 세월이 지난 지금은 수백 수천 냥의 값을 치러야만 그것을 얻을 수 있다. 노공은 한태중(韓太仲)의 외손이다. 그러니 서화중의 훌륭한 것은 많이 보아야 식견이 생기는 법이다. (『상서고실』)

東都頃年創造防秋館, 穿掘多蔡邕鴻都學所書石經. 後洛中人家往往有之. 王羲之「借船帖」, 書之尤工者也. 故山北盧匡, 寶惜有年. 盧公致書借之, 不得. 云:

"只可就看, 未嘗借人也." 盧除潞州, 旌節在途, 纔數程, 忽有人將書帖就盧求售. 閱之, 乃「借船帖」也. 驚異問之, 云: "盧家郞君要錢, 遣賣耳." 盧歎異移時, 不問其價, 還之. 後不知落於何人.

京師書儈孫盈者, 名甚著. 盈父曰仲容, 亦鑒書畫, 精於品目, 豪家所寶, 多經其手, 眞僞無所逃焉. 公「借船帖」, 是孫盈所蓄, 人以厚價求之, 不果. 盧公時其急切, 減而賑之, 日久滿百千, 方得. 盧公韓太仲外孫也. 故書畫之尤者, 多閱而識焉. (出『尙書故實』)

209 · 7(2412)
환 현(桓 玄)

『진서(晉書)』에 나오는 음식 이름 중에 '한구(寒具)'라는 것이 있는데, 주석(註釋)도 달려있지 않다. 후에『제민요술(齊民要術)』과『식경(食經)』속에서 이를 찾아볼 수 있는데, 이것은 바로 오늘날 '환병(饘餠)'이라 말하는 것이다. 환현은 일찍이 명필과 명화를 잔뜩 진열해 놓고 빈객들에게 보였는데, 빈객 중에 한구를 먹고서 손도 안 씻고 서화를 집어 든 자가 있었다. 이로 인해 서화가 더럽혀지자, 환현은 매우 불쾌해했다. 이때부터 손님을 부를 때면 한구를 차리지 않았다. (『상서고실』)

晉書中有飮食名'寒具'者, 亦無注解處. 後於『齊民要術』並『食經』中檢得, 是今所謂'饘餠'. 桓玄嘗盛陳法書名畫, 請客觀之, 客有食寒具, 不濯手而執書畫. 因有汚, 玄不懌. 自是會客不設寒具. (出『尙書故實』)

209 · 8(2413)
저수량(褚遂良)

정관(貞觀) 10년(636)에 태종(太宗)이 위징(魏徵)에게 말했다.
"우세남(虞世南)이 죽으니 더불어 서예를 논할 사람이 없소."
위징이 말했다.
"저수량은 서법계의 후진(後進)이지만 글씨에 상당히 법도가 있습니다."
이에 그를 불러들였다. 태종이 일찍이 금과 비단으로 왕희지(王羲之)의 글씨를 사들이자 모든 사람들이 앞을 다투어 옛 글씨를 사들여 천자께 올렸다. 그 당시 그 누구도 그 글씨의 진위(眞僞)를 밝혀 내지 못했는데, 저수량이 글씨를 감평(鑒評)하면 그것이 곧 논증이 되었고, 조금의 오차도 없었다.

정관 14년(640) 4월 23일, 태종은 진서(眞書: 楷書)와 초서(草書)로 병풍을 써서 여러 신하들에게 내보였는데, 필력(筆力)이 예리한 것이 가히 당대 일류였다. 태종은 또 민간에 흩어져 있던 진행서(眞行書: 行書 중에 眞書, 즉 楷書의 느낌이 가미된 서체의 일종) 290장을 사들여 묶어 70권본으로 만들고, 초서 20[원문은 '二十'이라 되어 있지만 '二千'의 오기로 보임. 本卷 제11조 참조]장을 묶어 80권본으로 만들어 정무를 보는 외에 한가한 때마다 틈틈이 이를 꺼내 보았다. 태종은 일찍이 신하들에게 이렇게 말했다.

"서학(書學)은 소도(小道)이니, 처음부터 서둘러 힘쓸 필요는 없으나 때때로 마음에 두고 있는 것이 아예 아무 것도 안하며 지내는 것보다는 낫소. 무릇 예(藝)라고 하는 것은 배워서 터득하지 못하는 것이 없소. 마음이 해이해 져 열심히 파고들지 못하는 것이 문제일 뿐이오. 지금 사람들은 옛 사람의 서법을 배움에 있어 그 형세(形勢)만 배우지 말고, 무엇보다 그 안에 있는 골력(骨力)을 구해야 하는 것이오. [이렇게 하면] 형세도 얻을 수 있고, 또 그러면 필력은 저절로 생겨나는 것이오."

(『담빈록』)

貞觀十年, 太宗謂魏徵曰: "世南沒後, 無人可與論書." 徵曰: "褚遂良後來書流, 甚有法則." 於是召見. 太宗嘗以金帛購王羲之書跡, 天下爭齎古書, 詣闕以獻. 時莫能辨其眞僞, 遂良備論所出, 咸爲證據, 一無舛誤.

十四年四月二十三日, 太宗爲眞草書屛風. 以示群臣, 筆力遒利, 爲一時之絶. 購求得人間眞行, 凡二百九十紙, 裝爲七十卷, 草書二十紙, 裝爲八十卷, 每聽政之暇, 時閱之. 嘗謂朝臣曰: "書學小道, 初非急務, 時或留心, 亦勝棄日. 凡諸藝, 未嘗有學而不得者也. 病在心力懈怠, 不能專精耳. 今人學古人之書, 殊不學其形勢, 唯在求其骨力. 得其形勢, 筆力自生." (出『譚賓錄』)

209 · 9(2414)
난정진적(蘭亭眞迹)

태종(太宗)은 서예를 몹시 좋아했다. 그는 대왕(大王: 王羲之)의 진필 3600장을 소장하고 있었는데, 모두 1장(丈) 2척(尺)이나 되는 족자로 만들어 두었다. 그 중에서도「난정서(蘭亭序)」를 유독 아껴, 자리 옆에 두고 아침저녁으로 감상했다. 태종이 하루는 고종(高宗)의 귀에 대고 이렇게 말했다.

"나는 죽은 뒤에도 나의「난정」과 함께 가겠다."

태종이 붕어(崩御)하던 날 [난정서를] 옥으로 된 함에 넣어 소릉(昭陵)에 묻었다. (『상서고실』)

太宗酷學書法. 有大王眞跡三千六百紙, 率以一丈二尺爲一軸. 寶惜者獨「蘭亭」爲最, 置於座側, 朝夕觀覽. 嘗一日, 附耳語高宗曰: "吾千秋萬歲後, 與吾「蘭亭」將去也." 及奉諱之日, 用玉匣貯之, 藏於昭陵. (出『尙書故實』)

209 · 10(2415)
왕방경(王方慶)

용삭(龍朔) 2년(662) 4월에 고종은 요동(遼東)의 여러 장군들에서 친서를 내렸다. 허경종(許敬宗)이 말했다:

"□□□□□□□□□□□"

천자[여기서는 則天武后를 말함]는 봉각시랑(鳳閣侍郞) 왕방경(王方慶)에게 말했다.

"경의 집에는 글씨 몇 점이 분명 있을 것이오"

왕방경이 말했다.

"신의 10대 재종백조(再從伯祖) 왕희지(王羲之)의 글씨는 저의 선조(先祖)께서 40여 장 가지고 계셨는데, 정관(貞觀) 12년(638)에 모두 [태종 황제께] 바쳤고, 한 권 있던 것도 신이 이미 바쳤습니다. 신의 11대조

왕도(王導), 10대조 왕치(王洽), 9대조 왕순(王詢), 8대조 왕담(王曇), 7대조 왕승작(王僧綽), 6대조 왕중보(王仲寶), 5대조 왕건(王騫), 고조 왕규(王規), 증조 왕포(王褒), 그리고 9대 삼종백조(三從伯祖) 진(晉)나라 중서령(中書令) 왕헌지(王獻之), 이하 28명의 글씨를 합하여 모두 10권이 아직도 보관되어 있습니다."

천자는 무성전(武成殿)으로 가서 여러 신하들을 불러 모으고 [그 서책을] 가져오게 하여 펼쳐보았다. 그리고 봉각사인(鳳閣舍人) 최융(崔融)에게 서(序)를 쓰게 한 후 그 책을 『보장집(寶章集)』이라 이름짓고 왕방경에게 하사하니, 조야(朝野)가 모두 영화로이 여겼다. (『담빈록』)

龍朔二年四月, 高宗自書與遼東諸將. 許敬宗曰: □□□□□□□□□□□□□上謂鳳閣侍郎王方慶曰: "卿家合有書法." 方慶奏曰: "臣十代再從伯祖羲之, 先有四十餘紙, 貞觀十二年, 先臣進訖, 有一卷, 臣近已進訖. 臣十一代祖導, 十代祖('導十代祖'四字原闕, 據『法書要錄』補)洽, 九代祖詢, 八代祖曇首, 七代祖僧綽, 六代祖仲寶, 五代祖騫, 高祖規, 曾祖褒, 並九代三從伯祖晉中書令獻之, 已下二十八人書, 共十卷, 見在." 上御武成殿召群臣, 取而觀之. 仍令鳳閣舍人崔融作序, 自爲『寶章集』, 以賜方慶, 朝野榮之. (出『譚賓錄』)

209·11(2416)
이왕진적(二王眞迹)

개원(開元) 16년(728) 5월에, 궁궐에서 이왕(二王: 王羲之·王獻之)의

진필과 장지(張芝)·장창(張昶) 등의 글씨 등 총 160권을 꺼내 집현원(集賢院)에 맡겨 그 중에서 글자를 모아 탁본(拓本) 2권을 만들어 바치라고 명했다. [탁본이 완성되자 천자는] 이것을 제왕들에게 하사했다. 그 글씨들은 모두 정관연간(貞觀年間: 627~649)에 태종(太宗)이 위징(魏徵)·우세남(虞世男)·저수량(褚遂良) 등에게 그 진위를 감정토록 한 것들이었다. 우군(右軍: 王羲之)의 필적은 진행서(眞行書) 290장을 엮어서 70권, 초서 2000장을 엮어서 80권으로 만들었으며, 소왕(小王: 王獻之)과 장지(張芝) 등의 필적은 각각 남은 수량의 다소에 따라 상당하는 분량의 책으로 엮었다. '정관(貞觀)'이라는 글자의 인장(印章)을 책의 꿰맨 부분과 맨 앞장과 맨 뒷장에 각각 찍었다. 초서의 필적은 저수량으로 하여금 진서(眞書: 楷書)로 작게 쓰게 하여 종이로 탁본을 떴다. 그 중 오래된 본은 양(梁)나라와 수(隋)나라 때 관가에서 보관하고 있던 본인데, 양나라 본은 만건(滿騫)·서승권(徐僧權)·심치문(沈熾文)·주이(朱異)의 서명이, 수나라 본은 강총(江聰)·요찰(姚察) 등의 서명이 각각 적혀 있었다. 태종은 또 위징·저수량 등에게 명해 책 맨 뒤에 다시 서명을 하게 했다. 「난정서(蘭亭序)」의 원본은 소릉궁(昭陵宮: 太宗의 陵)에 있다고 전해진다. 「악의론(樂毅論)」은 장안연간(長安年間: 701~704)에 태평공주(太平公主)가 천자께 부탁드리고 빌려가서 탁본을 떴는데, 이로 인해 유실되었다. 5년 후 천자는 육원제(陸元悌)·위철(魏哲)·유회신(劉懷信) 등에게 다시 이를 교정케 하고 표지를 바꾸었으며, 매 권을 두 권으로 나눴다. 지금은 총 80권이 남아 있고, 나머지는 모두 없어졌다. 육원제는 또 전대의 서명을 없애버리고 자신의 이름을 써넣었다. 현종(玄宗)은 '개원(開元)'이라 친히 쓰고 인장을 찍었다. 우군의 글씨가 130

권, 소왕의 글씨가 28권, 장지(張芝)·장창(張昶)이 각 1권씩 있다. 우군의 진행서는『황정경(黃庭經)』·「고서문(告誓文)」등이 남아 있을 뿐이다. 또 활주(滑州)의 한 민가에서 소장하고 있던 우군의 부채 위에다 쓴 진서「상서첩(尙書帖)」·「선시첩(宣示帖)」과 소왕의 행서「백기수(白騎遂)」등 2권을 얻었는데, 거기에도 '정관'의 옛 표지가 찍혀 있었다.(『담빈록』)

開元十六年五月, 內出二王眞迹及張芝·張昶等書, 總一百六十卷, 付集賢院令集字搨兩本進. 賜諸王. 其書皆是貞觀中, 太宗令魏徵·虞世南·褚遂良等定其眞僞. 右軍之跡, 凡得眞行二百九十紙, 裝爲七十卷, 草書二千紙, 裝爲(按上自'右軍之跡'至'裝爲'共二十五字, 原闕, 據『法書要錄』補)八十卷, 小王·張芝等跡, 各隨多少勒帙. 以'貞觀'字爲印, 印縫及卷之首尾. 其草跡, 又令褚遂良眞書小字, 帖紙影之. 其中古本, 亦有是梁·隋官本者, 梁則滿騫·徐僧權·沈熾文·朱异, 隋則江總·姚察等署記. 太宗又令魏·褚等, 卷下更署名以記之. 其「蘭亭」本, 相傳云在昭陵玄宮中.「樂毅論」, 長安中太平公主奏借出外搨寫, 因此遂失所在. 五年, 勅陸元悌·魏哲·劉懷信等檢校換標, 每卷分爲兩卷. 總見在有八十卷, 餘並失墜. 元悌又割去前代記署, 以己之名氏代焉. 玄宗自書'開元'二字, 爲印記之. 右軍凡一百三十卷, 小王二十八卷, 張芝·張昶各一卷. 右軍眞行書, 惟『黃庭』·「告誓」等卷存焉. 又得滑州人家所藏右軍「扇上眞尙書宣示」, 及小王行書「白騎遂」等二卷, 其書有貞觀年舊標織成字. (出『譚賓錄』)

209 · 12(2417)
팔 체(八 體)

장회관(張懷瓘)은 『서단(書斷)』에서 다음과 같이 말했다.

"전서(篆書)·주서(籒書)·팔분(八分)·예서(隸書)·장초(章草)·초서(草書)·비백(飛白)·행서(行書)를 통틀어 팔체라 하는데, 왕희지(王羲之)는 이 여덟 서체가 모두 신품(神品)에 들었다. 우군(右軍: 王羲之)이 한번은 술에 취해 몇 글자 썼는데, 점을 찍은 것이 용의 발가락 같다 하여 후세에 용조서(龍爪書)가 생겨났다. 과두(科斗: 모양이 올챙이와 같다 하여 이름 붙여진 고대 서체의 일종)·옥근(玉筋: 李斯가 만든 小篆)·언파(偃波: 版文에서 주로 사용하는 서체로서, 글자가 서로 이어져 있는 모양이 물결 같다 하여 이름 붙여짐)와 같은 서체의 유파는 25종에 달한다."

(『상서고실』)

張懷瓘『書斷』曰: "篆·籒·八分·隸書·章草·草書·飛白·行書, 通謂之八體, 而右軍皆在神品. 右軍嘗醉書數字, 點畫類龍爪, 後遂有龍爪書. 如科斗·玉筋·偃波之類, 諸家共二十五般. (出『尙書故實』)

209 · 13(2418)
이 도(李 都)

이도는 형남종사(荊南從事)로 있으면서, 조정 관리들과 가까이 지냈다. 한번은 도성에서 편지가 왔는데, 그 글씨가 제멋대로 여서 흉하기 그지없었다. 이도는 다음과 같은 시를 지어 희롱했다.

    천리 밖에서 형남 땅으로 편지가 한 장 왔는데,
    장초(章草: 초서의 일종으로 한 글자씩 따로따로 띄어서 씀)가 이리저리 제멋대로 노네.
    우습다, 종요(鍾繇)와 장지(張芝) 헛된 힘만 썼고,
    왕희지(王羲之)와 왕헌지(王獻之)에게 괜한 근심 끼쳤네.
    이 글은 아끼며 보배로 삼을 수는 있지만,
    자손에게 물려주어 그들을 그르칠 수는 없다네.
    그러나 글 속에 고인들이 서로에게 덕담 주던 깊은 뜻 어려 있으니,
    세월의 흐름 속에 삼켜지게나 해야지.

(『서정시』)

李都荊南從事時, 朝官親熟. 自京寓書, 蹤甚惡. 李寄詩戲曰: "草緘千里到荊門, 章草縱橫任意論. 應笑鍾・張虛用力, 却敎羲・獻枉勞魂. 惟堪愛惜爲珍寶, 不敢留傳誤子孫. 深荷故人相厚處, 天行時氣許敎呑." (出『抒情詩』)

209・14(2419)
동도걸아(東都乞兒)

대력연간(大曆年間: 766~779)에 동도(東都: 洛陽) 천진교(天津橋)에 거지아이가 있었는데, 두 팔이 없어 오른 발 발가락 사이에 붓을 끼고 경서(經書)를 써서 돈을 구걸해 살았다. 그 아이는 글씨를 쓰려고 할 때면 먼저 붓을 몇 척이나 높이 던진 후에 발로 다시 받았는데, 한번도

떨어뜨린 적이 없었다. 그 글씨는 또한 관가의 해서체도 그만 못했다. (『유양잡조』)

　　大曆中, 東都天津橋有乞兒, 無兩手, 以右足夾筆, 寫經乞錢. 欲書時, 先用擲筆高尺餘, 以足接之, 未嘗失落. 書跡官楷書不如也. (出『酉陽雜俎』)

209 · 15(2420)
노홍선(盧弘宣)

　이덕유(李德裕)가 재상이 되었을 때 어떤 사람이 서첩을 바쳤다. 이덕유는 이를 얻은 후 자주 꺼내 보고 감상하며 그 글씨를 매우 좋아했다. 노홍선은 당시 탁지랑중(度支郞中)이었는데, 서예로 명성이 있었다. 이덕유는 그를 불러 들여 자신이 얻은 서첩을 꺼내 그에게 보게 했다. 노홍선이 이를 받아들고도 오래도록 말이 없자 이덕유가 말했다.
　"어떻소?"
　노홍선은 황공한 모습으로 대답했다.
　"이것은 제가 몇 년 전에 소왕(小王: 王獻之)의 서첩을 모방한 것입니다."
　태위(太尉: 李德裕)는 그 후 그를 더욱더 중시했다. (『노씨잡설』)

　　李德裕作相日, 人獻書帖. 德裕得之執翫, 頗愛其書. 盧弘宣時爲度支郞中, 有善書名. 召至, 出所獲者書帖, 令觀之. 弘宣持帖, 久之不對, 德裕曰: "何如?" 弘宣有恐悚狀曰: "是某頃年所臨小王帖." 太尉彌重之. (出『盧氏雜說』)

209 · 16(2421)
영남토(嶺南兎)

한번은 영남의 군목(郡牧)이 영남 토끼의 가죽을 얻어 장인으로 하여금 깎아 붓을 만들라 했는데, 장인이 술에 취해 이를 잃어버렸다. 그는 너무 두려워 자신의 수염을 깎아 붓을 만들었는데 매우 훌륭했다. 이에 군목이 다시 또 만들라고 시키자 장인은 못한다고 했다. 군목이 그 이유를 따져 물으니 장인은 어쩔 수 없이 사실대로 대답했다. 군목은 마침내 명령을 내려 집집마다 사람 수염을 바치라 했으며, 혹 못 바치게 되면 그 만큼에 해당하는 돈을 물게 했다. (『영남이물지』)

嶺南兎, 嘗有郡牧得其皮, 使工人削筆, 醉失之. 大懼, 因剪己鬚爲筆, 甚善. 更使爲之, 工者辭焉. 詰其由, 因實對. 遂下令, 使一戶輸人鬚, 或不能致, 輒責其直. (出『嶺南異物志』)

태평광기 권제 210 화(畫) 1

1. 열 예(烈 裔)
2. 경 군(敬 君)
3. 모연수(毛延壽)
4. 조 기(趙 岐)
5. 유 포(劉 褒)
6. 장 형(張 衡)
7. 서 막(徐 邈)
8. 조불흥(曹不興)
9. 위 협(衛 協)
10. 왕헌지(王獻之)
11. 고개지(顧愷之)
12. 고광보(顧光寶)
13. 왕 이(王 廙)
14. 왕 몽(王 濛)
15. 대 규(戴 逵)
16. 종 병(宗 炳)
17. 황화사벽(黃花寺壁)

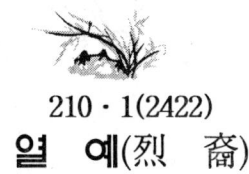

210・1(2422)
열 예(烈 裔)

진(秦)나라의 열예는 건소국(騫霄國) 사람이다. 진나라 시황제(始皇帝) 때에 건소국에서 그를 진나라에 바쳤다. 열예는 주사와 먹을 입에 머금었다가 벽에 뿜어 용을 그렸다. 그가 손가락으로 땅을 그으면 먹줄로 그은 것 같이 곧았고, 손을 움직여 네모와 원을 그리면 모두 곡척과 그림쇠로 그린 것 같았다. 사방 1촌(寸) 안에 오악(五嶽: 泰山・華山・衡山・恒山・嵩山)과 사독(四瀆: 長江・黃河・淮河・濟水), 그리고 열국(列國)들이 갖추어졌다. 그는 용과 봉황을 아주 잘 그렸는데, [그가 그린 용과 봉황들은] 춤추는 듯했으며 날아가 버릴 것만 같았다. (왕자년『습유기』)

秦有烈裔者, 騫霄國人. 秦皇帝時, 本國進之. 口含丹墨, 噀壁以成龍獸. 以指歷地('地'字原闕, 據『拾遺記』補)如繩界之, 轉手方圓, 皆如規度. 方寸內有五岳・四瀆・列國備焉. 善畫龍鳳, 軒軒然唯恐飛去. (出王子年『拾遺記』)

210 · 2(2423)
경군(敬君)

제(齊)나라의 경군은 그림을 그리는 데 뛰어났다. 제나라 왕이 9층의 대(臺)를 세우고서 경군을 불러 그림을 그리도록 했다. 경군이 오래도록 고향에 돌아가지 못하자, 자신의 처를 그리워한 나머지 그녀의 초상을 그려 마주했다. 제나라 왕은 그 아름다움을 보고는 백만 금을 하사하고, 마침내 경군의 처를 [자신의 비빈으로] 맞아들였다. (유향『설원』)

齊敬君善畫. 齊王起九重臺, 召敬君畫. 君久不得歸, 思其妻, 遂畫眞以對之 齊王因覩其美, 賜金百萬, 遂納其妻. (出劉向『說苑』)

210 · 3(2424)
모연수(毛延壽)

전한(前漢)의 원제(元帝)는 후궁이 너무 많아 늘 만나 볼 수가 없었다. 그래서 화공에게 [후궁들의] 초상화를 그리게 해서 초상화를 보고 불러들여 총애했다. 그러자 여러 궁인들은 모두 화공에게 뇌물을 주었는데, 많이 준 사람은 10만이었고 적게 준 사람도 5만을 내려가지 않았다. 그러나 왕장(王嬙)만은 그렇게 하지 않아 결국 원제를 만나 뵐 수 없었다. 흉노가 연씨(閼氏: 흉노의 왕비의 호)로 삼을 미인을 구하자, 원제는 초상화를 보고 소군(召昭: 王嬙)을 보내게 했다. 왕장이 떠나게 되었을 때

원제가 그녀를 불러서 보았더니, 용모가 후궁들 중에 제일이었고 응대나 행동거지 모두 우아하고 고상했다. 원제는 후회했지만 이미 일이 결정된 뒤였고, 게다가 원제는 외국에 대한 신의를 중시했기 때문에 사람을 바꾸지 못했다. 그리하여 원제가 그 일을 철저히 조사하여 화공들을 모두 기시형(棄市刑: 저잣거리에서 처형당하고 시체는 길에 내버려지는 형벌)에 처하고 그 가산을 적몰(籍沒: 재산과 가속을 장부에 기록하여 국고로 귀속시키는 일)했더니 모두 엄청난 액수였다. 화공 중에 두릉(杜陵)의 모연수는 사람의 모습을 그릴 때 미추(美醜)와 노소(老少)를 막론하고 반드시 핍진하게 그렸다. 안릉(安陵)의 진창(陳敞)과 신풍(新豊)의 유백(劉白)·공관(龔寬)은 모두 소나 말의 여러 자태를 그리는 데 뛰어났지만, 사람 모습의 미추에 있어서는 모연수를 따라가지 못했다. 하두(下杜)의 양망(陽望)역시 그림을 잘 그렸는데, 특히 배색에 뛰어났다. [이들은 모두] 같은 날 기시형에 처해졌다. 그래서 도성(都城)의 화공이 보기 드물게 되었다. (『서경잡기』)

　前漢元帝, 後宮旣多, 不得常見. 乃令畵工圖其形, 按圖召幸之. 諸宮人皆賂畵工, 多者十萬, 少者不減五萬. 唯王嬙不肯, 遂不得召. 後匈奴求美人爲閼氏, 上按圖召昭君行. 及去召見, 貌美壓後宮, 而('壓後宮而'四字原缺, 據明鈔本補)占對擧止, 各盡('各盡'二字原闕, 據明鈔本補)閑雅. 帝悔之, 而業已定, 帝重信於外國, 不復更人. 乃窮按其事, 畵工皆棄市, 籍其家, 資皆巨萬. 畵工杜陵毛延壽爲人形, 醜好老少, 必得其眞. 安陵陳敞, 新豊('新豊'原作'雜畫', 據『西京雜記』改)劉白·龔寬並工('劉白·龔寬並工'六字原闕, 據明鈔本補)牛馬衆勢, 人形醜好, 不逮('逮'原作'在', 據『西京雜記』改)延壽. 下杜陽望亦善畵, 尤善布色. 同日棄市. 京師畫工, 於是差希. (出『西京雜記』)

210 · 4(2425)
조 기(趙 岐)

　후한(後漢) 사람 조기는 자가 빈경(邠卿)으로, 경조(京兆) 두릉(杜陵) 사람이다. 그는 재능과 기예가 많았으며 그림에도 뛰어났다. 조기는 스스로 영성(郢城) 안에 수장(壽藏: 壽冢으로 생전에 만들어 놓은 무덤)을 만들고, [春秋시대의] 계찰(季札)·자산(子産)·안영(晏嬰)·숙향(叔向) 네 사람을 그려 손님의 위치에 두고 자신은 주인의 위치에 그렸으며, 각각의 그림에 화찬(畫讚)을 썼다. 조기는 헌제(獻帝) 건안(建安) 6년(201)에 관직이 태상경(太常卿)에 이르렀다. (범엽『후한서』)

　後漢趙歧字邠卿, 京兆杜陵人. 多才藝, 善畫. 自爲壽藏於郢城中, 畫季札·子産·晏嬰·叔向四人居賓位, 自居主位, 各爲贊誦. 獻帝建安六年, 官至太常卿. (出范曄『後漢書』)

210 · 5(2426)
유 포(劉 褒)

　후한(後漢)의 유포는 환제(桓帝) 때 사람이다. 유포는 일찍이「운한도

(雲漢圖)」[『名畵記』권3의「述古之秘畵珍圖」에 '「雲漢圖」劉襃'라고 되어있음]를 그렸는데, 그것을 본 사람들은 뜨거운 기운을 느꼈다. 또 유포는「북풍도(北風圖)」를 그렸는데, 그것을 본 사람들은 서늘한 기운을 느꼈다. 그는 관직이 촉군태수(蜀郡太守)에 이르렀다. (장화『박물지』)

後漢劉襃, 桓帝時人. 曾畫「雲臺閣(明鈔本'臺閣'作'漢圖')」, 人見之覺熱. 又畫「北風圖」, 人見之覺涼. 官至蜀郡太守. (出張華『博物志』)

210·6(2427)
장 형(張 衡)

후한(後漢) 장형은 자가 평자(平子)로 남양(南陽) 서악(西鄂)사람이다. 장형의 재주는 남보다 뛰어났으며 총명하여 천문(天文)에 밝았고, 그림 [원문에는 '書'라 되어있으나『名畵記』권4에 의거해 '畵'로 고침]에 뛰어났다. 그는 승진을 거듭하여 시중(侍中)이 되었고, 조정을 나가서 하간왕(河間王: 漢 景帝의 아들 劉德)의 재상을 지냈으니, 향년 62세였다. 옛날 건주(建州) 만성현(滿城縣)의 산에 '해신(駭神)'이라는 이름을 가진 동물이 있었는데, 돼지의 몸에 사람 머리를 하고 있었고 얼굴 생김새가 추악하여 온갖 귀신들도 모두 싫어했다. 그것은 물가의 돌 위에 나와 있는 것을 좋아했는데 장형이 그 모습을 그리러 가자 물 속으로 들어가 나오지 않았다. 어떤 사람이 말하길, 그 짐승은 자기를 그리는 것을 싫어하여 나오지 않는다고 했다. 그리하여 장형이 마침내 종이와 붓을 버리자 과연 그 동물이 [물 위로] 나왔다. 장평자는 두 손을 마주잡고서 움직이지 않고 몰래 발로 그 모습을 그렸다. 오늘날 [그 곳을] '파수담(巴獸潭)'이라 부른다. (곽씨『이물지』)

後漢張衡字平子, 南陽西鄂人. 高才過人, 性聰, 明天象, 善畫. 累拜侍中, 出爲河間王相, 年六十二. 昔建州滿城縣山有獸名'駭神', 豕身人首, 狀貌醜惡, 百鬼惡之. 好出水邊石上, 平子往寫之, 獸入水中不出. 或云, 此獸畏寫之, 故不出. 遂去紙筆, 獸果出. 平子拱手不動, 潛以足指畫之. 今號'巴獸潭'. (出郭氏『異物志』)

210 · 7(2428)
서 막(徐 邈)

위(魏)나라 서막은 자가 경산(景山)이다. 그는 술을 좋아했고 그림에 뛰어났다. 위나라 명제(明帝)가 낙수(洛水)에 놀러가 흰 수달을 보고 그것을 좋아했으나 얻을 수 없었다. 서막이 말했다.

"수달은 숭어를 좋아하여 죽음도 불사합니다."

마침내 서막이 화판에 숭어를 그려 물가에 걸었더니 수달들이 다투어 달려들어 한꺼번에 잡을 수 있었다. 명제가 기뻐서 감탄하며 말했다.

"경(卿)의 그림은 어찌 그리 신기한가!"

서막이 대답했다.

"신은 붓을 잡아 본 적이 없었사오니, 제가 그린 것은 비슷하게 그린 것일 뿐입니다."

(『제해기』)

魏徐邈字景山. 性嗜酒, 善畫. 魏明帝遊洛水, 見白獺愛之, 不可得. 邈曰: "獺嗜鯔魚, 乃不避死." 遂畫板作鯔魚, 懸岸, 群獺競來, 一時執得. 帝嘉歎曰: "卿畫何其神也!" 答曰: "臣未嘗執筆, 所作者自可庶幾." (出『齊諧記』)

210·8(2429)
조불흥(曹不興)

사혁(謝赫)이 말했다.

"강좌(江左: 江南)의 화공인 오(吳)나라 조불흥은 5천 척(尺)이나 되는 비단에 한 사람의 모습을 그리는데, 생각이 민첩하고 손놀림이 빨라 잠깐 사이에 다 그렸다. 머리와 얼굴과 손과 발, 가슴과 어깨와 등이 그 법식을 잃지 않았다. 이는 어려운 것이니 오직 조불흥 만이 할 수 있었다."

진(陳)나라 때 사혁은 그림에 뛰어난 사람으로 일찍이 비각(秘閣: 궁중에서 중요한 문서나 물건을 보관하는 장소)을 살펴보았는데, 조불흥이 그린 용머리를 보고 탄복했으며 진짜 용을 본 것 같이 여겼다. (『상서고실』)

謝赫云: "江左畫人吳曹不興, 運五千尺絹畫一像, 心敏手疾, 須臾立成. 頭面手足, 胸臆肩背, 無遺失尺度. 此其難也, 唯不興能之." 陳朝謝赫善畫, 嘗閱祕閣, 歎伏曹不興所畫龍首, 以爲若見眞龍. (出『尙書故實』)

위 협(衛 協)

진(晉)나라의 위협에 대해 『포박자(抱朴子)』에서 이렇게 말했다.

"위협(衛協), 장묵(張墨)은 둘 다 화성(畫聖)이다."

[위협에 대해] 손홍지(孫鴻之)[『歷代名畫記』권5에는 '孫暢之'라 되어 있음]는 이렇게 말했다.

"「상림원도(上林苑圖)」는 위협의 작품 중 가장 뛰어나다. 또 「칠불도(七佛圖)」에는 사람들이 감히 눈동자를 그려 넣지 못한다."

고개지(顧愷之)는 『논화(論畫)』에서 말했다.

"「칠불도(七佛圖)」과 「열녀도(烈女圖)」는 모두 위협의 작품으로 웅장하면서도 정취가 있다. 「모시북풍도(毛詩北風圖)」 역시 위협이 그린 것으로 구상이 교묘하고 치밀하다."

이 그림은 짧은 두루마리로 장정되어있고 팔분서(八分書)로 제(題)되어 있는데, [이 그림에 대해] 장언원(張彦遠)은 이렇게 말했다.

"원화연간(元和年間: 806~820)에 일가 사람인 장유소(張惟素)가 [그림을 가져] 오니, 나의 할아버지가 답례로 명마와 고운 비단 200필을 주었다. 그러나 장유소는 나중에 그 그림을 되찾아가서 한유(韓愈)에게 다시 팔았다. 한유의 아들 한창(韓㫤)은 상국(相國) 단문창(段文昌)에게 그 그림을 빌려주었는데, 단문창은 후에 모사본을 한창에게 돌려주었다. 나는 회창(會昌) 원년(841)에 단가본(段家本)을 보았고, 후에 양주종사(襄州從事)로 있을 때 한가본(韓家本)을 보았다."

사혁이 말했다.

"옛 그림은 모두 간략했으나 이때에 이르러 정밀해지기 시작했다. 그의 그림은 육법(六法)이 모두 잘 갖추어져 있고, 비록 형사(形似: 외형적으로 비슷함. 神似와 반대되는 말)는 구비하진 못했으나 기품이 있어 많은 걸작들을 뛰어 넘는 세상에 드문 뛰어난 그림이다. 그의 그림은 제일품(第一品)인 조불흥(曹不興) 아래에 있고 장묵(張墨)·순욱(荀勖)보다는 위에 있다."

(『명화기』)

晉衛協,『抱朴子』云:"衛協·張墨, 並爲畫聖." 孫鴻之:"「上林苑圖」, 協踪最妙. 又「七佛圖」, 人不敢點眼睛." 愷之「論畫」云:"「七佛」與「烈女」, 皆協之跡, 壯而有情勢.「毛詩北風圖」亦協手, 巧密於情思." 此畫短卷, 長裝, 八分, 張彦遠題云:"元和, 宗人惟素將來, 余大父答以名馬·精絹二百匹. 惟素後却又將貨與韓愈. 韓之子昶借與相國段文昌, 却以模本歸於昶. 會昌元年見段家本, 後於襄州從事見韓家本."

謝赫云:"古畫皆略, 至此始精. 六法頗爲兼善, 雖不備該形似而有氣韻, 陵跨群雄, 曠代絶筆. 在第一品曹不興下, 張墨·荀勖上." (出『名畫記』)

210·10(2431)
왕헌지(王獻之)

진(晉)나라 왕헌지는 자가 자경(子敬)으로 어려서부터 큰 명성을 얻었으며, 고매한 풍류를 지니고 있었다. 그의 초서(草書)와 예서(隸書)는 부친[王羲之]의 훌륭함을 계승했으며, 그림에 뛰어났다. 환온(桓溫)이 일찍이 왕헌지에게 부채에 그림을 그려줄 것을 청했다. 왕헌지는 잘못하여 붓을 떨어뜨리자 즉시 [그 얼룩을 이용하여] 검은 얼룩무늬의 암소를 그렸는데 지극히 절묘했으며, 또 부채 위에 「박우부(駁牛賦)」를 적었다. 이 부채는 의희연간(義熙年間: 405~419)까지도 남아 있었다. (『명화기』)

晉王獻之字子敬, 少有盛名, 風流高邁. 草·隸繼父之美, 妙於畫. 桓溫嘗請畫扇. 誤落筆, 就成烏牸牛, 極妙絶, 又書「駁牛賦」於扇上, 此扇義熙中猶在. (出 『名畫記』)

210 · 11(2432)
고개지(顧愷之)

진(晉)나라 고개지는 자(字)가 장경(長康)으로 어렸을 때 자는 호두(虎頭)이며 진릉(晉陵) 사람이다. 그는 재기(才氣)가 넘쳤으며 회화에 더욱 더 뛰어나서 그림의 형상과 기개가 매우 절묘했다. 사안(謝安)이 고장경에게 말했다.
 "그대의 그림은 유사 이래로 가장 뛰어나오."
사안은 또한 이렇게 말했다.
 "그대의 그림은 기개가 빼어나서 예로부터 비길 자가 없소."
한번은 고개지가 상자 하나를 잠시 환현(桓玄)에게 맡겼는데, 그 안에는 모두 절묘한 솜씨로 그려서 보배로 감춰놓은 그림들이 봉해져서 글씨가 쓰여있었다. 나중에 환현은 이 사실을 알게되자 그림을 훔친 뒤 자신이 열지 않았다고 속였다. 고개지는 도난당한 것을 의심하지 않았으며 단지 이렇게 말할 뿐이었다.

"절묘한 그림이 신통함을 부려 변화하여 날아가 버렸으니, 마치 사람이 신선이 되어 하늘로 올라간 것과 같다."

고개지는 삼절(三絶)로 유명했으니, 바로 재절(才絶)과 화절(畫絶)과 치절(癡絶)이었다.

한번은 고장경이 이웃에 사는 한 여인을 좋아하게 되어 그녀를 벽에 그려놓고 심장 부위에 못을 박자, 그녀의 심장이 아파 왔다. 그녀가 고장경에게 심장어 아프다고 이야기하자, 고장경은 못을 뽑아냈고 그녀의 병도 바로 나았다.

고장경은 은중감(殷仲堪)의 초상을 그리고 싶어했는데, 은중감이 평소부터 눈에 병이 있었기에 한사코 사양하자 이렇게 말했다.

"명부(明府: 태수나 자사의 존칭으로 明府君의 준말. 荊州刺史를 지냈던 殷仲堪을 지칭함)께서는 걱정하지 마십시오. 만약 눈동자를 분명하게 찍은 다음에 비백(飛白: 書法의 筆法 가운데 하나. 筆勢가 날아오르는 듯하고 筆劃을 다 드러나게 하는 수법. 여기서는 飛白의 필법으로 스치듯이 눈동자 위에 눈썹을 그려 눈의 병을 가린다는 뜻)으로 그 위를 스치게 그리면 마치 엷은 구름으로 해를 가린 것과 같을 것입니다."

고개지가 인물을 그리는데 여러 해 동안 눈동자를 찍지 않았다. 다른 사람이 그 까닭을 묻자 그는 이렇게 대답했다.

"자태의 미추(美醜)는 본래 [그림의] 오묘함과는 무관합니다. 정신을 전하여 진실된 모습을 그리는 것은 바로 이 [눈동자] 속에 있습니다."

고개지는 배해(裵楷)의 초상화를 그리는데 뺨 위에 수염 세 올을 그려 넣은 뒤 이렇게 말했다.

"배해는 준수하고 활달하며 식견이 있다. 이것[수염 세 올]이 있으면 보는 사람들이 반드시 그의 뛰어난 점을 느낄 수 있을 것이다."

혜강(嵇康)이 고개지에게 4언시를 보내자 [그러나 혜강과 고개지는 동시대 인물이 아니며, 같은 내용이 나오는 『世說新語』에는 이 구절이 없음] 고개지는 그림을 그린 뒤 항상 이렇게 말했다.

"'손으로 다섯 현을 뜯는 것'은 그리기 쉽지만 '눈으로 기러기를 보내는 것'은 그리기 어렵다.

고개지는 사유여(謝幼輿: 謝鯤)를 바위 사이에 그렸는데 어떤 사람이 그 까닭을 묻자 이렇게 말했다.

"사유여는 '한 언덕에 은거하고 한 골짜기에서 낚시한다'고 했으니, 이 사람은 당연히 바위 계곡 사이에 있어야 한다."

고장경이 한번은 와관사(瓦棺寺) 북전(北殿)의 내실 벽에 유마거사(維摩居士: 維摩詰)를 그렸는데, 다 그리자 그림에서 빛이 한달 여 동안이나 비쳤다. 『경사사기(京師寺記)』에 이런 이야기가 실려있다. 홍녕연간(興寧年間: 363~365)에 와관사에서 막 스님들을 모은 뒤 법회를 열어서 조정의 관리와 일반인들을 청하여 기부금을 모금하는 글을 돌렸다. 당시 사대부 중에 10만 전을 넘게 보시하는 일이 없었는데 고장경만은 홀로 100만 전을 내겠다고 적었다. 고장경은 평소에 가난했기 때문에 사람들은 그가 허풍을 떤다고 생각했다. 나중에 절에서 스님이 약정한 대로 줄 것을 요청하자 고장경이 말했다.

"벽 하나만 준비해 주십시오."

고장경은 [벽이 준비되자] 문을 닫고 한 달이 넘도록 밖으로 나오지 않으면서 유마힐의 그림을 완성시켰다. 고장경은 유마힐의 눈동자를 그리려 할 때에 여러 스님들에게 말했다.

"첫날 보러 오는 사람에게는 10만 전을 받으시고, 둘째 날 보러 오는 사람에게는 5만전을 받으시고, 셋째 날 오는 사람에게는 알아서 보시하라고 하십시오."

[유마힐을 그린 법당의] 문을 열자 그림의 빛이 온 절에 비추었으며, 그림을 보고 보시하는 사람들이 절을 가득 메워서 삽시간에 100만 전이 모였다.

유의경(劉義慶)의 『세설신어(世說新語)』에서 이르기를 대사마(大司馬) 환온(桓溫)은 매번 고장경과 양흔(羊欣)을 불러 글씨와 그림에 대해 논할 때면 온 종일을 이야기해도 피곤한 줄 몰랐다고 했다. (『명화기』)

『청야유서원도(淸夜遊西園圖)』는 고장경이 그린 그림이다. 이 그림의 아래에는 양(梁)나라 여러 왕들이 쓴 발문(跋文)이 있는데 이렇게 쓰여 있다.

"그림에 있는 몇 명은 모두 천주성(天廚星: 紫宮의 동북쪽에 있는 여섯 별로 盛饌을 주관함. 여기서는 음식을 담당하는 관청인 光祿寺를 말함)의 음식을 먹고 있다."

정관연간(貞觀年間: 627~649)에 하남군공(河南郡公) 저수량(褚遂良)과 여러 명사(名士)들이 제(題)한 것도 모두 남아 있다. 이 그림은 본래 장유소(張惟素)의 집안에서 가지고 있던 것이었는데 상국(相國: 宰相) 장홍정(張弘靖) 때에 이르자 원화연간(元和年間: 806~820)에 조칙이 내려와서 장유소에게 그림과 종원상(鐘元常: 鐘繇)이 쓴 『도덕경(道德經)』을 모두 궁 안으로 들여보내라고 했다. 나중에 중귀인(中貴人: 宦官) 최담준(崔譚峻)이 이 그림을 가지고 궁중에서 나왔기에 그림은 다시 민간에 유전되었다. 장유소의 아들인 전(前) 경주종사(涇州從事) 장주봉(張周封)은 도성에 있을 때에 하루는 어떤 사람이 이 그림을 가지고 와서 팔자, 깜짝 놀라서 급히 비단 몇 필과 바꾸어 그림을 얻었다. 1년이 지난 뒤에 갑자기 다급하게 문을 두드리는 소리가 들렸는데, 까닭을 물어보니 문밖의 여러 사람이 모두 중위(中尉) 구사량(仇士良: 당시 神策軍의 中尉를 맡고 있었음)이 흰 비단 300필로 장공(張公: 張周封)의 『청야유서원도』와 바꾸길 원한다고 하는 것이었다. 장주봉은 그들의 위협이 두려워서 급히 그림을 내주었고 그들은 과연 다음날 비단을 가지고 왔다. 그러나 후에 이 일은 사기였음이 드러났다. 한 호족 사대부가 강회대감원(江淮大監院: 江淮 지역의 度支를 관리하는 기관)에서 관직을 얻고자 했는데 당시 염철사(鹽鐵使)를 맡고 있던 왕회(王淮)는 글씨와 그림을 매우 좋아했기에 이 사람에게 이렇게 말했다.

"나를 위해 이 그림을 수소문해서 얻어준다면 그대의 청탁을 따르겠네."

이로 인해 그 사대부가 계책을 꾸며 그림을 취한 것이었다. 왕회의 집안이 화를 만난 뒤, 그 그림은 다시 어느 분(粉) 파는 가게로 흘러 들어가게 되었다. 시랑(侍郎) 곽승하(郭承嘏)의 문지기가 그 그림을 300전에 사들였으나 곽공(郭公: 郭承嘏)이 죽은 뒤에 이 그림은 다시 떠돌다가 영호도(令狐綯)의 집안으로 전해졌다. 선종(宣宗)이 한번은 상국(相國: 宰相. 여기서는 令狐綯를 말함)에게 어떤 유명한 그림이 있냐고 물었을 때 상국은 이 그림이 있다고 대답했다. 이후에 이 그림은 황궁으로 진상되었다. (『상서고실』)

晉顧愷之字長康, 小字虎頭, 晉陵人. 多才氣. 尤工丹青, 傳寫形勢, 莫不妙絶. 謝安謂長康曰: "卿畫自生人已來未有." 又云: "卿畫蒼蒼, 古來未有."

曾以一廚畫暫寄桓玄, 皆其妙跡所珍祕者, 封題之. 其後玄聞取之, 誑云不開. 愷之不疑被竊, 直云: "妙畫通神, 變化飛去, 猶人之登仙也." 愷之有三絶, 才絶·畫絶·癡絶.

又嘗悅一鄰女, 乃畫女於壁, 當心釘之, 女患心痛. 告於長康, 康遂拔釘, 乃愈.

又嘗欲寫殷仲堪眞, 仲堪素有目疾, 固辭, 長康曰: "明府無病. 若明點瞳子, 飛白拂上, 便如輕雲蔽日."

畫人物, 數年不點目睛. 人問其故, 答曰: "四體姸蚩, 本無關於妙處. 傳神寫貌, 正在阿堵之中."

又畫裴楷眞, 頰上乃加三毛, 云: "楷俊郞, 有鑒識. 具此, 觀之者定覺殊勝."

嵇康贈以四言詩, 畫爲圖, 常云: "'手揮五絃'易, '目送歸鴻'難."

又畫謝幼輿於一巖中, 人問其故, 云: "'一丘一壑', 此明鈔本'此'字上有'謂之'二字)子宜置巖壑中."

長康又嘗於瓦棺寺北殿內畫維摩居士, 畫畢, 光輝月餘. 『京師寺記』云: 興寧中, 瓦棺寺初置僧衆, 設刹會, 請朝賢士庶宣疏募緣. 時士大夫莫有過十萬者, 長康獨注百萬. 長康素貧, 衆以爲大言. 後寺僧請勾疏, 長康曰: "宜備一壁." 閉戶不出('不出'原作'往來', 據明鈔本改)一月餘, 所畫維摩一軀工畢. 將欲點眸子, 乃謂僧衆曰: "第一日觀者, 請施十萬, 第二日觀者, 請施五萬, 第三日觀者, 可任其施." 及開戶, 光照一寺, 施者塡咽, 俄而及百萬.

劉義慶『世說』云, 桓大司馬每請長康與羊欣講論畫書, 竟夕忘疲. (出『名畫記』)

又『淸夜遊西園圖』, 顧長康畫. 有梁朝諸王跋尾處云: "圖上若干人並食天廚." 貞觀中, 褚河南諸賢題處具在. 本張惟素家收得, 至相國張公弘靖, 元和中, 宣惟素幷鍾元常寫『道德經』, 同進入內. 後中貴人崔譚峻自禁中將出, 復流傳人間. 惟素子周封前涇州從事在京, 一日有人將此圖求售, 周封驚異之, 遽以絹數正易得. 經年, 忽聞款門甚急, 問之, 見數人同稱, 仇中尉擷以三百素絹, 易公『淸夜圖』. 周封憚其迫脅, 遽以圖授之, 明日, 果齎絹至. 後方知詐僞. 乃是一豪士求江淮大監院. 時王淮判鹽鐵, 酷好書畫, 謂此人曰: "爲余訪得此圖, 然遂公所請." 因爲計取耳. 及王家事起, 復流一粉鋪家. 郭侍郎承嘏閣者以錢三百市得, 郭公卒, 又流傳至令狐家. 宣宗嘗問相國有何名畫, 相國其以圖對. 後進入內. (出『尙書故實』)

210・12(2433)
고광보(顧光寶)

고광보는 그림에 뛰어났다. 건강(建康)에 육개(陸漑)라는 사람이 있었는데 여러 해 동안 학질을 앓으면서 온갖 약으로 치료해봐도 모두 효과가 없었다. 고광보가 한번은 육개의 집에 갔는데, 육개가 그를 침상으로 불러들여 만나보고 이렇게 말했다.

"내가 이 병을 앓은 지 오래되었으나 치료하지 못하고 있는데 그대는 이 사실을 알고 있었오?"

고광보는 육개의 병을 알지 못했기에 이렇게 말했다.

"당신이 병을 앓고 계시다는 것을 전혀 알지 못했습니다. 만약 알았다면 제가 어찌 침실에 왔겠습니까?"

고광보는 마침내 붓을 가져오라고 하여 먹으로 사자 한 마리를 그려서 바깥문에 붙이라고 한 뒤 육개에게 말했다.

"이 사자는 움직였다 하면 곧바로 영험함을 보이니 전심을 다해 지극 정성으로 비신다면 내일 당장 효험이 있을 것입니다."

육개는 문 밖에 그림을 붙이라고 한 뒤 하인을 보내서 향을 사르고 절하게 했다. 그날 저녁 한밤중에 문 밖으로 바스락바스락 소리가 나더니 한참이 지나자 더 이상 들리지 않았다. 다음날 그림에 있는 사자의 입 가운데와 가슴 앞으로 핏방울 스며들어 있었고, 문 밖으로는 모두 점점이 핏자국이 낭자했다. 육개의 병은 이내 나았으며, 당시 사람들은 이를 기이해 했다. (『팔조화록』[『팔조궁괴록』])

顧光寶能畫. 建康有陸漑, 患瘡經年, 醫療皆無效. 光寶常詣漑, 漑引見於臥前, 謂光曰: "我患此疾久, 不得療矣, 君知否?" 光寶不知漑患, 謂漑曰: "卿患此, 深是不知. 若聞, 安至伏室?" 遂命筆, 以墨圖一獅子, 令於外戶牓之, 謂漑曰: "此出手便靈異, 可虔誠啓心至禱, 明日當有驗." 漑命張戶外, 遣家人焚香拜之 已而是夕中夜, 戶外有窸窣之聲, 良久, 乃不聞. 明日, 所畫獅子, 口中臆前, 有血淋漓, 及於戶外皆點焉. 漑病乃愈, 時人異之. (出『八朝畫錄』, 明鈔本作'出『八朝窮怪錄』')

210 · 13(2434)
왕 이(王 廙)

진(晉)나라 왕이는 자(字)가 세장(世將)으로 낭야(琅琊) 임기(臨沂) 사람이다. 그는 문장을 잘 짓고 글씨와 그림에 뛰어났다. 강을 건너간 뒤 [즉 東晉을 말함], 그는 진나라 조정에서 글씨나 그림으로 으뜸이었고 음률에 있어서도 여러 악기에 모두 통달했다. 왕이는 원제(元帝) 때에 좌위장군(左衛將軍)이 되었으며 무강후(武康侯)에 봉해졌다. 당시에 진서장군(鎭西將軍) 사상(謝尙)이 무창(武昌)의 창악사(昌樂寺: 원문에는 '武昌樂寺'라고 되어있으나『歷代名畵記』권5에 의거하여 '武昌昌樂寺'로 고쳐 번역함)에 동탑(東塔)을 세우고 대약사(戴若思: 戴儼)가 서탑(西塔)을 세웠는데, 이 둘은 모두 왕이에게 그림을 그려달라고 요청했다. (『명화기』)

晉王廙字世將, 瑯琊臨川(明鈔本・許刻本'川'作'沂')人. 善屬詞, 攻書畵. 過江後, 爲晉朝書畵第一, 音律衆妙畢綜. 元帝時爲左衛將軍, 封武康侯. 時鎭軍謝尙於武昌樂寺造東塔, 戴若思造西塔, 並請廙畵. (出『名畵記』)

210 · 14(2435)
왕 몽(王 濛)

진(晉)나라 왕몽은 자(字)가 중조(仲祖)이며 진양(晉陽) 사람이다. 그는 성격이 제멋대로여서 아무런 거리낌이 없었지만 글씨는 유익(庾翼: 字가 稚恭으로 庾亮의 동생)에 비견되었다. 그는 그림에도 절묘했는데 자못 고원한 경지에 이르고자 했다. 그가 한번은 나귀시장에 가서 상여에 그림을 그리면서 이렇게 말했다.

"나는 술을 즐기고 고기를 좋아하며 그림을 잘 그린다. 먹을 것과 좋은 술과 [그림을 그릴] 고운 비단만 있다면 어딘들 가지[원문에는 '可'로 되어있으나『歷代名畵記』권5에 의거하여 '往'으로 고쳐 번역함] 못할 곳이 있으랴!"

그는 특히 청담(淸談)에 뛰어나서 당시 사람들의 존중을 받았다. (『명화기』)

晉王濛字仲祖, 晉陽人. 放誕不羈, 書比廣(『歷代名畵記』五'廣'作'庾')翼. 丹靑甚妙, 頗希高遠. 嘗往驢肆家畵輀車, 自云: "我嗜酒・好肉・善畵. 但人有飮食・美酒・精絹, 我何不可也!" 特善淸談, 爲時所重. (出『名畵記』)

210・15(2436)
대 규(戴 逵)

진(晉)나라 대규(戴逵)는 자(字)가 안도(安道)로 초군(譙郡) 질현(銍縣) 사람이다. 그는 어려서부터 총명하고 배우기를 좋아했으며 금(琴)에도 뛰어나고 그림도 잘 그렸다. 그는 어렸을 때 흰 기와가루와 계란물에 소변을 섞어서 정현(鄭玄)의 비문(碑文)을 썼는데 당시 절묘하다고 칭찬받았다.

유도계(庾道季: 庾和. 庾亮의 아들)는 [그가 그린 불상] 그림을 보고 대규에게 말했다.

"[불상에 드러난] 정신이 도리어 너무 세속적이니, 그대의 세속의 정이 아직 다 없어지지 않았기 때문인가 보오."

대규가 말했다.

"오직 옛날의 무광(務光: 원문에는 '務允'이라고 되어있으나 『世說新語』「巧藝」편에 의거하여 '務光'으로 고쳐 번역함. 務光은 夏나라 때 사람으로 湯王이 천하를 평정한 뒤에 그에게 넘겨주려고 하자 돌을 짊어지고 盧水에 몸을 던졌음)만이 그대의 이 말을 면할 것이오."

(『명화기』)

대안도가 어렸을 때, 와관사(瓦棺寺)에 그림을 그렸다. 왕장사(王長史: 王濛. 당시 司徒右長史를 지냈음)가 이를 보고 말했다.

"이 아이는 그림만 잘 그리는 것이 아니라 끝내는 명성을 떨치게 될 것이다. 단지 내가 나이가 많아서 그가 대성하는 것을 보지 못할 것이 한스러울 뿐이다."

(『서설잡서』)

晉戴逵字安道, 譙郡銍縣人. 幼年已聰明好學, 善琴攻畫. 爲童兒時, 以白瓦屑・鷄卵汁和溲作鄭玄碑, 時稱絶妙.

庾道季看之, 語逵云: "神猶太俗, 卿未盡耳." 逵曰: "唯務允當免卿此語." (出 『名畫記』)

又戴安道幼歲, 在瓦棺寺內畫. 王長史見之曰: "此童非徒能畫, 亦終當致名. 但恨吾老, 不見其盛耳." (出 『世說雜書』)

210 · 16(2437)
종 병(宗 炳)

송(宋)나라 종병은 자(字)가 소문(少文)으로 서화(書畵)에 능했는데 산수(山水)를 좋아했다. 그는 서쪽으로는 형산(荊山)과 무산(巫山)에 올랐으며 남쪽으로는 형산(衡山)에 올랐다. 그는 형산에 집을 지었으나 병으로 인해 강릉(江陵)으로 돌아온 뒤 탄식하며 이렇게 말했다.

"늙은 데다가 병까지 들었으니 명산을 두루 유람하기는 어렵겠구나. 마땅히 잡념을 버리고 도를 탐구하면서 누워서 유람해야겠구나."

그는 자신이 유람하면서 지났던 곳을 모두 벽에 그려 놓고서 앉을 때나 누울 때나 그쪽을 바라보았다. (『명화기』)

宋宗炳字少文, 善書畵, 好山水. 西涉荊・巫, 南登衡嶽. 因結宇衡山, 以疾還江陵, 歎曰: "老疾俱至, 名山恐難遍遊. 當澄懷觀道, 臥以遊之." 凡所遊歷, 皆圖於壁, 坐臥向之. (出『名畵記』)

210 · 17(2438)
황화사벽(黃花寺壁)

후위(後魏: 北魏) 효문제(孝文帝)가 막 즉위했을 무렵에 위성(魏城) 사람 원조(元兆)라는 이가 있었는데 구천법(九天法: 도교에서 요괴를 없애는 법술의 일종)으로 요괴를 없애는 데 뛰어났다. 원래 업성(鄴城)에 한 군사(軍士)에게 14세 된 딸이 있었는데 요괴로 인한 병을 앓은 지 여러 해가 되어 수십 명에게 고쳐보았으나 아무런 소용이 없었다. 하루는 그 집에서 딸을 데리고 원조가 사는 곳에 찾아가서 원조를 만났더니 원조가 말했다.

"이 병은 여우나 이리가 홀린 것이 아니라 요괴의 그림에 의한 것이다. 내가 어떻게 이를 알겠는가? 지금 천하에 있는 신통한 요괴와 신령스러운 요괴, 땅에 사는 도깨비와 물에 사는 도깨비를 내가 모두 알고 있다. 네가 이야기한 병의 상태는 절의 벽에 그려진 사천신(四天神) 패거리의 도깨비로 인한 것이다. 이 말이 어떠한가?"

그녀의 아버지가 말했다.

"제가 전에 운문(雲門) 황화사(黃花寺)에 있는 동쪽 벽의 그림에서 동방신(東方神)을 향해 은혜를 빌었습니다. 제가 항상 딸을 데리고 갔는데, 딸은 언제나 그 그림의 신을 무서워했으며 밤에 악귀(惡鬼)가 찾아와 딸을 붙잡고 웃는다며 가위에 눌렸습니다. 이로 인해 병을 얻게 되었습니다."

원조는 크게 웃으며 말했다.

"과연 내 말이 틀리지 않구나!"

그리고 원조는 갑자기 공중을 향해 어떤 사람과 이야기를 나누었는데 그의 곁에 있던 사람들도 공중에서 대답하는 소리를 들었다. 한참이 지난 뒤에 원조가 마당을 향해 질책하며 말했다.

"어찌 빨리 끌고 오지 않는 것인가? 어서 잡아오너라."

그의 곁에 있던 사람들은 공중에서 이렇게 말하는 것을 들었다.

"춘방대신(春方大神: 東方神)께서 원대행(元大行: 元兆. 大行은 도교

에서 술법을 써서 귀신을 부리는 사람에 대한 칭호)께 악신은 그 자신이 마땅한 벌을 주어 처벌할 것이니 어찌 원대행을 만날 필요 있겠냐고 전하셨습니다."

원조가 화를 내며 공중을 향해 말했다.

"너는 내 뜻을 춘방신에게 전해서 꼭 그를 잡아오라 청해라. 내 잠시 그를 꾸짖어야겠으니 빨리 묶어서 보내라고 청해라."

원조는 말을 마친 뒤 다시 공중을 향해 이렇게 말했다.

"두 명의 쌍아장(雙牙將)과 여덟 명의 적미장(赤眉將)을 불러 잡아오라하면 되니, 동방신(東方神)에게 가서 알릴 것도 없다."

그의 곁에 있던 사람들은 모두 비바람 소리를 들었는데, 곧 악신이 도착했다. 원조가 크게 웃으며 말했다.

"너는 본래 형상이 없으나 그림이 잘 그려져서 존재하게 된 것일 뿐이다. 무엇을 믿고 살아있는 사람을 홀린 것인가."

원조가 그 딸에게 말했다.

"네가 스스로 그 모습을 판단해 보아라."

원조가 모습을 드러내라고 하자 곁에 있던 사람들은 키가 한 장(丈)이 넘는 세 신을 보았는데 이들은 모두 3 척(尺)이 넘는 두 어금니[雙牙]가 입술 밖으로 나와 있었으며 붉고 푸른 옷을 입고 있었다. 그들은 또한 붉은 옷을 입고 있는 여덟 명의 신을 보았는데 이들은 눈썹까지도 붉은 색이었으며 함께 악신을 붙잡아 곧장 처마 아래로 끌고 왔다. 악신은 흐트러진 머리에 눈은 붉었고 큰 코에 모난 입에는 어금니와 앞니가 모두 나와 있었다. 손과 손톱은 마치 새처럼 뾰족했으며 두 발에는 모두 긴 털이 자라있었고 표범 가죽 같은 옷을 입고 있었다. 그 집 사람들이 원조에게 말했다.

"바로 딸이 항상 봤던 악신입니다."

원조가 악신을 앞으로 나오라고 한 뒤 말했다.

"너는 본래 존재하지 않았으나 그림으로 인해 만들어진 것일 뿐이다. 어찌하여 이런 괴이한 모습을 갖게 되었느냐?"

악신이 대답했다.

"모습은 본디 그림이지만 참 것을 본떠서 그렸으니, 참 것이 드러나면 바로 정신이 깃들게 됩니다. 제가 비록 그림이지만 정신이 생겨나서 이에 의지하여 만물과 통하게 되었으니, 이것이 제가 감응하게 된 원인입니다. 이 소녀에게 감응하여 그녀를 홀렸으니 실제로 죄가 제게 있습니다."

원조는 크게 분노하여 시동(侍童)에게 항아리에 물을 담아오게 했는데, 악신에게 그 물을 다 뿌려도 색이 조금도 흐려지지 않았다. 원조가 더욱 노하여 악신에게 끓인 물을 뿌리자 잠시 후 악신은 사라지고 빈 주머니 같은 것만 남았다. 그리하여 원조는 그것을 사람이 없는 황무지에 던져 버리게 했다. 군사의 딸은 그 즉시 나았으며, 군사는 딸을 수레에 태워 업성으로 돌아갔다.

군사는 다시 황화사에 가서 그림이 그려져 있던 곳을 살펴보았는데, 물로 씻어낸 것 같았기에 그 신기함에 놀라 탄식했다. 운경(雲敬) 스님이 그의 이런 모습을 보고 물었다.

"당신이 이번에 와서 그림을 보고 찬탄하는 것에는 반드시 뭔가 다른 일이 있을 것입니다. 이야기해 주십시오."

군사가 말했다.

"제 딸이 병을 앓았는데 악신에게 괴롭힘을 받은 것이었습니다. 지금 원선생(元先生: 元兆)께서 이 절의 그림이 요사스러운 짓을 했다고 하셨습니다."

그리고는 군사가 그림에서 씻겨나간 신을 가리키자 스님은 깜짝 놀라 말했다.

"당신도 기이한 사람입니다. 지난달에 이 절에서 하루는 낮에 어둡더니 갑자기 거센 바람과 검은 구름이 불어닥치고 우레와 천둥 같은 소리가 절을 한동안 둘러싸더니 그림에서 마치 누군가를 붙잡는 소리가 들렸습니다. 어떤 사람이 '세력이 원대행을 대적치 못하니 어서 가는 것만 못하다'고 했습니다. 그 말이 끝나자 바람과 먼지가 흩어지고 절이 밝아졌습니다. 그날 저녁 이 곳을 보니 한 신이 마치 씻어낸 듯 없어졌습니다. 당신의 말을 살펴보니 그 일과 꼭 부합됩니다."

원조는 구겸지(寇謙之)의 스승이다. (임등『박물지』)

後魏孝文帝登位初, 有魏城人元兆能以九天法禁絶妖怪. 先鄰中有軍士女年十四, 患妖病累年, 治者數十人並無據. 一日, 其家以女來謁元兆所止, 謁兆. 兆曰: "此疾非狐狸之魅, 是妖畫也. 吾何以知? 今天下有至神之妖, 有至靈之怪, 有在陸之精, 有在水之魅, 吾皆知之矣. 汝但述疾狀, 是佛寺中壁畫四天神部落中魅也. 此言如何?" 其女之父曰: "某前於雲門黃花寺中東壁畫東方神下乞恩, 常携此女到其下. 又女常懼此畫之神, 因夜驚駭, 夢惡鬼來, 持女而笑. 由此得疾." 兆大笑曰: "故無差!" 因忽與空中人語, 左右亦聞空中有應對之音. 良久, 兆向庭嗔責之云: "何不速曳? 亟持來." 左右聞空中云: "春方大神傳語元大行, 惡神吾自當罪戮. 安見大行?" 兆怒, 向空中語曰: "汝以我誠達春方, 必請致之. 我爲暫責,請速鏁致之." 言訖, 又向空中語曰: "召二雙牙・八赤門往要, 不去聞(明鈔本'聞'作'間')東方." 左右咸聞有風雨之聲, 乃至. 兆大笑曰: "汝無形相, 畫之姸致耳. 有何恃而魅生人也." 兆謂其女曰: "汝自辨其狀形." 兆令見形, 左右見三神皆丈餘, 各有雙牙長三尺, 露於唇口外, 衣靑赤衣. 又見八神俱衣赤, 眼眉並殷色, 共扼其神, 直逼軒下. 蓬首目赤, 大鼻方口, 牙齒俱出. 手甲如烏, 兩足皆有長毛, 衣若豹韡. 其家人謂兆曰: "此正女常見者." 兆令前曰: "爾本虛空, 而畫之所作耳, 奈何有此妖形?" 其神應曰: "形本是畫, 畫以象眞, 眞之所示, 卽乃有神. 況所畫之上, 精靈有凭可通, 此臣所以有感. 感之幻化, 臣實有罪." 兆大怒. 命侍童取礶瓶受水, 淋之盡, 而惡神之色不衰. 兆更怒, 命煎湯以淋, 須臾神化, 如一空囊. 然後令擲去空野. 其女於座卽愈, 而父載歸鄴.

復於黃花寺尋所畫之處, 如水之洗, 因而駭歎稱異. 僧雲敬見而問曰: "汝此來見畫歎稱, 必有異耶. 可言之" 其人曰: "我女患疾, 爲神所擾. 今元先生稱是此寺畫作妖." 乃指畫處所洗之神, 僧大驚曰: "汝亦異人也. 此寺前月中, 一日晝晦, 忽有惡風玄雲, 聲如雷震, 遶寺良久, 聞畫處如擒捉之聲. 有一人云: '勢力不加元大行, 不如速去.' 言訖, 風埃乃散, 寺中朗然, 晚見此處一神如洗. 究汝所說, 正符其事." 兆卽寇謙之師也. (出林登『博物志』)

태평광기 권제 211 제2

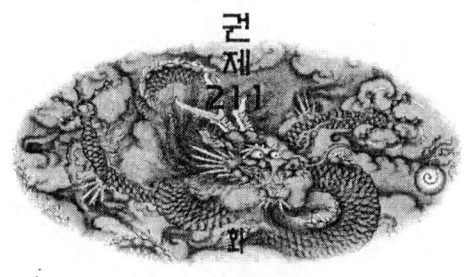

1. 종 측(宗 測)
2. 원 천(袁 蒨)
3. 양원제(梁元帝)
4. 도홍경(陶弘景)
5. 장승요(張僧繇)
6. 고효형(高孝珩)
7. 양자화(楊子華)
8. 유살귀(劉殺鬼)
9. 정법사(鄭法士)
10. 염립덕(閻立德)
11. 염립본(閻立本)
12. 설 직(薛 稷)
13. 울지을승(尉遲乙僧)
14. 왕 유(王 維)
15. 이사훈(李思訓)
16. 한 간(韓 幹)

211·1(2439)
종 측(宗 測)

남제(南齊)의 종측은 자가 경미(敬微)이며 종병(宗炳)의 손자이다. 그는 대대로 강릉(江陵)에 살면서 관부(官府)의 초징에 응하지 않았다. 표기장군(驃騎將軍)인 예장왕(豫章王) 소의(蕭嶷)가 종측에게 참군(參軍)이 되어 달라고 청하자, 종측이 이렇게 대답했다.

"어찌하여 바다오리를 무고하게 다치게 하고 산의 나무에 함부로 도끼질하십니까?"

그는 천성적으로 글씨와 그림에 뛰어났다. 그는 조부의 지업(志業)을 전하면서 명산을 유람하려는 뜻을 지녔기에, 조부 종병이 그린 「상자평도(尙子平圖: 尙子平은 後漢의 隱士 向長. '尙'은 '向'으로도 씀)」를 벽에 모사(摹寫)해놓았다. 그리고 여산(廬山)에 은거하면서 종병의 옛 집에서 살았으며, 「완적우손등(阮籍遇孫登: 孫登은 晉代의 隱士)」 그림을 가리개 위에 그려놓고 앉아서 누워서 그것을 마주보았다. 또한 그가 그린 영업사(永業寺)의 불영대(佛影臺: 佛像을 말함)는 모두 절묘한 경지에 이르렀다고 일컬어졌다. (『남제기』)

南齊宗測字敬微, 炳之孫也. 代居江陵, 不應招辟. 驃騎將軍豫章王嶷請爲參軍, 測答曰: "何得謬傷海鳧, 橫斤山木?" 性善書畫. 傳其祖業, 志欲遊名山, 乃寫祖炳所畫「尙子平圖」於壁. 隱廬山, 居炳舊宅, 畫「阮籍遇孫登」於行障上, 坐臥對之. 又永業寺佛影臺, 皆稱臻絶. (出『南齊記』)

211·2(2440)
원 천(袁 蒨)

[南朝] 제(齊)나라의 원천은 진군(陳郡) 사람이다. 당시 남강군수(南康郡守) 유증(劉繪)의 누이가 파양왕(鄱陽王)의 왕비가 되었는데, 두 사람 사이의 금슬이 매우 돈독했다. 나중에 파양왕이 제 명제(明帝)에게 주살당하자, 왕비는 너무 심하게 애통해하다가 정신이 혼미해지더니 결국 간질병을 얻게 되었는데, 의원들도 치료할 수 없었다. 원천은 그림을 잘 그렸는데, 그가 그린 사람 얼굴은 실물과 다름이 없었다. 그래서 [유증은 원천에게] 파양왕의 형상을 그리게 하고, 아울러 파양왕이 생전에 총애하던 희첩(姬妾)들이 함께 거울을 비춰보면서 파양왕과 함께 잠자리에 들려는 모습을 그리게 했다. 그리고는 은밀히 유모 할멈을 시켜 왕비에게 그 그림을 보여주게 했더니, 왕비는 그림을 보자마자 침을 뱉으면서 욕을 했다.

"이 늙은 놈을 빨리 죽이지 못하다니!"

그리하여 왕비는 비통한 마음이 마침내 가라앉았으며 병도 낫게 되었다. (사혁『화품』)

齊袁蒨, 陳郡人. 時南康郡守劉繪妹爲鄱陽王妃, 伉儷甚篤. 王爲齊明帝所誅,妃追傷過切, 心用恍惚, 遂成癎病, 醫所不療. 袁蒨善圖寫, 畫人面, 與眞無別. 乃令畫王形象, 並圖王平生所寵姬, 共照鏡, 狀如偶寢. 密令嫗嫺示妃, 妃見乃唾之, 因罵曰: "斫老奴晩!" 於是悲情遂歇, 病亦痊除. (出謝赫『畫品』)

211·3(2441)
양원제(梁元帝)

양(梁)나라 원제가 일찍이「성승(聖僧)」그림을 그리자, 무제(武帝)가 친히 [그 그림에] 찬(讚)을 지었다. 원제가 형주자사(荊州刺使)로 있을 때「번객입조도(蕃客入朝圖)」를 그렸는데, 무제가 훌륭하다고 극찬했다. 원제는 또「직공도(職貢圖)」를 그리고 아울러 [畫題에] 외국에서 공물을 헌상하는 일을 기록했다. 그는 또 춘원(春苑)을 유람하고 나서, 흰 마지(麻紙)에「녹도(鹿圖)」·「사리상(師利像: 文殊師利菩薩像을 말함)」·「관학피지(鸛鶴陂池)」·「부용초정도(芙蓉醮鼎圖)」등을 그렸는데, 이 그림들은 모두 화제(畫題)와 낙관이 있고 후세에 전해졌다. (『명화기』)

梁元帝常畫「聖僧」, 武帝親爲作讚. 任荊州刺使時, 畫「蕃客入朝圖」, 帝極稱善(具『梁書』). 又畫「職貢圖」, 并序外國貢獻之事(序具本集). 又遊春苑, 白麻紙畫「鹿圖」·「師利像」·「鸛鶴陂池」·「芙蓉醮鼎圖」, 並有題印, 傳於代. (出『名畫記』)

211 · 4(2442)
도홍경(陶弘景)

양(梁)나라 도홍경은 자가 통명(通明)이다. 그는 여러 기예에 밝았고 글씨와 그림에 뛰어났다. 무제(武帝)가 한번은 그를 초징하여 기용하려 하자, 은거(隱居: 華陽隱居. 陶弘景의 自號)는 소 2마리를 그려 바쳤는데, 한 마리는 머리에 황금 굴레를 쓴 채 끌려가는 모습이었고, 다른 한 마리는 한가롭게 수초를 뜯어먹는 모습이었다. 양 무제는 그의 뜻을 알고 마침내 그에게 관작(官爵)을 받으라고 강요하지 않았다. (『명화기』)

梁陶弘景字通明. 明衆藝, 善書畫. 武帝嘗欲徵用, 隱居畫二牛, 一以金革龍頭牽之, 一則逶迤就水草. 梁武知其意, 遂不以官爵逼之 (出『名畫記』)

211 · 5(2443)
장승요(張僧繇)

양(梁)나라 장승요는 오중(吳中) 사람이다. 그는 [梁 武帝] 천감연간(天監年間: 502~519)에 무릉왕(武陵王: 蕭紀)의 국시랑(國侍郞: 원문에는 '國'이라고만 되어 있지만 『歷代名畫記』에 의거하여 보충함)이 되었고, 우군장군(右軍將軍: 원문에는 '將軍'이라고만 되어 있지만 『歷代名畫記』에 의거하여 보충함)과 오흥태수(吳興太守)를 지냈다. 무제는 사원을 단장할 때 대부분 장승요에게 그림을 그리라고 명했다. 당시 [무제의 아들들인] 여러 왕들이 지방의 봉지(封地)에 있었는데, 무제는 그들이 보고 싶으면 장승요를 [해당 봉지로] 보내 그들의 모습을 그려오게 하여, 마치 직접 만나는 것처럼 마주보았다. 강릉(江陵)의 천황사(天皇寺)는 [南齊] 명제(明帝) 때 세운 절로 그 안에 백당(柏堂)이 있었는데, 장승요가 그곳에 「노사나상(盧舍那像: 盧舍那는 梵語 Losana의 音譯. 三身佛의 하나로 해의 빛이 세계를 비추는 것에 비유하여 光明佛이라고도 함)」과 「중니십철(仲尼十哲: 孔子와 그의 제자 중 德行에 뛰어난 顏淵·閔子騫·冉伯牛·仲弓, 言語에 뛰어난 宰我·子貢, 政事에 뛰어난 冉有·季路, 文學에 뛰어난 子游·子夏를 말함)」을 그렸더니, 명제가 이상히 여겨 물었다.

"불문(佛門) 안에 어찌하여 성인 공자를 그렸는가?"

장승요가 말했다.

"훗날 틀림없이 이것의 덕을 보게 될 것이옵니다."

훗날 후주(後周: 北周)가 불법을 훼멸하면서 천하의 사원과 불탑을 불태웠는데, 이 불전(佛殿)에만 선니(宣尼: 孔子)의 상이 있었기 때문에 훼멸당하지 않았다.

또 장승요는 금릉(金陵)의 안락사(安樂寺)에 용 4마리를 그려놓고 눈동자를 찍지 않은 채 매번 이렇게 말했다.

"눈동자를 찍으면 즉시 살아서 날아가 버릴 것이다."

사람들은 그의 말을 터무니없다고 생각하여 그에게 용 그림에 눈동자를 찍으라고 청했다. [그래서 눈동자를 찍었더니] 잠시 후 벼락이 내리쳐 벽이 깨지면서 [눈동자를 찍은] 용 2마리는 구름을 타고 하늘로 솟구쳐 올라갔고, 미처 눈동자를 찍지 않은 나머지 용은 그대로 있었다.

이전에 오(吳)나라의 조불흥(曹不興)이「청계룡(靑溪龍)」을 그렸는데, 장승요는 그것을 보고 조잡하다고 생각했다. 그래서 용천정(龍泉亭)에 여러 마리의 용을 그려놓고 그 밑그림을 비각(祕閣)에 보관해두었는데, 당시 사람들은 그것을 중시하지 않았다. 그런데 [梁 武帝] 태청연간(太淸年間: 547~549)에 이르러 용천정에 벼락이 내리쳐 그 벽에 그려놓았던 용들이 사라지자, 그제야 사람들은 그 그림의 신묘함을 알게 되었다.

또 장승요는「천축이호승(天竺二胡僧)」을 그렸는데, 후경(侯景: 梁 武帝 때 河南王에 봉해졌으며, 나중에 모반하여 稱帝하고 국호를 漢이라 했다가 주살당함)의 난 때 그 그림이 둘로 찢어지고 말았다. 그 중 한 쪽에 그려진 호승 그림을 당(唐)나라 우상시(右常侍) 육견(陸堅)이 보물로 간직하고 있었는데, 육견이 병들어 위독했을 때 꿈에 어떤 호승이 나타나 이렇게 말했다.

"나에게는 수년 간 찢어져 헤어진 동료가 있는데, 그는 지금 낙양(洛陽)의 이씨(李氏) 집에 있습니다. 만약 그를 찾아서 합쳐주신다면 반드시 법력(法力)으로 당신을 돕겠습니다."

육견이 돈과 비단을 써서 다른 한 쪽의 호승 그림의 소재를 찾은 끝에 과연 그것을 구입했더니, 자신의 병도 얼마 후 나았다. 유장경(劉長卿)이 그러한 사실을 기록했다. 장승요의 그림에 관한 모든 영험한 일은 여기에 다 기록할 수 없다. (『명화기』)

또한 윤주(潤州)의 홍국사(興國寺)에서는 비둘기가 [佛殿의] 대들보 위에 살면서 부처님의 존상(尊像)을 더럽히는 것을 고민했다. 그래서 장승요는 동쪽 벽에는 해동청 한 마리를 그리고 서쪽 벽에는 매 한 마리를 그렸는데, 모두 머리를 기울여 처마 밖을 노려보고 있는 모습이었다.

그 이후로는 비둘기들이 더 이상 감히 오지 못했다. (『조야첨재』)

梁張僧繇, 吳人也. 天監中, 爲武陵王國·將軍·吳興太守. 武帝修飾佛寺, 多命僧繇畫之. 時諸王在外, 武帝思之, 遣僧繇傳寫儀形, 對之如面也. 江陵天皇寺, 明帝置, 內有柏堂, 僧繇畫「盧舍那像」及「仲尼十哲」, 帝怪問: "釋門內如何畫孔聖?" 僧繇曰: "後當賴此耳." 及後周滅佛法, 焚天下寺塔, 獨此殿有宣尼像, 乃不毀拆.

又金陵安樂寺畫四龍, 不點眼睛, 每云: "點之卽飛去." 人以爲妄誕, 因請點之. 須臾, 雷電破壁, 二龍乘雲騰上天, 未點睛者見在. 初吳曹不興圖「靑溪龍」, 僧繇見而鄙之. 乃廣其像於龍泉亭, 其畫留在祕閣, 時未之重. 至太淸中, 雷震龍泉亭, 遂失其壁, 方知神妙.

又畫「天竺二胡僧」, 因侯景亂, 散拆爲二. 一僧爲唐右常侍陸堅所寶, 堅疾篤, 夢胡僧告云: "我有同侶, 離拆多年, 今在洛陽李家. 若求合之, 當以法力助君." 陸以錢帛, 求於其處, 果購得之, 疾亦尋愈. 劉長卿爲記述之. 其張畫所有靈感, 不可具載. (出『名畫記』)

又潤州興國寺, 苦鳩鴿栖梁上穢汙尊容. 僧繇乃東壁上畫一鷹, 西壁上畫一鷂, 皆側首向簷外看. 自是鳩鴿等不復敢來. (出『朝野僉載』)

211·6(2444)
고효형(高孝珩)

북제(北齊)의 고효형은 세종(世宗: 世祖 武成帝 高湛)의 둘째 아들로, 광녕군왕(廣寧郡王)에 봉해졌고 상서령(尙書令)·대사도(大司徒)·동주목(同州牧)을 역임했다. 그는 박학다식하고 재예(才藝)가 풍부했다. 한번은 관청의 벽에 해동청을 그렸는데, 그것을 본 사람은 진짜가 아닌가 하고 의심했으며, 비둘기와 참새 따위가 감히 접근하지 못했다. 또 그가 그린「조사도(朝士圖)」는 당시의 절묘한 작품이었다. 나중에 그는 북주(北周)의 군대에 포로로 잡혀갔다가, 개부(開府: 府署를 설치하여 스스로 관료를 선발할 수 있는 지위를 말함)를 수여받고 현후(縣侯)에 봉해졌다. 고효형은 음률에도 뛰어났는데, 북주 무제(武帝)가 북제의 군신(君臣)들에게 연회를 베푸는 자리에서 스스로 비파를 타면서 고효형에게 피리를 불게 했다. (『명화기』)

北齊高孝珩, 世宗第二子, 封廣寧郡王·尚書·大司徒·同州牧. 博涉多才藝. 嘗於廳壁畫蒼鷹, 觀者疑其眞, 鳩雀不敢近. 又畫「朝士圖」, 當時妙絶. 爲周師所虜, 授開府, 封縣侯. 孝珩亦善音律, 周武宴齊君君臣, 自彈琵琶, 命孝珩吹笛. (出『名畫記』)

211·7(2445)
양자화(楊子華)

북제(北齊)의 양자화는 세조(世祖: 武成帝 高湛) 때 직각장군(直閣將軍)·원외산기시랑(員外散騎侍郞)을 역임했다. 그가 한번은 벽에 말을 그렸는데, 밤에 들었더니 마치 말이 물과 풀을 찾기라도 하는 듯이 이를 갈며 길게 우는 소리가 들렸다. 또 흰 비단에 용을 그렸는데, 그것을 펼치면 구름이 자욱히 서렸다. 세조는 그를 중시하여 궁궐 안에 머물게 했다. 세상 사람들은 그를 '화성(畵聖)'이라 불렀다. 그는 칙명이 없으면 다른 사람에게 그림을 그려줄 수 없었다. 당시 왕자충(王子沖)은 바둑에 뛰어나 신통한 경지에 이르렀는데, [양자화와 함께] '이절(二絶)'로 불렸다. (『명화기』)

北齊楊子華, 世祖時, 任直閣將軍·員外散騎侍郎. 常畵馬於壁, 夜聽, 聞啼齕長鳴, 如索水草聲. 圖龍於素, 舒之輒雲氣縈集. 世祖重之, 使居禁中. 天下號爲'畵聖'. 非有詔, 不得與外人畵. 時有王子沖善棊通神, 號爲'二絶'. (出『名畵記』)

211·8(2446)
유살귀(劉殺鬼)

북제(北齊)의 유살귀는 양자화(楊子華)와 같은 시대 사람인데, 세조(世祖: 武成帝 高湛)는 이 둘을 모두 중시했다. 그는 벽에 다투는 참새를 그렸는데, 세조가 이를 보고 살아있다고 생각하여 손으로 참새를 쫓으려다가 비로소 [그림이라는 사실을] 알아차렸다. 그는 늘 궁궐 안에 머물면서 [황제로부터] 수만 금의 재물을 하사 받았으며, 양주자사(梁州刺史)를 역임했다. 그의 이름은 『북제서(北齊書)』에 보인다. (『명화기』)

北齊劉殺鬼與楊子華同時, 世祖俱重之. 畵鬪雀於壁間, 帝見之, 以爲生, 拂之方覺. 常在禁中, 錫賚巨萬, 任梁州刺史. 名見『北齊書』. (出『名畵記』)

211 · 9(2447)
정법사(鄭法士)

수(隋)나라의 전생(田生: 田僧亮)과 양생(楊生: 楊契丹)은 정법사(鄭法士)와 함께 도성[長安]에 있는 광명사(光明寺)의 작은 불탑에 그림을 그렸다. 정법사는 동쪽 벽과 북쪽 벽에 그림을 그렸고, 전생은 서쪽 벽과 남쪽 벽에 그렸으며, 양생은 바깥 쪽 사방 벽에 그렸는데, [당시 사람들은] 이들을 '삼절(三絶)'이라 불렀다. 양생이 대자리로 자기가 그린 곳을 가려놓았더니, 정법사가 몰래 그것을 들춰보고 나서 양생에게 말했다.

"그대의 그림은 결코 따라 배울 수 없을 정도로 뛰어난데, 무얼 하러 수고롭게 가리는가?"

정법사는 양생과 인척관계를 맺음으로써 집안끼리 서로 가깝게 지냈다. 정법사가 또 양생에게 그림 밑본을 보여달라고 하자, 양생은 정법사를 데리고 조당(朝堂)으로 가서 궁궐·문무관리·인마(人馬)·수레 등을 가리키며 말했다.

"이것이 바로 나의 그림 밑본이네."

이로 인해 정법사는 양생에게 깊이 탄복했다. 광명사는 나중에 대운사(大雲寺)로 이름이 바뀌었으며, 장안(長安)의 회원리(懷遠里)에 있다.
(『명화기』)

隋田·楊與鄭法士同於京師光明寺畵小塔. 鄭圖東壁·北壁, 田圖西壁·南壁, 楊畵外邊四面, 是稱'三絶'. 楊以簟蔽畵處, 鄭竊觀之, 謂楊曰: "卿畵終不可學, 何勞障蔽?" 鄭託以婚姻, 有對門之好. 又求楊畵本, 楊引鄭至朝堂, 指以宮闕・衣冠・人馬・車乘曰: "此是吾之畫本也." 由是鄭深伏. 光明寺改爲大雲寺, 在長安懷遠里也. (出『名畫記』)

211 · 10(2448)
염립덕(閻立德)

 당(唐)나라 정관(貞觀) 3년(629)에 동만(東蠻)의 사원심(謝元深)이 입조[하여 太宗을 알현]했는데, 그는 검은 곰 가죽으로 만든 관을 쓰고 황금 사슬을 이마에 두르고 모피로 만든 치마를 입고 노끈으로 다리를 감고 신발을 신고 있었다. [이를 보고] 중서시랑(中書侍郞) 안사고(顔師古)가 아뢰었다.
 "옛날 주(周) 무왕(武王)은 천하를 태평하게 다스려 먼 이역의 나라들이 기꺼이 귀순했는데, 주나라 사관이 그 일을 모아 『왕회편(王會篇)』을 지었사옵니다. 지금 폐하의 성덕(聖德)이 널리 미쳐 만국이 내조(來朝)하고 새 무늬를 넣어 풀로 엮어 만든 옷을 입은 오랑캐 사절들이 모두 만저(蠻邸: 蠻族이 도성에 왔을 때 머무는 官邸)에 모여 있사오니, 진실로 이를 그림으로 그려 후세에 남김으로써 원방(遠方)을 품에 안는 덕정(德政)을 기리는 것이 좋겠사옵니다."
 태종(太宗)은 그 말에 따라 바로 염립덕 등에게 명하여 그 일을 그림으로 그리게 했다. 또한 조군(趙郡)의 이사진(李嗣眞)은 그림을 논하면서 상품(上品)의 세 번째에서 우상(右相) 박릉자(博陵子) 염립본(閻立本)과 그의 형인 공부상서(工部尙書) 대안공(大安公) 염립덕의 그림에 대해 이렇게 기술했다.

"대안(大安: 閻立德)과 박릉(博陵: 閻立本)은 난형난제로 우열을 가리기 힘들다. 강우(江右: 여기서는 南朝를 말함)의 육탐미(陸探微)와 사혁(謝赫)이 죽고 북조(北朝)의 양자화(楊子華)가 세상을 떠난 이래로, 인물화의 절묘함은 실로 이 두 사람이 중흥시킨 것이다. 만국이 조정에 들어와 도산(塗山)의 옥백(玉帛)을 바치는 모습, 온갖 오랑캐가 조공을 바칠 때 응문(應門: 皇宮의 5重門에서 4번째 문을 말함)에서 그들을 응접하는 차례, 절도에 맞게 움직이면서 잠(簪)을 꽂고 홀(笏)을 받쳐드는 의례, 기이하고 괴상하게도 코로 물을 마시고 머리를 날리는 풍속[『琅琊代醉編』에 따르면, 安南에 사는 '頭飛蠻'이란 이민족은 밤에 머리를 목에서 떼어내 바닷가로 가서 물고기를 잡아먹고 다음날 아침에 돌아와 머리를 제자리에 붙인다고 함] 등을 [이 두 사람은] 모두 아주 상세하게 묘사했으며 거기에 생생한 기운까지 담아내었다."

(『담빈록』)

唐貞觀三年, 東蠻謝元深入朝, 冠烏熊皮冠, 以金絡額, 毛岐以裳, 爲行縢, 著履. 中書侍郞顔師古奏言: "昔周武王治致太平, 遠國歸款, 周史乃集其事爲『王會篇』. 今聖德所及, 萬國來朝, 卉服鳥章, 俱集蠻邸, 實可圖寫貽於後, 以彰懷遠之德." 從之, 乃命立德等圖畫之. 又趙郡李嗣眞論畫, 其上品之第三, 序右相博陵子閻立本, 泊其兄工部尙書大安公立德之畫曰: "大安·博陵, 難兄難弟. 自江右陸·謝云亡, 北朝子華長逝, 象人之妙, 實爲中興. 至如萬國來庭, 奉塗山之玉帛, 百蠻朝貢, 接應門之序位, 折旋矩規, 端簪奉笏之儀, 魁詭譎怪, 鼻飮頭飛之俗, 莫不盡該豪末, 備得精神." (出『譚賓錄』)

211 · 11(2449)
염립본(閻立本)

염립본은 당(唐) 태종(太宗) 때 고관을 지냈으며, 형 염립덕(閻立德)과 함께 이름을 나란히 했다. 그는 일찍이 칙명을 받들어 태종의 초상을 그렸다. 나중에 어떤 솜씨 좋은 화가가 현도관(玄都觀) 동전(東殿) 앞에 태종의 초상을 모사(摹寫)하여 제왕[원문은 '九五'. 九五는 帝王의 자리로, 『周易』「乾卦」 九五 爻辭의 "飛龍在天, 利見大人"이라는 구절에 근거함]의 강한 기운을 진압하고자 했는데, [그 초상은] 여전히 영명하고 위풍당당한 위엄을 우러러볼 만했다. 염립덕은 처음으로 「직공도(職貢圖)」를 만들어 이방 인물들의 기이한 모습을 그렸으며, 염립본이 그린 국왕들의 초벌그림은 민간에 남아 있다. 옛날 남북조시대의 이름난 화가들도 그들을 뛰어넘기에는 부족했다. 당시 남산(南山)에 사람을 해치는 맹수가 있자 태종이 용맹한 자에게 그것을 포획하게 했지만 잡을 수 없었는데, 충의로운 괵왕(虢王) 이원봉(李元鳳)이 분격하여 직접 맹수를 잡으러 가서 화살 한 방에 쓰러뜨려 죽였다. 태종이 괵왕을 장하게 여겨 염립본으로 하여금 그 모습을 그리게 했는데, 괵왕의 안장 없은 말과 종복들을 모두 너무나 사실적으로 묘사했기에 그의 재능에 놀라 탄복하지 않는 사람이 없었다. 그는 또 「진부십팔학사도(秦府十八學士圖: 太宗 李世民이 秦王으로 있을 때 그의 幕府에 있던 18명의 學士를 그린 그림)」와 「능연각공신도(凌煙閣功臣圖: 凌煙閣은 나라에 공훈을 세운 功臣들의 초상을 모셔두는 누각)」 등을 그렸는데, 이 역시 전대의 작품들보다 훨씬 빛나는 것이었다. 오직 「직공도」와 「노부도(鹵簿圖: 帝王이나 將

相이 행차할 때의 儀仗隊를 그린 그림)」 등은 염립덕과 함께 그렸다. 세간에 전하는 바에 따르면, 자은사(慈恩寺)에 그린 공신 그림은 여러 화가들이 참여하여 그렸기에 염립본의 필적이 드러나진 않지만, [그 그림에 그려진] 인물, 안장과 말, 관모(官帽), 수레 장식들이 모두 신묘했다고 한다. 이사진(李嗣眞)은 [염립본의 그림을] 이렇게 평가했다.

"[염립본은] 정법사(鄭法士)를 스승 삼았지만 사실상 그보다 뛰어나다. 나중에 왕지신(王知愼)과 사범(師範)이 필력(筆力)이 대단하긴 했지만, 역시 염립본의 그림이 신품(神品)이다."

(『당화단』)

태종이 한번은 측근 신하들과 함께 춘원(春苑)에서 뱃놀이를 했는데, 연못 속에서 기이한 새들이 물결을 따라 한가롭게 노닐고 있었다. 태종은 [이것을 보고] 여러 번 격찬하면서 좌중의 사람들에게 시를 지으라 명하고 염립본을 불러 이 광경을 그리게 했다. 그래서 누각 밖에서 어명을 전하며 소리쳤다.

"화사(畫師) 염립본은 들라!"

당시 염립본은 주작랑중(主爵郎中: 封爵에 관한 일을 주관하는 관리)으로 있었는데, 땀을 흘리며 허겁지겁 달려와 연못가에서 몸을 숙인 채 손으로 물감을 털면서 몹시 창피해했다. 염립본은 일이 끝난 다음에 아들에게 타이르며 말했다.

"나는 어려서부터 독서를 좋아하여 다행히 고루함을 면했으며, 그림에 인연이 있어서 자못 동료들을 따라갈 정도는 되었다. 그러나 단지 그림으로만 인정을 받았기에 노복이나 하는 일을 직접 하고 있으니, 이보다 큰 치욕이 없다. 너는 마땅히 이점을 깊이 경계하여 그림 따위랑 배우지 말아라."

고종(高宗) 때에 이르러 염립본은 우승상(右丞相: 唐代 中書令을 말함)이 되었고, 강각(姜恪)은 변방의 장수로서 공을 세워 좌상(左相: 唐代 侍中을 말함)이 되었다. 또한 그 해는 흉년이 들어 국자감(國子監)의 학생들을 고향으로 돌려보냈으며, 또 영사(令史: 唐代의 令史는 일정한 品秩이 없었고 三省六部와 御史臺의 낮은 관리로 일했음)에게는 하나의 경서만 통달하도록 제한했다. 그래서 당시 사람들은 이를 두고 이렇게 말했다.

"좌상(左相: 姜恪)은 사막에서 위세를 떨치고, 우상(右相: 閻立本)은 화단(畫壇)에서 명성을 날리는데, 삼관(三舘: 弘文館·崇文館·集賢殿書院)의 학생들은 흩어져 돌아가고, 오대(五臺: 尙書省·門下省·中書省·秘書省·御史臺)의 영사들은 하나의 경서에만 밝다네."

(『대당신어』)

염립본은 집안 대대로 그림에 뛰어났다. 그가 한번은 형주(荊州)에 갔을 때 장승요(張僧繇)의 옛 그림을 보고 말했다.

"정녕 헛되이 명성을 얻었을 뿐이다."

다음날 다시 가서는 이렇게 말했다.

"그래도 역시 근래의 뛰어난 화가이다."

다음날 또 다시 가서는 이렇게 말했다.

"뛰어난 명성 아래엔 정녕 헛된 선비란 없다."

염립본은 앉아서 누워서 그 그림을 살펴보다가 아예 그 밑에서 유숙하면서 열흘 동안 떠나지 못했다.

이전에 양(梁)나라 장승요가 「취승도(醉僧圖)」를 그렸는데, 도사(道士)

들이 매번 이 그림을 가지고 스님들을 놀렸기에 스님들은 이를 치욕스러워했다. 그래서 스님들은 수십만 냥의 돈을 거둬서 염립본에게 주고「취도사도(醉道士圖)」를 그려달라고 했다. 지금 이 두 그림이 모두 세상에 전해진다. (『국사이찬』)

唐太宗朝, 官位至重, 與兄立德齊名. 嘗奉詔寫太宗眞容. 後有佳手, 傳寫於玄都觀東殿前間, 以鎭九五岡之氣. 猶可以仰䀰神武之英威也. 立德創「職貢圖」, 異方人物詭怪之狀, 立本畫國王粉本在人間. 昔南北兩朝名手, 不足過也. 時南山有猛獸害人, 太宗使驍勇者捕之, 不得, 虢王元鳳忠義奮發, 自往取之, 一箭而斃. 太宗壯之, 使立本圖狀, 鞍馬僕從, 皆寫其眞, 無不驚服其能. 有「秦府十八學士」・「凌煙閣功臣」等圖, 亦輝暎前古. 唯「職貢」・「鹵簿」等圖, 與立德同製之. 俗傳慈恩畫功臣, 雜手成色, 不見其蹤. 其人物・鞍馬・冠冕・車服, 皆神也. 李嗣眞云: "師鄭法士, 實亦過之. 後有王知愼・師範, 甚有筆力, 閻畫神品." (出『唐畫斷』)

太宗嘗與侍臣泛春苑, 池中有異鳥隨波容與. 太宗擊賞數四, 詔座者爲詠, 召閻立本寫之. 閣外傳呼云: "畫師閻立本!" 時爲主爵郎中, 奔走流汗, 俯臨池側, 手揮丹靑, 不堪愧赧. 旣而戒其子曰: "吾少好讀書, 幸免墻面, 緣情染翰, 頗及儔流. 唯以丹靑見知, 躬斯養之務, 辱莫大焉. 汝宜深戒, 勿習此也." 至高宗朝, 閻立本爲右丞相, 姜恪以邊將立功爲左相. 又以年饑, 放國子學生歸, 又限令史通一經. 時人爲之語曰: "左相宜威沙漠, 右相馳譽丹靑, 三舘學生放散, 五臺令史明經('明經'二字原作'經明', 據明鈔本改)." (出『大唐新語』)

立本家代善畫. 至荊州, 視張僧繇舊跡曰: "定虛得名耳." 明日又往, 曰: "猶是近代佳手." 明日又往, 曰: "名下定無虛士." 坐臥觀之, 留宿其下, 十日不能去.

又梁張僧繇作「醉僧圖」, 道士每以此嘲僧, 群僧耻之. 於是聚錢數十萬, 貨閻立本作「醉道士圖」. 今並傳于代. (出『國史異纂』)

211·12(2450)
설 직(薛 稷)

설직은 칙천무후(則天武后) 때 벼슬이 태자소보(太子少保)에 이르렀으며, 문장과 학술에 있어서 명성이 당시의 으뜸이었다. 그의 글씨는 저하남(褚河南: 褚遂良)을 사사했는데, 당시 사람들은 [그의 글씨를] 이렇게 평가했다.
"저하남의 글씨를 사든 설직의 글씨를 얻든 가치가 떨어지지 않는다."

설직의 그림은 염령(閻令: 閻立本)을 본받았다. 비서성(秘書省)에 [그가 그린] 학(鶴) 그림이 있었는데, 당시에 '일절(一絶)'이라 불렀다. 그가 한번은 신안군(新安郡)을 여행하다가 우연히 이백(李白)을 만나 함께 그곳에 머물면서 영안사(永安寺)의 편액을 쓰고 아울러 불상 벽화 한 폭을 그렸는데, 그 [편액 글씨의] 필력이 시원시원하고 [벽화 불상의] 자태가 빼어나게 고와서 조불흥(曹不興)과 장승요(張僧繇)에 버금갈 정도였다. 이 두 작품의 오묘함에 대해서는 이한림(李翰林: 李白)이 [그를 위해] 쓴 「찬(讚)」에 기록되어 있다. 또한 들은 바에 따르면, 촉군(蜀郡)에 그가 그린 여러 불상·보살상(菩薩像)과 청우상(靑牛像)이 많이 있는데 모두 신품(神品)에 속한다고 한다. (『당화단』)

天后朝, 位至少保, 文章學術, 名冠當時. 學書師褚河南, 時稱: "買褚得薛, 不落節('稱買褚得薛不落節'八字原闕, 據名鈔本補)." 畫蹤閻令. 秘書省有畫鶴, 時號'一絶'. 會旅遊新安郡, 遇李白, 因留連, 書永安寺額, 兼畫西方像一壁, 筆力瀟灑, 風姿逸發, 曹・張之亞也. 二妙之跡, 李翰林題讚見在. 又聞蜀郡多有畫諸佛・菩薩・青牛之像, 並居神品. (出『唐畫斷』)

211・13(2451)
울지을승(尉遲乙僧)

당(唐)나라 울지을승은 토화라국(土火羅國: 옛 西域의 나라 이름) 사람으로 서역인이다. 정관연간(貞觀年間: 627~649) 초에 토화라국의 국왕이 그림에 절묘하게 뛰어난 사람으로서 울지을승을 당나라 조정에 추천하면서 말했다.

"우리 나라에는 그의 형인 울지갑승(尉遲甲僧)도 있는데, 아직 그의 그림은 보지 못했습니다."

울지을승은 지금의 자은사(慈恩寺) 불탑의 앞면 중간에 공덕상(功德像)과 요질화(凹垤花: 凹凸花, 즉 凹凸畫를 말함. 南北朝 시대의 화가 張僧繇가 인도 불교 회화의 영향하에 명암의 방법을 창안하여 화면에 입체감을 살린 그림의 일종. 가까이 보면 평면이지만 멀리서 보면 요철이 있는 것처럼 보임)를 그렸으며, 서면(西面) 중간에는 천수천안보살상(千手千眼菩薩像)을 그렸는데, 지극히 정묘하다. 또 그는 광택사(光宅寺) 칠보대(七寶臺)의 뒷면에 항마상(降魔像)을 그렸는데, 그 온갖 기기묘묘한 형상은 진실로 기화(奇畫)이다. 그러나 그가 그린 공덕상과 인물・화초 등은 모두 외국의 형상이며, 중국 예악(禮樂)의 위의 있는 풍격이 없다. (『당화단』)

唐尉遲乙僧, 土火羅國胡人也. 貞觀初, 其國王以丹靑巧妙, 薦之闕下云: "其國尙有兄甲僧, 未有見其畵蹤." 乙僧今慈恩寺塔前面中間功德, 叉(明鈔本 '叉'作 '又')凹垤花, 西面中間千手千眼菩薩, 精妙之極. 光宅寺七寶臺後面畵降魔像, 千怪萬狀, 實奇蹤也. 然其畵功德・人物・花草, 皆是外國之象, 無中華禮樂威儀之德. (出『唐畵斷』)

211・14(2452)
왕 유(王 維)

당(唐)나라 상서우승(尙書右丞) 왕유는 남전(藍田)의 옥산(玉山)에 집을 짓고 망천(輞川)에 머물며 살았다. 왕유 형제는 과명(科名: 과거시험 합격의 명예)과 문학에 있어서 당대의 으뜸이었으므로, 당시 사람들이 [그들을 두고] "조정엔 좌상(左相: 王維의 동생 王縉)의 붓, 천하엔 우승[王維]의 시"라는 말을 했다. 왕유가 그린 산수(山水)와 송석(松石)은 그 필치가 마치 살아있는 듯하여 풍격이 특출하다. 그는 지금 도성 천복사(千福寺) 서탑원(西塔院)의 가림벽에 그림을 그렸는데, 한쪽엔 단풍나무[원문은 '楓戌'라 되어 있으나 『唐朝名畵錄』[즉 『唐畵斷』]에 근거하여 '楓樹'로 고쳐 번역함]를 그리고 다른 쪽엔 망천을 그렸다. [그림에 묘사된] 울창하게 우거진 산 계곡과 나는 듯이 움직이는 구름과 냇물을 보고 있으면, 생각이 속진(俗塵)을 벗어나고 기이함이 붓끝에서 생겨났다. 왕유는 일찍이 스스로 시[아래의 시는 그의 「偶然作六首」 중 제6수의 일부임. 또는 「題輞川圖」라고도 함]를 지어 이렇게 읊었다.

이 세상에선[원문은 '夙世'라 되어 있지만, '當代'라 되어 있는 판본에
의거하여 고침] 잘못하여 시인이 되었지만,
전생에 이 몸은 응당 화가였으리라.

그가 그림에 대해 자부함이 이와 같았다. 왕유는 필서자(畢庶子)·정광문(鄭廣文)과 함께 자은사(慈恩寺) 동원(東院)에 각각 작은 벽화 한 폭씩을 그렸는데, 이는 당시에 '삼절(三絶)'로 불렸다. 또 옛 유우승(庾右丞: 左丞을 지낸 庾敬休로 추정함)의 저택에 [왕유가 그린] 산수 벽화와 제기(題記)가 있는데, 이 역시 당시의 절묘한 작품이었다. 그의 산수화와 송석도는 묘품상(妙品上)에 속한다. (『당화단』)

또 왕유는 일찍이 초국방(招國坊)에 있는 유경휴(庾敬休)의 저택에 갔다가 집 벽에 그려진 「주악도(奏樂圖)」를 보았다. 왕유가 그 그림을 자세히 보며 웃자, 어떤 이가 그 까닭을 물었더니 왕유가 말했다.

"이것은 「예상우의곡(霓裳羽衣曲)」의 제3첩(疊: 樂曲의 節) 제1박(拍) 부분을 그린 것이오."

호사가들이 악공(樂工)을 불러모아 [왕유의 말을] 확인해보았더니 조금도 차이가 없었다. (『국사보』)

唐王右丞維家於藍田玉山, 遊止輞川. 兄弟以科名·文學冠絶當代. 故時稱"朝廷左相筆, 天下右丞詩"者也. 其畫山水·松石, 蹤似具生, 而風標特出. 今京都千福寺西塔院有掩障, 一畫楓戌, 一圖輞川. 山谷鬱盤, 雲水飛動, 意出塵外, 怪生筆端. 常自題詩云: "夙世謬詞客, 前身應畫師." 其自負也如此. 慈恩寺東院, 與畢庶子·鄭廣文, 各畫一小壁, 時號'三絶'. 故庾右丞宅, 有壁圖山水兼題記, 亦當時之妙也. 山水·松石, 妙上上品. (出『唐畫斷』)

又維嘗至招國坊庚敬休宅, 見屋壁有畫「奏樂圖」. 維熟視而笑, 或問其故, 維曰: "此「霓裳羽衣曲」第三疊第一拍." 好事者集樂工驗之, 無一差者. (出『國史補』)

211 · 15(2453)
이사훈(李思訓)

당(唐)나라 개원연간(開元年間: 713~741)에 제위장군(諸衛將軍: 李思訓은 武衛將軍을 지냈음) 이사훈과 중사(中舍: 中舍人. 太子의 屬官으로 右庶子와 함께 侍從·獻納·啓奏 등을 담당했음)로 있던 그의 아들 이소도(李昭道)는 모두 산수화의 오묘함을 터득했는데, 당시 사람들이 '대이장군(大李將軍)'·'소이장군(小李將軍)'이라고 부른 사람이 바로 이들이다. 이사훈의 그림은 그 품격이 고아하고 특출했는데 산수화가 특히 절묘했으며, 조수도(鳥獸圖)와 초목도(草木圖)도 모두 뛰어났다. 중사 이소도의 그림 중에서 산수화와 조수도는 번잡한 기교를 너무 부렸고 구상과 필력도 부친 이사훈에 미치지 못했다. 천보연간(天寶年間: 742~755)에 현종(玄宗)이 이사훈을 불러 대동전(大同殿)의 벽화와 가림벽에 그림을 그리게 했는데, 다른 날 주대(奏對: 신하가 천자의 물음에 대답하는 것)하는 자리에서 현종이 이사훈에게 말했다.

"경이 그린 가림벽에서 밤에 물소리가 들리니, 그 신통한 솜씨는 우리 나라 산수화의 으뜸이오."

이사훈의 그림은 신품(神品)에 속하고 이소도의 그림은 묘품상(妙品上)에 속한다. (『당화단』)

唐開元中, 諸衛將軍李思訓, 子昭道爲中舍, 俱得山水之妙, 時人云 '大李將軍'・'小李將軍'是也. 思訓格品高奇, 山川絶妙, 鳥獸・草木, 皆其能. 中舍之圖, 山水・鳥獸, 甚多繁巧, 智思筆力不及也. 天寶中, 玄宗召思訓, 畵大同殿壁兼掩障, 異日因奏對, 詔云: "卿所畵掩障, 夜聞水聲, 通神之佳手, 國朝山水第一." 思訓神品, 昭道妙上品. (出『唐畵斷』)

211・16(2454)
한 간(韓 幹)

당(唐)나라 한간은 경조(京兆) 사람이다. 당 현종(玄宗) 천보연간(天寶年間: 742~755)에 대궐로 불려와 공봉(供奉: 황제의 좌우에서 侍奉하는 관리로, 唐代에는 侍御史內供奉과 翰林供奉 등이 있었음)이 되었다. 현종은 한간에게 진굉(陳閎)을 스승으로 삼아 말을 그리게 했는데, 그의 말 그림이 스승의 말 그림과 다른 것을 괴이하게 여겨 그를 불러 질책했더니, 한간이 아뢰었다.

"신에게는 본디 스승이 있사오니, 폐하 궁중의 마구간에 있는 말들이 모두 신의 스승이옵니다."

현종은 그를 매우 남다르다고 생각했다. 그 후에 한간은 과연 비룡(飛龍: 준마를 가리킴)의 기질을 그려내고 분옥(噴玉: 준마의 맹렬한 기세)의 특출함을 다 묘사했으니, 그는 옛날 구방고(九方皐: 春秋時代에 말을 잘 식별하기로 이름난 사람)의 감식력에 이미 정통했고 백락(伯樂: 春秋時代에 말을 잘 감별하기로 이름난 사람)의 감별력도 갖추고 있었다. 또

한 옛날부터 내려오는 말 그림에는 「주목왕팔준도(周穆王八駿圖)」가 있었고, 당조(唐朝) 염립본(閻立本)의 말 그림은 [隋나라] 전자건(展子虔)과 정법사(鄭法士)의 화법을 모방하여 대부분 말의 근골(筋骨)까지 그려내어 모두 한 시대의 명성을 날렸지만, 아직 희대(希代)의 절묘한 작품은 없었다. 개원연간(開元年間: 713~741) 이후에 천하가 태평해지면서 외국의 명마들이 여러 번 통역을 거쳐 먼 곳에서 중국에 계속 들어왔는데, 그 말들은 아주 먼 사막지역을 지나왔으므로 발굽이 대부분 얇았다. 그래서 현종은 그 중에서 좋은 말을 골라 중국의 준마와 함께 마정(馬政: 궁중의 馬匹을 관장하는 관서)에 나누어주었다. 이때부터 궁중 마구간에 '비황(飛黃)'·'조야(照夜)'·'부운(浮雲)'·'오화(五花: 원문은 '五方'이라 되어 있지만 『唐朝名畫錄』에 의거하여 고침)' 등의 명마가 있게 되었다. 이 말들은 털빛과 모습이 특이했고 근골이 아주 건장했으며 발굽도 모두 두터웠다. 이것을 타고 험한 길을 가더라도 마치 수레를 탄 것처럼 편안했으며, 마음대로 빨리 달리더라도 소호(韶護: 殷나라 湯王의 樂曲 이름)의 박자에 들어맞았다. 그래서 진굉이 앞에서 이 말들을 그리고 한간이 뒤에서 이를 이었다. 그가 그린 악와마(渥洼馬: 漢 武帝 때 渥洼의 물 속에서 나왔다는 神馬. 渥洼는 지금의 甘肅省 安西縣을 흐르는 黨河의 支流)의 모습은 물 속에 있는 듯하며[원문은 '不在水中'이라 되어 있지만, 『唐朝名畫錄』에 의거하여 '若在水中'으로 고쳐 번역함], 옮겨 그린 요뇨마(驃褭馬: 하루에 만리를 간다는 神馬)의 형상은 하늘에서 내려온 것 같았다. 그래서 한간의 그림은 신품(神品)에 속하고, 사실적으로 묘사한 진굉의 그림은 묘품상(妙品上)에 속한다. 또한 보응사(寶應寺)의 삼문신(三門神), 그곳 서원(西院)의 북방천왕(北方天王), 불전(佛殿) 앞면의 보살상, 서원의 불상, 그리고 보성사(寶聖寺) 북원(北院)의 24성상(聖像) 등은 모두 한간의 작품이다. 한간이 그린 말·고승(高僧: 원문은 '高會'라 되어 있지만 『唐朝名畫錄』에 의거하여 고침)·보살과 서원의 귀신상 등은 신품에 속한다. (『당화단』)

한번은 한간이 한가로이 있을 때, 난데없이 붉은 옷에 검은 관을 쓴 어떤 사람이 오자, 한간이 그에게 물었다.

"무슨 일로 여기에 왔소?"

그 사람이 대답했다.

"나는 귀부(鬼府)의 사자인데, 당신이 좋은 말을 잘 그린다고 들었기에 한 필 그려주셨으면 합니다."

한간은 즉시 말 한 필을 그려서 불살라주었다. 며칠 뒤 한간이 출타했을 때, 어떤 사람이 읍(揖)을 하고 감사하며 말했다.

"은혜롭게도 당신이 준마를 주셔서 산천을 돌아다니는 수고를 면하게 되었으니, 당신에게 보답을 드리고자 합니다."

다음날 어디서 왔는지 모르는 어떤 사람이 흰 비단 100필을 보내주자, 한간은 [캐묻지 않고] 그것을 받아서 썼다. (『독이지』)

건중연간(建中年間: 780~783) 초에 어떤 사람이 말을 끌고 마의(馬醫)를 찾아가, 말의 다리에 병이 났다고 하면서 2천 냥을 주며 치료해달라고 했다. 마의는 그 말과 같은 털빛과 골상(骨相)을 한번도 본적이 없었기에 웃으며 말했다.

"당신의 말은 한간이 그린 말과 너무나도 흡사한데, 실제 말 중에는 본래 이런 말은 없습니다."

그리고는 마의는 그 말의 주인에게 [말을 끌고] 시장 문을 한 바퀴

돌라고 하면서 그 뒤를 따라갔다. 그러다가 문득 한간을 만나게 되었는데, 한간 역시 [그 말을 보고] 놀라며 말했다.

"저건 정말로 내가 그린 말이야!"

한간은 비로소 자신이 마음 내키는 대로 그린 말을 틀림없이 명계(冥界)에서 모방했을 것이라고 생각했다. 그래서 그 말을 어루만졌더니, 말이 넘어질 듯하다가 앞발을 다쳤다. 한간은 마음속으로 이상해하면서 집에 도착하여 자신이 그린 말 그림을 살펴보았더니, 말 다리에 흑점 하나의 결함이 있었다. 한간은 그제야 그림이 신령한 힘을 지니고 있음을 알게 되었다. 마의가 받은 돈은 여러 주인을 거치는 동안 진흙동전으로 변해버렸다. (『유양잡조』)

唐韓幹, 京兆人也. 唐玄宗天寶中召入供奉. 上令師陳閎畫馬, 怪其不同, 詔因詰之, 奏云: "臣自有師, 陛下內廄馬, 皆臣之師也." 上甚異之. 其後果能狀飛龍之質, 盡噴玉之奇, 九方之識旣精, 伯樂之相乃備. 且古之畫馬, 有「周穆王八駿圖」, 國朝閒立本畫馬, 似模展・鄭, 多見筋骨, 皆擅一時之名, 未有希代之妙. 開元後, 四海淸平, 外域名馬, 重譯累至, 然而砂磧且遙, 蹄甲多薄. 玄宗遂擇其良者, 與中國之駿, 同頒馬政. 自此內廄有'飛黃'・'照夜'・'浮雲'・'五方'之乘. 奇毛異狀, 筋骨旣健('健'原作'同', 據明鈔本改), 蹄甲皆厚. 駕御歷險, 若輦輂之安, 馳驟應心, 中韶護之節. 是以陳閎貌之於前, 韓幹繼之於後. 寫渥洼之狀, 不在水中, 移驍裛之形, 出於天上. 韓故居神品, 陳兼寫眞, 居妙品上. 寶應寺三門神, 西院北方天王, 佛殿前面菩薩, 西院佛像, 寶聖寺北院二十四聖等, 皆其蹤也. 畫馬・高會・菩薩・西院鬼神等神品. (出『唐畫斷』)

又幹閑居之際, 忽有一人朱衣玄冠而至, 幹問曰: "何得及此?" 對曰: "我鬼使也, 聞君善圖良馬, 願賜一匹." 幹立畫焚之. 數日因出, 有人揖而謝曰: "蒙君惠駿足, 免爲山川跋涉之勞, 亦有以酬効." 明日, 有人送素縑百疋, 不知其來, 幹收而用之. (出『獨異志』)

建中初, 曾有人牽馬訪醫, 稱馬患脚, 以二千求治. 其馬毛色骨相, 馬醫未嘗見, 笑曰: "君馬酷似韓幹所畫者, 眞馬中固無也." 因請馬主遶市門一匝, 馬醫隨之忽値韓幹, 幹亦驚曰: "眞是吾設色者!" 乃知隨意所匠, 必冥會所肖也. 遂摩挲, 馬若蹶, 因損前足. 幹心異之, 至舍, 視其所畫馬本, 脚有一點黑缺. 方知畫通靈矣. 馬醫所獲錢, 用歷數主, 乃成泥錢. (出『酉陽雜俎』)

태평광기 권제 212

화 3

1. 오도현(吳道玄)
2. 풍소정(馮紹正)
3. 장 조(張 藻)
4. 진 굉(陳 閎)
5. 위무첨(韋無忝)
6. 노릉가(盧稜伽)
7. 필 굉(畢 宏)
8. 정역사(淨域寺)
9. 자성사(資聖寺)
10. 노군묘(老君廟)
11. 금교도(金橋圖)
12. 최원벽(崔圓壁)

212·1(2455)
오도현(吳道玄)

당(唐)나라 오도현은 자가 도자(道子)이고 양적(陽翟) 사람이다. 그는 어려서 고아가 되었으며 집이 가난했으나, 천부적인 재능을 가지고 태어나 약관(弱冠)이 채 되기도 전에 회화의 오묘함에 통달했다. 그가 정처 없이 동락(東洛: 洛陽)을 떠돌아다니는데 현종(玄宗)이 그의 명성을 듣고 그를 조정으로 불러들여 공봉관(供奉官: 황제의 좌우에서 직무를 보았기 때문에 供奉이라 함)으로 삼았다. 오도현은 주로 장승요(張僧繇)의 변화무쌍한 화법을 배웠지만, 호방함은 여러 방면에서 그를 뛰어넘었다. 양도(兩都: 洛陽과 長安)의 사찰과 도관(道觀)에 40개 남짓의 벽화가 그려져 있는데, 기이한 모습은 모두 한 가지이나 그곳에 그려진 중생들의 모습은 괴이한 것이 하나도 같은 것이 없었다. 그 가운데 현재 사람들에게 가장 뛰어난 그림으로 인정받는 것이 상도(上都: 長安) 흥당사(興唐寺)의「어주금강경원도(御注金剛經院圖)」인데, 그 경문(經文)까지도 오도현이 직접 쓴 것이다. 자은사(慈恩寺) 탑 앞의「문수보살도(文殊菩薩圖)」과「보현보살도(普賢菩薩圖)」, 서쪽의「항마도(降魔圖)」와「반룡도(盤龍圖)」등과 작은 불전 문 앞에 그려져 있는「보살도」, 경공사(景公寺)의「지옥도(地獄圖)」·「제석도(帝釋圖: 帝釋은 天帝로, 불교 護法神의 한 사람임)」,「용신도(龍神圖)」, 영수사(永壽寺)의「삼문양신도(三門兩神圖)」는 모두 당시의 절묘한 작품들이었다. 주경현(朱景玄)이 말했다.

"한 유서 깊은 집안에 윤씨(尹氏) 성을 가진 80여세 된 노인이 있었는데, 그가 일찍이 이렇게 말했습니다.

'내 오생(吳生: 吳道玄)이 중문 안의 신상을 그리는 것을 본 적이 있는데, 신상의 후광을 가장 뒤에 한번만에 완성하더이다. 당시 저자거리에는 아이 어른 할 것 없이 하루에 수백 명이 다투어 오생이 신상을 그리는 것을 구경하려고 기다리고 서 있었다오. 신상을 난간에 묶자 사람들이 돈과 비단을 던졌는데, 난간 높이 만큼 보시했소. 신상의 후광을 그리려고 붓을 들었을 때는 구경꾼들이 마치 담처럼 그 주위를 에워쌌다오. 오생은 바람이 불고 번개가 치듯 그렇게 빨리 붓을 놀려 그림쇠로 둥근 달을 그리듯이 후광을 그려냈다오. 사람들의 환호성이 저자거리를 진동시켰고, 개중에는 오생을 신이라 생각하는 이도 있었소.'"

또 경공사의 노스님 현종(玄縱)이 말했다.

"오생이 이「지옥도(地獄圖)」를 그리고 난 뒤에 도성의 사람들이 모두 와서 이 그림을 보고 [지옥에서 받을] 형벌을 두려워하여 착한 일을 했고, 동서 양쪽 시장에서 짐승을 잡아 팔던 이들은 물고기조차 팔지 않았다오."

또 개원연간(開元年間: 713~741)에 현종이 동락에 행차했을 때 오생은 배민(裵旻)·장욱(張旭)과 서로 만나 각자 자신의 뛰어난 재주를 펼쳤다. 배민은 검무를 추었고, 장욱은 담벼락에 글씨를 썼으며, 오생은 한 폭의 벽화를 그렸다. 그리하여 낙양 사람들은 하루 사이에 삼절(三絶)을 모두 보게 되었다.

또 현원묘(玄元廟)에「오성천관도(五聖千官圖: 五聖은 唐나라 高祖·

太宗·高宗·中宗·睿宗을 가리키고, 千官은 많은 관원들을 말함)」를 그렸는데, 그림 속의 궁전과 관원들의 기세가 구름 속의 용과 같았다. 그의 구상력이 마치 조물주와 같았기에 원외랑(員外郞) 두보(杜甫)가 다음과 같은 시구[본래 제목은「冬日洛城北謁玄元皇帝廟」임]를 짓게 되었다.

그 절묘함이 궁전 벽을 뒤흔드네.

또 현종은 천보연간(天寶年間: 742~755)에 갑자기 촉(蜀) 땅의 가릉강(嘉陵江)의 산수가 생각나 오생에게 역참의 말을 타고 가서 그려오게 했다. 오생이 촉 땅에서 돌아왔을 때 현종이 그곳의 경치가 어떠한지 물었더니, 오생은 다음과 같이 아뢰었다.

"신은 밑그림은 그려 오지 않았고, 모두 마음 속에 담아 왔습니다."

그리하여 현종은 오생에게 가릉강의 산수를 대동전(大同殿)의 벽에 그리게 했는데, 가릉강 300리에 걸친 산수를 하루만에 다 그렸다. 당시에 이장군(李將軍: 李思訓은 武衛將軍을 지냈음)이 산수화로 명성을 떨치고 있었는데, 역시 대동전 벽에 그림을 그리게 했더니 몇 달만에 비로소 벽화를 완성했다. 그러자 현종이 말했다.

"이사훈이 몇 개월에 걸쳐 이룬 솜씨와 오도현이 하루만에 완성한 작품 모두 절묘하다."

또 오생은 궁전 내에 용 다섯 마리를 그렸는데, 용의 비늘이 살아 움직이는 것 같았다. 또 매번 큰비가 오려고 하면 그림에서 연기와 안개가 피어났다. 오생은 늘『금강경(金剛經)』을 외웠는데, 이로부터 그의 내력을 알 수 있었다.

당시 천보연간에 양정광(楊庭光)이라는 자가 오생과 함께 이름을 날리고 있었다. 그는 몰래 강의 중인 오생의 초상을 그려서 사람들 앞에서 오생을 불러다 그림을 보게 했다. 오생은 그림을 보고 깜짝 놀라며 양정광에게 말했다.

"이 늙은이는 늙고 못생겼는데, 하필 나를 그렸는가?"

이 일로 그는 양정광의 그림 솜씨에 탄복했다. 오생이 그린 인물·불상·귀신·금수·산수·대전(臺殿)·초목은 모두 신묘(神妙)의 경지에 들었고, 당시 나라안에서 제일이었다. 장회관(張懷瓘)은 "오생의 그림은 장승요의 후신이다"라고 했는데, 그 말이 타당하다. (『당화단』)

또 개원연간에 장군 배민(裵旻)이 모친상을 당했다. 그는 모친의 명복을 빌기 위해 오도자(吳道子: 吳道玄)를 찾아가 동도(東都: 洛陽) 천궁사(天宮寺)의 벽에 신령과 귀신 몇 폭을 그려달라고 청했다. 그러자 오도자는 이렇게 대답했다.

"그림을 그리지 않은 지 이미 오래 되었습니다. 만약 장군께서 제게 벽화를 부탁하실 의향이 있으시거든 저를 위해 옷을 차려 입고 칼춤을 한번 보여주십시오. 어쩌면 장군의 용맹한 기세에 힘입어 제가 유명세계의 신령들과 통하게 될 지도 모르겠습니다."

그리하여 배민은 상복을 벗고 평상시대로 옷을 차려입었다. 그리고는 나는 듯이 말을 달리면서 좌우로 칼을 휘두르다가 구름 속으로 던졌는데, 수십 장(丈)이나 높이 올라가더니 번개처럼 아래로 떨어졌다. 배민은 손에 칼집을 들고 칼을 받아들었는데, 칼이 [정확하게] 칼집 안으로 들어갔다. 이를 구경하던 사람들이 수천이었는데, 놀라서 전율하지 않는 이가 없었다. 그리하여 오도자가 붓을 쥐고 벽화를 그리자 갑자기 바람이 일기 시작하니 가히 천하의 장관이었다. 오도자가 평생 그린 그림 가운데 이보다 만족을 느끼는 작품은 없었다. (『독이지』)

또 오도자가 스님을 찾아가 차를 청했다. 스님은 예의도 갖추지 않고 붓과 벼루를 주면서 벽화를 그려달라고 했다. 그리하여 오도자는 벽에 당나귀 한 마리를 그리고는 그대로 와버렸다. 그날 밤 승방 안의 가제도구들이 모두 당나귀에게 밟혀 부서졌고, 그 바람에 승방 안이 엉망진창이 되었다. 스님은 오도자가 그린 그림 때문에 이런 일이 벌어진 것을 알고 오도자에게 절에 와 줄 것을 간절하게 청하며 자신의 잘못을 빌었다. 그제야 오도자는 벽에 그려진 당나귀를 지웠다. (『노씨잡설』)

또 서명사(西明寺)와 자은사(慈恩寺)에 명화가 많았는데, 특히 자은사의 불탑 앞 벽에 있는 「습이사자부심화(濕耳獅子趺心花)」는 당시 사람들의 주목을 받았다. 성선사(聖善寺)과 경애사(敬愛寺)에도 오래된 그림이 많았다. 성선사의 목탑원(木塔院)에는 정광문(鄭廣文)의 그림과 글씨가 많았다. 경애사의 산정원(山亭院)에는 「치미도(鴟尾圖)」가 있었고, 벽돌 위에는 진사 방노(房魯)가 이름을 새겨 놓은 곳이 있었다. 후에 누군가 다음과 같은 시[無名氏의 「題房魯題名後」]를 썼다.

  요씨(姚氏)네의 새 사위가 될 방랑(房郎: 房魯를 가리킴)은
  꽃다운 얼굴[신부의 얼굴] 알지 못해 마음이 미칠 듯 하구나.
  듣자하니 천우전(穿羽箭: 沒羽箭이라고도 하는데, 깃털까지 박히는 화살)을 조준하고 있다고 하는데,
  절 집 담을 쏴서 넘어뜨리지 말아라.

절 서북쪽 모퉁이에 「병룡원(病龍院)」과 오도자가 그린 벽화가 있다. (『노씨잡설』)

唐吳道玄字道子, 陽翟人也. 少孤貧, 天授之性, 年未弱冠, 窮丹靑之妙. 浪跡東洛, 玄宗知其名, 召入供奉. 大略宗師張僧繇千變萬狀, 縱橫過之. 兩都寺觀, 圖畫牆壁四十(明鈔本'十'作'百')餘間, 變像卽同, 人相詭狀, 無一同者. 其見在爲人所覩之妙者, 上都興唐寺「御注金剛經院」, 兼自題經文. 慈恩寺塔前面「文殊」·「普賢」, 西面「降魔」·「盤龍」等, 又小殿前門「菩薩」, 景公寺「地獄」·「帝釋」·「龍神」, 永壽寺中「三門兩神」, 皆妙絶當時. 朱景玄云: "有舊家人尹老八十餘, 嘗云: '見吳生畫中門內神, 圓光最在後, 一筆成. 當時坊市老幼, 日數百人, 競候觀之. 縛闌, 施錢帛與之齊. 及下筆之時, 望者如堵. 風落電轉, 規成月圓. 誼呼之聲, 驚動坊邑, 或謂之神也.'" 又景公寺老僧玄縱云: "吳生畫此「地獄變」成之後, 都人咸觀. 皆懼罪修善, 兩市屠沽, 魚肉不售."

又開元中駕幸東洛, 吳生與裴旻·張旭相遇, 各陳所能. 裴劒舞一曲, 張書一壁, 吳畫一壁. 都邑人士, 一日之中, 獲覩三絶.

又畫玄元廟,「五聖千官」, 宮殿冠冕, 勢傾雲龍. 心若造化, 故杜員外甫詩云: "妙絶動宮牆"也. 又玄宗天寶中, 忽思蜀中嘉陵江山水, 遂假吳生驛遞, 令往寫貌. 及廻日, 帝問其狀, 奏云: "臣無粉本, 並記在心." 遺於大同殿圖之, 嘉陵江三百里山水, 一日而畢. 時有李將軍山水擅名, 亦畫大同殿壁, 數月方畢. 玄宗云: "李思訓數月之功, 吳道玄一日之跡, 皆極其妙也." 又畫殿內五龍, 鱗甲飛動. 每欲大雨, 卽生煙霧. 吳生常持『金剛經』, 自此識本身.

當天寶中, 有楊庭光與之齊名. 潛畫吳生眞於講席, 衆人之中, 引吳觀之. 亦見便驚, 語庭光云: "老夫衰醜, 何用圖之?" 因斯歎伏. 其畫人物·佛象·鬼神·禽獸·山水·臺殿·草木, 皆神妙也. 國朝第一. 張懷瓘云: "吳生畫, 張僧繇後身," 斯言當矣. (出『唐畫斷』)

又開元中, 將軍裴旻居母喪. 詣道子, 請於東都天宮寺畫神鬼數壁, 以資冥助. 道子答曰: "廢畫已久. 若將軍有意, 爲吾纏結, 舞劍一曲. 庶因猛勵, 就通幽冥."

旻於是脫去綠服, 若常時裝飾. 走馬如飛, 左旋右抽, 擲劍入雲, 高數十('十'原作 '千', 據明鈔本改)丈, 若電光下射. 旻引手執鞘承之, 劍透室而入. 觀者數千百人, 無不驚慄. 道子於是援毫圖壁, 颯然風起, 爲天下之壯觀. 道子平生所畫, 得意無 出於此. (出『獨異志』)

又道子訪僧請茶. 僧不加禮, 遂請筆硯. 於壁上畫驢一頭而去. 一夜, 僧房家具 並踏破, 被惱亂不可堪. 僧知是道子, 懇邀到院祈求. 乃塗却畫處. (出『盧氏雜說』)

又西明・慈恩多名畫, 慈恩塔前壁有「濕耳獅子趺心花」, 爲時所重. 聖善・敬 愛, 亦有古畫. 聖善木塔院多鄭廣文畫幷書. 敬愛山亭院有「雉尾」若眞, 砂子上 有進士房魯題名處. 後有人題詩曰: "姚家新壻是房郞, 未解芳顔意欲狂. 見說正 調穿羽箭, 莫敎射破寺家牆." 寺西北角有「病龍院」並吳畫. (出『盧氏雜談』)

212・2(2456)
풍소정(馮紹正)

당(唐)나라 개원연간(開元年間: 713~741)에 관보(關輔: 關中과 右扶風・左馮翊・京兆尹이 다스리는 三輔地區를 가리킴) 지역에 큰 가뭄이 들었는데, 도성에 특히 비가 모자랐다. 그리하여 황제는 급히 대신들을 시켜 산과 못 사이에서 두루 비를 내려줄 것을 기도했으나, 전혀 감응이 없었다. 황제는 용지(龍池)에 새로 전각 한 채를 세우고는 소부감(少府監) 풍소정을 불러 사방의 벽에 각각 용 한 마리씩을 그리게 했다. 풍소정은 먼저 서쪽 벽에 백룡을 그렸는데, 기이한 형상을 하고 꿈틀거리는 것이 떨쳐 날아오를 듯한 기세였다. 그림을 채 절반도 그리지 않았는데 바람과 구름이 붓끝을 따라 피어나는 것 같았다. 황제와 관리들은 벽 아래에서 이를 구경하고 있었는데, 용 비늘이 모두 젖어 있었다. 또 색을 채 다 칠하기도 전에 흰 연기가 처마 사이에서 피어오르는 것 같더니 용은 곧 바로 연못 속으로 날아 들어갔다. 그 순간 물결이 세차게 일더니 곧 이어 천둥과 번개가 쳤다. 황제를 모시고 있던 수백 명의 사람들은 백룡이 연못에서 구름을 타고 하늘로 올라가는 것을 보았다. 잠시 뒤에 사방에 먹구름이 끼고 비바람이 갑자기 일기 시작하더니, 하루도 되지 않아 단비가 도성 주위에 골고루 내렸다. (『명황잡록』)

　　唐開元, 關輔大旱, 京師闕雨尤甚. 巫命大臣遍禱於山澤間而無感應. 上於龍池, 新刱一殿, 因召少府監馮紹正, 令於四壁各圖一龍. 紹正乃先於西壁畫素龍, 奇狀蜿蜒, 如欲振躍. 繪事未半, 若風雲隨筆而生. 上及從官於壁下觀之, 鱗甲皆濕. 設色未終, 有白氣若簷廡間出, 入于池中. 波濤洶湧, 雷電隨起. 侍御數百人皆見白龍自波際, 乘雲氣而上. 俄頃陰雨四布, 風雨暴作, 不終日而甘澤遍於畿內. (出『明皇雜錄』)

212 · 3(2457)
장　조(張　藻)

　　당(唐)나라 장조는 문학에 뛰어난 선비로 당시의 유명인사였고, 송(松)·석(石)과 산(山)·수(水)로서 당대에 이름을 떨쳤다. 특히 그가 그린 소나무는 고금을 통틀어서 아주 빼어났다. 그는 운필(運筆)에 뛰어나서 늘 양손에 붓 하나씩을 쥐고 동시에 그려나갔는데, 한 손으로는 살아있는 나뭇가지를, 다른 손으로는 마른 나뭇가지를 그렸다. 그 그림의 기운은 안개보다 짙었고, 기세는 비바람보다 세찼다. 안개를 무시하듯 뽐내고 있었고, 그 기세는 비바람을 넘어섰다. 장조는 나뭇가지의 갈라진 모습을 마음대로 그려냈는데, 살아있는 나뭇가지는 봄비를 맞은 듯 촉촉하게 젖어있었고, 마른 나뭇가지는 가을 바람을 맞은 듯 바짝 말라 갈라져 있었다. 장조가 그린 산수의 모습은 그 높고 낮음이 빼어나고, 지척지간과 깊이가 잘 묘사되어 있으며, 돌은 갑자기 떨어질 것 같고, 샘에서는 물이 콸콸 쏟아질 것만 같았다. 가까이 다가가서 그림을 보면 사람에게 한기를 느끼게 했고, 멀리 떨어져서 보면 하늘처럼 맑고 깨끗하게 보였다. 장조의 도장(圖障: 그림이 그려져 있는 병풍)이 세상에 가장 많이 전해지고 있다. 오늘날 보응사(寶應寺) 서원(西院)에 장조가 그린 산수와 송석이 있고, 그 옆으로 그가 쓴 제기(題記)가 있는데, 모두 정교한 작품이다. 장조가 그린 송·석과 산·수는 모두 신품(神品)의 경지에 든다. (『서단』)

또 훗날 한 선비의 집에 장조가 그린 「송석장(松石障)」이 있었는데, 그 사람은 자기가 가지고 있지 않다고 말했다[원문은 云이라 되어 있으나, 『歷代名畵記』 권10에 의거하여 云亡이라 고쳐 번역함]. 병부원외랑(兵部員外郎) 이약(李約)은 벽(癖)이 생길 정도로 그림을 좋아했는데, 그런 사실을 알고 병풍을 사러 갔다. 그러나 그때는 이미 그 집의 젊은 부인이 그것을 뜯어서 푹 삶은 뒤에 옷의 안감으로 만든 뒤였다. 이약은 잣나무 두 그루와 바위 하나가 그려져 있는 그림 두 폭만 손에 넣을 수 있을 뿐이어서 이를 매우 안타까워했다. (『명화기』)

唐張藻衣冠文學, 時之名流, 松石山水, 擅當代名. 唯松樹特出古今. 能用筆, 常以手握雙管, 亦一時齊下, 一爲生枝, 一爲枯枝. 氣傲烟霧, 勢踰風雨. 其槎枿鱗皴之質, 隨意縱橫, 生枝則潤合春澤, 枯枝則乾裂秋風. 其山水之狀, 則高低秀絶, 咫尺深重, 石突欲落, 泉噴如吼, 其近也逼人而寒, 其遠也極天之淨. 圖障在人間最多. 今寶應寺西院山水松石, 具有題記, 精巧之跡也. 松石山水, 並居神品. (出『畫斷』)

又後士人家有張藻「松石障」, 士人云. 兵部李員外約好畫成癖, 知而購之. 其家弱妻, 已練爲衣裏矣. 唯得兩幅, 雙栢一石在焉, 嗟悗久之. (出『名畫記』)

212 · 4(2458)
진 굉(陳 閎)

당(唐)나라 진굉은 회계(會稽) 사람이다. 그는 남녀 인물화를 생긴 그대로 잘 그렸기 때문에 본도(本道: 本地의 道府)의 추천을 받아 현종(玄宗) 개원연간(開元年間: 713~741)에 조정으로 불려 들어가 공봉관(供奉官: 황제의 좌우에서 직무를 보았기 때문에 供奉이라 함)에 봉해졌다. 그는 매번 명을 받아 황제의 용안을 그렸는데, 그 당시 누구보다도 뛰어났다. 또 현종이 돼지·사슴·토끼를 잡거나 매 등을 훈련시키는 모습이나 음악에 맞추어 춤을 추는 화상(畵像)을 그렸는데, 이는 모두 현종의 조서를 받아 그 모습을 그려낸 것이었다. 또 태청궁(太淸宮)에 그려져 있는 숙종(肅宗)의 화상은 용두머리에 봉황과 같은 기품 있는 자태와, 이마 중앙의 뼈가 해 모양으로 솟아 광채가 나는 형상뿐만 아니라 힘이 넘치는 필체와 빼어난 풍채까지 모두 상서로운 조짐에 부합했다.

이것은 하늘이 그에게 재능을 빌려준 것이다. 국조(國朝)의 염령공(閻令公: 閻立本. 일찍이 閻立本이 博陵縣公을 지냈기에 세상에서는 그를 閻令이라 불렀음) 이후로 초상화로는 진굉 한 사람만을 손꼽을 수 있을 뿐이다. 오늘날의 함의관(咸宜觀) 천존전(天尊殿) 안에 그려진 「상선도(上仙圖)」와 당시 공봉도사(供奉道士) 등의 모습은 모두 진굉이 그린 것이다. 그는 일찍이 옛 이부시랑(吏部侍郎) 서(徐) 아무개를 위해 본행경번(本行經幡: 本行은 立身의 바탕이 되는 德行이고, 經幡은 佛敎石刻의 一種으로 佛像 등을 그려 넣었음) 두 폭을 그렸고, 그의 딸이 이것을 베로 짰는데 둘도 없을 정도로 절묘했다. 장조가 그린 남녀 인물과 진인(眞人) 그리고 신인 등의 그림은 묘품상(妙品上)에 속한다.(『화단』)

唐陳閎, 會稽人. 以能寫眞人物子女等, 本道薦之, 玄宗開元中召入供奉. 每令寫御容, 妙絶當時. 玄宗射猪・鹿・兎, 按鷹等(明鈔本'等'作'箏'), 幷按舞圖眞容, 皆受詔寫貌. 又太淸宮肅宗眞容, 匪唯龍頭鳳姿, 日角月宇之狀, 而筆力遒潤, 風彩英逸, 合符應瑞. 天假其能也. 國朝閻令公之後, 一人而已. 今咸宜觀天尊殿內畫「上仙圖」及當時供奉道士等眞, 皆其蹤也. 又曾爲故吏部侍郎徐畫本行經幡二口, 有女能織成, 妙絶無並. 唯寫眞人・神人・物子女等, 妙品上上. (出『畫斷』)

212・5(2459)
위무첨(韋無忝)

당(唐)나라 위무첨은 경조(京兆) 사람이다. 그는 현종(玄宗) 재위 중에 말과 기이한 짐승을 잘 그려 그 명성을 떨쳤다. 당시 사람들은 위무첨이 그린 네 발 달린 짐승 가운데 절묘하지 않은 것이 없다고 칭찬했다. 그는 일찍이 외국에서 바친 사자를 보고 그린 적이 있었는데, 진짜 사자와 아주 흡사했다. 후에 사자를 본국으로 돌려보내고 사자의 모습이 그림으로만 남아 있었지만, 당시 사람들은 사자를 구경할 수 있었고, 짐승들은 그 그림만 보면 모두 두려워했다. 또 한번은 현종이 사냥할 때 화살 하나로 짐승 두 마리를 명중시킨 일이 있었다. 그리하여 현종은 위무첨에게 조서를 내려 현무북문(玄武北門)에 자신이 사냥하는 모습을 그리게 했다. 이 그림은 민간에 전해지고 있는데, 그 절묘함이 극에 달했다. 무릇 모든 짐승들은 각기 그 나름대로의 성정을 가지고 있다. 그래서 씩씩하고 굳센 준마가 있는가 하면 길이 잘 들여진 순한 말이 있고, 말발굽이 서로 다르고, 말갈기가 각각 다른 것이다. 이전의 사람들이 간혹 말 그린 것을 보면 화가 난 말은 아가리를 크게 벌리고 있고, 온순한 말은 주로 머리를 수그리고 있었다. 예컨대 한 획으로도 말의 성정을 구별할 수 있고, 한올의 털로도 말의 이름을 알아낼 수 있는데, 예전에는 이렇게 할 수 있는 사람이 없었으며, 오직 위공(韋公: 韋無忝)만이 그렇게 할 수 있었다. 위공의 「이수도(異獸圖)」는 관례를 깬 파격적인 그림으로, 일반 민가에서도 종종 이 그림을 소장하고 있다. 도성의 사찰과 도관(道觀)에는 위무첨의 벽화가 있는 곳이 없다. 그의 짐승 그림 등은 묘품상(妙品上)에 속한다. (『화단』)

    唐韋無忝, 京兆人也. 玄宗朝, 以畵馬・異獸擅其名. 時稱韋畵四足, 無不妙也. 曾見貌外國所獻獅子, 酷似其眞. 後獅子放歸本國, 唯畵者在圖, 時因觀覽,百獸見之皆懼. 又玄宗時獵, 一箭中兩野獵. 詔於玄武北門寫貌. 傳在人間, 英妙之極也. 夫以百獸之性. 有雄毅逸群之駿, 有馴擾之良, 爪距旣殊, 毛鬣各異. 前輩或狀其怒則張口, 善則垂頭. 若展一筆以辨其性情, 奮一毛而知其名字, 古所未能也, 韋公能之「異獸圖」破分, 人家往往有之. 京都寺觀無畫處. 其畫獸等妙品上上. (出『畫斷』)

212 · 6(2460)
노릉가(盧稜伽)

　당(唐)나라 노릉가는 오도현(吳道玄)의 제자이다. 화법(畵法)은 오도현과 비슷하지만 재능은 오도현에 비해 약간 떨어진다. 노릉가는 세밀화에 자못 뛰어나 지척지간에서도 산수의 광활함과 사물에 투사된 그림자까지도 자세하게 두루 묘사할 수 있었다. 그는 경변(經變: 佛經故事에 근거하여 그린 회화나 조각)이나 불사(佛事: 佛經故事에 근거하여 그린 회화나 佛像 그림)에도 뛰어났다.

　한번은 오생(吳生: 吳道玄)이 도성의 총지사(總持寺) 삼문(三門: 사원의 대문)에 그림을 그려 많은 재물을 얻은 적이 있었다. 그러자 노릉가는 장엄사(莊嚴寺) 삼문에다 비밀리에 그림을 그렸는데, 온 정성을 다해 그림을 그려 자못 절묘한 경지에 이르렀다. 하루는 오생이 갑자기 그 그림을 보고는 경탄하면서 말했다.

　"이 사람의 필력(筆力)이 평소에는 나만 못했는데, 지금은 도리어 나와 비슷하구나! 그러나 이 사람은 여기에다 정신을 다 소진했구나!"

그로부터 한 달 뒤에 과연 노릉가는 죽었다. (『명화기』)

唐盧稜伽, 吳道玄弟子也. 畫迹似吳, 但才力有限. 頗能細畫, 咫尺間山水寥廓, 物像精備. 經變佛事, 是其所長. 吳生嘗於京師畫總持寺三門, 大獲衆貨. 稜伽乃竊畫莊嚴寺三門, 銳思開張, 頗臻其妙. 一日, 吳生忽見之, 驚歎曰: "此子筆力, 常時不及我. 今乃類我! 是子也, 精爽盡於此矣!" 居一月, 稜伽果卒. (出『名畫記』)

212 · 7(2461)
필굉(畢宏)

당(唐)나라 필굉은 급사중(給事中)으로 있던 대력(大曆) 2년(767)에 좌성청(左省廳: 左省은 門下省을 말함) 벽에 「송석도(松石圖)」을 그렸는데, 이를 본 호사가들이 시를 썼다. 필굉은 후에 경조소윤(京兆少尹)에서 우서자(右庶子)가 되었다. 필굉은 당시 나무와 돌 그림으로 이름을 날리고 있었는데, 나무 그림이 이전과 달라진 것은 필굉으로부터 시작되었다. (『명화기』)

唐畢宏, 大曆二年爲給事中, 畫「松石」於左省廳壁, 好事者皆詩之. 改京兆少尹爲右庶子. 樹石擅名於代, 樹木改步變古, 自宏始也. (出『名畫記』)

212 · 8(2462)
정역사(淨域寺)

정역사는 본래 당(唐)나라 대목황후(大穆皇后)의 저택이었다. 정역사의 스님이 말했다.

"삼계원(三階院) 문 밖은 신요황제(神堯皇帝: 李淵)가 공작새를 활로 쏘아 맞춘 곳이라고 한다. 선원문(禪院門) 안팎은 『유목기(游目記)』에 따르면 왕소은(王昭隱: 王韶應)이 그렸다고 한다. 선원문 서쪽 안에 있는 「화수길룡왕도(和修吉龍王圖)」는 영험함이 서려 있고, 선원문 안쪽의 서쪽에 있는 「화목약차도(火目藥叉圖)」와 「북방천왕도(北方天王圖)」는 매우 기이하고 사납다. 선원문 동쪽 안에 있는 「현문야차부락도(賢門野叉部落圖)」와 「귀수반사도(鬼首蟠蛇圖)」는 식은 땀이 흘려내려 눈을 뜰 수 없을 정도로 두렵다. 동쪽 행랑채에 그려진 나무와 돌은 기괴하고, 고승 역시 괴이하다. 서쪽의 만수보살원(萬壽菩薩院) 문안의 남쪽 벽에 황보진(皇甫軫)이 그린 귀신과 독수리, 물수리가 있는데, 마치 벽을 빠져나와 날아가려는 기세이다."

황보진과 오도현은 같은 시대 사람인데, 오도현은 황보진의 기예가 자신을 위협할 정도로 뛰어나다고 생각하여 사람을 뽑아 그를 살해했다. (『유양잡조』)

唐大穆皇后宅. 寺僧云: "三階院門外, 是神堯皇帝射孔雀處. 禪院門內外, 『游目('目'原作'自', 據『酉陽雜俎』改)記』云王昭隱畫. 門西裏面「和修吉龍王」有靈, 門內之西, 「火目藥叉」及「北方天王」甚奇猛. 門東裏面, 「賢門叉部落」, 「鬼首上蟠蛇」, 汗煙可懼. 東廊樹石嶮怪, 高僧亦怪('高僧亦怪'四字明鈔本闕, 據黃本補). 西廊廟(黃本'廟'作'萬壽'二字)菩薩院門裡南壁, 皇甫軫畫鬼神及雕, 鶚('鶚'黃本作'形')勢若脫(黃本止此)." 軫與吳道玄同時, 吳以其藝逼已, 募人殺之. (出『酉陽雜俎』. 自'王昭隱句'起原缺九十八字. 據明鈔本, 黃本補)

212 · 9(2463)
자성사(資聖寺)

자성사의 중문(中門)과 창 사이에 오도자(吳道子: 吳道玄)가 그린 「고승도(高僧圖)」가 있는데, 위술(韋述)이 찬(贊)을 짓고 이엄(李嚴)이 글씨를 썼다. 중삼문(中三門) 밖의 양쪽 상층에 누가 그렸는지 알 수 없는 인물화가 있는데, 자못 염령(閻令: 閻立本. 본문에는 '閻令'이라 되어 있으나, 今本『酉陽雜俎』에 의거하여 '閻令'으로 고침)의 필법과 유사하다. 절의 서쪽 행랑채의 북쪽 모퉁이에 양탄(揚坦)이 그린 「근탑천녀도(近塔天女圖)」가 있는데, 천녀가 마치 맑은 눈을 깜빡이려는 것 같다. 단탑원(團塔院) 북쪽 당에 철로 주조한 3장(丈) 조금 넘는 관음상이 있다. 관음원 양쪽 행랑으로 「사십이현성도(四十二賢聖圖)」가 있는데, 한간(韓幹)이 그림을 그리고 원재(元載)가 찬(贊)을 지었다. 동쪽 행랑의 북쪽으로 「산마도(散馬圖)」가 있는데, 구경꾼들은 이 그림을 보고 자신들도 모르게 말이 히힝! 거리며 달려가는 것처럼 느꼈다. 성승(聖僧: 이미 正果에 이른 高僧) 가운데 용수(龍樹: 고대 인도의 고승)·상선(商船)·화순(和循) 스님이 특히 절묘하다. 단탑의 「보살도(菩薩圖)」는 이진(李眞)

이 그린 것이고, 사면의 「화조도(花鳥圖)」는 변란(邊鸞)이 그린 것인데, 약상보살(藥上菩薩) 머리 위에 있는 해바라기가 특히 아름답다. 탑 속에는 『법화경(法華經)』 천 부가 들어있다. 시인들이 여러 그림에 대해 연구(連句)를 지었는데, 모두 백량체(柏梁體: 七言古詩의 일종. 漢나라 武帝가 柏梁臺에서 君臣들과 더불어 七言詩를 지었는데, 한 사람이 한 句씩 각 句마다 韻을 사용했다고 함. 후세 사람들은 이 詩體를 柏梁體라 불렀음)로 되어 있었다.

오생(吳生: 吳道子)이 그린 병사들은 창 끝을 모으고 있고,
그가 그린 그림은 기이함을 다투어 여러 번 변하네.
서슬이 푸른 귀신이 그려진 벽은 드넓기만 하고,
보기만 해도 금새 모발 끝이 서늘해지네.
노릉가는 있는 힘을 다해 오생의 그림을 모방하느라 기력이 다 빠졌고,
이진(李眞)은 주방(周昉)과 그 우열을 가리기 어렵네.
살아 날뛰는 산 짐승과 꽃들은 변란(邊鸞)이 손꼽히고,
그가 그린 꽃은 한창 곱고 엷어 아직 마르지 않았네.
한간 그림의 변화무쌍함은 물 같다.
벽화의 기세는 다함이 없는데,
후인들의 새로운 작품은 어찌 이리도 많은가!

(『유양잡조』)

資聖寺中門窓間, 吳道子畫「高僧」, 韋述贊, 李嚴書. 中三門外兩面上層, 不知何人畫人物, 頗類閻今. 寺西廊北隅, 揚坦畫「近塔天女」, 明睇將瞬. 團('瞬團'原作'舞圖', 據『酉陽雜俎』改)塔院北堂有鐵觀音高三丈餘. 觀音院兩廊「四十二賢聖」, 韓幹畫, 元載讚. 東廊北『散馬』, 不意見者如將嘶蹀. 聖僧中龍樹・商船・和循絶妙. 團塔上「菩薩」, 李眞畫, 四面「花鳥」, 邊鸞畫, 當藥上菩薩頂上茂葵尤佳. 塔中藏千部『法華經』. 詞人作諸畫連句, 柏梁體: "吳生畫勇矛戟攢, 出奇騁變勢萬端. 蒼蒼鬼怪層壁寬, 覩之忽忽毛髮寒. 稜伽勅之力所輝, 李眞・周昉優劣難. 活禽生奔推邊鸞, 花方嫩彩猶未乾. 韓乾變態如激湍. 惜哉壁畫勢未殫, 後人新畫何漫汗!" (出『酉陽雜俎』)

212 · 10(2464)
노군묘(老君廟)

동도(東都: 洛陽) 북망산(北邙山)에 현원관(玄元觀)이 있었다. 현원관 남쪽에 노군묘가 있었는데, 대전(臺殿)이 높고 널찍하며 아래로 이락(伊洛: 伊水와 洛水 流域)이 내려다보였다. 현원관 안에 진흙으로 만든 신선상이 있었는데, 모두 개원연간(開元年間: 713~741)에 양혜지(楊惠之)가 만든 것으로 아주 섬세하고 뛰어나 보는 사람들로 하여금 더욱 경건한 마음이 들게 했다. 벽에 오도현(吳道玄)이 그린「오성진용도(五聖眞容圖): 五聖은 唐나라 高祖・太宗・高宗・中宗・睿宗을 가리킴」와「노자화호경사도(老子化胡經事圖)」가 있었는데, 그 색채가 절묘한 것이 고금에 비할 데가 없었다. 그리하여 두공부(杜工部: 杜甫)의 다음 시 [「冬日洛城北謁玄元皇帝廟」]가 있게 되었다.

북극성을 짝하여 현도(玄都: 大元都)는 깊숙이 닫혀있고,
높은 지세에 기대어 금원(金苑: 궁궐)은 길기만 하구나.
선왕의 묘당(廟堂)을 지키며 엄숙히 예를 갖추고,
부절을 쥐고 국가의 비상상태를 진정시키네.
푸른 기와는 첫 추위 밖에서 떠는데,

구리 기둥은 한껏 그 기운을 뽐내네.
산하는 수놓은 문 너머 보이고,
일월은 조각한 대청에 비치네.
선리(仙李)의 얽힌 뿌리[唐나라의 뿌리]는 굵직하고,
의란전(猗蘭殿)은 대대손손 빛나네.
세가는 옛 역사에서 빠져 있지만
『도덕경』은 지금의 왕에게 건네졌네[현종이 친히『도덕경』에 주를 달아 학자들에게 공부하게 했음].
화가들이 앞선 선배를 살펴보니,
오생이 멀리 홀로 뛰어 나구나
온갖 물상을 그린 그림은 세상을 옮길만하고,
그 절묘함이 궁전을 진동하네.
오성(五聖)은 곤룡포를 나란히 하고 있고,
관리들이 줄지어 서 있네.
면류관은 찬연히 빛나고
은 깃발은 모두 휘날리네.
푸른 잣나무는 깊게 그늘 드리우고,
붉은 배나무는 저 만치서 서리맞네.
풍경은 옥 기둥에서 울리고,
공터에 있는 우물에 도르래걸이 얼어붙어 있네.
몸은 물러나 주(周) 왕실에서 낮은 관리를 지냈지만,
『도덕경』과 전은 한나라 황제를 청정무위의 도로 다스리게 했네.
곡신(谷神: 谷은 養의 뜻이고, 神은 五藏神을 가리키는데, 넓은 의미로 養生術을 말함)이 죽지 않았다면,
졸박함을 길러 다시 어느 곳으로 갈거나?

(『극담록』)

東郡(明鈔本'郡'作'都')北邙山有玄元觀 觀南有老君廟, 臺殿高敞, 下瞰伊洛. 神仙泥塑之像, 皆開元中楊惠之所製, 奇巧精嚴, 見者增敬. 壁有吳道玄畫「五聖眞容」及「老子化胡經事」, 丹青妙絶, 古今無比. 杜工部詩云: "配極玄都閟, 憑高禁禦長. 守祧嚴具禮, 掌節鎭非常. 碧瓦初寒外, 金莖一氣旁. 山河扶繡戶, 日月近雕梁. 仙李蟠根大, 猗蘭弈葉光. 世家遺舊史,『道德』付今王. 畫手看前輩, 吳生遠擅場. 森羅廻地軸, 妙絶動宮牆. 五聖聯龍袞, 千官列鴈行. 冕旒俱秀發, 旌旆盡飛揚. 翠栢深留景, 紅梨迥得霜. 風筝吹玉柱, 露井凍銀牀. 身退卑周室, 經傳拱漢皇. 谷神如不死, 養拙更何鄕?"(出『劇談錄』)

212 · 11(2465)
금교도(金橋圖)

현종(玄宗)이 태산(泰山)에 봉선제(封禪祭)를 올리고 돌아오는 길에 어가가 상당(上黨)에 머물자, 노주(潞州)의 노인들이 술과 마실 것을 병에 담아 등에 짊어지고 멀고 가까운 곳에서 현종을 알현하러 왔다. 현종은 친히 모두에게 그 노고를 위로하면서 그들이 가져온 진상품을 받았고, 서로 차이를 두어 상을 내렸다. 노인 가운데 이전부터 현종과 서로 알고 지내던 사람이 있었으므로 현종은 술과 음식을 하사하면서 그와 더불어 옛 이야기를 나누었다. 옛날부터 현종은 모든 고을을 지나갈 때마다 반드시 사람을 보내 의지할 데 없는 노인이나 상가 혹은 병자가 있는 집을 찾아가서 조문하고 그들을 위로했다. 노인들은 아주 기뻐하면서 천자를 우러러보고 그곳에 머물러 가기를 청하지 않는 이들이 없었다. 어가가 금교를 지나갈 때(금교는 노주에 위치해 있다) 지나온 어로(御路: 천자의 수레가 다니는 길)가 구불구불했다. 현종이 돌아보았더니 수천 리에 걸쳐 천자의 수레에 장식한 깃발이 선명하고 깨끗하게 휘날리고 있었고, 의장대와 호위병들은 가지런하게 정돈되어 있었다. 현종은 좌우의 사람들을 돌아보며 말했다.

"장열(張說)이 짐더러 30만 대군을 통솔하고 천리에 걸쳐 깃발을 나부끼며 섬서(陝西)의 오른쪽에 위치한 상당에서 태원(太原)에까지 이른다고 하더니만(「后土碑」에 보인다), 그는 정말 재주 있는 사람이오.

좌우의 사람들은 모두 만세를 외쳤다. 현종은 오도현(吳道玄)·위무첨(韋無忝)·진굉(陳閎)을 불러들여 함께 「금교도(金橋圖)」를 그리게 했다. 현종의 진용과 기색 및 현종이 타고 온 조야백마(照夜白馬)는 진굉이 맡아서 그렸고, 교량과 산수, 수레와 인물, 초목과 새, 현종의 어장대와 장막은 오도현이 맡아서 그렸다. 개와 말, 당나귀와 노새, 소와 양 그리고 낙타, 고양이와 원숭이, 돼지와 네발 달린 짐승은 위무첨이 맡아서 그렸다. 그림이 완성되자, 당시 사람들은 이를 '삼절(三絶)'이라 불렀다. (『개천전신기』)

玄宗封泰山廻, 車駕次上黨, 潞之父老, 負擔壺漿, 遠近迎謁. 上皆親加存問, 受其獻饋, 錫賚有差. 父老有先與上相識者, 上悉賜以酒食, 與之話舊. 故所過村部, 必令詢訪孤老喪疾之家, 加弔恤之. 父老欣欣然, 莫不瞻戴. 扣乞駐留焉. 及卓駕過金橋(橋在潞州), 御路縈轉. 上見數千里間, 旗纛鮮潔, 羽衛齊整. 謂左右曰: "張說言我勒兵三十萬, 旌旗經千里間, 陝右上黨, 至于太原(見「后土碑」), 眞才子也." 左右皆稱萬歲. 上遂召吳道玄·韋無忝·陳閎, 令同製「金橋圖」. 聖容及上所乘照夜白馬, 陳閎主之, 橋梁山水, 車輿人物, 草樹鷹鳥, 器丈帷幕, 吳道玄主之. 狗馬驢騾, 牛羊橐駝, 猫猴豬貀, 四足之屬, 韋無忝主之. 圖成, 時謂'三絶'焉. (出『開天傳信記』)

212 · 12(2466)
최원벽(崔圓壁)

안록산(安祿山)이 양경(兩京: 長安과 洛陽)을 함락시키자, 왕유(王維)·정건(鄭虔)·장통(張通)은 모두 적의 조정에서 일하게 되었다. [唐肅宗이 반란군을 섬멸하고] 도성을 수복하자, 이들 세 사람은 모두 양국충(楊國忠)의 옛 저택에 갇히는 신세가 되었다. 상국(相國) 최원은 이들 세 사람을 사저로 불러 여러 벽에 명화를 그리게 했다. 당시 최원의 공적과 신분이 둘도 없을 정도로 높았기 때문에 이들 세 사람은 그가 자신들을 구해주길 바랬다. 그래서 모두들 정성을 다해 구상을 치밀하게 한 다음 자신들의 재능을 다 발휘했다. 그리하여 세 사람은 모두 가벼운 형벌에 처해졌고, 딴 곳으로 폄적되어 간다해도 반드시 좋은 곳으로 보내졌다. (『명황잡록』)

安祿山之陷兩京, 王維·鄭虔·張通皆處於賊庭. 洎剋復, 俱囚於楊國忠舊宅. 崔相國圓因召於私第, 令畫名畫數壁. 當時皆以圓勳貴莫二, 望其救解. 故運思精深, 頗極能事. 故皆獲寬典, 至於貶降, 必獲善地. (出『明皇雜錄』)

태평광기 권제213

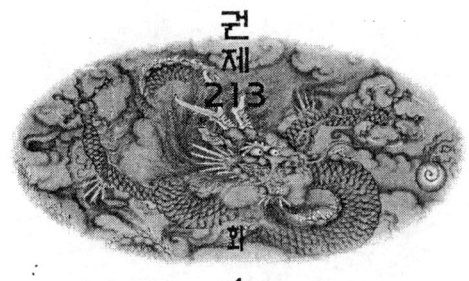

화 4

1. 보수사(保壽寺)
2. 선천보살(先天菩薩)
3. 왕 재(王 宰)
4. 양 염(楊 炎)
5. 고 황(顧 況)
6. 주 방(周 昉)
7. 범장수(范長壽)
8. 정수기(程修己)
9. 변 란(邊 鸞)
10. 장 훤(張 萱)
11. 왕 묵(王 墨)
12. 이중화(李仲和)
13. 유 상(劉 商)
14. 여귀진(厲歸眞)
15. 성 화(聖 畫)
16. 염 광(廉 廣)
17. 범산인(范山人)
18. 위숙문(韋叔文)

213 · 1(2467)
보수사(保壽寺)

보수사는 본래 고력사(高力士)의 집이었는데 천보(天寶) 9년(750)에 희사(喜捨)하여 절이 되었다. 절의 종이 막 주조되었을 때 고력사가 재(齋)를 베풀어 그것을 축하했는데 조정의 신하들이 모두 왔다. 그들은 종을 한 번 칠 때마다 수백 수천 냥을 시주했는데, 고력사의 뜻을 살피는 이는 연달아 20번씩 종을 쳤다. 경장각(經藏閣)의 규모가 웅장하고 정교했으며 두 개의 탑 위에 있는 화제주(火齊珠. 火齊는 옥돌의 한 가지이며 火齊珠는 球形으로 탑의 위쪽에 장식용으로 사용됨)의 크기는 10여 곡(斛: 1斛은 10말의 용량임)을 담을 수 있을 정도였다. 하양종사(河陽從事) 이탁(李涿)은 천성적으로 옛것을 좋아했으며 스님과 사이가 좋았다. 한번은 이탁이 스님과 함께 이 절에 왔다가 절의 창고 안에 있는 옛 물건을 보게 되었는데, 우연히 깨진 항아리에서 이불처럼 생긴 물건을 얻게 되었다. 천이 찢겨지고 먼지로 더럽혀져 있어서 만지자마자 흙먼지가 일었다. 이탁이 그것을 천천히 살펴보니 그림이었다. 그래서 이탁이 주현도(州縣圖) 3점과 합사 비단 30필로 그것을 바꾸어서 집안 사람에게 그것을 잘 표구해 놓도록 했더니 10여 폭 정도로 컸다. 이탁은 상시(常侍) 유공권(柳公權)을 찾아가 물어보고서야 그것이 바로 장훤(張萱)이 그린 「석교도(石橋圖)」인데 현종(玄宗)이 고력사에게 하사한 것이기에

절 안에 남아있었음을 알게 되었다. 나중에 종목(宗牧)이라는 그림장수가 [이탁이 「석교도」를 가지고 있다는 사실을] 좌군(左軍)에게 알렸다. 얼마 후에 소사(小使)가 병졸 수십 명을 이끌고 이탁의 집에 와서는 칙서를 공포하고 그것을 가져가서 그 날 바로 궁중으로 가지고 들어갔다. 황제는 옛것을 좋아했기에 그것을 보고는 매우 기뻐하며 운소원(雲韶院)에 걸어두도록 명했다. (『유양잡조』)

保壽寺本高力士宅, 天寶九載, 捨爲寺. 初鑄鐘成, 力士設齋慶之, 擧朝畢至. 一擊百千, 有規其意, 連擊二十杵. 經藏閣規構危巧, 二塔火珠授十餘斛. 河陽從事李涿性好奇古, 與僧善. 嘗俱至此寺觀庫中舊物, 忽於破瓮中得物如被. 幅裂汙坌, 觸而塵起. 涿徐視之, 乃畫也. 因以州縣圖三及縑三十換之, 令家人裝治, 大十餘幅. 訪於常侍柳公權, 方知張萱所畫「石橋圖」也, 玄宗賜力士, 因留寺中. 後爲鬻畫人宗牧言於左軍. 尋有小使領軍卒數十人至宅, 宣敕取之, 卽日進入. 帝好古, 見之大悅. 命張于雲韶院. (出『酉陽雜俎』)

213 · 2(2468)
선천보살(先天菩薩)

「선천보살도(先天菩薩圖)」는 본래 성도(成都)의 묘적사(妙積寺)에서 시작되었다. 개원(開元) 원년(713)에 위팔사(魏八師)라고 하는 비구니가 항상 대비(大悲: 大悲觀音·大悲菩薩·觀世音菩薩이라고도 하는데, 괴로울 때 그의 이름을 정성으로 외면 그 음성을 듣고 구제해 준다고 함)

를 읊으며 소원성취를 빌었다. 쌍류현(雙流縣)의 백성 중에 성은 유을(劉乙)이고 이름은 의아(意兒)라고 하는 이가 있었는데 11살이었다. 유을의아는 스스로 위팔사를 섬기고자 했는데, 위팔사가 그를 돌려보내도 가지 않았다. 유을의아가 한번은 구석진 방에서 참선을 하다가 위팔사에게 이렇게 말했다.

"선천보살께서 이곳에 현신(現身)하셨습니다."

그리고는 마침내 뜰에다 재를 뿌려놓았다. 어느 날 밤 몇 척(尺) 크기의 거대한 발자국이 찍혔는데 바퀴 모양의 무늬도 드러나 있었다. 그래서 유을의아는 화공(畫工)을 만나서 이 일을 말해주고 마음대로 그려보게 했지만 모두 마음에 들지 않았다. 양법성(楊法成)이라는 스님이 스스로 그림을 잘 그린다고 하기에 유을의아는 합장을 하고 우러러 축원한 후에 그에게 [어떻게 그릴지] 알려주었다. 거의 10년이 지나서 작업이 드디어 후소(後素: 그림을 그리는 데 있어서 흰빛을 나중에 칠함) 단계에 이르렀다. [완성된] 선천보살은 머리가 모두 242개이고 그 머리는 탑과 같은 모양이었으며 팔은 덩굴처럼 나뉘어져 있었다. 그림본은 모두 15권이었는데, 최녕(崔寧)의 생질인 유칠사(柳七師)가 3권으로 나누었으며 도성으로 가지고 가서 유행시켰다. 그 당시에 위봉고(魏奉古)라는 장사(長史)가 그것을 현종(玄宗)에게 바쳤고, 후에 현종은 4월 8일에 고력사에게 하사했다. 오늘날 성도에 있는 것은 그것의 부본(副本)이다. (『유양잡조』)

有「先天菩薩巾登」, 本起成都妙積寺. 開元初, 有尼魏八師者常念大悲呪. 雙流縣百姓劉乙名意兒, 年十一. 自欲事魏尼, 尼遣之不去. 嘗於奧室禪, 嘗白魏云:

"先天菩薩見身此地." 遂篩灰於庭. 一夕, 有巨跡數尺, 輪理成就. 因謁畫工, 隨意設色, 悉不如意. 有僧楊法成自言能畫, 意兒常合掌仰視, 然後指授之. 以近十稔, 工方後素. 先天菩薩凡二百四十二首, 首如塔勢, 分臂如蔓. 畫樣十五卷, 柳七師者崔寧之甥, 分三卷, 往上都流行. 時魏奉古爲長史, 進之, 後因四月八日賜高力士. 今成都者是其次本. (出『酉陽雜俎』)

213・3(2469)
왕 재(王 宰)

당(唐)나라의 왕재(王宰:『畫斷』에는 王窣로 되어 있음)는 서촉(西蜀)에 집이 있었다. 정원연간(貞元年間: 785~804)에 위고(韋皐)가 빈객의 예로써 그를 대접했다. 왕재가 그린 산과 물, 나무와 돌은 형상을 뛰어넘는 것이었다. 그래서 두보(杜甫)는 다음과 같은 시[「戱題王宰畫山水圖歌」]를 지어 보냈다.

열흘에 소나무 한 그루 그리고,
닷새에 돌 하나 그리오.
일 잘하려면 재촉 받지 말지니,
왕재가 비로소 진적(眞跡)을 남기려 했다오.

또 이전에 석기청(席夔廳)에서 왕재가 그린 가리개 하나를 보았는데, 강물에 임해서 소나무 2그루와 측백나무 1그루, 그리고 구불구불한 오래된 등나무가 그려져 있었다. 그 나무들은 위로는 중천에 서려 있고 아래로는 수면에 닿아 있었다. 무성한 가지와 잎이 얼기설기 교차되어 있지만 어지럽지 않게 분포되어 있었다. 어떤 것은 말라죽었고 어떤 것은 우거지고, 어떤 것은 드리워져 있고 어떤 것은 곧게 뻗어 있었다. 잎사귀는 천겹으로 포개져 있고 가지는 사방으로 갈라져 있었다. 솜씨가 정교한 사람도 그리기 힘들 정도였으며 보통 사람의 눈으로는 분별할 수 없었다.

또 흥선사(興善寺)에서 사철을 그린 병풍을 보았는데 대자연을 옮겨다 놓은 듯했다. 기후와 경치, 팔절(八節: 입춘·춘분·입하·하지·입추·추분·입동·동지의 여덟 절기를 이르는 말)과 사철이 한 곳에 있으니 오묘함의 극치였다. [왕재가 그린] 산·물·소나무·돌은 모두 묘품상(妙品上)에 속한다. (『화단』)

唐王宰者家於西蜀. 貞元中, 韋皋以客禮待之. 畫山·水·樹·石, 出於象外. 故杜甫贈歌云: "十日畫一松, 五日畫一石. 能事不受相促迫, 王宰始肯留眞跡."

又嘗於席夔廳見圖一障, 臨('臨'原作'陵', 據明鈔本改)江雙松一柏, 古藤縈繞. 上盤半空, 下著水面. 千枝萬葉, 交査屈曲, 分布不雜. 或枯或茂, 或垂或直. 葉疊千重, 枝分四面. 精人所難, 凡目莫辨.

又於興善寺見畫四時屛風. 若移造化. 風候·雲物, 八節·四時, 於一座之內, 妙之至也. 山·水·松·石, 並上上品. (出『畫斷』)

213·4(2470)
양 염(楊 炎)

양염은 당(唐)나라 정원연간(貞元年間: 785~804) 때의 재상이다. 그의 기개는 왕유(王維)와 한유(韓愈)에 맞먹고 문장은 양웅(揚雄)과 사마천(司馬遷)에 대적할 만했다. 그가 그린 소나무·돌·산·물은 보통 사람들보다 훨씬 뛰어났다. 처음에 그는 처사(處士)라고 칭하면서 노황문(盧黃門)을 만나게 되었는데 노황문이 그에게 후한 대접을 해주었다. 노황문은 양염에게 그림 그리는 재주가 있음을 알고서 1점 부탁하고 싶었지만 감히 말을 꺼내지 못했다. 양염이 간절히 작별 인사를 하고 떠나려 하자 노황문은 다시 한사코 그를 머무르게 했다. 노황문은 양염의 집이 대대로 낙양(洛陽)에 있었지만 의식이 모자라기 때문에 마음이 불안하다는 것을 알게 되었다. 그래서 노황문은 몰래 사람을 시켜서 수십만 냥을 낙양에 가져다주고 양염의 집에서 편지를 받아오도록 해서는 그것을 양공(楊公: 楊炎)에게 보여주었다. 양공은 감격한 나머지 어떻게 보답할지 몸둘 바를 몰랐다. 그러자 노황문은 가만히 있다가 양공의 그림 1점을 얻어서 자손 대대로 보물로 간직하고 싶다고 말했는데, 마음속으로는 여전히 부탁하기가 난처했다. 양공은 1달 남짓 걸려서 그림 1점을 그렸는데, 그가 그린 소나무·돌·구름·사물은 대자연을 옮겨다 놓은 듯했으며 세상에서 그 정도의 그림을 본 사람이 없었다. 그의 그림은 묘품상(妙品上)에 속한다. (『당화단』)

楊炎, 唐貞元中宰相(明鈔本'相'字下有'出貶崖州'四字). 氣標王·韓(明鈔本'王韓'作'風雲'), 文敵揚·馬. 畫松·石·山·水, 出於人之表. 初稱處士, 謁盧黃門, 館之甚厚. 知有丹青之能, 意欲求之, 未敢發言. 楊懇辭去, 復苦留之. 知其家累洛中, 衣食乏少, 心所不安. 乃潛令人將數百千至洛供給, 取其家書廻, 以示楊公. 公感之, 未知所報. 盧因從容, 乃言欲一蹤, 以子孫寶之, 意尚難之. 遂月餘

圖一障, 松・石・雲・物, 移動造化, 世莫覯之. 其跡妙上上品. (出『唐畫斷』)

213・5(2471)
고 황(顧 況)

 당(唐)나라의 고황은 자(字)가 포옹(逋翁)이다. 그는 문장을 짓다가 틈이 나면 그림 연습도 했다. 한번은 신정(新亭: 江蘇省 江寧縣의 남쪽에 있음)의 지감(知監)이 되길 구한 적이 있었는데, 어떤 사람이 그 이유를 따져 묻자 고황은 이렇게 말했다.
 "나는 해중(海中)의 산을 그리고자 했을 뿐이오."
 그리고는 그림을 잘 그리는 왕묵(王默)을 초징(招徵)하여 자신의 보좌로 삼았다. (『상서고실』)

 唐顧況字逋翁. 文詞之暇, 兼攻小筆. 嘗求知新亭監, 人或詰之, 謂曰: "余要寫貌海中山耳." 仍辟畫者王默爲副. (出『尙書故實』)

213・6(2472)
주 방(周 昉)

 당(唐)나라의 주방은 자(字)가 경현(景玄)이고 경조(京兆) 사람이다. 그는 절도사(節度使)의 후예로 학문을 좋아하고, 그림에 있어서는 회화의 오묘함을 모두 표현할 줄 알았으며, 재상들 사이에서 노니는 귀공자였다. 맏형인 주호(周晧)는 말을 잘 타고 활솜씨가 있었는데, 가서(哥舒: 당나라 때 突厥의 후예인 哥舒翰을 말함)를 따라 토번(吐蕃)을 치러 가서 석보성(石堡城)을 손에 넣고 그 공으로 집금오(執金吾)에 제수되었다. 그 당시 덕종(德宗)은 장경사(章敬寺)를 중수하고 있었는데 주호를 불러서 말했다.

"경의 아우인 주방이 그림을 잘 그려서 짐이 그에게 장경사의 신불(神佛)을 그리도록 하고자 하니, 경은 그에게 특별히 말을 잘 해주시오."

며칠이 지나서 덕종이 다시 그에게 요청하자 그제야 주방은 일을 착수했다. 처음에는 그림을 병풍처럼 펼쳐놓아 도성 사람들이 구경했다. 절이 국문(國門) 가까이에 있었기 때문에 똑똑한 사람이든 어리석은 사람이든 모두가 와서 [그림을 봤는데], 그림이 훌륭하다고 말하는 사람도 있었지만 누군가 결점을 지적하면 주방은 다음날 바로 그것을 고쳤다. 이렇게 한 달 남짓 지나자 시비를 논하는 말이 사라졌고 그림의 훌륭함을 찬탄하지 않는 이가 없었다. 이에 주방은 마침내 붓을 내려놓고 그림을 완성했으며 당대의 일인자가 되었다.

곽령공(郭令公: 郭子儀)의 사위인 시랑(侍郞) 조종(趙縱)은 일찍이 한간(韓幹)으로 하여금 초상을 그리게 했는데 사람들이 모두 훌륭하다고 칭찬했다. 조종은 후에 또 주방을 불러서 초상을 그리게 했다. 한간과 주방 두 사람은 모두 그림을 잘 그린다고 이름이 났는데, 한번은 곽령공이 한 자리에 두 그림을 나란히 놓고 우열을 가리고자 했지만 그러지 못했다. 마침 조부인(趙夫人: 趙縱의 부인이자 郭子儀의 딸)이 친정에 다니러 오자 곽령공이 물었다.

"이것은 누구의 초상이냐?"

조부인이 대답했다.

"조랑(趙郞: 趙縱)입니다."

"어떤 것이 가장 비슷하냐?"

조부인이 대답했다.

"두 그림 모두 매우 비슷하긴 한데 뒤의 그림이 낫습니다."

그러자 곽령공이 또 물었다.

"어째서 그렇게 말하느냐?"

"앞의 그림[韓幹이 그린 것]은 속이 빈 채 조랑의 겉모습만을 그려냈고, 뒤의 그림[周昉이 그린 것]은 조랑의 정신과 마음, 그리고 웃고 말하는 자태까지도 그려냈기 때문이지요."

곽령공이 물었다.

"뒤의 그림을 그린 이가 누구인가?"

그러자 [누군가] 대답했다.

"주방입니다."

이 날 두 그림의 우열이 정해졌으며 곽령공은 수백 필의 비단을 주방에게 보냈다.

오늘날 도성에 그려져 있는 관자재보살(觀自在菩薩)을 당시 사람들은 '수월(水月)'이라고 불렀으며, 대운사(大雲寺) 서쪽 불전(佛殿) 앞의 행도승(行道僧)과 광복사(廣福寺) 불전 전면의 두 신불은 모두 매우 뛰어나다. 주방은 후에 선주별가(宣州別駕)에 제수되었으며 선정사(禪定寺)에서 북방천왕(北方天王)을 그렸는데, 늘 꿈에서 그 형상을 보았다. 그는 또한 남녀를 그리는 데 있어서 고금의 으뜸이었는데, 「혼시중연회도(渾

侍中宴會圖: 侍中 渾瑊이 연회를 여는 그림)」·「유선무안무도(劉宣武按
舞圖: 劉宣武가 춤을 감상하는 그림)」·「독고비안곡분본(獨孤妃按曲粉
本: 獨孤妃가 음악연주를 감상하는 그림)」 등의 작품이 있다. 또 「중니
문례도(仲尼問禮圖: 孔子가 老子에게 禮를 배우는 그림)」·「강진도(降
眞圖: 선녀가 인간세상으로 내려오는 그림)」·「오성도(五星圖: 五星이
란 歲星·熒惑星·太白星·辰星·鎭星을 말하는데, 이 그림은 아마도
5명의 신선을 그린 그림이라고 여겨짐)」·「박접도(撲蝶圖: 나비를 잡는
그림)」를 비롯해서 여러 진인(眞人: 道士의 최고급의 칭호)과 문선왕(文
宣王: 孔子)의 10제자를 그린 것 등 권축(卷軸: 表裝하여 말아놓은 書畵)
이 매우 많다. 정원연간(貞元年間: 785~804) 말에 신라국(新羅國)의 어
떤 사람이 강회(江淮) 일대에서 [주방의 그림을] 모두 고가로 수십 권
구입해 갔다. 주방이 그린 불상(佛像)·진선(眞仙: 眞人)·인물·남녀는
모두 신품(神品)에 들었으며, 오직 안장을 얹은 말과 조수(鳥獸)·죽석
(竹石)·초목에 있어서만 그 모습을 완전히 표현해내지 못했을 뿐이다.
(『화단』)

唐周昉字景玄, 京兆人也. 節制之後, 好屬學, 畵窮丹靑之妙, 遊卿相間, 貴公
子也. 長兄晧善騎射, 隨哥舒往征吐蕃, 收石堡城. 以功授執金吾. 時德宗修章敬
寺, 召晧謂日: "卿弟昉善畵, 朕欲請畵章敬寺神, 卿特言之" 經數日, 帝又請之,
方乃下手. 初如障蔽, 都人觀覽. 寺抵國門, 賢愚必至, 或有言其妙者, 指其瑕者,
隨日改之. 經月餘, 是非語絶, 無不歎其妙. 遂下筆成之, 爲當代第一.
又郭令公女壻趙縱侍郎嘗令韓幹寫眞, 衆皆稱美. 後又請昉寫眞. 二人皆有能
名, 令公嘗列二畵於座, 未能定其優劣. 因趙夫人歸省, 令公問云: "此何人?" 對

曰: "趙郞." "何者最似?" 云: "兩畫摠似, 後畫者佳." 又問: "何以言之?" "前畫空得趙郞狀貌, 後畫兼移其神思・情性・笑言之姿." 令公問: "後畫者何人?" 乃云: "周昉." 是日定二畫之優劣, 令送錦綵數百疋.

今上都有觀自在菩薩, 時人云'水月', 大雲西佛殿前行道僧, 廣福寺佛殿前面兩神, 皆殊妙也. 後任宣州別駕, 於禪定寺畫北方天王, 常於夢中見其形像. 畫子女爲古今之冠, 有「渾侍中宴會圖」・「劉宣武按舞圖」・「獨孤妃按曲粉本」. 又「仲尼問禮圖」・「降眞圖」・「五星圖」・「撲蝶圖」, 兼寫諸眞人・文宣王十弟子, 卷軸至多. 貞元末, 新羅國有人於江淮, 盡以善價收市數十卷, 將去. 其畫佛像・眞仙・人物・子女, 皆神也, 唯鞍馬・鳥獸・竹石・草木, 不窮其狀也. (出『畫斷』)

213・7(2473)
범장수(范長壽)

당(唐)나라의 범장수는 풍속・전원・경물・인물 등의 형상을 잘 그렸다. 세상에 있는 많은 월령(月令: 한 해 동안의 정례적인 政事・儀式이나 農家 행사를 월별로 구별하여 기록한 것) 병풍은 그가 만든 것이다. 그가 그린 산천과 물과 돌, 그리고 소나 말과 같은 가축 류는 굴곡과 원근을 표현하거나 한가한 들판에 놓아기르는 모습을 표현하는 데 있어서 모두 그 오묘함을 얻었고 각각 그 풍취를 다했다. 그는 양(梁)나라 장승요(張僧繇)의 다음이라고 할 만했는데 언종(彦悰) 스님은 『속화품(續畫品)』에서 이렇게 말했다.

"수많은 작품을 두루 보았지만 범장수의 그림에 능히 비할 만한 것은 아직 보지 못했다. 그의 그림은 모두 묘품상(妙品上)에 속한다."

또한 그 당시에 하장수(何長壽)라고 하는 사람이 범장수와 이름을 나란히 했는데 [실제로는] 범장수의 다음이었다. (『화단』)

唐范長壽善風俗・田家・景候・人物之狀. 人間多有月令屛風, 是其製也. 凡山川水石, 牛馬畜類, 屈曲遠近, 牧放閑野, 皆得其妙, 各盡其趣. 梁張僧繇之次也, 僧彦悰『續畫品』云: "博瞻繁多, 未見其能也. 其畫並妙品上." 又時號何長壽齊名, 次之. (出『畫斷』)

213・8(2474)
정수기(程修己)

당(唐)나라의 정수기는 선조가 기주(冀州) 사람이며 천성적으로 학문을 좋아했다. 그 당시에 주방(周昉)이 조주장사(趙州長史)로 있었는데, 정수기는 마침내 그를 스승으로 섬기게 되었다. 20년 동안 주방은 모든 그림의 60가지 병폐에 대해서 정수기에게 일일이 구두로 가르쳐주면서 그 오묘함을 전수했다. 보력연간(寶曆年間: 825~827)에 정수기는 명경과(明經科)에 응시했는데 주방이 가르쳐준 것으로써 급제했다. 태화연간(太和年間: 827~835)에 문종(文宗)은 옛것을 좋아하고 도를 중시했는데, 진(晉)나라 명제(明帝) 때 위협(衛協)이 그린「모시도(毛詩圖)」에 그려진 초목(草木)・조수(鳥獸)・현사(賢士)・충신(忠臣)의 형상이 그 진실함을 갖추지 못했다고 여겼다. 그래서 문종은 마침내 정수기를 불러서 그것을 다시 그리도록 했다. [그가 그린 인물은] 모두가 경서에 근거해서 명목과 실제가 부합되었으며, [그가 그린 자연은] 풍토에 맞추어서 소재를 취했다. 이렇게 해서 갓과 면류관의 형태, 동식물의 자태는 멀다고 해서 자세하지 않은 것이 없었으며 아득하다고 해서 드러나지 않는 것이 없었다. 정수기는 또 문사전(文思殿)의 대나무 병풍에 그림을 그렸는데, 황제가 다음과 같은 시를 하사했다.

> 양공(良工: 재주가 뛰어난 工人)이 깊은 생각 움직이니,
> 교묘함의 극치는 신의 솜씨와 같구나.
> 창가에서 잠깐 보니 무성한 나무그늘 합치고,
> 다시 눈을 돌려보아도 참과 거짓 더욱 나뉘지 않네.

그 당시의 학사(學士: 翰林院의 學士를 말함)들은 모두 황제의 명을 받들어서 [이 시에] 화답했다. 정원연간(貞元年間: 785~804) 이후로 기예를 통해 벼슬에 나가거나 훌륭하다는 칭찬을 받는 승은을 누린 이는 정수기 한 사람뿐이었다. 그는 산수(山水)·죽석(竹石)·화조(花鳥)·인물, 옛 성현이나 공덕(功德)에 관한 것, 그리고 기이한 동물 등을 특히 잘 그렸는데, 모두가 묘품상(妙品上)에 들었다. (『화단』)

唐程修己, 其先冀州人, 性好學. 時周昉任趙州長史, 遂師事焉. 二十年, 凡畫之六十病, 一一口授, 以傳其妙. 寶曆中, 修己應明經擧, 以昉所授付之. 太和中, 文宗好古重道, 以晉明帝衛協畫「毛詩圖」, 草木·鳥獸·賢士·忠臣之象, 不得其眞. 遂召修己圖之. 皆據經定名, 任土採拾. 由是冠冕之製, 生植之姿, 遠無不審, 幽無不顯矣. 又嘗畫竹障於文思殿, 帝賜歌云: "良工運精思, 巧極似有神. 臨窗乍覩繁陰合, 再盼眞假殊未分." 當時學士, 皆奉詔繼和. 自貞元後, 以藝進身, 承恩稱旨, 一人而已. 尤精山水·竹石·花鳥·人物·古賢·功德·異獸等, 並入妙上品. (出『畫斷』)

213·9(2475)
변 란(邊 鸞)

당(唐)나라의 변란은 경조(京兆) 사람이다. 그는 그림을 잘 그렸는데 화조(花鳥)에 가장 뛰어났으며, 절지(折枝: 花卉畫法의 하나로서, 花卉를 그릴 때 전체를 그리지 않고 마치 줄기가 꺾인 것처럼 일부만 그리는 것을 말함)의 오묘함은 예로부터 없던 것이었다. 그의 붓 놀림을 보면 가볍고 예리하며 색깔을 잘 썼다. 깃털의 변화하는 형태를 남김없이 표현했으며 봄꽃의 아름다움을 한껏 표현했다. 정원연간(貞元年間: 785~804)에 신라국(新羅國)에서 공작을 바쳤는데 그 공작은 춤출 줄 알았다. 덕종(德宗)이 변란을 불러서 현무문(玄武門)에서 공작의 모습을 그리도록 했다. 한 번은 정면을 그리고 또 한 번은 뒷모습을 그렸는데, 비취 빛깔이 생동하고 황금으로 꾸민 장식이 아주 고왔으며, 만약 청아한 음악이 흘러나오면 마치 복잡한 음절에 맞춰 춤이라도 출 것 같았다. 변란은 나중에 생활이 곤궁해지자 택주(澤州)와 노주(潞州) 일대에서 뿌리가 이어져 있는 삼(參) 5개를 그렸는데 정묘함의 극치였다. 근대의 절지화(折枝花)에 있어서 그는 으뜸을 차지하며 [그가 그린] 절지·화훼(花卉), 벌과 나비, 그리고 나란히 있는 참새 등은 묘품상(妙品上)에 속한다.

(『화단』)

　　唐邊鸞, 京兆人. 攻丹靑, 最長於花鳥, 折枝之妙, 古所未有. 觀其下筆輕利, 善用色. 窮羽毛之變態, 奮春華之芳麗. 貞元中, 新羅國獻孔雀, 解舞. 德宗召於玄武門寫貌. 一正一背, 翠彩生動, 金鈿遺姸, 若運淸聲, 宛應繁節. 後以困窮, 於澤·潞貌五參連根, 精妙之極也. 近代折枝花, 居其首也, 折枝·花卉·蜂蝶·並雀等, 妙品上. (出『畫斷』)

213·10(2476)
장 훤(張 萱)

　　당(唐)나라의 장훤은 경조(京兆) 사람이다. 그는 귀공자, 안장을 얹은 말, 병풍과 휘장, 궁원(宮苑), 남녀 등을 잘 그려서 당시에 명성이 가장 높았다. 그는 또한 밑그림·점묘·배치에 뛰어났으며, 그가 그린 정자와 누대, 대와 나무, 꽃과 새, 노복(奴僕)은 모두 그 형상이 남김없이 표현되었다. 그가 그린 「장문원(長門怨)」은 간략한 시[王昌齡의 樂府「長信怨」을 말함]에 따라 자신의 생각을 펴내어 그 뜻을 자세히 표현했는데, "금정(金井: 가을의 우물) 가의 오동나무, 가을에 잎이 노랗게 되었네"라는 구절이 바로 그것이다. 소묘(素描)로 그린 「귀공자야유도(貴公子夜遊圖)」·「궁중칠석걸교도(宮中七夕乞巧圖)」·「망월도(望月圖)」는 모두 비단 위에 고요함과 많은 생각이 표현되어 있는 것인데, 뜻이 형상을 초월한다. 그가 그린 남녀 그림은 주방(周昉)의 적수가 될 만했으며,

귀공자·안장을 얹은 말 그림 등은 묘품상(妙品上)에 속한다. (『화단』)

　唐張萱, 京兆人. 嘗畫貴公子·鞍馬·屛帷·宮苑·子女等, 名冠於時. 善起草·點簇·位置, 亭臺·竹樹·花鳥·僕使, 皆極其態. 畫「長門怨」, 約詞攄思, 曲盡其旨, 卽"金井梧桐秋葉黃"也. 粉本畫「貴公子夜遊圖」·「宮中七夕乞巧圖」·「望月圖」, 皆絹上幽閑·多思, 意逾於象. 其畫子女, 周昉之難倫也, 貴公子·鞍馬等, 妙品上. (出『畫斷』)

213 · 11(2477)
왕 묵(王 墨)

　당(唐)나라의 왕묵은 어디 사람인지 알지 못하고 이름은 왕흡(王洽)이다. 그는 발묵(潑墨: 먹물이 번지어 퍼지게 하는 山水畫法. 이는 작가의 심정과 감동을 화면에 쏟아 붓는 듯한 자유분방한 표현으로 전통 화법인 骨法用筆을 완전히 무시한 분방한 화법임)에 능했는데, 그 당시 사람들이 그를 '왕묵(王墨)'이라고 불렀다. 왕묵은 강호(江湖)를 두루 돌아다녔으며 산수·송백(松柏)·잡목을 잘 그렸는데, 성품이 자유분방하고 술 마시기를 좋아했다. 그는 매번 그림을 그리려고 할 때면 거나하게 취한 다음에 먼저 먹물을 뿌리고는 소리지르거나 읊조리면서 손과 발로 문질렀다. 그가 붓을 휘두르기도 하고 쓸어내기도 하면 그 형상을 따라서 산이 되고 돌이 되고 물이 되고 나무가 되었다. 마음먹은 대로 뜻한 바 대로 순식간에 대자연을 그려내는 듯했다. 그림이 완성되고 나면 구

름과 노을이 고요히 머물러 있는 듯, 바람과 비가 [한 차례] 쓸고 지나
간 듯, 먹물의 흔적이 보이지 않았다. (『화단』)

 唐王墨, 不知何許人, 名洽. 善潑墨, 時人謂之'王墨'. 多遊江湖, 善畫山水·
松柏·雜樹, 性疎野好酒. 每欲圖障, 興酣之後, 先已潑墨, 或叫或吟, 脚蹙手抹,
或拂或幹, 隨其形象, 爲山爲石, 爲水爲樹. 應心隨意, 倐若造化. 圖成, 雲霞澹之,
風雨掃之, 不見其墨汙之跡也. (出『畫斷』)

213·12(2478)
이중화(李仲和)

 당(唐)나라의 이중화(李仲和)는 이점(李漸)의 아들이다. 이점은 일찍이
흔주자사(忻州刺史)라는 관직을 맡았는데, 서북 변경의 사람과 말을 잘
그렸다. 이중화는 부친의 기예를 능히 이어받았으나 필력이 아버지에
미치지 못했다. 상국(相國) 영호도(令狐綯)는 집안이 대대로 재상을 지
냈기에 집에 그림이 많았다. 영호도는 흔주자사[李漸]의 외손자였는데
집에 있는 그림 중에서 사람과 말이 그려진 작은 병풍은 가장 마음에
드는 것이었다. 일찍이 헌종(憲宗)이 그것을 취하여 궁중에 두었다가 후
에 다시 하사하여 [令狐氏의 집안에] 돌려주었다. (『명화기』)

 唐李仲和, 漸之子. 漸嘗任忻州刺史, 善畫番人馬. 仲和能繼其藝, 而筆力不及
其父. 相國令狐綯, 奕代爲相, 家富圖畫. 卽忻州外孫, 家有小畫人馬障, 是尤得

意者. 會憲宗取置禁中, 後却賜還. (出『名畫記』)

213 · 13(2479)
유 상(劉 商)

당(唐)나라의 유상은 관직이 검교예부낭중(檢校禮部郎中)과 변주관찰판관(汴州觀察判官)에 이르렀는데, 젊었을 때에는 고상한 마음을 읊은 시를 짓기도 했으며 산·물·나무·돌을 그리는 것을 배웠다. 그는 처음에 장조(張藻:『歷代名畫記』에는 '張璪'로 나와 있으며, 字는 文通임)를 스승으로 모시면서 사물을 핍진하게 그려내는 데에 뜻을 두었다. 장조가 [衡州司馬로] 폄적된 후에 유상은 슬퍼하며 다음과 같은 시[「懷張璪」]를 지었다.

> 이끼 낀 돌 푸른빛으로 계곡물 가에 임해 있고,
> 산골짜기 바람에 하늘하늘 움직이는 소나무 가지.
> 세상엔 오직 장문통(張文通: 張璪)만이 능히 그려낼 수 있는데,
> [지금 그가] 형양(衡陽)으로 폄적되었으니 그 누가 [이 경치를 그려낼 줄] 알리오?

(『명화기』)

唐劉商, 官至檢校禮部郎中·汴州觀察判官, 少年有篇詠高情, 攻山·水·樹·石. 初師張藻, 以造眞爲意. 自張貶竄後, 惆悵賦詩云: "苔石蒼蒼臨澗水, 溪風裊裊動松枝. 世間唯有張通會, 流向衡陽那得知?" (出『名畫記』)

213 · 14(2480)
여귀진(厲歸眞)

당(唐)나라 말에 강남(江南)에 여귀진이라는 도사가 있었는데 그가 어디 사람인지는 알지 못한다. 한번은 여귀진이 홍주(洪州)의 신과관(信果觀)에서 노닐다가 삼관전(三官殿) 안에서 공덕소상(功德塑像)을 보았는데, 그것은 현종(玄宗) 때의 협서(夾紵: 夾紵라고도 하며 塑像을 만드는 방법의 일종으로, 먼저 진흙으로 塑像을 만든 다음 옻을 이용해 麻布를 그 위에 부착하고서 옻칠이 마르면 여러 번 옻칠을 하여 마지막에는 진흙을 제거하므로 脫空像이라고도 함)로서 매우 절묘하게 만들어졌다. 그런데 참새와 비둘기가 그 위에 똥을 누어서 많이 더럽혀져 있었다. 그래서 여귀진이 마침내 삼관전 벽에 새매를 그렸는데 필적(筆跡)이 비할 데 없이 기묘했다. 이때부터 참새와 비둘기가 다시는 삼관전에 깃들지 않았는데 그 그림은 아직도 남아있다. 여귀진은 꺾인 대나무가지와 들까치를 특히 잘 그렸는데, 후에 어떤 사람이 이것을 전수받았다. 여귀진은 나부산(羅浮山)에서 승천했다. (『옥당한화』)

唐末, 江南有道士厲歸眞者, 不知何許人也. 曾遊洪州信果觀, 見三官殿內功德塑像, 是玄宗時夾紵, 製作甚妙. 多被雀·鴿糞穢其上. 歸眞遂於殿壁畵一鷂, 筆跡奇絶. 自此雀·鴿無復栖止此殿, 其畵至今尙存. 歸眞尤能畵折竹·野鵲, 後有人傳. 歸眞於羅浮山上昇. (出『玉堂閒畵』)

213 · 15(2481)
성 화(聖 畫)

운화사(雲花寺)에는 성화전(聖畫殿)이 있는데, 장안(長安)에서는 그것 [聖畫]을 「칠성화(七聖畫)」라고 부른다. 불당이 처음 막 만들어졌을 때 절의 스님은 화공(畫工)을 불러 불당에 색을 칠해서 꾸미고자 했다. 그런데 그림에 드는 공임이 비싸서 절의 스님이 지불할 수 있는 금액과 맞지 않았기 때문에 결국엔 화공이 떠나갔다. 이후 며칠이 지나서 2명의 소년이 절에 와서 스님을 뵙고 말했다.

"저희는 그림을 잘 그립니다. 지금 듣자오니 이 절에서 화공을 구한다고 하는데, 저희가 감히 대가를 구하지는 않을 것이니 이 일에 정성을 다해보아도 되겠습니까?"

절의 스님은 먼저 그들의 작품을 보고자 했다. 그러자 소년이 말했다.

"저의 형제는 모두 7명이온데 일찍이 장안(長安)에서는 그림을 그린 적이 없으니 어찌 작품이 있겠습니까"

절의 스님은 그의 말을 허망하다고 생각하여 잠시 곤란해했다. 그러자 소년이 말했다.

"저희는 이미 스님께 공임을 받지 않기로 했습니다. 만약 [저희 그림이] 스님의 마음에 들지 않는다면 [그때 가서] 바로 벽에 흙손질을 하도록 명하신다 해도 아직 늦지 않을 것입니다."

절의 스님은 그들이 대가를 요구하지 않는 점이 유익하다고 생각되어 마침내 그림을 그리도록 허락했다. 이후 하루가 지나자 과연 7명이 왔다. 그들이 각각 그림 도구를 들고서 불당으로 들어서려고 하는데 [그

중 한 명이] 스님에게 말했다.

"지금부터 7일 동안 저희 방문을 절대 열지 마시고, 저희들 음식에도 신경 쓰지 마십시오. 바람과 햇볕을 쐬면 그림이 상할 것입니다. 저희 방문에 진흙 칠을 해서 작은 틈도 없게 해주십시오. 그렇게 하지 않는다면 신묘함을 펼칠 수 없을 것입니다."

스님은 그의 말을 따랐다. 이렇게 6일이 지나는 동안 방에서 아무런 인기척이 없자 스님들은 서로들 이렇게 말했다.

"이는 틀림없이 변고가 생긴 것이니, 그들이 약속을 지킬 수 없을 것입니다."

결국엔 문을 봉한 진흙을 떼어내자 문이 열렸는데, 7마리 집비둘기가 훨훨 날아서 하늘로 날아가 버렸다. 불당 안에는 그림이 사방 모퉁이에 장중하게 그려져 있었는데, 오직 서북쪽 벽만 아직 덜 그려진 상태였다. 후에 다른 화공이 와서 그것을 보고는 깜짝 놀라며 말했다.

"정말 신묘한 붓의 자취입니다."

이에 감히 그 그림을 이어서 그리는 사람이 없었다. (『선실지』)

雲花寺有聖畫殿, 長安中謂之「七聖畫」. 初殿宇旣製, 寺僧召畫工, 將命施彩飾. 會貴其直, 不合寺僧祈酬, 亦竟去. 後數日, 有二少年詣寺來謁曰: "某善畫者也. 今聞此寺將命畫工, 某不敢利其價, 願輸功可乎?" 寺僧欲先閱其迹. 少年曰: "某弟兄凡七人, 未嘗畫於長安中, 寧有迹乎?" 寺僧以爲妄, 稍難之 少年曰: "某旣不納師之直. 苟不可師意, 卽命圬其壁, 未爲晩也." 寺僧利其無直, 遂許之 後一日, 七人果至. 各挈綵繪, 將入其殿. 且爲僧曰: "從此去七日, 愼勿啓吾之門, 亦不勞飮食. 蓋以畏風日所侵鑠也. 可以泥錮吾門, 無使有纖隙. 不然, 則不能施其妙矣." 僧從其語. 如是凡六日, 聞無有聞. 僧相語曰: "此必他怪也, 且不可果其約." 遂相與發其封, 戶旣啓, 有七鴿翩翩, 望空飛去. 其殿中綵繪, 儼若四隅, 唯西北墉未盡其飾焉. 後畫工來見之, 大驚曰: "眞神妙之筆也." 於是無敢繼其色者. (出『宣室志』)

213・16(2482)
염 광(廉 廣)

염광은 노(魯) 지방 사람이다. 한번은 염광이 약을 캐러 갔다가 태산(泰山)에서 갑자기 비바람을 만나게 되자 [비바람을 피하러] 큰 나무 아래에 머물렀다. 밤중이 되자 비가 그쳤고 염광은 발길 닿는 대로 걷다가 갑자기 한 사람을 만나게 되었는데 마치 은사(隱士) 같았다. 그 사람이 염광에게 물었다.

"그대는 어찌하여 깊은 밤에 이곳에 있소?"

그리고는 나무 아래에 함께 앉아서 잠시 이야기를 나누다가 갑자기 그가 염광에게 이렇게 말했다.

"내가 그림을 좀 그릴 줄 아는데 그대에게 그림 그리는 법을 가르쳐 드릴 수 있소."

염광이 좋다고 하자 그 사람은 이렇게 말했다.

"내가 그대에게 붓 한 자루를 줄 터이니 은밀히 감추어 두시오. [이 붓으로 그림을 그리면] 마음대로 그려도 분명 모두 영험이 있을 것이오."

그리고는 품에서 오색빛깔이 나는 붓을 한 자루 꺼내서 염광에게 주었다. 염광이 고맙다는 인사를 마치자 그 사람은 갑자기 보이지 않았다. 이후에 [그 사람의 말대로] 매우 영험이 있었지만 그 일을 비밀로 해야 했기 때문에 염광은 감히 경솔히 그리지는 않았다.

후에 염광은 중도현(中都縣)에 가게 되었는데, 이씨(李氏) 성을 가진 현령(縣令)이 천성적으로 그림을 좋아하는 데다가 그 일[염광이 영험한 그림을 그린다는 것]을 알고는 염광으로 하여금 오도록 했다. 현령은 염광과 함께 술을 마시다가 조용히 그것에 대해 물어보았는데, 염광은 비밀을 지키며 말하지 않았다. 그러나 이씨가 끈질기게 말하자 염광은 어쩔 수 없이 벽에다 귀병(鬼兵) 100여 명을 그려주었는데, 그 모습이 마치 적을 향해 나아가는 것 같았다. 조씨(趙氏) 성을 가진 중도현의 현위(縣尉)가 이 일을 알고는 한사코 그에게 그림을 그려달라고 했다. 그래서 염광은 또 조씨 관아의 벽에다 귀병 100여 명을 그려주었는데, 그 모습이 마치 전쟁을 하는 것 같았다. 그날 밤 두 곳에 그린 귀병이 모두 나가서 전쟁을 했는데, 이씨와 조씨는 이런 괴이한 장면을 보고 감히 그 그림을 더 이상 놔둘 수가 없어서 마침내 그려져 있는 귀병을 지워버렸다. 염광 역시 두려워 하비현(下邳縣)으로 도망쳐갔다. 하비현의 현령이 그 일을 알고는 또 염광에게 그림을 그려달라고 간절히 요청했다. 그러자 염광은 이렇게 말했다.

"제가 우연히 어느 날 밤에 한 신령을 만났는데, 그 신령이 저에게 화법(畵法)을 전수해 주었지요. 감히 자주 붓을 대지 못하는 것은 종종 요사스러운 일이 생기기 때문이니 부디 이 점을 살펴주시기 바랍니다."

현령은 이 말을 듣지 않고 염광에게 이렇게 말했다.

"귀병을 그려서 전쟁을 했다니, 사물을 그린다면 분명 전쟁을 하지 않을 것이오."

그리고는 용을 한 마리 그리라고 했다. 염광은 억지로 용을 그렸는데, [다 그리고] 붓을 놓자마자 구름과 안개가 일어나고 회오리바람이 갑자기 불어오면서 그림 속의 용이 홀연 구름을 타고 올라가는 것이었다. 그리고 큰비가 퍼붓더니 며칠이 지나도록 그치지 않았다. 현령은 마을의 집들이 물에 떠내려가 파손될 것이 걱정되는 데다가 염광이 요술을 부린다는 의심이 들어서 염광을 옥에 가두고 끝까지 심문했다. 염광은 요술을 부리지 않았노라고 했지만 비는 여전히 멈추지 않았고 현령은 너무나 화가 났다. 염광은 감옥에서 소리내어 울면서 산신(山神)을 떠올리며 [자기의 상황을] 알렸다. 그날 밤 꿈에서 신인(神人)이 이렇게 말했다.

"그대가 커다란 새를 한 마리 그려서 크게 소리쳐 그것을 타고 날아가면 화를 면할 수 있을 것이오."

염광은 날이 밝자 몰래 커다란 새 한 마리를 그리고서 소리를 쳐보았는데, 과연 날개를 펼치는 것이었다. 염광은 그 새를 타고 멀리 날아갔다.

염광은 태산까지 곧바로 가서 내려왔는데 잠시 후에 [예전에 태산에서 봤던] 신을 다시 보게 되었다. 신이 염광에게 말했다.

"그대가 인간 세상에 비밀을 누설했기 때문에 재난을 당한 것일세. 본래 그대에게 작은 붓 한 자루를 주었던 것은 그대에게 복을 주고자 함이었는데, 그대는 오히려 스스로 화를 불러들이고 말았으니 마땅히 그 붓을 돌려주어야겠네."

그러자 염광은 품에서 붓을 꺼내 그것을 돌려주었고, 신은 잠시 후에 사라졌다. 이렇게 해서 염광은 더 이상 그림을 그릴 수 없게 되었고, 하비현에 있던 용이 그려진 벽은 결국 진흙 벽이 되었다. (『대당기사』)

廉廣者, 魯人也. 因採藥, 於泰山遇風雨, 止於大樹下. 及夜牛雨晴, 信步而行, 俄逢一人, 有若隱士. 問廣曰: "君何深夜在此?" 仍林下共坐, 語移時, 忽謂廣曰: "我能畫, 可奉君法." 廣唯唯. 乃曰: "我與君一筆, 但密藏焉. 卽隨意而畫, 當通靈." 因懷中取一五色筆以授之. 廣拜謝訖, 此人忽不見. 爾後頗有驗, 但祕其事, 不敢輕畫.

後因至中都縣, 李令者性好畫, 又知其事, 命廣至. 飮酒從容問之, 廣祕而不言. 李苦告之, 廣不得已, 乃於壁上畫鬼兵百餘, 狀若赴敵. 其尉趙知之, 亦堅命之 廣又於趙廨中壁上, 畫鬼兵百餘, 狀若擬戰. 其夕, 兩處所畫之鬼兵俱出戰, 李及趙旣見此異, 不敢留, 遂皆毀所畫鬼兵. 廣亦懼而逃往下邳. 下邳令知其事, 又切請廣畫. 廣因告曰: "余偶夜遇一神靈, 傳得畫法. 每不敢下筆, 其如往往爲妖, 幸察之." 其宰不聽, 謂廣曰: "畫鬼兵卽戰, 畫物必不戰也." 因命畫一龍. 廣勉而畫之, 筆纔絶, 雲蒸霧起, 飄風俟至, 畫龍忽乘雲而上. 致滂沱之雨, 連日不止. 令憂漂壞邑居, 復疑廣有妖術, 乃收廣下獄, 窮詰之. 廣稱無妖術, 以雨猶未止, 令怒甚. 廣於獄內號泣, 追告山神. 其夜, 夢神人言曰: "君當畫一大鳥, 叱而乘之飛, 卽免矣." 廣及曙, 乃密畫一大鳥, 試叱之, 果展翅. 廣乘之, 飛遠而去.

直至泰山而下, 尋復見神. 謂廣曰: "君言泄於人間, 固有難厄也. 本與君一小筆, 欲爲君致福, 君反自致禍, 君當見還." 廣乃懷中探筆還之, 神尋不見. 廣因不復能畫, 下邳畫龍, 竟爲泥壁. (出『大唐奇事』)

213 · 17(2483)
범산인(范山人)

　　이숙첨(李叔詹)은 일찍이 범산인(范山人: 山人은 道士나 術士를 말함)이라는 사람을 알고 있었다. 이숙첨이 그를 집에 머물도록 했는데 그는 때맞추어 말하는 길흉이 반드시 들어맞는 데다가 추보(推步: 天體의 운행을 관측하여 길흉을 예측하는 일)와 금주(禁呪: 주문으로 귀신을 제압하는 술법)에도 능했다. 그는 반년을 머무르다가 갑자기 이숙첨에게 이렇게 말했다.

　　"제가 이제 떠나려고 하는데 제게 한 가지 재주가 있으니 그것으로 이별의 선물을 해드리고 싶습니다. 소위 '수화(水畵)'라는 것이지요."

　　그리고는 뒤쪽 대청 쪽의 땅을 파서 사방 1장(丈)의 연못을 만들었는데 깊이는 1척(尺) 남짓이었다. 삼을 태운 재로 [연못 바닥에] 칠을 하고 날마다 물을 길어서 연못을 가득 채웠다. 물이 더 이상 줄지 않을 때까지 기다렸다가 염료와 묵과 벼루를 갖추어서 먼저 붓을 잡고 한참 동안 이를 맞부딪치더니[叩齒: 道家에서 행하는 儀式의 하나로, 왼쪽 이를 부딪치는 것은 하늘의 북을 울리는 것을 의미하고 오른쪽 이를 부딪치는 것은 하늘의 경쇠를 두드리는 것을 의미함] 물위에다 붓을 놀렸다. 이숙첨이 가서 보니 물빛이 흐리게 보일 뿐이었다. 이틀이 지나서 범산인이 4폭의 고운 명주를 연못 위에 엎어놓았다가 한 식경(食頃)이 지난 다음에 그것을 꺼내어 보니, 고송(古松)·괴석(怪石)·인물(人物), 집과 나무 [어느 것 하나] 갖추어지지 않은 것이 없었다. 이숙첨이 놀라 이상하게 여기며 끈질기게 그것에 대해 물어보았다. 그러자 범산인은 다만 이렇게 말했다.

"색깔에 주문을 걸어서 가라앉거나 흩어지지 않도록 하는 데 능할 뿐입니다."

(『유양잡조』)

李叔詹常識一范山人. 停於私第, 時語休咎必中, 兼善推步·禁呪. 止半年, 忽謂李曰: "某將去, 有一藝, 欲以爲別. 所謂'水畫'也." 乃請後廳上掘地爲池方丈, 深尺餘. 泥以麻灰, 日汲水滿之. 候水不耗, 具丹靑墨硯. 先援筆叩齒良久, 乃縱毫水上. 就視, 但見水色渾渾耳. 經二日, 搨以緻絹四幅, 食頃, 擧出觀之, 古松·怪石·人物·屋木, 無不備也. 李驚異, 苦詰之. 唯言: "善能禁彩色, 不令沈散而已." (出『酉陽雜俎』)

213·18(2484)
위숙문(韋叔文)

당(唐)나라 때의 진사(進士) 위숙문은 말을 잘 그렸다. 어느 한가한 날에 위숙문은 우연히 명주 조각에 말 2필을 그렸는데 미처 색깔은 칠하지 않았다. 그는 과거를 보러 가다가 화악묘(華嶽廟) 앞을 지나가게 되었는데, 마치 꿈을 꾸듯 정신이 멍해졌다. 사당 앞에서 어떤 사람이 자신을 찾아와 이렇게 말하는 것이었다.

"금천왕(金天王)께서 부르시니 명을 받드십시오."

위숙문은 자기도 모르는 사이에 말에서 내려 궁궐로 들어가서 대전에 올라가 금천왕을 알현했다. 금천왕이 이렇게 말했다.

"그대에게 아주 훌륭한 말 2필이 있는 걸로 알고 있는데, 지금 내가 그것을 청하고자 하니 [그 대가로] 그대는 내년 봄에 이름을 바꾸기만 하면 급제할 것이오."

위숙문이 말했다.

"제게는 제가 타는 말밖에 없습니다."

금천왕이 말했다.

"분명 있으니 잘 생각해보시오."

이숙문이 가만히 생각해보니 자기가 그린 말 2필이 있는 것이었다. 그래서 즉시 대답했다.

"말이 있긴 한데 털빛을 아직 칠하지 않았습니다."

금천왕이 말했다.

"지금 칠해줄 수 있겠소?"

위숙문이 말했다.

"그렇게 하겠습니다."

위숙문은 사당에서 나와 급히 여관으로 가서 말 그림에 색을 입혀서 금천왕에게 바쳤다. 그는 다음해 봄에 이름을 바꾸고 급제했다. (『문기록』)

唐進士韋叔文善畫馬. 暇日, 偶畫二馬札絹而未設色. 赴擧, 過華嶽廟前, 怳然如夢. 見廟前人謁己云: "金天王奉召." 叔文不覺下馬而入, 昇殿見王. 王曰: "知君有二馬甚佳, 今將求之, 來春改名而第矣." 叔文曰: "己但有所乘者爾." 王曰: "有, 試思之." 叔文暗思有二畫馬. 卽對曰: "有馬, 毛色未就." 曰: "可以爲惠?" 叔文曰: "諾." 出廟, 急於店中添色以獻之. 來春改名而第. (出『聞奇錄』)

태평광기 권제 214

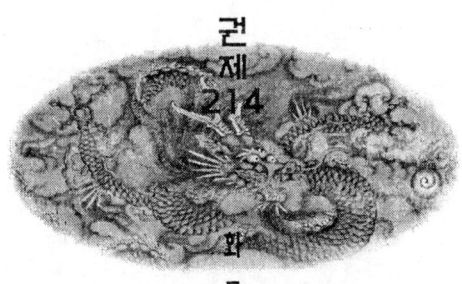

화 5

1. 관 휴(貫 休)
2. 초 안(楚 安)
3. 응천삼절(應天三絶)
4. 팔선도(八仙圖)
5. 황 전(黃 筌)
6. 잡 편(雜 編)

214 · 1(2485)
관 휴(貫 休)

당(唐)나라의 스님 관휴는 원래 무주(婺州) 난계(蘭溪) 사람이었다. 그는 시에 능했고 글씨를 잘 썼으며 그림 또한 기묘했다. 왕씨(王氏: 前蜀의 高祖 王建을 말함)가 나라를 세우자 촉(蜀)으로 들어와 용화사(龍華寺)에 있는 불사(佛舍)에 기거했다. 그는 붓을 휘둘러 수묵으로 16나한(羅漢)과 부처, 그리고 두 명의 보살을 그렸는데, 거대한 돌과 하늘을 휘감고 있는 구름, 마른 소나무와 칭칭 감겨진 등나무, 이 모두가 고풍스러워서 다른 사람의 그림과는 매우 달랐다. 그는 이렇게 말했다.

"꿈에서 본 것을 깬 후에 그렸지요. 그러니 '응몽나한(應夢羅漢)'이라 부릅시다."

문인(門人) 담역(曇域)과 담불(曇弗) 등은 그것을 매우 은밀히 중시했다. 촉나라의 왕이 하루는 관휴에게 그림을 가지고 입궐하라 명령했는데, [그림을 보고는] 그 필적의 분방함과 빼어남에 감탄하여 한 달 동안이나 궁에서 공양하다가 다시 한림원(翰林院)에 배치시켰다. 한림학사(翰林學士) 구양형(歐陽炯)도 그 그림을 보고는 다음과 같은 시[제목은 「貫休應夢羅漢畵歌」임]를 지어 그에게 주었다.

서악(西嶽)의 고승 그의 이름 관휴,

고독한 마음은 산처럼 드높고 가을처럼 맑고 차네.
하늘이 수묵(水墨)으로 나한(羅漢)을 그리게 하니,
웅장하고 걸출한 모습 붓끝에서 탄생했네.
한 때 큰 폭의 비단도 버렸고 높은 벽에 진흙 칠도 하다가,
눈 감고 향 피우며 참선방에 앉아 있었네.
우연히 꿈속에서 [나한들의] 진면목을 보게 되니,
가사(袈裟)를 벗어 던지고 신필(神筆)을 찍었네.
팔뚝 높이 들어 공중에 휘저으니,
불안한 소리 나는 붓 끝 미친 듯 뛰노네.
잠깐 사이에 두세 명의 나한이 완성되니,
허송세월 하는 화공(畵工)들과는 사뭇 달랐네.
괴석들은 험준하고도 황량하게 늘어서 있고,
고승들은 가부좌를 맞대고 앉아 있네.
모습은 야윈 학 같지만 정신은 살아 있어,
정수리는 무소가 엎드려 있는 듯하고 두개골이 거치네.
소나무 뿌리 옆에, 또 바위 틈새 옆에,
허리 구부리고 길게 움직이려 하네.
경을 읽던 제자들은 소리를 들은 듯하고,
졸던 산골 동자(童子)는 꿈을 꿨나 의심하네.
법랍(法臘: 스님이 출가한 후의 햇수)이 몇이나 되었는지 알 수 없으나,
한 손으로 턱을 괴고 한 쪽 어깨가 드러난 옷차림.
입을 열면 혹 사람과 이야기하는 듯하고,
좌정 하면 다시 처음의 참선으로 돌아가는 듯.
책상 앞에 누워 있는 코끼리 코가 낮게 처져 있고,
낭떠러지에는 까부는 원숭이들 어깨가 비스듬히 보이네.
파초 꽃 속은 엷은 붉은빛으로 쓸어 내렸고,
이끼 무늬는 짙은 비취빛으로 물들었네.
딱딱한 지팡이 짚고 나지막한 소나무 베고,
눈같이 흰 눈썹 한 촌(寸)이나 되네.
줄 끊긴 범협(梵夾: 목판으로 불경의 양 끝을 끼고 줄로 묶어 넣어 보관하는 상자) 두 세 편,
실로 기운 납의(衲衣) 꿰맨 자국 천만 곳.
숲에선 나뭇잎들 어지러이 떨어지고,
꺼져 가는 향불 하나에는 연기마저 끊겼네.
가죽옷과 나막신은 한번도 걸쳐본 적 없고,

어린 대로 짠 포단(蒲團: 스님들이 참선을 할 때 깔고 앉는 방석)에
오래도록 앉아 있네.
휴공(休公: 貫休)! 휴공!
그대의 빼어난 기에 더할 자가 없어,
그 명성 바다 밖에까지 자자하네.
오언(五言) 칠언(七言) 시가(詩歌) 천 수(首),
대전(大篆) 소전(小篆) 서예(書藝) 삼십 가(家).
당나라 역대로 명사(名士)들도 많으니,
소자운(蕭子雲)과 오도자(吳道子)라.
그러나 서화로서 휴공에 비하자면,
아마도 그때 그들 헛되이 살다 갔으리.
휴공! 휴공!
처음 강남에서 진(秦) 땅으로 들어와,
지금 촉(蜀)나라에 와서도 친분이 없었네.
시(詩)와 그림 모두가 몹시도 빼어나,
뭇사람들 앞·다투어 당신을 보려하네.
와관사(瓦棺寺)의 유마힐(維摩詰: 부처가 살아 있을 당시의 大居士),
사위성(舍衛城)의 벽지불(辟支佛: 부처가 없는 세상에 태어나 수양
을 통해 홀로 깨달음을 얻은 자).
만약 이 그림으로 비교해 보자면,
인간 세상에서는 아마도 제일이라.

(『야인한화』)

唐沙門貫休, 本婺州蘭溪人也. 能詩·善書·妙畫. 王氏建國時, 來居蜀中龍
華之精舍. 因縱筆, 用水墨畫羅漢一十六身并一佛二大士, 巨石縈雲, 枯松帶蔓,
其諸古貌, 與他人畫不同. 或曰: "夢中所覩, 覺後圖('圖'原作'圓', 據明鈔本改)
之. 謂之'應夢羅漢'." 門人曇域·曇弗等, 甚秘重之. 蜀主曾宣入內, 歎其筆跡狂
逸, 供養經月, 却令分付院中. 翰林學士歐陽炯亦曾觀之, 贈以歌曰: "西嶽高僧
名貫休, 孤情峭拔淩淸秋. 天敎水墨畫羅漢, 魁岸古容生筆頭. 時捐大絹泥高壁,
閉目焚香坐禪室. 或然夢裏見眞儀, 脫去袈裟點神筆. 高擡節腕當空擲, 窸窣毫端

任狂逸. 逶巡便是兩三軀, 不似畫工虛費日. 怪石安排嵌復枯, 眞僧列坐連跏趺. 形如瘦鶴精神健, 頂似伏犀頭骨麤. 倚松根, 傍巖縫, 曲錄腰身長欲動. 看經弟子擬聞聲, 瞌睡山童疑有夢. 不知夏臘幾多年, 一手揩頤偏袒肩. 口開或若共人語, 身定復疑初坐禪. 案前臥象低垂鼻, 岸畔戲猿斜展臂. 芭蕉花裏刷輕紅, 苔蘚文中暈深翠. 硬節杖, 矮松牀, 雪色眉毛一寸長. 繩開梵夾兩三片, 線補衲衣千萬行. 林間亂葉紛紛墮, 一印殘香斷煙火. 皮穿木屐不曾拖, 笋織蒲團鎭長坐. 休公! 休公! 逸藝無人加, 聲譽喧喧遍海涯. 五七字句一千首, 大小篆書三十家. 唐朝歷歷多名士, 蕭子雲兼吳道子. 若將書畫比休公, 只恐當時浪生死. 休公! 休公! 始自江南來入秦, 於今到蜀無交親. 詩名畫手皆奇絶, 覷你凡人爭是人. 瓦棺寺裏維摩詰, 舍衛城中辟支佛. 若將此畫比量看, 總在人間爲第一." (出『野人閒話』)

214・2(2486)
초 안(楚 安)

서촉(西蜀) 성수사(聖壽寺)의 스님 초안은 산수(山水)를 잘 그렸는데, 묘사가 매우 섬세했다. 한 폭의 천 위에 산천(山川)과 수목(樹木), 동굴과 산봉우리, 불사와 도관(道觀), 자욱한 구름과 사람, 이 모든 게 다 들어 있었다. 매번 작고 둥근 부채에다 그림을 그릴 때면, 고소대(姑蘇臺)를 그려 넣거나 등왕각(滕王閣)을 그렸는데, 그 안의 산과 물이 모두 눈앞에 펼쳐지는 듯 했다. 그러나 한 철에 부채 하나만을 그릴 뿐이어서 당시의 제왕(諸王)과 재상들은 서로 앞다투어 이를 얻고자 청했는데, 얻은 자는 그에게 후사했고, 얻지 못한 자는 매우 분해했다. 초안은 이렇게 말했다.

"산승(山僧)은 그저 이로써 혼자 즐길 따름입니다."

초안이 귀적(歸寂)한 후에 호사가들이 간혹 그의 필적을 수집했는데, 혹자는 이를 '묵보(墨寶)'라 불렀다. (『야인한화』)

西蜀聖壽寺僧楚安妙畫山水, 而點綴甚細. 至於尺素之上, 山川林木, 洞府峯巒, 寺觀煙嵐人物, 悉皆有之. 每畫一小團扇, 內安姑蘇臺或畫滕王閣, 其有千山萬水盡在目前. 然須一季已來, 方就一扇, 其時諸王宰輔競相有請, 得之者奉遺甚厚, 有不得畫者恨恨然. 楚安言: "山僧自以此適意而已." 歸寂後, 有好事者, 往往收得其筆蹤, 或謂之"墨寶"也. (出『野人閒話』)

214 · 3(2487)
응천삼절(應天三絶)

당나라 희종(僖宗)이 비취색 깃털 장식을 한 화개(華蓋: 황제가 행차할 때 사용하는 양산 모양의 덮개)를 세우고 서쪽으로 행차할 때, 회계산(會稽山)의 처사(處士) 손위(孫位)가 어가(御駕)를 따라 촉(蜀)에 들어갔다. 손위는 도술을 부릴 줄 알았고, 서화(書畵)에도 능해 붓의 기묘함을 터득했다. 그는 일찍이 응천사(應天寺)의 왼쪽 문 담 벽에 천왕(天王) 한 좌(座)를 그렸는데, 천왕 아래의 귀신들도 기괴했으며, 필세(筆勢)가 거침없고 빼어난 것이 비길 자가 없었다. 30여 년 동안 그에 대적할 만한 자가 나타나지 않았다. 경환(景煥)은 그 선조 또한 서화에 뛰어났으며, 한림학사(翰林學士) 구양형(歐陽炯)과 막역한 사이였다. 그들은 어느 날 함께 말을 타고 이 절을 찾았는데, 우연히 오른쪽 벽에 천왕을 그려 먼저 작품에 응수했다. 발해공(渤海公: 高騈)은 옆에서 그 빼어난 기세를 보고 시 한 수를 지어 적었다. 잠시 후 초서(草書)의 대가인 몽귀(夢龜) 스님이 오자, 그에게 복도 벽에다 그 시를 써줄 것을 청하니, 글씨와 그림, 그리고 시가 하루에 완성되었다. 온 성(城) 안의 사람들이 이를 보려고 몰려들어 절 안이 시끌벅적했다. 성도(成都)사람들은 이를 '응천삼절(應天三絶)'이라 불렀다. 지금 그 시[「題景煥畵應天寺」]도 여기에 붙여 기록하겠다.

  금성(錦城) 동북의 황금 땅,
  옛날 그 누가 이 절을 세웠나.
  흰 눈썹 휘날리던 장로(長老) 명공(名公)을 중히 여겨,
  일찍이 회계산 처사를 알게 되었네.
  절 문 왼쪽에 천왕을 그리니,
  위엄에 찬 부하들은 어디서 왔는가.
  괴이한 귀신들 한 벽에 가득하고,
  처마 밑으론 차가운 가을 햇살이 비치네.
  나는 들었네, 천왕들은 세상을 넷으로 나눠 다스리고,
  수정궁전(水精宮殿)은 유리기와로 되어 있다고.
  때로는 화려한 의장을 갖추고 불림장(拂琳裝: 拂琳은 拂菻이라고도 하며, 동로마 제국을 부르던 호칭. 拂琳裝은 이역의 장식을 한 수레를 말함)을 몰고,
  금으로 된 채찍으로 종종 기린마(騏驎馬)를 때리네.
  비사(毗沙: 毗沙門天의 줄임말로 사천왕 중의 하나)의 큰 몸은 어찌 그리 빛날까,
  손에는 거대한 탑을 들고 구름 너머로 날아가네.
  지신(地神)은 보석 박힌 병을 양 손에 꺼내들고,
  천녀(天女)는 금 실 수놓은 옷을 거꾸로 걸쳤네.

당(唐)나라의 명화공(名畵工)을 얘기할라치면,
주방(周昉)의 붓 끝 그림을 잘 그렸고,
장승요(張僧繇)는 선인(仙人)이요,
오도자(吳道子)는 무적(無敵)이라.
신기하다, 그 묘법 손공(孫公: 孫位)에 전해져,
능히 이곳에 신묘한 필적 남겼네.
흘깃 쳐다보는 작은 귀신 그 눈이 노한 듯,
꼿꼿이 누운 월(越) 땅의 늑대 한 쪽 가슴이 올라갔네.
보배 관(冠)은 요동쳐 위엄이 넘치고,
좌우 부하들은 그에게 와 공경하네.
팔뚝에 올려놓은 독수리 발톱 예리하고,
허리에 두른 호피(虎皮) 붉은 무늬 얼룩덜룩.
표표히 날아서 구름 속으로 사라져 버릴까 두렵고,
걷다 뛰다 하며 동쪽 바다로 돌아가버릴 것 같네.
뱀은 온 몸이 축 처진 채로 질질 끌려 다니고,
도깨비는 두 눈이 다 빠진 채 잡혀왔네.
그때 이런 솜씨 쉽게 얻을 수 있던 것이 아니니,
오래도록 이 절에서 위대하다 일컬어졌네.
동쪽에만 그리고 서쪽은 비워두어,
후인에게 남겨놓고 적수를 기다렸네.
후에 이를 본 자 모두 경외하여,
감히 명공과 다툴 엄두들을 못냈네.
누가 알았으리, 채 삼십 년도 못되어,
이인(異人)이 천기(天氣)를 얻어 세상에 태어났네.
광산(匡山)의 처사(處士) 그의 이름은 박(朴),
기골이 장대하여 오악(五嶽)과 나란하네.
일찍이 상아 홀(笏) 들고 관직에도 서봤고,
남다른 재능도 품고 있다네.
이전에 장로께서 기이한 종적을 만났듯,
오늘날 문사(門師)께서도 경공(景公: 景煥)을 알게 되었네.
흥이 나자 그에게 높은 벽에 그림 그리길 청하니,
붓 끝을 마구 찍어대는 모습 질풍(疾風)과도 같네.
물러섰다 다시 다가가 그리는 그 동작 거침도 없어라,
기이한 모습들이 한 벽 가득 솟아났네.
교차하는 무기들이 공중을 가득 메워,

어찌 보면 양쪽에서 전쟁을 하는 듯하네.
성왕(聖王)이 노한 얼굴로 양쪽을 쳐다보며,
칼 한 번 휘두르니 모든 형국 정리되네.
팔뚝 위의 사자는 금갑(金甲)을 물고 있고,
발밑의 귀신은 신발을 들고 있네.
웅장한 말의 머리 마디마디 힘차고,
둥글게 굽은 까마귀 깃털 철사를 구부린 듯.
몸 주위를 뱀들이 종횡하고,
둥글게 굽은 턱 뼈가 메말라 갈라졌네.
짙은 눈썹, 치켜 뜬 눈, 송곳 같은 머리털,
그 기괴함 사람들로 하여금 알 길이 없게 하네.
관모(冠帽)도 안 쓴 거대한 시종은 사람의 정신을 퍼뜩 들게 하고,
반 쪽 얼굴의 여인은 어린아이를 잠재우네.
듣자니 처음에 이 절을 지을 때,
지맥(地脈)이 깊고 정기(正氣)가 서려 있었다네.
어떠한가, 두 명의 산사람을 얻어,
그림을 그리게 하니 천고의 명작이 되었다네.
그대는 못 봤는가,
명황(明皇: 唐 玄宗) 천보연간(天寶年間: 742~755)에,
용을 그려 비를 내리게 했다는 얘기 결코 우연이 아니라네.
그들은 천라만상(天羅萬象)을 가슴속에 품고 있다,
그 모든 형상을 현실로 옮기니 눈앞에 펼쳐졌네.
후대에도 그림에 명공들이 늘어섰지만,
오직 이 두 사람만이 어깨를 나란히 할 뿐.
사람들은 모두 이 물건을 구하려 하는데,
이것을 어느 곳에다 전하려 하는가?
언젠가 벽 아래에서 운무(雲霧)가 일어,
절 문 열어 젖히고 하늘로 올라갈까 두렵네.

(『야인한화』)

唐僖宗皇帝翠華西幸之年, 有會稽山處士孫位隨駕止蜀. 位有道術, 兼攻書畫, 皆妙得筆精. 曾於應天寺門左壁上畫天王一座, 部從鬼神, 奇怪斯存, 筆勢狂縱,莫之與京. 三十餘年無有敵者. 景煥其先亦專書畫, 嘗與翰林歐陽學士炯洒忘形之交. 一日聯騎同遊茲寺, 偶畫右壁天王以對之. 渤海在旁('在旁'二字原空闕, 據黃本補)觀其逸勢, 復書歌行一篇以紀之. 續有草書僧夢龜後至, 又請書之於廊壁上. 故書畫歌行, 一日而就. 傾城人看, 闐咽寺中. 成都之人, 故號爲'應天三絶'. 歌行今亦錄附曰:"錦城東北黃金地, 故跡何人興此寺. 白眉長老重名公, 曾識會稽山處士. 寺門左壁圖天王, 威儀部從來何方. 鬼神怪異滿壁走, 當簷颯颯生秋光. 我聞天王分理四天下, 水精宮殿琉璃瓦. 綵仗時驅拂琳裝, 金鞭頻策騏驎馬. 毗沙大像何光輝, 手擎巨塔淩雲飛. 地神對出寶餠子, 天女倒披金縷衣. 唐朝說著名公畫, 周昉毫端善圖寫. 張僧繇是有神人, 吳道子稱無敵者. 奇哉妙手傳孫公, 能於此地留神蹤. 斜窺小鬼怒雙目, 直倚越狼高半凶. 寶冠動摁(上聲)生威容, 趨蹌左右來傾恭. 臂橫鷹爪尖纖利, 腰纏(去聲)虎皮斑剝紅. 飄飄但恐入雲中, 步驟還疑歸海東. 蟒蛇拖得渾身墮, 精魅摀來雙眼空. 當時此藝實難有, 鎭在寶坊稱不朽. 東邊畫了空西邊, 留與後人敎敵手. 後人見者皆心驚, 盡爲名公不敢爭. 誰知未滿三十載, 或有異人來間生. 匡山處士名稱朴, 頭骨高奇連五嶽. 曾持象簡累爲官, 又有蛇珠常在握. 昔年長老遇奇蹤, 今日門師識景公. 興來便請泥高壁, 亂搶(去聲)筆頭如疾風. 逶巡隊仗何顚逸, 散漫奇形皆湧出. 交加器械滿虛空, 兩面或然如鬭敵. 聖王怒色覽東西, 劍刃一揮皆整齊. 腕頭獅子咬金甲, 腳底夜叉擎絡輥. 馬頭壯健多筋節, 烏觜彎環如屈鐵. 遍身蛇虺亂縱橫, 遶頷髑髏乾子裂. 眉麤眼豎髮如錐, 怪異令人不可知. 科頭巨卒欲生鬼, 半面女郎安小兒. 況聞此寺初興置, 地脈沈沈當正氣. 如何請得二山人, 下筆咸成千古事. 君不見, 明皇天寶年, 畫龍致雨非偶然. 包含萬象藏心裏, 變現百般生眼前. 後來畫品列名賢, 唯此二人堪比肩. 人間是物皆求得, 此樣欲於何處傳? 嘗憂壁底生雲霧, 揭起寺門天上去."

(出『野人閒話』)

214 · 4(2488)
팔선도(八仙圖)

서촉(西蜀)의 도사 장소경(張素卿)은 신선이다. 그는 일찍이 청성산(靑城山) 장인관(丈人觀)의 담 벽 몇 곳에 오악신(五嶽神: 泰山·華山·衡山·恒山·嵩山의 신)·사독신(四瀆神: 長江·黃河·淮水·濟水의 신)의 진형(眞形)과 12계녀(溪女)를 그렸는데, 필적이 힘차고 웅건했으며 묘사가 너무도 뛰어나 마치 정말로 살아있는 것 같았다. 이 그림을 본 사람들은 모두 두려워 떨며 감히 다가서질 못했으니, 이는 진실로 그림 중에서도 신묘한 것이다. 촉왕(蜀王)은 몇 번이나 비서소감(秘書少監) 황전(黃筌)을 보내 그 모양을 본떠 그려오도록 했는데, 산을 내려오면 이내 원래의 모습과 달라져버렸다. 한번은 촉왕의 생일이었는데, 어떤 사람이 장소경이 팔선의 진형을 그린 그림 8폭을 얻어 맹창(孟昶: 蜀王)에게 올렸다. 촉왕은 옛 사람의 형상과 고인의 묘필(妙筆)을 바라보며 오래도록 감상하다가 말했다.

"신선이 아니고서야 신선의 본질을 그려낼 수 없다."

이렇게 말하고는 큰상을 내렸다. 하루는 위한림학사(僞翰林學士: 蜀은 중국의 정통 왕조가 아니므로 후대인들은 그런 왕조의 왕이나 벼슬명 앞에 '僞'자를 붙여 정통 왕조와 차별화 시켰음) 구양형(歐陽炯)으로 하여금 차례대로 찬(讚)을 짓게 하고, 또 수부원외랑(水部員外郎) 황거보(黃居寶)를 보내 팔분체(八分體)로 쓰게 했다. 촉왕은 매번 그 그림을 볼 때면 필적의 분방함과 빼어남에 감탄했고, 그 화찬(畵讚)을 읽을 때면 그 문장의 고상함과 옛스러움을 칭찬했으며, 그 글씨를 볼 때면 그림의 웅장함을 더해줌을 아꼈다. 그는 신하들을 돌아보며 '팔선도(八仙圖)'가 '삼절(三絶: 앞의 고사에 나온 應天三絶)'에 결코 뒤지지 않는다고 말했다. ('팔선'이란 李己・容成・董仲舒・張道陵・嚴君平・李八百・長壽・葛永王貴를 말한다.) (『야인한화』)

西蜀道士張素卿, 神仙人也. 曾於靑城山丈人觀, 繪畵五嶽四瀆眞形並十二溪女數堵, 筆跡遒健, 精彩欲活. 見之者心竦神悸, 足不能進, 實畵中之奇絶也. 蜀主累遣祕書少監黃筌令取模樣, 及下山, 終不相類. 因生日, 或有收得素卿所畵八仙眞形八幅, 以獻孟昶. 觀古人之形相, 見古人之筆妙, 觀賞者久之, 且曰: "非神仙之人, 無以寫神仙之質也." 賜物甚厚. 一日, 令僞翰林學士歐陽炯次第讚之, 又遣水部員外郎黃居寶八分題之. 每觀其畵, 歎筆跡之縱逸, 覽其讚, 賞文詞之高古, 視其書, 愛點畵之宏壯. 顧謂: "'八仙'不讓'三絶'." ('八仙'者, 李己・容成・董仲舒・張道陵・嚴君平・李八百・長壽・葛永王貴.) (出『野人閒話』)

214・5(2489)
황 전(黃 筌)

옛날에 오도자(吳道子)가 그린 종규(鍾馗)는 남색 웃옷을 입고, 한쪽에만 신발을 신고, 한쪽 눈만 뜨고, 허리에 홀판(笏板) 하나만을 차고 있었다. 머리는 수건으로 싸맸으나 봉두난발이 수염까지 늘어져 있고, 왼손으로는 귀신을 잡고, 오른손 검지로는 귀신의 눈을 찌르고 있었다. 필적이 매우 힘차, 실로 당나라 그림의 신묘함을 담고 있다. 어떤 사람이 이를 얻어 위촉왕(僞蜀王)에게 바치자 촉왕은 이를 매우 아껴 늘 침실에 다 걸어두었다. 하루는 황전을 불러 이 그림을 보게 했는데, 황전은 이를 보고 그 절묘함을 칭찬했다. 황전이 촉왕께 감사를 고하자 맹창(孟昶: 蜀王)이 말했다.

"종규가 만일 엄지로 귀신의 눈을 파내고 있다면 훨씬 더 힘 있어 보일 텐데 말이요. 한번 나를 위해 그렇게 고쳐보시오."

황전은 그 그림을 자신의 집으로 가지고 돌아와 며칠을 보고도 부족해 하다가, 다른 천을 꺼내 또 하나의 종규를 그렸는데, 엄지손가락으로 귀신의 눈을 파내고 있는 모습으로 그려 오도자의 그림과 함께 촉왕께 올렸다. 맹창이 말했다.

"내가 경에게 이 그림을 고치라 했거늘 어찌 따로 그렸소?"

황전이 대답했다.

"오도자가 그린 종규는 온 몸의 힘과 정신, 눈빛 이 모든 게 검지에 있지 엄지에 있지 않습니다. 그래서 감히 고칠 수가 없었습니다. 제가 그린 것은 비록 고인(古人: 吳道子)에는 못 미치나, 온 몸의 힘과 뜻이 엄지에 있습니다."

맹창은 기뻐하며 황전의 능력을 칭찬하고, 그에게 비단과 은그릇을 하사해 그의 뛰어난 식견을 표창했다. (『야인한화』)

昔吳道子所畵一鍾馗, 衣藍衫, 鞹一足, 眇一目, 腰一笏. 巾裹而蓬髮垂鬢, 左手捉一鬼, 以右手第二指挖鬼眼睛. 筆跡遒勁, 實有唐之神妙. 收得者將獻僞蜀主, 甚愛重之, 常懸於內寢. 一日, 召黃筌令看之, 筌一見, 稱其絶妙. 謝恩訖, 昶謂曰: "此鍾馗若母指掐鬼眼睛, 則更校有力. 試爲我改之." 筌請歸私第, 數日看之不足, 別絣絹素, 畫一鍾馗, 以母指掐鬼眼睛, 並吳本一時進納. 昶問曰: "比令卿改之, 何爲別畫?" 筌曰: "吳道子所畫鍾馗, 一身之力, 氣色眼貌, 俱在第二指, 不在母指. 所以不敢輒改. 筌今所畫, 雖不及古人, 一身之力, 意思倂在母指." 昶甚悅, 賞筌之能. 遂以彩段銀器, 旌其別識. (出『野人閒話』)

241・6(2490)
잡 편(雜 編)

경애사(敬愛寺)에 또 「치미(雉尾)」와 「병룡(病龍)」이 있는데, 그린 사람이 누구인지는 알 수가 없으나 매우 기묘하여 모두 입신(入神)의 경지에 들었다. (치미는 동쪽 복도의 觀音院에 있다. 천왕의 부하들 중에 한 붉은 옷을 입은 신이 꿩 한 마리를 안고 있는데, 잘 살펴보면, 그 기세가 마치 날아오를 듯하다.) ([『상서담록』][『극담록』])

국조(國朝: 唐)의 이사진(李嗣眞)이 그림을 평가하며 다음과 같이 말했다.

"고화(顧畫: 晉나라 顧愷之의 그림)는 두 번째로 꼽힌다."

호두(虎頭: 顧愷之의 字) 자신은 또 위협(衛協)이 그린 「북풍도(北風圖)」(이 그림은 일찍이 韓吏部의 집에 있었다)에 [못 미친다고] 탄복했었다. 장홍정(張弘靖)의 평강리(平康里) 집, 즉 사업(司業) 최융(崔融)의 옛 집에 최사업이 벽에 글씨 써놓은 흔적이 아직도 남아있다. (『상서고실』)

회계(會稽) 사람 도분(道芬) 스님, 영양(滎陽) 사람 정정(鄭町), 처사 양흡(梁洽), 처사 항용(項容), 일명 분(汾)이라 하고 자(字)가 건강(建康)인 청주(青州) 처사 오념(吳恬), 이상은 모두 산수화가이다. 도분은 격이 높고, 정정은 고아하고 담담하며, 양흡은 수려하고, 항용은 거칠며, 오념은 험준하고도 기묘했다. 오념은[본문에는 주어가 빠져있으나, 『名畫記』 원문에 의거해 오념을 넣음] 『화산수록(畫山水錄)』을 썼는데, 평생 그린 그림 천 백여 폭[의 내용]을 기록하고 있고, 호사가들이 이를 전한다. 그는 스스로 이렇게 말했다.

"처음에 꿈속에서 한 신인(神人)이 화법(畫法)을 전수해주었습니다."

그는 괴석 그리길 좋아했는데, 기상이 깊고도 험준했으며, 비구름의 기상을 잘 표현했다. 또 왕묵(王默)이란 자가 있었는데, 항용에게 배웠다. 그는 성품이 미치광이 같았고 술주정도 심했다. 그의 소나무와 돌 그림은 비록 고고하고 기이하기는 했지만 속세 사람들이 좋아하는 바였다. 그는 술에 취해 머리에 튼 상투로 천에 그림을 그렸다. 왕묵은 어릴 적에 태주(台州)의 정건(鄭虔)에게서 필법을 전수받았다. 그는 정원연간(貞元年間: 785~805) 말에 윤주(潤州)에서 죽었는데, 관을 들어보니 마치 비어있는 것 같아서, 당시 사람들은 그가 신선이 되어 사라졌다고 말했다. 그가 일생 동안 남긴 기이한 일들도 매우 많다. 고저작(顧著作: 顧況)이 신정감(新亭監)으로 있을 때, 왕묵은 자신을 해중도순(海中都巡)으로 보내달라고 청했는데, 그 이유를 물으니, "해중의 산수를 보고자 합니다"라고 대답했다. 그는 반 년 간 그 직책에 있다가 그만두고 떠났는데, 그 후 그의 그림에 신기한 정취가 더해졌다. 고황은[본문에는 주어가 빠져 있으나 『名畫記』 원문에 의거해 고황을 넣음] 항용의 제자이다. 나의 종형(從兄)인 감찰어사(監察御使) 장후(張厚)가 내게 이 일을 다 말해주었는데, 나는 왕묵의 그림이 그다지 신기하다고는 생각하지 않는다. (『명화기』)

그림을 잘 감별할 줄 아는 어떤 사람이 있었는데, 하루는 다른 한사람과 같이 절에 놀러갔다가 음악 연주를 그린 벽화를 보고 이렇게 말했다.
"이건 「양주곡(涼州曲)」 제 몇 편(遍)입니다."

다른 한 사람이 그 말을 믿지 않고 악관을 불러 「양주곡」을 연주해보게 하니, 그림에 그려진 장면에 이르자 손가락의 움직임이 완전히 일치했다. (『노씨잡설』)

옛 덕주사군(德州使君) 왕의(王椅)의 집에 붓뚜껑이 하나 있었는데, 두께가 대략 1촌(寸)쯤 되고 일반 붓보다 두꺼웠다. [그 붓에는] 양쪽 끝에서 반 촌 남짓 들어간 중간쯤에 「종군행(從軍行)」 그림 한 폭이 새겨져 있었는데, 사람과 말, 털과 머리카락, 집과 나무, 정자와 누대, 그리고 멀리 보이는 물, 이 모든 것의 묘사가 매우 빼어났다. 매 장면마다 「종군행」의 두 구절씩을 새겨놓았는데, 예를 들면, "마당 앞의 옥(玉)나무는 기어올라갈 만큼 자랐는데, 변방으로 간 병사는 아직 돌아오지 않네"와 같은 것이 바로 그것이다. 이것은 마치 사람의 손으로 판 것 같지가 않았다. 그 그림의 필적은 분묘법(粉描法)을 쓴 것 같았는데, 밝은 곳을 향해 비치면 구별할 수가 있었다. 혹자는 쥐 이빨로 새겼다고 말했다. 옛 낭중(郎中) 최연문(崔鋌文)의 「왕씨필관기(王氏筆管記)」가 바로 이것[을 기록한 것]인데, 한문공(韓文公: 韓愈)의 「화기(畫記)」와 유사한 작품이다. 왕의는 왕현질(王玄質)의 아들이자 왕소(王紹)의 손자로 성품이 고상하고 옛 것에 밝았으며, 금(琴)과 완함(阮咸)을 잘 탔다. 나의 옛 집은 동락(東洛: 洛陽)의 귀덕방(歸德坊) 남쪽 거리에 있었는데, 대청과 방은 살구나무 대들보로 되어 있었다. 서쪽 벽에는 낭중(郎中) 위민(韋旻)의 「산마칠필(散馬七疋)」이 있었고, 동쪽 벽에는 장욱(張旭)의 초서 진필이 몇 줄 있었다. 장욱은 세상 사람들이 장전(張顚)이라 부른다. 집 동쪽 과수원은 『양경신기(兩京新記)』에서 마주(馬周)의 옛 집이라 적고 있다. (『노씨잡설』)

형양원외랑(榮陽員外郞) 찬(贊)이 만년현령(萬年縣令)이 되었을 때, 도둑의 죄명으로 쇠고랑을 찬 자가 말하기를, 자신이 한 부인을 속여 싼 값에 말 그림을 샀다고 했다. 찬이 그를 꾸짖으며 [그 그림을] 가져오게 하여 살펴보았더니, 뿌옇고 칙칙한 낡은 비단에 그림 서너 폭이 붙어있는데, 남방의 융단으로 표구를 했고 얼룩 거북이의 가죽으로 족자를 만들었다. 찬이 말했다.

"이 그림은 태위(太尉) 이공(李公)께서 아끼시던 것이니, 그림 위에 찬황공(贊皇公: 李嶠) 도서의 전각이 찍혀 있다."

어떤 사람이 7만 냥에 이를 사들여 뇌분(牢盆: 원래는 소금을 끓이는 솥을 의미하나 더 나아가 鹽政, 혹은 염정관리를 의미함)에게 진상하고, 그 대가로 운하에서 교량(橋梁)과 배를 관장하는 직책을 얻었다. 관아의 기방 출신으로 민간으로 흘러들어간 한 기녀가 말하길, 이 도둑이 운 좋게도 자신이 그림을 볼 줄 모르는 덕에 싼 값에 이 그림을 손에 넣었다며, 먼 곳에서 이곳까지 와 고소하고, 자신이 손해 본 만큼의 금액을 판결해주기를 청했다. 찬은 판결을 내릴 수가 없었다. 그 때 연수리(延壽里)에 수묵화를 잘 그리는 이처사(李處士)가 있었는데, 그림 감별력이 뛰어나 공경대부들의 집을 자주 드나들었다. 찬은 그를 불러들여 이 그림을 감별토록 했다. 이처사는 눈을 크게 뜨고 세 번이나 감탄하며 이렇게 말했다.

"이 그림은 한전(韓展)이 그린 상품(上品)입니다."

모호했던 정황은 대충 드러났으나, 아직 죄를 판단하기엔 좀 석연치 않았다. 이 때 금군(禁軍)에서 한 사람이 장부를 들고 와 이 그림을 확인 하려 했는데, 찬은 이 사건이 일반적인 간악한 도적질과는 다르고, 또 그림을 거기 그대로 놔두고 싶지도 않아서, 두 사람을 그림과 더불어 [금군에게] 딸려 보냈다. 그 후 이 그림의 소식이 두절되었다. (『당궐사』)

진(晉)나라 이전의 것은 눈으로 확인할 길이 없어 평가하기가 쉽지 않으나, 진나라 이후의 것은 그 흔적이 남아있는 것이 있으니 논해볼 만 하다. 고장강(顧長康: 顧愷之)・장승요(張僧繇)・육탐미(陸探微)와 같은 훌륭한 인재가 끊이지 않고 나와 그림의 삼조(三祖)가 되었다. 후대에 비록 화가가 없진 않으나 이들을 능가할 자는 없다. 옛날에 소무제(蕭武帝: 梁나라 무제 蕭衍)는 박학했고 옛것을 좋아했다. 그는 일찍이 역대의 그림을 수집했는데, 그림에 능한 신하들에게 명해 작가들의 성명을 상세히 밝히고 품제(品第)를 정하게 한 후, 이것들을 비부(秘府)에 보관해놓고 들여다보며 감상했다. 후경(侯景: 梁 武帝 때 河南王에 봉해졌으며, 나중에 모반하여 稱帝하고 국호를 漢이라 했다가 주살당함)의 난이 일어나자 원제(元帝)는 천도하면서 왕부(王府)의 도서들도 모두 형(荊) 지방으로 싣고 갔으나, 후에 주(周)나라 병사들이 쳐들어오자 경제(敬帝) 는 이를 모두 태워버렸다. 주(周)나라와 수(隋)나라를 거쳐 국조(國朝: 唐)에 이르기까지, 거듭 서화를 수집하고 사들인 결과 조금씩 다시 세상에 나오기 시작했으며, 얼마 후에는 드디어 비부(秘府)를 가득 채우게 되었다. 장안연간(長安年間: 701~704) 초에 장역지(張易之)는 상소를 올려 온 나라 안의 이름난 화공들을 불러 모아 그림을 보수해야 한다고 했다. 그리고는 몰래 같은 색의 오래된 비단에다 화공마다 각자 잘 그리는 그림을 그리게 해 작품을 완성하니, 오래된 족자와 구별이 안됐다. 이에 그는 몰래 그것들을 바꿔치기 했다. 장역지가 처형당한 후 [이 그림들은] 소보(少保) 설직(薛稷)이 수장했고, 설직이 패망한 후에는 기왕부(岐王府)로 들어갔다. 기왕은 애당초 이 그림들에 대해 상소를 올리지 않았기에 혼자 몰래 근심하다가 후에 태워버렸다. 이에 서화의 기이한 종적이 하나도 남아있지 않게 되었다. (『담빈록』)

敬愛寺復有雉尾・病龍, 莫知畫者誰氏. 繪素奇巧, 皆入神之跡. (雉尾在東廊觀音院. 天王部從中, 緋衣神人抱野雞一隻, 遍而觀之, 勢若飛動也.) ('天王'原作'大王', '隻'作'身', 據『劇談錄』改.) (原闕出處, 明鈔本作'出『尙書談錄』', 今見出『劇談錄』)

國朝李嗣眞評畫云: "顧畫屈居第二." 然虎頭又伏衛協畫「北風圖」(此圖嘗在韓吏部家). 張弘靖平康里宅, 乃崔司業融舊第, 有司業題壁處猶在. (出『尙書故實』)

僧道芬, 會稽人, 滎陽人鄭町, 處士梁洽, 處士項容, 青州處士吳恬, 一名汾, 字建康, 已上並畫山水. 道芬格高, 鄭町雅淡, 梁洽美秀, 項容頑澀, 吳恬險巧. 有『畫山水錄』, 記平生所畫在絹素者凡百餘面, 傳之好事. 自云: "初夢有神人指授畫法." 恬好爲頑石, 氣象深險, 能爲雲雨氣象. 又有王默, 師項容. 風顚酒狂. 松石雖有高奇, 流俗所好. 醉後以頭髻抵於絹素. 王默早年受筆法於台州鄭虔. 貞元末, 於潤州歿, 擧柩若空, 時人多言化去. 平生大有奇事. 顧著作知新亭監時, 默請爲海中都巡, 問其意, 云: "要見海中山水耳." 爲職半年後解去, 爾後落筆有奇趣. 乃項生弟子耳. 彦遠從兄監察御史厚, 與余具言此事, 然余不甚覺默畫有奇也. (出『名畫記』)

有別畫者, 與人同遊寺, 看壁畫音聲一鋪('鋪'原作'幅', 據明鈔本改)曰: "此「涼州」第幾遍." 不信, 召樂官奏「涼州」, 至畫處, 用指更無差異. (出『盧氏雜說』)

故德州王使君椅家有筆一管約一寸, 麤於常用筆管. 兩頭各出半寸以來, 中間刻「從軍行」一鋪('鋪'原作'幅', 據明鈔本改), 人馬・毛髮・屋木・亭臺・遠水, 無不精絶. 每一事刻「從軍行」兩句, 若"庭前琪樹已堪攀, 塞外征人殊未還"是也. 似非人功. 其畫跡若粉描, 向明方可辨之. 云用鼠牙刻. 故崔郎中鋋文, 有「王氏筆管記」是也, 類韓文公「畫記」. 椅, 玄質子, 紹孫, 高雅博古, 善琴・阮. 余舊宅在東洛歸德坊南街, 廳屋是杏木梁. 西壁有韋晏郎中「散馬七疋」, 東壁有張旭草眞蹤數行. 旭世號'張顚'. 宅之東果園, 『兩京新記』是馬周舊宅. (出『盧氏雜說』)

榮陽外郎贊宰萬年日, 有荷校者, 以賊呼之, 言嘗給婦人廉('廉'原作'盜', 據『唐闕史』改)市馬畫. 贊責之, 命取以視. 則古絲煙晦, 幅聯三四, 蠻闐裁縹, 斑竈皮軸. 贊曰: "是畫也, 太尉李公所寶惜, 有贊皇圖書篆焉." 人有七萬購獻牢盆者, 得漕渠橫梁梗舟占倅職. 因出妓於閤, 又落民間, 言是寇倖其不鑒, 以卑價市之, 爲妓人自他方歸所訴, 請以所虧價書罪. 贊不能決. 時延壽里有水墨李處士, 以精別畫品遊公卿門. 召至辨之. 瞪目三嘆云: "韓展之上品也." 黃沙之情已具, 丹筆之斯尚疑. 會有齎籍自禁軍來認者, 贊以且異姦盜, 非顧苛留, 因並畫徑送. 後永絕其耗. (出『唐闕史』)

晉以前目所不覩, 難以平議, 晉以來, 厥跡存者, 可得而言. 顧長康・張僧繇・陸探微, 異才間出, 是爲三祖. 後世雖有作者, 難可加焉. 昔蕭武帝博學好古, 鳩集圖畫, 令朝臣攻丹青者, 詳其名氏, 並定品第, 藏於秘府, 以備閱翫. 及侯景之亂, 元帝遷都, 而王府圖書, 悉歸荊土, 洎周師來伐, 帝悉焚之. 歷周・隋至國朝,重加購募, 稍稍復出, 無何, 遂盈秘府. 長安初, 張易之奏召天下名工, 修葺圖畫. 潛以同色故帛, 令各推所長, 共成一事, 仍舊縹軸, 不得而別也. 因而竊換. 張氏誅後, 爲少保薛稷所收, 稷敗後, 悉入岐王. 初不奏聞, 竊有所慮, 因又焚之. 於是圖畫奇跡, 蕩然無遺矣. (出『譚賓錄』)

태평광기 권제 215

산술(算術)

1. 정　현(鄭　玄)
2. 진현토(眞玄兎)
3. 조원리(曹元理)
4. 조　달(趙　達)
5. 정관비기(貞觀祕記)
6. 일　행(一　行)
7. 형화박(邢和璞)
8. 만　사(滿　師)
9. 마처겸(馬處謙)
10. 원홍어(袁弘　)

215 · 1(2491)
정 현(鄭 玄)

한(漢)나라 정현은 마융(馬融)의 문하에 있었지만, 3년 동안 그를 만나 볼 수가 없었으며 수석 제자가 학문을 전수해 줄 따름이었다. 한번은 마융이 혼천(渾天: 옛날 산법의 하나로서 天體儀를 사용하여 天文을 계산하는 것)을 계산하다가 맞지 않았는데, 여러 제자들에게 물었으나 그들도 능히 풀 수가 없었다. 어떤 사람이 정현을 언급하여 마융이 정현을 불러 계산하게 했더니 정현은 단 한번을 돌려서 곧바로 해결했다. [이것을 보고] 사람들은 모두 놀라 탄복했다. 정현이 학업을 다 이루고 나서 작별을 고하고 돌아가게 되자, 마융은 마음속으로 그를 시기했다. 정현 역시 마융이 [자신을 해치려고] 추격해 올 것을 의심하여, 다리 아래에 앉아 물위에서 나막신을 몸에 대고 있었다. 마융은 과연 점판을 돌리면서 그를 뒤쫓다가 좌우 사람들에게 말했다.

"정현은 땅 아래 물위에서 나무에 기대어 있으니 이것은 필시 죽은 형상이다."

그리고는 마침내 추격을 그만두었다. 정현은 이렇게 하여 결국 화를 면했다.

일설에는 이렇게 말한다. 정강성(鄭康成: 鄭玄)이 마융을 스승으로 모셨는데, 3년이 지나도 정현의 명성이 없자 마융은 그를 어리석다고 여겨 돌아가게 했다. 정현은 나무 밑을 지나다 그늘에서 잠시 잠을 자게 되었는데, [꿈에] 한 노인이 칼로 자신의 배를 갈라 열어 보고 이렇게 말하는 것이었다.

"자네는 학업을 해도 되겠네."

그리하여 정현은 잠에서 깨어 곧장 되돌아갔고, 마침내 전적(典籍)에 정통하게 되었다. 그러자 마융이 감탄하며 말했다.

"시(詩)·서(書)·예(禮)·악(樂)이 모두 동쪽으로 갔구나."

그러나 마융은 마음속으로 정현을 죽이고자 했으며, 정현은 그 사실을 알고 몰래 떠났다. 마융이 점판으로 추산하여 정현이 있는 곳을 따져 보니, 정현은 땅과 나무 위에 있었다. 마융은 몸소 말을 타고 정현을 습격하러 갔다. 정현이 한 다리 아래로 들어서서 몸을 기둥 위에 엎드렸더니, 마융은 다리 옆에서 머뭇거리며 이렇게 말했다.

"정현은 땅과 나무 사이에 있으니 마땅히 이곳인데, 여기는 물이 있으니 아닌가 보다."

그리하여 마융은 돌아갔으며, 정현은 이를 이용해 화를 면했다. (『이원』)

정강성은 영건(永建) 2년(127) 7월 무인(戊寅)날에 태어났다. 정현은 8~9세가 되자 산가지를 놓으며 곱셈과 나눗셈을 할 수 있었다. 그는 11~12살에 어머니를 따라 집으로 돌아왔는데, 납일(臘日: 冬至 뒤의 셋째 戊日)에 연회가 있었다. 그때 함께 있던 10여 명의 사람들은 모두 훌륭한 옷차림에 화려하게 꾸몄으며, 언어도 능달했다. 그러나 정현만은 홀로 아무 말 없이 있었는데, 그 모습이 마치 다른 사람들에게 못 미치는 듯 했다. 정현의 어머니가 몰래 그에게 [이야기를 나누라고] 여러 번

재촉하자, 정현이 말했다.

"이는 제가 뜻한 바가 아닙니다."

(『현열전』[『정현열전』])

漢鄭玄在馬融門下, 三年不相見, 高足弟子傳授而已. 常算渾天不合, 問諸弟子, 弟子莫能解. 或言玄, 融召令算, 一轉便決. 衆咸駭服. 及玄業成辭歸, 融心忌焉. 玄亦疑有追者, 乃坐橋下, 在水上據屐. 融果轉式逐之, 告左右曰: "玄在土下水上而據木, 此必死矣." 遂罷追. 玄竟以免.

一說: 鄭康成師馬融, 三載無聞, 融鄙而遣還. 玄過樹陰假寐, 見一老父, 以刀開腹心, 謂曰: "子可以學矣." 於是寤而卽返, 遂精洞典籍. 融歎曰: "詩·書·禮·樂, 皆已東矣." 潛欲殺玄, 玄知而竊去. 融推式以筭玄, 玄當在土木上. 躬騎馬襲之. 玄入一橋下, 俯伏柱上, 融踟躕橋側云: "土木之間, 此則當矣, 有水非也." 從此而歸, 玄用免焉. (出『異苑』)

又鄭康成以永建二年七月戊寅生. 玄八九歲能下筭乘除. 年十一二隨母還家, 臘日宴會. 同時十許人皆美服盛飾, 語言通了. 玄獨漠然, 狀如不及. 母私督數之, 乃曰: "此非玄之所志也." (出『玄列傳』)

215·2(2492)
진현토(眞玄兎)

한(漢)나라 안정(安定)의 황보숭(皇甫嵩)·진현토·조원리(曹元理)는 모두 산술(算術: 길흉을 점치거나 미래를 예측하는 推算術)에 뛰어났으며, 모두 성제(成帝)때 사람이다. 진현토는 일찍이 스스로 자신의 수명을 73세로 추산했는데, 수화(綏和) 원년(기원전 8) 정월 25일 신시(申時)에 죽는다고 하여 그 시간을 내실의 벽에 써서 기록해 두었다. 그러나 그는 24일 신시에 이르러 죽었다. [그에 대해] 그 처는 이렇게 말했다.

"남편이 추산할 때 보니 산가지 하나를 더 놓기에 그것을 말해 주려다가 혹시 다른 의도가 있을 것이라고 생각하여 말하지 않았는데, 지금 과연 하루 먼저 죽었군요."

진현토가 또 이렇게 말했다.

"북망산(北邙山) 청총(靑塚) 위에 홀로 서 있는 개오동나무에서 서쪽으로 4장(丈) 정도 떨어진 곳을 7척(尺) 깊이로 파 들어간 곳에 나는 묻히고 싶다."

진현토가 죽자 그의 말대로 가서 파 보았더니 옛날의 빈 겉관이 나왔으며, 바로 거기에 안장했다. (『서경잡기』)

漢安定皇甫嵩・眞玄兎, 曹元理, 並善算術, 皆成帝時人. 眞常自算其年壽七十三, 於綏和元年正月二十五日哺時死, 書其屋壁以記之. 二十四日哺時死. 其妻曰: "見算時常(明鈔本'常'作'長')下一筭, 欲以告之, 慮脫有旨, 故不告, 今果先一日也." 眞又曰: "北邙靑塚上孤檟之西四丈所, 鑿之入七尺, 吾欲葬此地." 及眞死, 依言往掘, 得古時空槨, 卽以葬焉. (出『西京雜記』)

215 · 3(2493)
조원리(曹元理)

조원리가 한번은 진현토(眞玄兎)의 친구 진광한(陳廣漢)을 찾아갔더니, 진광한이 이렇게 말했다.

"나에게 두 곳간에 쌀이 있는데 몇 섬인지 잊어버렸으니 자네가 나를 위해 그것을 계산해 주게."

조원리는 젓가락을 10여 차례 돌리고 나서 이렇게 말했다.

"동쪽 곳간은 749섬 2말 7홉이고, 서쪽 곳간은 697섬 8말이네."

그리고는 곳간 문에 [그 숫자를] 크게 써 놓았다. 나중에 쌀을 꺼내 보았더니, 서쪽 곳간은 697섬 7말 9되이고 그 안에 크기가 한 되 만한 쥐가 한 마리 있었으며, 동쪽 곳간은 조금도 차이가 나지 않았다. 조원리가 이듬해 다시 진광한과 만나게 되어 진광한이 쌀 섬의 숫자를 말해 주었더니, 조원리가 손으로 평상을 치며 이렇게 말했다.

"결국 쥐가 쌀을 먹은 것을 몰랐다니, 얼굴을 들 수가 없구먼."

진광한이 조원리를 위해 술과 사슴 육포 몇 점을 내오자, 그가 또 계산하고 나서 말했다.

"사탕수수 밭 25지경에서는 틀림없이 1,536개를 캤을 것이고, 토란 밭 37이랑에는 틀림없이 673섬을 거두었을 것이며, 천 마리의 소는 2백 마리의 송아지를 낳았고, 만 마리의 닭은 5만 마리의 병아리를 낳겠구먼."

조원리는 양·돼지·거위·오리에 대해서도 모두 그 숫자를 말했으며, 과일·어육에 대해서도 모두 있는 곳을 알고 있었다. 그는 또 말했다.

"이처럼 자산이 많은데도 어찌하여 대접은 이렇게 쩨쩨한가?"

그러자 진광한이 부끄러워하며 말했다.

"갑자기 손님이 들이닥치다 보니 주인이 갑자기 준비를 못해서 그렇네."

조원리가 말했다.

"도마에 있는 삶은 돼지 한 마리와 주방에 있는 여지(荔枝) 한 쟁반도 모두 차려 올 수 있겠구먼."

진광한은 그에게 재배하며 사죄한 뒤 그것을 차려 와서 종일토록 즐겁게 보냈다. 그 추산술은 나중에 남계(南季)에게 전해졌고 남계는 항도(項滔)에게 전했으며 항도는 자륙(子陸)에게 전했는데, 모두 그 기본 법칙은 터득했으나 현묘한 경지는 배우지 못했다. (『서경잡기』)

曹元理嘗從眞玄兎友人陳廣漢, 廣漢曰: "吾有二囷米, 忘其碩數, 子爲吾計之." 元理以食著十餘轉, 曰: "東囷七百四十九石二斗七合, 西囷六百九十七石八斗." 遂大署囷門. 後出米, 西囷六百九十七石七斗九升, 中有一鼠, 大堪一升, 東囷不差圭合. 元理後歲復遇廣漢, 廣漢以米數告之, 元理以手擊牀曰: "遂不知鼠之食米, 不如剝面皮矣." 廣漢爲之取酒, 鹿脯數臠, 元理復筭曰: "甘蔗二十五區, 應收一千五百三十六枚, 蹲鴟三十七畝, 應收六百七十三石, 千牛産二百犢, 萬鷄將五萬雛." 羊·豕·鵝·鴨, 皆道其數, 果蓏·穀核, 悉知其所. 乃曰: "此資業之廣, 何供具之褊?" 廣漢慙曰: "有倉卒客, 無倉卒主人." 元理曰: "俎上蒸肫一頭, 廚中荔枝一盤, 皆可以爲設." 廣漢再拜謝罪, 入取, 盡日爲歡. 其術後傳南季, 南季傳項滔, 項滔傳子陸, 皆得其分數, 而失其立妙焉. (出『西京雜記』)

215·4(2494)
조 달(趙 達)

오(吳)나라 태평(太平) 2년(257) 장사(長沙) 지방에 큰 기근이 들어 죽은 사람을 이루 셀 수 없을 정도였다. 그리하여 손권(孫權)이 조달에게 점을 치게 했더니, 조달이 말했다.

"천지의 내와 못은 서로 통하는 것이 마치 사람의 사지와 같아서, 코피가 날 때 다리에 뜸을 뜨면 낫는 것과 같습니다. 지금 여간(餘干)의 강 어구에 갑자기 모래섬이 솟아올랐는데, 그 형태는 자라와 같으며 그 고을의 기운을 잠식하고 있사옵니다. 제사를 지내고 그것을 파내면 될 것이옵니다."

손권은 사람을 보내 태뢰(太牢: 羊·牛·猪를 犧牲으로 써서 지내는 제사)로써 제사를 지내고 그 등 부분을 파내어 끊어 놓았다. 그러자 마침내 기근이 그쳤다고 노인들은 전하고 있다. 그 하구는 지금 요주(饒州) 여간현에 있다. (『흡문기』)

吳太平二年, 長沙大飢, 殺人不可勝數. 孫權使趙達占之云: "天地川澤相通, 如人四體, 鼻衄灸脚而愈. 今餘干水口, 常('常'字原缺, 據明鈔本補)暴起一洲, 形如鼈, 食彼郡風氣. 可祠而掘之." 權乃遣人祭以太牢, 斷其背. 故老傳云, 飢遂止. 其水在饒州餘干縣也. (出『洽聞記』)

215 · 5(2495)
정관비기(貞觀祕記)

당(唐)나라 정관연간(貞觀年間: 627~650)의 비기(祕記)에 이렇게 기록되어 있다.

"당나라는 3대가 지난 후에 여 군주인 무왕(武王)이 이씨(李氏)를 대신하여 천하를 차지할 것이다."

태종(太宗)이 은밀히 이순풍(李淳風)을 불러 그 일을 조사하게 하자, 이순풍이 아뢰었다.

"신이 천문(天文)을 살피어 이미 추산(推算)했사옵니다. 그 사람은 이미 폐하의 궁내에 살고 있습니다. 지금부터 40년이 되기 전에 반드시 천하를 차지하게 될 것이며, 자손들을 거의 모두 주살할 것입니다."

그러자 태종이 말했다.

"그 같은 자라고 의심되는 사람이 있으면 그를 죽이는 것이 어떠한가?"

이순풍이 아뢰었다.

"하늘이 명한 바에는 절대로 액막이로 그것을 피할 방도가 없는 것입니다. 왕이 될 자는 죽지 않을 것이니 무고한 이가 억울하게 죽을 것입니다. 게다가 저의 점괘에 따르면 그녀는 이미 장성하여 폐하의 궁내에서 친족이 되었는데, 지금부터 40년이 지나면 그녀도 또한 마땅히 늙을 것입니다. 늙으면 인자해져서 폐하의 자손을 많이 해치지는 못할 것입니다. 그러나 지금 만약 그녀를 죽여 원수로 만든다면 그녀는 다시 태어나 [그때는] 젊고 왕성할 것이니 틀림없이 모질고 표독스러워 오히려 해가 심할 것입니다."

[그 말을 들은] 태종은 그녀를 찾아 죽이려는 일을 그만두었다. (『감정록』)

唐貞觀中祕記云: "唐三世後, 有女主武王代有天下." 太宗密召李淳風訪之, 淳風奏言: "臣據玄象, 推算已定. 其人已生在陛下宮內. 從今不滿四十年, 當有天下, 誅殺子孫殆盡." 太宗曰: "疑似者殺之, 何如?" 淳風曰: "天之所命, 必無禳避之法. 王者不死, 枉及無辜. 且據占已長成, 在陛下宮內爲眷屬, 更四十年又當衰老. 老則仁慈, 恐傷陛下子孫不多. 今若殺之爲讐, 更生少壯, 必加嚴毒, 爲害轉甚." 遂止. (出『感定錄』)

215 · 6(2496)
일 행(一 行)

일행 스님은 속성이 장(張)이고 이름이 수(遂)로 담공(郯公) 장공근(張公瑾)의 증손이다. 그는 어려서 출가했는데 배움에 총명하고 행실이 민첩하여 당대에 존중받았다. 현종은 그를 광대전(光大殿)으로 불러 역경(曆經)을 개찬(改撰)하게 했는데, 후에 다시 그를 여정전(麗正殿)으로 옮기고 학사들과 함께 역경을 교정하게 했다. 일행은 『개원대연력(開元大衍曆)』 1권, 『역의(曆議)』 10권, 『역성(曆成)』 12권, 『역서(曆書)』 24권, 『칠정장역(七政長曆)』 3권 등 모두 5부(部) 50권을 지었으나 채 상주하기도 전에 죽고 말았다. 장열(張說)이 그가 지은 역서들을 상주하자 현종은 조서를 내려 이를 시행케 했다.

처음에 일행이 황도유의(黃道游儀)를 만들어 진상하자 현종은 친히「유의명(游儀銘)」을 써서 태사감(太史監)에게 준 뒤 영대(靈臺: 천문대) 위에 설치하여 천문 관측에 이용하도록 했다. 그리고 태사관(太史官)과 대상(大相) 원태(元太) 등을 나누어 보내서 역마(驛馬)를 달려 안남(安南)과 낭주(郎州), 연주(兗州) 등에 가서 해 그림자를 관측하게 했다. 모두 춘분(春分)·추분(秋分)과 하지(夏至)·동지(冬至) 정오에 해 그림자를 측량하게 했는데 모두 몇 년이 걸려서야 정확하게 잴 수 있었다. 안남은 [남쪽으로 태양 고도가] 가장 높을 때 21도(度) 6분(分)이었는데 동지의 해 그림자는 7척(尺) 9촌(寸) 2분, 춘분과 추분은 2척 9촌 3분, 하지에는 해 그림자가 표지의 남쪽으로 3촌 1분이었다. 울주(蔚州) 횡야군(橫野軍)은 북쪽으로 [태양 고도가] 가장 높을 때 40도였는데 동지의 해 그림자는 1장(丈) 5척 8분, 춘분과 추분에는 6척 6촌 2분, 하지의 해그림자는 표지 북쪽으로 2척 2촌 9분이었다. 이 두 곳이 중국 강역에서 남쪽과 북쪽의 끝에 해당한다. 낭주와 연주, 태원(太原) 등도 모두 서로 해 그림자의 길이가 달랐다. 일행은 구고법(句股法: 직각삼각형에서 직각을 이룬 짧은 변을 句, 긴 변을 股라고 함)을 이용해서 계산해본 뒤 말했다.

"남북으로 거리가 대략 8만여 리(里)정도 된다."

역경를 개수(改修)한 진현경(陳玄景) 역시 계산에 뛰어났는데, 일행의 계산을 보고 감탄하며 이렇게 말했다.

"옛사람들이 '대롱으로 하늘을 엿보고, 표주박으로 바다를 잰다'고 한 것은 하늘과 바다가 사람이 알 수 있는 것이 아니라고 생각했기 때문이다. 지금 잣대로 측량하는 기술로 천지를 쟀다는 것이 어찌 가능하단 말인가? 만약 이에 근거해서 본다면 천지를 어찌 크다고 할 수 있겠는가?"

후에 진현경은 일행의 역경을 더욱 정밀하게 개찬했으며, 이 때 이루어진 역서가 지금까지 통용되고 있다. (『대당신어』)

沙門一行, 俗姓張名遂, 郯公公瑾之曾孫. 年少出家, 以聰敏學行, 見重於代. 玄宗詔於光大殿改撰曆經, 後又移就麗正殿, 與學士參校. 一行乃撰『開元大衍曆』一卷,『曆議』十卷,『曆成』十二卷,『曆書』二十四卷,『七政長曆』三卷, 凡五部五十卷, 未及奏上而卒. 張說奏上之, 詔令行用.

初, 一行造黃道游儀以進, 御製('製'原作'進', 據『大唐新語』改)「游儀銘」付太史監, 將向靈臺上, 用以測候. 分遣太史官大相元太等, 馳驛往安南・朗・兗等州, 測候日影. 同以二分二至之日午時, 量日影, 皆數年方定. 安南極高二十一度六分, 冬至日影長七尺九寸二分, 春秋二分長二尺九寸三分, 夏至日在表南三寸一分. 蔚州橫野軍北極高四十度, 冬至日影長一丈五尺八分, 春秋二分長六尺六寸二分, 夏至影在表北二尺二寸九分. 此二所爲中土南北之極. 朗・兗・太原等州, 並差互不同. 用句股法算之云: "大約南北極, 相去才八萬餘里." 修曆人陳玄景亦善算, 歎曰: "古人云'以管窺天, 以蠡測海', 以爲不可得而致也. 今以丈尺之術而測天地之大, 豈可得哉? 若依此而言, 則天地豈得爲大也." 其後參校一行曆經, 並精密, 迄今行用. (出『大唐新語』)

215・7(2497)
형화박(邢和璞)

형화박은 황로(黃老)의 도(道)를 좋아했으며 심산(心筭: 산가지를 놓지 않고 마음속으로 계산하는 것)에 뛰어났다. 그가 지은 『영양서소(穎陽書疏: 수학에 관계된 서적)』에 고기선입공(叩奇旋入空: 고대 산술용어. 짝수와 홀수를 원주에 따라 안배하여 서로 대응되는 미지수를 추산하는 것)의 내용이 있었는데 혹자는 그 초고가 있다고는 하지만 한번도 본 적이 없다. 단성식(段成式: 『酉陽雜俎』의 저자)이 산인(山人: 점쟁이) 정방(鄭昉)에게 이렇게 말했다.

"최사마(崔司馬)라는 사람이 형주(荊州)에서 기거하고 있었는데, 그는 형화박과 친분이 있었다. 최사마가 몇 년 동안 병을 앓다가 죽게 되었는데 마음속으로 항상 형화박[이 자신을 구원해줄 것이라는 것]을 믿고 있었다. 하루는 최사마의 침실 북쪽 담벼락에서 도끼로 찍는 소리가 들려오는 것이었다. 그가 좌우의 시종에게 명해 살펴보라고 했지만 아무 것도 없었다. 그의 침실의 북쪽은 하인들이 거처하는 곳이었다. 7일 동안 이처럼 도끼소리가 끊이지 않더니, 담이 갑자기 뚫리며 좁쌀 만한 구멍으로 가는 빛이 들어왔다. 최사마가 좌우의 시종들에게 물어보았으나 아무도 이를 보지 못했다. 하루가 지나자 구멍은 쟁반만큼 커졌다. 최사마가 엿보니 담장 밖으로 들판이 있을 뿐이었으며 몇 명이 가래와 괭이를 들고 구멍의 옆에 서 있었다. 최사마가 어찌된 일이냐고 묻자 그들이 말했다.

'형진인(邢眞人: 邢和璞)께서 이곳을 열라고 하셨는데 사마께서 병세가 위중하셔서 힘이 배나 들었습니다.'

잠시 후 말을 탄 시위 대여섯 명이 길을 인도하며 왔는데 이들은 모두 납작한 두건에 붉은 옷을 입고 있었다. 이들은 길을 열며 외쳤다.

'진인께서 오십니다.'

형화박은 남여 안에 있었는데 흰 깁건을 쓰고 인수(印綬)를 늘어뜨리고 오명선(五明扇: 舜 임금이 만들었다고 하는 의장용 부채. 손바닥 모양처럼 생긴 羽扇)을 들고 있었으며 시위 수십 명의 호위를 받으며 구멍으로 몇 걸음 거리까지 오더니 멈췄다. 형화박이 최사마에게 말했다.

'공(公: 崔司馬)의 수명이 끝났기에 제가 공을 위해 재삼 논의하여 1기(紀: 1기는 12년)를 연장시켰습니다. 이제부터는 고통이 없을 것입니다.'

말이 끝나자 벽의 구멍은 예전처럼 메워졌고 열흘이 지나자 최사마의 병도 나았다."

형화박이 일찍이 종남산(終南山)에서 살고 있었는데 도술을 좋아하는 무리들이 대부분 그의 곁에서 집을 짓고 살았다. 나이 어린 최서(崔曙)도 그를 따르고 있었으며 형화박을 위해 나무를 베어오고 물을 긷는 이들도 모두 유명인사들이었다. 형화박이 한번은 이들에게 이렇게 말했다.

"3~5일 안에 특별한 손님이 한 분 올 것이니 너희들은 나를 위해 각각 한 가지씩 음식을 준비하거라."

며칠이 지나 여러 물과 뭍에서 나는 음식들이 준비되자 형화박은 한 정자에 자리를 마련한 뒤 아무도 함부로 엿보지 말라고 주의를 주었다. 사람들은 모두 문을 닫고 기침소리도 감히 내지 못했다. 형화박은 산을 내려가서 한 손님을 이끌고 왔다. 손님은 키가 5척(尺)이었는데 몸 너비가 3척에 머리가 키의 반을 차지했다. 그는 통이 넓은 붉은 옷을 입고 상아 홀(笏)을 가로로 쥐고 있었다. 그는 속눈썹이 길지만 드문드문 나 있었고 얼굴빛은 마치 깎아 놓은 오이처럼 푸르렀으며, 구레나룻이 흔들리게 크게 웃을 때는 그 큰 입이 귀까지 닿을 지경이었다. 그는 형화박과 거침없이 이야기를 나누었는데 대부분 인간사가 아니었다. 최서가 궁금함을 참지 못하고 걸어 나와 마당을 지나가자, 손님은 최서를 찬찬히 보더니 형화박을 돌아보며 말했다.

"이 사람은 태산노사(泰山老師)가 아니오?"

형화박이 대답했다.

"그렇소."

손님이 다시 말했다.

"다시 한 세상이 지나가면 천리 밖으로 멀어질 것이니 아깝소."

손님이 날이 저물어 떠나자, 형화박은 최서를 불러 말했다.

"아까 손님은 상제(上帝)의 어릿광대였다. 그가 너를 태산노사라고 했는데 기억이 나느냐?"

최서는 흐느껴 울며 말했다.

"제가 진정 태산노사의 후신이었군요. 아무 기억도 나지는 않지만 어렸을 때 선친께서 그렇게 이야기하시는 것을 들은 적이 있습니다."

태위(太尉) 방관(房琯)이 형화박에게 자신의 운명을 예측해달라고 부탁하자 형화박이 말했다.

"동남쪽에서 서북쪽으로 가면 작록(爵祿)과 수명이 끝날 것입니다. 혼백이 돌아가게 되는 곳은 여관도 절도 아니고 길 위나 관서에서도 아닙니다. 물고기로 만든 저녁식사에서 병이 생겨 구자국(龜玆國: 옛날 西域에 있었던 여러 나라 가운데 하나)에서 나온 목판으로 만든 관에서 쉴 것입니다."

후에 방관은 원주자사(袁州刺史)에서 한주자사(漢州刺史)로 전임되었다. 방관이 임기를 마치고 돌아오는 길에 낭주(閬州)에 이르렀을 때에 자극궁(紫極宮)에 머물렀는데 마침 목수가 나무를 정리하는 것을 보았다. 방관이 그 나무결이 무늬를 이루고 있는 것이 괴상하다고 생각하고 그에 대해 묻자, 도사가 말했다.

"몇 개월 전에 한 상인이 구자목판을 몇 조각 주고 가서, 지금 그 목판으로 도소(屠蘇: 옛날 사람들이 술을 빚던 납작하게 지은 집)를 만들려고 합니다."

방관은 비로소 형화박의 말이 생각났다. 얼마 후 낭주자사가 생선회를 차려 놓고 방관을 초청하자 방관은 탄식하며 말했다.

"형군(邢君: 邢和璞)은 신인(神人)이로구나!"

방관은 [곧 형화박에게서 들었던 이야기를] 모두 낭주자사에게 이야기한 뒤 구자목판으로 관을 짜 달라고 부탁했다. 그날 저녁 방관은 회를 먹고 병이 나서 죽었다. (『유양잡조』)

邢和璞好黃老之道, 善心筭. 作『潁陽書疏』, 有叩奇旋入空, 或言有草, 初未嘗覩. 段成式見山人鄭昉說: 崔司馬者寄居荊州, 與邢有舊. 崔病積年且死, 心常恃於邢. 崔一日覺臥室北牆, 有人厲聲. 命左右視之, 都無所見. 臥空室之北, 家人所居也. 如此七日, 厲不已. 牆忽透, 明如一粟. 問左右, 復不見. 經一日, 穴大如盤. 崔窺之, 牆外乃野外耳, 有數人荷鍬钁, 立於穴側. 崔問之, 皆云: '邢眞人處分開此, 司馬厄重, 倍費功力.' 有頃, 導騎五六, 悉平幘朱衣. 辟曰: '眞人至.' 見邢輿中, 白帢垂綏, 執五明扇, 侍衛數十, 去穴數步而止. 謂崔曰: '公算盡, 僕爲公再三論, 得延一紀. 自此無苦也.' 言畢, 壁合如舊, 旬日病愈."

又曾居終南, 好道者多卜築依之. 崔曙年少亦隨焉, 伐薪汲泉, 皆是名士. 邢嘗

謂其徒曰: "三五日有一異客, 君等可爲予各辦一味也." 數日, 備諸水陸, 遂張筵
於一亭, 戒無妄窺. 衆皆閉戶, 不敢謦欬. 邢下山延一客. 長五尺, 闊三尺, 首居其
半. 緋衣寬博, 橫執象笏. 其睫疎長, 色若削瓜, 鼓髥大笑, 吻角侵耳. 與邢劇談,
多非人間事故也. 崔曙不耐, 因走而過庭, 客熟視. 顧邢曰: "此非泰山老師耶?"
應曰"是." 客復曰: "更一轉則失('失'原作'先', 據明鈔本改)之千里矣, 可惜." 及
暮而去, 邢命崔曙謂曰: "向客上帝戲臣也, 言泰山老師, 頗記無?" 崔垂泣言: "某
實泰山老師後身. 不復憶, 少常聽先人言之."

　　房琯太尉祈邢算終身之事, 邢言: "若由東南止西北, 祿命卒矣. 降魄之處, 非
館非寺, 非途非署. 病起於魚飡, 休材龜茲板." 後房自袁州除漢州. 罷歸, 至閬州,
舍於紫極宮. 適顧工治木. 房怪其木理成形, 問之, 道士稱: "數月前, 有賈客施數
斷龜茲板, 今治爲屠蘇也." 房始憶邢之言. 有頃, 刺史具繪邀房, 房歎曰: "邢君
神人也!" 乃具白於刺史, 且以龜茲板爲託. 其夕, 病繪而終. (出『酉陽雜俎』)

215・8(2498)
만 사(滿　師)

　　서경(西京) 태평방(太平坊)의 법수사(法壽寺)에 사는 만사는 구궁법
(九宮法: 九宮으로 점치는 법. 一宮은 太一神・天蓬星・坎卦・水・白,
二宮은 攝提神・天芮星・坤卦・土・黑, 三宮은 軒轅神・天衡星・震
卦・木・碧, 四宮은 招搖神・天符星・巽卦・木・綠, 五宮은 天符神・
天禽星・離卦・土・黃, 六宮은 靑龍神・天心星・乾卦・金・白, 七宮
은 咸池神・天柱星・兌卦・金・赤, 八宮은 太陰神・天任聖・艮卦・

土・白, 九宮은 天一神・天英星・離卦・火・紫에 해당함)에 뛰어났다. 대리경(大理卿) 왕선(王璿)이 한번은 만사에게 자신의 미래를 묻자 만사가 이렇게 말했다.

"공(公: 王璿)께서는 아무 달에 관직이 바뀔 것이니 중서성(中書省)이나 문하성(門下省)처럼 옥계(玉階: 대궐 안의 섬돌. 또는 조정을 가리키는 말)로부터 매우 가까워질 것입니다."

왕선은 자신이 황문시랑(黃門侍郎: 황제 곁에서 시종하며 조서와 명령 전달을 전담함)은 아직 될 수 없으며 급사중(給舍中: 황제의 고문 담당. 唐代에는 門下省과 尙書省에서 政務 詔勅을 발령하기 전에 이를 조사하여 탄핵할 권리와 부분적인 사법권, 인사임명에 대한 탄핵권을 가지고 있었음)이나 중서사인(中書舍人: 詔書와 勅令의 초안 작성하고 政事를 논의하여 御旨를 선포하는 등의 일에 참여하여 당시 문사들이 선망하던 요직이었음) 또한 너무 과하다고 생각했다. 후에 그는 과연 금오장군(金吾將軍: 南衙十六衛의 하나인 金吾衛의 將軍. 금오위는 궁중과 도성을 순시함)이 되어 항상 옥계를 시위(侍衛)하게 되었다.

만공(滿公: 滿師)이 또 말했다.

"왕홍(王鋐) 일가는 모두 백골이 될 것이다."

나중에 흉사(凶事)가 생겨 모두 그대로 되었다.

西京太平坊法壽寺有滿師善九宮. 大理卿王璿嘗問之, 師云: "公某月當改官, 似是中書・門下, 甚近玉階." 璿自謂黃門侍郎未可得也, 給舍又已過矣. 後果改爲金吾將軍, 常侍玉階.

滿公又云: "王鋐一家盡成白骨." 有所克寸皆驗.

215 · 9(2499)
마처겸(馬處謙)

부풍(扶風) 사람 마처겸은 병을 앓아 장님이 되었는데, 그 부친이 그에게 역(易)을 배워 벌어먹도록 했다. 한번은 그가 안륙(安陸)에서 점을 쳐주며 생계를 꾸려나가고 있었는데, 어떤 사람이 와서 점을 쳐달라고 하더니 마생(馬生: 馬處謙)에게 이렇게 말했다.

"그대의 점술은 그 묘(妙)를 다하지 못했네. 나에게 비법(祕法)이 있으니 그대는 나에게 한번 배워보지 않겠는가?"

마생은 곧 그를 따라 갔다. 부풍군의 경내에 도선관(陶仙觀)이 있었는데 마생은 이곳에서 성산(星算: 占星術)의 요결(要訣)을 배웠으니 모두 17행(行)이었다. 마생이 그에게 지위와 사는 곳을 묻자 이렇게 말했다.

"호(胡)가 내 성이고 염(恬)이 내 이름이네."

그는 마생에게 다짐하며 이렇게 말했다.

"그대에게는 관록(官祿)이 있으며 52년을 살다 죽을 것이네. 나의 행적을 왕공들에게 알리지 말게."

마생은 요결을 얻은 뒤로 말을 하면 매우 영험했다. 조광명(趙匡明)이 [朱全忠에게] 쫓겨서 형(荊)을 버리고 촉(蜀)으로 들어갔을 때에 마생도 따라서 성도(成都)에 이르렀다. 왕선주(王先主: 前蜀의 王建)가 한번은 두광정(杜光庭) 선생을 불러 은밀히 자신의 수명이 얼마나 되는지 묻자 두광정이 이렇게 말했다.

"주상께서는 원양(元陽)의 기운을 받으셨으니 4근(斤: 1근은 16냥) 8냥(兩)이옵니다."

왕선주는 과연 72세에 붕어했다. 4근 8냥은 바로 72냥이다. 마생은 관직이 중랑장(中郞將)을 거쳐 금자광록대부(金紫光祿大夫)에 이르렀으며 52세에 죽었다. (『북몽쇄언』)

扶風馬處謙病瞽, 厥父俾其學易, 以求衣食. 嘗於安陸鬻筮自給, 有一人謁筮, 謂馬生曰: "子之筮未臻其妙. 我有祕法, 子能從我學之乎?" 馬生乃隨往. 郡境有陶仙觀, 受星算之訣, 凡一十七行. 因請其爵里, 乃云: "胡其姓而恬其名." 誡之曰: "子有官祿, 終至五十二歲. 幸勿道我行止於王侯之門." 馬生得訣, 言事甚驗. 趙匡明棄荊入蜀, 因隨至成都. 王先主嘗令杜光庭先生, 密問享壽幾何, 對曰: "主上受元陽之氣, 四斤八兩." 果七十二而崩. 四斤八兩, 卽七十二兩也. 馬生官至中郞·金紫, 亦五十二而殂. (出『北夢瑣言』).

215·10(2500)
원홍어(袁弘禦)

후당(後唐)의 원홍어는 운중종사(雲中從事)가 되었는데 산술(算術)에 정통했다. 운중부의 명부(明府: 태수나 자사의 존칭으로 明府君의 준말)가 마당에 있는 오동나무의 잎을 세보라고 명하자 원홍어는 즉시 일어나 나무를 재었으니 땅에서부터 높이가 7척(尺)이었다. 그는 둘레를 재서 그 직경의 수로 계산하더니 한참 후에 말했다.
"나뭇잎이 몇 잎입니다."
사람들은 이를 조사할 수 없었기에 오동나무를 흔들어 22잎을 떨어뜨린 뒤 다시 계산하게 했다. 원홍어가 대답했다.

"전보다 21잎이 적어졌습니다."

자세히 살펴보니 떨어진 잎 중에서 나뭇잎 두 잎이 조금 작아서 겨우 한 잎에 해당했다.

절도사(節度使) 장경달(張敬達)에게 옥(玉) 주발 2개가 있었는데 원홍어가 그 깊이와 넓이를 재서 헤아려보더니 이렇게 말했다.

"이 주발은 내년 5월 16일 사시(巳時: 오전 9시~11시)에 깨질 것입니다."

장경달이 이를 듣고 말했다.

"내가 잘 보관한다면 깨질 수 있겠는가?"

장경달은 곧 주발을 큰 광주리에 담고 옷과 솜을 넣어서 창고 안에 자물쇠로 채워두었다. 원홍어가 말한 날이 되자 창고의 들보가 부러져서 바로 그 광주리를 깔아뭉갰으며 주발 두 개가 모두 부서져버렸다. 태복소경(太僕少卿) 설문미(薛文美)가 같은 부에 있으면서 친히 이 일을 보았다. (『계신록』)

後唐袁弘禦爲雲中從事, 尤精算術. 同府令算庭下桐樹葉數, 卽自起量樹, 去地七尺. 圍之, 取圍徑之數布算, 良久曰: "若干葉." 衆不能覆. 命撼去二十二葉, 復使算. 曰: "已少向者二十一葉矣." 審視之, 兩葉差小, 止當一葉耳.

節度使張敬達有二玉椀, 弘禦量其廣深, 算之曰: "此椀明年五月十六日巳時當破." 敬達聞之曰: "吾敬藏之, 能破否?" 卽命貯大籠, 籍以衣絮, 鏁之庫中. 至期, 庫屋梁折, 正壓其籠, 二椀俱碎. 太僕少卿薛文美同府親見. (出『稽神錄』)

태평광기

권제 216

복서(卜筮)

1

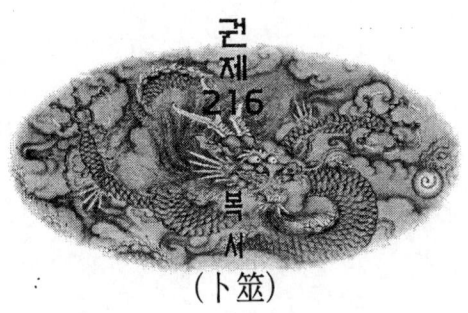

1. 관 로(管 輅)
2. 순우지(淳于智)
3. 유림조(柳林祖)
4. 외 소(隗 炤)
5. 곽 박(郭 璞)
6. 채 철(蔡 鐵)
7. 오중찰성자(吳中察聲者)
8. 왕자정(王子貞)
9. 장경장(張璟藏)
10. 주주서자(湊州筮者)
11. 채미원(蔡微遠)
12. 차 삼(車 三)
13. 이 로(李 老)
14. 개원중이도사(開元中二道士)
15. 장 직(蔣 直)

216 · 1(2501)
관 로(管 輅)

　관로는 술수(術數: 점을 쳐서 자연현상을 관찰하여 특정한 일을 推算하는 기술)에 아주 밝았다. 처음에 어떤 부인이 소를 잃어버리고서 관로에게 찾아와 점을 쳤는데, 관로가 말했다.
　"동쪽 언덕의 무덤 속을 살펴보면, 틀림없이 소가 위를 향해 매달려 있을 것이오."
　부인은 얼마 후 과연 소를 찾았지만, 오히려 관로가 한 짓이라고 의심하여 그를 관가에 고발하여 조사하게 했는데, 알고 보았더니 관로가 술수로 추산해낸 것이었다. 또 낙중(洛中: 洛陽)의 어떤 사람이 부인을 잃어버렸는데, 관로는 그 사람에게 돼지를 메고 있는 사람과 동양문(東陽門)에서 싸움을 하게 했다. [싸움하는 와중에] 돼지가 도망쳐 어떤 집으로 들어가더니 그 집 담을 들이받아 무너뜨리자, 거기에서 부인이 나왔다. 또 관로의 고향 사람인 범현룡(范玄龍)은 [이유 없이] 자주 불이 나는 것을 괴로워하고 있었는데, 관로가 말했다.
　"각건(角巾: 儒生이나 隱者가 즐겨 쓰던 각이 진 두건)을 쓴 서생이 검은 소를 몰고 동쪽에서 오면, 반드시 그 사람을 붙들어 하룻밤 묵게 하시오."
　나중에 과연 그런 서생이 오자 범현룡은 그를 붙들었다. 서생은 급히 떠날 것을 청했으나 범현룡이 들어주지 않아서 결국 하룻밤을 묵게 되었다. 주인[범현룡]이 안채로 들어가자, 서생은 주인이 자신을 해칠까봐 두려워서 문밖에서 칼을 들고 땔나무에 기대어 잠든 체하고 있었다. 그때 난데없이 어떤 물체가 나타나더니 입에서 불을 뿜어냈다. 서생은 놀라 칼로 그것을 베어 죽였는데, 살펴보았더니 다름 아닌 여우였다. 이후로는 더 이상 화재가 일어나지 않았다. 또 어떤 사람이 사슴을 포획했는데 다른 사람에게 도둑맞자 관로를 찾아가 점을 쳤더니, 관로가 말했다.

"동쪽 골목의 세 번째 집에서 사람이 없을 때를 기다렸다가 그 집 지붕의 일곱 번째 서까래를 들어내고 그 서까래 밑에 기와를 놓아두면, 내일 아침 식사 때 [도둑이 사슴을] 스스로 당신에게 돌려줄 것이오."

그날 밤에 도둑의 아버지가 두통이 심해지자 또한 관로에게 찾아와 점을 쳤는데, 관로가 그에게 [훔친 사슴을 주인에게] 돌려주게 했더니 두통이 금세 나았다. 또 치내리(治內吏: 郡의 하급관리)가 물건을 잃어버렸는데, 관로가 그에게 인적이 끊어지길 기다렸다가 사원 문에서 [손가락으로] 하늘을 가리키고 땅에 금을 그으면서 손을 들어 사방을 향하게 했더니, 저녁에 과연 [잃어버렸던 물건을] 본래 있던 곳에서 찾았다. (『이원』)

또 평원태수(平原太守) 유빈(劉邠)이 꿩 털을 그릇 속에 넣어놓고 관로에게 점을 쳐서 알아맞히게 했더니, 관로가 말했다.

"까마득히 높은 산에 붉은 몸의 새가 있는데, 날개 깃은 검노랗고 새벽을 놓치지 않고 우니, 이것은 바로 꿩 털입니다."

(『이원』)

管輅洞曉術數. 初有婦人亡牛, 從卜, 曰: "可視東丘塚中, 牛當懸向上." 旣而果得, 婦人反疑輅, 告官按驗, 乃知是術數所推. 又洛中一人失妻, 輅令與擔豕人 鬪於東陽門. 豚逸入一舍, 突壞其牆, 其婦出焉. 輅鄕里范玄龍苦頻失火, 輅云: "有角巾諸生駕黑牛, 從東('從東'原作'故車', 據明鈔本改)來, 必留之宿." 後果有 此生來, 玄龍因留之. 生急求去, 不聽, 遂宿. 主人罷入, 生懼圖己, 乃持刀門外, 倚薪假寐. 忽有一物, 以口吹火. 生驚斫之死, 而視之則狐也. 自是不復有災. 又 有人捕鹿獲之, 爲人所竊, 詣輅爲卦, 云: "東巷第三家, 候無人時, 發其屋頭第七 椽, 以瓦著椽下, 明日食時, 自送還汝也." 其夜盜者父患頭痛, 亦來自占, 輅令歸 之, 病乃愈. 又治內吏失物, 輅使候人靜, 於寺門, 令指天畫地, 擧手四向, 暮果獲 於故處. (出『異苑』)

又平原太守劉邠取山鷄毛置器中, 使輅筮之, 輅曰: "高岳巖巖, 有鳥朱身, 羽 翼玄黃, 鳴不失晨, 此山鷄毛也." (出『異苑』)

216 · 2(2502)
순우지(淳于智)

포원(鮑瑗)의 집에 상사(喪事)와 질병이 많이 생기자, 순우지가 그를 위해 점을 쳐서 점괘가 나오자 이렇게 말했다.

"저자 문으로 들어가 수십 보를 가면 어떤 사람이 가시나무로 만든 말채찍을 들고 있을 테니, 곧장 그것을 사서 동북쪽 뽕나무 위에 매달아 놓으면, 질병도 없어지고 3년 안에 틀림없이 재물을 얻게 될 것이오"

포원이 그의 말대로 했더니, [질병이 생기지 않은 것은 물론이고] 나중에 우물을 파다가 20만 냥 어치의 돈과 구리그릇을 얻었다. (『독이지』)

鮑瑗家多喪及病, 淳于智爲筮之, 卦成云: "宜入市門數十步, 有一人持荊馬鞭, 便就買取, 懸東北桑樹上, 無病, 三年當得財." 如其言, 後穿井得錢及銅器二十萬. (出『獨異志』)

216 · 3(2503)
유림조(柳林祖)

　유림조라는 점쟁이는 점을 아주 잘 쳤다. 그의 부인이 일찍이 서루(鼠瘻: 頸部 임파선 결핵)를 앓았는데, 몇 년 동안 차도가 없었으며 점점 심해져서 목숨이 위태로운 지경에 이르렀다. 유림조는 마침내 점을 쳐서 「이(頤: 震[☳]下 艮[☶]上. 이 괘는 우레가 산 아래에서 울리는 형상으로, 초목이 싹트고 길러진다는 뜻을 지니고 있음. 또한 괘의 모양이 입을 벌리고 있는 모습인데, 입은 음식을 먹어서 몸을 기르므로 기른다는 뜻도 포함됨)」괘가 「복(復: 震[☳]下 坤[☷]上. 이 괘는 우레가 땅 가운데에 있는 형상으로, 陽이 밑에서 움직여 이치에 순응해서 위로 올라가는 뜻을 지니고 있으며, 「彖辭」에서 "出入无疾"이라 함)」괘로 변하자, 괘를 살펴보며 말했다.

　"틀림없이 석씨(石氏) 성을 가진 사람이 치료할 것이며, 뜸을 뜬 쥐를 잡으면 병이 나을 것이다."

　얼마 후 마을의 어떤 빈천한 집에 과연 석씨 성을 가진 사람이 있었는데, 그는 이 병을 치료할 수 있다고 스스로 말했다. 그리고는 병자의 머리 위 3곳에 뜸을 떴더니, 병자는 병세가 호전되는 것이 느껴졌다. 잠시 후 샛노란 색깔의 쥐 한 마리가 곧장 앞으로 오더니 입을 벌름거리면서 엎드린 채 꼼짝하지 않고 있자, 개를 불러서 물어 죽이게 했다. 쥐의 머리 위를 살펴보았더니 3곳에 뜸뜬 자국이 있었다. 그 후 병자는 저절로 병이 나았다. (『동림』)

有日者柳林祖善卜筮. 其妻曾病鼠瘻, 積年不差, 漸困('困'原作'因', 據明鈔本改垂命. 林祖遂占之, 得「頤」之「復」, 按卦曰: "應得姓石者治之, 當獲灸鼠而愈也." 旣而鄕里有一賤家, 果姓石, 自言能除此病. 遂灸病者頭上三處, 覺佳. 俄有一鼠, 色黃秀, 逕前, 噞噞然伏而不動, 呼犬噬殺之. 視鼠頭上, 有三灸處. 病者自差. (出『洞林』)

216・4(2504)
외 소(隗 炤)

진(晉)나라 외소는 『역경(易經)』에 뛰어났는데, 임종할 때 부인에게 이렇게 말했다.

"나중에 비록 큰 흉년이 들더라도 이 집을 팔지 마시오. 5년 뒤에 나에게 금을 빚진 사자(使者) 공씨(龔氏)에게 내가 쓴 서찰을 보여주시오."

나중에 부인은 외소의 말대로 그 서찰을 가지고 사자를 찾아갔다. 사자는 무슨 영문인지 몰라 한참 동안 멍하니 있더니, 점대를 꺼내 점을 쳐서 점괘가 나오자 이렇게 말했다.

"오묘하구나, 외생(隗生: 隗炤)이여! 사실 나는 그에게 금을 빚지지 않았소. 당신의 현명한 남편은 스스로 금을 감춰놓고서 세상이 태평해지길 기다렸던 것이오. 그는 내가 『역경』에 뛰어난 것을 알고서 서찰을 써서 자신의 뜻을 전한 것이오. 500근의 금이 푸른 도자기에 담겨져 당신의 집에 묻혀 있으니, 벽에서 1장(丈) 떨어진 곳의 땅속 9척 깊이에 있소."

부인이 그곳을 파보았더니 과연 금이 나왔다. (『국사보유』[『계몽』])

晉隗炤善『易』, 臨終謂妻子曰: "後雖大荒, 勿賣宅. 後五年, 詔使龔負吾金, 以吾所書板告之." 後如其言, 妻賫板詣之. 使者悯然, 沈吟不悟, 取蓍筮之, 卦成曰: "妙哉隗生! 吾不負金. 賢夫自藏金, 以待太平. 知吾善『易』, 書板寄意. 金有五百斤, 盛以靑瓷, 埋在堂屋, 去壁一丈, 入地九尺." 妻掘之, 果得金也. (出『國史補遺』, 明鈔本作'出『系蒙』')

216 · 5(2505)
곽 박(郭 璞)

양주별가(楊[揚]州別駕) 고구(顧球)의 여동생은 태어난 지 10년만에 병이 들어 50여 세가 될 때까지 앓았다. 그래서 곽박에게 점을 쳐보게 했더니「대과(大過: 巽[☰]下 兌[☰]上. 이 괘는 못에 나무가 빠진 형상으로, 가운데가 4陽爻로 충만되어 있어서 陽이 지나치게 盛한 것을 뜻함)」괘가 「승(升: 巽[☴]下 坤[☷]上. 이 괘는 땅속에서 나무가 자라는 형상으로, 위로 올라가는 데 걸림이 없어서 크게 형통한 것을 뜻함)」괘로 변했는데, 점괘가 이렇게 나왔다.

「대과」괘는 뜻이 상서롭지 못하니,
무덤 가의 죽은 버드나무에 꽃이 피지 않네.
떠도는 혼을 흔들어 용거(龍車)를 나타나게 했으니,
몸에 거듭 해를 끼쳐 어린아이가 요사(夭邪: 원문은 '天邪'라 되어 있지만 문맥상 '夭邪'가 타당하므로 고침. 『搜神記』 권3에도 '妖邪'라 되어 있음)한 기운에 씌었네.
그 원인은 나무를 베고 신령한 뱀을 죽인 것에서 비롯되었으니,
자신의 잘못이 아니고 윗대의 허물이로다.
점괘를 살펴 논하노니 어떻게 하면 좋은가?

그래서 고구가 자기 집안의 일을 추적해보았더니, 선친 때 일찍이 커다란 나무를 베다가 큰 뱀을 잡아서 죽인 후로 여동생에게 병이 든 것이었다. 여동생이 병든 후에 수천 마리의 새떼가 지붕 위를 날아다녔는데, 사람들은 모두 이를 괴이하게 여겼지만 무슨 까닭인지는 몰랐다. 또한 현(縣)의 어떤 농부가 그 집 옆을 지나가다가 올려다보았더니 용이 수레를 끌고 가는 모습이 보였는데, 그 수레는 오색찬란하고 보통 수레와는 달리 굉장히 컸으며 잠깐 새에 사라졌다는 것이었다. (『수신기』)

楊州別駕顧球姊, 生十年便病, 至年五十餘. 令郭璞筮之, 得「大過」之「升」. 其辭曰: "「大過」卦者義不嘉, 塚墓枯楊無英華. 振動遊魂見龍車, 身被重累嬰夭邪. 法由斬樹('樹'原作'祀', 據明鈔本改)殺靈蛇, 非己之咎先入瑕. 案卦論之可奈何?" 球乃訪迹其家事, 先世曾伐大樹, 得大蛇殺之, 女便病. 病後有群鳥數千廻翔屋上, 人皆怪之, 不知何故. 有縣農行過舍邊, 仰視, 見龍牽車, 五色晃爛, 甚大非常, 有頃遂滅. (出『搜神記』)

216 · 6(2506)
채 철(蔡 鐵)

송(宋)나라 남군왕(南郡王) 유의선(劉義宣)이 남군을 진수(鎭守)하고 있을 때, 채철이라는 부사(府史)가 점을 잘 쳤다. 남군왕이 한번은 내실에 있다가 흰 쥐 한 마리가 대들보를 타고 올라가는 것을 보고는 좌우 시종들에게 활로 쏘아 잡으라고 명했다. 그리고는 그 쥐를 함 속에 넣은 뒤 채철에게 함 속에 어떤 물건이 들었는지 점쳐보라 했더니, 채철이 점괘가 나오자 웃으며 말했다.

"알겠습니다."

남군왕이 말했다.

"그것을 설명해보아라."

"흰색 쥐가 밝은 지게문을 등지고 있을 때, 활을 당겨 쏘아 그것의 왼쪽 다리를 끊었습니다. 그 쥐는 새끼 5마리를 배고 있는데 3마리는 수컷이고 2마리는 암컷입니다. 만약 믿지 못하시겠다면 그것의 배를 갈라 보면 금방 아시게 될 것입니다."

남군왕이 곧 그 쥐의 배를 갈라보았더니 모두 채철의 말과 같았으므로, 그에게 돈 만 전을 하사했다. (『저궁구사』)

宋南郡王義宣在鎭, 府史蔡鐵者善卜. 王嘗在內齋見一白鼠緣屋梁上, 命左右射得之. 內函中, 命鐵卜函中何物, 卦成笑曰: "得之矣." 王曰: "狀之." "白色之鼠背明戶, 彎弧射之, 絶其左股. 鼠孕五子, 三雄二雌. 若不見信, 剖腹而立知." 王便剖之, 皆如鐵言, 賜萬錢. (出『渚宮舊事』)

216 · 7(2507)
오중찰성자(吳中察聲者)

후위(後魏: 北朝 東魏) 말에 오(吳) 지방의 어떤 사람이 북쪽으로 왔는데, 그는 눈이 멀었지만 사람의 목소리를 감별하는 데 뛰어났다. 당시 승상(丞相)으로 있던 사발해왕(嗣渤海王: 渤海王은 高歡을 말함) 고징(高澄)이 그를 시험해보게 했더니, 그 사람은 유도지(劉桃枝)의 목소리를 듣고 말했다.

"당대의 존귀한 왕후장상(王侯將相)들이 그의 손에 죽을 것이지만, 비유하자면 그는 사냥하는 매나 개와 같아서 남에게 부림을 당할 뿐입니다."

그 사람은 또 조도덕(趙道德)의 목소리를 듣고 말했다.

"역시 귀인이십니다."

또 태원공(太原公) 고양(高洋)의 목소리를 듣고 말했다.

"틀림없이 군주가 되실 것입니다."

그러나 고징의 목소리를 듣고는 아무 말도 하지 않자, 최섬(崔暹)이 몰래 그를 꼬집었더니 그제야 거짓으로 말했다.

"역시 국왕이십니다."

발해왕[高澄을 말함]이 말했다.

"내 집안의 노복들까지도 극히 존귀해지는 마당에 하물며 내 자신임에랴!"

나중에 북제(北齊)의 여러 왕과 대신들이 죽임을 당했는데 그들은 대부분 유도지에게 끌려가 죽은 것이었으며, 고징도 결국 난경(蘭京: 梁나라 장수 蘭欽의 아들로 東魏의 포로가 되어 발해왕의 주방에 배속되었는데, 代贖해 달라는 청을 발해왕이 계속 거절하고 무시하자, 그는 결국 난을 일으켜 발해왕을 죽였음)의 화를 당해 죽었다. 고양은 [東魏로부터] 선양(禪讓)을 받았으니, 그가 바로 [北齊의] 문선제(文宣帝)이다. (『삼국전략』)

後魏末, 有吳士至北間, 目盲而妙察聲. 丞相嗣渤海王澄使試之, 聞劉桃枝之聲曰: "當代貴王侯將相死於其手, 然譬如鷹犬, 爲人所使耳." 聞趙道德之聲曰: "亦貴人也." 聞太原公洋之聲曰: "當爲人主." 聞澄之聲, 不動, 崔暹私招之, 乃繆言: "亦國王也." 王曰: "我家群奴, 猶當極貴, 況吾身乎!" 後齊諸王大臣賜死, 多爲桃枝之所拉殺焉, 而澄竟有蘭京之禍. 洋受禪, 是爲文宣王. (出『三國典略』)

216 · 8(2508)
왕자정(王子貞)

당(唐)나라 정관연간(貞觀年間: 627~649)에 정주(定州) 고성현(鼓城

縣) 사람 위전(魏全)은 집이 부유했으나 어머니가 갑자기 실명했다. 그래서 위전이 점쟁이 왕자정에게 물었더니, 왕자정이 점을 쳐서 말했다.

"내년에 푸른 옷을 입은 어떤 사람이 동쪽에서 와서 3월 1일에 치료하면 반드시 나을 것이오."

그 때에 되자 위전은 기다렸다가 푸른 명주저고리를 입은 한 사람을 보고는, 마침내 그를 맞이하여 음식을 성대하게 차려주었다. 그 사람이 말했다.

"저는 병 치료하는 일은 잘 모르고 단지 쟁기만을 만들 줄 아니 주인을 위해 하나 만들어드리겠습니다."

그는 도끼를 들고 집 주위를 돌면서 쟁깃술로 쓸 목재를 찾다가, 뽕나무의 굽은 가지가 우물 위를 가리고 있는 것을 보고는 마침내 그것을 베어냈다. 그랬더니 위전의 어머니의 두 눈이 환해지면서 물체가 보였다. 그것[위전의 어머니가 실명한 것]은 굽은 뽕나무 가지와 잎이 우물을 덮고 있었기 때문에 생긴 일이었다. (『조야첨재』)

唐貞觀中, 定州鼓城縣人魏全家富, 母忽然失明. 問卜者王子貞, 子貞爲卜之曰: "明年有從東來靑衣者, 三月一日來療, 必愈." 至時, 候見一人着靑紬襦, 遂邀爲重設飮食. 其人曰: "僕不解醫, 但解作犁耳, 爲主人作之" 其持斧繞舍求犁轅, 見桑曲枝臨井上, 遂斫下, 其母兩眼煥然見物. 此曲枝葉蓋井之所致也. (出『朝野僉載』)

216 · 9(2509)
장경장(張璟藏)

주(周: 則天武后가 집권한 뒤 세운 國號)의 낭중(郞中) 배규(裴珪)의 첩 조씨(趙氏)는 미모가 빼어났다. 한번은 그녀가 장경장을 찾아가 수명에 대해 점을 쳤는데, 장경장이 말했다.

"부인은 눈이 길다랗고 흘겨보니, 관상서(觀相書)에 따르면 돼지 눈을 하고 보는 자는 음탕하다고 했습니다. 부인의 눈엔 사백(四白: 觀相用語. 눈에 흰자위가 많은 것으로 이런 눈을 한 사람은 간음하고 칼에 찔려 죽는 상이라고 함.『潛夫論』「相列」에 "『易』之「說卦·巽」, 爲人多白眼相, 揚四白者, 兵死. 此猶金伐木也"라는 구절이 있음)이 있어서 다섯 남자가 집을 지키게 될 것입니다[즉 다섯 남자와 간통한다는 뜻]. 부인은 결국 간통으로 신세를 망칠 것이니 마땅히 조심해야 합니다."

조씨는 [이 말을 듣고] 웃으며 떠났다. 나중에 과연 그녀는 다른 남자와 간통했다가 [처벌을 받고] 궁중 하녀로 들어갔다. (『조야첨재』)

周郎中裴珪妾趙氏, 有美色. 曾就張璟藏卜年命, 藏曰: "夫人目長而慢視, 准相書, 猪視者淫. 婦人目有四白, 五夫守宅. 夫人終以姦廢, 宜愼之." 趙笑而去. 後果與人姦, 沒入掖庭. (出『朝野僉載』)

216 · 10(2510)
주주서자(湊州筮者)

　두경전(杜景佺)은 신도(信都) 사람으로 본명은 원방(元方)이었는데, 수공연간(垂拱年間: 685~688)에 경전으로 개명했다. 그는 강직하고 엄정했으며, 진사과(進士科)에 급제하여 나중에 난대시랑평장사(鸞臺侍郎平章事: 宰相에 해당함. 則天武后 때 門下省을 鸞臺로 개칭함)가 되었다. 당시 내사(內史: 中書令을 말함) 이소덕(李昭德)이 강직함 때문에 하옥되자, 두경전이 대전(大殿)에서 이소덕을 공정하고 청렴하다고 변호했더니, 칙천무후(則天武后)가 노하여 면전에서 황제를 기만한다고 여겨 두경전을 주주자사(湊[溱]州刺史)로 좌천시켰다. 두경전이 처음 주주에 부임했을 때 점을 잘 치는 자를 길에서 만났는데, 점쟁이는 두경전이 틀림없이 다시 재상으로 기용되고 삼품관(三品官)이 될 것이지만 자포(紫袍: 三品官이 입는 官服)는 입지 못할 것이라고 했다. 그 해 여름이 끝날 무렵에 두경전은 자삼(紫衫: 隋·唐·宋代의 將軍이 입던 軍服)을 입고 죽었다. (『어사대기』)

　杜景佺, 信都人也, 本名元方, 垂拱中更爲景佺. 剛直嚴正, 進士擢第, 後爲鸞臺侍郎平章事. 時內史李昭德以剛直下獄, 景佺庭稱其公淸正直, 則天怒, 以爲面欺, 左授湊(明鈔本'湊'作'溱', 下同)州刺史. 初任湊州, 會善筮者於路, 言其當重入相, 得三品而不着紫袍. 至是夏終, 服紫衫而終. (出『御史臺記』)

216 · 11(2511)
채미원(蔡微遠)

영주(瀛州) 인안현령(人安縣令: 唐代에는 瀛州에 '人安縣'이나 '安縣'이란 지명이 없으므로 誤字가 있는 듯함) 장회례(張懷禮)와 창주(滄州) 궁고현령(弓高縣令) 진행충(晉行忠)이 채미원을 찾아가 점을 쳤다. 채미원은 점대를 굴리고 난 뒤 장회례에게 말했다.

"공은 황제와 매우 가까이 있게 될 것이며, 벼슬은 방백(方伯)에 이를 것입니다."

이번에는 진행충에게 말했다.

"공은 도성의 벼슬을 얻을 것이지만, 금년에 봉록이 다 할 것이니 벼슬을 그만 두는 것이 좋겠습니다."

두 사람은 관리선발에 응시했는데, 장회례는 좌보궐(左補闕: 門下省의 관리로, 供奉·諷諫·廷議·封事 등을 관장함)에 제수되었다가 나중에 화주(和州)와 복주(復州)의 자사(刺史)가 되었으며, 진행충은 성문랑(城門郞: 門下省의 관리로, 도성 성문의 屯兵을 관장하는 武官)에 제수되었다가 가을에 이르러 죽었다. (『조야첨재』)

瀛州人安縣令張懷禮, 滄州弓高令晉行忠, 就蔡微遠卜. 轉式訖, 謂禮曰: "公大親近, 位至方伯." 謂忠曰: "公得京官, 今年祿盡, 宜致仕可也." 二人皆應擧(明鈔本'擧'作'選'), 懷禮授左補闕, 後至和·復二州刺史, 行忠授城門郞, 至秋而卒. (出『朝野僉載』)

차 삼(車 三)

차삼은 화음현(華陰縣) 사람으로 관상을 보는 데 뛰어났다. 진사(進士) 이몽(李蒙)은 굉사과(宏詞科)에 급제하여 관직을 임명받으러 도성으로 들어가려 했는데, 그가 화음현에 왔을 때 현령이 차삼에게 그의 관상을 보라고 하면서 이익(李益)이라고 속여 말했다. 차삼이 [이몽의 관상을 보고 나서] 말했다.

"처음부터 공이 누릴 봉록은 보이지 않습니다."

여러 관원들이 말했다.

"당연히 진짜·성명을 말하지 않았기 때문에 알아맞히지 못한 것이오. 이 사람은 이몽으로 굉사과에 급제하여 관직을 임명받으러 [도성으로] 가려 하는데, 보기에 어떤 관직을 얻을 것 같소?"

차삼이 말했다.

"공은 어떤 관직을 맡고 싶습니까?"

이몽이 말했다.

"화음현에서 일했으면 좋겠소."

차삼이 말했다.

"공은 여기에서 관직을 얻을 수는 있지만, 공의 관상을 보니 그런 복록이 없으니 이를 어쩌겠습니까?"

사람들은 모두 그의 말을 믿지 않았다. 이몽이 도성에 도착하여 과연 화음현위(華陰縣尉)에 임명되어 관직을 제수받자, 곡강(曲江)의 배 위에서 연회를 열어 축하하는 자리에서 여러 관원들이 이몽에게 [연회를 기리는] 서(序)를 짓게 했다. 저녁 무렵에 서가 완성되자 사혜(史翙)가 먼저 일어나 이몽의 손에서 서를 빼앗아 보았더니, 배사남(裵士南) 등 10여 명도 다투어 일어나 서를 보았다. 그런 와중에 배가 한쪽으로 쏠려 마침내 전복되는 바람에 이몽과 배사남 등이 모두 물에 빠져 죽었다. (『정명록』)

車三者, 華陰人, 善卜相. 進士李蒙宏詞及第, 入京注官, 至華陰, 縣官令車三見, 詎云李益. 車云: "初不見公食祿." 諸公云: "應緣不道實姓名, 所以不中. 此是李蒙, 宏詞及第, 欲注官去, 看得何官?" 車云: "公意欲作何官?" 蒙云: "愛華陰縣." 車云: "得此官在, 但見公無此祿, 奈('奈'原作'如', 據明鈔本改)何?" 衆皆不信. 及至京, 果注華陰縣尉授官, 相賀於曲江舟上宴會, 諸公令蒙作序. 日晚序成, 史翙先起, 於蒙手取序看, 裵士南等十餘人, 又爭起看序. 其船偏, 遂覆沒, 李蒙·士南等, 並被沒溺而死 (出『定命錄』)

216 · 13(2513)
이 로(李 老)

개원연간(開元年間: 713~741)에 이름은 모르지만 성이 유씨(劉氏)인 어떤 사람이 있었는데, 그는 선대(先代)의 공로를 빌어 관직을 구했지만 수년 동안 임명되지 못했다. 그런데 어떤 해에 관리선발 시험이 끝났을 때, 그는 서쪽 저자에 점을 잘 치는 이노인이 있다는 소문을 듣고 찾아가 물었더니, 이노인이 말했다.

"금년에는 관운이 분명 이루어지지 못할 것이오."

유생(劉生)이 말했다.

"어떤 사람이 은밀히 나에게 귀뜸해주면서 이번에는 틀림없이 성사될 것이라고 했는데, 어찌하여 안될 것이라고 하시오?"

이노인이 말했다.

"금년에는 분명히 성사되지 못할 것이지만, 내년에는 구하지 않아도 저절로 얻게 될 것이오."

유생은 그 말을 믿지 않았다. 유생은 나중에 과연 보증 선 일에 연루되어 문초를 받게 되자, 그제야 비로소 이노인의 말이 영험하다는 것을 믿게 되었다. 이듬해 관리선발 시험이 끝났을 때, 유생은 자신의 평점이 다소 낮다고 스스로 판단하고서 [이번에도] 일이 성사되지 않을 것이라고 생각하여, 또 이노인에게 물었더니 이노인이 말했다.

"걱정하지 마시오. 당신의 관운은 틀림없이 이루어질 것이니, 대량(大梁: 開封府를 말함)에서 봉록을 받게 될 것이오. 관직을 얻게 되거든 다시 나를 찾아오시오."

유생은 과연 개봉현위(開封縣尉)가 되었다. 그래서 다시 이노인을 찾아갔더니 이노인이 말했다.

"당신은 관리가 되었지만 굳이 청렴하고 검소할 필요는 없으며, 마음대로 재물을 취해도 되오. 또한 임기가 만료될 때쯤 해서 도성에 들어갈 사자(使者)가 되겠다고 자청하면, 그때 다시 당신을 위해 점을 쳐주겠소."

유생은 주부(州府)에 도착한 뒤, 과연 자사(刺史)의 신임을 받게 되었다. 유생은 이노인의 말을 떠올리며 많은 재물을 취하여, 임기가 만료될 때쯤에는 천만 금을 모았다. 마침내 유생이 주장(州將)을 배알하고 강사(綱使: 綱運使. 대량의 화물을 운송하는 책임자)로 임명해달라고 자청하자, 주장은 그를 파견하여 본주(本州)의 조세를 운반하여 도성으로 가게 했다. 그때 유생이 또 이노인을 찾아갔더니 이노인이 말했다.

"공은 곧 분명 승진할 것이오."

유생이 말했다.

"나는 지금 이전의 임기가 만료된 후 다시 관리선발에 응해야 하는데, 지금 어느 때 다시 승진한단 말이오?"

이노인이 말했다.

"단지 3일 안에 승진할 것이며, 승진한 관직 역시 분명 그 군(郡)에서 얻게 될 것이오. 그때 다시 나를 찾아오시오."

유생은 의심하면서 떠났다. 다음날 유생은 본주의 조세를 좌장고(左藏庫)에 납부했는데, 그때 마침 봉황이 그곳에 나타나자, 다음과 같은 칙명이 내려졌다.

"봉황을 맨 먼저 본 자에게 관직을 승진시켜주어라."

유생은 바로 봉황을 맨 먼저 본 사람이었으므로, 마침내 준의현승(浚儀縣丞)으로 승진되었다. 그래서 유생은 이노인을 더욱 공경했다. 유생이 또 관리로 지내는 방법을 물었더니 이노인이 말했다.

"이전처럼 똑같이 하면 되오."

유생은 [준의현승의] 임기가 만료되었을 때 또 천만 금을 모았다. 유생은 고향으로 돌아와서 몇 년을 지낸 뒤 또 관리선발에 응시하면서, 다시 이노인을 찾아갔더니 이노인이 말했다.

"이번에는 틀림없이 한 현읍(縣邑)을 얻게 될 것이지만, 경거망동하지 말고 정말로 신중하는 것이 좋을 것이오."

유생은 과연 수춘현령(壽春縣令)에 제수되었지만, 임기가 다 차기 전에 뇌물죄에 걸려 면직되었다. 그래서 유생이 또 이노인을 찾아가 물었더니 이노인이 말했다.

"이젠 당신에게 [모든 것을] 말해줄 것이니, 당신은 부끄러워하거나 꺼려할 필요 없소. 당신의 조상은 일찍이 대상(大商)으로서 2천만 금의 재물을 지닌 채 변주(汴州: 開封府를 말함)에서 죽었는데, 당시 그 재물이 그곳 사람들에게 흩어졌소. 이 때문에 당신은 그곳에서 [조상이 나눠준 재물을] 다시 얻은 것이니 함부로 취한 것이 아니었소. 그래서 별탈이 없었던 것이오. 그러나 이 읍[수춘현을 말함]의 사람들은 당신 집안의 재물에 빚진 게 없으니, 어찌 지나치게 취할 수 있겠소?"

유생은 크게 탄복했다. (『원화기』)

開元中, 有一人姓劉不得名, 假廕求官, 數年未捷. 忽一年銓試畢, 聞西市有李老善卜, 造而問之, 老曰: "今年官未合成." 生曰: "有人竊報我, 期以必成, 何不然也?" 老人曰: "今年必不成, 來歲不求自得矣." 生旣不信. 果爲保所累, 被駁, 生乃信老人之神也. 至明年試畢, 自度書判微劣, 意其未遂, 又問李老, 李老曰: "勿憂也. 君官必成, 祿在大梁. 得之, 復來見我." 果爲開封縣尉. 又重見老人, 老人曰: "君爲官, 不必淸儉, 恣意求取. 臨滿, 請爲使入城. 更爲君推之." 生至州, 果爲刺史委任. 生思李老之言, 大取財賄, 及滿, 貯積千萬. 遂謁州將, 請充綱使, 州將遣部其州租稅至京. 又見李老, 李老曰: "公卽合遷官." 生曰: "某今向秩滿後選之, 今是何時, 豈得更有官也?" 老曰: "但三日內得官, 官亦合在彼郡得之. 更相見也." 生疑之, 遂去. 明日, 納州賦於左藏庫, 適有鳳凰見其處, 敕云: "先見者與改官." 生卽先見, 遂遷授浚儀縣丞. 生益見敬李老. 又問爲官之方, 云: "一如前政." 生滿歲, 又獲千萬. 還鄕居數年, 又調集, 復詣李老, 李老曰: "今當得一邑, 不可妄動也, 固宜愼之." 生果授壽春宰, 至官未暮, 坐臟免. 又來問李老, 老曰: "今當爲君言之, 不必憖諱. 君先代曾爲大商, 有二千萬資, 卒於汴州. 其財散在人處. 故君於此復得之, 不爲妄取也. 故得無尤. 此邑之人, 不負君財, 豈可過求也?" 生大伏焉. (出『原化記』)

216 · 14(2514)
개원중이도사(開元中二道士)

개원 2년(714)에 양주(梁州)의 도사 양허주(梁虛舟)가 구궁법(九宮法: 九宮으로 점치는 법. 一宮은 太一神·天蓬星·坎卦·水·白, 二宮은 攝提神·天芮星·坤卦·土·黑, 三宮은 軒轅神·天衡星·震卦·木·碧, 四宮은 招搖神·天輔星·巽卦·木·綠, 五宮은 天符神·天禽星·離卦·土·黃, 六宮은 靑龍神·天心星·乾卦·金·白, 七宮은 咸池神·天柱星·兌卦·金·赤, 八宮은 太陰神·天任星·艮卦·土·白, 九宮은 天一神·天英星·離卦·火·紫에 해당함)으로 장작(張鷟)의 운명을 추산하여 말했다.

"오귀성(五鬼星: 叢辰[十二支에 따른 善神과 惡神의 총칭]의 명칭으로, 鬼宿의 5번째 별에 尸氣가 쌓여 있기 때문에 그렇게 부름)이 올해에 끼었고 천강성(天罡星: 叢辰의 명칭으로, 달에 들어 있는 凶神을 말함. 陽建之月[음력 4월]에는 前三辰이 天罡이 되고 後三辰이 河魁가 되며,

陰建之月[음력 10월]에는 이와 반대임)이 운명을 덮쳤으니, 이것은 일생의 큰 액운입니다. 또『주역(周易)』으로 점을 쳐보니, 「관(觀: 坤[☷]下 巽[☴]上. 이 괘는 바람이 땅위로 부는 형상으로, 군주가 사방을 돌아보고 민정을 살펴서 가르침을 편다는 뜻을 지니고 있음)」괘가 「환(渙: 坎[☵]下 巽[☴]上. 이 괘는 바람이 물위로 부는 형상으로, 바람이 물위로 불면 수면이 물결을 일으키며 일제히 흩어진다는 뜻을 지니고 있음)」괘로 변하니, [처음에는] 주인이 놀라고 두려워하지만 나중에는 바람이 물위로 부는 것처럼 모든 일이 즉시 해결될 것입니다."

또 안국관(安國觀)의 도사 이약허(李若虛)에게는 성명도 알려주지 않고 몰래 [장작의 운명을] 추산해보게 했더니, 이약허가 이렇게 말했다.

"이 사람은 금년에 몸이 천뢰(天牢: 도성에 설치하여 조정에서 직접 관장하는 감옥)에 있고 대벽(大辟: 死刑)의 죄를 짓게 되겠지만, 이내 면할 수 있을 것입니다. 그렇지 않다면 틀림없이 병들어 죽어 구제할 방법이 없을 것입니다."

과연 장작은 어사(御史) 이전교(李全交)에 의해 죄가 만들어져, 그를 사형에 처하라는 칙령이 내려졌다. 그러나 형부상서(刑部尙書) 이일지(李日知), 좌승(左丞) 장정규(張庭珪)·최현승(崔玄昇), 시랑(侍郎) 정행모(程行謨)가 모두 청원한 덕분에 장작은 사형을 면하고 영남(嶺南)으로 유배갔다. 두 도사의 말은 진실로 징험이 있었다.(『조야첨재』)

開元二年, 梁州道士梁虛舟以九宮推算張鷟云: "五鬼加年, 天罡臨命, 一生之大厄. 以『周易』筮之, 遇「觀」之「渙」, 主驚恐, 後風行水上, 事卽散." 又安國觀道士李若虛不告姓名, 暗使推之, 云: "此人今年身在天牢, 負大辟之罪, 乃可以免.

不然, 病當死, 無有救法." 果被御史李全交致其罪, 敕令處死('死'原作'盡', 據明鈔本改). 而刑部尙書李日知, 左丞張庭珪・崔玄昇, 侍郎程行謀咸請之, 乃免死, 配流嶺南. 二道士之言, 信有徵矣. (出『朝野僉載』)

216・15(2515)
장 직(蔣 直)

천보(天寶) 12년(753)에 영가(永嘉) 사람 장직이 말했다.

"군성(郡城) 안에 흰 장막이 있으니, 태수(太守) 이강(李江)은 갑자기 부모상을 당할 것이다."

이강이 강북으로 돌아가려고 할 때, 장직이 또 말했다.

"공이 진운군(縉雲郡)에 갔다가 돌아왔을 때, 틀림없이 붉은 사람, 초록 사람, 푸른 사람 3명이 와서 심문하겠지만 결국 다른 일은 없을 것이다."

나중에 과연 채방사(採訪使) 장원(張愿)은 붉은 관복을 입고 대리사직(大理司直) 두교(杜喬)는 초록 관복을 입고 판관(判官) 장린(張璘)은 푸른 관복을 입고 와서 이강을 심문했지만, 때마침 사면령이 내려져 심문을 그만 두었다. (『정명록』)

天寶十二載, 永嘉人蔣直云: "郡城內有白幕, 太守李江忽丁憂." 李欲歸江北, 蔣又云: "公至縉雲郡廻廻, 當有一緋・一綠・一碧人來相推按, 然終無事." 後果採訪使張愿着緋, 大理司直杜喬着綠, 判官張璘着碧, 來推, 遇赦而止. (出『定命錄』)

태평광기 권제 217 복서 2

1. 심 칠(沈 七)
2. 영음일자(潁陰日者)
3. 왕서암(王栖巖)
4. 노 생(路 生)
5. 추 생(鄒 生)
6. 오명도사(五明道士)
7. 황 하(黃 賀)
8. 등주복자(鄧州卜者)

217 · 1(2516)
심 칠(沈 七)

심칠은 월주(越州) 사람으로 점을 아주 잘 쳤다. 원외랑(員外郎) 이단(李丹)이 그에게 말했다.

"소식을 듣자하니, 이시랑(李侍郎)이 국정을 담당하고 나 또한 급사중(給事中)이 된다고 하던데, 어떠한가?"

심칠이 말했다.

"이시랑은 곧 잡혀 들어가 사일(社日: 옛날 土地神에게 제사지내던 날로, 주로 立春·立秋 뒤 第5 戊日에 제사지냈음)의 음식을 맛볼 수 없을 뿐만 아니라 이후로 더 이상의 녹봉은 없을 것입니다. 공께서도 관직이 바뀌지 않아 급사중에 오를 수 없습니다."

이때가 사일로부터 겨우 14일 밖에 남지 않았는데, [14일 후에] 정말 이시랑을 잡아들이라는 칙령이 떨어졌다. 제사 지내기 이틀 전에 이시랑은 도성 길에 올랐다가 변경(汴京)에 이르러서 죽었다. 이원외 역시 급사중에 오르지 못했다. (『정명록』)

또 천보(天寶) 14년(755)에 왕제(王諸)가 과거를 보러 도성에 들어가고자 먼저 월주(越州)의 심칠에게 가서 점을 쳤다. 그런데 순수한 양기 「건(乾: 乾[☰]上 乾[☰]下. 이 괘는 상·하 모두가 건괘로 구성되어 있는데, 이 점괘를 얻은 사람은 그것을 본떠서 마음을 곧고 바르게 가지고 기상을 떳떳하게 가지면 만사가 형통함)」괘가 나오더니, 아래의 4괘(卦)가 이동하여 「관(觀: 巽[=]上 坤[≡≡]下. 이 괘는 바람이 땅 위에 부는 형상으로, 九五의 양기가 위에서 아래로 내려다보면 모든 음기가 순종하고, 또 양기가 있을 정당한 가운데 자리에서 천하를 관찰하는 상임)」괘로 변했다. 그러자 심칠이 말했다.

"공께서 지금 도성으로 과거를 보러 가시는 길에 「관」괘가 나왔는데, '나라의 광명을 살펴본다'함은 국빈의 대접을 받아 등용될 것이니, 본래는 길조입니다. 그런데 네 개의 음효(陰爻)가 두 개의 양효(陽爻)에 감응하여 하 삼효(三爻)는 「건」괘가 되고, 상 삼효(三爻)는 변해서 제4효에 이르렀지만 제5효까지는 이르지 못했습니다. 구오(九五)는 황제의 자리인데, '대인을 만나봄이 이롭다'는 점괘를 얻을 수 없습니다. 아마도 공은 이번에 가시면 도성에 이르지도 못하고 돌아올 것입니다."

과연 동경(東京: 洛陽)에 이르렀을 때 안록산(安祿山)이 난을 일으키는 바람에 왕제는 달아나서 강동(江東)으로 돌아왔다. (『정명록』)

有沈七者, 越州人, 善卜. 李丹員外謂之曰: "聞消息, 李侍郎知政事, 某又得給事中, 如何?" 沈七云: "李侍郎卽被追, 不得社日肉喫, 後此無祿. 公亦未改, 不得給事中." 其時去社纔十四日, 果有敕追李侍郎. 去社兩日而上道, 至汴卒. 李亦不得給事中. (出『定命錄』)

又天寶十四年, 王諸應擧, 欲入京, 於越州沈七處卜. 得純乾卦, 下四位動, 變觀卦. 沈云: "公今應擧, 得此卦, '觀國之光', 利用賓于王, 本是嘉兆. 然爻動, 群陰感陽, 下成乾卦, 上變至四, 又不至五. 五是君位, 未得'利見大人'. 恐公此行, 不至京而廻." 果至東京, 屬安祿山反, 奔走却歸江東. (出『定命錄』)

217 · 2(2517)
영음일자(潁陰日者)

영음태수(潁陰太守) 진주(陳澍)는 안록산(安祿山)의 난이 일어났을 때 [조정에다 그 사실을 알리기 위해] 손씨(孫氏) 성을 가진 현위(縣尉)를 동경(東京: 洛陽)으로 보내려고 했으나, 손현위는 가지 않으려 했다. 이에 화가 난 진주는 그를 매질했다. 동경에 도착한 손현위는 안록산에게 투항하고 영음으로 가서 진주의 목을 취할 것을 청했다. 안록산은 손현위를 영음태수에 앉히고 붉은 관복을 하사한 다음 20여 명의 사람을 데리고 가 진주의 목을 취하라고 했다. 진주는 손현위가 자신의 목을 취하러 오고 있다는 소문을 듣고 해질 무렵 도성을 빠져 나와 달아났으나, 녹사참군(錄事參軍)이 말머리를 잡아당기며 영음으로 돌아가게 했다. 진주는 두려움이 앞선 나머지 설사약을 먹으면서 병을 핑계삼아 외출하지 않았다. 또 점쟁이를 시켜 자신의 운명을 점치게 했더니, 점쟁이가 말했다.

"오늘로부터 5일째 되는 날 틀림없이 집안이 편안해질 것이고, 손현위도 공의 머리를 취하지 못할 것입니다. 또 공께서는 수레 500대 분량의 녹봉이 [아직 남아] 있으니 틀림없이 죽지 않을 것입니다. 7일째 되는 날 식사시간이 되면 공께서는 무고하실 것입니다. 그러나 반드시 이곳을 떠나야 합니다. 이곳에서는 사실 수 없습니다."

그로부터 5일 뒤에 손현위가 왔을 때 진주는 몰래 창고의 물건들을 관아의 사람들에게 주고 밤이 된 뒤에 진주를 도성으로 잡아들이라는 조서를 꾸몄다. 그리고는 사람을 시켜 조서를 가지고 서쪽으로 가서 역참(驛站) 두 곳을 거쳐 다시 영음으로 돌아오게 했다. 한밤중에 조서가 도착했다. 이튿날 아침 진주는 여러 관리들을 불러들여 조서를 공포했다. 그리고는 바로 하인들을 시켜 역관에 있던 손현위를 죽이게 하고, 또 20여 명의 사람들에게 녹사참군을 죽이게 했다. 이 일이 있기 전에 손현위는 사람을 보내 처와 딸 등을 데려오게 했는데, 그 날 밤중에 그의 가족들이 영음 땅에 도착했다. 이튿날 날이 밝자 진주는 그들을 모두 죽여버렸다. 조정에서 황제가 그를 지주사(知州事: 知州로, 地方 州의 장관을 말함)로 있게 했으므로 그는 [조정의 명을 받들기 위해] 곧장 도성으로 출발했다. 진주는 도성으로 출발하던 날 관아의 명주 5필(匹)을 점쟁이에게 상으로 주었다. (『정명록』)

陳澍爲潁陰太守, 屬安祿山反, 遣縣尉姓孫向東京, 孫不肯行. 陳怒撻('撻'原作'促', 據明鈔本改)之. 至東京, 遇祿山, 請往潁陰取陳澍頭. 祿山補孫爲潁陰太守, 賜緋, 並領二十餘人取澍. 澍聞便欲至, 薄晚, 出城走, 錄事參軍扣馬令廻. 澍憂悶, 服痢藥託疾. 令一日者卜之, 曰: "從今五日, 當有家便, 未取公. 然有五百車祿在, 必亦不死. 至七日食時, 公無恙矣. 然當去此 求住不得."

後五日孫到, 陳於是潛以庫物遺諸衙內人, 至夜後, 僞作敕書, 追入京. 令向西兩驛上, 差人逆來. 夜半敕書至. 明早, 召集諸官宣勅. 便令手刃(明鈔本'刃'作'力', 下同)就館中誅殺孫, 並手刃二十餘人, 殺錄事參軍. 其孫尉先令人取妻及女等, 夜半齊到. 明日平明, 盡殺之. 令上佳知州事, 便發入京. 以官絹五匹賞卜者. (出『定命錄』)

217 · 3(2518)
왕서암(王栖巖)

왕서암은 상천(湘川)에서 건너와 강릉(江陵) 노백호(鷺白湖)에서 살았는데, 『역경(易經)』에 뛰어났으며 계절의 변화를 잘 알아맞히고 음양술(陰陽術)에 정통했다. 그는 손수 자신의 집 주위에 복숭아나무와 살구나무를 수십 겹으로 심어서 집의 사방 울타리로 삼았다. 당시 사람들은 그를 동봉(董奉: 三國시대 吳나라 사람으로 의술에 뛰어났음. 매번 사람들을 치료해주고 치료비 대신 살구나무를 심게 했는데, 몇 년 뒤에 집 앞뒤로 살구나무가 만 그루가 넘었다고 함)에 비유했는데, 왕서암이 그 말을 듣더니 웃으면서 말했다.

"나는 그저 나무의 꽃과 씨를 이용해서 풍(風)을 쫓고 기(氣)를 통하게 하고자 할 뿐인데, 어찌 고인의 일에 비교할 수 있겠습니까?"

왕서암은 매일 아침 일찍 일어나 시초가지를 펼쳐놓고 사람들의 고민을 해결해주었으며, 그 사례로 받은 돈이 하루 생활하기에 족하면 문을 걸어 잠그고 정원을 돌보았다.

대력연간(大曆年間: 766~779)에 한 노인이 돈 백 냥을 가지고 와서 왕서암에게 점을 쳐 달라고 했다. 괘가 나오자 왕서암은 노인의 나이를 물어보고는 깜짝 놀라 말했다

"댁이 여기서 얼마나 되오? 노인장께서는 집으로 돌아가시오. 그렇지 않으면 장차 길에서 죽게 될 것이오."

왕서암은 노인이 나가고 난 뒤 그가 남겨 놓은 돈을 보았는데, 다름 아닌 지전(紙錢)이었다. 그제야 왕서암은 방금 점친 것이 바로 자신의

나이였음을 깨닫고는 이렇게 탄식했다.

"내 비록 젊어서부터 『역경』을 공부했으나, 뜻밖에도 저승세계에서 온 귀신에게 심판을 받을 줄이야. 지금 죽는다 한들 또 무엇이 원통하겠는가!"

왕서암은 목욕을 하고 새 옷으로 갈아입은 뒤 처자와 작별인사를 했다. 그로부터 잠시 뒤에 왕서암은 죽었다. (『저궁구사』)

王栖巖自湘川寓江陵鷺白湖, 善治『易』, 窮律候陰陽之術. 所居桃杏手植成數十列, 四藩其宇. 時人比董奉, 栖巖笑曰:"吾獨利其花核, 祛風導氣耳, 安取迹古人餘事?" 每淸旦布著, 爲人決事, 取資足一日爲生, 則閉齋治園.

大曆中, 嘗有老父持百錢求筮. 卦成, 參驗其年, 栖巖驚曰:"家去幾何? 父往矣. 不然, 將仆於道." 老父出, 栖巖顧百錢, 乃紙也. 因悟其所驗之辰, 則栖巖甲子, 乃歎曰:"吾雖少而治『易』, 不自意能幽入鬼鑒. 死復何恨!" 乃沐浴更新衣, 與妻子訣. 少時而卒. (出『渚宮舊事』)

217・4(2519)
노 생(路 生)

조자근(趙自勤)은 일찍이 관리선발을 기다리면서 장안현(長安縣)의 노생을 찾아가 점을 쳤다. 노생이 말했다.

"공의 관직은 '날 일(日)'자 두 개가 들어가지 아니하면 '입 구(口)'자가 두 개 들어갈 것입니다."

후에 조자근은 6월 6일에 다시 점을 쳤다. 노생이 말했다.

"공의 관직은 9일날 공표되지 않으면 12일에 공표됩니다."

9일이 되자 과연 재상이 이부(吏部)에다 조자근의 이력에 대해 알아보더니 12일에 칙령을 발표했는데, 조자근은 좌습유(左拾遺)가 되었다. '습유' 두 글자에 각각 '입 구'자가 하나씩 있다.

또 보궐(補闕: 補闕)로 있던 왕황(王晃)이 7월에 노생을 찾아가 점을 쳤다. 그러자 노생이 말했다.

"9월에 틀림없이 대성(臺省)으로 들어갈 것이며 관직명에 '예(禮)'자가 있을 것입니다."

그때 예부원외(禮部員外) 도한(陶翰)이 그 자리에 있다가 말했다.

"그럼 공께서 제 관직을 이어받겠군요."

9월이 되어 도한이 병으로 휴가를 청하자, 조정에서 칙령을 내려 왕황을 예부원외에 제수했다. 후에 왕황이 다시 노생에게 점을 치게 했더니 그가 말했다.

"이번에는 틀림없이 외지로 나가시고 '창(倉)'자가 붙은 관직을 맡게 될 것입니다."

과연 왕황은 온주사창(溫州司倉)으로 폄적되었다. 얼마 뒤에 노생은 자신의 두 아들을 왕황에게 부탁했다. 왕황이 다시 물었다.

"나는 결국 어떻게 되오?"

노생이 말했다.

"제가 저의 두 아들을 공에게 부탁하신 것을 보면 아실 것입니다."

趙自勤嘗選, 訪卜於長安縣路生. 路云: "公之官, 若非重日, 卽是重口." 後六月六日又卜. 路云: "公之官, 九日不出, 十二日出." 至九日, 宰相果索吏部由曆, 至十日勅出, 爲左拾遺. '拾遺'之字, 各有一口.

又補闕王晃, 七月內訪卜於路生. 路云: "九月當入省, 官有'禮'字." 時禮部員外陶翰在座, 乃曰: "公卽是僕替人." 九月, 陶病請假, 勅除王禮部員外. 後又令卜, 云: "必出當爲'倉'字官." 果貶溫州司倉. 旣而路生以其二子託晃. 晃又問: "畢竟當何如?" 路云: "某所以令兒託公, 其意可知也."

217 · 5(2520)
추 생(鄒 生)

무종(武宗) 때의 재상 이회(李回)의 옛날 이름은 이전(李躔)이다. 그는 여러 차례 과거를 보았으나, 급제하지 못했다. 그가 한번은 낙교(洛橋)에 갔는데 그 곳에 술사(術士) 두 명이 있었다. 한 사람은 시초점에 능했고, 한 사람은 거북점에 능했다. 이전은 먼저 시초점을 보는 사람을 찾아가 말했다.

"제가 이름을 바꾸고 과거에 응시하려 하는데 어떻겠습니까?"
점쟁이가 말했다.

"이름을 바꾸면 아주 좋을 것이오. 이름을 바꾸지 않는다면 끝내 과거에 합격하지 못할 것이오."

이전이 다시 거북점을 보는 추생을 찾아갔더니, 추생이 말했다.

"이번에는 삼가 이름을 바꾸지 마시오. 그대의 이름은 장차 멀리 퍼질 것이오. 그러나 과거에 급제하여 뜻을 이루고 난 20년 뒤에는 틀림없이 이름을 바꾸어야 될 것이오. 지금 하늘에 그 징조가 나타나고 있으니, 다른 날 제 말뜻을 알게 될 것이오."

이전이 길을 나서려 할 때 추생은 다시 이전에게 이렇게 주의를 줬다.

"젊은이는 틀림없이 책문(策問)으로 이름을 떨칠 것이오. 후에 중요한 직책을 맡으시거든 후배들을 잘 이끌어 주시고, 벼슬길에 오르지 못한 사람들과 사이가 벌어지지 않도록 하시오. 그렇게 되면 다른 날 틀림없이 깊은 원한이 질 것이오."

장경(長慶) 2년(822)에 이전은 과거에 급제했다. 무종이 등극했을 때 이전은 이름이 무종과 같았기 때문에 비로소 이름을 이회로 바꾸고서 (辛丑年에서 庚申年까지는 20년이다) 말했다.

"시초점은 볼 것 없고 거북점은 뛰어나구나! 과연 추생의 말이 딱 맞아떨어지지 않는가!"

이공(李公: 李回)이 승랑(丞郞: 尙書左右丞과 六部侍郞을 합쳐 이르는 말)으로 있을 때 급사중(給事中)으로 있던 위모(魏謨)가 삼성(三省)의 관리들이 모인 자리에서 이회에게 이렇게 말했다.

"지난날 부해(府解: 당대 府나 州의 貢擧士人들이 도성에 모여 會試를 보는 것을 말함)를 치를 때 시랑(侍郞)께서 시험감독관이셨는데, 도성에 시험 보러 온 사람들은 모두 102명으로, 오직 소생만이 한번도 추천[解: 당송시대에 대개 進士試를 치를 사람들은 주로 州나 縣의 추천을 받아 도성에서 시험을 봤는데, 이를 解라 했음]을 받지 못했습니다. 그런데 지금 외람되게도 금장(金章: 고급관리들의 官服을 말함)을 두르고 관리의 반열에 있게 되었습니다."

그 자리에 있던 관리들이 이 말을 듣고 깜짝 놀라면서 그가 겸손해지기를 바랬다. 그러자 이회가 말했다.

"지금 공이 관복을 벗고 위수재(魏秀才)라 불리고 내가 시험관이 된다 해도 나는 이전처럼 공을 추천하지 않을 것이오. 공은 어찌하여 지난 날의 일을 가지고 사람을 나무라는 것이오?"

얼마 지나지 않아 이회가 홀로 대권을 쥐게 되자, 삼대(三臺: 尙書·御史中丞 및 謁者를 말함) 등의 관리들은 그를 공경하며 두려워했다. 나중에 이회는 상부(相府: 宰相을 말함)의 자리까지 올랐다. 그로부터 3~5년 뒤에 위공(魏公: 魏謨)은 동주(同州)에서 와서 재상을 맡았고, 이회는 여러 차례 유배를 당해 외직을 떠돌게 되었다. 그러자 이회는 한숨을 내쉬며 이렇게 탄식했다.

"낙교의 선생[鄒生을 가리킴]이 내게 주의를 주었건만 내 스스로 화를 자초했구나. 그러나 이 역시 운명에 의해 그렇게 된 것이로다!"

(『운계우의』)

武宗朝, 宰相李回舊名躔. 累擧躔未捷. 嘗之洛橋, 有二術士. 一能筮, 一能龜. 乃先訪筮者曰: "某欲改名赴擧, 如之何?" 筮者曰: "改名甚善. 不改, 終不成事也." 又訪龜者鄒生, 生曰: "君子此行, 愼勿易名. 名將遠布矣. 然則成遂之後, 二十年終當改名. 今則已應玄象, 異時方測余言." 將行, 又戒之曰: "郞君必策榮名. 後當重任, 接誘後來, 勿以白衣爲隙. 他年必爲深孼矣." 長慶二年, 李及第. 至武宗登極, 與上同名, 始改爲回(從辛丑至庚申, 二十年矣), 乃曰: "筮短龜長, 鄒生之言中矣!"

李公旣爲丞郞, 魏謨爲給事, 因省會, 謂回曰: "昔求府解, 侍郞爲試官, 送一百二人, 獨小生不蒙一解. 今日還忝金章, 厠諸公之列也." 合坐皆驚此說, 欲其遜容. 回曰: "如今脫却紫衫, 稱魏秀才, 僕爲試官, 依前不送公. 公何以得舊事相讓耳?" 回乃尋秉獨坐之權, 三臺肅畏. 而昇相府. 後三五年, 魏公亦自同州入相, 而回累被貶謫, 跋涉江湖. 喟然歎曰: "洛橋先生之誠, 吾自取尤耳. 然亦命之所牽也!" (出『雲溪友議』)

217・6(2521)
오명도사(五明道士)

장경연간(長慶年間: 821~824)에 업중(鄴中)에 오명도사가 있었는데, 어디 사람인지는 알 수 없지만 음양술(陰陽術)과 역법에 뛰어났으며 특히 점을 잘 쳤다. 성덕군절도사(成德軍節度使) 전홍정(田弘正)은 아랫사람에게는 다소 너그러운 편이었지만, 재물에 대한 욕심이 많아 끝도 없이 백성들의 재물을 강탈하는 바람에 백성들은 그를 몹시 원망했다. 당시 전홍정의 부장(部將)으로 있던 왕정주(王庭湊)는 전홍정의 심부름으로 업 땅에 가게 되었다. 그런데 업 땅에 도착한 왕정주가 돌연 가벼운 병에 걸렸다. 며칠 뒤에 왕정주는 의원을 찾아갔으나 병이 낫지 않았다. 그리하여 왕정주는 오명도사를 찾아가 자신의 평생 운세가 어떤지를 물어보았다. 오명도사는 곧장 그를 위해 점을 쳤다. 점괘가 나왔을 때 보니 동전 세 개가 함께 움직이다가 한참 후에야 멈추었는데 육효(六爻)가 모두 중복되었다. 도사가 말했다.

"이 점괘는 「건(乾: 乾[☰]上 乾[☰]下. 이 괘는 상・하 모두가 乾卦로 구성되어 있는데, 이 점괘를 얻은 사람은 그것을 본떠서 마음을 곧고 바르게 가지고 기상을 떳떳하게 가지면 만사가 형통함」괘가「곤(坤: 坤[☷]上 坤[☷]下. 이 괘는 상·하 모두가 坤卦로 구성되어 있는데, 학문을 하는 군자가 이 땅의 법칙을 본떠서 도덕률을 만들어 후한 도덕으로 모든 만물을 실어주고 업어준다는 뜻임)」괘로 변하는 것인데, 곤은 흙이니 장군께서는 장래에 병권(兵權)을 장악할 날이 멀지 않았고, 또한 산하와 토지를 다스릴 지위에 오를 것입니다. 머지않아 일이 성사될 것이니 속히 돌아가십시오."

왕정주는 오명도사의 말을 듣더니 자기도 모르게 얼른 귀를 막았다. 왕정주는 그 날 밤에 장대한 기골에 기이한 모습을 한 어떤 노인이 흰 수염을 휘날리며 나타나는 꿈을 꾸었는데, 10여 명의 시종이 노인을 모시고 있었다. 이들은 모두 손에 옥으로 만든 작은 도끼를 들고 있었다. 노인이 왕공(王公: 王庭湊)을 부르기에 앞으로 갔더니 이렇게 말했다.

"재난이 곧 닥칠 것이니, 이곳에 오래 머물러서는 안됩니다."

꿈에서 깨어난 왕정주는 괴이하기도 하고 두렵기도 하여 곧장 위수(魏帥)에게 작별을 고하고 돌아왔다. 집으로 돌아와 열흘이 채 지나기도 전에 군민들이 크게 변란을 일으켰다. 전홍정은 반란군들에게 죽임을 당했다. 사대부와 장교들은 모두 왕정주를 절도사로 추천했다. 왕정주는 재삼 물러나 절도사의 자리를 사양했으나, 사람들은 그 말을 듣지 않고 결국에는 강제로 그를 절도사의 자리에 앉혔다. 이튿날 비장(飛章: 急變을 보고할 때 사용하는 上奏)으로 조정에 이상의 사실을 아뢰었다. 조정에서는 이 일을 듣고 크게 놀라며 군사를 모으고 배도(裵度)를 원수(元帥)로 삼아 정벌에 나섰다. 조(趙) 땅 사람들은 2년 동안 항명했고, 관군도 그들을 항복시킬 수 없었다. 얼마 뒤에 경종(敬宗)이 붕어하고 문

황제(文皇帝: 文宗)가 경종의 뒤를 이어 황제의 자리에 올라 다음과 같은 조서를 내렸다.

"생각건대 그곳의 백성들은 오랫동안 도탄에 빠져 있었다. 그곳 원흉이 죄를 지었다고 해서 백성들이 무슨 죄가 있겠는가? 그러니 마땅히 그 사정을 헤아려 모두 용서하노라. 그리고 왕정주를 절도사에 임명하노라."

이어서 조서를 내려 왕정주의 아들 왕원규(王元逵)를 조정으로 불러들이고, 나아가 수춘공주(壽春公主)를 처로 삼게 했다. 왕정주는 절도사의 자리에 오른 뒤 치적을 쌓아 명성을 얻었으며 조정에서도 그를 칭찬했다. 왕정주는 13년 동안 절도사로 있다가 죽었으며 사후에 태사(太師)로 추증(追贈)되었다. 아들 왕원규가 그 뒤를 이어 절도사가 되었고 태위(太尉)까지 지냈으며, 재위 26년에 죽었다. 왕원규의 장자 왕소의(王紹懿)가 왕원규의 뒤를 이어 2년 동안 절도사로 있었으나, 그는 난폭하고 주색을 일삼는 바람에 공론에 따라 폐위된 뒤 살해되었다. 왕소의의 동생 왕소정(王紹鼎)이 왕소의를 이어 절도사가 되었다. 왕소정은 6년 동안 절도사로 있다가 죽었다. 다시 그의 아들 왕경숭(王景崇)이 왕소정의 뒤를 이어 13년 동안 절도사로 있었으며, 관직이 중서령(中書令)에까지 이르렀다. 왕경숭은 상산왕(常山王)으로 있다가 죽었으며, 그의 아들 왕용(王鎔)이 그 뒤를 이어 절도사가 되었는데, 그가 바로 조왕(趙王)이다. 후에 조왕은 41년 동안 절도사로 있으면서 무도한 짓을 자행하다가 아랫사람에게 살해되었다. 왕정주가 절도사에 올라 왕용이 살해되기까지 모두 6명의 군주가 나왔고, 5대에 걸쳐 100여 년 뒤에 멸망했다.

당초 왕정주는 절도사로 옹립되던 해에 업 땅으로 사람을 보내 오명도사를 부(府)로 데려와서 그를 위해 관사를 짓고 '오명선생원(五明先生院)'이라 불렀다. 왕공이 한번은 조용히 이렇게 물었다.

"내 오늘날외람 되게도 제후가 되었소. 내가 앞으로 얼마나 살지 녹봉이 얼마나 될지 다시 한번 점 좀 봐주시오."

오명도사가 말했다.

"30년입니다. 원컨대 공께서는 절개를 다해 부지런히 왕을 모시고 백성을 아끼고 사랑하십시오. 그리고 정신을 안정시키고 원기를 아끼고 보양하며, 늘 청렴함과 검소함을 마음에 두십시오. 그러면 틀림없이 남다른 장수를 누릴 것입니다. 후손들 가운데 2명의 왕이 나올 것인데, 이 모두는 공의 남은 공 때문이지요. 『춘추(春秋)』에서 '5대 자손까지 번성할 것이다'라고 했는데, 8대 자손에 이르기까지 그 번성함에 견줄 이가 없을 것입니다."

왕공이 말했다.

"경사스런 일은 이미 충분합니다. 평소 공적과 덕행이 쌓은 없으니, 그 말씀은 감히 바랄 바가 못됩니다."

왕정주는 오명도사에게 수백 금을 주면서 그의 장수를 빌었다. 오명도사가 한사코 사양하며 돈을 받지 않으려 했으나, 왕공 역시 끝까지 오명도사에게 수백 금을 주려 했다. 오명도사는 하는 수 없이 돈을 싣고 집으로 돌아와서 며칠 내에 사람들에게 모두 나누어주고 한푼도 남기지 않았다. 그 2명의 왕은 바로 상산왕 왕경숭과 조왕 왕용을 말한다. (『이목기』)

長慶之代. 鄴中有五明道士者不知何許人. 善陰陽曆數. 尤攻卜筮. 成德軍節

度田弘正御下稍寬，而冒於財賄，誅求不息，民衆怨咨．時王庭湊爲部將，遣使於鄴．旣至，忽有微恙．數日，求醫未能愈．因詣五明，究平生否泰．道士卽爲卜之．卦成而三錢並舞，良久方定，而六位俱重．道士曰："此卦純乾，變爲坤，坤土也，地也，大夫將來秉旄不遠，兼有土地山河之分．事將集矣，宜速歸乎."庭湊聞其言，遽自掩其耳．是夜，又夢白鬚翁形容偉異，侍從十餘人．皆手持小玉斧．召王公而前（'前'字原闕，據黃本補），謂曰："患難將及，不可久留."旣覺，庭湊疑懼，卽辭魏帥而廻．比及還家，未踰旬，値軍民大變．弘正爲亂兵所害．士大夫將校，共推庭湊．庭湊再三退讓，衆不聽，擁脅而立之．翌日，飛章上奏．朝廷聞之大駭，徵兵攻討，以裴度爲元帥．趙人拒命二年，王師不能下．俄而敬宗卽世，文皇帝嗣位，詔曰："念彼生靈，久罹塗炭．雖元兇是罪，而赤子何辜？宜一切赦而宥之．就加節制."仍詔庭湊子元逵入侍，因以壽春公主妻焉．庭湊旣立，甚有治聲，朝廷稱之．在位十三年卒，贈太師．子元逵繼立，官至太尉，二十六年薨．長子紹懿立二年，荒淫暴亂，衆議廢而殺之．立其弟紹鼎．紹鼎立六年卒．子景崇立十三年，官至中書令．爵常山王卒，子鎔立，卽趙王也．後恣橫不道，爲下所殺，立四十一年．自庭湊至鎔，凡五世六主，一百餘年滅．

　　初庭湊之立也，遣人詣鄴，取五明置於府，爲營館舍，號'五明先生院'．公曾從容問曰："某今已忝藩侯．將來祿壽，更爲推之."道人曰："三十年．願明公竭節勤王，愛民恤物．次則保神嗇氣，常以淸儉爲心．必享殊壽．後裔兼有二王，皆公餘慶之所致也．『春秋』所謂'五世其昌'，八世之後，莫之與京."公曰："幸事已多．素無勳德，此言非所敢望."因以數百金爲壽．道士固辭不受，公亦固與之．載歸其室，數日盡施之，一無留焉．二王，景崇封常山王，鎔爲趙王也．（出『耳目記』）

217 · 7(2522)
황 하(黃 賀)

당(唐)나라 소종(昭宗) 때 황하란 사람이 있었는데, 자칭 공락(鞏洛) 사람이라 했다. 그는 전란을 피해 황하(黃河)를 건너고 조(趙) 땅을 거쳐서 상산(常山)에 집을 마련하고 점을 치면서 살아갔는데, 그가 길흉을 예언하면 반드시 효험이 있었다. 조왕(趙王) 왕용(王鎔)이 한창 어렸을 때, 한번은 연군(燕軍)이 북방의 변경지역을 쳐들어오자 왕용은 장수를 선발하여 이에 맞서고자 했다. 이때 진립(陳立)과 유간(劉幹)이라는 날랜 군사가 군영으로 명함을 보내왔는데, 병사 500명으로 도적과 대적하고 틀림없이 오랑캐 두목을 포박해오겠다고 했다. 왕용은 그들의 굳센 기상을 칭찬하며 이를 허락했다. 이튿날 두 장수는 병사들을 이끌고 나가 밤에 연군의 군영을 습격해서 떠들썩하게 승전보를 알려왔다. 연군들은 깜짝 놀라서 퇴각했다. 진립은 적군의 칼날 아래서 전사했고, 유간은 개선가를 부르며 돌아왔다. 왕용은 기뻐하며 그에 상응하는 준마 몇 필과 황금과 비단을 하사하며 칭찬했다. 그런데 이로부터 얼마 지나지 않아 유간은 환관에게 다음과 같이 참소당했다.

"이것은 모두 진립의 공이지 유간의 공이 아닙니다."

왕용의 모친 하부인(何夫人)이 이를 듣고 말했다.

"죽어서 임금에게 충성할 필요는 없다. 그것은 몸을 보존하여 나라를 위해 일하는 것만 못하다."

하부인은 비단 옷과 은 허리띠를 하사하고, 돈 20만냥을 얹어주면서 유간을 중견위(中堅尉)로 발탁했다. 이 일이 있기 전에 한번은 유간이 황하를 찾아가 점을 쳤다. 점괘가 나오자 황하는 유간에게 이렇게 말했다.

"이 점괘는 불이 물 위에 있는 「미제(未濟)」괘이니, 종국에는 공을 세울 것입니다. 구이효(九二爻)가 움직여 '그 수레바퀴를 끌어당긴다. 마음이 바르고 곧아서 좋다'로 바뀌고 정도(正道)로써 재난을 구할 수 있다고 했으니, 가면 공이 있을 것입니다. 또 「진(晉)」괘로 변해 밝은 빛이 땅 위에서 나와 막을 수 없을 정도로 세차게 솟구쳐 올라서 황제가 내리시는 은택을 받으실 것이니, 지금 공께서 출전하신다면 연군을 막아내시는 데 유리하고 틀림없이 승리하실 것입니다. 그러면 번왕께서 틀림없이 수레와 말을 하사할 것입니다. 그 사이에 작은 불화가 있기는 하지만 그리 걱정할 것은 못됩니다."

행군사마(行軍司馬) 노안(路晏)이 한번은 밤에 측간에 갔는데, 도둑 한 명이 그곳에 숨어 있었다. 노안은 순간 가슴이 뛰었다. 그래서 촛불을 가져다가 측간을 비추었더니 도둑이 나와 이렇게 말했다.

"장군께서는 놀라거나 두려워 마십시오. 저는 다른 사람의 명을 받들고 이곳에 왔으나, 장군의 정직함을 보고는 차마 장군을 찌를 수가 없었습니다."

도둑은 검을 칼집에 넣고 떠나갔다. 이때부터 노안은 밤낮으로 경계하고 조심하면서 언제 일어날지 모르는 불상사에 대비했다. 그리고 황생(黃生: 黃賀)을 불러 점을 쳤다. 점괘가 나오자 황생이 말했다.

"'두려워서 부르짖는다. 깊은 밤에 전쟁이 있어도 근심하지 말라'는 괘가 나왔습니다. 괘상(卦象)을 살피고 괘사(卦辭)를 풀어보니, 누군가 공을 살해할 뜻을 품고 있었으나 이미 재난이 지나갔습니다. 그저 편견을 버리고 정도를 지키시면서 걱정하는 마음을 푸십시오."

노안은 끝내 아무런 화도 당하지 않았다.

또 찬황현위(贊皇縣尉) 장사(張師)가 한번은 병에 걸려 몇 년 동안 자리에 누워 있었다. 그러던 어느 날 장사는 병세가 위태로워졌음을 느꼈으나 훌륭한 의원도 더 이상 약을 쓸 수 없었다. 그리하여 장사는 황하를 불러와 점을 쳤다. 점괘가 나오자 황생이 다음과 같이 말했다.

"특별히 이상이 있는 것은 아니니 약을 쓰지 않아도 좋은 일이 있을 것입니다. 닷새 정도 치료하시는 것을 멈추시면 틀림없이 병이 나을 것입니다."

장사는 과연 황생이 말한 날짜에 병이 나았다. 또 몇 십 년 뒤에 장사는 흰 새가 비상하다가 구름 사이로 떨어지는 꿈을 꾸었다. 잠에서 깨어난 장사는 정신이 멍했다. 그래서 그는 황하를 불러 점을 쳤다. 황하는 점괘를 풀어보더니 몹시 슬퍼하며 장사에게 이렇게 물었다.

"아침에 자면서 꿈을 꾸지 않았습니까? 꿈을 꾸었다면 틀림없이 날짐승의 모습을 보았을 것입니다. 또한 산 위에서 우레가 치고 새가 구름 사이로 떨어지고 이어서 우레 소리와 새가 모두 사라져 더 이상 볼 수 없었을 것입니다. 부디 스스로를 아끼고 보호하시되, 기꺼이 천명을 따르십시오."

장사는 결국 침상에서 일어나지 못한 채 죽었는데, 그 해 나이 71세였다.

또 단회(段誨)라는 사람이 있었는데, 그는 고성(藁城)의 진장(鎭將: 唐나라 때 변경의 중요한 곳에 鎭을 설치하고 鎭將·鎭副 등을 두었음)으로 있었다. 한번은 밤에 우정(郵亭: 역마을의 客舍)에서 잠을 자고 있었는데, 말이 고삐를 끊고 달아나 며칠 동안 어디로 갔는지 알 수 없었다. 단회가 사람을 저자거리로 보내 점을 치게 했더니 황하가 말했다.

"괘에 따라 보면 이것은 「규(睽)」괘입니다. 초구효(初九爻)가 움직이니 틀림없이 무엇인가 잃어버린 일이 있을 것입니다. 혹시 말을 잃어버리신 것은 아닙니까? 말의 뒤를 쫓지 않으셔도 절로 돌아올 것이며, 틀림없이 말을 잡아 돌려보내는 이가 있을 것입니다."

심부름꾼이 채 객사로 돌아오기도 전에 이미 변방의 한 건달이 말을 끌고 돌아왔다. 황하가 점을 쳐 적중하는 바가 대개 이와 같았다. 당시 사람들은 황하를 '역성공(易聖公)'이라 불렀다.

유암(劉巖)이라는 사람이 한번은 황생을 찾아가 점을 쳤더니 황생이 이렇게 말했다.

"그대는 다른 날 틀림없이 큰 인물이 될 것이지만, 그 기간이 짧다고 한스럽게 생각하지는 마십시오."

유암은 처음에는 황생이 말한 뜻을 이해하지 못했는데, 자신이 뜻을 이룰 것임을 말한 것이라는 사실을 나이가 들어서야 깨달았다. (『이목기』)

唐昭宗時, 有黃賀者, 自云鞏洛人也. 因避地來, 涉河遊趙, 家於常山, 以卜筮爲業, 而言吉凶必效. 時趙王鎔方在幼沖, 而燕軍寇北鄙, 王方選將拒之. 有勇士陳立・劉幹投刺於軍門, 願以五百人嘗寇, 必面縛戎首. 王壯而許之. 翌日, 二夫率師而出, 夜擊燕壘, 大振捷音. 燕人駭而奔退. 立卒於鋒刃之下, 幹卽凱唱而還. 王悅, 賜上廐馬數匹, 金帛稱是. 俄爲閽人所譖曰: "此皆陳立之功, 非幹之効." 王母何夫人聞之曰: "不必身死爲君(明鈔本'君'作'忠'). 未若全身爲國." 卽賜錦衣銀帶, 加錢二十萬, 擢爲中堅尉. 初幹曾詣賀卜. 卦成而謂幹曰: "是卦也, 火水「未濟」, 終有立也. 九二之動, '曳輪貞吉', 以正救難, 往有功也. 變而之「晉」, 明出地中, 奮發光揚, 恩澤相接, 子令行也, 利用禦戎, 大獲慶捷. 王當有車馬之賜. 其間小釁, 不足憂之"

行軍司馬路晏, 曾夜適廁, 有盜伏焉. 晏忽心動. 取燭照之. 盜卽告言: "請無驚懼. 其稟命有自, 察公正直, 不忍俰刃." 卽匣劍而去. 晏由是晝夜警惕, 以備不虞. 召黃生筮之, 卦成, 賀曰: '惕號. 暮夜有戎, 勿恤.' 察象徵辭, 人有害公之意, 然難已過矣. 但守其中正, 請釋憂心." 晏亦終無患也.

又贊皇縣尉張師曾臥病經年. 日覺危殆, 良醫不復進藥. 請賀卜之 卦就, 黃生告曰: "无妄之疾, 勿藥有喜. 請停理療五日, 必大瘳也." 師果應期而愈. 又數十年, 師夢白鳥飛翔, 墜於雲際. 旣覺, 心神恍惚. 召賀卜筮之, 賀卽決卦, 慘然而問師曰: "朝來寢息, 不有夢乎? 必若有夢, 其飛禽之象乎. 且雷振山上, 鳥墜雲間, 聲跡兩消, 不可復見. 願加保愛, 樂天委命而已." 張竟不起, 時年七十一也.

又有段誨者, 任藁城鎭將. 曾夜宿郵亭, 馬斷韁而逸, 數日不知所適. 使人詣肆而筮之. 賀曰: "據卦「睽」也. 初九動者, 應有亡失之事. 無乃喪馬乎? 勿逐自復, 必有繫而送之者也." 廻未及舍, 已有邊鄙惡少, 牽而還之. 賀所占卜, 皆此類也. 時人謂之 '易聖公'.

劉巖曾詣之, 生謂曰: "君他日必成偉器, 然勿以春日爲恨." 初不曉其意, 及老悟, 蓋遲遲之謂也. (出『耳目記』)

217 · 8(2523)
등주복자(鄧州卜者)

한 서생이 등주에 살고 있었다. 그가 한번은 마을의 남쪽으로 놀러갔다가 몇 달이 지나도 돌아오지 않았다. 그러자 서생의 집에서는 점쟁이를 찾아가 어찌된 일인지 점을 쳤다. 점쟁이는 괘를 뽑아 보더니 이렇게 말했다.

"정말 이상한 일이군요. 저로서도 알 수 없으니, 다시 한번 축문을 외워봐야 겠습니다."

축문을 다 외고 나자 점쟁이는 귀갑(龜甲)을 들고 다시 불을 지지더니 말했다.

"그대께서 물어보신 이 사람은 점괘를 보면 병을 앓는 것 같기도 하고 아닌 것 같기도 하고 죽은 것 같기도 하고 아닌 것 같기도 하지만, 해가 바뀌면 스스로 돌아올 것이오."

해가 바뀌어 벼가 한창 익을 무렵 과연 서생이 돌아와서 말했다.

"어떤 산의 깊은 동굴에 놀러갔는데, 때마침 만물이 겨울잠을 자는 시기였습니다. 저는 마치 병에 걸린 듯 사지를 움직일 수 없었고, 술에 취한 것처럼 정신이 없었습니다. 어떤 물체가 밖에서 동굴 안으로 들어오더니 다시 밖으로 나갔습니다. 그리고는 잠시 뒤에 다시 와서 곧장 제 몸에 몸을 갖다대고 목을 쭉 빼내 제 코와 입에 갖다댔는데, 자세히 보았더니 커다란 거북이었습니다. 거북이는 숨을 열 번 정도 들이쉬고 바로 떠나갔습니다."

서생이 그 시간을 따져보았더니, 바로 그 집에서 점을 본 시간이었다.

(『유양잡조』)

有書生住鄧州. 嘗遊郡南, 數月不返. 其家詣卜者占之. 卜者視卦曰: "甚異. 吾未能了, 可重祝." 祝畢, 拂龜改灼, 復曰: "君所卜行人, 兆中如病非病, 如死非死, 逾年自至矣." 果半稔, 書生歸云: "遊某山深洞, 入值物蟄. 如中疾, 四支不能動, 昏昏若半醉. 見一物自明入穴中, 却返. 良久又至, 直附身, 引頸臨口鼻, 細視之, 乃巨龜也. 十息頃方去." 書生酌其時日, 其家卜時吉焉. (出『酉陽雜俎』)

태평광기 권제 218 의(醫) 1

1. 화 타(華 佗)
2. 장중경(張仲景)
3. 오태의(吳太醫)
4. 구려객(句驪客)
5. 범광록(范光祿)
6. 서문백(徐文伯)
7. 서사백(徐嗣伯)
8. 복하병(腹瘕病)
9. 이자예(李子豫)
10. 서지재(徐之才)
11. 견 권(甄 權)
12. 손사막(孫思邈)
13. 허예종(許胤宗)
14. 진명학(秦鳴鶴)
15. 노원흠(盧元欽)
16. 주윤원(周允元)
17. 양현량(楊玄亮)
18. 조현경(趙玄景)
19. 장문중(張文仲)
20. 학공경(郝公景)
21. 최 무(崔 務)

218 · 1(2524)
화 타(華 佗)

위(魏)나라의 화타는 명의였다. 한번은 군수(郡守)가 중병에 걸려서 화타가 그에게 가게 되었다. 군수가 화타에게 진찰해보도록 했는데, 화타는 물러나서 군수의 아들에게 이렇게 말했다.

"사군(使君: 郡守)의 병은 일반적인 병들과는 다릅니다. 어혈이 뱃속에 쌓여 있으니 반드시 격노하게 해서 피를 토해내도록 해야만 병을 물리칠 수 있지요. 이렇게 하지 않는다면 살 수 없습니다. 그러니 그대가 아버님의 지난 허물들을 다 말해준다면 [그대의 아버님이 몹시 화가 나도록] 제가 그것을 조목조목 써서 꾸짖어보도록 하지요."

그러자 군수의 아들이 말했다.

"아버님께서 나을 수만 있다면 무슨 말씀인들 못 드리겠습니까?"

이에 군수의 아들은 아버지가 이제껏 저지른 잘못을 모두 화타에게 알려주었다. 화타는 글로 써서 군수를 욕했다. [글을 본] 군수는 너무나 화가 나서 수하 관리를 보내 화타를 잡아오게 했다. 화타가 오지 않자 군수는 [화를 참지 못하고] 마침내 검은 피를 한 되남 짓 토해내었고 그러자 그의 병도 나았다.

또 한번은 아주 아름다운 여자가 있었는데 결혼할 나이가 지났는데도 아직 시집을 가지 못하고 있었다. 그 여자의 오른쪽 무릎에는 항상 종기가 있어서 고름이 그치지 않고 흘러내렸다. 화타가 [그 여자의 집으로] 가자 그 여자의 아버지가 [딸의 병에 대해] 물어보았는데 화타가 이렇게 말했다.

"사람을 시켜 말을 타고서 밤색의 개를 끌고 30리를 달려가게 했다가, 돌아오면 개의 몸이 뜨거울 때 개의 오른쪽 다리를 잘라서 상처 위에 세워두시오."

[화타의 말대로 하자] 잠시 후에 붉은 뱀 한 마리가 여자의 상처 부분에서 나와 개의 다리로 들어갔고, 그녀의 병이 마침내 낫게 되었다. (『독이지』)

후한(後漢) 말에 어떤 사람이 뱃속에 덩어리가 생긴 병을 앓느라 밤낮으로 극심한 고통에 시달렸다. 그는 죽기 전에 아들에게 이렇게 당부했다.

"내 숨이 끊어진 다음에 배를 갈라서 무엇이 있는지 보도록 하거라."

그의 아들이 아버지의 명을 거역할 수 없어서 아버지의 배를 갈랐더니 구리로 된 술그릇이 있었는데 크기가 수 홉[合: 1되의 10분의 1]이나 되었다. 후에 화타가 그 병에 관해 듣게 되었는데 무슨 병인지 알고서 건상(巾箱)에 있던 약을 꺼내어 술그릇에 던져두니 술그릇이 바로 술로 변했다. (『지괴』)

魏華佗善醫. 嘗有郡守病甚, 佗過之. 郡守令佗診候, 佗退, 謂其子曰: "使君病有異於常. 積瘀血在腹中, 當極怒嘔血, 卽能去疾. 不爾無生矣. 子能盡言家君平昔之愆, 吾疏而責之." 其子曰: "若獲愈, 何謂不言?" 於是具以父從來所爲乖誤者, 盡示佗. 佗留書責罵之. 父大怒, 發吏捕佗. 佗不至, 遂嘔黑血升餘, 其疾乃平.

又有女子極美麗, 過時不嫁. 以右膝常患一瘡, 膿水不絶. 華佗過, 其父問之, 佗曰:"使人乘馬, 牽一栗色狗走三十里, 歸而熱截右足, 柱瘡上." 俄有一赤蛇從瘡出, 而入犬足中, 其疾遂平. (出『獨異志』)

又, 後漢末, 有人得心腹瘕病, 晝夜切痛. 臨終, 敕其子曰:"吾氣絶後, 可剖視之."其子不忍違言, 剖之, 得一銅鎗, 容數合許. 後華佗聞其病而解之, 因出巾箱中藥, 以投鎗, 鎗卽成酒焉. (出『志怪』)

218・2(2525)
장중경(張仲景)

하옹(何顒)은 사람을 식별하는 뛰어난 안식을 지니고 있었다. 처음에 군(郡)의 장중경(張仲景)이라는 소년이 하옹을 찾아왔는데, 하옹이 소년에게 이렇게 말했다.

"자네는 생각함이 빈틈이 없긴 하지만 풍도(風度)가 뛰어나진 않으니 앞으로 훌륭한 의원은 될 수 있겠네."

장중경은 후에 과연 뛰어난 의술을 지니게 되었다. 왕중선(王仲宣: 王粲)이 17살이었을 때 장중경을 찾아왔는데, 장중경은 그에게 이렇게 말했다.

"자네 몸에 병이 있으니 오석탕(五石湯: 五石은 丹砂・雄黃・白礬・曾靑・慈石을 말함)을 복용해야 하네. 만약 [지금] 치료하지 않으면 30살이 되었을 때 분명 눈썹이 빠질 것이라네."

왕중선은 아직 한참 멀었다고 생각하며 치료하지 않았다. 나중에 왕중선이 30살이 되자 정말 눈썹이 빠지는 것이었다. 장중경의 의술이 이처럼 정밀했으므로 세상 사람들은 하옹의 사람을 식별하는 안식에 모두들 감탄했다. (『소설』)

何顒妙有知人之鑒. 初郡張仲景總角造顒, 顒謂曰: "君用思精密, 而韻不能高, 將爲良醫矣." 仲景後果有奇術. 王仲宣年十七時過仲景, 仲景謂之曰: "君體有病, 宜服五石湯. 若不治, 年及三十, 當眉落." 仲宣以其賒遠不治. 後至三十, 果覺眉落. 其精如此, 世咸嘆顒之知人. (出『小說』)

218 · 3(2526)
오태의(吳太醫)

오(吳)나라의 손화(孫和)는 등부인(鄧夫人)을 총애했다. 한번은 손화가 술에 취해서 여의(如意: 道士나 菩薩이 갖는 기물로서 원래는 등의 가려운 곳을 긁는 데 썼는데, 가려운 곳을 뜻대로 긁을 수 있다는 데서 나온 말임)를 든 채로 춤을 추다가 실수로 등부인의 뺨에 상처를 냈다. 뺨에서 피가 흘러내리자 등부인은 소리를 지르며 더욱 아파했다. 손화가 태의(太醫)에게 약을 조제하라고 명령하자 태의가 말했다.

"흰 수달의 골수와 잡옥(雜玉)과 호박(虎魄: 琥珀)의 가루를 얻을 수 있다면 등부인의 상처를 없앨 수 있을 것입니다."

손화가 황금 100량(兩)으로 흰 수달을 구입하자 태의가 고약을 제조했는데, 호박을 너무 많이 넣는 바람에 등부인의 상처가 나았을 때에도 왼쪽 뺨에 사마귀처럼 생긴 붉은 점이 남아있었다. (『유양잡조』)

吳孫和寵鄧夫人. 嘗醉舞如意, 誤傷鄧頰. 血流, 嬌惋彌苦. 命太醫合藥, 言: "得白獺髓·雜玉與虎魄屑, 當滅此痕." 和以百金購得白獺, 乃合膏, 虎魄太多, 及差, 痕不滅. 左頰有赤點如痣. (出『酉陽雜俎』)

218·4(2527)
구려객(句驪客)

위(魏)나라 때에 구려(句驪: 句麗라고도 하며 高句麗의 선조인 朱蒙이 세운 나라로서 '高'를 성씨로 삼았음)의 어떤 객(客)이 침을 잘 놓았다. 그는 손가락 마디만한 길이의 머리카락을 10가닥으로 가른 다음 침으로 그 중 한 가닥의 중심을 꿰뚫으며 이렇게 말했다.
"머리카락 가운데가 비어있다."
그의 침놓는 기술의 절묘함이 이와 같았다. (『유양잡조』)

魏時有句驪客善用針. 取寸髮, 斬爲十餘段, 以針貫取之, 言: "髮中虛也." 其妙如此 (出『酉陽雜俎』)

218 · 5(2528)
범광록(范光祿)

 범광록이라는 사람이 병에 걸려서 두 다리가 모두 부어오르고 마시지도 먹지도 못했다. 갑자기 어떤 사람이 나타나서는 자기 이름을 말하지도 않고 곧장 범광록의 방으로 들어가는 것이었다. 그 사람이 범광록의 곁에 앉자 범광록이 그에게 말했다.
 "이전에 나는 그대를 알지도 못했는데 어떻게 이곳에 오셨소?"
 그 사람이 대답했다.
 "부처께서 나를 보내시어 그대의 병을 치료하라고 하셨소."
 그러자 범광록은 옷을 벗어 자신의 몸을 그에게 보여주었다. 그러자 그 사람은 침을 꺼내서 범광록의 부어오른 다리 위에다 침을 놓았다. 순식간에 범광록의 두 다리와 방광 부위에 100여 차례 침을 놓으니 누런 고름이 석 되 정도 흘러나왔고 그 사람은 떠나갔다. 다음날 범광록은 침을 맞은 상처조차 없었으며 병도 점차 나아졌다. (『제해록』)

 有范光祿者得病, 兩脚並腫, 不能飮食. 忽有一人, 不自通名, 徑入齋中. 坐於光祿之側, 光祿謂曰: "先不識君, 那得見詣?" 答云: "佛使我來理君病也." 光祿遂廢衣示之. 因出針('出針'原作'以刀', 據明鈔本改)針腫上. 俟忽之間, 頓針兩脚及膀胱百餘下, 出黃膿水三升許, 而去. 至明日, 並無針傷而患漸愈. (出『齊諧錄』)

218·6(2529)
서문백(徐文伯)

[南北朝 시대] 송(宋)나라의 서문백이 한번은 송나라의 소제(少帝)와 원문(苑門)으로 나가 즐기며 노닐다가 임신한 부인을 만나게 되었다. 소제 역시 진찰을 잘 했기 때문에 그 부인을 진찰해 보더니 이렇게 말했다.

"이는 딸이다."

그리고 서문백에게 묻자 서문백이 대답했다.

"1남 1녀이온데, 사내아이는 왼쪽에 있고 [피부색은] 청흑색(靑黑色)이며 여자아이보다 몸집이 작습니다."

소제는 성질이 급해서 임신한 여인의 배를 갈라보게 했다. 그러자 서문백이 슬퍼하며 말했다.

"청컨대 신이 이 여인에게 침을 놓게 해주십시오. 그러면 반드시 아이가 나올 것입니다."

그리고는 바로 여인의 발에 있는 태음혈(太陰穴)에 침을 놓고, 손에 있는 양명혈(陽明穴)에도 침을 놓았다. 침을 놓자 태아가 나왔는데, 과연 그가 말한 그대로였다.

서문백은 학식과 덕행이 있었으며 공경(公卿)에게 자신의 뜻을 굽히지 않았고 의술을 자신의 업으로 여기지도 않았다. 그는 또한 장융(張融)과 사이가 좋았으며 태산태수(泰山太守)를 역임했다. 서문백의 할아버지인 서희지(徐熙之)는 황로(黃老)의 사상을 좋아하여 진망산(秦望山)에서 은거했는데, 어떤 도사가 지나가다가 서희지에게 마실 것을 청한 다음 조롱박 하나를 남겨주면서 이렇게 말했다.

"그대의 자손은 반드시 이 도술로 세상을 구하고 [그 대가로] 분명 2천석(二千石: 郡守·太守의 俸祿이 二千石에 해당하므로 郡守·太守를 二千石이라고 부름)을 얻게 될 것이오."

서희지가 그것을 열어보니 편작(扁鵲)의 『의경(醫經)』 1권이 있었다. 서희지는 그 책으로 열심히 공부해서 마침내 천하에 이름을 떨쳤으며 벼슬이 복양태수(濮陽太守)에 이르렀다.

서희지의 아들인 서추부(徐秋夫)가 사양현령(射陽縣令)이 되었을 때 한번은 귀신이 신음하는 소리가 들렸는데 그 소리가 너무나도 처량하고 고통스러웠다. 이에 서추부가 물었다.

"너는 귀신인데, 바라는 게 무엇이냐?"

귀신이 말했다.

"저의 성(姓)은 곡사(斛斯)이고 집은 동양(東陽)에 있습니다. 요통(腰痛)을 앓다가 죽었는데, 비록 귀신이 되었지만 여전히 통증을 참을 수가 없습니다. 당신의 의술이 뛰어나다고 들었으니 구제 받기를 원합니다."

서추부가 말했다.

"너는 귀신이라 형체가 없는데, 어떻게 치료를 하라는 것이냐?"

귀신이 말했다.

"당신이 마른 풀을 묶어서 사람모양을 만든 다음 [통증과 관련된] 혈(穴)의 위치에다 침을 놓기만 하면 됩니다."

서추부는 귀신의 말대로 사람모양을 만든 다음 4곳에 침을 놓고 또 견정(肩井: 肩胛骨 앞쪽에 있는 經穴) 3곳에 침을 놓았다. 그리고 제사를 올린 다음 그것을 묻어주었다. 다음날 어떤 사람이 와서 감사를 표하며 말했다.

"당신이 제 병을 치료해주시고 또 저를 위해 제사까지 올려주신 덕분에 배고픔도 없어지고 병도 나았으니, 실로 많은 은혜에 감동했습니다."

[말이 끝나자] 갑자기 귀신의 모습이 보이지 않았다. 그 당시 사람들은 서추부가 귀신과도 통했다는 사실에 탄복했다. (『담수』)

송나라 명제(明帝) 때의 어떤 궁녀가 요통에다가 심장병까지 앓았는데, 발병만 하면 바로 기절하는 것이었다. 여러 의원들은 [그녀의 병이] 육징(肉癥: 積聚, 즉 癖症이 오래되어 뱃속에 덩어리가 생기는 병을 말함)이라고 여겼는데, 서문백은 이렇게 말했다.

"이것은 머리카락 덩어리 때문이오."

서문백이 기름을 궁녀의 입 속에 붓자 그녀는 머리카락처럼 생긴 물체를 토해내었다. 그것을 조금씩 끌어당겨 보니 길이가 3척(尺)이나 되었고 머리는 이미 뱀이 되어 있었으며 움직일 수 있었다. 그것을 기둥 위에 걸어놓았는데, 물기가 다 마르자 한 가닥의 머리카락에 불과했다. 이로써 궁녀의 병이 나았다. (『담수』)

宋徐文伯嘗與宋少帝出樂遊苑門, 逢婦人有娠. 帝亦善診候, 診之曰: "是女也." 問文伯, 伯曰: "一男一女, 男在左邊, 青黑色, 形小於女." 帝性急, 令剖之. 文伯惻然曰: "臣請針之. 必落." 便針足太陰, 補手陽明. 胎應針而落, 果效如言.

文伯有學行, 不屈公卿, 不以醫自業. 爲張融所善, 歷位泰山太守. 文伯祖熙之好黃老, 隱於秦望山, 有道士過乞飮, 留一胡蘆子曰: "君子孫宜以此道術救世, 當得二千石." 熙開視之, 乃扁鵲『醫經』一卷. 因精學之, 遂名振海內, 仕至濮陽太守.

子秋夫爲射陽令, 嘗有鬼呻吟, 聲甚凄苦. 秋夫問曰: "汝是鬼也, 何所須?" 鬼曰: "我姓斛斯, 家在東陽. 患腰痛而死, 雖爲鬼, 疼痛猶不可忍. 聞君善術, 願見救濟." 秋夫曰: "汝是鬼, 無形, 云何措治?" 鬼曰: "君但縛芻作人, 按孔穴('穴'原作'定', 據明鈔本改)針之." 秋夫如其言, 爲針四處, 又針肩井三處. 設祭而埋之 明日, 見一人來謝曰: "蒙君療疾, 復爲設祭, 除飢解疾, 感惠實多." 忽然不見. 當代服其通靈. (出『談藪』)

又, 宋明帝宮人患腰疼牽心, 發卽氣絶. 衆醫以爲肉癥, 徐文伯曰: "此髮瘕也." 以油灌之, 則吐物如髮. 稍稍引之, 長三尺, 頭已成蛇, 能動. 懸柱上, 水滴盡, 一髮而已. 病卽愈. (出『談藪』)

218 · 7(2530)
서사백(徐嗣伯)

서사백은 자(字)가 덕소(德紹)로서 청담(淸談)을 잘하고 의술에 정통했다. 한번은 어떤 노파가 어혈(瘀血: 타박상 등으로 인하여 피가 순조롭게 돌지 못하고 살 속에 피가 맺혀 생기는 병)을 앓았는데, 여러 해가 지나도 낫질 않았다. 서사백이 노파를 진찰한 후에 이렇게 말했다.

"이는 귀신이 들러붙었기 때문이니, 죽은 이의 베개를 삶아서 복용하면 병이 나을 것입니다."

그래서 노파는 오래된 무덤에 가서 베개 하나를 구했는데, 베개 반쪽은 이미 썩어 없어진 상태였다. 노파가 그것을 삶아서 복용하자 바로 병이 나았다. 또 그 이후에 말릉(秣陵) 사람 장경(張景)은 나이가 15살이었는데, 배가 부풀어오르고 얼굴이 누렇게 되었지만 많은 의원들이 고치질 못했다. 그가 서사백에게 병에 대해 물어보자 이렇게 말했다.

"이는 돌처럼 딱딱한 회충이 있기 때문이니, 죽은 이의 베개를 삶아서 그것을 복용하시오."

장경이 서사백의 말대로 베개를 삶아서 복용했더니 대변을 보게 되었는데 회충이 나오는 것이었다. [그 회충은] 머리가 돌처럼 단단한 것이 크기는 5~6되 정도나 되었다. 이로써 장경의 병이 나았다. 그 이후에 심승익(沈僧翼)이라는 사람은 눈이 아프고 귀신을 자주 봤다. 그래서 [서사백에게] 물었더니 서사백이 이렇게 말했다.

"사악한 기운이 간에 들어갔기 때문이니 죽은 이의 베개를 찾아내어 삶아서 그것을 복용하면 됩니다. 그 일을 마치고서 베개를 원래의 자리에다 묻으면 됩니다."

그 말대로 하자 심승익 역시 병이 나았다.

왕안(王晏)이 [이러한 일들을] 알고 서사백에게 물었다.

"3가지 경우의 병이 같지 않으나 모두 죽은 이의 베개를 사용해서 치료했는데도 모두 나았으니 어째서입니까?"

서사백이 대답했다.

"귀신이 들러붙은 것은 귀기(鬼氣)가 가만히 엎드려서 일어나지 않아 사람으로 하여금 어혈에 시달리게 하는 것이지요. 죽은 이의 베개로 귀기를 [사람에게서 떨어지도록] 재촉하면 귀신이 혼비백산해서 달아나 다시는 사람 몸에 들러붙지 않으므로 귀신이 들러붙은 이가 나을 수 있습니다. 돌과 같은 회충은 의술로 치료하고자 하면 오류에 빠지게 되지요. 회충이 단단해진 다음에는 세상의 약으로 그것을 없앨 수 없기 때문에 귀물(鬼物: 죽은 이의 베개를 말함)로 그것을 몰아낸 연후에야 내칠 수 있지요. 사악한 기운이 간에 들어가서 눈이 아프고 요괴가 보이는 경우에는 반드시 사물(邪物: 죽은 이의 베개를 말함)로 그 기운을 건져내야 합니다. 그렇기 때문에 사악한 기운을 없앤 다음에는 [사악한 기운을 건져낸 베개를] 원래 있던 곳에 묻어두라고 했던 것이지요."

왕안은 서사백의 신묘함에 감탄했다. (『남사』)

徐嗣伯字德紹, 善淸言, 精於醫術. 曾有一嫗, 患滯瘀, 積年不差. 嗣伯爲之診疾曰: "此屍注也, 當須死人枕煮服之可愈." 於是就古塚中得一枕, 枕以半邊腐缺. 服之卽差. 後秣陵人張景年十五, 腹脹面黃, 衆醫不療. 以問嗣伯, 嗣伯曰: "此石蚘耳, 當以死人枕煮服之" 依語, 煮枕以服之, 得大利, 出('出'字原闕, 據明鈔本補)蚘蟲. 頭堅如石者五六升許. 病卽差. 後沈僧翼眼痛, 又多見鬼物. 以問之, 嗣伯曰: "邪氣入肝, 可覓死人枕煮服之. 竟, 可埋枕於故處." 如其言又愈.

王晏知而問之曰: "三病不同, 而皆用死人枕療之, 俱差何也?" 答曰: "屍注者, 鬼氣也, 伏而未起, 故令人沈滯. 得死人枕促之, 魂氣飛越, 不復附體, 故屍注可差. 石蚘者, 醫療卽僻. 蚘蟲轉堅, 世間藥不能除, 所以須鬼物驅之, 然後可散也. 夫邪氣入肝, 故使眼痛而見魍魎, 應須邪物以釣其氣. 因而去之, 所以令埋於故處也." 晏深歎其神妙. (出『南史』)

218·8(2531)
복하병(腹瘕病)

옛날 어떤 사람이 노복(奴僕)과 동시에 뱃속에 덩어리가 생기는 병에 걸렸다. 그는 노복이 죽자 사람을 시켜 노복의 배를 가르게 해서 살펴보니 흰자라 한 마리가 나왔다. 그래서 그는 온갖 약을 자라에 부어보기도 하고 자라의 뱃속에 넣어보기도 했지만 자라에게 아무런 해도 입힐 수 없었다. 그래서 그는 평상의 다리에다 자라를 묶어두었다. 그러던 어느 날 어떤 손님이 그를 보러 왔다. 그는 흰말을 타고 왔는데, 잠시 후에 말이 자라에게 소변을 누자 자라가 두려워하면서 말을 피해 재빨리 도망치는 것이었다. 자라는 묶여있어서 도망칠 수 없었기 때문에 머리와 다리를 움츠렸다. 병자가 이것을 보고는 아들에게 이렇게 말했다.

"어쩌면 내 병을 고칠 수도 있겠구나."

그리고는 시험삼아 흰말의 오줌을 자라에게 부었더니 잠시 후에 자라가 물로 변하는 것이었다. 병자가 마침내 재빨리 흰말의 오줌을 한 되 남짓 복용했더니 병이 시원스럽게 바로 나았다. (『속수신기』)

昔有一人, 與奴同時得腹瘕病. 奴旣死, 令剖腹視之, 得一白鼈. 乃試以諸藥澆灌之, 並內藥於腹中, 悉無損動. 乃繫鼈於牀脚. 忽有一客來看之. 乘一白馬, 旣而馬溺濺鼈, 鼈乃惶駭, 疾走避之. 旣繫之, 不得去, 乃縮藏頭頸足焉. 病者察之, 謂其子曰: "吾病或可以救矣." 乃試以白馬溺灌鼈, 須臾消成水焉. 病者遂頓服升餘白馬溺, 病卽豁然除愈. (出『續搜神記』)

218 · 9(2532)
이자예(李子豫)

허영(許永)이 예주자사(豫州刺史)가 되어서 역양(歷陽)을 진수(鎭守)할 때에 그의 아우가 병이 들었는데, 가슴과 배에 있는 딱딱한 것이 통증을 일으켰다. 어느 날 밤 갑자기 병풍 뒤에서 귀신의 말소리가 들렸다.

"왜 빨리 저놈을 죽이지 않는 거지? 내일이면 이자예는 분명히 붉은 환약(丸藥)으로 너를 공격할 것이고, [그렇게 되면] 너는 바로 죽고 말 텐데."

아침이 되자 바로 사람을 보내어 이자예를 맞이했다. 이자예가 오자 병자의 뱃속에서 갑자기 신음 소리가 들렸다. 이자예는 마침내 건상(巾箱)에서 팔독적환(八毒赤丸)을 꺼내어 병자에게 주며 복용하게 했다. 잠시 후에 병자의 뱃속에서 우레가 울리는 듯 목 졸려 죽는 소리가 났다. 이어서 병자는 대변을 누었고 그가 앓던 병도 바로 나았다. (『속수신기』)

許永爲豫州刺史, 鎭歷陽, 其弟得病, 心腹堅痛. 居一夜, 忽聞屛風後有鬼言: "何不速殺之? 明日, 李子豫當以赤丸打汝, 汝卽死矣." 及旦, 遂使人迎子豫. 卽至, 病者忽聞腹中有呻吟之聲. 子豫遂於巾箱中出八毒赤丸與服之. 須臾, 腹中雷鳴絞('絞'原作'彭', 據明鈔本改)轉. 大利, 所病卽愈. (出『續搜神記』)

218 · 10(2533)
서지재(徐之才)

북제(北齊) 때의 우복야(右僕射) 서지재는 의술에 능했다. 그 당시에 어떤 사람이 발꿈치에 통증을 앓았는데, 여러 의원들 중에서 아무도 그것이 무슨 병인지 알아내지 못했다. 서지재가 보고서 이렇게 말했다.

"이것은 조개의 정령 때문에 생긴 병이오. 배를 타고 바다에 나갔을 때 다리를 물 속으로 드리웠다가 이 병을 얻었을 것이오."

그러자 환자가 말했다.

"정말로 전에 그런 일이 있었습니다."

서지재가 환자를 위해서 발꿈치를 절개하여 느릅나무 열매처럼 생긴 조개 2개를 꺼냈다. (『태원고사』)

北齊右僕射徐之才善醫術. 時有人患脚跟踵痛, 諸醫莫能識之. 窺之曰: "蛤精疾也. 得之當由乘船入海, 垂脚水中." 疾者曰: "實曾如此" 爲割之, 得蛤子二箇, 如楡莢. (出『太原故事』)

218 · 11(2534)
견 권(甄 權)

견권은 의술을 정밀하게 연구하여 천하의 최고가 되었다. 견권의 나이 103세가 되었을 때 당(唐) 태종(太宗)이 그의 집으로 행차하여 그를 조산대부(朝散大夫)에 임명했다. (『담빈록』)

甄權精究醫術, 爲天下最. 年一百三歲, 唐太宗幸其宅, 拜朝散大夫. (出『譚賓錄』)

손사막(孫思邈)

당(唐)나라의 등왕(鄧王) 이원유(李元裕)는 고조(高祖)의 18번째 아들이다. 그는 학문을 좋아하고 명리(名理)에 대한 담론을 잘 했으며 전첨(典籤) 노조린(盧照鄰)과는 지위의 고하를 따지지 않는 사귐을 가졌다. 이원유는 항상 노조린을 칭찬하며 이렇게 말했다.

"[盧照鄰은] 과인에게 상여(相如: 司馬相如)와 같다."

노조린은 범양(范陽) 사람으로 신도위(新都尉)를 지냈는데, 난치병에 걸려서 양적(陽翟)의 구자산(具茨山)에 머물며 「질문(疾文)」과 「오비(五悲)」를 지었다. 그는 성품이 고아(高雅)하여 시인의 풍모를 지녔는데, 결국엔 영수(潁水)에 스스로 몸을 던져 죽었다.

노조린은 경성(京城)에 있는 파양공주(鄱陽公主)의 폐부(廢府)에 살았다. 현경(顯慶) 3년(659)에 고종이 태백산(太白山)의 은사(隱士)인 손사막(孫思邈)을 초징했을 때 손사막 역시 이곳에 머물렀다. 손사막은 화원(華原) 사람으로 90여 세나 되었지만 시력과 청력이 쇠퇴하지 않았다. 노조린은 자신의 나이가 겨우 마흔으로 병마에 시달리는 것을 상심하며 「질려수부(蒺藜樹賦)」를 지어서 자신과 손사막의 타고난 체질이 다른 것을 슬퍼했는데, 그 글이 매우 아름다웠다. 손사막은 추보(推步: 天體의 運行을 관측하는 일)와 양생(養生)에 관한 술법을 지니고 있었다. 노조린을 비롯해서 그 당시의 명사였던 송령문(宋令文)과 맹선(孟詵)은 모두 스승에 대한 예로써 손사막을 대했는데, 한번은 손사막에게 이렇게 여쭈었다.

"명의가 병을 치료하는 도(道)는 어떤 것입니까?"

손사막이 대답했다.

"내가 듣기로 하늘에 대해 잘 말하는 이는 반드시 사람에게 바탕을 두고, 사람에 대해 잘 말하는 이는 반드시 하늘에 근본을 둔다고 했소. 하늘에는 사시(四時)와 오형(五形: 金・木・水・火・土)이 있어서 세월에 따라 서로 옮아가며 추위와 더위가 갈마든다오. 그것이 운행할 때 [자연의 기운이] 합쳐지면 비가 되고 세차면 바람이 되며, 흩어지면 이슬이 되고 어지러워지면 안개가 되며, 엉기면 서리와 눈이 되고 펼쳐지면 무지개가 되는데, 이것은 하늘의 정해진 이치라오. 사람에게는 사지(四肢)와 오장(五臟: 肺臟・心臟・脾臟・肝臟・腎臟)이 있어서 깨어났다 잠들었다 하면서 숨을 내쉬고 들이마신다오. 정기(精氣)가 왕래할 때 [사람의 精氣가] 흐르면 영위(榮衛: 몸을 保養하는 血氣)가 되고 드러나면 기색(氣色)이 되며 발산되면 소리가 되는데, 이것 역시 사람의 정해진 이치라오. 양(陽)은 정기(精氣)를 사용하고 음(陰)은 형체를 사용하는데, 이것은 하늘과 사람의 같은 점이라오. [陰陽의 조화를] 잃게 되어서, 기가 치솟으면 열이 나고 막히면 오한이 생긴다오. 또한 기가 뭉치면 혹이 생기고 사이가 뜨면 종기가 생기며, 기가 너무 빨리 달리면 숨이 차고 기가 고갈되면 몸이 마르게 된다오. [사람의 몸에 이상이 있으면] 이처럼 표면에 증상이 나타나고 형체에 변동이 드러나는 것이라오. 이것을 천지에까지 미루어 본다면 역시 이와 같소. 그러므로 오위(五緯: 金星・木星・水星・火星・土星의 五星)가 남거나 모자라는 것, 별의 운행이 잘못되는 것, 일식과 월식이 생겨나는 것, 혜성이 떨어지는 것, 이런 것들은 천지가 위태로운 증상이라오. 추위와 더위가 때에 맞지 않는 것은 천지의 열기가 치솟거나 막힌 것이요, 돌이 일어서고 흙이 솟구치는 것은 천지의 혹이요, 산이 무너지고 땅이 꺼지는 것은 천지의 종기요, 비바람이 거세게 몰아치는 것은 천지가 헐떡이는 것이요, 비가 내리지 않고 내와 못이 고갈되는 것은 천지가 말라붙은 것이라오. 훌륭한 의원은 [사람의 여러 가지 증상들을] 약과 침으로 다스리고 침질과 뜸질로 고치며, 성인(聖人)은 [천지의 여러 가지 증상들을] 지극한 덕으로 조화롭게 하며 인사(人事)로 보좌한다오. 그러므로 몸에는 없앨 수 있는 병이 있고 하늘에는 없앨 수 있는 재앙이 있는 것이니, [이러한 이치는 사람과 천지의] 운명에 두루 통하는 것이라오."

노조린이 말했다.

"인사란 어떤 것입니까?"

손사막이 말했다.

"담은 크고자 하며 심장은 작고자 한다오. 또한 지혜는 원만하고자 하며 행동은 방정하고자 한다오."

노조린이 말했다.

"무슨 말씀입니까?"

손사막이 말했다.

"심장은 오장의 군주인데, 군주란 공손함과 온순함을 위주로 해야 하므로 심장은 작고자 하는 것이라오. 담은 오장의 장수인데, 장수란 과단성을 급선무로 삼아야 하므로 담은 크고자 하는 것이오. 지혜로운 자는 하늘을 본떠 동(動)적이므로 원만하고자 하며, 어진 자는 땅을 본떠 정(靜)적이므로 방정하고자 한다오. 『시경(詩經)』[「小雅·小旻」]에서 '깊은 연못가에 임한 듯, 엷은 얼음 위를 걷는 듯'이라고 한 것은 소심(小

心)에 해당하고, [「周南・兎罝」에서] '용맹한 무사, 공후의 방패와 성이라네'라고 한 것은 대담(大膽)에 해당하오. 『전(傳)』[『左傳』「昭公」]에서 '이(利) 때문에 마음을 돌리지 않으며, 의(義) 때문에 마음 괴로워하지 않는다'고 한 것은 인(仁)의 방정함이라오. 그리고 『역경(易經)』[「繫辭下」]에서 '기미를 보면 바로 행하며 종일토록 기다리지 않는다'고 한 것은 지(智)의 원만함이라오."

노조린이 또 여쭈었다.

"양성(養性: 심신을 완전히 육성하는 것)의 도리 가운데 핵심이 되는 것은 무엇입니까?"

손사막이 대답했다.

"천도(天道)에는 넘치고 모자라는 것이 있으며 인사(人事)에는 어려운 재앙이 많소. 스스로 삼가지 아니하면서 재앙에서 벗어날 수 있는 사람은 지금껏 없었다오. 그러므로 양성을 추구하는 선비는 먼저 스스로 삼갈 줄 알아야 한다오. 스스로 삼가는 자는 항상 근심과 두려움을 근본으로 삼는다오. 경서(經書)에 이르기를 '사람이 위엄을 두려워할 줄 모르면 하늘의 위엄이 이른다'고 했소. 근심과 두려움이라는 것은 생사(生死)의 문이요, 존망(存亡)의 기점이요, 화복(禍福)의 근본이요, 길흉(吉凶)의 원천이라오. 그러므로 선비에게 근심과 두려움이 없으면 인의(仁義)가 서지 않고, 농부에게 근심과 두려움이 없으면 곡식이 무성히 자라지 못하며, 장인에게 근심과 두려움이 없으면 그림쇠와 곡자가 갖추어지지 못하고, 장사꾼에게 근심과 두려움이 없으면 재물이 늘어나지 못한다오. 자식에게 근심과 두려움이 없으면 효성과 공경함이 도탑지 못하게 되며, 아비에게 근심과 두려움이 없으면 자애로움이 나타나지 못하고,

신하에게 근심과 두려움이 없으면 공을 세우지 못하며, 군주에게 근심과 두려움이 없으면 국가가 평안하지 못하게 된다오. 그러므로 양성이라는 것은, 근심과 두려움을 잃게 되면 마음이 어지러워져 조리가 없어지며 몸이 조급해져 편안하지 못하고 정신이 흩어져 기운이 떠나가며 의지[志]가 흔들려 생각[意]이 혼미해지는 법이라오. [그렇게 되면] 마땅히 살 사람이 죽고 마땅히 있어야 할 것이 없어지며 마땅히 성공할 것이 실패하게 되고 마땅히 길해야 하는 것이 흉하게 된다오. 근심과 두려움이라는 것은 물이나 불과 같아서 잠시라도 잊으면 안 되는 것이라오. 사람에게 근심과 두려움이 없으면 자식과 아우가 강적이 되고 처와 첩이 원수가 된다오. 이런 까닭에 가장 먼저 도를 두려워하고 그 다음으로 하늘을 두려워하며 그 다음으로 사물을 두려워하고 그 다음으로 사람을 두려워하며 그 다음으로 자기 자신을 두려워해야 하오. 스스로 근심을 지닌 자는 남에게 구속받지 않으며 스스로 두려움을 지닌 자는 남에게 제약받지 않소. 작은 것을 삼가는 자는 큰 것을 두려워하지 않으며 가까운 것을 경계하는 자는 먼 것을 두려워하지 않는 법이라오. 이것을 능히 아는 사람이 물길을 간다면 교룡(蛟龍)과 용일지라도 그를 해칠 수 없고, 육지로 간다면 호랑이와 외뿔들소라도 그를 다치게 할 수 없소. 또한 어떤 무기도 몸에 닿는 일이 없을 것이고 어떤 전염병에도 걸리지 않을 것이며, 어떤 중상모략으로도 비방할 수 없고 어떤 독충이라도 해를 입힐 수 없을 것이오. 이것을 안다면 인사는 끝난 것이라오."

얼마 후에 손사막은 승무랑(承務郞)에 제수되었으며 상약국(尙藥局: 醫藥에 관한 일을 관장하는 관서)의 직장(直長)이 되었다. 그는 영순연간(永淳年間: 682~683) 초에 세상을 떠났는데, 박장(薄葬)을 지내라는 유언을 남겨 명기(冥器: 종이로 각종 器物을 만든 다음 그것을 亡者가 사용하도록 태우는 것을 말함)를 준비하지도 않고 제사지낼 때 희생(犧牲)을 사용하지도 않았다. 죽은 지 한 달 남짓 지나서도 그의 안색은 변하지 않았으며 시신을 들어올려 입관할 때에는 [너무 가벼워서 마치 속에 아무 것도 든 것이 없는] 빈 옷을 들어올리는 것 같았다. 손사막이 지은 『천금방(千金方)』 30권이 당시에 전해졌다. (『담빈록』)

唐鄧王元裕, 高祖第十八子也. 好學, 善談名理, 與典籤盧照鄰爲布衣之交. 常稱曰: "寡人之相如也." 照鄰范陽人, 爲新都尉, 因染惡('惡'原作'患', 據明鈔本改)疾, 居於陽翟之具茨山, 著釋「疾文」及「五悲」. 雅有騷人之風. 竟自沈於潁水而死

照鄰寓居於京城鄱陽公主之廢府. 顯慶三年, 詔徵太白山隱士孫思邈, 亦居此府. 思邈華原人, 年九十餘, 而視聽不衰. 照鄰自傷年繼彊仕, 沈疾困憊, 乃作「蒺藜樹賦」, 以傷其稟受之不同, 詞甚美麗. 思邈旣有推步‧導養之術. 照鄰與當時知名之士宋令文‧孟詵, 皆執師資之禮. 嘗問思邈曰: "名醫愈疾, 其道何也?" 思邈曰: "吾聞善言天者, 必質於人, 善言人者, 必本於天. 故天有四時‧五形, 日月相推, 寒暑迭代. 其轉運也, 和而爲雨, 怒而爲風, 散而爲露, 亂而爲霧, 凝而爲霜雪, 張而爲虹霓, 此天之常數也. 人有四肢‧五臟, 一覺一寢, 呼吸吐納. 精氣往來, 流而爲榮衛, 彰而爲氣色, 發而爲音聲, 此亦人之常數也. 陽用其精, 陰用其形, 天人之所同也. 及其失也, 蒸則爲熱, 否則生寒. 結而爲瘤贅, 隔而爲癰疽, 奔而爲喘乏, 竭而爲焦枯. 診發乎面, 變動乎形. 推此以及天地, 亦如之. 故五緯盈縮, 星辰錯行, 日月薄蝕, 彗孛流飛, 此天地之危診也. 寒暑不時, 此天地之蒸否也, 石立土踊, 此天地之瘤贅也, 山崩地陷, 此天地之癰疽也, 奔風暴雨, 此天地之喘乏也, 雨澤不降, 川澤涸竭, 此天地之焦枯也. 良醫導之以藥石, 救之以針灸,

聖人和之以至德, 輔之以人事. 故體有可消之疾, 天有可消之災, 通乎數也." 照鄰曰: "人事如何?" 思邈曰: "膽欲大而心欲小. 智欲圓而行欲方." 照鄰曰: "何謂也?" 思邈曰: "心爲五臟之君, 君以恭順爲主, 故心欲小. 膽爲五臟之將, 將以果決爲務, 故膽欲大. 智者動象天, 故欲圓, 仁者靜象地, 故欲方.『詩』曰: '如臨深淵, 如履薄氷', 爲小心也, '赳赳武夫, 公侯干城', 爲大膽也.『傳』曰: '不爲利回, 不爲義疚', 仁之方也.『易』曰: '見幾而作, 不俟終日', 智之圓也." 照鄰又問: "養性之道, 其要何也?" 思邈曰: "天道有盈缺, 人事多屯厄. 苟不自愼而能濟於厄者, 未之有也. 故養性之士, 先知自愼. 自愼者, 恒以憂畏爲本. 經曰: '人不畏威, 天威至矣.' 憂畏者, 死生之門, 存亡之由, 禍福之本, 吉凶之源. 故士無憂畏則仁義不立, 農無憂畏則稼穡不滋, 工無憂畏則規矩不設, 商無憂畏則貨殖不盈. 子無憂畏則孝敬不篤, 父無憂畏則慈愛不著, 臣無憂畏則勳庸不建, 君無憂畏則社稷不安. 故養性者, 失其憂畏, 則心亂而不理, 形躁而不寧, 神散而氣越, 志蕩而意昏. 應生者死, 應存者亡, 應成者敗, 應吉者凶. 夫憂畏者, 其猶水火不可暫忘也. 人無憂畏, 子弟爲尉敵, 妻妾爲寇仇. 是故太上畏道, 其次畏天, 其次畏物, 其次畏人, 其次畏身. 憂於身者, 不拘於人, 畏於己者, 不制於彼. 愼於小者, 不懼於大, 戒於近者, 不懼於遠. 能知此者, 水行蛟·龍不能害, 陸行虎·兕不能傷. 五兵不能及, 疫癘不能染, 讒賊不能謗, 毒螫不加害. 知此則人事畢矣."

思邈尋授承務郞, 直尙藥局. 以永淳初卒, 遺令薄葬, 不設冥器, 祭祀無牲牢. 死經月餘, 顔色不變, 擧屍就木, 如空衣焉. 撰『千金方』三十卷行於代. (出『譚賓錄』)

218 · 13(2536)
허예종(許裔宗)

허예종은 신과 같은 명의였는데, 사람들이 그에게 물었다.

"어찌하여 [의술에 관한] 책을 써서 후세 사람들에게 남기지 않습니까?"

그러자 허예종이 대답했다.

"의술[醫]이란 마음[意]이니 사람의 생각에 달려있는 것이지요. 또한 맥(脈)을 살핀다는 것은 오묘해서 분별하기가 매우 어렵습니다. 이것은 마음으로 이해해야 하는 것이지, 입으로 말할 수 있는 것이 아니랍니다. 옛날의 명의는 오직 맥을 짚었는데, 맥을 정확히 짚은 연후에 무슨 병인지 알았습니다. 또한 병에 쓰이는 약은 정확히 들어맞는 것이라면 오직 한 가지 약만 써도 그 병을 직접 공략할 수 있어서 병이 바로 낫습니다. 오늘날 의원들은 맥을 짚어내지도 못하고 병의 원인을 알아내지도 못한 채 제멋대로 헤아려 여러 가지 약을 씁니다. 이것을 사냥에 비유한다면 토끼가 있는 곳은 알지도 못한 채 사람과 말만 많이 풀어서 텅 빈 넓은 곳을 에워싸 막는 것과 같습니다. 혹시나 어떤 사람이 우연히 [토끼를] 만날 수도 있겠지요. 그렇지만 이런 방법으로 병을 치료한다는 것은 너무나 엉성하지 않습니까? 맥의 오묘한 뜻에 대해서 말할 수 없으므로 저술을 남길 수 없는 것입니다."

(『담빈록』)

許裔宗名醫若神, 人謂之曰: "何不著書, 以貽將來?" 裔宗曰: "醫乃意也, 在人思慮. 又脈候幽玄, 甚難別. 意之所解, 口莫能宣. 古之名手, 唯是別脈, 脈旣精別, 然後識病. 病之於藥, 有正相當者, 唯須用一味, 直攻彼病, 卽立可愈. 今不能別脈, 莫識病原, 以情億度, 多安藥味. 譬之於獵, 不知兎處, 多發人馬, 空廣遮圍. 或冀一人偶然逢也. 以此療病, 不亦疎乎? 脈之深趣, 旣不可言, 故不能著述."
(出『譚賓錄』)

218 · 14(2537)
진명학(秦鳴鶴)

당나라 고종(高宗)은 현기증으로 고통을 겪었는데 머리가 어지럽고 눈이 잘 보이지 않았다. 그래서 고종은 시의(侍醫) 진명학을 불러서 진찰하게 했는데, 진명학이 이렇게 말했다.

"풍독(風毒)이 위쪽을 공격했기 때문이니, 머리를 찔러서 피를 조금 내면 나을 것입니다."

그러자 천후(天后: 則天武后)가 주렴 안쪽에서 화를 내며 말했다.

"목을 베어 마땅한 놈 같으니. 천자의 머리에 어찌 피를 낼 수 있단 말이냐!"

진명학은 머리를 조아리며 살려달라고 애걸했다. 그러자 고종이 말했다.

"의원이 병을 논할 때는 도리상 죄를 내리지 않는 법이오. 또한 짐의 머리가 너무나 아파서 거의 참을 수 없는 지경이니, 피를 내는 것이 반드시 나쁜 것만은 아닐 것이오. 짐의 뜻은 이미 결정되었소."

고종은 진명학으로 하여금 자신의 머리를 찌르게 했다. 진명학이 고종의 백회혈(百會穴)과 뇌호혈(腦戶穴)을 찌르자 피가 나왔다. 그러자 고종이 말했다.

"내 눈이 밝아졌다."

말이 채 끝나기도 전에 천후가 주렴 안쪽에서 지극한 예로써 진명학에게 감사를 표하며 말했다.

"이는 하늘이 내리신 나의 의원이로다!"

그리고는 몸소 비단과 보배를 들고 와서 진명학에게 하사했다. (『담빈록』)

唐高宗苦風眩, 頭目不能視. 召侍醫秦鳴鶴診之, 秦曰: "風毒上攻, 若刺頭出少血, 愈矣." 天后自簾中怒曰: "此可斬也. 天子頭上, 豈是出血處耶!" 鳴鶴叩頭請命. 上曰: "醫人議病, 理不加罪. 且吾頭重悶, 殆不能忍, 出血未必不佳. 朕意決矣." 命刺之. 鳴鶴刺百會及腦戶出血. 上曰: "吾眼明矣." 言未畢, 后自簾中頂禮以謝之曰: "此天賜我師也!" 躬負繪・寶以遺之. (出『譚賓錄』)

218・15(2538)
노원흠(盧元欽)

천주(泉州)의 노원흠이라는 나그네가 문둥병에 걸렸는데 오직 코만 썩어문드러지지 않았다. 5월 5일이 되자 관에서 이무기의 간을 취해서 진상하려고 했는데, 어떤 사람이 이무기의 고기로 문둥병을 치료할 수 있다고 말했다. 그러자 노원흠이 마침내 그 고기 한 점을 잘라서 먹었더니 3~5일이 지나자 갑자기 점점 병이 호전되면서 100일이 지나자 병이 완전히 나았다. (『조야첨재』)

상주(商州)의 어떤 사람이 문둥병에 걸리자 집안 사람들이 모두 그를 싫어하며 [그가 혼자 살도록] 산에다 띳집을 지어주었다. [혼자서 그곳에서 살던 어느 날] 검은 뱀이 술항아리에 떨어졌는데, 문둥병에 걸린 사람은 그것도 모르고 술을 마셨고 그 후에 병이 점차 나았다. 그는 나중에 술항아리 바닥에서 뱀의 뼈를 보고서야 비로소 병이 나은 이유를 알았다. (『조야첨재』)

泉州有客盧元欽染大風. 唯鼻根未倒. 屬五月五日, 官取蚺蛇膽欲進, 或言肉可治風. 遂取一截蛇肉食之, 三五日頓漸可, 百日平復. (出『朝野僉載』)

又, 商州有人患大風. 家人惡之, 山中爲起茅舍. 有烏蛇墜酒甖中, 病人不知, 飮酒漸差. 甖底見蛇骨, 方知其由也. (出『朝野僉載』)

218 · 16(2539)
주윤원(周允元)

칙천무후(則天武后) 때에 봉각시랑(鳳閣侍郎) 주윤원이 조정에서 일을 마치고 봉각(鳳閣: 唐代 中書省의 별칭)으로 들어가려 하는데, 태평공주(太平公主)가 부른 한 의원이 광정문(光政門)으로 들어오다 보니 귀신 하나가 주유원의 머리를 잡고 있고 귀신 둘이서 몽둥이를 쥐고 그의 뒤를 따라가 곧장 경운문으로 나가고 있었다. 의원이 이 일을 태평공주에게 알리자 태평공주는 이것을 칙천무후에게 아뢰었다. 그러자 칙천무후는 급사(給使)로 하여금 주윤원을 살펴보도록 했다. 주윤원은 봉각에서 별탈 없이 있다가 식사를 마치고 방으로 돌아갔다. 오후에 주윤원이 뒷간에 갔는데, 장참천(長參典)은 그가 너무 오래 있는 것이 이상해서 가서 살펴보려고 했다. [그가 가서 보니] 주윤원은 뒷간에서 엎어진 채 눈을 똑바로 뜨고서 말도 못하고 입에서 침을 흘리고 있었다. 급사가 이 일을 상주하자 칙천무후가 의원에게 물었다.

"이 사람이 얼마나 살 수 있겠소?"

의원이 대답했다.

"길어야 삼일이고 빠르면 하루입니다."

칙천무후는 비단이불을 주면서 주윤원을 덮어주게 한 다음 들것에 그를 실어서 집으로 보내도록 했다. 한밤중이 되어 주윤원이 죽자, 칙천무후는 친히 시를 지어서 그를 애도했다. (『조야첨재』)

則天時, 鳳閣侍郞周允元朝罷入閣, 太平公主喚一醫人自光政門入, 見一鬼撮允元頭, 二鬼持棒隨其後, 直出景運門. 醫白公主, 公主奏之, 上令給使覘問. 在閣無事, 食訖還房. 午後如廁, 長參典怪其久, 思往候之. 允元踣面於廁上, 目直視不語, 口中涎落. 給使奏之, 上問醫曰: "此可得幾時?" 對曰: "緩者三日, 急者一日." 上與錦被覆之, 幷牀昇送宅. 止夜半而卒, 上自爲詩以悼之 (出『朝野僉載』)

218 · 17(2540)
양현량(楊玄亮)

구시년(久視年: 700)에 양주(襄州) 사람 양현량은 20여 세쯤 되었는데 건주(虔州)의 문산관(汶山觀)에 고용되어 일을 했다. [어느 날 양현량이] 낮잠을 자다가 꿈에서 천존(天尊)을 보았는데 그에게 이렇게 말하는 것이었다.

"내 사당이 부서졌는데 네가 나를 위해 사당을 지어주겠다면, 나는 네가 어떤 병이라도 고칠 수 있는 의원이 되도록 해주겠다."

꿈에서 깨어난 양현량이 기뻐하며 시험삼아 사람들을 진료해보았더니 낫지 않는 이가 없었다. 감현(贛縣)의 이정(里正)이 등에 종기가 났는데 크기가 주먹만했다. 양현량이 칼로 종기를 잘라내자 며칠 후에 다 나았다. 양현량이 사람들의 병을 치료해주면 하루에 만냥을 벌 수 있었는데, 천존의 사당이 다 지어지자 병을 치료하는 것이 점차 효험이 없어지고 말았다. (『조야첨재』)

久視年中, 襄州人楊玄亮年二十餘, 於虔州汶山觀傭力. 晝夢見天尊云: "我堂舍破壞, 汝爲我修造, 遣汝能醫一切病." 寤而説之, 試療無不愈者. 贛縣里正背有腫, 大如拳. 亮以刀割之, 數日平復. 療病日獲十千, 造天尊堂成, 療病漸漸無效. (出『朝野僉載』)

218 · 18(2541)
조현경(趙玄景)

여의년(如意年: 692)에 낙주(洛州) 사람 조현경이 병들어 죽었다가 5일만에 소생해서는 이렇게 말했다.

"스님 한 분을 보았는데 나에게 1척(尺) 길이의 나무막대를 주면서 이렇게 알려주었소. '병을 앓는 이가 있을 때 그대가 이 나무막대를 병자에게 대면 병이 즉시 나을 것이오.'"

조현경은 베틀 위에서 1척 길이의 나무막대를 얻었는데 바로 스님이 준 것이었다. 시험삼아 그것으로 병을 치료해보았는데, 병자에게 나무막대를 대자 병이 바로 낫는 것이었다. 그의 집 뜰은 날마다 수백 명의 사람들로 붐볐다. 어사(御史) 마지기(馬知己)가 조현경이 무리를 모은다는 명목으로 그를 체포해서 좌대(左臺)에 가두자, 병자들이 좌대의 문 앞에 가득 몰렸다. 칙천무후(則天武后)가 이 소식을 듣고는 조현경을 궁궐로 불러들였는데, 궁인(宮人) 중에서 병든 이에게 조현경이 나무막대를 갖다 대면 병이 그 즉시 나았다. 그러자 칙천무후는 그를 풀어주면서 병든 백성들을 구해주도록 했다. 몇 달이 지난 후에 조현경은 700여 꿰미의 돈을 얻었다. 이후에 나무막대가 점점 효험이 없어지더니 마침내 [모든 효험이] 사라졌다. (『조야첨재』)

如意年中, 洛州人趙玄景病卒, 五日而蘇, 云: "見一僧與一木長尺餘, 敎曰: '人有病者, 汝以此木拄之卽愈.'" 玄景得見機上尺, 乃是僧所與者. 試將療病, 拄之立差. 門庭每日數百人. 御史馬知己以其聚衆, 追之禁左臺, 病者滿於臺門. 則天聞之, 召('召'原作'追', 據明鈔本改)入內, 宮人病, 拄之卽愈. 放出, 任救病百姓. 數月以後, 得錢七百餘貫. 後漸無驗, 遂絶. (出『朝野僉載』)

218 · 19(2542)
장문중(張文仲)

낙주(洛州)의 어떤 선비가 응병(應病: 말만 하면 '應'이라는 소리를 내는 병을 의미함)에 걸려서 말만 하면 목구멍에서 ['응' 소리가 나면서] 거기에 응답하는 것이었다. 그는 장문중이라는 명의에게 자신의 병에 대해 물어보았다. 장문중은 밤새 그것에 대해 생각해보다가 한 가지 방법을 얻어냈다. 그는 『본초(本草)』를 가져다가 선비로 하여금 그 책을 읽게 했다. [선비가 책을 읽느라 말소리를 내면 그때마다] 모두 [목구멍에서] 응답했는데, 두려워하는 것을 읽자 소리를 내지 않는 것이었다. 이에 장문중이 [선비의 목구멍이 응답하지 않았을 때 읽었던] 약초를 취해 환약을 만들어서 그로 하여금 복용하게 했더니 즉시 [목구멍에서 '응' 소리가 나던 증상이] 멈추었다. 일설에는 병을 물어봤던 의원이 소징(蘇澄)이었다고 한다. (『조야첨재』)

洛州有士人患應病, 語卽喉中應之. 以問善醫張文仲. 張經夜思之, 乃得一法. 卽取『本草』, 令讀之. 皆應, 至其所畏者, 卽不言. 仲乃錄取藥, 合和爲丸. 服之, 應時而止. 一云, 問醫蘇澄云. (出『朝野僉載』)

218 · 20(2543)
학공경(郝公景)

학공경이 태산(泰山)에서 약초를 캐고는 저자를 지나가게 되었다. [그때 마침] 귀신을 볼 수 있는 사람이 있었는데, 괴이하게도 뭇 귀신들이 학공경을 보고서는 모두들 그를 피해 도망가는 것이었다. 그래서 그는 마침내 학공경의 약초를 가지고 귀신을 죽일 수 있는 환약을 만들었다. 병을 앓는 이가 그 환약을 먹으면 병이 나았다. (『조야첨재』)

郝公景於泰山採藥, 經市過. 有見鬼者, 怪群鬼見公景皆走避之. 遂取藥和爲殺鬼丸. 有病患者, 服之差. (出『朝野僉載』)

218 · 21(2544)
최 무(崔 務)

정주(定州) 사람 최무가 말에서 떨어져 다리가 부러졌다. 의원이 구리가루를 술과 섞어서 최무에게 복용하게 하자 그의 병이 나았다. 최무가 죽은 후 10여 년이 지나서 이장(移葬)을 하게 되었는데, 그의 정강이가 부러졌던 곳을 보니 구리가루가 그곳을 [단단히] 연결하고 있었다. (『조야첨재』)

定州人崔務墜馬折足. 醫令取銅末, 和酒服之, 遂痊平. 及亡後十餘年, 改葬, 視其脛骨折處, 銅末束之. (出『朝野僉載』)

태평광기 권제 219 의 2

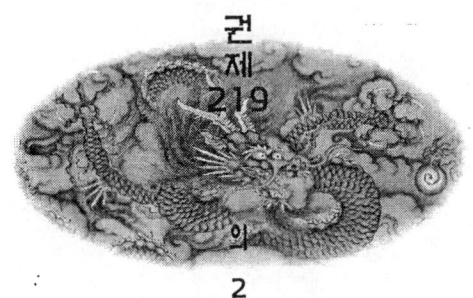

1. 주 광(周　廣)
2. 백 잠(白　岑)
3. 장만복(張萬福)
4. 왕언백(王彦伯)
5. 이우부(李祐婦)
6. 원 항(元　頏)
7. 양 혁(梁　革)
8. 양신(梁新)·조악(趙鄂)
9. 고 병(高　駢)
10. 전령자(田令孜)
11. 우 구(于　遘)
12. 안 수(顔　燧)

219·1(2545)
주 광(周 廣)

개원연간(開元年間: 713~741)에 기명(紀明)이라는 명의(名醫)가 있었는데, 오(吳) 지방 사람이었다. 그는 일찍이 비법을 은사(隱士) 주광에게 전수해주었다. [주광은] 사람의 안색과 담소하는 모습만 보아도 병의 심한 정도를 알아내, 매우 정확하고도 상세하게 얘기해줄 수 있었으므로, 진찰할 때까지 기다릴 필요도 없었다. 현종(玄宗)은 그의 명성을 듣고서 도성으로 불러들인 후, 궁궐 안에 병든 자를 불러오게 해 주광에게 진찰해보게 했다. 한 궁인이 있었는데, 매일 해가 기울면 웃다가 노래하다가, 또 울다가 소리 지르다가 하니, 마치 미친병에 걸린 것 같았고, 게다가 발을 땅에 디디질 못했다. 주광은 그를 보더니 말했다.

"이것은 필히 음식을 배불리 먹고, 너무 힘든 일을 한 후에 땅에 자빠지게 되어 생긴 병입니다."

주광은 그에게 운모탕(雲母湯)을 마시게 하고, 다 마신 후에 더운 데서 잠을 자도록 했다. 잠에서 깨자 그는 이전의 고통이 사라졌다. [그 환자에게] 물으니 그는 이렇게 대답했다.

"대화궁(大華宮) 주인께서 생일 연회를 3일 간 열었는데, 궁중에 대규모의 악공들을 줄지어 늘어놓았습니다. 저는 주창(主唱)으로서, 소리가 맑게 나오지 않을까 근심되어 줄곧 돈제갱(独蹄羹: 돼지 발굽을 우려내

만든 걸쭉한 국)을 먹었습니다. 배불리 먹은 후에 연회석에 나가 노래 몇 곡을 불렀는데, 노래가 끝난 후에 가슴속이 몹시 뜨거워짐을 느꼈지요. 무대 위에서 연극을 하고 높은 곳에 올라갔다 내려오다가 채 반도 못 내려와 뒤에서 내려오던 사람에게 떠밀려 땅에 고꾸라졌습니다. 한참 후에 깨어보니 미치광이 병에 걸렸고, 이로 인해 발로 땅을 디디질 못하게 되었습니다."

현종은 매우 기이하게 생각했다.

그때 황문봉사(黃門奉使)가 있었는데, 교광(交廣)에서 이곳에 와 대전 아래서 천자께 인사를 올렸다. 주광은 주위를 돌아보며 이렇게 말했다.

"이 사람 뱃속에 이무기가 있습니다. 내일이면 새끼를 낳을 것인데, 그렇게 되면 이 사람도 살지 못할 것입니다."

현종은 놀라 황문봉사에게 물었다.

"경에게 병이 있소?"

황문봉사가 대답했다.

"신은 대유령(大庾嶺)에서 말을 타고 달렸는데, 그때 날씨가 몹시 더웠던지라 피곤하기도 하고 목도 타서 길가에서 들판을 흐르는 물을 그냥 마셨습니다. 그랬더니 뱃속에 돌같이 딱딱한 응어리가 생겼습니다."

주광이 즉시 소석(消石: 甲硝石)과 웅황(雄黃: 鷄冠石)을 끓여 그에게 마시게 하자 그는 한 물체를 토해냈는데, 몇 촌(寸) 안 되는, 손가락 길이 정도 되는 크기를 하고 있었다. 그러나 자세히 보니 가죽과 비늘을 다 갖추고 있었다. 그것을 물속에 집어넣으니 잠깐 사이에 몇 척(尺)이나 되게 자랐다. 주광이 황급히 쓴 술을 가져다 그것 위에 끼얹자 다시 원래의 형태로 돌아갔다. 그릇으로 이것을 덮어둔 뒤 그 다음날 가서 보니 그릇 속에 용 한 마리가 생겨났다. 현종은 이에 주광을 더욱 예우하며 관직을 하사하려 했으나, 주광이 오중(吳中)으로 돌아갈 것을 간곡히 청하니, 천자도 그의 뜻을 어길 수 없어 그를 고향으로 돌려보냈다. 수부원외(水部員外) 유복(劉復)이 주광을 위해 전기를 지어, [그의 일생을] 매우 상세히 적었다. (『명황잡록』)

開元中, 有名醫紀明者, 吳人也. 嘗授祕訣於隱士周廣. 觀人顏色談笑, 便知疾深淺, 言之精詳, 不待診候. 上聞其名, 徵至京師, 令於掖庭中召有疾者, 俾周驗焉. 有宮人, 每日昃則笑歌啼號, 若中狂疾, 而又足不能及地. 周視之曰: "此必因食且飽, 而大促力, 頃復仆於地而然也." 周乃飮以雲母湯, 旣已, 令熟寐. 寐覺, 乃失所苦. 問之, 乃言: "嘗因大華宮主載誕三日, 宮中大陳歌吹. 某乃主謳者, 懼其聲不能淸, 且常('常'原作'長', 據明鈔本改)食犹蹄羹('羹'原作'美', 據明鈔本改). 遂(明鈔本'遂'作'甚')飽, 而當筵歌數(明鈔本'數'作'大')曲, 曲罷, 覺胸中甚熱. 戲於砌臺乘高而下, 未及其半, 復有後來者所激, 因仆於地. 久而方蘇而病狂, 因茲足不能及地也." 上大異之

有黃門奉使, 自交廣而至, 拜舞於殿下. 周顧謂曰: "此人腹中有蛟龍. 明日當産一子, 則不可活也." 上驚問黃門曰: "卿有疾否?" 乃曰: "臣馳馬大庾嶺, 時當大熱, 旣困且渴, 因於路傍飮野水. 遂腹中堅痞如石." 周卽以消石·雄黃, 煮而飮之, 立吐一物, 不數寸, 其大如指. 細視之, 鱗甲備具. 投之以水, 俄頃長數尺. 周遽以苦酒沃之, 復如故形. 以器覆之, 明日, 器中已生一龍矣. 上深加禮焉, 欲授以官爵, 周固請還吳中, 上不違其意, 遂令還鄕. 水部員外劉復爲周作傳, 叙述甚詳. (出『明皇雜錄』)

219 · 2(2546)
백 잠(白 岑)

백잠은 일찍이 이인(異人)을 우연히 만나 등창 치료법을 전수받았는데, 그 효험이 거의 완벽에 가까웠기에 백잠은 이것을 팔아 이익을 취했다. 그는 후에 회남소장(淮南小將)이 되었는데, 절도사 고적(高適)이 협박하여 이 처방을 빼앗았다. 그러나 그 처방은 그다지 효험을 발휘하지 못했다. 백잠은 구강(九江)에서 호랑이 밥이 되었는데, 역리(驛吏)가 그의 보따리에서 그 처방의 진본을 찾아 내자 태원(太原)의 왕승지(王昇之)가 이를 베껴서 널리 퍼뜨렸다. (『국사보』)

白岑曾遇異人傳發背方, 其驗十全, 岑賣弄以求利. 後爲淮南小將, 節度高適脅取之. 其方然不甚効. 岑至九江爲虎所食, 驛吏於囊中乃得眞本, 太原王昇之寫以傳布. (出『國史補』)

219 · 3(2547)
장만복(張萬福)

유방(柳芳)이 낭중(郎中)으로 있을 때, 그의 아들 유등(柳登)이 중병에 걸렸다. 그때 명의 장만복이 막 사주절도사(泗州節度使)로 제수되었는데, 유방은 그와 친분이 있었던 터라 그에게 축하의 말을 하고, 아들의 병세를 일일이 얘기하며 친구인 자네가 한번 와서 봐주기만을 기대할 뿐이라고 말했다. 장만복이 다음날 일찍 유방을 찾아가자 유방은 급히 그를 끌고 들어가 아들을 보였다. 장만복은 멀찍이서 유등의 정수리를 보더니 이렇게 말했다.

"이런 정수리 골상(骨相)을 가졌는데, 뭐 걱정할 게 있소?"

대여섯 번 진맥을 해보고는 또 말했다.

"틀림 없소. 수명은 팔십을 넘길 것이오."

그러고는 유방에게 [처방] 수십 자를 적어 주면서 유등을 보며 이렇게 말했다.

"이걸 복용하지 않아도 상관없네."

후에 유등은 서자(庶子: 左右庶子. 太子의 屬官)가 되었고, 90살까지 살았다. (『유양잡조』)

柳芳爲郎中, 子登疾重. 時名醫張萬福初除泗州, 與芳故舊, 芳賀之, 具言子病, 惟恃故人一顧也. 張詰旦候芳, 芳遽引視登. 遙見登頂曰: "有此頂骨, 何憂也?" 因診脈五六息, 復曰: "不錯. 壽且踰八十." 乃留芳數十字, 謂登曰: "不服此亦得." 後登爲庶子, 年至九十. (出『酉陽雜俎』)

219 · 4(2548)
왕언백(王彦伯)

형(荊) 지방 사람 도사 왕언백은 타고난 명의였고 특히 맥 짚는 데 뛰어나, 사람의 생사나 수명의 길이를 판단함에 조금도 틀림이 없었다. 상서(尙書) 배주(裵冑)에게 아들이 있었는데, 갑작스럽게 병에 걸렸다. 숱한 의사들이 모두 속수무책이었는데, 혹자가 왕언백을 언급하자 급히 그를 맞아들여 아들의 병을 보게 했다. 왕언백은 꽤 오래 맥을 짚어본 후 이렇게 말했다.

"아무 병도 없습니다."

그리고는 가루 약 몇 가지를 달이게 한 후 입에 넣어주니 병이 곧 나았다. 배주가 병세를 묻자 왕언백이 대답했다.

"아가미 없는 잉어의 독에 중독된 겁니다."

그의 아들은 정말로 회를 먹고 병을 얻은 것이었다. 배주는 처음에 이 말을 믿지 않고, 아가미 없는 잉어를 회 쳐 좌우에게 먹여보니 그 증상이 [아들과] 똑같았다. 이에 그는 비로소 크게 놀랐다. (『유양잡조』)

왕언백은 혼자 이렇게 말했다.

"내 장차 의술을 펼치겠다."

왕언백이 약 화로 서너 개를 벌려놓고 마당에서 탕약을 달이자 노인과 어린아이들이 문을 메우고 찾아와 진찰해주기를 청했다. 왕언백은 손가락으로 가리키며 말했다.

"열 있는 자에겐 이걸 마시게 하고, 한기를 느끼는 자에겐 이걸 마시게 하고, 중풍 걸린 자에겐 이걸 마시게 하고, 기침하는 자에겐 이걸 마시게 하여라."

모두들 돈과 비단을 싸가지고 와 사례를 했고, 효험을 못 본 자가 없었다. (『국사보』)

荊人道士王彦伯天性善醫, 尤別脈, 斷人生死壽夭, 百不差一. 裴冑尙書有子,忽暴中病. 衆醫拱手. 或說彦伯, 遽迎使視之. 候脈良久, 曰: "都無疾." 乃煮散數味, 入口而愈. 裴問其狀, 彦伯曰: "中無鰓鯉魚毒也." 其子實因鱠得病. 裴初不信, 乃鱠鯉魚無鰓者, 令左右食之, 其疾悉同. 始大驚異焉. (出『酉陽雜俎』)

又彦伯自言: "醫道將行." 列三四竈, 煮藥於庭, 老幼塞門而請. 彦伯指曰: "熱者飲此, 寒者飲此, 風者飲此, 氣者飲此" 各負錢帛來酬, 無不効者. (出『國史補』)

219·5(2549)
이우부(李祐婦)

이우는 회서장군(淮西將軍)이었는데, 원화(元和) 13년(818)에 조운미(租運米)를 운송해 도성으로 들어갔다. 배도(裴度)는 오원제(吳元濟)를 격파하고 그 성(城: 淮西)으로 들어갔다. 관군(官軍) 중에 부녀자의 옷을 벗겨 나체로까지 만든 자가 있었다. 당시 이우의 신부(新婦) 강(姜)씨는 임신 5개월의 몸으로 난폭한 군졸에게 잡혔는데, [군졸이] 칼로 그녀의 배를 긋자 기절해 땅에 고꾸라졌다. 이우가 돌아와서 보니, [아내의] 배가 1척(尺)도 넘게 찢어져 있었다. 그가 옷을 벗어 그 상처 난 곳을 싸매주었더니 하룻밤이 지나 부인은 소생했고, [상처 위에] 신약(神藥)을 발라 주었더니 상처가 다 아물었다. 부인은 만 10개월이 되어 아들을 낳았다. [훗날] 조정에서는 이우가 조운미를 무사히 나라에 운반해 들여온 공을 치하해 그의 아들에게 관직을 하사했다. 그 아들의 이름은 이행수(李行修)인데, 30여 세 때 남해절도사(南海節度使)가 되었다가 관직을 마치고 돌아가는 길에 죽었다. (『독이지』)

李祐爲淮西將, 元和十三年, 送款歸國. 裴度破吳元濟, 入其城. 官軍有剝婦人衣至裸體者. 祐有新婦姜氏, 懷孕五月矣, 爲亂卒所劫, 以刀割其腹, 姜氏氣絶踣地. 祐歸見之, 腹開尺餘. 因脫衣襦裹之, 一夕復蘇, 傅以神藥而平. 滿十月, 産一子. 朝廷以祐歸國功, 授一子官. 子曰行修, 年三十餘, 爲南海節度, 罷歸, 卒於道. (出『獨異志』)

219·6(2550)
원 항(元 頏)

당(唐)나라 때 도성에 한 의원이 있었는데, 그의 성명은 잊어버렸다. 원항의 사촌 중에 한 부인이 남편을 따라 남쪽으로 오던 중 실수로 벌레 한 마리를 먹고는 그것을 늘 꺼림칙해 하다가 이로 인해 병을 얻었다. 여러 차례 치료를 해봤지만 차도가 없자 [그 의원에게] 봐주기를 청했다. 그 의원은 그녀의 병세를 알고, 주인집의 유모들 중 입이 무거운 사람 한 명을 데려와 다음과 같이 미리 조심시켰다.

"내가 지금 약을 먹여 토하게 할 것이니 접시에다 받아내기만 하시오. 그리고 토할 때에 작은 개구리가 걸어 나간다고만 말하시오. 그러나 병자로 하여금 이게 속임수라는 걸 절대 알게 해서는 안되오."

유모가 의원의 지시대로 하자 이 병은 영원히 사라졌다.

또 한 젊은이가 있었는데, 눈 속에 늘 작은 거울이 어른어른했다. 젊은이가 의공(醫工) 조경(趙卿)에게 치료를 부탁하자, 조경은 젊은이에게 내일 아침에 생선회를 대접하겠노라 약속했다. 젊은이가 약속대로 조경의 집에 가자 조경은 젊은이를 안으로 맞아들이며, 조용히 기다리고 있으면 지금 모시고 있는 손님을 물린 후 다시 와서 접대하겠다고 말했다. 잠시 후 상을 차렸는데, 오직 겨자초 한 접시만이 있을 뿐 다른 음식은 없었다. 젊은이는 조경도 나오지 않는데 정오까지 기다렸다. 오래 기다려도 오지 않자 젊은이는 배가 고파졌다. 게다가 초의 향기까지 맡았으니 어쩔 수 없이 조금 찍어먹게 되었다. 잠시 후 또 한번 찍어먹자 가슴이 확 뚫리면서 눈의 어지럼증이 싹 가셨다. 그래서 접시 바닥이 드러나도록 다 먹어치웠다. 조경은 이를 알고서 그제야 나왔다. 젊은이는 초를 먹은 게 너무 부끄러워 사과하자 조경이 이렇게 말했다.

"낭군께서는 일전에 회는 너무 많이 드시고 초간장은 미처 많이 드시지를 못 하신데다가, 또 생선 비늘이 가슴속에 막혀 있어서 눈이 어른거리셨던 것입니다. 아까 초간장을 준비해 두었던 건 낭군을 시장케 만들어 드시게 하기 위함이었습니다. 과연 병을 고치셨지요. 요리를 차려 모시겠다는 말은 속임수였습니다. 이제 돌아가셔서 아침을 찾아 드시지요."

그의 신묘함이란 주로 이런 종류의 것들이었다. (『북몽쇄언』)

唐時京城有醫人忘其姓名. 元頏中表間, 有一婦人從夫南中, 曾誤食一蟲, 常疑之, 由是成疾. 頻療不損, 請看之. 醫者知其所患, 乃請主人姨嬭中謹密者一人, 預戒之曰: "今以藥吐瀉, 但以盤盂盛之. 當吐之時, 但言有一小蝦蟆走去. 然切不得令病者知是誑紿也." 其嬭僕遵之, 此疾永除.

又有一少年, 眼中常見一小鏡子. 俾醫工趙卿診之, 與少年期, 來晨以魚鱠奉
候. 少年及期赴之延於內, 且令從容, 候客退後方接. 俄而設臺子, 止施一甌芥醋,
更無他味. 卿亦未出, 迨禺中. 久候不至, 少年飢甚. 且聞醋香, 不免輕啜之. 逡巡
又啜之, 覺胸中豁然, 眼花不見. 因竭甌啜之. 趙卿知之, 方出. 少年以啜醋懃謝,
卿曰: "郎君先因喫鱠太多, 醬醋不快, 又有魚鱗在胸中, 所以眼花. 適來所備醬
醋, 只欲郎君因飢以啜之. 果愈此疾. 烹鮮之會, 乃權詐也. 請退謀朝餐." 他妙多
斯類也. (出『北夢瑣言』)

219·7(2551)
양 혁(梁 革)

금오기조(金吾騎曹: 左·右金吾 아래의 騎曹參軍. 궁과 도성의 경계와 순찰을 맡았음) 양혁은 화편(和扁: 醫和와 扁鵲. 고대의 名醫)의 의술을 터득했다. 그가 태화연간(太和年間: 827~835) 초에 완릉순관(宛陵巡官)으로 있을 때, 안찰사(按察使) 우오(于敖)에게 연자(蓮子)라는 이름의 여종이 있었는데, 우오는 그녀를 몹시 총애했다. 그러나 그녀는 어느 날 농담을 잘못한 탓으로 죄를 얻어 쫓겨나 팔리는 신세가 되었다. 시(市)의 관리가 그녀의 몸값을 700민(緡: 100개의 동전꿰미가 1緡에 해당함)으로 정하자 종사어사(從事御史) 최 아무개라는 사람이 이를 듣고 연자를 불러들였다. 최 아무개가 양혁에게 연자를 진맥해 달라고 청하자, 양혁은 연자의 팔을 진찰해본 후 이렇게 말했다.

"20년간은 병이 없을 사람입니다."

최 아무개는 기뻐서 연자를 집에 두기로 하고, 그녀의 몸값을 우오에게 보냈다. 우오는 항상 그녀를 아껴왔었는데, 홧김에 쫓아버렸을 뿐이어서 모르는 사람에게 팔렸다면 그만이었지만, 최 아무개가 그녀를 총애한다는 얘기를 듣자 기분이 좋지 않아 그 불쾌함을 얼굴에 드러냈다. 그러나 이미 쫓아 보냈으니 다시 불러들일 수도 없는 일이었으므로 다만 이 일을 늘 가슴에 담아두고 있을 뿐이었다.

[이 일이 있은 후] 채 1년도 못 되어 갑자기 연자가 죽었다. 양혁은 이때 외부 순찰 일이 있었는데, 돌아오는 길에 성문에서 영구수레와 마주쳤다. 최 아무개의 사람 중에 한 명이 장례를 집행하고 있었는데, 양혁이 누구의 장례냐고 묻자 "연자입니다" 라고 대답했다. 양혁은 [연자의 영구를] 가져오라고 하여 다시 싣고 돌아와 최 아무개에게 달려가 고했다.

"연자는 죽지 않았습니다. 혼절했을 뿐입니다. 아까 제가 성에 들어오다 영구수레를 만나 다시 싣고 돌아왔으니, 저로 하여금 그녀를 살려내게 해주십시오."

최 아무개는 양혁이 처음에 했던 말[즉 20년간은 병이 없을 것이라는 말] 때문에 화가났고, 또 연자의 요절에 몹시 슬퍼하고 있던 터라 역정을 내며 말했다.

"너는 필부로서 제후를 망령되이 현혹시켜 벼슬아치의 항렬에 끼어들었다. 너는 연자가 20년간 병이 없을 거라 말했지만 1년만에 죽어버렸고, 이제 장례를 하려는 판에 영구를 불러 세워 다시 싣고 돌아왔다. 만일 살아나지 못한다면 너는 무슨 낯으로 나를 보겠느냐?"

양혁이 말했다.

"이건 정말로 죽은 게 아니라 혼절한 것입니다. 만일 살려내지 못한다면 저의 의술은 천하에서 가장 형편없는 것이니, 죽음으로써 과오를 갚은들 어떻겠습니까?"

그리고는 관을 부수고 [시신을] 꺼내게 했다. 양혁은 시신의 심장과 배꼽 아래 부분을 여러 차례 찌르고, 이 하나를 뽑아 구멍을 내고 한 숟갈의 약을 입안으로 흘려 넣었다. 그는 또 연자에게 홑옷을 입히고 빈 침상에 뉘여 흰 천으로 손과 발을 묶은 뒤, 약한 불을 침상 아래 지펴놓았다. 그리고는 말했다.

"이 불이 사그라들면 연자가 살아날 것입니다."

그리고는 무리들을 경계시키며 말했다.

"파로 죽을 쒀놓고 기다리시오. 숨통이 트이면 마치 미친 듯이 날뛸 텐데, 절대 일어나게 해서는 아니 되오. 잠시 후면 가라앉을 것이니, 가라앉고 나면 피곤해 할 것이오. 피곤해 하거든 속박을 풀어주고, 파로 쒀 놓은 죽을 먹이시오. 살아나서 발광할 때 그녀를 일어나게 한다면 그 땐 내가 알 바가 아니오."

말을 마치고는 관부로 들어가 최 아무개에게 말했다.

"연자가 곧 살아날 것입니다."

최 아무개는 화를 풀고 양혁을 관청에 머무르게 하여 함께 얘기를 나누었다.

잠시 후 연자가 일어나 앉아 웃고 얘기하자 하급관리가 뛰어가 우오에게 보고를 했다. 우오는 최 아무개에게 다음과 같은 편지를 보냈다.

"연자가 살아났다는데 무슨 의술인가?"

그리고는 양혁과 함께 최 아무개에게로 갔는데, 문에 들어서자 연자가 나와 맞이했다. 우오는 매우 기이하게 여겼고, 또 연자가 최 아무개를 모시는 것은 원래 그의 뜻이 아니었던지라 연자를 양혁에게 주라고 최 아무개에게 권했다. 최 아무개 역시 연자가 이가 없는 게 싫기도 했고, 또 우오를 중히 여기기도 하던 터라 연자를 양혁에게 주었다. 양혁이 연자를 얻은 후 신약(神藥)을 이[가 원래 났던 곳]에다 발라주었더니, 채 한 달도 안되어 예전처럼 이가 났다. 태화 임자년(壬子年: 832)에 양혁은 금오기조(金吾騎曹)에 임명되었는데, 그 때 연자도 함께 도성에 있었다. 그 해 가을, 고손지(高損之)는 그의 큰아버지가 천관(天官: 吏部尙書)이었던 덕에 그날로 양혁과 상면하게 되었기 때문에, 이 일을 자세히 알고서 말을 해주었다. (『속이록』[『속현괴록』])

金吾騎曹梁革得和・扁之術. 太和初, 爲宛陵巡官, 按察使于敖有靑衣曰蓮子, 念之甚厚. 一旦以笑語獲罪, 斥出貨焉. 市吏定直曰七百緡, 從事御史崔某者聞而召焉. 請革評其脈, 革診其臂曰: "二十春無疾之人也." 崔喜留之, 送其直於敖. 敖以常深念也, 一怒而逐之, 售於不識者斯已矣, 聞崔寵之不悅, 形於顏色. 然已去之, 難復召矣, 常貯於懷.

未一年, 蓮子暴死. 革方有外郵之事, 廻見城門, 逢柩車. 崔人有執紼者, 問其所葬, 曰: "蓮子也." 呼載歸, 而奔告崔曰: "蓮子非死. 蓋尸蹶耳. 向者革入郭, 遇其柩, 載歸而往請蘇之." 崔怒革之初言, 悲蓮子之遽夭, 勃然曰: "匹夫也, 妄惑諸侯, 遂齒簪裾之列. 汝謂二十春無疾者, 一年而死, 今旣葬矣, 召其柩而歸. 脫不能生, 何以相見?" 革曰: "此固非死, 蓋尸蹶耳. 苟不能生之, 是革術不仁於天下, 何如就死以謝過言?" 乃令破棺出之. 遂刺其心及臍下各數處, 鑿去一齒, 以藥一刀圭於口中. 衣以單衣, 臥空牀上, 以練素縛其手足, 有微火於牀下. 曰: "此火衰, 蓮子生矣." 且戒其徒: "煮葱粥伺焉. 其氣通若狂者, 愼勿令起. 逡巡自定, 定而困. 困卽解其縛, 以葱粥灌之. 遂活矣, 正狂令起, 非吾之所知也." 言竟, 復入府謂崔曰: "蓮子卽生矣." 崔大釋其怒, 留坐廳事.

俄而蓮子起坐言笑, 界吏報敖. 敖飛牘於崔: "蓮子復生, 乃何術也?" 仍與革偕歸, 入門則蓮子來迎矣. 敖大奇之, 且夫蓮子事崔也, 非素意, 因勸以與革. 崔亦惡其無齒, 又重敖, 遂與革. 革得之, 以神藥傅齒, 未踰月而齒生如故. 太和壬子歲, 調金吾騎曹, 與蓮子偕在輦下. 其年秋, 高鍇之以其元舅爲天官, 卽日與相聞, 故熟其事而言之. (出『續異錄』, 明鈔本作'出『續玄怪錄』')

219·8(2552)
양신(梁新)·조악(趙鄂)

당(唐)나라 최현(崔鉉)이 저궁절도사(渚宮節度使)로 있을 때, 한 부상(富商)이 배에 머물고 있다가 한밤중에 갑자기 죽었는데, 새벽이 되도록 숨이 아직 끊기지 않고 있었다. 옆방에 있던 무릉(武陵)의 의원 양신이 이를 듣고 와서 진찰해보더니 이렇게 말했다.

"이건 식중독이오. 요 이삼일 동안 밖에서 음식을 드신 적이 있지 않았습니까?"

하인이 말했다.

"주인어른께서는 배 밖으로 잘 나가시지 않으시고, 또 다른 사람이 내는 음식은 잘 드시지도 않습니다."

양신이 말했다.

"평소에 뭘 즐겨 드시오?"

하인이 대답했다.

"죽계(竹雞: 왜가리)를 좋아하십니다. 매년 수백 마리 이상은 꼭 드십니다. 최근에도 죽계를 사서 요리를 만들었지요."

양신이 말했다.

"죽계는 반하(半夏: 풀이름)를 먹으니, 필히 반하의 독(毒)일 것입니다."

그리고는 생강을 빻아 즙을 내게 한 뒤, 이를 부러뜨리고 그 사이로 [그 즙을] 부었더니, 이로 인해 부상은 다시 살아났다. 최현은 이 얘기를 듣고 기이하게여겨 [양신을] 불러들여 위로하며 상을 내리고, 또 노복과 말, 그리고 돈과 비단을 하사하여 도성으로 들어가게 해주었다. 또 조정 관리에게 글을 올리니, 그는 명성이 크게 떨쳐져 후에 관직이 상약봉어(尙藥奉御)에 이르렀다.

한 조정 신하가 그를 찾아왔다. 그러자 양신이 말했다.

"왜 일찍 찾아와 보이지 않았소? 풍질(風疾)이 이미 깊어졌소. 어서 귀향할 것을 청하고 집안 일들을 처리하시오. 운명에 순응 할 따름이지요."

조정 관리는 이 말을 듣고 황급히 인사를 하고는 말을 타고 돌아갔다. 당시 부주(鄜州)에 마의(馬醫) 조악이란 자가 있었는데, 막 도성에 들어와 대로변에 자신의 이름을 써 붙이고는 '의술 전공'이라고 말했다. 그 조정 관리가 말에서 내려 조악을 찾아가 자신의 병세를 고하니, 조악 역시 양신이 했던 말과 마찬가지로 병이 위독하다고 말했다. 조악이 말했다.

"한 가지 방법이 있습니다. 어르신께서는 소리(消梨: 둥글고 붉은 빛이 나는 배)를 많이 드십시오. 양이 얼마가 되던 상관없습니다. 씹기가 힘드시거든 즙을 짜서 드십시오. 만분의 일의 희망을 기대해 볼 수 있을지도 모르겠습니다."

이 관리는 또 말을 타고 돌아가다가 책 넣는 통속에 소리를 담아 말 위에서부터 즉시 먹기 시작했다. 집에 도착해서도 열흘간이나 소리만 먹었는데, 이전의 괴롭던 것이 상쾌해지더니 그 후 그 병이 도지지 않았다. 이에 그는 다시 조생(趙生: 趙鄂)을 찾아가 감사드리고, 또 양봉어(梁奉御: 梁新)를 찾아가 조생의 가르침으로 살아났다고 말했다. 양공(梁公: 梁新)은 놀라워하며 이렇게 말했다.

"대국에는 반드시 계승자가 있어야 합니다."

그리고는 사람을 보내 조생을 불러오게 한 후, 노복과 말, 돈과 비단을 주고 널리 명성을 퍼뜨렸다. 조생은 관직이 태복경(太僕卿)에 이르렀다. (『북몽쇄언』)

성랑(省郎) 장정지(張廷之)가 병을 앓게 되자 조악을 찾아갔다. 조악은 겨우 진맥만을 하고서 그의 병은 생강주(生薑酒) 한 잔과 지황주(地黃酒) 한 그릇을 마셔야 한다고 말했다. 양신을 찾아가도 하는 말이 똑같았는데, 두 사람 다 이보다 더 마시면 죽게 된다고 말했다. 장정지는 이 술을 마시기 시작한 이래로 아프던 것이 금새 편안해졌다. 훗날 그는 당시의 재상에게 술을 한 잔 강권 당했는데, 미처 호소도 해보지 못하고 그날 밤에 죽었다. 당시 사람들은 이들을 가리켜 '이묘(二妙)'라 했다. (『문기록』)

唐崔鉉鎭渚宮, 有富商船居, 中夜暴亡, 待曉, 氣猶未絶. 鄰房有武陵醫工梁新聞之, 乃與診視曰: "此乃食毒也. 三兩日非外食耶?" 僕夫曰: "主翁少出舫, 亦不食於他人." 梁新曰: "尋常嗜食何物?" 僕夫曰: "好食竹雞. 每年不下數百隻. 近買竹雞, 併將充饌." 梁新曰: "竹雞喫半夏, 必是半夏毒也." 命擣薑捩汁, 折齒而灌, 由是而蘇. 崔聞而異之, 召至, 安慰稱奬, 資以僕・馬・錢・帛入京. 致書於朝士, 聲名大振, 仕至尚藥奉御.

有一朝士詣之. 梁曰: "何不早見示? 風疾已深矣. 請速歸, 處置家事. 委順而已." 朝士聞而惶遽告退, 策馬而歸. 時有鄜州馬醫趙鄂者, 新到京都, 於通衢自牓姓名, 云'攻醫術'. 此朝士下馬告之, 趙鄂亦言疾危, 與梁生之說同. 謂曰: "卽有一法. 請官人剩喫消梨. 不限多少. 咀齕不及, 捩汁而飲. 或希萬一." 此朝士又策馬而歸, 以書筒貯消梨, 馬上旋齕. 行到家, 旬日唯喫消梨, 煩覺爽朗, 其恙不作. 却訪趙生感謝, 又訪梁奉御, 且言得趙生所教. 梁公驚異, 且曰: "大國必有一人相繼者." 遂召趙生, 資以僕・馬・錢・帛, 廣爲延譽. 官至太僕卿. (出『北夢瑣言』)

又省郞張廷之有疾, 詣趙鄂. 纔診脈, 說其疾宜服生薑酒一盞, 地黃酒一杯. 仍謁梁新, 所說並同, 皆言過此卽卒. 自飮此酒後, 所疾尋平. 他日爲時相堅虐一杯訴之不及, 其夕乃卒. 時論爲之'二妙'. (出『聞奇錄』)

219・9(2553)
고 병(高 騈)

강회(江淮) 일대의 각 주(州)와 군(郡)에는 불에 관한 법령이 가장 엄해, 이를 범한 자는 살려두는 법이 없었다. 집들이 주로 대나무로 지어져 있었기 때문에, 혹 조심하지 않으면 삽시간에 백천 칸의 집들이 그 즉시로 재로 변했다. 고병이 유양절도사(維揚節度使)로 있을 때, 한 술사(術士)의 집에서 불이 나기 시작해, 점점 번져나가 수천 호(戶)를 태웠다. 이 일을 주관하던 관리는 술사를 체포해 법대로 처형하려 했다. 술사는 처형을 당하기 직전에 형 집행자에게 이렇게 말했다.

"저의 죄가 어찌 한번의 죽음으로 그 책임을 다 할 수 있겠습니까? 그러나 제게 보잘 것 없는 기술이 하나 있으니, 다른 사람에게 전수해주어 후세 사람들을 구할 수 있게 해 주신다면 죽어도 여한이 없겠습니다."

그때 고병은 방술사(方術士)를 오래도록 기다려왔는데, 그 기다리는 마음이 항상 목이 타는 듯 했다. 형 집행자는 형 집행을 잠시 늦추고 달려와 고병에게 아뢰었다. 고병은 그 술사를 불러들이고, 친히 그에게 물었다. 그러자 그가 대답했다.

"제게 다른 기술은 없으나, 나병을 잘 고칩니다."

고병이 말했다.

"한번 볼 수 있겠느냐?"

술사가 대답했다.

"복전원(福田院)에서 가장 병이 심한 자 한 명을 골라 시험해 보겠습니다."

그의 말대로 했더니, 술사는 그 환자를 밀실에 두고 유향주(乳香酒) 몇 되를 먹였다. 그러자 환자는 몽롱하게 의식을 잃었다. 이에 술사는 환자의 뇌를 예리한 칼로 갈라 두 손 가득 벌레를 끄집어냈는데, 길이가 겨우 2촌밖에는 안 되었다. 그리고는 고약으로 상처 난 부위를 붙이고, 따로 먹는 약을 복용케 한 다음 음식과 행동거지 등의 안배를 다시금

조절해 주자, 열흘 넘짓 만에 상처가 다 아물었다. 또 겨우 한 달만에 눈썹과 수염이 다시 났으며, 피부에 윤택이 도는 것이 환자 같지 않았다. 고병은 이 술사를 예우하여 상객(上客)으로 삼았다. (『옥당한화』)

江淮州郡, 火令最嚴, 犯者無赦. 蓋多竹屋, 或不愼之, 動則千百間立成煨燼. 高騈鎭維揚之歲, 有術士之家延火, 燒數千戶. 主者錄之, 卽付於法. 臨刃, 謂監刑者曰: "某之愆尤, 一死何以塞責? 然某有薄技, 可以傳授一人, 俾其救濟後人, 死無所恨矣." 時騈延待方術之士, 恒如飢渴. 監刑者卽緩之, 馳白於騈. 騈召入, 親問之. 曰: "某無他術, 唯善醫大風." 騈曰: "可以驗之?" 對曰: "但於福田院選一最劇者, 可以試之." 遂如言, 乃置患者於密('密'原作'隙', 據明鈔本改)室中, 飮以乳香酒數升. 則懵然無知. 以利刀開其腦縫, 挑出蟲可盈掬, 長僅二寸. 然以膏藥封其瘡, 別與藥服之, 而更節其飮食動息之候, 旬餘, 瘡盡愈. 纔一月, 眉鬚已生, 肌肉光淨, 如不患者. 騈禮術士爲上客. (出『玉堂閒話』)

219 · 10(2554)
전령자(田令孜)

장안이 매우 번성했을 때 시장 서쪽에 탕약을 파는 가게가 있었는데, 일반적인 약재를 쓸 뿐이고 약에 넣는 재료도 몇 가지에 지나지 않았다. 맥을 짚어보는 것도 아니었고, 어디가 아프냐고 묻지도 않았다. 100전에 약 한 첩을 팔았는데, 천 가지 병이 [이 약을] 입에만 넣으면 다 완쾌되었다. 늘 넓은 집안에다 큰솥을 놓고, 밤낮으로 쓸고 자르고 달이고 끓이고 하며 약을 대느라 쉴 새가 없었다. 사람들은 먼 곳이건 가까운 곳이건 간에 다들 와서 약을 사갔다. 시장에 가게가 죽 늘어서서 온 장안이 떠들썩했다. 금덩이를 들고 문 앞을 지켜 서서 닷새나 이레를 기다려서도 배급을 받지 못한 사람까지 있었으니 돈을 이만저만 버는 게 아니었다.

당시에 전령자라는 사람이 병이 들었는데, 나라 안의 의원을 다 불러들여 국사(國師)나 대조(待詔: 翰林院 醫待詔)까지 써보았지만 아무 효과가 없었다. 그때 우연히 한 친지가 나타나 전령자에게 말했다.

"서쪽 시장에 탕약 파는 가게가 있는데, 한번 [그 집 약을] 써 봐도 무방하지 않겠습니까?"

전령자가 말했다.

"그럽시다."

이에 하인을 보내 말을 타고 달려가 약을 구해오게 했다. 하인은 약을 얻자 다시 말을 달려 돌아왔는데, 집 근처까지 와서 말이 뒤뚱하는 바람에 약을 쏟았다. 하인은 주인이 엄하게 꾸짖을 것이 두렵고, 또 다시 가서 얻을 수도 없기에 한 염색방을 찾아가 염료액 한 병을 구걸해 얻어와 주인께 바쳤다. 주인은 이것을 마시고 병이 즉시 나았다. 전령자는 병이 나은 것만 알고 그 약이 어디서 온 것인지는 모르고서 그 탕약 가게에 상을 두둑이 내렸다. 탕약 가게의 명성은 이로 인해 더욱 높아졌으니, 이는 아마도 복 받은 의원일 것이다. 근래 업도(鄴都)의 장복(張福)이라는 의원도 이와 같은 경우로, 매우 많은 재산을 모았다. 또 이로써 유명해져, 번왕(蕃王)이 그를 변방 밖으로 데리고 나갔다. (『옥당한화』)

長安完盛日, 有一家於西市賣飮子, 用尋常之藥, 不過數味. 亦不閑方脈, 無問是何疾苦. 百文售一服, 千種之疾, 入口而愈. 常於寬宅中, 置大鍋鑊, 日夜剉斫煎煮, 給之不暇. 人無遠近, 皆來取之. 門市駢羅, 喧闐京國. 至有齎金守門, 五七日間, 未獲給付者, 獲利甚極.

時田令孜有疾, 海內醫工召遍, 至於國師待詔, 了無其徵. 忽見親知白田曰: "西市飮子, 何訪試之?" 令孜曰: "可." 遂遣僕人, 馳乘往取之. 僕人得藥, 鞭馬而廻, 將及近坊, 馬蹶而覆之. 僕旣懼其嚴難, 不復取云(明鈔本'復取云'作'敢復去'), 遂詣一染坊, 丐得池脚一餠子, 以給其主. 旣服之, 其病立愈. 田亦只知病愈, 不知藥之所來, 遂賞藥家甚厚. 飮子之家, 聲價轉高, 此蓋福醫也. 近年, 鄴都有張福醫者亦然, 積貨甚廣. 以此有名, 爲蕃王挈歸塞外矣. (出『玉堂閒話』)

219·11(2555)
오 구(于 遘)

근래 조정에 있던 중서사인(中書舍人) 우구는 뱀독에 쐬였는데, 치료할 길이 없어 오래도록 휴직을 하고, 먼 곳으로 의원을 찾아가려 하는 중이었다. 하루는 지팡이를 짚고 중앙문 밖에 앉아 있는데, 우연히 한 대장장이가 지나가다 그를 보더니 이렇게 물었다.

"무슨 괴로움으로 이렇게 야위고 기운 없어 보이십니까?"

우구가 그에게 [병세를] 늘어놓자 대장장이가 말했다.

"저도 그 병에 걸렸었는데, 좋은 의원을 만나 저를 위해 뱀 한 마리를 끄집어내 주어서 치료가 됐습니다. 저 역시 그 기술을 전수받았습니다."

우구가 기뻐하며 그에게 부탁하자, 그가 말했다.

"작은 일이지요. 내일 아침 아무 것도 드시지 마십시오. 제가 반드시 오겠습니다."

다음날 과연 그가 왔다. 그는 우구에게 처마 밑에 서서 밝은 곳을 향해 입을 벌리고 있으라 하고, 집게 칼을 들고 기다리고 있다가 뱀이 나오는 걸 잡으려고 했으나, 잘못 넘어지는 바람에 놓쳐버렸다. 그는 다시 내일을 약속하고 갔다가 하룻밤이 지나 다시 왔다. [그는 이번에는] 정신을 집중하고 기다리고 있다가 단번에 집어냈다. 그 뱀은 2촌 남짓한 길이에 적색이었고, 굵기가 대략 참대 정도 됐다. 대장장이가 급히 이를 태워버리라고 명하자, 우구의 병이 완쾌되었다. 우구는 다시 관직에 나아가 거듭 제수되었고, 자미(紫微: 中書省)에 이른 후에 죽었다. 그 장인은 아무런 대가도 받지 않고 다만 이렇게 말할 뿐이었다.

"저는 다른 사람을 구하겠노라고 맹서를 했었습니다."

그는 다만 술 몇 잔을 마신 뒤에 떠나갔다. (『옥당한화』)

近朝中書舍人于遘, 嘗中蠱毒, 醫治無門, 遂長告, 漸欲遠適尋醫. 一日, 策杖坐于中門之外, 忽有釘鉸匠見之, 問曰: "何苦而羸苶如是?" 于卽爲陳之, 匠曰: "某亦曾中此, 遇良工, 爲某鈐出一蛇而愈. 某亦傳得其術." 遘欣然, 且祈之, 彼曰: "此細事耳. 來早請勿食. 某當至矣." 翊日果至. 請遘於舍簷下, 向明張口, 執鈐俟之, 及欲夾之, 差跌而失. 則又約以來日, 經宿復至. 定意伺之, 一夾而中. 其蛇已及二寸許, 赤色, 麤如釵股矣. 遽命火焚之, 遘遂愈. 復累除官, 至紫微而卒. 其匠亦不受贈遺, 但云: "某有誓救人." 唯引數觴而別. (出『玉堂閒話』)

219 · 12(2556)
안 수(顔 燧)

 도성과 여러 주(州)·군(郡)의 시장 통에는 독을 제거할 수 있다는 의원들이 있었는데, 눈으로 직접 본 효험이 많은데도 사람들은 모두 의심하며 일시적인 환술이라 여기고 불치병은 치료할 수 없을 것이라고 생각했다. 낭중(郎中) 안수라는 사람에게 하녀가 하나 있었는데, 이 병을 앓고 있었다. 하녀는 항상 무엇인가가 심장과 간을 쪼아먹는 것 같은 느낌을 받았는데, 그 고통은 참을 수가 없을 정도였다. 몇 년간 계속해 앓고 나니 마르고 초췌해져 피골이 상접했고, 정강이가 고목 같이 되었다. 우연히 한 훌륭한 의원이 시장에서 많은 사람을 모아놓고 이 병을 진료한다는 얘기를 듣고, 안수는 의원을 불러들였다. 의원은 [하녀의 병세를] 보고 이렇게 말했다.

 "이건 뱀독입니다. 즉시 그것을 끄집어내야 합니다."

 이에 먼저 시뻘건 목탄 10~20근(斤)을 준비해놓게 하고는 약을 먹였다. 의원은 한참동안 작은 집게 칼을 들고 옆에서 기다리고 있었다. 그때 시녀는 갑자기 목구멍 사이에서 어떤 물체가 움직이고 있는 듯한 느낌을 받았고, 이내 죽었다가 다시 살아났다. 잠시 후 의원은 그녀의 입을 열게 하고, 길이가 5~7촌이나 되는 뱀 한 마리를 끄집어내 급히 시뻘건 목탄 속에 던져 태워버렸다. 뱀은 몸이 둥글게 굽으며 타 들어갔고 얼마 후에 재로 변했는데, 그 악취가 이웃에 진동했다. 이때부터 하녀의 병은 다 나았고, 다시는 가슴을 갉아 먹히는 듯한 고통이 없었다. 이일로 미뤄 볼 때, 노자(老子)가 서갑(徐甲)의 뼈에 살이 돋아나게 해 살려냈다는 말은 진실로 허망한 얘기가 아님을 알 수 있다. (『옥당한화』)

　京城及諸州郡閭閻中, 有醫人能出蠱毒者, 目前之驗甚多, 人皆惑之, 以爲一時幻術, 膏肓之患, 卽不可去. 郞中顔燧者, 家有一女使抱此疾. 常覺心肝有物唼食, 痛苦不可忍. 累年後瘦瘁, 皮骨相連, 脛如枯木. 偶聞有善醫者, 於市中聚衆甚多, 看療此病, 顔試召之. 醫生見曰: "此是蛇蠱也. 立可出之" 於是先令熾炭一二十斤, 然後以藥餌之. 良久, 醫工秉小鈐子於傍. 于時覺咽喉間有物動者, 死而復蘇. 少頃, 令開口, 鈐出一蛇子長五七寸, 急投於熾炭中燔之. 燔蛇屈曲, 移時而成燼, 其臭氣徹於親鄰. 自是疾平, 永無齧心之苦耳. 則知活變起虢肉徐甲之骨, 信不虛矣. (出『玉堂閒話』)

태평광기 권제220 의 3

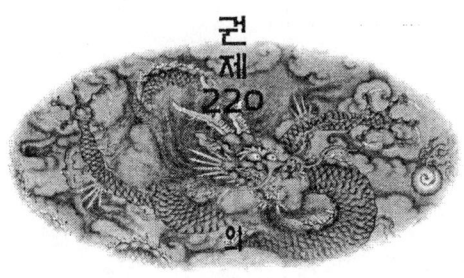

이질(異疾)

1. 신광손(申光遜)
2. 손광헌(孫光憲)
3. 어인처(漁人妻)
4. 진 채(陳 寨)
5. 도 준(陶 俊)
6. 장 역(張 易)
7. 광릉목공(廣陵木工)
8. 비 고(飛 蠱)
9. 균 독(菌 毒)
10. 전승조(田承肇)
11. 사 독(蛇 毒)
12. 야갈짐(冶葛鴆)
13. 잡설약(雜說藥)
14. 강주승(絳州僧)
15. 최 상(崔 爽)
16. 유록사(劉錄事)
17. 구용좌사(句容佐史)
18. 최 융(崔 融)
19. 조준조(刁俊朝)
20. 이 생(李 生)
21. 위 숙(魏 淑)
22. 황보급(皇甫及)
23. 왕 포(王 布)
24. 후우현(侯又玄)
25. 이언길(李言吉)
26. 괴 량(蒯 亮)

220 · 1(2557)
신광손(申光遜)

근래 조주(曹州)의 관찰판관(觀察判官) 신광손의 본가는 계림(鷄林)에 있다고 한다. 손중오(孫仲敖)라는 관리가 계주(桂州)에 기거하고 있었는데, 그는 교광(交廣)사람이었다. 신광손이 그를 만나보러 가자 내실로 인도되었는데, 손중오는 관(冠)과 동곳을 갖추고 그를 만나보더니 이렇게 말했다.

"내가 머리 손질하는 데 게으른 것이 아니라, 머리에 병이 낫는지 아파서 그랬소이다."

신광손은 즉시 순주(醇酒: 여러 번 양조 과정을 거쳐 숙성된 맛이 진한 술)를 한 되 남짓 가져오게 하더니, 매운 양념인 불린 후추와 마른 생강 등을 반 잔 정도 가루 내어 따뜻한 술과 섞었다. 그리고 침함(枕函: 안에 물건을 넣을 수 있는 베개)에서 요즘의 생황(笙簧)의 관(管)과 같은 옻칠한 검은 대통을 꺼내어 콧구멍에 잘 놓고 그것을 코로 모두 들이마시게 했다. 손중오가 [다 들이마시고] 베개를 막 베자마자 땀이 베어 나오더니 병이 즉시 나았다. 아마도 코로 들이마시는 방법은 남조(蠻獠: 중국 서남 지방의 이민족) 치료방법의 종류일 것이다. (『옥당한화』)

近代曹州觀察判官申光遜, 言本家桂林. 有官人孫仲敖, 寓居于桂, 交廣人也.

申往謁之, 延於臥內, 冠簪相見曰: "非憚於巾櫛也, 蓋患腦痛爾." 卽命醇酒升餘, 以辛辣物洎胡椒乾薑等屑僅半杯, 以溫酒調. 又於枕函中, 取一黑漆筩, 如今之笙項, 安於鼻竅, 吸之至盡. 方就枕('枕'原作'椀', 據明鈔本改), 有汗出表, 其疾立愈. 蓋鼻飮蠻獠之類也. (出『玉堂閒話』)

220 · 2(2558)
손광헌(孫光憲)

화상에는 괭이밥 으깬 반죽보다 나은 것이 없으니, 이것은 아주 효험이 있다. 손광헌의 집에서 한번은 집안 하인들이 전병(煎餠: 밀가루나 옥수수가루 따위에 소금·기름·향료 등을 넣어 지진 것)을 만들고 있었는데, 한 여종이 손광헌의 현손을 안고 화로를 끼고 앉아있다가 자기도 모르는 사이에 아이를 타고 있는 재 위에 떨어뜨리고 말았다. 그리하여 괭이밥 으깬 반죽을 화상에 붙였더니 새벽이 되자 통증이 사라졌으며 흉터도 남지 않았다. 이로써 속설은 아무리 많이 들어도 지나치지 않는다는 것을 알 수 있다. (『북몽쇄언』)

火燒瘡無出醋泥, 甚驗. 孫光憲嘗家人作煎餠, 一婢抱玄子擁爐, 不覺落火炭之上. 遽以醋泥傅之, 至曉不痛, 亦無瘢痕. 是知俗說不厭多聞. (出『北夢瑣言』)

220 · 3(2559)
어인처(漁人妻)

  과촌(瓜村)의 한 어부의 처는 폐결핵을 앓았는데, 전염되어 죽은 사람도 여럿 있었다. 어떤 사람이 말했다.
  "병자를 산채로 못질한 관에 넣어 버리면 그 병을 떨쳐버릴 수 있습니다."
  얼마 후에 그의 딸이 병에 걸리자, 곧장 산채로 못질한 관에 넣어 강에 흘려보냈다. 그 관은 금산(金山)에 이르렀는데, 한 어부가 그것을 보고 이상하게 여겨 기슭으로 끌어왔다. 어부가 관을 열고 보니, 여자가 살아있는 것처럼 보이기에 그녀를 데려다 자신의 집에 두었다. 그리고 어부는 매일 뱀장어를 많이 잡아서 그녀에게 먹였는데, 오랜 시간이 지나자 병이 나았다. 그리하여 그녀는 그 어부의 아내가 되었으며, 지금까지 아무 병도 없다. (『계신록』)

  瓜村有漁人妻得勞疾, 轉相染著, 死者數人. 或云: "取病者生釘棺中棄之, 其病可絶." 頃之, 其女病, 卽生釘棺中, 流之於江. 至金山, 有漁人見而異之, 引之至岸. 開視之, 見女子猶活, 因取置漁舍. 每多得鰻鱺魚以食之, 久之病愈. 遂爲漁人之妻, 今尙無恙. (出『稽神錄』)

220 · 4(2560)
진 채(陳 寨)

진채는 천주(泉州) 진강(晉江)의 박수 무당으로 주문을 외워 도술을 부리는 데 뛰어났으며, 사람들을 위해 병을 치료했는데 낫는 사람이 많았다. 장주(漳州)의 객점에 소맹(蘇猛)이라는 사람이 있었는데, 그의 아들이 미쳤으나 아무도 그를 치료할 수 있는 사람이 없자 진채에게 와서 치료를 청했다. 진채가 당도하자 소씨(蘇氏: 蘇猛)의 아들이 그를 보고 삿대질을 하며 욕을 퍼부었다. 그러자 진채가 말했다.

"이 병은 이미 심장에 침입했습니다."

진채는 이내 당(堂)에 단을 세우고 아무도 엿볼 수 없도록 경계했다. 밤이 되자, 진채는 소씨의 아들을 데려다가 몸을 갈라 둘로 나누어 당의 동쪽 벽에 걸어 두고 그 심장은 북쪽 처마 밑에 매달아 두었다. 그런데 진채가 당 안에서 한창 술법을 행하고 있을 때, 매달아 두었던 심장을 그만 개가 먹어버렸다. 진채가 그 심장을 찾아보았으나 찾지 못하자, 놀라고 두려워하면서 곧 칼을 들고 땅에서 이리저리 몸을 움직여 문을 나가더니 [어디론지] 가는 것이었다. 주인은 [무슨 일인지] 모르고 단지 그가 술법을 하는 것으로만 여겼다. 한 식경 쯤 지나자 진채가 심장을 들고 들어와 병자의 뱃속에 넣고는 머리를 풀어헤치고 연이어 [주문을] 소리쳤더니, 배가 마침내 봉합되었다. 소씨의 아들은 즉시 깨어났으나, 다만 연이어 "체포(遞鋪)! 체포!"라고 소리칠 뿐이었다. 집안 사람들은 아무도 그 말을 헤아릴 수 없었다. 그 날 그의 집에서 몇 리 떨어진 곳에서 한 역참의 관리가 관청의 문서를 들고 길가에 죽어 있었다. 당초 남방의 역로(驛路: 공문서를 전달하는 길)에는 20리마다 체포를 하나씩 두었다. 역참의 관리가 공문서를 들고 차례로 전달해 주는데, 다음 체포에 가까와지면 번번히 ["체포! 체포!"라고] 연이어 소리쳐서 [그곳의 관리들이 문서를 받을 준비를 하도록] 알려 주곤 했었다. 진채는 그 역참의 관리의 심장을 가져다 소씨의 아들을 살렸던 것으로, 소씨의 아들은 예전처럼 병이 낫게 되었다. (『계신록』)

陳寨者, 泉州晉江巫也, 善禁祝之術, 爲人治疾, 多愈者. 有漳州逆旅蘇猛, 其子病狂, 人莫能療, 乃往請陳. 陳至, 蘇氏子見之, 戟手大罵. 寨曰:"此疾入心矣." 乃立壇於堂中, 戒人無得竊視. 至夜, 乃取蘇氏子, 劈爲兩片, 懸堂之東壁, 其心懸北簷下. 寨方在堂中作法, 所懸之心, 遂爲犬食. 寨求之不得, 驚懼, 乃持刀宛轉於地, 出門而去. 主人弗知, 謂其作法耳. 食頃, 乃持心而入, 內於病者之腹, 被髮連叱, 其腹遂合. 蘇氏子旣悟, 但連呼 "遞鋪! 遞鋪!" 家人莫之測. 乃其日去家數里, 有驛吏手持官文書, 死於道傍. 初南中驛路, 二十里置一遞鋪. 驛吏持符牒, 以次傳授, 欲近前鋪, 輒連呼以警之. 乃寨取驛吏之心而活蘇氏, 蘇遂愈如故. (出『稽神錄』)

220・5(2561)
도 준(陶 俊)

강남(江南)의 길주자사(吉州刺史) 장요경(張耀卿)에게는 도준이라는 천성이 근실하고 정직한 시종이 있었다. 그들은 일찍이 강서(江西) 정벌에 종군했는데, 도준이 석궁(石弓)에 맞아 허리와 다리에 병이 들어 늘 지팡이를 짚고 다녔기에 장요경은 도준에게 광릉(廣陵)의 강 어귀에서 배를 지키고 있게 했다. 도준은 백사시(白沙市)에 갔다가 술집에서 비를 피하게 되었는데, 함께 서 있는 사람들이 아주 많았다. 두 서생이 앞을 지나가다가 유독 도준을 돌아보더니, 서로 이야기를 나누었다.

"이 사람은 마음씨가 좋으니 마땅히 그를 위해 병을 치료해 주어야겠네."

두 서생은 곧장 도준을 부르더니 환약 두 알을 주면서 이렇게 말했다.
"이것을 복용하면 즉시 병이 나을 것입니다."

두 서생은 곧 떠났으며, 도준은 배로 돌아와 환약을 삼켰다. 오랫동안 뱃속이 매우 고통스럽더니 얼마 후에 통증이 멈추었으며, 병도 많은 차도가 있었다. 그가 삿대를 잡고 닻줄을 정리하자, 더욱 몸이 가볍고 건강함이 느껴졌다. 백사시는 성에서 80리(里) 떨어져 있었는데, 하루에 왕복해도 피로하다고 여겨지지 않았다. 도준이 후에 두 서생을 수소문해 보았으나 끝내 다시 만날 수 없었다. (『계신록』)

江南吉州刺史張曜卿, 有傔力者陶俊性謹直. 嘗從軍征江西, 爲飛石所中, 因有腰足之疾, 恒扶杖而行, 張命守舟于廣陵之江口. 因至白沙市, 避雨於酒肆, 同立者甚衆. 有二書生過於前, 獨顧俊, 相與言曰: "此人好心, 宜爲療其疾." 卽呼俊, 與藥二丸曰: "服此卽愈." 乃去, 俊歸舟吞之. 良久, 覺腹中痛楚甚, 頃之痛止, 疾亦多差. 操篙理纜, 尤覺輕健. 白沙去城八十里, 一日往復, 不以爲勞. 後訪二書生, 竟不復見. (出『稽神錄』)

220 · 6(2562)
장 역(張 易)

강남(江南)의 형부랑중(刑部郞中) 장역은 어려서 치천(菑川)에 살았다. 그는 열병을 앓아 괴로움과 피로가 심했을 때, 키가 몇 촌(寸)되는 한 신인(神人)이 베개 맡에 서 있는 것이 어렴풋이 보였다. 그 신인은 환약 세 알을 들고 이렇게 말했다.

"이것을 삼키면 나을 수 있다."

장역은 그것을 받아 빨리 삼키다가 두 알은 입 속에 넣었으나 한 알은 자리에 떨어지면서 소리가 났다. 그래서 장역이 일어나 환약을 찾았지만 찾을 수 없었다. 집안 하인들이 놀라 무엇을 하는지 묻자 장역은 본 것을 모두 말해 주었으며, 병은 즉시 낫게 되었다. 그 날 장역은 거리에 나갔다가 돌아왔는데, 전혀 아픈 곳이 없었다. (『계신록』)

江南刑部郎中張易少居菑川. 病熱, 困憊且甚, 恍惚見一神人長可數寸, 立於枕前. 持藥三丸曰: "吞此可愈." 易受而亟吞之, 二丸嗛之, 一丸落席有聲. 因自起求之不得. 家人驚問何爲, 具述所見, 病因卽愈. 爾日出入里巷, 了無所苦. (出『稽神錄』)

220 · 7(2563)
광릉목공(廣陵木工)

　광릉(廣陵)에 한 목공이 있었는데, 그는 병으로 인해 손과 발이 모두 오그라들어 다시는 도끼를 쥘 수 없게 되었다. 그는 용(踊: 뒤꿈치를 베이는 형벌을 당한 사람들이 신는 신발)에 의지하여 구걸하러 다니다가 후토묘(后土廟: 地神을 모시는 사당 앞)에 이르러 우연히 한 도사와 마주치게 되었다. 그 도사는 키가 크고 검은 얼굴에 풍채가 매우 신이했다. 그는 목공을 불러 병에 대해 묻더니 환약 몇 알을 주면서 말했다.
　"이것을 먹으면 마땅히 낫게 될 것이니, 내일 새벽에 이곳에서 다시 만나세."
　그러자 목공이 감사하며 말했다.
　"저는 잘 다닐 수가 없고 집은 여기서 멀리 떨어져 있으니, 내일 저녁이라 할지라도 도착할 수 없을 것 같습니다."
　그러자 도사가 말했다.
　"자네는 걱정 말고 다만 새벽에 이곳에 오도록 하게."
　도사는 작별하고 떠났다. 목공은 즉시 집으로 돌아와 그 약을 먹었다. 잠시 후에 손발의 통증이 심해졌는데, 한밤중이 되자 통증이 그쳐 곧 잠을 이룰 수 있었다. 5경(五更: 새벽 3시~5시)이 되자 목공은 잠에서 깨었는데, 손발이 매우 가벼워진 것을 느꼈으며, 침상에서 내려오자 예전처럼 빨리 달릴 수 있었다. 목공은 즉시 후토묘 앞으로 달려갔다. 한참 후에 도사가 지팡이에 의지하여 서 있는 것이 보였기에 목공이 재배(再拜)하고 감사의 말을 하자, 도사가 말했다.

"내가 자네에게 약방(藥方)을 전수해 주겠으니, 다른 사람들의 질병과 고통을 구하도록 하게. 목공 일은 하지 말게나."

목공이 재배하며 그것을 받고서 도사의 성명과 사는 곳을 묻자, 도사가 말했다.

"나는 자극궁(紫極宮)에 있으니, 일이 있으면 나를 찾아오게나."

도사는 떠나갔다. 목공이 약방을 얻어 그것을 이용하여 병을 치료했더니 낫지 않는 사람이 없었다. 그는 자극궁으로 도사를 찾아갔으나 끝내 다시 만날 수 없었다. 후에 어떤 부인이 오랫동안 병을 앓다가 우연히 한 도사를 만나 약을 받고 차도가 있었는데, 그녀가 말하는 도사의 용모 역시 목공이 본 사람이었다. 얼마 후 광릉이 계속해서 어지워지자, 목공은 결국 어디로 갔는지 알 수 없게 되었다. (『계신록』)

廣陵有木工, 因病, 手足皆拳('拳'原作'擧', 據明鈔本改縮, 不能復執斤斧. 扶踊行乞, 至后土廟前, 遇一道士. 長而黑色, 神采甚異. 呼問其疾, 因與藥數丸曰: "餌此當愈, 旦日平明, 復會於此" 木工辭曰: "某不能行, 家去此遠, 明日雖晚, 尙未能至也." 道士曰: "爾無憂, 但早至此" 遂別去. 木工旣歸, 餌其藥, 頃之, 手足痛甚, 中夜乃止, 因卽得寐. 五更而寤, 覺手足甚輕, 因下牀, 趨走如故. 卽馳詣后土廟前. 久之, 乃見道士倚杖而立, 再拜陳謝, 道士曰: "吾授爾方, 可救人疾苦. 無爲木匠耳." 遂再拜受之, 因問其名居, 曰: "吾在紫極宮, 有事可訪吾也." 遂去. 木匠得方, 用以治疾, 無不愈者. 至紫極宮訪之, 竟不復見. 後有婦人久疾, 亦遇一道士, 與藥而差, 言其容貌, 亦木工所見也. 廣陵尋亂, 木工竟不知所之 (出『稽神錄』)

220·8(2564)
비 고(飛 蠱)

장강(長江)과 영남(嶺南) 사이에는 비고(飛蠱)라는 것이 있다. 그것이 다가오면 모습은 보이지 않고 소리만 나는데, 마치 새가 짹짹 찌르찌르 우는 소리 같다. 사람이 그것에 쏘이면 즉시 설사를 하고 대변이나 소변에 피가 섞여 나오는데 의술과 약으로도 대부분 치료할 수 없으며, 10일 전후가 되면 틀림없이 죽게 된다. (『조야첨재』)

江·嶺之間有飛蠱. 其來也有聲, 不見形, 如鳥鳴啾啾喞喞然. 中人卽爲痢, 便血, 醫藥多不差, 旬日間必不救. (出『朝野僉載』)

220·9(2565)
균 독(菌 毒)

영남(嶺南)의 풍속에는 독약을 많이 쓴다. [어떤 사람이] 늙은 종에게 야갈(冶葛: 斷腸草·水莽草·鉤吻이라고도 함)을 먹게 하여 죽이고는 그 시신을 땅에 묻었다. 그 흙더미 위에서 버섯이 자랐는데, 바로 그 시신의 배 위에 자란 것을 먹으면 즉사하고, 손발이나 이마 위에 자란 것을 먹으면 그 당일로 죽는다. 몸 곁에 난 것을 먹으면 며칠만에 죽으며, 조금 멀리 있는 것을 먹으면 1~2달, 완전히 멀리 있는 것을 먹으면 2~3년 안에 죽는데, 살아날 수 있는 사람은 없었다. 오직 진회경(陳懷卿)

집의 약만이 그것을 해독할 수 있었다. 혹 이 버섯의 독을 말채찍과 말고삐에 발라 놓을 경우, 그것에 손을 스치기만 해도 바로 중독이 되고 그 손으로 입을 닦기만 해도 즉사했다. (『조야첨재』)

嶺南風俗, 多爲毒藥. 令老奴食冶葛死, 埋之. 土堆上生菌子, 其正當腹上, 食之立死, 手足額上生者, 當日死, 旁自外者, 數日死, 漸遠者, 或一月兩月, 全遠者, 或二年三年, 無得活者. 惟有陳懷卿家藥能解之 或有以菌藥塗馬鞭頭·馬控上, 拂著手卽毒, 拭著口卽死. (出『朝野僉載』)

220 · 10(2566)
전승조(田承肇)

왕촉(王蜀: 前蜀)의 장군 전승조는 한번은 기마병들을 거느리고 봉상(鳳翔)을 지키고 있었다. 그는 기마병들을 이끌고 잠복하러 나왔다가 안장을 풀고 수풀 아래에서 쉬고 있었다. 그의 앞에는 홀연 사방 몇 척 되는 아무것도 없는 땅에 작은 나무 한 줄기만 몇 척 높이로 올라와 있었다. 그것은 다른 가지나 잎은 없이 똑바로 서 있었으며 더욱이 매우 빛이 나고 반들반들했다. 전승조는 그것이 있는 곳으로 나아가 가지고 놀면서 손으로 아래위로 문질렀다. 그러자 금방 손가락이 마치 중독된 것처럼 고통이 끊이지 않았다. 그리하여 전승조는 말을 채찍질하여 군영으로 돌아왔다. 그가 당도했을 때에는 팔과 상박(上膊)이 이미 두레박만큼이나 두꺼워져 있었다. 당시 마을에는 주문에 뛰어난 한 노파가 깊은 산중에 있었기에 급히 사람을 보내 그녀를 불러오게 했으나, 이미 구할 수 없을 것 같았다. 노파가 말했다.

"그곳은 태생(胎生)으로 태어난 칠촌사(七寸蛇: 殺母蛇)가 노는 곳이니, 칠촌사가 독을 나무에 뿜어 놓았기 때문에 나뭇가지를 문지른 사람은 마땅히 죽음에 이르게 됩니다."

전승조가 말했다.

"그렇군."

그리하여 전승조가 급히 사람을 보내 그곳을 괭이로 파게 했더니 과연 길이가 6~7촌(寸)정도 되는 뱀 두 마리가 있기에 그것들을 죽였다. 노파는 주문을 외우며 전승조의 팔을 묶더니 상박에서부터 독을 몰아 점점 팔뚝으로 내려보내고 다시 그 독들을 모두 집게손가락으로 들어가게 몰았는데, 집게손가락 마지막 마디에서는 더 이상 독을 몰아낼 수가 없었다. 그 집게손가락 마지막 마디는 고기완자 만한 동그란 공 모양으로 줄어들어 있었는데, 날카로운 칼로 그 마디를 잘라 비로소 그 병독을 제거해 냈다. 잘라 낸 마디는 풍선처럼 부풀어올랐다. (『옥당한화』)

王蜀將田承肇常領騎軍戍于鳳翔. 因引騎潛出, 解鞍憩於林木之下. 面前忽見方圓數尺靜地中, 有小樹子一莖高數尺. 並無柯葉, 挺然而立, 尤甚光滑. 肇就之翫弄, 以手上下摩挲. 頃刻間, 手指如中毒藥, 苦不禁. 於是鞭馬歸營. 至, 臂膊已鼈於桶. 時有村嫗善禁, 居在深山中, 急使人召得, 已將不救. 嫗曰: "此是胎生七寸蛇戲處, 噴毒在樹木間, 捫者樹枝立合致卒." 肇曰: "是也." 急使人就彼斸之, 果獲二蛇, 長六七寸, 斃之. 嫗遂禁勒, 自膊間趁, 漸漸下至于腕, 又併趁入食指, 盡食指一節, 趁之不出. 鼈成一毯子許肉丸, 遂以利刀斷此一節, 所患除. 其斷下一節, 巨如一氣毬也. (出『玉堂閒話』)

220·11(2567)
사 독(蛇 毒)

조연희가 말했다.

"독한 살무사에게 물린 곳은 심지 모양으로 쑥뜸을 붙이고 그 위에 뜸을 뜨면 즉시 차도가 있으며, 그렇지 않으면 즉사한다. 무릇 뱀에게 물릴 경우 즉시 물린 곳에 뜸을 떠 독기를 빨아내면 즉시 [증상이] 멎는다."

([『옥당한화』])

趙延禧云: "遭惡蛇虺所螫處, 帖之艾炷, 當上灸之, 立差, 不然卽死. 凡蛇齧卽當齧('卽當齧'三字原闕, 據明鈔本補)處灸('灸'原作'久', 據明鈔本改)之, 引去毒氣, 卽止." (原闕出處, 今見『玉堂閒話』)

220·12(2568)
야갈짐(冶葛鴆)

야갈(冶葛: 斷腸草·水葬草·鉤吻이라고도 함)은 먹으면 즉사한다. 야갈이 있는 곳에는 바로 백등화(白藤花)가 있는데, 그것으로 야갈의 독을 풀 수 있다. 짐조(鴆鳥: 毒鳥로 그 깃을 담근 술을 마시면 죽는다고 함)가 물을 마시는 곳에는 바로 무소가 있는데, 무소가 그 물에 뿔을 씻지 않으면 동물들이 그 물을 마실 경우 틀림없이 죽게 된다. 짐조는 독사를 먹기 때문에 독이 있는 것이다. (『조야첨재』)

冶葛食之立死. 有冶葛處, 卽有白藤花, 能解冶葛毒. 鴆鳥食水之處, 卽有犀牛, 犀牛不濯角其水, 物食之必死. 爲鴆食蛇之故. (出『朝野僉載』)

220 · 13(2569)
잡설약(雜說藥)

의서(醫書)에 호랑이가 독화살을 맞으면 청니(淸泥: 깨끗한 진흙)를 먹고, 멧돼지가 독화살을 맞으면 땅을 뒤져 냉이·도라지를 먹으며, 꿩이 매에게 상처를 입으면 상처에 지황(地黃: 玄蔘科에 속하는 다년생 약초)의 잎을 붙인다고 한다. 또 여석(礜石: 비소를 품고있는 돌)은 쥐에게 해를 입힐 수 있다고 하는데, 일찍이 내[張鷟:『朝野僉載』의 작자]가 그것을 시험해 보았더니 쥐가 중독되자 술에 취한 듯 사람을 알아보지 못하고 흙탕물만 찾아 마시더니 잠시 후에 회복되었다. 금수나 곤충 같은 동물들도 독을 해독할 줄 아는데 하물며 사람에 있어서랴! 누에에게 물린 사람은 갑충(甲蟲)을 가루내어 붙이고, 말에게 물린 사람은 채찍을 태워 그 재를 바르는데, 이것은 아마도 상극(相克)이 되는 것을 취했을 것이다. 거미에게 물린 사람은 웅황(雄黃: 천연적으로 鷄冠石이 분해되어 만들어진 광물)을 가루내어 붙이고, 끊어진 힘줄을 붙여야 하는 사람은 선복화(旋覆花: 菊花科의 다년생 식물)의 뿌리를 짜서 즙을 내어 끊어진 힘줄을 마주 대고 그 즙을 바른 뒤에 봉해 놓으면 금방 예전처럼 힘줄이 이어진다. 촉(蜀) 지방에서는 동복(童僕)들이 달아나면 그들의 힘줄을 끊어놓곤 하는데, 이것으로 끊어진 힘줄을 이으면 백에 하나도 붙지 않는 경우가 없었다. (『조야첨재』)

醫書言虎中藥箭, 食淸泥, 野猪中藥箭, 麜薺·苊而食, 雉被鷹傷, 以地黃葉帖之. 又礜石可以害鼠, 張鷟曾試之, 鼠中毒如醉, 亦不識人, 猶知取泥汁飮之, 須臾平復. 鳥獸·蟲物, 猶知解毒, 何況人乎! 被蠱齧者, 以甲蟲末傅之, 被馬咬者, 燒鞭鞘灰塗之, 蓋取其相服也. 蜘蛛齧者, 雄黃末傅之, 筋斷須續者, 取旋覆根絞取汁, 以筋相對, 以汁塗而封之, 卽相續如故. 蜀兒奴逃走, 多刻筋, 以此續之, 百不失一. (出『朝野僉載』)

이 질

220·14(2570)
강주승(絳州僧)

영휘연간(永徽年間: 650~656)에 강주의 한 스님이 병으로 목이 메여 전혀 음식을 넘기지 못했다. 이렇게 몇 년이 지나 임종하게 되자, 제자들에게 말했다.

"내가 숨이 끊어지고 난 후 내 가슴과 목구멍을 가르고 어떤 물체가 있는지 보아라. 병의 근본 원인을 알고 싶구나."

스님은 말을 마치고 죽었다. 제자들이 그의 말대로 시신을 갈라 보았더니 가슴속에서 한 물체가 나왔는데, 물고기와 유사한 모양에 머리가 둘이었으며 온 몸이 모두 비늘로 덮혀 있었다. 제자가 그것을 바리때에 두자, 쉬지 않고 펄떡였다. 제자들이 장난 삼아 여러 가지 음식을 바리때에 넣어 보았더니, 음식을 먹는 것은 보이지 않았으나 잠시 후에는 음식들이 모두 물로 변해버렸다. 또 여러 가지 독약을 안에 넣어 보았더니, 독약들도 모두 그대로 녹아 버렸다. 당시는 여름이라 쪽이 익어 절의 사람들은 물가에서 청대(靑黛: 쪽으로 만드는 푸른 염료)를 만들고 있었는데, 한 스님이 왔다가 청대를 바리때에 조금 넣었더니 그 벌레는 두려워하면서 바리때 둘레를 내달리다가 잠시 후에 물로 변해 버렸다. 그리하여 세간에서 목이 메이는 병을 청대로 치료한다고 전해지게 되었다. (『광오행기』)

永徽中, 絳州有一僧病噎, 都不下食. 如此數年, 臨命終, 告其弟子云: "吾氣絶之後, 便可開吾胸喉, 視有何物. 欲知其根本." 言終而卒. 弟子依其言開視. 胸中得一物, 形似魚而有兩頭, 遍體悉是肉鱗. 弟子致鉢中, 跳躍不止. 戲以諸味致鉢中, 雖不見食, 須臾, 悉化成水. 又以諸毒藥內之, 皆隨銷化. 時夏中藍熟, 寺衆於水次作靛, 有一僧往, 因以少靛致鉢中, 此蟲怔懼, 遶鉢馳走, 須臾化成水. 世傳以靛水療噎疾. (出『廣五行記』)

220 · 15(2571)
최 상(崔 爽)

영휘연간(永徽年間: 650~655)에 최상이라는 사람이 살고 있었는데 매번 물고기를 날 것으로 먹을 때면 3두(斗)를 먹고서야 양이 찼다. 후에 배가 고파서 물고기 회를 떴는데 회를 다 뜨기도 전에 최상은 너무나도 참을 수 없을 만큼 배고파하다가 끝내 두꺼비처럼 생긴 무언가를 토해냈다. 최상은 이후로 다시는 회를 먹을 수 없었다. (『조야첨재』)

永徽中, 有崔爽者, 每食生魚, 三斗乃足. 於後飢, 作鱠未成, 爽忍飢不禁, 遂吐一物, 狀如蝦蟆. 自此之後, 不復能食鱠矣. (出『朝野僉載』)

220 · 16(2572)
유록사(劉錄事)

화주(和州)의 유록사는 대력연간(大曆年間: 766~779)에 임기를 마치자 화주의 인근 현에서 살았다. 그는 혼자서 몇 인분은 먹어치웠으며 특히 생선회를 잘 먹어서 항상 회로 배불리 먹어본 적이 없다고 이야기했다. 그 마을의 한 빈객이 그물로 물고기 백여 근(斤)을 잡아서 바깥 정원에 자리를 마련한 뒤 그가 젓가락질하는 것을 지켜보았다. 유록사는 처음에 회 몇 접시를 먹다가 갑자기 조금 목메어하는 것 같더니 이내 콩만한 크기의 뼈 구슬을 칵하고 내뱉었다. 그는 구슬을 차 사발 가운데

놓고 접시로 덮어두었다. 그가 회를 미처 반도 다 먹기 전에 이상하게도 사발을 덮어두었던 접시가 옆으로 기울었다. 접시를 들고 살펴보니 뼈 구슬은 몇 촌 크기로 커졌으며 사람의 모습을 하고 있었다. 자리에 있던 사람들이 다투어 그것을 살펴보았는데 그것은 볼수록 커지더니 잠깐사이에 사람만큼 커졌고, 마침내 유씨를 움켜쥐고 주먹다짐을 벌여 서로 피를 흘리게 되었다. 그들은 한참 뒤에 흩어져서 한 명은 대청 서쪽으로 돌고 한 명은 대청의 왼쪽을 돌아서 둘 다 후문에 이르게 되었는데, 이 둘은 서로 마주치자 흡수되어 한사람이 되었으니 바로 유록사였다. 유록사는 정신이 나가서 반나절이 지나서야 말을 할 수 있었으며, 이전의 일에 대해 물으면 모두 기억하지 못했다. 유록사는 이때부터 생선회를 싫어하게 되었다. (『유양잡조』)

和州劉錄事者, 大曆中罷官, 居和州旁縣. 食兼數人, 尤能食鱠, 嘗言鱠味未嘗果腹. 邑客乃網魚百餘斤, 會於野庭, 觀其下筯. 劉初食鱠數楪, 忽似小哽, 因咯 ('咯'原作'殼', 據明鈔本改)出一骨珠子大如豆. 乃寘於茶甌中, 以楪覆之 食未半, 怪覆甌楪傾側. 擧視之, 向骨珠子已長數寸如人狀. 座客競觀之, 隨視而長, 頃刻長及人, 遂捽劉, 因相毆流血. 良久各散走, 一循廳之西, 一轉廳之左, 俱乃後門, 相觸, 翕成一人, 乃劉也. 神已癡矣, 半日方能語. 訪其所以, 皆不省之 劉自是惡鱠. (出『酉陽雜俎』)

구용좌사(句容佐史)

　구용현(句容縣)의 좌사(佐史)는 생선회를 수십 근(斤)이나 먹을 수 있었는데, 언제나 먹으면서도 배가 부르지 않다고 했다. 구용현령은 그가 잘 먹는다는 이야기를 듣고 생선회 100근을 내어 좌사에게 모두 먹게 했다. 좌사는 먹다가 숨이 답답해지는 듯하더니 한참만에 미투리 밑창 같이 생긴 무언가를 토해냈다. 현령이 그것을 씻으라고 하여 생선회 위에 놓으니 회가 모두 물로 변했다. 현령은 그 물건에 대해 의원과 술사들에게 여러 차례 물었지만 아무도 무엇인지 알지 못했다. 현령은 한 아전에게 그것을 가지고 양주(楊州)에 가서 팔게 하면서 그것을 알아보는 사람이 있기를 바라며 이렇게 훈계했다.

　"만약 이것을 사려는 사람이 있으면 값만 높게 불러서 얼마까지 올라가는지 보거라."

　아전이 양주에 도착한 지 너댓새가 지나자 한 서역 상인이 와서 물건을 사려고 했다. 흥정이 처음에는 천 문(文)에서 시작되었는데, 계속 값이 올라가서 30만 문이 되었어도 상인은 계속 가격을 흥정해왔다. 아전은 처음에는 별로 응수하지 않다가 [이 가격에까지 이르자] 상인에게 이렇게 말했다.

　"이것은 구용현령 집안의 물건입니다. 당신이 이것을 굳이 사야겠다면 저를 따라 가셔야 합니다."

　그 서역 상인은 마침내 아전과 함께 구용현에 왔다. 현령이 상인에게 그것이 무엇이냐고 묻자 상인이 말했다.

"이것은 물고기를 녹여버리는 정령((精靈)으로 또한 사람 뱃속에 덩어리진 병을 녹일 수 있습니다. 병을 앓는 사람에게 이것을 손끝만큼 떼어서 줄에 매어 아픈 곳에 두면 그 덩어리가 녹아버립니다. 우리나라의 태자께서 어려서부터 이 병을 앓고 계셔서 국왕께서 병을 고쳐줄 사람을 찾아 천 금(金)을 하사하겠다고 하셨습니다. 당신이 만약 파신다면 큰 이익을 얻을 것입니다."

현령은 마침내 그것의 반을 팔아서 주었다. (『광이기』)

句容縣佐史能啖鱠至數十斤, 恒食不飽. 縣令聞其善啖, 乃出百斤, 史快食至盡. 因覺氣悶, 久之, 吐出一物, 狀如麻鞋底. 縣令命洗出, 安鱠所, 鱠悉成水. 累問醫人術士, 莫能名之. 令小吏持往楊州賣之, 冀有識者, 誡之: "若有買者, 但高擧其價, 看至幾錢." 其人至楊州, 四五日, 有胡求買. 初起一千, 累增其價, 至三百貫文, 胡輒還之. 初無酬酢, 人謂胡曰: "是句容縣令家物. 君必買之, 當相隨去." 胡因隨至句容. 縣令問此是何物, 胡云: "此是銷魚之精, 亦能銷人腹中塊病. 人有患者, 以一片如指端, 繩繫之, 置病所, 其塊旣銷. 我本國太子, 少患此病, 父求愈病者, 賞之千金. 君若見賣, 當獲大利." 令竟賣半與之. (出『廣異記』)

220 · 18(2574)
최 융(崔 融)

당(唐)나라 국자사업(國子司業) 겸 지제고(知制誥) 최융은 백여 일 동안 병을 앓았는데, 뱃속에서 벌레가 갉아먹는 듯 하여 그 극심한 통증을 참을 수 없을 지경이었다. 최융이 하루는 도마뱀처럼 생긴 물건을 배설해냈는데, 그로부터 얼마 후 죽고 말았다. (『조야첨재』)

唐國子司業知制誥崔融病百餘日, 腹中蟲蝕極痛不能忍. 有一物如守宮, 從下部出, 須臾而卒. (出『朝野僉載』)

220·19(2575)
조준조(刁俊朝)

안강(安康)의 악관(樂官) 조준조의 부인 파(巴)씨는 목에 혹이 있었는데, 그 혹이 처음에는 계란정도로 작았지만 점점 커지더니 서너 되 정도 되는 장군이나 옹이만큼 커졌으며, 5년이 지나자 몇 곡(斛: 1곡은 100되)은 되는 세발 솥처럼 커져서 무거워 움직이지도 못할 지경이 되었다. 그 혹 안에서는 금(琴)·슬(瑟)·생(笙)·경(磬)·훈(塤)·지(篪)의 소리가 가늘게 들려왔는데 음율에 맞는 듯, 딩동거리는 소리가 아름다웠다. 몇 년이 지나자 혹 밖으로 바늘 끝 같은 작은 구멍이 생겼는데 그 수를 헤아릴 수조차 없었다. 매일 비가 오려고 할 때면 구멍에서 흰 연기가 가는 실처럼 피어올랐는데, 연기가 점점 하늘높이 퍼져 구름을 이루면 곧바로 비가 왔다. 그 집안의 아이나 어른이나 할 것 없이 모두 이를 두려워하여 모두 그녀를 멀리 있는 바위 동굴로 보내버리길 청했다. 조준조는 부인을 사랑하여 헤어질 수 없었으나 가족들의 성화를 막을 수 없게 되자 부인에게 이렇게 말했다.

"내가 여러 사람들의 의론에 밀려 당신을 도울 수 없게 되었소. 인적이 없는 곳으로 당신을 보내게 되었으니, 이를 어찌해야 한단 말이오?"

부인이 말했다.

"저의 이 병은 진실로 가증스럽기 짝이 없습니다. 저는 내보내져도 죽을 것이고, 이 혹을 잘라내어도 역시 죽을 것입니다. 당신이 절 위해 이걸 잘라내어 무엇이 들었는지 보아주십시오."

조준조가 예리한 칼을 잘 갈고 담금질한 뒤 칼을 들고 혹을 자르기 위해 막 부인 앞으로 갔을 때, 혹 안에서 큰 소리가 나더니 마침내 혹이 네 조각으로 찢어지며 큰 긴팔원숭이 한 마리가 나와서 훌쩍 뛰어 도망갔다. 조준조는 즉시 비단 솜으로 부인의 상처를 싸맸다. 이로 인해 혹은 낫게 되었지만 부인은 혼미해져서 병세가 위독해졌다.

다음날 누런 관을 쓴 어떤 도사가 문을 두드리고 들어와 이렇게 말했다.

"제가 바로 어제 혹에서 나온 원숭이입니다. 저는 본래 원숭이의 정령(精靈)으로 비바람을 내리게 할 수 있습니다. 얼마 전에 한강(漢江) 귀수담(鬼愁潭)의 교룡(蛟龍)과 왕래하면서 그에게 선박(船舶)이 오는지 살펴보다가 배를 전복시키게 하여 배 안의 식량을 가져다가 식솔들을 먹였습니다. 앞전에는 태일신(太一神: 太乙, 泰一이라고도 하며 北斗神의 別名이라고 함. 道敎의 天神으로 玄丹宮에 살며 法力이 끝이 없음)이 교룡을 죽이고 그 무리를 수색했기에 군부인(君夫人: 諸侯의 正室. 여기서는 刁俊朝의 아내를 높여 부른 말)의 희고 고운 목을 빌어 제 목숨을 숨겼습니다. 제가 비록 부인을 번거롭게 해서는 안되었지만 이미 누를 많이 끼쳐드렸습니다. 지금 봉황산(鳳凰山)의 신선들이 사는 곳에서 신령한 기름을 조금 얻어왔습니다. 이것을 바르신다면 그 즉시 나을 것입니다."

조준조가 그의 말대로 바르자, 기름을 바르는 대로 상처가 아물었다. 조준조는 도사를 머무르게 하면서 닭을 삶아 식사를 마련했다. 음식을 먹고 술을 마시려고 할 때에 도사가 목청을 높여 노래를 부르면서 비파와 박과 경옥의 소리를 냈는데 그 쟁쟁거리는 소리가 아름답지 않음이 없었다. 도사는 노래를 마친 뒤 작별하고 떠났는데 그가 간 곳을 아는 이가 없었다. 이일은 대정연간(大定年間: 南朝 後梁 宣帝[555~562]와 北周 靜帝[581]의 두 시기에 쓰인 연호)의 일이다. (『속현괴록』)

安康伶人刁俊朝, 其妻巴嫗項瘻者, 初微若雞卵, 漸巨如三四升缶瓦盎, 積五年, 大如數斛之鼎, 重不能行. 其中有琴·瑟·笙·磬·塤·篪之響, 細而聽之, 若合音律, 泠泠可樂. 積數年, 瘻外生小穴如針芒者, 不知幾億. 每天欲雨. 則穴中吹白煙, 霏霏如絲縷, 漸高布散, 結爲屯雲, 雨則立降. 其家少長懼之, 咸請遠送巖穴. 俊朝戀戀不能已, 因謂妻曰: "吾迫以衆議, 將不能庇於伉儷. 送君於無人之境, 如何?" 妻曰: "吾此疾誠可憎惡. 送之亦死, 拆之亦死. 君當爲我決拆之, 看有何物." 俊朝卽磨淬利刃, 揮挑將及妻前, 瘻中軒然有聲, 遂四分披裂, 有一大猱, 跳躍蹋而去. 卽以帛絮裹之. 雖瘻疾頓愈, 而冥然大漸矣.

明日, 有黃冠扣門曰: "吾乃昨日瘻中走出之猱也. 吾本獼猴之精, 解致風雨. 無何與漢江鬼愁潭老蛟還往, 常與舩舟將至, 俾他覆之, 以求舟中餱糧, 以養孫息. 昨者太一誅蛟, 搜索黨與, 故借君夫人蜳蟜之領, 以匿性命. 雖分不相干, 然爲累亦甚矣. 今於鳳凰山神處, 求得少許靈膏. 請君塗之, 幸當立愈." 俊朝如其言塗之, 隨手瘡合. 俊朝因留黃冠, 烹雞設食. 食訖, 實酒欲飮, 黃冠因囀喉高歌, 又爲絲・匏・瓊玉之音, 罔不鏗鏘可愛. 旣而辭去, 莫知所詣. 時大定中也. (出『續玄怪錄』)

220・20(2576)
이 생(李 生)

천보연간(天寶年間: 742~756)에 농서(隴西) 사람 이생은 평민에서 계주참군(桂州參軍)으로 선발되어 임명됐다. 이생은 임지에 도착한 뒤 십여 일간 열병을 앓았다. 그는 왼쪽 가슴의 통증을 참을 수 없어서 살펴보았더니 악창이나 종기가 난 것처럼 솟아올라와 있었다. 의원을 불러 진맥하게 했더니 의원이 말했다.

"오장육부(五臟六腑)에는 별 탈이 없습니다만 마치 가슴뼈 속에서 뭔가가 있어서 가슴을 쪼는 것 같습니다. 가슴은 아프겠지만 종기를 어떻게 할 수 없습니다."

다시 10여 일이 지나자 이생의 병은 더욱 심해졌다. 하루는 악창이 문드러지면서 왼쪽 가슴으로부터 꿩 한 마리가 날아올랐는데 어디로 사라졌는지 알 수 없었다. 그날 저녁에 이생은 죽었다. (『선실지』)

天寶中, 有隴西李生自白衣調選桂州參軍. 旣至任, 以熱病旬餘. 覺左乳痛不可忍, 及視之, 隆若癰腫之狀. 卽召醫驗其脈, 醫者曰: "臟腑無他, 若臆中有物, 以喙攻其乳, 乳痛, 而癰不可爲也." 又旬餘, 病甚. 一日癰潰, 有一雉, 自左乳中突而飛出, 不知所止. 是夕李生卒. (出『宣室志』)

220 · 21(2577)
위 숙(魏 淑)

　대력연간(大曆年間: 766~779)에 원찰(元察)은 공주자사(邛州刺史)를 지냈다. 공주의 성(城)에 위숙이라는 장수가 있었는데 기골이 장대하고 나이 마흔이었으며 양친은 연로하고 아내는 어렸다. 그런데 갑자기 위숙이 이상한 병에 걸리게 되었는데, 고통은 없었지만 날로 먹는 음식이 줄어들어 몸이 말라갈 뿐이었다. 의원과 술사들도 [그의 병에는] 손을 쓸 도리가 없었다. 한 해가 다 되기도 전에 위숙은 마치 갓난아이처럼 쇠약해져서 움직이거나 말조차 할 수 없게 되어 위숙의 어머니와 아내가 돌아가며 그를 안고 돌보았다. 위숙의 생일이 되자 가족들은 스님을 불러 재(齋)를 올렸다. 위숙의 아내가 창대를 위숙의 입에 끼우고 음식을 흘려 넣자 잠깐 사이에 한 그릇을 먹일 수 있었다. 이날부터 먹는 것을 늘려가자 위숙의 몸도 역시 불어나서 반년도 되기 전에 예전처럼 돌아왔다. 원찰이 위숙에게 이전의 관직을 주었는데, 위숙은 뜀박질하고 말달리는 기력이 예전과 조금도 차이가 없었다. 위숙은 10여 년 뒤에 만족(蠻族)을 막다가 군진(軍陣)에서 전사했다. (『집이기』)

　大曆中, 元察爲邛州刺史. 而州城將有魏淑者, 膚體洪壯, 年方四十, 親老妻少. 而忽中異疾, 無所酸苦, 但飮食日損, 身體日銷耳. 醫生術士, 拱手無措. 寒暑未周, 卽如嬰孩焉, 不復能行坐語言, 其母與妻, 更相提抱. 遇淑之生日, 家人召僧致齋. 其妻乃以釵股挾之以哺, 須臾, 能盡一小甌. 自是日加所食, 身亦漸長, 不半歲, 乃復其初. 察則授與故職, 趨驅氣力, 且無少異. 後十餘年, 捍蠻, 戰死于陳.

(出『集異記』)

220 · 22(2578)
황보급(皇甫及)

　　황보급의 부친은 태원소윤(太原少尹)을 지냈는데 아들을 매우 총애했다. 황보급은 태어났을 때는 보통 아이들과 같았지만 함통(咸通) 임진년(壬辰年: 872) 14살이 되었을 때에 갑자기 이상한 병에 걸려서 살이 깎이거나 뼈가 뚫리는 고통없이 키만 마구 자라나게 되었다. 시간이 지나자 그는 키가 7 척(尺)을 넘고 허리둘레도 몇 아름이나 되면서 먹고 마시는 것도 많아져서 식사량이 이전의 세 배에 달했다. 황보급은 이듬해 가을에 아무 병도 없이 죽었다. (『삼수소독』)

　　皇甫及者, 其父爲太原少尹, 甚鍾愛之. 及生如常兒, 至咸通壬辰歲, 年十四矣, 忽感異疾, 非有切肌徹骨之苦, 但暴長耳. 逾時而身越七尺, 帶兼數圍, 長啜大嚼, 復三倍於昔矣. 明年秋, 無疾而逝. (出『三水小牘』)

220 · 23(2579)
왕　포(王　布)

　　영정년(永貞年: 805)에 동시(東市)의 백성 왕포는 학식이 있고 천만

전의 재산을 가지고 있어서 상인과 여행객들이 대부분 그의 빈객이 되었다. 왕포에게는 14~15세 가량의 아름답고 총명한 딸이 하나 있었는데, 두 콧구멍에서 각각 살이 쥐엄나무 열매처럼 작게 자라났다. 실처럼 가느다란 그 살의 뿌리는 한 촌 남짓 자라나서 건드리면 그 통증이 골수에 사무칠 정도로 아팠다. 왕포는 돈 수백만을 들여 치료해보았지만 아무런 차도가 없었다. 그러던 어느 날 한 서역 스님이 탁발하러 왔다가 왕포에게 물었다.

"당신의 딸에게 이상한 병이 있음을 알고 있습니다. 제가 한 번 보면 병을 치료할 수 있습니다."

왕포는 이 말을 듣자 크게 기뻐하며 즉시 딸을 보여주었고, 스님은 흰색의 약을 꺼내서 그녀의 코에 불어넣었다. 잠시 후 코의 살이 떨어져 나가면서 노란 물이 조금 나왔으며 그 딸은 조금도 아프지 않았다. 왕포가 스님에게 백금을 상으로 내리자 스님이 말했다.

"저는 도를 닦는 사람이니 이렇게 많은 선물을 받을 수 없습니다. 단지 저 코에서 자라났던 살을 주시길 청합니다."

마침내 그 서역 스님은 살덩이를 소중히 간직한 뒤 떠났는데, 그 빠른 기세가 마치 날아가는 듯했다. 왕포는 역시 그가 어진 성인이리라 생각했다.

그 스님이 5~6 거리를 지나갔을 무렵에 관옥(冠玉)처럼 빼어난 소년이 흰말을 타고 와서 왕도의 집 문을 두드리며 말했다.

"방금 서역 스님이 오지 않았습니까?"

왕포는 급히 소년을 맞이하여 들어오게 한 뒤 서역스님의 일을 모두 이야기해주었다. 그 소년은 언짢은 듯이 탄식하며 말했다.

"말이 조금 느려서 끝내 그 스님보다 늦게 왔구나."

왕포가 놀랍고 이상해서 그 까닭을 캐묻자 소년이 말했다.

"상제(上帝)께서 악신(樂神) 2명을 잃으셨는데 최근에야 그들이 당신 딸의 콧속에 숨어있음을 알게 되었습니다. 저는 천인(天人)으로 상제의 명을 받들어 그들을 잡으러왔는데 뜻밖에도 그 스님이 먼저 데려가 버렸으니 꾸지람을 듣게 되었습니다."

왕포가 예를 올리려고 손을 드는 사이에 소년은 사라져 버렸다.(『유양잡조』)

永貞年, 東市百姓王布知書, 藏錢千萬, 商旅多賓之. 有女年十四五, 艷麗聰悟, 鼻兩孔各垂息肉, 如皁莢子. 其根細如麻縡, 長寸許, 觸之痛入心髓. 其父破錢數百萬治之, 不差. 忽一日, 有梵僧乞食, 因問布: "知君女有異疾. 可一見, 吾能止之." 布被問大喜, 卽見其女, 僧乃取藥色正白, 吹其鼻中. 少頃摘去之, 出少黃水, 都無所苦. 布賞之百金, 梵僧曰: "吾修道之人, 不受厚施. 唯乞此塞肉." 遂珍重而去, 勢疾如飛. 布亦意其賢聖也.

計僧去五六坊('坊'原作'切', 據明鈔本改), 復有一少年, 美如冠玉, 騎白馬, 遂扣其門曰: "適有胡僧到無?" 布遽延入, 具述胡僧事. 其人吁嗟不悅曰: "馬小蹶足, 竟後此僧." 布驚異, 詰其故, 曰: "上帝失樂神二人, 近知藏於君女鼻中. 我天人也, 奉命來取, 不意此僧先取之, 當獲譴矣." 布方作禮, 擧手而失. (出『西陽雜俎』)

220 · 24(2580)
후우현(侯又玄)

형주처사(荊州處士) 후우현은 교외에 나갔다가 황폐한 무덤 위에 올라 볼일을 봤다. 후우현은 무덤에서 내려오다가 넘어져서 팔꿈치를 다쳤는데 상처가 심했다. 그는 몇백 걸음을 갔을 때 한 노인을 만났는데, 노인이 어디가 아프냐고 묻자 자세히 이야기 해준 뒤 다친 팔꿈치를 보여주었다. 이를 보고 노인이 말했다.

"내게 마침 좋은 약이 있으니, 약을 바르고 묶어둔 뒤 10일 동안 열어보지 않고 가만히 두면 다 나을 것이오."

후우현은 노인의 말대로 했는데, 나중에 풀어보니 한쪽 팔이 떨어져 버렸다. 후우현의 형제 5~6명도 병을 앓았는데, 그 병은 꼭 한달 정도 피가 났다. 후우현이 형의 두 팔을 보자 갑자기 6~7 군데에 상처가 났는데, 작은 것은 느릅나무 열매깍지만 하고 큰 것은 동전만 했으며 모두 사람 얼굴모양이었다.

한번은 강남에서 한 상인이 왼쪽 팔에 상처가 생겼는데 모두 사람 얼굴 모양으로 아무런 고통도 없었다. 상인이 장난 삼아 그 얼굴의 입 속에 술을 몇 방울 떨어뜨리자 얼굴도 붉게 변했으며 먹을 것을 주면 모두 다 먹었다. 먹은 것이 많아지자 팔 안의 살이 늘어나면서 마치 그 안에 위(胃)라도 생긴 것 같았다. 그 얼굴에 먹을 것을 주지 않자 팔뚝도 야위었다. 어떤 뛰어난 의원이 그에게 여러 약을 시험해보면서 금(金)·석(石)·초(草)·목(木)을 모두 써보았는데 패모(貝母: 百合科에 속하는 다년초. 관상용 또는 약용으로 쓰임)를 쓰자 상처는 즉시 눈썹을 모으고 입을 닫았다. 상인이 기뻐하며 말했다.

"이 약이면 반드시 치료되겠구나!"

그리하여 작은 갈대 대롱으로 그 얼굴의 입을 뚫고 약을 부어넣자 며칠 안에 딱지가 생기더니 마침내 다 나았다. (『유양잡조』)

荊州處士侯又玄, 嘗出郊, 厠于荒塚上. 及下, 跌傷其肘, 瘡甚. 行數百步, 逢一老人, 問何所苦也, 又玄具言, 且見其肘. 老人言: "偶有良藥, 可封之, 十日不開, 必愈." 又玄如其言, 及解視, 一臂遂落. 又玄兄弟五六人互病, 病必出血月餘. 又玄見兄兩臂, 忽病瘡六七處, 小者如楡錢, 大者如錢, 皆成人面. (明鈔本此條與下條, 相連並出『酉陽雜俎』卷十五)

又江表嘗有商人, 左臂有瘡, 悉如人面, 亦無他苦. 商人戲滴酒口中, 其面亦赤, 以物食之, 凡物必食. 食多, 覺膊內肉漲起, 疑胃在其中也. 或不食之, 則一臂瘠焉. 有善醫者, 敎其歷試諸藥, 金·石·草·木悉試之, 至貝母, 其瘡乃聚眉閉口. 商人喜曰: "此藥必治也!" 因以小葦筒毁其口, 灌之, 數日成痂, 遂愈. (出『酉陽雜俎』)

220·25(2581)
이언길(李言吉)

금주방어사(金州防禦使) 최요봉(崔堯封)에게는 이언길이라는 외조카가 있었다. 이언길은 왼쪽 눈 위가 갑자기 가렵더니 작은 종기가 생겨났다. 이 종기는 점점 자라서 계란 크기가 되었는데, 악기의 현처럼 생긴 그 뿌리가 늘 눈을 눌러서 눈도 뜰 수 없었다. 최요봉은 항상 이언길의 병을 걱정했다. 하루는 최요봉이 이언길에게 술을 마시게 하여 크게 취하게 만들고서 마침내 칼로 종기를 잘라냈다. 이언길이 알지도 못하는 사이에 혹은 잘렸고, 그 안에서 누런 공작새가 나와서 울고는 떠났다. (『기문록』)

金州防禦使崔堯封, 有親外甥李言吉者. 左目上瞼忽痒, 而生一小瘡. 漸長大如鴨卵, 其根如弦, 恒壓其目不能開. 堯封每患之. 他日飮之酒, 令大醉, 遂剖去之. 言吉不知覺也, 贅旣破, 中有黃雀, 鳴噪而去. (出『聞奇錄』)

220 · 26(2582)
괴 량(蒯 亮)

처사(處士) 괴량이 이런 이야기를 했다. 괴량은 이마에 혹이 난 사람을 알고 있었는데, 의원이 그의 혹을 갈라서 검은 바둑돌을 얻어 큰 도끼로 그 돌을 내리쳤지만 끝내 조금도 쪼갤 수 없었다. 또 정강이에 혹이 난 어떤 사람이 친척집에 갔다가 미친개에게 물렸는데 마침 그 혹을 물렸다. 그 속에서 바늘 백여 개를 얻었는데 모두 쓸 수 있는 것들이었으며 [바늘을 빼낸 뒤] 병도 나았다. (『계신록』)

處士蒯亮言. 其所知額角患瘤, 醫爲割之, 得一黑石碁子, 巨斧擊之, 終不傷缺. 復有足脛生瘤者, 因至親家, 爲猘犬所齰, 正齧其瘤. 其中得針百餘枚, 皆可用, 疾亦愈. (出『稽神錄』)

태평광기 권제 221 상(相) 1

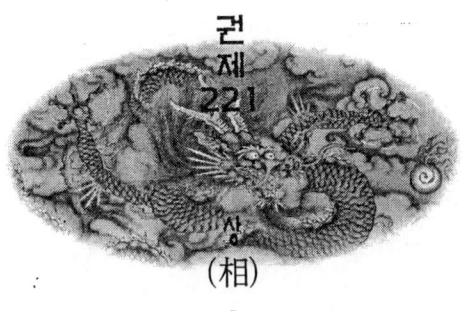

1. 원천강(袁天綱)
2. 장경장(張憬藏)
3. 장간지(張柬之)
4. 육경융(陸景融)
5. 정행심(程行諶)
6. 위원충(魏元忠)

221·1(2583)
원천강(袁天綱)

원천강은 촉군(蜀郡) 성도(成都) 사람이다. 그의 부친 원기(袁璣)는 양주사창(梁州司倉)을 지냈다. 조부 원숭(袁嵩)은 북주(北周)에서 건위(犍爲)의 포양(蒲陽)·포강(蒲江) 두 군수(郡守)와 거기장군(車騎將軍)을 지냈다. 증조부 원달(袁達)은 양(梁)나라에서 강주(江州)·황주(黃州) 두 자사(刺史)를 지냈고, 북주에서 천수(天水)·회인(懷仁) 두 군수를 지냈다. 원천강은 어려서 부모를 여의고 가난했지만, 도술과 기예를 좋아하고 관상술에 정통했다. 그는 당(唐)나라 무덕연간(武德年間: 618~626)에 화정현령(火井縣令)이 되었다가, 정관(貞觀) 6년(632)에 임기가 만료되어 도성에 들어오자, 태종(太宗)이 불러 만나보고는 그에게 말했다.

"파촉(巴蜀)엔 옛날에 엄군평(嚴君平: 嚴遵. 西漢 蜀의 隱士로 占術에 뛰어남)이 있었고 짐에게는 지금 그대가 있는데, 스스로 어떠하다고 판단하는가?"

원천강이 대답했다.

"그는 때를 만나지 못했지만 신은 성군(聖君)을 만났으니, 신이 당연히 그보다 낫사옵니다."

수(隋)나라 대업연간(大業年間: 605~617) 말에 두궤(竇軌)가 검남(劍南)의 덕양현(德陽縣)에서 객지 생활할 때, 원천강과 함께 하룻밤을 묵으면서 빈곤한 처지를 들어 원천강에게 자신의 운명을 물었더니, 원천강이 말했다.

"당신은 이마 위의 복서골(伏犀骨: 앞이마에서 머리카락 쪽으로 돋아나 있는 뼈)이 옥침혈(玉枕穴: 머리 뒤쪽의 뼈가 튀어나온 부분)을 지나가고 보각(輔角: 아래턱) 또한 이루어져 있으니, 지금부터 10년 뒤에 틀림없이 부귀해져서 성조(聖朝)의 훌륭한 신하가 될 것이오. 그리고 오른쪽 보각이 튀어나와 있고 게다가 밝게 빛나고 깨끗하니, 틀림없이 양주(梁州)와 익주(益州) 두 지방에서 공명을 크게 떨칠 것이오."

두궤가 말했다.

"정말로 그 말대로만 된다면 당신의 은덕을 감히 잊지 않겠습니다."

처음 두궤는 익주의 행대복야(行臺僕射)가 되었는데, 부임한 뒤에 원천강을 불러들여 말했다.

"예전에 덕양현에서 서로 만났는데 혹시 잊지는 않으셨겠지요?"

두궤가 원천강을 극진히 예우하면서 다시 관상을 봐달라고 청하자, 원천강은 그를 한참 동안 쳐다보고 나서 말했다.

"골상의 형국이 지난날과 다름없소. 그러나 눈의 붉은 색이 동자까지 뻗쳐있고 말할 때 얼굴이 붉어지는 것으로 보아 장차 사람을 많이 죽이게 될 것이니, 스스로 깊이 경계하기를 바라오."

나중에 두궤는 과연 많은 살육을 저질렀다. 무덕 9년(626)에 두궤는 초징되어 도성으로 들어가면서 원천강에게 말했다.

"이번에는 어떤 관직을 얻게 되겠습니까?"

원천강이 대답했다.

"얼굴 위의 가인(家人: 관상학에서 얼굴의 각 부위에 배치한 자녀·

처첩·형제·노복 등을 말함)의 자리에 변동이 없고 보각의 오른쪽 끝이 빛나며 게다가 기쁜 기색이 있으니, 도성에 가면 반드시 성은(聖恩)을 입을 것이고 돌아와서는 이곳에서 벼슬할 것이오."

그 해에 두궤는 과연 다시 익주도독(益州都督)에 제수되었다.

원천강이 처음 낙양(洛陽)에 가서 청화방(淸化坊)에 거처했을 때, 조야(朝野)의 사람들이 그에게 몰려들어 훌륭한 인물들이 늘 집에 가득했다. 당시 두엄(杜淹)·왕규(王珪)·위정(韋挺) 세 사람이 원천강을 만나 보러 오자, 원천강이 두엄에게 말했다.

"[공은] 난대(蘭臺: 코의 양쪽)가 이루어져 있고 학당(學堂: 양쪽 귀 부근으로 聰明의 상을 보는 부위)이 널찍하오."

왕규에게는 이렇게 말했다.

"공은 법령(法令: 양쪽 콧방울에서 시작하여 입가를 지나는 두 선)이 이루어져 있고 천지(天地: 天庭[이마]과 地閣[아래턱])가 상응하고 있으니, 지금부터 10년 안에 틀림없이 오품관(五品官)의 요직을 얻게 될 것이오."

위정에게는 이렇게 말했다.

"공은 얼굴이 큰 짐승과 같고 문각(文角: 미상)이 이루어져 있으니, [나중에] 반드시 귀인이 이끌어주어 처음에 무관(武官)이 될 것이오."

원천강은 다시 두엄에게 말했다.

"20년 후에 결국 당신들 세 명은 함께 처벌을 받고 파직되어 잠시 떠났다가 즉시 돌아오게 될 것이오."

두엄은 얼마 후 시어사(侍御史)로 승진했다가, 무덕연간에 천책부(天策府: 天策上將府)의 병조문학관학사(兵曹文學館學士)가 되었다. 왕규는 은태자(隱太子: 高祖의 장자 李建成)의 중윤(中允)이 되었고, 위정은 수(隋)나라 말년부터 은태자의 발탁으로 솔갱(率更)이 되었다. 그러나 무덕 6년(623)에 그들은 모두 [은태자와 함께] 준주(雋州)로 유배당했는데, 두엄 등은 [도중에] 익주에 도착했을 때 원천강을 만나 울면서 말했다.

"원공(袁公: 袁天綱)께서 전에 낙양에서 하신 말씀이 모두 고견(高見)대로 되었습니다. 오늘 형세가 이와 같으니 다시 한 번 관상을 보아주십시오."

원천강이 말했다.

"공 등의 골상이 이전보다 훨씬 좋아졌으니, 머지않아 곧 돌아가게 될 것이며 결국 틀림없이 모두 영화와 부귀를 누릴 것이오."

[그의 말대로] 무덕 9년(626) 6월에 그들은 모두 도성으로 불려 들어갔는데, 다시 익주를 지나면서 원천강을 찾아갔더니 원천강이 말했다.

"두공(杜公: 杜淹)은 도성에 도착하면 삼품관의 요직을 얻을 것이지만 수명은 내가 알 수 있는 바가 아니오. 왕공(王公: 王珪)과 위공(韋公: 韋挺)은 나중에 틀림없이 삼품관을 얻고 장수까지 할 것이오. 그러나 만년은 모두 그다지 원만하지 못할 것인데 [그 중에서] 위공이 특히 심할 것이오."

두엄은 도성에 도착한 뒤 어사대부(御史大夫) 겸 검교이부상서(檢校吏部尙書)에 제수되자, 원천강에게 다음과 같은 시[제목은 「召拜御史大夫贈袁天綱」임]를 보냈다.

    이윤(伊尹)과 여상(呂尙: 姜太公)은 심히 흠모할 만하지만,
    [옛날 신선인] 적송자(赤松子)와 왕자교(王子喬)는 정녕 헛된 사람이라네.

바람 잡는 허망한 일일랑 결국 이룰 수 없는데,
[어찌 세상을] 헌신짝처럼 벗어버리고서 마음 편히 지내려 하는가?
게다가 진귀한 비단[貴人의 옷 또는 집을 비유함]은 본디 아름다우니,
응당 담쟁이덩굴[隱者의 옷 또는 집을 비유함]과는 거리가 멀다네.
이미 양득의(楊得意: 漢代 蜀人으로 狗監을 지냄. 武帝가「子虛賦」를 읽으면서 이 글을 지은 사람을 같은 시대에 만나볼 수 없다고 탄식하자, 양득의가 자신의 고향사람인 사마상여가 지었다고 아룀) 같은 이를 만났으니,
더 이상 오래 한가로이 거할 수 없다네.

왕규는 얼마 후 시중(侍中)이 되었다가 지방으로 나가 동주자사(同州刺史)가 되었으며, 위정은 몽주자사(蒙州刺史)를 역임했다. [세 사람] 모두 관직에 있다가 죽었으니, 이 모든 것이 원천강의 말대로 되었다.

정관연간(貞觀年間: 627~649)에 [太宗이] 칙명을 내려 원천강을 구성궁(九成宮)으로 불러오게 했는데, 그때 중서사인(中書舍人) 잠문본(岑文本)이 원천강에게 자신의 관상을 보게 했더니, 원천강이 말했다.

"사인(舍人: 岑文本)은 학당이 이루어져 있고 눈썹의 길이가 눈보다 기니, 문재(文才)를 천하에 떨칠 것이오. 또한 머리에 생골(生骨)이 있긴 하지만 아직 크게 이루어지지는 않았으니, 뒤에서 보면 삼품관을 얻을 가망이 전혀 없지만 앞에서 보면 삼품관을 얻을 수도 있겠소. 그러나 사지가 허약하고 골육이 서로 어울리지 않으니, 삼품관을 얻는 것이 어쩌면 목숨을 단축하는 징조가 될 지도 모르겠소."

나중에 잠문본은 벼슬이 중서령(中書令)에 이르렀다가 얼마 후 죽었다.

방현령(房玄齡)이 이심소(李審素)와 함께 원천강을 보러 가서 방현령이 말했다.

"이심소는 자신의 재주를 믿고 사람들에게 거만한데, 당신이 먼저 그의 관상을 보시기에 어떤 관직을 얻을 것 같습니까?"

원천강이 말했다.

"오품관을 얻을 운은 아직 보이지 않지만, 만약 육품 이하의 청요관(淸要官: 지위가 높고 중요한 관직)이라면 얻을 수 있을 것이오."

이심소는 [자신의 운명에 대해서는] 더 이상 묻지 않고 말했다.

"당신이 보시기에 방공(房公: 房玄齡)은 어떤 관직을 얻을 것 같습니까?"

원천강이 말했다.

"이 사람은 크게 부귀할 것이니, 공이 만약 오품관을 얻으려 한다면 바로 이 사람을 구하시오."

이심소는 그의 말을 믿지 않았다. 나중에 방공은 재상이 되었고, 이심소는 기거사인(起居舍人)으로 있다가 죽었다. 고종(高宗)이 지난 일을 듣고 방현령으로 하여금 이심소에게 오품관을 추증하게 하자, 방현령이 주청하여 그에게 간의대부(諫議大夫)를 추증했다.

신공(申公) 고사렴(高士廉)이 원천강에게 말했다.

"당신은 이후에 다시 어떤 관직을 얻게 될 것 같습니까?"

원천강이 말했다.

"나는 관록(官祿)이 이미 끊어진 것을 스스로 알고 있으니 더 이상 관직을 얻지 못할 것이며, 아마도 금년 4월에 큰 액운이 닥칠 것 같소."

과연 원천강은 4월이 지나기 전에 죽었다.

포주자사(蒲州刺史) 장엄(蔣儼)이 어렸을 때, 원천강이 그의 운명을 점치고 나서 말했다.

"이 아이는 수년 동안 감금되었다가 나중에 크게 부귀해져서 아무 관직으로부터 자사에까지 오를 것이다. 수명은 83세이며, 그 해 8월 5일 오시(午時)에 관록이 끝날 것이다."

장엄은 나중에 요동(遼東) 정벌에 나섰을 때 적군에게 사로잡혀 지하 감옥에서 7년 동안 갇혔다가, 고려(高麗: 高句麗)가 평정된 후 귀환하여 하나같이 원천강이 말한 대로 관직을 얻어 포주자사에까지 이르렀다. 그는 83세가 되자 집안사람들에게 말했다.

"원공이 나에게 8월 5일에 관록이 끊어질 것이라고 말했으니, 나는 이제 곧 죽게 될 것이다."

그리고는 술과 안주를 마련하여 친지들과 작별을 했다. 과연 그날 장엄에게 벼슬을 그만두라는 칙명이 내려져 마침내 그의 봉록이 정지되었으며, 그 후 몇 년 뒤에 장엄은 죽었다.

이의부(李義府)가 촉(蜀)에서 기거할 때, 원천강이 그를 보고 남다르다고 여겨 말했다.

"이 젊은이는 지극히 존귀한 신하가 되겠지만 수명이 길지 않을 것이다."

원천강은 이의부를 초청하여 자기 집에 머물게 하고는 자기 아들을 그에게 부탁하면서 말했다.

"이 아이는 칠품관을 얻을 관상을 지녔으니, 공이 좀 이끌어주셨으면 합니다."

이의부는 그렇게 하겠다고 응답했다. 그리고는 원천강에게 자신의 수명이 얼마나 될지 물었더니, 원천강이 대답했다.

"52세 이후는 나도 알 수 없는 바이오."

이의부는 나중에 안무사(安撫使) 이대량(李大亮)과 시중 유계(劉洎) 등이 계속 추천한 덕택에 황제[太宗]의 접견을 받게 되었는데, 황제가 그에게 까마귀에 대해 읊어보라고 하자 그가 즉시 시를 완성했다. 그 시 [제목은 「詠烏」임]는 다음과 같다.

> 태양 속에서는 아침 햇살 일으키고[전설에 따르면 태양 속에 三足烏
> 가 있다고 함],
> 　금(琴) 안에서는 저녁 울음 함께 하네.
> 　궁궐 정원엔 많은 나무들 있지만,
> 　깃들 가지 하나 빌리지 못하네.

태종은 매우 칭찬하면서 말했다.
"나는 나무 전체를 그대에게 빌려주고자 하는데, 어찌 가지 하나뿐이겠는가?"

그리고는 그를 문하전의(門下典儀)에서 파격적으로 감찰어사(監察御史)에 제수했다. 그 후 이의부의 수명과 벼슬은 모두 원천강의 말대로 되었다.

찬황공(贊皇公) 이교(李嶠)는 어려서부터 훌륭한 재명(才名)이 있었다. 형제 5명은 모두 30살을 넘기지 못한 채 죽었고 이교 혼자만 장성했는데, 그의 어머니가 이를 심히 걱정하여 원천강을 찾아갔더니, 원천강이 말했다.

"당신의 아들은 정신과 기백이 특출하지만, 수명이 길지 못한 것이 걱정스러우니 아마도 30살을 넘기지 못할 것 같소."

그의 어머니는 [그 말을 듣고] 크게 낙담했다. 이교는 당시 명성을 떨치고 있었기에 사람들은 모두 그가 현달(顯達)하길 바라고 있었으므로 그 말을 듣고도 믿지 않았다. 그의 어머니가 다시 원생(袁生: 袁天綱)을 초대하여 음식을 대접하면서 그의 관상을 보게 했더니, 원천강이 [관상을 다 보고 나서] 말했다.

"이미 정해져 있소."

그의 어머니는 또 원천강에게 서재의 연탑(連榻: 여러 사람이 함께 앉을 수 있는 긴 평상)에서 이교와 함께 앉아서 쉬도록 청했는데, 원천강은 평상에 올라 편히 잠을 잤지만 이교는 혼자 잠들지 못하다가 오경에 이르러 갑자기 잠이 들었다. 그때 마침 원천강이 깨어나서 살펴보았더니 이교가 숨을 쉬지 않자, 손으로 확인해보았더니 이교의 코밑에서 숨기운이 끊어진 상태였다. 원천강은 처음에는 크게 놀랐지만 한참 동안 관찰한 결과 그가 귀로 숨을 쉬고 있는 것을 발견하고는 그를 어루만지며 말했다.

"이젠 됐다."

그리고는 마침내 일어나 그의 어머니에게 축하하며 말했다.

"내가 여러 차례 관상을 보았으나 모두 방법을 찾을 수 없었는데 이제야 그 실마리를 보았으니, 당신의 아들은 틀림없이 크게 존귀해지고 장수할 것이오. 이렇게 숨쉬는 것은 귀식(龜息)이라는 것이니, 존귀해지고 장수하겠지만 부유하지는 못할 것이오."

이교는 나중에 과연 원천강의 말대로 되어, 칙천무후(則天武后) 때 재상에 임명되었지만 집안은 늘 가난했다. 당시 황제는 여러 차례 재상 이교의 집으로 행차했는데, 이교가 푸른 깁 휘장 안에 누워 있는 것을 보고는 탄식하며 말했다.

"일국의 재상이 이처럼 지내는 것은 대국의 체모를 실추시키는 일이로다!"

그리고는 황제가 쓰는 수놓은 비단 휘장을 하사했다. 이교는 그 안에서 잠을 잤지만 새벽까지 마음이 불안하여 몸에 병이 생길 것만 같았기에, 마침내 스스로 상주했다.

"신은 젊었을 때 관상가로부터 호사를 누릴 수 없다는 말을 들었기 때문에 이런 화려한 휘장에서 잠을 자면 마음이 불안하옵니다."

황제는 한참 동안 탄식한 뒤 그의 뜻대로 이전의 휘장을 쓰도록 했다. 이교는 몸이 왜소했고 코와 입에도 복 많은 상(相)이 없었기 때문에, 당시 사람들은 그가 큰 봉록을 받는 대관(大官)으로 대해주지 않았다. 이교는 윤주(潤州)에 있을 때 선주산채은관(宣州山採銀官)에 임명되었는데, 당시 그가 갑자기 죽었다는 터무니없는 소문이 전해져 온 조정의 관리들이 애달파하며 탄식했다. 이교의 외숙인 동관시랑(冬官侍郞: 工部侍郞. 則天武后 때 工部를 冬官으로 개칭함) 장순고(張詢古)는 그 소문을 듣고 몹시 걱정하여 여러 친척들에게 사실을 확인해보라고 했는데, 때마침 만난 남방에서 온 사자가 말했다.

"죽은 것이 확실합니다."

장순고는 [그 말을 듣고] 눈물을 주르륵 흘렸으며, 조정의 관원들은 대부분 그를 위로했다.

당시 어떤 사람이 스스로 골상을 잘 볼 줄 안다고 말하면서 원천강의 관상술을 자못 터득했다고 하자, 조정의 많은 귀인들이 몰래 그에게 [이교에 대해] 물었더니, 그 사람이 말했다.

"나는 이사인(李舍人: 李嶠)의 봉록과 지위가 높지 않으리란 것을 오래 전부터 알고 있었습니다."

사람들이 [그의 말에] 귀를 기울이며 듣자, 그 사람이 또 말했다.

"이사인은 비록 빛나는 재주를 지녔지만 이목구비의 용모를 볼 때 거의 이루어진 것이 없으니, 일전에 그가 조산대부(朝散大夫)에 제수된 것이 그에게 걱정거리가 될 것입니다."

사람들은 모두 그의 말을 수긍했다. 그러나 이교는 결국 3번이나 최고 요직을 맡아 신하로서 가장 존귀해졌다. 그런즉 이교의 관상은 알기 어렵지만 원천강은 그것을 보아낼 수 있었다.

또 섬주자사(陝州刺史) 왕당(王當)에게 딸이 있었는데, 그가 주현(州縣)의 문무 관원들을 모아놓고 원천강에게 사윗감을 골라보라고 하자, 원천강이 말했다.

"여기에는 [당신이 원하는 그런] 존귀한 사윗감이 없소이다. 다만 내가 알고 있는 과의도위(果毅都尉: 군관을 통솔하는 관리로 折沖都尉 밑에 있었음) 요(姚) 아무개에게 귀한 아들이 있는데, 그에게 시집보내면 나중에 틀림없이 도움을 받게 될 것이오."

왕당이 원천강의 말을 따라 요 아무개의 아들에게 딸을 시집보내자 당시 사람들이 모두 비웃었는데, 그는 바로 요원숭(姚元崇)이었다. 당시 그는 23살이었는데 사냥만 좋아하고 책은 읽어본 적도 없었다. 그가 한 번은 어떤 친척집을 찾아가 술을 마셨는데, 우연히 만난 관상가가 그에게 말했다.

"당신은 나중에 부귀해질 것이오."

그리고는 말을 마친 뒤 떠났다. 요원숭이 좇아가 물었더니, 그 관상가가 말했다.

"당신은 크게 존귀해져서 재상이 될 것이오."

요원숭이 집으로 돌아가 어머니에게 그 말을 해주었더니, 어머니가 그에게 공부하라고 권유했다. 그래서 요원숭은 마침내 사냥매를 놓아주고 뜻을 바꾸어 공부에 열중했다. 그는 만랑(挽郞: 靈柩를 끌며 挽歌를 부르는 관리)으로 벼슬길에 들어서서 결국 재상의 지위에까지 올랐다.

원천강의 아들 원객사(袁客師)는 부친의 직업을 이어받았는데, 그가 하는 말 역시 효험이 있었다. 원객사는 늠희령(廩犧令: 祭祀 때 사용하는 희생물 등을 관장하는 관리)으로 있다가 [高宗] 현경연간(顯慶年間: 656~660)에 가문통(賈文通)과 함께 황제를 곁에서 모셨다. 고종(高宗)이 은합(銀合)에 쥐 한 마리를 담아놓고 여러 술수가(術數家)들에게 알아맞히게 했는데, 모두들 쥐 한 마리가 있다고 말했다. 원객사 역시 쥐라고는 말했지만, 은합에 들어갈 때는 한 마리였지만 나올 때는 네 마리라고 했다. 그 쥐는 은합 속에 들어가 있는 동안에 이미 새끼 세 마리를 낳았으므로 과연 네 마리가 된 것이었다.

원객사가 한번은 어떤 서생과 함께 강을 건너가게 되었는데, 배에 올라 배 안에 탄 사람들의 안색을 둘러보고 나서 서생에게 말했다.

"서둘러서는 안되오."

그리고는 마침내 [배에서 내려] 서로 끌어주며 강 언덕에 올라간 뒤, 가만히 서생에게 말했다.

"내가 배 안에 있는 수십 명의 사람들을 살펴보니 모두 코밑에 검은 기운이 있으니, 머지않아 큰 재액이 닥칠 것이오. 어찌 이를 알면서도 그들을 따라갈 수 있겠소? 여기서 잠시 머물러 있습시다."

배가 출발하기 전에 갑자기 한 장부가 보였는데, 그는 기품이 고상하고 당당했으며 한쪽 발을 저는 채로 짐을 짊어지고 나귀를 몰아 배에 올라탔다. 원객사는 그 사람을 보고 곧 서생에게 말했다.

"이제는 갈 수 있겠소. 귀인이 안에 있으니 우리들은 아무런 걱정이 없을 것이오."

그들이 배를 타고 출발하여 강의 중류쯤 갔을 때, 풍랑이 갑자기 일어나 몹시 위태롭고 두려웠지만 끝내 [안전하게 강을] 건너갔다. 나귀를 몰고 왔던 장부가 누군지 [사람들에게] 물어보았더니, 그는 다름 아닌 누사덕(婁師德)이었다. 누사덕은 나중에 납언(納言: 御命의 출납을 관장하는 관리)에 이르렀다. (『정명록』)

袁天綱, 蜀郡成都人. 父璣, 梁州司倉. 祖嵩, 周朝歷犍爲蒲陽・蒲江二郡守・車騎將軍. 曾祖達, 梁朝江・黃二州刺史, 周朝歷天水・懷仁二郡守. 天綱少孤貧, 好道藝, 精於相術. 唐武德年中爲火井令, 貞觀六年秩滿入京, 太宗召見, 謂天綱曰: "巴蜀古有嚴君平, 朕今有爾, 自顧何如?" 對曰: "彼不逢時, 臣遇聖主, 臣當勝也."

隋大業末, 竇軌客遊劒南德陽縣, 與天綱同宿, 以貧苦問命, 天綱曰: "公額上伏犀貫玉枕, 輔角又成就, 從今十年, 後必富貴, 爲聖朝良佐. 右輔角起, 兼復明淨, 當於梁・益二州分野, 大振功名." 軌曰: "誠如此言, 不敢忘德." 初爲益州行臺僕射, 旣至, 召天綱謂曰: "前於德陽縣相見, 豈忘也?" 深禮之, 更請爲審, 天綱瞻之良久曰: "骨法成就, 不異往時. 然目色赤貫童子, 語浮面赤, 爲將多殺人, 願深自誡." 後果多行殺戮. 武德九年, 軌被徵詣京, 謂天綱曰: "更得何官?" 對曰: "面上佳(明鈔本'佳'作'家')人, 坐位不動, 輔角右畔光澤, 更有喜色, 至京必蒙聖恩, 還來此任." 其年果重授益州都督.

天綱初至洛陽, 在淸化坊安置, 朝野歸湊, 人物常滿. 是時杜淹・王珪・韋挺三人來見, 天綱謂淹曰: "蘭臺成就, 學堂寬廣." 謂珪曰: "公法令成就, 天地相臨, 從今十年, 當得五品要職." 謂挺曰: "公面似大獸之面, 文角成就, 必得貴人攜接, 初爲武官." 復語杜淹曰: "二十年外, 終恐三賢同被責黜, 暫去卽還." 淹尋遷侍御史, 武德中爲天策府兵曹文學館學士. 王珪爲隱太子中允, 韋挺自隋末, 隱太子引之爲率更. 武德六年, 俱配流巂州, 淹等至益州, 見天綱泣曰: "袁公前於洛陽之言, 皆如高旨. 今日形勢如此, 更爲一看." 天綱曰: "公等骨法, 大勝往時, 不久卽廻, 終當俱享榮貴." 至九年六月, 俱追入, 又過益州, 造天綱, 天綱曰: "杜公至京, 旣得三品要職, 年壽非天綱所知. 王・韋二公, 在後當得三品, 兼有壽. 然晚途皆不深遂, 韋公尤甚." 及淹至京, 拜御史大夫・檢校吏部尙書, 贈天綱詩曰: "伊・呂深可慕, 松・喬定是虛. 繫風終不得, 脫屣欲安如? 且珍紈素美, 當與薜蘿疎. 旣逢楊得意, 非復久閒居." 王珪尋爲侍中, 出爲同州刺史, 韋挺歷蒙州刺史. 並卒于官, 皆如天綱之言.

貞觀中, 敕追詣九成宮, 于時中書舍人岑文本, 令視之, 天綱曰: "舍人學堂成就, 眉復過目, 文才振於海內. 頭有生骨, 猶未大成, 後視之全無三品, 前視三品可得. 然四體虛弱, 骨肉不相稱, 得三品, 恐是損壽之徵." 後文本官至中書令, 尋卒.

房玄齡與李審素同見天綱, 房曰: "李恃才傲物, 君先相得何官?" 天綱云: "五品未見, 若六品已下淸要官有之." 李不復問, 云: "視房公得何官?" 天綱云: "此人大富貴, 公若欲得五品, 卽求此人." 李不之信. 後房公爲宰相, 李爲起居舍人卒. 高宗聞往言, 令房贈五品官, 房奏贈諫議大夫.

申公高士廉爲天綱曰: "君後更得何官?" 天綱曰: "自知相祿已絶, 不合更有, 恐今年四月大厄." 不過四月而卒也.

蒲州刺史蔣儼, 幼時, 天綱爲占曰: "此子當累年幽禁, 後大富貴, 從某官位至刺史. 年八十三, 其年八月五日午時祿終." 儼後征遼東, 沒賊, 囚於地穽七年, 高麗平定歸, 得官一如天綱所言, 至蒲州刺史. 八十三, 謂家人曰: "袁公言我八月五日祿絶, 其死矣." 設酒饌, 與親故爲別. 果有敕至, 放致任, 遂停祿, 後數年卒.

李義府僑居于蜀, 天綱見而奇之曰: "此郎貴極人臣, 但壽不長耳." 因請舍之, 託其子謂李曰: "此子七品相, 願公提挈之." 義府許諾. 因問天綱壽幾何, 對曰: "五十二外, 非所知也." 義府後爲安撫使李大亮·侍中劉洎等連薦之, 召見, 試令詠烏, 立成, 其詩曰: "日裏颺朝綵, 琴中伴夜啼. 上林多少樹, 不借一枝棲." 太宗深賞之曰: "我將全樹借汝, 豈但一枝?" 自門下典儀, 超拜監察御史. 其後壽位, 皆如天綱之言.

贊皇公李嶠幼有淸才. 昆弟五人, 皆年不過三十而卒, 唯嶠已長成矣, 母憂之益切, 詣天綱, 天綱曰: "郎君神氣淸秀, 而壽苦不永, 恐不出三十." 其母大以爲感. 嶠時名振, 咸望貴達, 聞此言不信. 其母又請袁生, 致饌診視, 云: "定矣." 又請同於書齋連榻而坐寢, 袁登牀穩睡, 李獨不寐, 至五更忽睡, 袁適覺, 視李嶠無喘息, 以手候之, 鼻下氣絶. 初大驚怪, 良久偵候, 其出入息乃在耳中, 撫而告之曰: "得矣." 遂起賀其母曰: "數候之, 皆不得, 今方見之矣, 郎君必大貴壽. 是龜息也, 貴壽而不富耳." 後果如其言, 則天朝拜相, 而家常貧. 是時帝數幸宰相宅, 見嶠臥靑絢帳, 帝歎曰: "國相如是, 乖大國之體!" 賜御用繡羅帳焉. 嶠寢其中, 達曉不安, 覺體生疾, 遂自奏曰: "臣少被相人云不當華, 故寢不安焉." 帝歎息久之, 任意用舊者. 嶠身材短小, 鼻口都無厚相, 時意不以重祿待之. 其在潤州也, 充使宣州山採銀, 時妄傳其暴亡, 擧朝傷歎. 冬官侍郎張詢古, 嶠之從舅也, 聞之甚憂, 使諸親訪候其實, 適會南使云: "亡實矣." 詢古潸然涕泗, 朝士多相慰者. 時有一人, 稱善骨法, 頗得袁天綱之術, 朝貴多竊問之, 其人曰: "久知李舍人祿位稍薄." 諸人竦聽, 其人又曰: "李舍人雖有才華, 而儀冠耳目鼻口, 略無成就者, 頃見其加朝散, 已憂之矣." 衆皆然之. 嶠竟三秉衡軸, 極人臣之貴. 然則嶠之相難知, 而天綱得之.

又陝州刺史王當有女, 集州縣文武官, 令天綱揀壻, 天綱曰: "此無貴壻. 唯識果毅姚某者有貴子, 可嫁之, 中必得力." 當從其言嫁之, 時人咸笑焉, 乃元崇也. 時年二十三, 好獵, 都未知書. 常詣一親表飮, 遇相者謂之曰: "公後富貴." 言訖而去. 姚追而問之, 相者曰: "公甚貴, 爲宰相." 歸以告其母, 母勸令讀書. 崇遂割放鷹鶻, 折節勤學. 以挽郞入仕, 竟位至宰相.

天綱有子客師, 傳其父業, 所言亦驗. 客師官爲廩犧令, 顯慶中, 與賈文通同供奉. 高宗以銀合合一鼠, 令諸術數人射之, 皆言有一鼠. 客師亦曰鼠也, 然入一出四. 其鼠入合中, 已生三子, 果有四矣.

客師嘗與一書生同過江, 登舟, 遍視舟中人顔色, 謂同侶曰: "不可速也." 遂相引登岸, 私語曰: "吾見舟中數十人, 皆鼻下黑氣, 大厄不久. 豈可知而從之? 但少留." 舟未發間, 忽見一丈夫, 神色高朗, 跛一足, 負擔驅驢登舟. 客師見此人, 乃謂侶曰: "可以行矣. 貴人在內, 吾儕無憂矣." 登舟而發, 至中流, 風濤忽起, 危懼雖甚, 終濟焉. 詢驅驢丈夫, 乃是婁師德也. 後位至納言焉. (出『定命錄』)

221·2(2584)
장경장(張憬藏)

장경장은 관상술에 뛰어나 원천강(袁天綱)과 이름을 나란히 했다. 하동(河東)의 배(裴) 아무개는 53세에 삼위(三衛: 唐代 禁衛軍 가운데 親衛·勳衛·翊衛를 말함)가 되었는데, 여름이 끝날 무렵에 숙위(宿衛)를 서게 되어 도성으로 들어가다가 산수(滻水)의 서점(西店)에 이르러 밥을 사 먹었다. 그때 같은 자리에 있던 한 노인이 배 아무개에게 말했다.

"귀인(貴人)이시구먼."

배 아무개가 대답했다.

"나는 지금 53살인데 아직도 삼위로 있으니 어찌 높은 관직을 바랄 수 있겠소? 노인장은 어찌하여 날더러 귀인이라 하시오?"

노인이 웃으며 말했다.

"당신은 당연히 모르겠지만, 지금부터 25일 안에 삼품관의 벼슬을 얻게 될 것이오."

노인은 말을 마친 뒤 헤어졌는데, 그는 바로 장경장이었다. 배 아무개가 도성에 도착하여 숙위를 선 지 이미 21일째가 되었을 때, 태종(太宗)은 천식병이 발작하여 명의의 치료를 받고 명약을 복용했지만 모두 효험이 없었으므로, 앉을 때나 누울 때나 잠잘 때나 식사할 때나 모두 편안하지 못했다. 그래서 삼위 이상과 조정 관리 이하의 사람들에게 모두 약방(藥方)을 바치도록 칙명을 내렸다. 배 아무개도 관례에 따라 '유전필발(乳煎蓽撥: 우유로 蓽撥을 달여 만든 약. 蓽撥은 胡椒科에 속하는 藥草)'이라는 약방 하나를 바쳤는데, 태종이 그것을 복용했더니 그 병이 곧장 나았다. 그래서 태종은 중서성(中書省)에 칙명을 내려 그에게 오품관 벼슬 하나를 내려주도록 했다. 그러나 재상은 머뭇거리다가 미처 그의 임명문서를 올리지 못했다. 며칠 뒤에 태종은 천식병이 재발하자 다시 '유전필발'을 복용하고 나았다. 그래서 물었다.

"전에 [약방을 바쳤던] 삼위는 무슨 관직을 얻었는가?"

중서령(中書令)이 말했다.

"그에게 오품 문관을 내릴지 무관을 내릴지 아직 결정하지 못했사옵니다."

태종이 노하여 말했다.

"어지러운 세상을 바로잡아 다스리는 천자를 살려냈는데 어찌하여 그에게 벼슬을 내리지 않는단 말인가? 이전에 만약 재상의 병을 치료했더라도 반드시 당일로 벼슬을 얻었을 것이다."

그날로 배 아무개에게 특별히 삼품 정식 경관(京官)을 내리고 홍로경(鴻臚卿)에 제수했다. 그는 여러 벼슬을 거쳐 본주(本州)의 자사(刺史)에까지 이르렀다.

유인궤(劉仁軌)는 위지현(尉氏縣) 사람이다. 그가 7~8세 때 장경장이 그의 집 문을 지나가다가 그를 보고는 그의 부모에게 말했다.

"이 아이는 골상이 매우 특이하므로 틀림없이 존귀한 고관이 될 것이니, 마땅히 잘 양육하여 가르쳐야 할 것이오."

나중에 유인궤는 진창현위(陳倉縣尉)가 되었는데, 그때 장경장이 검남(劍南)으로 유배가는 길에 기주(岐州)를 지나가게 되었다. 기주자사로 있던 풍장명(馮長命)이 장경장에게 판사(判司: 州刺史나 節度使의 속관) 이하의 속관들의 관상을 보게 했는데, 그들 중에는 오품관에 오를 사람이 아무도 없었다. 장경장은 나오다가 유인궤와 마주치자 엄숙하게 안색을 고치면서 풍사군(馮使君: 馮長命)에게 말했다.

"귀인을 얻었군요."

그리고는 그의 관상을 자세히 보았다. 나중에 유인궤가 복야(僕射)에 올랐을 때 장경장이 그에게 말했다.

"제가 20년 전에 위지현에서 한 어린아이의 관상을 보았는데, 그의 골상이 공의 골상과 비슷했습니다. 그때 아이에게 성명을 묻지 않았기에 누군지는 모릅니다."

유인궤가 웃으며 말했다.

"위지현의 어린아이가 바로 나입니다."

장경장이 말했다.

"공은 사품관에서 벗어나지 않을 것이지만, 만약 큰 죄를 범한다면 곧 삼품관 이상이 될 것입니다."

나중에 유인궤는 급사중(給事中)으로 있다가 지방으로 나가 청주자사(靑州刺史)가 되어 해운(海運)의 일을 맡았는데, 풍랑을 만나 배를 잃어버리는 바람에 하간공(河間公) 이의부(李義府)에게 참소를 당했다. 조정에서 파견한 어사(御史) 원이식(袁異式)이 사건을 심문했으며 대리시(大理寺)에서 그에게 사형을 판결했으나, 황제가 특명을 내려 그의 사형을 면해주고 관부(官簿)에서 제명시켰다. 그 후 유인궤는 요동(遼東)에서 [나라를 위해] 충성을 다한 뒤 조정에 들어와 대사헌(大司憲)이 되었으며, 결국 좌복야(左僕射)에까지 올랐다.

노가창(盧嘉昜)은 허주(許州)에 장원이 있었는데, 집안의 외종(外從) 어른인 하청(河淸) 사람 장(張) 아무개와 이웃하고 있었다. 감찰어사(監察御史)를 맡고 있던 장 아무개는 부모상을 당하여 상기(喪期)를 마친 뒤, 노가창을 데리고 함께 장경장을 찾아갔다. 당시 노가창은 겨우 이를 갈 나이였는데, 장 아무개가 들어가 장경장을 만나면서 노가창을 중문(中門) 밖에 세워놓았다. 장 아무개가 장경장에게 말했다.

"상기가 끝났기에 재상을 만나보려 하는데 어떨지 모르겠소이다."

장경장이 말했다.

"시어(侍御: 張 아무개)께서는 본래 관직을 얻게 될 것입니다. 그렇지만 설령 승진한다 하더라도 성랑(省郞)을 넘지는 못할 것입니다."

장경장은 말을 마친 뒤, 장 아무개를 배웅하면서 문밖으로 나갔다가 문득 노가창을 보고는 장 아무개에게 말했다.

"시어의 관직은 이 아이에 미치지 못할 것입니다. 이 아이는 매우 존귀해지고 장수할 것이니, 10군(郡) 이상을 다스리게 될 것입니다."

나중에 노가창은 10군의 군수(郡守)를 역임했으며 80세까지 장수했다.

제공(齊公) 위원충(魏元忠)이 젊었을 때 장경장을 찾아간 적이 있었는데, 장경장이 그를 심히 박대했다. 제공은 자신의 운명이 형통할지 막힐지 물어보았지만 장경장이 대꾸조차 하지 않자, 크게 화를 내며 말했다.

"내가 천리를 멀다 하지 않고 식량을 싸들고 찾아온 것은 헛걸음하고자 한 것이 아니었으며, 반드시 당신에게서 가르침을 받을 것이라고 생각했기 때문이었소이다. 그런데 당신은 나무 혀를 달고 있는 듯이 한 마디도 하지 않은 채, [어찌 이처럼] 성의를 다하지 않을 수 있단 말이오! 또한 운명의 궁통(窮通)과 빈천은 본디 하늘에 달린 것이니, 당신과 무슨 상관이 있겠소이까?"

그리고는 옷을 털며 떠나자, 장경장이 급히 일어나 말했다.

"그대의 녹상(祿相)은 바로 화내는 중에서 드러나오. 나중에 틀림없이 지위가 가장 높은 신하가 될 것이오."

고경언(高敬言)이 옹주(雍州)의 법조(法曹)로 있을 때, 장경장이 그에게 서찰을 보내 말했다.

"당신은 지금 이후로 형부원외랑중(刑部員外郎中)·급사중(給事中)·과주자사(果州刺史)를 지낼 것이며, 10년 뒤에는 곧 형부시랑(刑部侍郎)과 이부시랑(吏部侍郎)에 임명될 것이오. 또 그 2년 뒤에는 중풍에 걸리고 괵주자사(虢州刺史)로 전임될 것인데, 이는 당신의 귀숙처(歸宿處)이며 수명은 73세가 될 것이오."

고경언이 급사중이 되어 당직을 서고 있을 때, 칙천무후(則天武后)가 고사렴(高士廉)을 돌아보며 물었다.

"고경언은 경의 무슨 친척이오?"

고사렴이 말했다.

"그는 신의 조카이옵니다."

나중에 칙천무후가 고경언에게 [그 일에 대해] 묻자, 고경언이 말했다.

"신은 본적이 산동(山東)이며, 고사렴은 공훈귀족으로 신과 같은 가문이긴 하지만 신의 가까운 친족은 아니옵니다."

칙천무후가 고사렴에게 그 말을 해주었더니, 고사렴이 말했다.

"고경언은 훌륭한 덕행이 전혀 없사옵니다. 신이 일찍이 그를 질책한 적이 있었기에 그가 신을 [친족으로] 인정하지 않는 것이옵니다."

칙천무후는 몹시 화를 내며 고경언을 과주자사로 전출시켰다. 그때는 고사렴과 태평공주(太平公主)가 아직 살아 있었는데, 고경언이 작별인사를 하러 갔으나 태평공주가 화를 내며 만나주지 않았기에, 결국 [그의 전출을] 바꿀 수 없었다. 9년이 지나서 태평공주와 고사렴이 모두 죽고 난 후, 조정에서 고경언의 억울함을 알고 그를 다시 불러들여 형부시랑으로 삼았다. 고경언은 이부시랑이 되었을 때 갑자기 중풍에 걸렸는데, 칙천무후가 그에게 가까이 있는 작은 주(州)를 내려 병을 요양하라고 명하여 마침내 괵주자사에 제수되었으며, 73세에 죽었다. 모든 일이 장경장의 말대로 되었다.

요원숭(姚元崇)·이형수(李逈秀)·두경전(杜景佺) 세 사람이 관리선발 일로 인해 함께 장경장을 찾아갔더니, 장경장이 말했다.

"당신 세 사람은 모두 재상이 될 것이지만, [그 중에서] 요공(姚公)이 가장 부귀하여 조정을 들고나면서 여러 차례 재상을 할 것이오."

나중에 모두 그의 말대로 되었다. (『정명록』)

張冏藏善相, 與袁天綱齊名. 有河東裴某, 年五十三爲三衛, 當夏季番, 入京至滻水西店買飯. 同坐有一老人謂裴曰: "貴人." 裴因對曰: "某今年五十三, 尙爲三衛, 豈望官爵? 老父奈何謂僕爲貴人?" 老父笑曰: "君自不知耳, 從今二十五日, 得三品官." 言畢便別, 乃張冏藏也. 裴至京, 當番已二十一日, 屬太宗氣疾發動, 良醫名藥, 進服皆不效, 坐臥寢食不安. 有詔三衛已上, 朝士已下, 皆令進方. 裴隨例進一方'乳煎蓽撥'而服, 其疾便愈. 敕付中書, 使與一五品官. 宰相逡巡, 未敢進擬. 數日, 太宗氣疾又發, 又服'蓽撥'差. 因問: "前三衛得何官?" 中書云: "未審與五品文官武官." 太宗怒曰: "治一撥亂天子得活, 何不與官? 向若治宰相病可, 必當日得官." 其日, 特恩與三品正員京官, 拜鴻臚卿. 累遷至本州刺史.

劉仁軌, 尉氏人. 年七八歲時, 冏藏過其門見焉, 謂其父母曰: "此童子骨法甚奇, 當有貴祿, 宜保養教誨之." 後仁軌爲陳倉尉, 冏藏時被流劍南, 經岐州過. 馮長命爲岐州刺史, 令看判司已下, 無人至五品者. 出逢仁軌, 凜然變色, 却謂馮使君曰: "得貴人也." 遂細看之. 後至僕射, 謂之曰: "僕二十年前, 於尉氏見一小兒其骨法與公相類. 當時不問姓名, 不知誰耳." 軌笑曰: "尉氏小兒, 仁軌是也." 冏藏曰: "公不離四品, 若犯大罪, 卽三品已上." 後從給事中出爲青州刺史, 知海運, 遭風失船, 被河間公李義府譖之. 差御史袁異式推之, 大理斷死, 特赦免死除名. 於遼東効力, 入爲大司憲, 竟位至左僕射.

盧嘉瑒有莊田在許州, 與表丈人河淸張某鄰近. 張任監察御史, 丁憂, 及終制, 攜嘉瑒同詣張冏藏. 其時嘉瑒年尙齠齔, 張入見冏藏, 立嘉瑒於中門外. 張謂冏藏曰: "服終欲見宰執, 不知何如." 冏藏曰: "侍御且得本官. 縱遷, 不過省郎." 言畢,囧藏相送出門, 忽見嘉場, 謂張曰: "侍御官爵不及此兒. 此兒甚貴而壽, 典十郡已上." 後嘉場歷十郡守, 壽至八十.

魏齊公元忠少時, 曾謁囧藏, 囧藏待之甚薄. 就質通塞, 亦不答也, 公大怒曰: "僕不遠千里裹糧, 非徒行耳, 必謂明公有以見教. 而含木舌, 不盡勤勤之意耶! 且窮通貧賤. 自屬蒼蒼, 何預公焉?" 因拂衣而去, 囧藏遽起言曰: "君之相祿, 正在怒中. 後當位極人臣."

高敬言爲雍州法曹, 囧藏書之云: "從此得刑部員外郎中・給事中・果州刺史, 經十年, 卽任刑部侍郎・吏部侍郎. 二年患風. 改虢州刺史, 爲某乙本部, 年七十三." 及爲給事中, 當直, 則天顧問高士廉云: "高敬言卿何親?" 士廉云: "是臣姪." 後則天問敬言, 敬言云: "臣貫山東, 士廉勳貴, 與臣同宗, 非臣近屬." 則天向士廉說之, 士廉云: "敬言甚無景行. 臣曾嗔責伊, 乃不認臣." 則天怪怒, 乃出爲果州刺史. 士廉・公主猶在, 敬言辭去, 公主怒而不見, 遂更不得改. 經九年, 公主・士廉皆亡, 後朝廷知屈, 追入爲刑部侍郎. 至吏部侍郎, 忽患風. 則天命與一近小州養疾, 遂除虢州刺史, 卒年七十三. 皆如囧藏之言.

姚元崇・李逈秀・杜景伶三人, 因選同詣囧藏, 囧藏云: "公三人並得宰相, 然姚最富貴, 出入數度爲相." 後皆如言. (出『定命錄』)

221・3(2585)
장간지(張柬之)

장간지는 청성현승(靑城縣丞)이 되었을 때 이미 63세였다. 어떤 관상을 잘 보는 사람이 말했다.

"나중에 틀림없이 최고 지위의 신하가 될 것이오."

사람들은 그 말을 믿지 않았다. 나중에 장간지는 제책과(制策科)에 응시했다가 낙방했는데, 칙천무후(則天武后)가 급제한 사람이 적은 것을 의아해하여 낙방한 사람들 중에서 다시 뽑으라고 명하자, 담당관리가 아뢰었다.

"한 사람의 책문(策文)이 좋긴 하지만 작문이 규정에 맞지 않았기 때문에 탈락시켰사옵니다."

칙천무후는 장간지의 책문을 살펴보고는 훌륭한 인재라고 생각하여, 그를 불러들여 책문 중의 일을 물어보고는 특출하다고 여겼다. 그래서 즉시 그를 1등으로 급제시켜 왕옥현위(王屋縣尉)에 임명했다. 나중에 장간지는 재상에 올랐으며 한양왕(漢陽王)에 봉해졌다. (『정명록』)

張柬之任靑城縣丞, 已六十三矣. 有善相者云: "後當位極人臣." 衆莫之信. 後應制策被落, 則天怪中第人少, 令於所落人中更揀, 有司奏: "一人策好, 緣書寫不中程律, 故退." 則天覽之, 以爲奇才, 召入, 問策中事, 特異之. 卽收上第, 拜王屋縣尉. 後至宰相, 封漢陽王. (出『定命錄』)

221 · 4(2586)
육경융(陸景融)

육경융이 신정현령(新鄭縣令)으로 있을 때, 어떤 손님이 그에게 말했다.

"공은 지금부터 30년 뒤에 틀림없이 이 주(州)의 자사(刺史)가 될 것이지만, 법조(法曹) 집무실 위에 앉을 것입니다."

육공(陸公: 陸景融)은 그 말을 믿지 않았다. 당시 육공은 법조의 집무실에 오동나무가 있는 것을 기억하고 있었다. 그 후 과연 30년 뒤에 육공은 정주자사(鄭州刺史)가 되었는데, 앉아 있는 집무실 앞에 오동나무가 있었다. 그래서 물어보았더니 [관리가] 대답했다.

"이 집무실은 본래 법조의 집무실이었는데, 예전의 자사가 집무실이 좁은 것을 못마땅해하여 마침내 법조의 집무실을 터서 자사의 집무실로 만들었습니다."

육공은 그제야 [옛날에 어떤 손님이 한] 말이 영험하다는 사실을 알았다. (『정명록』)

陸景融爲新鄭令, 有客謂之曰: "公從今三十年, 當爲此州刺史, 然於法曹廳上坐." 陸公不信. 時陸公記法曹廳有桐樹. 後果三十年爲鄭州刺史, 所坐廳前有桐樹. 因而問之, 乃云: "此廳本是法曹廳, 往年刺史嫌宅窄, 遂通法曹廳爲刺史廳." 方知言應. (出『定命錄』)

221 · 5(2587)
정행심(程行諶)

정행심은 60세에 진류현위(陳留縣尉)가 되었는데, 동료들은 그의 나이가 많고 지위가 낮다고 여겨 늘 그를 업신여겼다. 나중에 어떤 노인이 그를 찾아와서 그의 관직과 수명에 대해 얘기했다. 잠시 후 현관(縣官)

이 모두 당도했는데 여전히 그를 업신여기며 만만히 보았다. 그때 노인이 말했다.

"여러분의 관직과 수명은 모두 정공(程公: 程行諶)만 못할 것이오. 정공은 지금 이후로 31번 임관(任官)되고 90세 이상의 수명을 누릴 것이오. 그의 관직은 어사대부(御史大夫)에 이를 것이며, 복야(僕射)가 되었을 때 재액을 당할 것이오."

현관들은 모두 그 말을 믿지 않았다. 당시 정행심의 매부(妹夫)가 강주(絳州)의 한 현령(縣令)에 새로 제수되었는데, 누이동생이 남편의 임지로 가려 하다가 노인에게 그 길흉을 점쳐보게 했더니, 노인이 그녀의 관상을 보고 말했다.

"부인의 남편은 지금 이미 병들었으니, 강주에서 80리 떨어진 곳에서 틀림없이 부음(訃音)을 받게 될 것이오."

정공의 누이동생은 걱정하면서 곧장 출발했는데, 강주에서 80리 떨어진 곳에서 과연 남편의 부음이 전해졌다. 정공은 그 후 어사대부가 되었고 90여 세에 죽었으며 사후에 복야우상(僕射右相)에 추증되었으니, 과연 노인이 말한 대로 되었다. (『정명록』)

程行諶年六十任陳留縣尉, 同僚以其年高位卑, 嘗侮之. 後有一老人造謁, 因言其官壽. 俄而縣官皆至, 仍相侮狎. 老人云: "諸君官壽, 皆不如程公. 程公從今已後, 有三十一政官, 年九十已上. 官至御史大夫, 及僕射有厄." 皆不之信. 于時行諶妹夫新授絳州一縣令, 妹欲赴夫任, 令老人占其善惡. 老人見云: "夫人壻今已病, 去絳州八十里, 必有凶信." 其妹憂悶便發, 去州八十里, 凶問果至. 程公後爲御史大夫, 九十餘卒, 後贈僕射右相, 果如所言. (出『定命錄』)

221 · 6(2588)
위원충(魏元忠)

　상국(相國) 위원충과 예부상서(禮部尙書) 정유충(鄭惟忠)은 모두 송주(宋州) 사람으로, 둘 다 재능과 기량을 자부하면서 젊어서부터 친하게 지냈는데, 30살이 다 되도록 이름이 알려지지 않았다. 관상을 잘 보는 어떤 사람이 그들의 관상을 보고 나더니 남다른 예절로 그들을 대접하면서 스스로 이렇게 말했다.

　"옛 사람이 '성향은 유사한 것끼리 모인다[方以類聚: 『周易』「繫辭上傳」과 『禮記』「樂記」에 나옴]'라고 하더니 정말이로구나! 위공(魏公: 魏元忠)은 틀림없이 최고 지위의 신하가 될 것이며 명성이 혁혁하게 드러날 것이오. 또한 마음가짐을 충직히 하여 곧은 성심을 바꾸지 않으면, 반드시 동량(棟梁)이 되어 국가의 원보(元輔: 宰相)가 될 것이오. 그러나 존귀하기는 하겠지만 운명에 굴곡이 많아서 때때로 근심거리가 있을 것이오. 그렇지만 이 모든 것은 재상에 오르기 이전의 일이니 걱정할 일이 아니오. 단지 일이 닥치면 곧바로 행하고 말을 들으면 즉시 응하시오."

　관상가가 [이번에는] 정공(鄭公: 鄭惟忠)에게 말했다.

　"그대는 황금 인장에 자색 인끈을 찰 것이고 명록(命祿)이 끝이 없을 것이오. 삼품관에 들어가고 나서 또한 팔좌(八座: 시대마다 다른데 隋·唐代에는 左右僕射와 六尙書를 말함)에 오를 것이며 관직에서 폄적당하는 일이 없을 것이오. 수명 또한 장수할 것이오."

　위원충이 다시 청하며 말했다.

　"봉록은 어느 해에 시작하고, 관직은 어느 곳에서 끝나겠습니까?"

관상가가 대답했다.

"금년에 만약 서책(書策: 국가 정책에 대한 건의와 주장)을 올리면 봉록이 이로써 시작될 것이고, 재상을 그만둔 뒤에 강남의 변방을 순행(巡行)하러 나가면 관직이 거의 끝나게 될 것이오."

그래서 위원충은 그 해에 양궁(涼宮)에서 서책을 올려 국사를 논술했지만, 오랫동안 아무런 결정이 내려지지 않았다. 그는 양식이 떨어져서 돌아가다가 길에서 만난 친구가 비단으로 도와준 덕택에 다시 양궁으로 돌아왔더니, 이미 그를 불러들이라는 황제의 칙명이 내려져 있었다. 그는 교서랑(校書郎)에 임명된 후 중승대부(中丞大夫)로 승진했다. 그는 중간에 황제의 뜻을 거스르고 권신(權臣)을 범하여 누차 견책을 받고 감옥에 갇혀 심문을 받았는데, 자결할 마음이 들 때마다 관상가의 말을 떠올리며 스스로를 위로했다. 그러면서 말과 행동을 더욱 강직하게 하여 자신의 뜻을 굽히거나 주장을 바꾸지 않은 끝에, 결국 화를 면하고 재상의 지위에 오르게 되었다. 위원충은 복야(僕射)로 있다가 남군(南郡)으로 폄적당하여 며칠 동안 장강을 따라 순행하다가 병이 깊어지자 이렇게 말했다.

"나는 여기서 끝나는구나!"

과연 그는 죽었다. (『정명록』)

相國魏元忠與禮部尙書鄭惟忠皆宋人, 咸負材器, 少相友善, 年將三十, 而名未立. 有善相者見之, 異禮相接, 自謂曰: "古人稱 '方以類聚', 信乎! 魏公當位極人臣, 聲名烜爀. 執心忠謇, 直諒不回, 必作棟幹, 爲國元輔. 貴則貴矣, 然命多蹇剝, 時有憂懼. 皆是登相位已前事, 不足爲虞. 但可當事便行, 聞言則應." 謂鄭公曰: "足下金章紫綬, 命祿無涯. 旣入三品, 亦升八座, 官無貶黜. 壽復遐長." 元忠復請曰: "祿始何歲? 秩終何地?" 對曰: "今年若獻書, 祿斯進矣, 罷相之後, 出巡江徼, 秩將終矣." 遂以其年, 於涼宮上書陳事, 久無進止. 糧盡却歸, 路逢故人, 惠以縑帛, 却至涼宮, 已有恩敕召入. 拜校書, 後遷中丞大夫. 中間忤旨犯權, 累遭譴責, 下獄窮問, 每欲引決, 輒憶相者之言, 復自寬解. 但益骯髒言事, 未嘗屈其志而抑其辭, 終免於禍, 而登宰輔焉. 自僕射竇謫于南郡, 江行數日, 病困, 乃曰: "吾終此乎!" 果卒. (出『定命錄』)

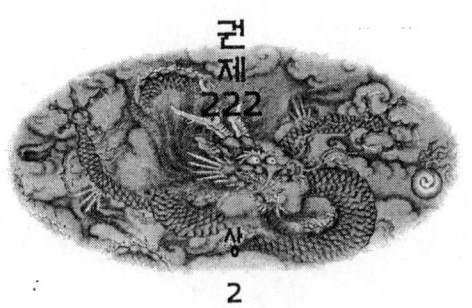

1. 배광정(裴光庭)
2. 안록산(安祿山)
3. 손사막(孫思邈)
4. 손 생(孫 生)
5. 형 상(衡 相)
6. 마록사(馬祿師)
7. 이함장(李含章)
8. 상 형(尙 衡)
9. 유 방(柳 芳)
10. 진 소(陳 昭)
11. 노제경(盧齊卿)
12. 양십이(梁十二)
13. 풍 칠(馮 七)
14. 마 생(馬 生)

222 · 1(2589)
배광정(裴光庭)

　요원숭(姚元崇)이 개원연간(開元年間: 713~741) 초에 중서령(中書令)으로 있을 때 한 관상쟁이가 찾아와 그를 만나고자 했다. 요원숭이 비밀리에 그를 조정에다 숨겨놓고 여러 관리들 가운데 누가 뒷날 재상이 될 것인지를 살펴보게 했더니, 관상쟁이는 배광정을 보고 나서 그가 재상이 될 것이라 아뢰었는데, 당시 배광정은 무관(武官)이었다. 요공(姚公: 姚元崇)은 배광정을 집으로 불러 그와 이야기를 나누면서 방안에 주렴을 쳐 놓은 채 관상쟁이에게 다시 한번 살펴보게 했다. 배광정이 가고 나자 관상쟁이가 말했다.
　"틀림없습니다."
　요공이 말했다.
　"재상이란 천자를 보좌하여 대업을 완성하는 사람으로, 바로 그런 사람이 아니면 재상의 자리에 오를 수 없소. 내 지난 번에 배군(裴君: 裴光庭)과 말을 해보았더니 그는 정사를 돌보기에 마땅한 사람도 아니고 학문의 수준도 낮은데, 어찌 그에게 그런 복록(福祿)이 있단 말이오?"
　관상쟁이가 말했다.
　"공께서 말씀하신 것은 재능이고, 제가 말한 것은 천명입니다. 재능과 천명은 본디 서로 다른 것입니다."

요원숭은 아무런 말도 하지 않고 관상쟁이의 말을 믿지 않았다. 후에 과연 배공(裵公: 裵光庭)은 몇 년 동안 재상으로 지냈고, 조정에서도 명상(名相)이라 불리었다. (『정명록』)

姚元崇, 開元初爲中書令, 有善相者來見. 元崇令密於朝堂, 目('目'原作'自', 據明鈔本改)諸官後當爲宰輔者, 見裵光庭白之, 時光庭爲武官. 姚公命至宅與語, 復使相者於堂中垂簾重審焉. 光庭旣去, 相者曰: "定矣." 姚公曰: "宰相者, 所以佐天成化, 非其人莫可居之. 向者與裵君言, 非應務之士, 詞學又寡, 寧有其祿乎?" 相者曰: "公之所云者才也, 僕之所述者命也. 才與命固不同焉." 姚默然不信. 後裵公果爲宰相數年, 及在廟堂, 亦稱名相. (出『定命錄』)

222 · 2(2590)
안록산(安祿山)

[唐나라] 현종(玄宗)은 근정루(勤政樓)에서 온갖 잡희(雜戲)를 공연하게 하면서 안록산을 자신의 동쪽에 배석시켜 구경하게 했다. 그러자 숙종(肅宗)이 이렇게 간했다.

"고금을 두루 살펴보아도 신하와 황제가 한 자리에서 앉아서 공연을 구경한 경우는 없습니다."

현종이 말했다.

"저 사람의 관상이 하도 괴이해서 내가 푸닥거리를 하고 있을 뿐이다."

또 한번은 밤에 연회를 베풀었는데, 안록산이 술에 취해 그 자리에서 뻗더니 용의 머리를 한 돼지로 변했다. 좌우의 신하들이 그 사실을 급히 현종께 아뢰자, 현종이 말했다.

"저 용돼지는 아무 것도 할 수 없소."

현종은 결국 안록산을 죽이지 않았다.

안록산은 처음에 한공(韓公) 장인원(張仁愿)의 군영에서 그의 하인으로 있었는데, 장인원은 늘 안록산에게 자신의 발을 씻기게 했다. 장인원의 발에 검은 점이 있었는데, 안록산은 그의 발을 씻기면서 검은 점을 훔쳐보았다. 장인원이 안록산을 보며 웃으면서 말했다.

"이 점은 내가 귀인이 될 상이라는 징조이다. 네가 유독 그것을 훔쳐보는 것을 보아하니, 설마 너도 검은 점이라도 있느냐?"

안록산이 말했다.

"소인은 미천한 사람인데, 뜻밖에도 양쪽 발에 다 검은 점이 있습니다. 장군의 발에 난 검은 점보다 색깔이 짙고 큰데, 그렇게 상스러운 것인지를 몰랐습니다."

장인원은 안록산의 발에 난 점을 보고 기이하게 생각하면서 더욱 더 그를 가까이에 두고 잘 대해주었다. 또한 장인원은 안록산을 양아들로 삼을 것을 약속하며 더욱 더 그를 총애하고 조정에다 천거했다. (『정명록』)

玄宗御勤政樓, 下設百戲, 坐安祿山於東間觀看. 肅宗諫曰: "歷觀今古, 無臣下與君上同坐閱戲者." 玄宗曰: "渠有異相, 我欲禳之故耳." 又嘗與之夜宴, 祿山醉臥, 化爲一猪而龍頭. 左右遽告, 帝曰: "渠猪龍, 無能爲也." 終不殺之祿山初爲韓公張仁愿帳下走使之吏, 仁愿常令祿山洗脚. 仁愿脚下有黑子, 祿山因洗而竊窺之. 仁愿顧笑曰: "黑子吾貴相也. 汝獨竊視之, 豈汝亦有之乎?" 祿山曰: "某賤人也, 不幸兩足皆有之. 比將軍者色黑而加大, 竟不知其何祥也." 仁愿觀而異之, 益親厚之. 約爲義兒, 而加寵薦焉. (出『定命錄』)

222 · 3(2591)
손사막(孫思邈)

손사막은 100살이 조금 넘은 나이에도 의술에 뛰어났다. 그는 고중서(高仲舒)에게 다음과 같이 말했다.

"나리께서 귀인상을 가지고 계시는 것으로 보아 틀림없이 여러 번 자사(刺史)를 지내실 것입니다. 만약 제주자사(齊州刺史)가 되신다면 제 아들이 위관(尉官: 兵事 혹은 刑獄을 맡은 관리)이 되어 사군(使君: 太守 혹은 刺史를 지칭하는 말)을 모시게 될 것입니다. 설령 그 때 제 아들이 곤장 맞을 짓을 하더라도 나리께서는 이 노인의 말을 기억해두었다가 풀어주십시오."

훗날 과연 손사막의 말대로 되었는데, 손사막 아들에게 곤장을 치려고 그의 옷을 다 벗기고 난 뒤에 갑자기 고중서는 손사막의 말을 기억해내고는 그 아들을 풀어주었다. (『정명록』)

孫思邈年百餘歲, 善醫術. 謂高仲舒曰: "君有貴相, 當數政刺史. 若爲齊州刺史, 邈有一兒作尉, 事使君. 雖合得杖, 君當憶老人言, 願放之." 後果如其言, 已剝其衣訖, 忽記憶, 遂放. (出『定命錄』)

222·4(2592)
손 생(孫 生)

손생이라는 사람이 있었는데, 그 이름은 알 수 없지만 관상을 아주 잘 보았다. 한번은 일 때문에 목주(睦州)에 갔는데, 그곳 군수가 관리들의 관상을 두루 살펴보게 했다. 그때 마침 사호(司戶)로 있던 방관(房琯)과 만년현위(萬年縣尉)로 있던 최환(崔渙)이 폄적되어 동려현승(桐廬縣丞)으로 왔다. 손생이 말했다.

"여기 두 분께서는 태보(台輔: 宰相)의 자리까지 오르실 것인데, 방관은 나라의 대권(大權)을 손에 쥐게 될 것입니다. 최환은 훗날 항주자사(杭州刺史)가 될 것인데, 그 때 제가 비록 뵙지는 못하겠지만 그 은혜를 입을 것입니다."

얼마 뒤에 방관은 [숙종을 황제로 책봉한다는 현종의] 조서를 가지고 촉(蜀) 땅에서 영무(靈武)로 가서 숙종에게 전해주었다. 최환은 과연 항주자사가 되어 [부임지로 갈 때] 수레에서 내려 손생을 찾아갔으나, 이미 그가 죽은 지 열흘이 지나 있었다. 그리하여 최환은 손생의 아들을 아장(牙將: 대장군의 輔佐武官)으로 삼고 비단을 내려 그 집안을 구휼해 주었다. (『광덕신이록』)

有孫生者不載其名, 善相人. 因至睦州, 郡守令遍相僚吏. 時房琯爲司戶, 崔渙爲萬年尉, 貶桐廬縣丞. 孫生曰: "此二公位至台輔, 然房, 神器大寶, 合在掌握中. 崔後爲杭州刺史, 某雖不覩, 然尙蒙其恩惠." 旣後房以齋冊文, 自蜀至靈武授肅宗. 崔果爲杭州, 下車訪生, 則已亡歿旬日矣. 因署其子爲牙將, 以綵帛贈恤其家. (出『廣德神異錄』)

222 · 5(2593)
형 상(衡 相)

개원연간(開元年間: 713~741)에 그 성명을 알 수 없는 관상쟁이가 있었는데, 자칭 형산(衡山)에서 왔다고 했기에 사람들은 그를 '형상'이라 불렀다. 그는 도성의 선평리(宣平里)에서 살고 있었다. 당시 태자유덕(太子諭德: 태자를 모시는 관리로, 規諫을 담당했으며 대부분 다른 관직을 겸했음)으로 있던 이림보(李林甫)가 형상을 만나러 왔는데, 그 집에 들어서다 보니 정소미(鄭少微)와 엄고(嚴杲)가 이미 그 집 대청 한 가운데에 자리잡고 앉아있었다. 관상쟁이는 이림보를 안으로 맞아들이며 이공(李公: 李林甫)에게 말했다.

"제가 이곳에 온 이래로 많은 사람들의 관상을 보았는데, 일찍이 공과 같은 귀인상을 가진 분은 없었습니다. 장차 나라에서 형법을 중시할 때는 공께서 사구(司寇: 刑獄이나 糾察 등을 담당하던 관리)의 직책을 맡을 것이고, 조정에서 인재 선발을 우선으로 할 때는 총재(冢宰: 宰相이나 吏部尙書를 가리킴) 자리를 맡을 것입니다. 그러면 또 공훈을 기록하고 역사적 사건을 기록하는 청사씨(靑史氏)의 임무를 맡아 사적을 편찬할 것이고 절제(節制: 節度使)에 선발될 것이며, 거기다가 제후에 봉해져 토지를 하사 받을 것입니다. 공의 영화와 부귀는 끝이 없을 것이며, 공에 대한 황제의 정이 두텁기 때문에 또한 황제께서는 공과 잘 지내시기를 바라실 것입니다. 또한 공은 남성(南省: 尙書省)의 관리를 겸직할 것이며, 너댓 차례 승진을 거듭하여 꼭 18년 동안 조정의 중추적인 자리를 장악하게 될 것입니다. 관리들은 공의 힘을 믿고 의지할 것이며, 백성들은 공의 은혜를 입을 것입니다. 공의 이와 같은 부귀영화는 아마 옛날에도 없었을 것입니다."

형상은 정소미와 엄고를 돌아보며 말했다.

"미리 이 사실을 들으셨으니, 다행이지 않을 수 없습니다. 두 분 공께서는 반드시 예로서 이공을 받드십시오. 그렇지 않으면 후회할 일이 생길 것입니다."

당시 엄고와 정소미는 각자 그 재주로 명망을 날리고 있었고, 이림보는 아직 명성이 알려지지 않았을 때였다. 두 사람은 이림보를 무시하는 생각을 가지고 있었기에 관상쟁이의 말을 듣자 전혀 그럴 리 없다고 생각했다. 두 사람은 그저 예! 예! 하면서 공손하게 자리에서 일어나서는 더 이상 다른 질문을 하지 않았다. 그리하여 이림보도 인사를 하고 그곳을 나왔다. 후에 이공이 중서령(中書令)에 임명되었을 때 정소미는 이미 형부시랑(刑部侍郞)이 되어 있었다. 그리하여 이공은 지난 일을 말하면서 정소미에게 말했다.

"지난 번 선평리의 관상쟁이가 한 말은 모두 황당하기는 했지만, 그래도 간혹 맞춘 것도 있습니다."

얼마 지나지 않아 정소미는 도성을 나와 기주자사(歧州刺史)가 되었는데, 그는 친한 사람에게 이전에 점본 이야기를 해주었다. 그로부터 1년도 되지 않아 정소미는 다시 만주사마(萬州司馬)로 폄적되었다. 엄고 역시 낭중(郎中)으로 있다가 먼 곳의 지방장관이 되었다. (『정명록』)

또 이림보는 어려서 고아가 되어 이천(伊川)에서 살면서 이모 원씨(元氏)의 손에서 양육되었다. 이림보가 열 살 되던 해에 길 옆에서 아이들과 놀고 있었는데, 한 노인이 이림보를 눈여겨보고는 탄식했다. 이에 어떤 사람이 그 이유를 물었더니, 노인이 말했다.

"본디 부귀란 알 수 없는 것이지요."

그리고는 이공을 가리키며 말했다.

"저 아이는 훗날 틀림없이 중서령(中書令)이 되어 무릇 20년 동안 벼슬살이를 할 것이오. 한스러운 것은 저 아이가 보통 아이들과 함께 놀고 있는데도 아무도 그를 알아보지 못한다는 것이오."

(『정명록』)

開元中有相者不知姓名, 自言衡山來, 人謂之'衡相'. 在京舍宣平里. 時李林甫爲太子諭德, 往見之, 入門, 則鄭少微·嚴昊, 已在中庭. 相者引坐, 謂李公曰: "自僕至此, 見人衆矣, 未有如公貴者也. 且國家以刑法爲重, 則公典司寇之職. 朝廷以銓管爲先, 則公居冢宰之任. 然又秉丹靑之筆, 當節制之選, 加以列茅分土. 窮榮極盛, 主恩綢繆, 又望浹洽. 兼南省之官, 秩增數四, 握中樞之務, 載盈二九. 搢紳仰威, 黎庶瞻惠. 將古所未有也." 顧嚴·鄭曰: "預聞此者, 非不幸也. 公二人宜加禮奉. 否則悔各生矣." 時嚴·鄭各負才名, 李猶聲譽未達. 二公有轆轢之心, 及聞相者言, 以爲甚不然. 唯唯而起, 更不復問. 李因辭去. 後李公拜中書, 鄭時已爲刑部侍郎. 因述往事, 謂鄭曰: "曩者宣平相人, 咸以荒唐之說, 乃微有中者." 無何, 鄭出爲歧州刺史, 與所親話其事. 未幾, 又貶爲萬州司馬. 嚴自郞中, 亦牧遠郡. (出『定命錄』)

又李林甫少孤, 爲元氏姨所育, 住在伊川. 時林甫年十歲, 與諸兒戲于路旁, 有老父歎而目焉. 人問之, 老父曰: "富貴誠不自知." 指李公曰: "此童後當爲中書令, 凡二十年. 所歎與凡小戲誰辨也." (出『定命錄』)

222 · 6(2594)
마록사(馬祿師)

무공현(武功縣)의 마록사는 관상을 잘 보았다. 장안주부(長安主簿) 소선(蕭璿)은 현위(縣尉) 이교(李嶠)·이전창(李全昌)과 함께 관상을 보러 마록사를 찾아갔다. 마생(馬生: 馬祿師)이 말했다.

"세 분은 모두 현달할 것입니다. 큰 이소부(李少府: 李嶠. 少府는 縣尉의 別稱)께서는 신하로서 가장 높은 자리에 올라 이름과 명성을 크게 떨칠 것인데, 남성(南省: 尙書省)에서의 관직은 모두 이름뿐이고, 세 차례 중서령(中書令)을 지낼 것입니다. 작은 이소부[李全昌]께서도 청자(淸資: 魏晉시대부터 唐代의 士族들이 주로 맡았던 고위관직을 말함. 唐代에는 士族들을 淸流라 불렀으며, 벼슬하는 것을 淸資官이라 불렀음)가 되실 상인데, 5품 이상의 요직에 오를 것이며 마지막에는 경감(卿監: 唐代 중앙기구인 각 寺監의 總稱임. 寺監은 太常寺·光祿寺·將作監·都水監 等寺·監兩級官署의 並稱임)의 자리에 오르실 것입니다. 소주부(蕭主簿: 蕭璿)께서는 중년에 힘이 들 것이나 만년에는 이름을 날리고 크게 부귀해질 것입니다. 지금으로부터 10년 뒤에 집에 큰 재난이 닥쳐 형제들이 모두 먼 곳으로 쫓겨나고 오직 공과 동생 한 분만 살아남을 것입니다. 그로부터 십 년 뒤에 비로소 출사할 것입니다. 그때 큰 이소부께서 조정에 계신다면 소주부께서는 틀림없이 등용될 것이고, 작은 이소부께서 중서성 관리로 계신다면 공의 어려움을 잘 처리해 주실 것입니다."

후에 소선은 장안주부에서 물러나 비서랑(祕書郞)이 되었다. 칙천무후(則天武后)는 정권을 잡은 뒤에 황후 왕씨(王氏)를 파멸시켰다. 소선은 황후 왕씨의 외척이었는데, 이로 인해 일가족이 모두 유배되었다. 형제 6명은 모두 영남(嶺南)에 유배되었고, 소선과 동생 소원(蕭瑗)은 요동(遼東)에 유배되었다. 그로부터 얼마 지나지 않아 유배자들을 처리하는 사신이 나와 영남에 유배된 사람은 모두 죽고, 요동에 유배된 사람만 살아남게 되었다. 그리하여 두 형제는 10여 년 동안 망명생활을 하다가 신룡연간(神龍年間: 705~707) 초에 비로소 죄인의 신분에서 벗어났다. 그때 이교는 재상으로 있었는데, 우연히 거리에서 소선을 만났다. 이교는 사람을 시켜 비서랑 소 아무개가 맞는지 물어보고 나서 이렇게 말했다.

"공께서는 무공현의 마생의 말을 잊지 않았겠지요!"

그리고는 소선을 발탁하여 등용했다. 그때 형부원외랑(刑部員外郞)으로 있던 작은 이소부는 소주부에게 집을 돌려주라는 판결을 내렸다. 소공(蕭公: 蕭璿)은 결국 조정 안팎의 요직을 두루 거쳐 높은 반열에 올랐으며, 십여 차례나 3품관을 지냈다. (『정명록』)

武功馬祿師善相. 長安主簿蕭璿與縣尉李嶠·李全昌同詣求決. 馬生云: "三人俱貴達. 大李少府, 位極人臣, 聲名振耀, 南省官無不虛任, 三入中書. 小李少府, 亦有淸資, 得五品以上要官, 位終卿監. 蕭主簿中年湮沈, 晚達亦大富貴. 從今後十年, 家有大難, 兄弟並流, 唯公與一弟獲全. 又十年之後, 方却得官. 遇大李少府在朝堂日, 當得引用, 小李少府入省官時, 爲其斷割."

後璿離長安任, 作祕書郎. 則天旣貴, 皇后王氏破滅. 蕭璿是其外姻, 擧家流竄. 兄弟六人, 配向嶺南, 唯璿與弟瑗, 配遼東. 無何有處置流移使出, 嶺南者俱死, 唯遼東者獲全. 兄弟二人, 因亡命十餘年, 至神龍初, 方蒙洗滌. 其時李嶠作相, 於街中忽逢璿. 使人問是蕭祕書耶, 因謂之曰: "公豈忘武功馬生之言乎!" 於是擢用. 時小李少府作刑部員外, 判還其家. 蕭公竟歷中外淸要, 位至崇班, 三品官十餘政. (出『定命錄』)

222·7(2595)
이함장(李含章)

최원(崔圓)은 미천한 시절에 진사시험을 볼 생각이었다. [하루는] 그가 위현(魏縣)에서 시령(市令: 시장을 맡아 돌보던 관리. 唐代에는 各都督府나 州 및 3千戶 이상의 縣에 설치해두었음) 이함장(李含章)을 만났는데, 이함장이 이렇게 말했다.

"당신은 틀림없이 무과(武科)로 출사할 것이며, 벼슬도 계속 올라가 재상의 자리에까지 오를 것입니다."

최원은 개원(開元) 23년(735)에 장수과(將帥科)에 응시해서 합격했다. 또 하남부(河南府)에서 향공진사(鄕貢進士: 鄕貢은 지방관의 추천을 거쳐 名帖에 이름을 기록하는 것을 가리키며, 鄕貢으로 京試에서 진사과에 합격한 사람을 鄕貢進士라 함)로 뽑혔다. 그 날 최원이 복당관(福唐觀)에서 한창 시험을 볼 때 칙령이 내려와서 과시 장에서 바로 장수로 소환되었고 집극(執戟: 宮中 侍衛官)에 임명되어 하서군사(河西軍事)의 참모가 되었다. 황제의 조칙을 받을 때 월주(越州) 섬현위(剡縣尉) 두형(竇衡)이 그 자리에 같이 있었는데, 직접 이 일을 보았다. 최원은 후에 관직이 멈추지 않고 바뀌어 20년도 안되어 중서령(中書令)에 임명되었고 조국공(趙國公)에 봉해졌으며, 실제의 식읍(食邑)과 봉록(俸祿)이 5백 호나 되었다. 또 최원은 사훈원외랑(司勳員外郎)으로 있을 때 승복을 입고 회창사(會昌寺)의 극신선사(克愼禪師)를 만나러 간 적이 있었는데, 선사가 웃으면서 말했다.

"사람들은 모두 어사대(御史臺)에서 삼성(三省)으로 들어가는데, 공께서는 도리어 삼성에서 어사대로 들어가시는군요. 오늘 이후로 늘 창이 함께 할 것이고, 훗날 틀림없이 크게 귀하게 될 것이오."

그로부터 얼마 지나지 않아 최원은 형부원외랑(刑部員外郎) 겸 시어사(侍御史)가 되었으며, 검남절도유후(劍南節度留後)에 임명되었다. 검문(劍門)으로 들어간 뒤 최원은 움직일 때마다 전쟁을 치렀으며 1년도 되지 않아 공훈을 세웠다. 최원은 막 촉(蜀) 땅에 들어갔을 때 늘 친지와 친구들에게 직접 자신의 이야기를 해주었다. (『정명록』)

崔圓微時, 欲擧進士. 於魏縣見市令李含章, 云: "君合武出身, 官更不停, 直至宰相." 開元二十三年, 應將帥擧科. 又於河南府充鄕貢進士. 其日正於福唐觀試, 遇敕下, 便於試場中喚將, 拜執戟參謀河西軍事. 應制時, 與越州剡縣尉竇公衡同場並坐, 親見其事. 後官更不停, 不踰二十年, 拜中書令・趙國公, 實食封五百戶.

又圓微當作司勳員外, 釋服往見會昌寺克愼師, 師笑云:"人皆自臺入省, 公乃自省入臺. 從此常合在鉛槧中行, 後當大貴." 無何爲刑部員外兼侍御史, 充劍南節度留後. 入劍門後, 每行常有兵戈, 未逾一年, 便致勳業. 崔初入蜀, 常於親知自說如此. (出『定命錄』)

222·8(2596)
상 형(尙 衡)

　어사중승(御史中丞) 상형이 어린 아이였을 때 밖에서 놀다가 한번은 푸른색 적삼을 벗고 자주색 적삼만을 입은 적이 있었다. 관상을 잘보는 이가 상형을 보고는 이렇게 말했다.
　"이 아이는 이후에 틀림없이 푸른 색 관복을 벗고 자주색 관복을 입을 것입니다."
　후에 상형이 복양현승(濮陽縣丞)으로 있을 때 안록산(安祿山)이 반란을 일으켰는데, 이때 상형은 절개를 지키며 적의 관직을 받지 않았다. 그러자 장군 아무개가 상형에게 붉은 관복과 어대(魚袋)를 주며 관직을 맡기려 했으나, 상형은 기어코 관직을 받아들이지 않으면서 말했다.
　"나는 틀림없이 푸른색 관복을 벗고 자주색 관복을 입을 운명이니, 이것은 내가 입을 관복이 아니오."
　이 일이 있은 지 한 달도 되지 않아 관직이 바뀌고 자색 옷을 하사한다는 칙령이 내려왔다. 그리하여 상형은 마침내 푸른색 관복을 벗고 자주색 관복을 입었다. 상형은 스스로 또 이렇게 말했다.

"나는 틀림없이 70번 벼슬 할 것이다."

지금 상형은 10여 차례의 관직을 거쳐 중승대부(中丞大夫)가 되었다. (『정명록』)

御史中丞尚衡童幼之時遊戱, 曾脫其碧衫, 唯著紫衫. 有善相者見之曰: "此兒已後, 當亦脫碧著紫矣." 後衡爲濮陽丞, 遇安祿山反, 守節不受賊官. 將軍某乙使衡將緋衣魚袋, 差攝一官, 衡不肯受曰: "吾當脫碧著紫, 此非吾衣." 曾未旬月, 有('有'字上原有'未'字, 據許本刪)敕命改官賜紫. 於是脫碧著紫. 衡自又云: "當作七十政." 今歷十餘政, 已爲中丞大夫矣. (出『定命錄』)

222·9(2597)
유 방(柳 芳)

유방은 일찍부터 진사시험에 응시했으나, 여러 해 동안 급제하지 못했다. 유방이 한번은 조정 관원들의 잔치에 참석하게 되었는데, 함께 자리한 손님 8~9명 모두 붉은 인끈을 차고 있었으며, 기적관(畿赤官: 唐代에 도성에서 다스리는 현을 赤縣이라 하고, 도성에 인접한 지역의 현을 畿縣이라 했으며, 이를 합쳐 畿赤이라 했음)도 있었다. 유방은 가장 말석에 앉았는데, 의복 또한 남루하고 오래된 것이라 손님들은 모두 그를 경시했다. 관상을 잘 보는 사람이 있었는데, 사람들은 모두 그에게 관상을 한번 보아달라고 부탁했다. 그렇지만 그는 유독 유방에게만 말했다.

"유자(柳子: 柳芳)께서는 형제자매도 없고 전답과 가산도 없이 홀홀 단신으로 타향살이를 하시느라 고생이 이만 저만이 아니실 것입니다. 그러나 지금으로부터 2년 뒤에 틀림없이 과거에 급제할 것이며, 그 이후로 봉록과 직위가 끊이지 않을 것입니다. 또한 여기에 앉아 계시는 손님들 가운데 수명과 관직과 녹봉이 그대만한 사람이 없습니다."

그 자리에 있던 여러 손님들은 모두 그 말을 믿지 않았다. 그로부터 2년 뒤에 과연 유방은 과거에 급제하여 교서랑(校書郎)과 기위승(畿尉丞: 畿縣의 縣尉와 縣丞. 唐代에는 한 縣에 令·丞·尉를 두었는데, 縣丞은 현의 보좌관이고, 縣尉는 현의 군사적 업무를 맡아보았음)을 지냈다. 유방이 생활고 때문에 양주(梁州)·송주(宋州) 지역을 떠돌며 관직을 구할 때 마침 태상박사(太常博士)의 자리가 비게 되었는데, 공부시랑(工部侍郎) 위술(韋述)은 유방이 재주를 가지고 있음을 알았다. 위술은 유방이 계보학에도 두루 밝고 또 고금의 예의제도를 제대로 알고 있는 것을 보고 마침내 그를 재보(宰輔: 宰相)에게 천거했고, 결국 유방은 황제의 은혜를 입어 태상박사에 제수되었다. 이 당시 지난 날 잔치에 참석했던 손님들 가운데 이미 죽은 사람이 예닐곱이나 되었다.(『정명록』)

柳芳嘗應進士擧, 累歲不及第. 詣朝士宴, 坐客八九人皆朱紱, 亦有畿赤官. 芳最居坐末, 又衣服麤故, 客咸輕焉. 有善相者, 衆情屬之('之'字原闕, 據明鈔本補). 獨謂芳曰: "柳子合無兄弟姐妹, 無莊田資産, 孑然一身, 羈旅辛苦甚多. 後二年當及第, 後祿位不歇. 一座之客, 壽命官祿, 皆不如君." 諸客都不之信. 後二年果及第, 歷校書郎·畿尉丞. 遊索於梁·宋間, 遇太常博士有闕, 工部侍郎韋述知其才. 通明譜第, 又識古今儀注, 遂擧之於宰輔, 恩敕除太常博士. 時同座客, 亡者已六七人矣. (出『定命錄』)

222 · 10(2598)
진 소(陳 昭)

복야(僕射) 방관(房琯)과 상국(相國) 최환(崔渙)은 일찍이 함께 목주(睦州)와 흡주(歙州)로 폄적되어 벼슬한 적이 있었다. 그 때 무주(婺州) 사람 진소가 그들을 보고 말했다.

"훗날 두 분은 함께 재상이 되실 것인데, 최공(崔公: 崔渙)만은 대사(大使)가 되어 강남(江南)으로 오실 것입니다."

지덕연간(至德年間: 756∼758) 초에 상황(上皇: 玄宗)이 촉(蜀) 땅에 갈 때 방관과 최환 두 사람은 동시에 재상에 임명되었다. 최환은 뒷날 선보사(選補使: 唐代에 설치된 관직으로, 江淮以南·劍南·黔中 등 여러 곳의 관리 선발이나 충원을 담당했음)가 되어 강동(江東)을 순시했다. 소주(蘇州)와 항주(杭州) 지역에 이르러서 최공이 직접 이 이야기를 해 주었다. (『정명록』)

僕射房琯·相國崔渙並曾貶任睦·歙州官. 時有婺州人陳昭見之云: "後二公並爲宰相, 然崔公爲一大使, 來江南." 及至德初, 上皇入蜀, 房·崔二公, 同時拜相. 崔後爲選補使, 巡按江東. 至蘇·杭間, 崔公自說. (出『定命錄』)

222 · 11(2599)
노제경(盧齊卿)

　노제경은 사람을 알아보는 눈을 가지고 있었다. 그가 예닐곱 살 때 성격이 오만하고 경솔했기 때문에 숙부들은 매번 하인 한 명을 시켜 그 뒤를 쫓아다니게 했다. 그는 15~16세 때 한밤중에 일어나 뒤뜰의 텅 빈 정원에서 혼자 앉아 있기를 좋아했다. 하루는 하인이 보았더니 [그 주위로] 많은 횃불과 호위병이 있었고, 또 어떤 사람이 산개(繖蓋)를 들고 그를 씌우고 있었다. 하인은 이 사실을 노제경의 숙부에게 알렸고, 노제경의 숙부는 요괴가 난동을 부린다고 생각했다. 한 무당이 노제경의 손바닥에 쑥·뜸을 뜨게 했는데, 이를 본 원천강(袁天綱)이 깜짝 놀라 말했다.

　"본시 이 사람은 틀림없이 전생·현생·후생의 일을 꿰뚫어 볼 것이오. 그러나 뜸을 뜨는 바람에 손바닥에 상처가 나 결국 전생과 후생의 일은 잊어버리고 그저 당대의 일만을 꿰뚫어 볼 것이오."

　이때부터 매번 그가 말을 하면 적중하지 않는 경우가 없었다. 노제경은 관직이 비서감(祕書監)에 이르렀다.

　장가정(張嘉貞)이 재상으로 있을 때 누군가가 그를 참소했다. 장가정은 스스로 좌천당할까 걱정되어 노제경에게 자신의 관상을 보게 했다. 노제경은 뭐라 정확하게 말하지 않은 채 그가 입조하려는 한다는 사실을 알고 홀 위에 '대(台)'자 한 자를 적고 난 뒤에 장가정에게 보여주었다. 이에 장가정은 대좌(台座)에서 물러날 리 없다고 생각했으나, 대주자사(台州刺史)로 폄적시키라는 칙령이 내려왔다.

장수규(張守珪)는 하북(河北) 사람으로 현위(縣尉) 양만경(梁萬頃)을 섬겼다. 양만경은 장수규에게 말을 잡게 했는데, 그때 장수규가 예의에 벗어난 행동을 해서 장수규는 결국 곤장을 한 차례 맞게 되었다. 이 일로 장수규는 발분해서 종군하여 유주(幽州)에서 과의(果毅: 果毅都尉. 折冲府의 副長官으로 貞觀年間에 車騎將軍에서 개명되었음. 折冲都尉 밑에서 府兵軍을 통솔함)가 되었다. [당시 幽州刺史로 있던] 노제경은 늘 그를 불러 마주 앉아서 이렇게 말했다.

"공께서는 훗날 틀림없이 부귀해질 것이고, 절월(節鉞: 符節과 斧鉞을 가리키는데, 절도사를 상징함)을 잡게 될 것이오."

이 말을 들은 장수규는 안절부절못하면서 그럴 리 없다고 생각하고 계단을 내려와 절을 했다. 노공(盧公: 盧齊卿)이 유주자사로 있을 때 장수규는 장군의 자리에 올라 절도사(節度使)가 되었다. 하남현위(河南縣尉) 양만경의 임기가 막 끝났을 때 장수규가 그를 불러 만났는데, 양만경은 몹시 두려워하는 눈치였다. 장수규는 이전의 일에 대해 조금도 원망스러워하지 않고 말했다.

"지난 날 공께서 나를 꾸짖고 내게 화내지 않았더라면 나 역시 분발하여 나의 미래를 도모하지 않았을 것이오."

장수규는 그에게 재물을 내려 그 병을 치료하게 했다. (『정명록』)

盧齊卿有知人之鑒. 年六七歲時性慢率, 諸叔父每令一奴人隨後. 至十五六好夜起, 於後園空庭中坐. 奴見火炬甚多, 侍衛亦衆, 有人持繖蓋蓋之. 以告叔父, 叔父以爲妖精怪娟. 有巫者敎以艾灸在手中心, 袁天綱見之, 大驚異曰: "此人本合知三世事. 緣灸掌損, 遂遺滅却兩世事, 只知當世事." 從此每有所論, 無不中者. 官至祕書監.

張嘉貞之任宰相也, 有人訴之. 自慮左貶, 命齊卿視焉. 不爲決定, 因其入朝, 乃書笏上作'台'字, 令張見之. 張以爲不離台座, 及敕出, 貶台州刺史.

張守珪, 河北人, 事縣尉梁萬頃. 萬頃令捉馬, 失衣襟, 遂撻一頓. 因此發憤從軍, 爲幽州一果毅. 齊卿常引對坐云: "公後當富貴, 秉節鉞." 守珪踧踖, 不意如此, 下階拜. 盧公未離幽州, 而守珪爲將軍節度矣. 梁萬頃爲河南縣尉, 初考滿, 守珪喚與相見, 萬頃甚懼. 守珪都不恨之, 謂曰: "向者不因公責怒, 某亦不發憤自達." 乃遺其財物, 使療病. (出『定命錄』)

222·12(2600)
양십이(梁十二)

양십이는 다른 사람의 미래를 잘 알아맞히는 것으로 유명했다. 그가 송주(宋州)에 왔을 때 자사(刺史) 사마전(司馬詮)은 소주자사(蘇州刺史) 이무언(李無言)에게 그를 천거하면서 다음과 같이 적어보냈다.

"양십이는 오늘날의 관로(管輅: 三國시대 魏나라의 術士)라 할 수 있습니다."

이무언은 사람을 보내 해질 무렵 그를 집에 데려오게 했다. 이무언은 황색 관복을 걸치고, 다른 손님에게 자색 관복을 입혀 자신의 행세를 하고 대답하게 했다. 양자(梁子: 梁十二)는 손님을 보고 말했다.

"조금 전에 공의 목소리를 들어보았더니 관록(官祿)이 없는데, 또 저 황색 관복을 입은 이의 목소리를 들어보니 그는 3품관이 될 것이오. 지금 입고 있는 장복(章服: 日月星辰 등의 그림이 수놓아져 있는 옛날 禮服. 도안 하나를 1章이라고 하는데, 천자는 12章, 신하들은 품계에 따라 9·7·5·3章을 수놓았음)이 바뀌었다고 제가 제대로 모를 것이라 생각하십니까?"

이무언은 양십이를 믿고 사실대로 대답했다.

"제가 어제 일을 벌였는데, 선위사(宣慰使: 황제의 宣諭를 백성들에게 포고하는 일을 맡은 관리)가 황제께 나쁘게 아뢸까 걱정입니다. 그대가 보시기에는 어떻소?"

양십이가 말했다.

"공께서는 틀림없이 한 단계 높은 주(州)의 자사로 전임될 것입니다."

후에 과연 이무언은 목주자사(睦州刺使)로 전임되었기에 돈 200관(貫)을 양자에게 주었다. 양자가 말했다.

"공께서 그 주로 가시면 틀림없이 큰 화를 입을 것입니다. 제가 공을 위해 법술을 부려 화를 제거해 드릴테니, 공께서는 반드시 제게 함부로 입을 놀리는 사람이라 말하면서 화를 내고 꾸짖으십시오. 그리고 제게 등 10대를 때리시되 부인께서 모르게 하십시오."

이무언은 재삼 불가한 일이라 말했지만, 양자가 거듭 청했기에 가슴 아파하면서 그의 뜻을 따랐다. 이튿날 아침 일찍 이공(李公: 李無言)은 대청에서 양자에게 곤장 열 대를 치라고 했다. 그러자 이무언의 동복이 이무언의 부인에게 달려가서 그 사실을 알렸다. 이무언이 문을 들어서자 그의 아내가 말했다.

"나으리께서는 무슨 일로 양자에게 곤장을 치셨습니까?"

이무언은 양십이가 부인에게 그 사실을 알게 해서는 안 된다고 한 말을 잊어버리고 말았다. 잠시 뒤에 양자가 문에 달린 방울을 치면서 이무언에게 만나기를 청하며 말했다.

"공께서는 어찌하여 마님께 그 사실을 알려주셨습니까? 액운을 면하실 수 없게 되었습니다. 공께서 이미 제게 억지로 200냥을 주셨으니, 한 가지 일로 공의 은덕에 보답하겠습니다. 공께서는 액운은 피해가기 어렵겠지만, 제가 2000관(貫)의 돈이 생기게 해드릴 터이니 재산으로 만드십시오. 그 돈을 가지게 된다면 틀림없이 아무 일도 없을 것입니다."

이무언은 목주자사로 있을 때 정말 2000관의 돈을 손에 넣고는 죽었다. 양십이는 또 단도주부(丹徒主簿) 노유아(盧惟雅)에게 말했다.

"이후로 통사사인(通事舍人)이 될 것입니다."

과연 노유아는 양십이의 말대로 통사사인이 되었다. 노유아는 후에 도성에서 양십이를 만났는데, 그때 양십이가 이렇게 말했다.

"아무 년이 되면 공의 재물과 가산은 틀림없이 파산될 것입니다. 공께서 제게 50관을 주신다면 그때 제가 공께 한 말씀 올려 그 재난을 면하게 해드리겠습니다."

노유아는 이무언의 말을 믿지 않아 그 돈을 주지 않았다. 아무 년이 되자 노유아는 정말 도박에서 내기를 해 가산을 한꺼번에 날렸다. (『정명록』)

有梁十二者名知人. 至宋州, 刺史司馬詮作書, 薦與蘇州刺史李無言, 云: "梁十二今之管輅." 李無言遣日暮引入宅. 無言乃著黃衣衫, 令一客著紫, 替作無言, 與相抵對. 梁子謂客云: "向聞公語聲, 未有官祿, 又聞黃衣語, 乃是三品. 今章服不同, 豈看未審?" 無言信之, 乃以實對云: "某昨有事, 恐被宣尉使惡奏, 君視如何?" 梁云: "公卽合改得上州刺史." 後果改爲睦州刺使, 無言贈錢二百貫. 梁子云: "公至彼州, 必得重厄. 某爲公作一法禳之, 公當須嗔責某乙 云是妄語人. 鞭背十下, 仍不得令妻子知也." 無言再三不可, 梁子再三以請, 無言閔默而從之. 明早, 李公當衙決梁子十下. 小蒼頭走報其妻. 無言入門, 妻云: "何以打梁子?" 無言恨云忘却他不遣家內知. 俄而梁子叩鈴, 請見無言曰: "公何以遣妻子知? 厄不免矣. 公旣彊與某二百千文, 有一事以報公德. 公厄雖不免, 然令公得二千貫, 以充家資. 取之必無事." 無言在州, 果取得二千貫錢而死.

梁十二又謂丹徒主簿盧惟雅云: "從此得通事舍人." 如其言. 後於京見之, 云: "至某年, 財物莊宅合破散. 公當與某五十千文, 某敎公一言卽免." 盧不之信, 不與是錢. 至某年, 盧果因蒱博賭賽, 莊宅等並盡. (出『定命錄』)

222 · 13(2601)
풍 칠(馮 七)

진사 이탕(李湯)은 벼슬자리를 구하고자 도성으로 가 관리선발에 참가할 작정이었다. 도성으로 들어가는 길에 변주(汴州)에 이르렀을 때 풍칠이라는 점쟁이가 이탕에게 말했다.

"올해에 관리로 선발될 것인데, 동남쪽 3천리 밖의 현위(縣尉) 자리가 주어질 것입니다."

이탕은 풍칠의 말을 믿지 않고 말했다.

"저는 네 번째만에 관리가 되는데, 내가 맡을 관직은 틀림없이 나쁘지는 않을 것입니다. 교서랑(校書郞)이나 정자(正字: 秘書省에 속하는데,

전적을 校讎하거나 文字의 誤·脫字를 바로 잡는 일을 맡아보았음) 한 두 자리라도 바랄 수 있을 것 같은데, 한갓 현위뿐이겠습니까?"

풍칠이 말했다.

"그대는 이것만은 기억해두십시오. 오늘 이후로 거듭 현위만 한다면 출세가도를 달리게 될 것입니다."

또 풍칠이 이군(李君: 李湯)에게 결혼했는지 묻자, 이탕이 말했다.

"미혼이고, 이모 한 분이 집에 계십니다."

풍칠이 말했다.

"당신은 오늘 이후로 더 이상 이모님을 만나지 못할 것입니다."

이탕은 도성에 이르러서 관리에 선발되었다. 안록산(安祿山)의 난 때 이탕이 경관(京官: 도성에서 벼슬하는 관원을 말하는데, 당대에는 상서·중서·문하성 장관 이하를 모두 경관이라 불렀음)을 맡지 않으려 했기 때문에 조정에서 그에게 교서랑이나 정자 벼슬을 주고자 했지만, 이탕은 끝내 이를 물리치고 호주(湖州) 오정현위(烏程縣尉)를 자청했다. 1년 뒤에 염사(廉使: 觀察使)가 상소를 올려 그를 단양현위(丹陽縣尉)로 추천하는 바람에, 이탕은 결국 판관(判官: 唐 節度·觀察·防禦諸使 아래 판관을 두었는데, 판관은 지방관의 속관으로 政事를 보좌하여 다스렸음)에 임명되었으며, 이때부터 줄곧 벼슬을 하게 되었다. 안사의 난 이후 길이 끊어지는 바람에 이탕은 더 이상 이모를 만나 보지 못했다. (『정명록』)

進士李湯赴選, 欲求索. 入京至汴州, 有日者馮七謂之曰: "今年得留, 東南三千里外授一尉." 李不信曰: "某以四選得留, 官不合惡. 校書正字, 雖一兩資, 亦望得之, 奈何一尉." 馮曰: "君但記之 從此更作一縣尉, 卽騎馬不住矣." 又問李君婚未, 李云: "未婚, 有一姨母在家." 馮曰: "君從今便不復與相見矣." 李到京, 選得留. 屬祿山之亂, 不願作京官, 欲與校・正, 不受, 自索湖州烏程縣尉. 經一年, 廉使奏爲丹陽尉, 遂充判官, 因乘官馬不住. 離亂之後, 道路隔絶, 果與姨母不復相見. (出『定命錄』)

222 · 14(2602)
마 생(馬 生)

천보(天寶) 14년(755)에 조자근(趙自勤)은 과거시험을 보러 가는 길이었는데, 동양현(東陽縣)에 마생이라는 소경이 조자근의 관상을 보고 말했다.

"당신은 이번에 움직여서는 안 됩니다. 설령 간다하더라도 다시 돌아올 것인데, 그렇다고 여기서 관운이 끝나는 것은 아닙니다. 훗날 3품관에 올라 자색 관복을 입을 것입니다."

마생이 또 말했다.

"6품관에서 바로 3품관까지 오르실 것입니다."

조자근은 과연 그 해에 또 과거시험을 치르지 못했다. 겨울이 되자 자색 관복을 내린다는 조서가 내려왔다. 건원(乾元) 2년(759) 9월 마생이 다시 찾아오자 조자근은 처음에 그에게 이렇게 거짓말했다.

"창조(倉曹: 倉曹參軍) 방가환(龐家喚)입니다."

그러자 마생은 다가와서 조자근의 머리뼈를 만지더니 이렇게 말했다.

"당신은 틀림없이 5품관이신데, 조사군(趙使君: 趙自勤)의 골상과 비슷하게 생겼습니다."

그가 말한 수명과 관직은 이전에 말했던 것과 모두 같았다. (『정명록』)

天寶十四年, 趙自勤合入考, 有東陽縣譬者馬生相謂云: "足下必不動. 縱去亦却來, 於此祿尙未盡. 後至三品, 著紫." 又云: "自六品卽登三品." 自勤其年果不入考. 至冬, 有敕賜紫. 乾元二年九月, 馬生又來, 自勤初誑云: "龐倉曹家喚." 至則揑自勤頭骨云: "合是五品, 與趙使君骨法相似." 所言年壽並官政多少, 與前時所說並同也. (出 『定命錄』)

태평광기 권제 223 상 3

1. 상도무(桑道茂)
2. 위하경(韋夏卿)
3. 낙산인(駱山人)
4. 이 생(李 生)
5. 왕 악(王 鍔)
6. 두역직(竇易直)
7. 이 동(李 潼)
8. 가 속(賈 餗)
9. 누천보(婁千寶)
10. 정 중(丁 重)
11. 하후생(夏侯生)
12. 설소윤(薛少尹)
13. 주현표(周玄豹)
14. 정 손(程 遜)

223·1(2603)
상도무(桑道茂)

서평왕(西平王) 이성(李晟)은 장군이었다. 그가 한번은 상도무를 뵈러 갔는데, 상도무가 이렇게 말했다.

"장군은 앞으로 경조윤(京兆尹)이 되실 텐데, 사람을 되도록 죽이지 않도록 조심하십시오."

그러자 서평왕이 말했다.

"무관이 어찌 경조윤이 되겠다는 바람을 가질 수 있겠습니까?"

후에 흥원(興元)이 수복되자 서평왕은 경조윤을 겸임하게 되었다. 이때에 상공(桑公: 桑道茂)은 포로들 가운데에 있었는데 처형을 당하게 되자 서평왕에게 아뢰었다.

"사람을 되도록 죽이지 말라던 말씀을 잊으셨습니까?"

그러자 서평왕은 그를 풀어주었다. (『전재』)

李西平晟之爲將軍也. 嘗謁桑道茂, 茂云: "將軍異日爲京兆尹, 愼少殺人." 西平曰: "武夫豈有京兆尹之望?" 後興元收復, 西平兼京尹. 時桑公在俘囚之中, 當斷之際, 告西平公: "忘少殺人之言耶?" 西平釋之. (出『傳載』)

223 · 2(2604)
위하경(韋夏卿)

헌공(獻公) 위하경은 사람을 식별하는 안식이 있었는데 다른 사람들은 그것을 알지 못했다. 그는 조정에서 물러나 길을 가던 중에 육촌 동생 위집의(韋執誼)와 사촌 동생 위거모(韋渠牟)·위주(韋舟)를 만났다. 이 세 사람은 모두 과거에 급제해 24사(二十四司: 尙書省 六部에서 통괄하는 24개의 部門)에서 낭관(郎官)이 되었다. 다들 말을 타고서 한참동안 모여 있다가 헌공이 말했다.

"오늘 세 명의 24랑을 만나니 문득 아우들에 대해 품평을 하고 싶네."

[먼저] 위집의에게 말했다.

"그대는 분명 재상이 될 것이니 말년을 잘 보전하시게."

위거모에게 말했다.

"아우는 분명 황제의 특별한 은혜를 입을 것이니 금방 귀해져 공경(公卿)이 될 것이네."

위주에게 말했다.

"셋 중에서 아우는 가장 오래 살 것이고 최고의 병권(兵權)을 휘두르는 자리에 오를 것이네."

이후에 결국 헌공의 말대로 되었다. (『전재』)

韋獻公夏卿有知人之鑒, 人不知也. 因退朝, 於街中逢再從弟執誼, 從弟渠牟·舟. 三人皆第二十四, 並爲郎官. 簇馬良久, 獻公曰: "今日逢三二十四郎, 輒欲題目之." 語執誼曰: "汝必爲宰相, 善保其末耳." 語渠牟曰: "弟當別承主上恩,

而速貴爲公卿." 語舟曰: "三人之中, 弟最長遠, 而位極旄鉞." 由是竟如言. (出
『傳載』)

223 · 3(2605)
낙산인(駱山人)

　왕정주(王庭湊)는 항산(恒山) 서남쪽으로 30리 되는 곳에 있는 석읍
(石邑)의 별장에서 태어났다. 그가 태어난 후에 늘 비둘기 수십 마리가
아침마다 [그의 집] 뜰에 있는 나무로 모여들었고 저녁이면 처마가 있
는 문 아래에서 잠들었는데, 노덕파(路德播)라는 이웃사람이 그것을 매
우 이상하게 여겼다. 왕정주는 성장해서는 신체가 건장했으며 『음부경
(陰符經)』과 『귀곡자(鬼谷子)』 같은 책에 통달했다. 그는 또한 군직(軍
職)을 역임하면서 무인(武人)으로서의 웅지(雄志)도 자못 지니고 있었다.
왕정주는 [唐나라] 장경(長慶) 원년(821) 봄 2월 하양(河陽)에 사신으로
갔다가 돌아오는 중에 연수(沇水)에 이르렀는데 그만 술에 취해 길에서
잠이 들게 되었다. 그때 갑자기 어떤 사람이 지팡이를 어깨에 메고 지나
가다가 왕정주를 자세히 들여다보고는 이렇게 말했다.
　"귀한 상이니 분명 열후(列侯)의 반열에 들 사람으로 평범한 사람이
아니다."
　왕정주를 수행하던 두재영(竇載英)이 잠에서 깨어나 [이 말을 듣고
서] 왕정주에게 아뢰었다. 그러자 왕정주는 몇 리 말을 달려가 그를 따
라잡고서 공경의 예를 표하며 물었다. 그러자 그 사람이 스스로 이렇게

말했다.

"나는 제원(濟源)의 낙산인(駱山人)이오. 아까 그대의 코에서 나오는 기운을 보니 왼쪽에서 나오는 것은 용과 같고 오른쪽에서 나오는 것은 호랑이와 같더이다. 용과 호랑이의 기운이 서로 어울렸으니 올 가을에 분명 왕이 될 것이고 자손 대대로 1백 년 동안 왕위를 이어갈 것이오. 내가 많은 사람들의 상을 보았으나 그대와 같은 이는 이제껏 보지 못했소."

또 이렇게 말했다.

"그대의 집 뜰에 분명 커다란 나무가 있을 텐데 그 나무가 당(堂)에 이르면 이것이 바로 [왕위에 오를] 조짐이오."

왕정주가 집으로 돌아온 뒤에 전홍정(田弘正)은 재난을 당하게 되었는데[長慶 元年에 成德節度使였던 전홍정은 그 당시 成德兵馬使였던 왕정주에게 살해되었음], 한밤중에 군사들이 [왕정주 집의] 문을 두드리면서 관아라고 사칭하는 것이었다. 왕정주는 다리를 벌벌 떨며 도망가고 싶었는데 두재영이 이렇게 말했다.

"낙산인이 말한 때가 된 것입니다."

이날 밤은 7월 27일이었는데, [두재영의 말을 듣고] 왕정주는 비로소 안심했다.

왕정주는 유후(留後)가 된 뒤에 다른 날 그 별장으로 돌아가서 집의 뜰에 있는 나무를 보았는데, [나무가 자라서] 북쪽에 있는 집 쪽으로 그림자가 너울너울거리는 것이었다. 별장 서쪽에 비룡산신(飛龍山神)의 사당이 있었는데 왕정주는 바로 그 산신에게 제사를 드리러 갔다. 사당 문 앞까지 100보 정도 남았을 때 의관을 갖춰 입은 한 사람이 왕정주에게 허리를 굽히고 머리를 숙이는 것이었다. 왕정주가 주위 사람들에게 물어보았으나 다들 보지 못했다고 했다. 왕정주가 사당에 들어가자 산신이 곁에 앉았고 같이 있던 무리들은 모두가 그것을 괴이하게 여겼다. 이렇게 해서 왕정주는 동쪽을 향해 집을 짓도록 명했는데, 그것이 아직도 남아있다. 왕정주는 곧 이어서 노덕파를 상빈(上賓)으로 모시고 두재영을 수교(首校: 장교의 우두머리)로 임명했다. 또한 오랫동안 낙산인을 찾다가 마침내 그를 찾아내서는 함장(函丈: 스승의 자리와 자기의 자리 사이에 1丈의 거리를 둔다는 말로 스승을 가리킴)의 예로써 대접하고 정자 하나를 따로 지어주었다. 그리고 낙산인이 정자에서 떠날 때면 왕정주는 그에게 현탑(懸榻: 매달아 놓은 걸상이란 뜻으로 後漢의 陳蕃이 徐穉가 오면 걸상을 내려놓고 후히 대접하고 그가 가면 다시 그 걸상을 매달아 놓았다는 고사에서 온 말로 손님을 후히 대접하는 것을 말함)의 예를 갖추었으며 그 정자를 '낙씨정(駱氏亭)'이라고 불렀는데, 전날의 은덕에 보답하고자 함이었다. (『당연보록』)

王庭湊始生於恒山西南三十里石邑別墅. 當生之後, 常有鳩數十, 朝集庭樹, 暮宿簷戶之下, 有里人路德播異之 及長騃骭, 善『陰符』·『鬼谷』之書. 歷居戎職, 頗得士心. 以長慶元年春二月曾使河陽, 廻及沇水, 酒困, 寢於道. 忽有一人荷策而過, 熟視之曰: "貴當列士, 非常人." 有從者竇載英寤, 以告庭湊. 庭湊馳數里及之, 致敬而問. 自云: "濟源駱山人. 向見君鼻中之氣, 左如龍而右如虎. 龍虎氣交, 當王於今年秋, 子孫相繼, 滿一百年. 吾相人多矣, 未見有如此者." 復云: "家之庭合有大樹, 樹及於堂, 是兆也." 庭湊旣歸, 遇田弘正之難, 中夜, 有軍士叩門, 僞呼官稱. 庭湊股慄欲逃, 載英曰: "駱山人之言時至矣." 是夜七月二十七日也, 庭湊意乃安.

及爲留後, 他日歸其別墅, 視家庭之樹, 婆娑然暗北舍矣. 墅西有飛龍山神, 庭湊往祭之. 將及其門百步, 見一人被衣冠, 折腰於庭湊. 庭湊問左右, 皆不見. 及入廟, 神乃側坐, 衆皆異之. 因令面東起宇, 今尙存焉. 尋以德播爲上賓, 載英列爲首校. 訪駱山人, 久而方獲, 待以函丈之禮, 乃別搆一亭. 去則懸榻, 號'駱氏亭', 報疇昔也. (出『唐年補錄』)

223 · 4(2606)
이 생(李 生)

두종(杜悰)이 출세해서 귀하게 된 지 한참 지났을 때의 일이다. 두종의 문하에 이생이라고 하는 술사(術士)가 있었는데, 두종은 그를 후하게 대접했다. 두종이 서천절도사(西川節度使)를 맡고 있을 때 마식(馬埴)은 검남(黔南)에서의 관직을 그만두고 도성으로 가는 길에 서천(西川)에 이르게 되었다. 이술사(李術士: 李生)가 마식을 보고서 두종에게 말했다.

"제가 상공(相公: 杜悰)의 은혜를 입은 지 오래되어 보답하려는 생각을 가지고 있었는데 오늘에야 보답할 수 있게 되었습니다. 검중(黔中)에서 온 마중승(馬中丞: 馬埴)은 보통 사람이 아니니 상공께서는 반드시 그 사람을 후하게 대우하셔야 합니다."

두종은 그 말을 믿지 않았는데, 하루는 이생이 두종에게 은밀히 말했다.

"상공에게 장차 큰 화가 있을 것인데, 마중승이 아니면 아무도 상공을 구해줄 수 없습니다. 제발 그와 돈독한 관계를 맺으십시오."

두종은 비로소 놀라며 [이생의 말을] 믿었다. 마식이 떠나는 날, 두종은 그에게 많은 예물을 선물했다. 그리고 저리(邸吏)로 하여금 마식을 위해 도성에 집을 사주도록 했으며 생활비 역시 모자라지 않도록 해주었다. 마식은 도성에 이르러서 이러한 일들을 알고 두종에게 감격했지만 그의 뜻을 알지는 못했다. 마식은 곧 광록경(光祿卿)에 제수되었고 이 소식은 [두종이 있는] 촉(蜀) 땅에도 전해졌다. 그러자 두종은 이생에게 이렇게 말했다.

"귀인(貴人: 馬埴)이 수도에 가시더니 광록경이 되셨다네."

이술사가 말했다.

"아직 좀더 기다려 보십시오."

얼마 후 마식은 대리경(大理卿)이 되었고 다시 형부시랑(刑部侍郎)으로 승진하고 염철사(鹽鐵使)의 임무도 맡았다. 두종은 비로소 놀라며 걱정했다. 또 얼마 후에 마식은 [드디어] 재상이 되었다. 이때 의안황후(懿安皇后: 憲宗의 皇后임)가 선종(宣宗)에 의해 유폐되어 있다가 세상을 떠났는데, 두종은 의안황후의 사위였다. 갑자기 어느 날 조정의 방자(牓子: 천자에게 알현할 때 올리는 牌)에 중신(重臣)이었던 원재(元載)의 옛일을 살펴서 문책을 해야 한다는 내용이 있었는데, 마식이 황제의 뜻을 알고 다음날 연영전(延英殿: 唐・宋代 궁전의 이름)에 가서 황제에게 나아가 온갖 방법을 동원하여 두종을 구하고자 변호했다. 마식은 본래 언변에 능했기에 황제의 마음을 돌릴 수 있었고 이 일은 마침내 잠잠해졌다. (『전정록』)

杜悰通貴日久. 門下有術士李生, 悰待之厚. 悰任西川節度使, 馬埴罷黔南赴
闕, 取路至西川. 李術士一見埴, 謂悰曰:"受相公恩久, 思有以效答, 今有所報矣.
黔中馬中丞非常人也, 相公當厚遇之." 悰未之信也, 李生一日密言於悰曰:"相公
將有甚禍, 非馬中丞不能救. 乞厚結之." 悰始驚信. 發日, 厚幣贈之. 仍令邸吏爲
埴於闕下買宅, 生生之費無闕焉. 埴至闕方知, 感悰不知其旨. 尋除光祿卿, 報狀
至蜀. 悰謂李生曰:"貴人至闕也, 作光祿勳矣." 術士曰:"姑待之." 稍進大理卿,
又遷刑部侍郞, 充鹽鐵使. 悰始驚憂. 俄而作相. 懿安皇后宣宗幽崩, 悰懿女子壻
也. 忽一日, 內牓子索檢責宰臣元載故事, 埴論旨, 翌日, 延英上前, 萬端營救. 素
辯博, 能廻上意, 事遂寢. (出『前定錄』)

223·5(2607)
왕 악(王 鍔)

왕악은 신고(辛杲) 수하의 편비(偏裨: 偏將, 즉 대장을 돕는 한 방면의
장수로 副將이라고도 함)였는데, 신고는 그 당시 장사절도사(長沙節度
使)였다. 어느 날 아침 격구(擊毬: 막대기로 공을 쳐 우열을 다투던 옛
유희)를 하느라 말달리기가 한창일 때 왕악이 하늘을 향해 숨을 내쉬자
그 기운이 몇 장(丈) 높이로 올라갔는데, 마치 필련(匹練: 한 필의 하얗
게 누인 명주를 뜻하는데, 폭포를 형용하는 말로도 쓰임)이 하늘로 솟구
치는 것 같았다. 이에 신고는 아내에게 이렇게 말했다.

"이 사람은 아주 귀한 상(相)을 지니고 있다오."

그리고는 마침내 딸을 왕악에게 시집보냈다. 왕악은 결국 장상(將相)

이 되었다. (『독이지』)

王鍔爲辛杲下偏裨, 杲時帥長沙. 一旦擊毬, 馳騁旣酣, 鍔向天呵氣, 氣高數丈, 若匹練上衝. 杲謂其妻曰:"此極貴相." 遂以女妻之. 鍔終爲將相. (出『獨異志』)

223 · 6(2608)
두역직(竇易直)

재상 두역직은 어렸을 때 이름이 두비(竇祕)였다. 그는 집안이 가난해서 시골 서당에서 학문을 배웠다. 그를 가르치던 늙은 선생은 도술을 지니고 있었는데 다른 사람들은 그 사실을 알지 못했다. 하루는 저녁 때 갑자기 바람이 불고 눈이 내렸다. 학생들은 모두 집으로 돌아가지 못하고 비가 새는 집에서 묵게 되었다. 날씨가 추워서 모두들 불가에 있고자 다투었는데 오직 두공(竇公: 竇易直)은 평상에서 잠을 잤다. 밤이 깊어져 두공이 막 잠에서 깨어나자 늙은 선생은 그를 어루만져 일어나도록 하면서 이렇게 말했다.

"두비야, 너는 나중에 조정의 신하가 될 것이고 지위와 수명이 지극할 것이니 힘써 스스로를 아끼거라."

덕종(德宗)이 봉천(奉天)으로 행차하던 날에 두공은 진사(進士)에 막 합격했으며 그 역시 어가(御駕)를 따라서 서쪽으로 갔다. 두공이 절룩거리는 나귀 한 마리를 타고 개원문(開遠門)에 이르렀을 때, 사람은 많고 길은 좁은데 성문이 곧 닫히려고 했다. 두공은 성문을 빠져나갈 수 없을

까 걱정되었다. 이때 어떤 사람이 두공의 나귀에게 호통치는 소리가 들렸는데 그가 또 나귀의 볼기짝을 채찍질한 덕분에 두공은 급히 달려 성문을 나갈 수 있었다. 두공이 뒤를 돌아보니 그 사람은 검은 옷을 입은 병졸이었는데, 두공에게 이렇게 소리치는 것이었다.

"수재(秀才)께서는 성문에서 있었던 일을 이후에 부디 잊지 마소서."

두공은 조정의 관리가 되자 그 병졸의 아들을 찾아서는 그가 관계(官界)에서 영달할 때까지 이끌어주었다. (『인화록』)

竇相易直, 幼時名祕. 家貧, 就業村學. 其敎授叟有道術, 而人不知. 一日近暮, 風雪暴至. 學童悉歸家不得, 而宿于漏屋之中. 寒爭附火, 唯竇公寢於榻. 夜深方覺, 叟撫公令起曰: "竇祕, 君後爲人臣, 貴壽至極, 勉勵自愛也."

及德宗幸奉天日, 公方擧進士, 亦隨駕而西. 乘一蹇驢至開遠門, 人稠路隘, 其扉將闔. 公懼勢不可進. 聞一人叱驢, 兼捶其後, 得疾馳而出. 顧見一黑衣卒, 呼公曰: "秀才, 已後莫忘閽情." 及升朝, 訪得其子, 提挈累至吏中榮達. (出『因話錄』)

223·7(2609)
이 동(李 潼)

위처후(韋處厚)가 개주(開州)에 있을 때 일찍이 이동과 최충(崔沖) 두 명의 진사(進士)가 그를 만나 뵈러 와서는 한 달 남짓 오랫동안 머물렀다. 그때 마침 서천군장(西川軍將) 아무개라는 과객(過客)이 있었는데,

그는 관상을 잘 보아 [사람들이 모인] 자리에서 이렇게 말했다.

"이동은 3일 안에 호랑이로 인한 재앙을 맞을 것이오."

3일 뒤에 위처후가 여러 손님들과 산사에서 노닐다가 산 위에서 아래로 내려오려고 하는데 해가 이미 저물었다. 이동이 먼저 내려가고 최충은 나중에 내려갔는데, 최충이 큰소리로 이동을 불렀다.

"충[沖: 崔沖이 스스로를 일컫는 말임] 좀 기다리시오! 충 좀 기다리시오!"

이동은 충을 기다리라는 소리[待沖來]를 듣고 호랑이가 나타났다는 말[待沖을 大蟲으로 들었다는 것으로, 大蟲은 호랑이를 뜻함]로 여기고 [놀라] 넘어져 산 아래로 떨어졌다. [그 바람에] 그는 죽을 뻔했다가 다시 살아났고 며칠이 지나서야 나았다. 군장은 돌아갈 때가 되자 이동에게 이렇게 말했다.

"그대의 재앙은 지나갔소."

(『전재』)

韋處厚在開州也, 嘗有李潼・崔沖二進士來謁, 留連月餘日. 會有過客西川軍將某者能相術, 於席上言: "李潼三日內有虎厄." 後三日, 處厚與諸客遊山寺, 自上方抵下方, 日已暮矣. 李先下, 崔沖後來, 沖大呼李云: "待沖來! 待沖來!" 李聞待沖來聲, 謂虎至, 顚蹶, 墜下山趾. 絶而復蘇, 數日方愈. 及軍將廻, 謂李曰: "君厄過矣." (出『傳載』)

가 속(賈 餗)

가속은 아직 벼슬하지 않고 있을 때 활대절도사(滑臺節度使)인 가탐(賈耽)을 알현했다. 가속과는 같은 일가에서 갈라져 나온 데다가 가속이라는 사람의 문재(文才)가 풍부한 것이 마음에 들어서 가탐은 더욱 그를 받아들였다. 그러던 어느 날 빈객들이 많이 모이게 되었는데, 그 중에 관상을 잘 보는 사람이 가탐의 자리 아래쪽에 앉아 있다가 가속이 물러가자 이렇게 말했다.

"조금 전 여기 있던 가공자(賈公子: 賈餗)는 정신과 기력이 빼어나니 분명 가장 높은 신하의 자리에 오를 겁니다. 그러나 안타깝게도 그가 정권을 잡고 있을 때 조정에서 작은 변이 생길 것이니, 만약 이때가 되면 여러분들은 반드시 일찌감치 몸을 피하도록 하십시오."

[이 말을 듣고] 가탐은 고개를 끄덕이더니 안색이 변했다. 태화(太和) 말년(835)에 가속이 재상이 되자 [이전의 일을] 알고 있던 사람들 중에 산골짜기로 숨은 이가 열에 서넛은 되었다. (『두양편』)

賈餗布衣時, 謁滑臺節度使賈耽. 以餗宗黨分, 更喜其人文甚宏贍, 由是益所延納. 忽一日, 賓客大會, 有善相者在耽座下, 又餗退而相者曰: "向來賈公子神氣俊逸, 當位極人臣. 然惜哉, 是執政之時, 朝庭微(明鈔本'微'作'徹')變, 若當此際, 諸公宜早避焉." 耽頷之, 以至動容. 及太和末, 餗秉鈞衡, 有知者潛匿於山谷間, 十有三四矣. (出『杜陽編』)

223·9(2611)
누천보(婁千寶)

　절동(浙東)의 이포(李褒)는 무녀(婺女: 28宿의 하나로 玄武七宿의 3번째 星宿이며 4개의 별로 이루어져 있음. 婺女는 越地의 分野에 해당하므로 여기에서는 越地를 가리킴)의 누천보(婁千寶)와 여원방(呂元芳) 두 사람이 기이한 술법을 지니고 있다는 말을 듣고 사람을 보내 그들을 불러오게 했다. 두 사람이 도착하자 이공(李公: 李褒)은 그들을 종사청(從事廳)에 머무르도록 했는데, 종사가 그들에게 물었다.

　"우리 부주(府主: 李褒)께서는 지금 팔좌(八座: 左右僕射 및 六尙書를 이름)이신데 앞으로 또 어떤 관직을 맡으시겠습니까?"

　여원방이 대답했다.

　"방금 상서(尙書: 李褒를 말함)를 보았는데, 일전의 절동관찰사(浙東道觀察使) 이외에는 다른 관직에 제수되지 않으실 겁니다."

　누천보가 하는 말 역시 이와 같았다. 종사는 묵묵히 더 이상 묻지 않았다. 두 사람이 이공을 다시 보게 되었을 때 이공이 물었다.

　"제가 앞으로 어떻게 되겠습니까?"

　두 명의 술사(術士)가 말했다.

　"겹겹이 쌓인 산은 푸르게 우뚝 솟아있고 호숫가의 버드나무는 그늘을 드리우고 있으니, 상서께서 화익(畫鷁: 뱃머리에 鷁鳥의 모습을 그렸으므로 배의 별칭으로 쓰임) 백 척을 가지고서 유람하시기에 딱 알맞습니다. 옛사람이 말하길 사람이 한 세상 살아간다는 것은 가벼운 먼지가 풀에 붙어있는 것과 같다고 했으니, 어찌 후일의 영고성쇠(榮枯盛衰)에 대해 논하겠습니까? 영고성쇠는 미리 정해진 몫이 있는 법이니 감히 면전에서 말씀드리지 못하겠습니다."

그러자 이공은 자신의 막료로 있는 여러 사람들에 대해서 물었다. 여원방이 말했다.

"부사(副使) 최추언(崔芻言)과 추관(推官) 이정범(李正範)은 도량이 서로 비슷합니다. 두 사람은 단지 성랑(省郞)과 군수(郡守)를 지낼 것입니다. 단련판관(團練判官) 이복고(李服古)는 지금부터 불과 몇 번 크게 취해보지도 못할 것이니[곧 죽을 것이라는 의미], 어찌 관직에 대해 논하겠습니까? 관찰판관(觀察判官) 임곡(任轂)은 소간(小諫)에 머물 뿐 고위 관직에 오르지는 못할 것입니다. 지사평사(支使評事) 양손(楊損)은 비록 몸이 마르긴 했지만 막료로 있는 여러 빈객들이 복록(福祿)이나 수명에 있어서 모두 그만 못할 것입니다. 판관(判官) 노훈(盧繡)은 비록 용모가 광택이 나긴 하지만 단련판관 이복고와 비교해 본다면 이복고보다 세상에 좀 더 오래 살아있을 뿐 수명은 역시 이복고만 못할 겁니다. 부사[崔芻言]·양손·이정범, 이 세 사람의 녹봉(祿俸)에는 구별이 있을 것입니다."

두 명의 술사가 말한 바를 모두가 믿지 않았으니 [앞으로의 일을] 가만히 지켜볼 방법밖에 없었다. 그 후 이복고는 5일이 지나지 않아서 세상을 떠났는데, 정말로 불과 몇 번 취해보지도 못한 셈이다. 이상서(李尙書: 李褒)와 여러 종사들은 술사들이 말한 것이 영험하자 그들을 신처럼 공경했다.

그 당시에 낭중(郞中) 나소권(羅紹權)은 명주(明州)로 부임하고, 소경(少卿) 두홍여(竇弘餘)(竇常의 아들이다)는 태주(台州)로 가게 되었다.

[여러 사람들이 모인] 자리에서 이공이 물었다.

"태주와 명주의 두 사군(使君: 州의 長官)은 어떻게 되겠습니까?"

누천보가 대답했다.

"두사군(竇使君: 竇弘餘)은 분명 망해정(望海亭)에서 다시 한번 취할 것이고, 나사군(羅使君: 羅紹權)은 이번에 가게 되면 분명 사명산(四明山)에서 도를 구하며 속세에서 노닐지 않게 될 것입니다."

후에 두소경(竇少卿: 竇弘餘)은 군수 자리를 그만두고 이포의 관아에 [손님으로] 다시 오게 되었는데, 이것이 바로 다시 취하게 되리라는 말이었다. 나낭중(羅郞中: 羅紹權)은 해도(海島)에서 세상을 떠났으므로, 도를 배우며 이름을 날리게 되리라는 누천보의 말은 그가 [살아서] 돌아오지 못할 것임을 알았던 것이다.

이상서는 의흥(義興)으로 돌아간 뒤 얼마 후에 죽었으니, 이로써 그는 다른 관직을 제수받지 못한 셈이다. 노훈은 순관교리(巡官校理)가 되었다가 다음 해에 완릉절도사(宛陵節度使)의 막부(幕府)에서 세상을 떠났으니, 이복고와 비교해 본다면 관직에 좀 더 오래 있었을 뿐 죽었을 때의 나이는 이복고보다 적었다. 판관 임곡은 보궐(補缺: 諫官의 업무를 관장함)이 되었다가 관직을 그만두고 시골로 돌아갔으니, 이로써 고위 관직에는 오르지 못한 셈이다. 낭중 최추언은 오흥군수(吳興郡守)를 지냈고 낭중 이정범은 구강군수(九江郡守)를 지냈는데, 두 사람은 모두 남궁(南宮: 禮部) 출신으로 이름난 군수가 되었으니 이것은 바로 녹봉에 차이가 있을 것이라는 말이었다. 오직 상서 양손은 30년 동안 급사중(給事中)을 두 번 지내고 경조윤(京兆尹)을 재임(再任)했으며 삼봉(三峯: 華州)을 방어하고 청주절도사(靑州節度使)를 지냈다. 양손은 이순(耳順)을 넘게 살면서 국가를 수호하는 관직을 두루 역임했으니, 절동에서 같이 막료로 있었던 여러 사람들의 복록과 수명이 모두 그만 못했던 것이다. [이상의 일들이] 모두 누천보와 여원방[원문에는 '李'로 되어 있으나 『雲溪友議』에 의거하여 '呂'로 고쳐서 번역함] 두 사람이 말한 대로 된 셈이다.

급사중 두승(杜勝)이 항주(杭州)에 있을 때 누천보에게 물었다.

"내가 재상이 되는 일은 어떻게 되겠소?"

누천보가 대답했다.

"만약 점을 쳐서 진괘(震卦)를 얻으면 [재상이 되리라는] 소문만 있고 실질은 없을 것입니다. 그대가 재상이 되려고 할 때 혹시 배후에서 누군가에게 참소를 당해 대진(大鎭: 강대한 藩鎭을 이끌게 된다면[즉 변방으로 폄적된다는 의미임] 분명 근심으로 병이 생길 것이니, 제사를 지내 액운을 물리쳐야 합니다."

후에 두공(杜公: 杜勝)은 탁지시랑(度支侍郎)이 되자 높은 자리[재상의 자리를 말함]에 오르리라는 희망을 가지고서 황제의 조서(詔書)가 내려지기만을 기다리고 있었다. 부(府)의 관리가 이미 두공의 집으로 파견되어 와서 집을 새로 짓고 사제(沙堤: 재상의 수레가 통행하도록 모래로 깔아놓은 큰 길)를 깔려고 하는데, 갑자기 동문표기(東門驃騎: 驃騎는 驃騎將軍과 驃騎大將軍의 간칭임)가 두공의 작은 결점을 상주했다. 그러자 황제는 시랑 장신(蔣伸)을 재상으로 임명했다. 두공은 [변방으로 나가] 천평(天平)을 진수하게 되자 근심걱정하며 떠나갔다. 그는 실망하여 탄식하며 말했다.

"금화(金華)의 누산인(婁山人: 婁千寶)의 말이 과연 들어맞았구나!"

두공은 누천보와 여원방을 불러오고자 하면서 또 이렇게 말했다.

"누천보와 여원방 두 술사는 외로이 떠가는 구름이나 들판의 학과 같아서 어느 곳에 머물러 있는지 모르겠구나!"

두상서(杜尙書: 杜勝)는 얼마 지나지 않아 운주(鄆州)에서 세상을 떠났다.

소첨(少詹) 종리유(鍾離侑)는 왕년에 동월(東越)에서 한거(閒居)하다가 누천보와 여원방의 기이한 술법을 보게 되었다. 그는 매번 두 술사에게 [자신의 운명에 대해 말해주길] 청했지만 끝내 듣지 못했다. (『운계우의』)

浙東李褒聞娶女壻千寶・呂元芳二人有異術, 發使召之. 旣到, 李公便令止從事廳, 從事問曰: "府主八座, 更作何官?" 元芳對曰: "適見尙書, 但前浙東觀察使, 恐無別拜." 千寶所述亦爾. 從事默然罷問. 及再見李公, 公曰: "僕他日何如?" 二術士曰: "稽山竦翠, 湖柳垂陰, 尙書畫鷁百艘, 正堪遊觀. 昔人所謂人生一世, 若輕塵之著草, 何論異日之榮悴? 榮悴定分, 莫敢面陳." 因問幕下諸公. 元芳曰: "崔副使豹言, 李推官正範, 器度相似. 但作省郞, 止于郡守. 團練李判官服古, 自此大醉不過數場, 何論官矣? 觀察判官任穀, 止於小諫, 不換朱衣. 楊損支使評事, 雖骨體淸瘦, 幕中諸賓, 福・壽皆不如. 盧判官繡, 雖卽狀貌光澤, 若比團練李判官, 在世日月稍久, 壽亦不如. 副使與楊・李三人, 祿秩區分矣." 二術士所言, 咸未之信, 默以證焉. 是後李服古不過五日而逝, 誠大醉不過數場也. 李尙書及諸從事, 驗其所說, 敬之如神.

時羅郞中紹權赴任明州, 竇弘餘少卿(常之子也)赴台州. 李公於席上, 問: "台・明二使君如何?" 婿千寶曰: "竇使君必當再醉望海亭, 羅使君此去, 便應求道四明山, 不遊塵世矣." 後竇少卿罷郡, 再之府庭, 是重醉也. 羅郎中沒於海島, 故以學道爲名, 知其不還也.

李尙書歸義興, 未幾物故, 是無他拜. 盧繻巡官校理, 明年逝於宛陵使幕, 比李服古, 官稍久矣, 爲少年也. 任轂判官纔爲補闕, 休官歸圃田, 是不至朱紫也. 崔芻言郎中止於吳興郡, 李範郎中止於九江, 二公皆自南宮出爲名郡, 是乃祿秩相參. 獨楊損尙書三十年來, 兩爲給事, 再任京尹, 防禦三峯, 青州節度使. 年逾耳順, 官歷藩垣, 浙東同院諸公, 福・壽悉不如也. 皆依婁・李二生所說焉.

杜勝給事在杭州之日, 問千寶: "己爲宰相之事何如?" 曰: "如筮得震卦, 有聲而無形也. 當此之時, 或陰人所譖也, 若領大鎭, 必憂悒成疾, 可以修禳之." 後杜公爲度支侍郎, 有直上之望, 草麻待宣. 府吏已上於杜公門搆板屋, 將布沙堤, 忽有東門驃騎, 奏以小疵. 而承旨以蔣伸侍郎拜相. 杜出鎭天平, 憂悒不樂去. 其失望也, 乃歎曰: "金華婁山人之言果應矣!" 欲令招千寶・元芳, 又曰: "婁・呂二生, 孤雲野鶴, 不知棲宿何處!" 杜尙書尋亦終于鄆州.

鍾離侑少詹, 昔歲閒居東越, 覩斯異術. 每求之二生, 不可得也. (出『雲溪友議』)

223・10(2612)
정 중(丁 重)

처사(處士) 정중은 사람의 관상을 잘 봤다. 부마(駙馬) 우종(于悰)이 염철사(鹽鐵使)의 직분을 맡고 있을 때 그가 재상이 될 것이라는 소문이 자자했다. 그 당시에 노암(路巖)이 정권을 잡고 있었는데 그는 우종과 사이가 좋지 않았다. 하루는 정중이 신창(新昌)에 있는 노암의 사택에 왔다가 마침 그곳에 온 우공(于公: 于悰)과 마주치게 되었다. 노암이 [몰래 정중에게 우공에 대해] 물었다.

"저와 우공은 친구이니, 그가 결국 재상이 될 것인지 아닌지를 처사께서 발 뒤에서 자세히 좀 봐주십시오."

노암은 음식을 차려내고서 한동안 우공과 함께 머물러 있었다. 우공이 떠나자 노암이 정중에게 물었다.

"보아하니 어떻습니까?"

정중이 말했다.

"재상이 될 것이 분명한데 그것도 한 달 안쪽일 것입니다."

그러자 노암이 웃으면서 말했다.

"제 생각에는 그가 귀척(貴戚)이긴 하지만 재차 염철사가 될 뿐이라고 여겨집니다."

정중이 말했다.

"그렇지 않습니다. 여쭙건대 지금 우공이 황제께 받는 은택이 선종(宣宗) 황제 때의 정도위(鄭都尉: 鄭顥)가 받았던 은택과 비교해볼 때 어떠합니까?"

노암이 말했다.

"또 어찌 그 둘을 비교할 수 있겠습니까?"

정중이 말했다.

"정도위는 선종께 오랫동안 주목을 받았지만 결국엔 재상이 되지 못했습니다. 그러니 어찌 사람의 일을 짐작할 수 있겠습니까? 저는 지금껏 우시랑(于侍郞: 于悰)을 잘 알지 못했지만 오늘 그를 만나 살펴보니 기골이 장대한 것이 정말로 귀인(貴人)이었습니다. 게다가 풍모가 빼어나고 단정하며 예절을 알고 겸손했습니다. 백 곡(斛: 1곡은 10말에 해당함)을 담을 수 있는 보기(寶器)에 담을 수 있는 분량이 아직 절반이 비어 있는 것과 같으니 어찌 우공에게 녹위(祿位)가 더해지지 않겠습니까? 만약 한 달이 지나도록 그가 조정에서 막중한 임무를 맡지 않게 된다면 저는 앞으로 다시는 그대의 집안에 발을 들여놓지 않겠습니다."

노암이 말했다.

"처사의 말씀은 지나치십니다."

그 후 열흘이 지나자 우공은 과연 태현(台鉉: 재상)의 지위에 올랐다. 노암은 매번 조정의 현인들을 만날 때마다 정중을 크게 칭찬했다. 이로부터 정중의 명성이 도성(都城)에 자자해져서 수레와 말을 타고 정중의 집을 찾는 이들이 매우 많았는데, 정중이 하는 말은 모두 영험했다. 정중은 후에 종남산(終南山)에서 살았는데 호사가들은 여전히 그의 처소를 찾아갔다. (『극담록』)

處士丁重善相人. 駙馬于悰方判鹽鐵, 頻有宰弼之耗. 時路巖秉鈞持權, 與之不協. 一旦重至新昌私第, 値于公適至. 路曰: "某與之賓朋(明鈔本'賓朋'作'從容'), 處士垂箔細看, 此人終作宰相否." 備陳飮饌, 留連數刻. 旣去, 問之曰: "所見何如?" 重曰: "入相必矣, 兼在旬月之內." 巖笑曰: "見是貴戚, 復做鹽鐵使耳." 重曰: "不然. 請問于之恩澤, 何如宣宗朝鄭都尉?" 巖曰: "又安可比乎?" 重曰: "鄭爲宣宗注意者久, 而竟不爲相. 豈將人事可以斟酌? 某比不熟識于侍郞, 今日見之, 觀其骨狀, 眞爲貴人. 其次風儀秀整, 禮貌謙抑. 如百斛重器, 所貯尙空其半, 安使不益於祿位哉? 苟踰月不居廊廟, 某無復更至門下." 巖曰: "處士之言,可謂遠矣." 其後浹旬, 于果登台鉉. 嚴每見朝賢, 大爲稱賞. 由茲聲動京邑, 車馬造門甚衆, 凡有所說, 其言皆驗. 後居終南山中, 好事者亦至其所. (出『劇談錄』)

223 · 11(2613)
하후생(夏侯生)

 광남(廣南) 출신의 복야(僕射) 유숭귀(劉崇龜)는 태보(台輔: 재상)가 되고자 하는 바람을 늘 가지고 있었는데, 진수(鎭守)의 직무를 끝내면 곧바로 높은 자리에 오를 것이라고 굳게 믿고 있었다. 나부(羅浮)의 처사(處士) 하후생은 도술을 지니고 있었는데, 유숭귀가 그를 중시하여 그에게 장래의 일을 물어보았다. 하후생이 말하길 유숭귀는 재상이 되지 못하며 출발해서 3천 리를 갔을 때 뜻밖의 변고가 있을 것이라고 했다. 유숭귀는 도성(都城)으로 돌아가다가 중도에 병에 걸려서 세상을 떠났다. 유산보(劉山甫) 역시 하후생의 말을 듣고 5년 동안의 자신의 행보를 알게 되었는데, [과연 하후생의 말대로] 들어맞지 않는 일이 없었다. 대개 사람이 먹고사는 데에는 각자의 정해진 몫이 있는 것이다. (『북몽쇄언』)

 廣南劉僕射崇龜常有台輔之望, 必謂罷鎭, 便期直上. 羅浮處士夏侯生有道, 崇龜重之, 因問將來之事. 夏生言其不入相, 發後三千里, 有不測之事. 泊歸闕, 至中路, 得疾而終. 劉山甫亦蒙夏生言, 示五年行止, 事無不驗. 蓋飮啄之有分也. (出『北夢瑣言』)

223 · 12(2614)
설소윤(薛少尹)

형남절도판관(荊南節度判官) 사공동(司空董)(宋 歐陽修의 『五代史』「南平王世家」에는 '董'이 '薰'으로 되어 있다)과 활대(滑臺) 출신의 상시(常侍) 두도(杜慆)의 아들인 경조윤(京兆尹) 두무은(杜無隱)과 촉(蜀) 지방의 양진(梁震)은 모두 진사(進士)라고 칭했는데, 그들은 중서령(中書令) 성(成) 아무개를 알현하여 자신이 천거되기를 바랬다. 그 당시 설소윤이라는 사람이 촉 지방에서 저궁(渚宮: 江陵)까지 흘러 들어왔는데, 세 명의 현사(賢士: 司空董·杜無隱·梁震을 말함)가 늘 그를 찾아갔다. 하루는 설아(薛亞: 薛少尹)가 사공동에게 이렇게 말했다.

"어르신과 경조윤께서는 이름을 날리고자 하지 마십시오. 분명 성사되지 않을 것이며 두무은 대감께서는 오래 살지도 못할 것입니다. 오직 대현(大賢: 聖人 다음 가는 智德이 아주 높은 사람)만이 다른 사람에게 초징되어 고위관직에까지 이를 수 있는 것입니다. 양수재(梁秀才: 梁震)는 이번 과거에 반드시 뽑히겠지만, 급제한 이후에는 한번도 어명을 받지 못할 것입니다."

후에 모든 것이 그의 말대로 되었다. 양공(梁公: 梁震)은 생각을 접고 촉 땅으로 돌아가다가 다시 저궁에 이르게 되었는데, 강로(江路)가 막혀서 서쪽으로 가지 못하게 되었다. 이때 회군(淮軍)이 강릉(江陵)을 침범했고, 발해왕(渤海王: 五代 後梁의 高季興)은 양진을 관아로 불러서 그로 하여금 격문(檄文)의 초안을 작성하게 했다. 발해왕은 양진을 자신의 막부로 초징하고자 했지만 그는 벼슬하지 않겠다는 뜻을 완강히 했고,

발해왕은 [그의 뜻을] 존중하여 그렇게 하도록 허락했다. 양진은 발해왕에게 24년 동안 기탁해 있으면서 끝내 포의(布衣)의 신분으로 있었으니, 설소윤의 말이 과연 영험했다. (『북몽쇄언』)

荊南節度判司空董(宋歐陽修『五代史』「南平王世家」'董'作'薰', 下同), 與京兆杜無隱, 卽滑臺杜慆常侍之子, 洎蜀人梁震, 俱稱進士, 謁成中令, 欲希薦送. 有薛少尹者, 自蜀沿流至渚宮, 三賢常訪之. 一日, 薛亞謂董曰: "閣下與京兆, 勿議求名. 必無所遂, 杜亦不壽. 唯大賢忽爲人縶維, 官至朱紫. 如梁秀才者此擧必捷, 然登第後, 一命不沾也." 後皆如其言. 梁公却思歸蜀, 重到渚宮, 江路梗紛, 未及西泝. 淮師寇江陵, 渤海王邀致府衙, 俾草檄書. 欲辟於府幕, 堅以不仕爲志, 渤海敬諾之. 二紀依棲, 竟麻衣也, 薛尹之言果驗矣. (出『北夢瑣言』)

223 · 13(2615)
주현표(周玄豹)

후당(後唐)의 주현표는 연(燕) 지역 사람이다. 주현표는 젊어서 중이 되었는데, 그의 스승은 사람을 식별하는 안목이 있었다. 주현표가 10년 동안 스승을 따라다니면서 고생을 두려워하지 않자 스승이 그에게 비법을 전수해주었고, 주현표는 환속하여 고향으로 돌아갔다. 도사(道士) 노정(盧程)은 뜻을 같이하는 사람 세 명과 함께 주현표를 뵈러 갔다. 주현표는 [노정을 제외한 두 사람이] 물러가자 사람들에게 이렇게 말했다.
"방금 왔던 두 사람은 내년 꽃이 필 때면 모두 고인이 될 것이고, 오직 저 도사[盧程]만이 훗날에 아주 귀하게 될 것이오."

다음 해에 두 사람은 과연 죽었고 노정은 등용되었다. 후에 노정은 진양(晉陽)으로 돌아갔다.

한번은 장승업(張承業)이 명종(明宗: 李嗣源)으로 하여금 옷을 갈아입고 여러 장교들 끝에 서 있으라고 하면서 다른 사람을 세워놓고 주현표에게 관상을 보게 했다. 주현표가 그 사람을 보고 말했다.

"이 사람은 아닙니다."

주현표는 끝 쪽에 있던 명종을 가리키며 말했다.

"골격이 남다른데, 이 분은 내아(內衙)의 태보(太保)이십니까?"

어떤 사람이 명종의 전도(前途)를 묻자 주현표는 오직 이렇게만 말했다.

"이후에 진수(鎭帥)가 될 것입니다."

명종의 하황후(夏皇后)가 막 명종을 모시게 되었을 때, 언젠가 명종의 뜻을 거슬러서 큰 죄를 지어 매를 맞게 되었다. 이때 주현표가 이렇게 말했다.

"이 사람은 번후(藩侯: 諸侯) 부인의 지위를 타고났으니 분명 귀한 아들을 낳을 것입니다."

그 말은 과연 들어맞았다. 주현표가 길흉에 대해 말하면 신묘하게 들어맞지 않는 것이 없었는데, 그런 일들이 많아서 다 싣지는 않겠다. 명종은 진수로 있다가 대궐로 들어와[왕이 되었음을 말함] 측근 신하에게 이렇게 말했다.

"주현표가 옛날에 짐의 일에 대해 말한 적이 있는데 아주 영험하니, 북경(北京) 진(津)에 조서를 내려서 그를 대궐로 불러오도록 해야겠소."

그러자 조봉(趙鳳)이 말했다.

"원천강(袁天綱)과 허장비(許藏秘)의 일은 주현표도 능하니 만약 불러서 폐하의 곁에 두신다면 [조정의 신하들이] 앞다퉈 길흉을 묻게 될 것입니다. 요망함을 가까이해서 미혹될까 두렵사오니 [곁에 두지는 마시고] 황금과 비단을 하사하는 것이 합당하옵니다."

주현표는 관직이 광록경(光祿卿)에 이르렀고 80세가 되어서 세상을 떠났다. (『북몽쇄언』)

後唐周玄豹, 燕人. 少爲僧, 其師有知人之鑒. 從遊十年, 不憚辛苦, 遂傳其祕, 還鄕歸俗. 盧程爲道士, 與同志三人謁之. 玄豹退謂人曰: "適二君子, 明年花發, 俱爲故人, 唯彼道士, 他年甚貴." 來歲, 二人果卒, 盧果登庸. 後歸晉陽.

張承業俾明宗易服, 列於諸校之下, 以他人請之. 曰: "此非也." 玄豹指明宗於末綴曰: "骨法非常, 此爲內衙太保乎?" 或問前程, 唯云: "末後爲鎭帥." 明宗夏皇后方事中櫛, 有時忤旨, 大犯檟楚. 玄豹曰: "此人有藩侯夫人之位, 當生貴子." 其言果驗. 凡言吉凶, 莫不神中, 事多不載. 明宗自鎭帥入, 謂侍臣曰: "周玄豹昔曾言朕事, 頗有徵, 可詔北京津置赴闕." 趙鳳曰: "袁·許之事, 玄豹所長, 若詔至輦下, 卽爭問吉凶. 恐近妖惑, 乃合就賜金帛." 官至光祿卿, 年至八十而終. (出『北夢瑣言』)

정 손(程 遜)

진(晉: 五代의 後晉)나라의 태상경(太常卿) 정손은 발바닥에 거북 문양이 있었는데 일찍이 관상쟁이를 불러다 그것을 보여주었다. 관상쟁이가 말했다.

"그대는 끝내 물에 빠지는 재액을 당하겠소."

후에 정손은 절우(浙右: 浙西)에 사신으로 갔다가 결국 바닷고기의 뱃속에 장사지내졌다. 한번은 [어떤 사람이] 「이고전(李固傳)」을 보고 이렇게 말했다.

"이고의 발에도 거북 문양이 있었지만 지위가 삼공(三公)에 이르렀고 끝내 물로 인한 재해를 입지 않았으니, 같은 일이지만 결과는 달랐다."

(『옥당한화』)

晉太常卿程遜足下有龜文, 嘗招相者視之. 相者告曰: "君終有沈溺之厄." 其後使於浙右, 竟葬於海魚之腹. 常('常'字原闕, 據明鈔本補)謂「李固傳」云: "固足履龜紋, 而位至三公, 卒無水害, 同事而異應也." (出『玉堂閒話』)

태평광기 권제 224 상

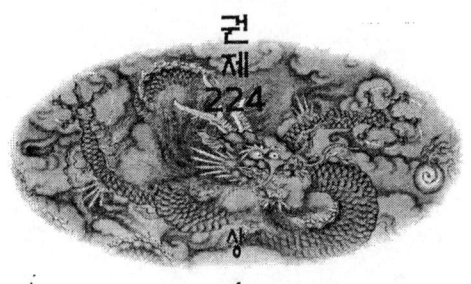

4

1. 왕정군(王正君)
2. 황 패(黃 霸)
3. 매퇴온(賣䭔媼)
4. 소씨녀(蘇氏女)
5. 무 후(武 后)
6. 이순풍(李淳風)
7. 양귀비(楊貴妃)
8. 강 교(姜 皎)
9. 상 곤(常 袞)
10. 유우석(劉禹錫)
11. 정 랑(鄭 朗)
12. 영호도문승(令狐綯門僧)
13. 승처홍(僧處弘)
14. 범씨니(範氏尼)
15. 임지량(任之良)
16. 은구하(殷九霞)
17. 상수판유도민(相手板庚道敏)
18. 이참군(李參軍)
19. 용복본(龍復本)

224·1(2617)
왕정군(王正君)(相婦人)

한(漢)나라 왕망(王莽)의 고모 왕정군이 시집가기로 결정이 되었는데, 때가 되어 떠나려 할 때 남편될 사람이 죽어버렸다. 이런 일이 또 한번 생겨나자 그녀를 조왕(趙王)에게 바치기로 했으나, 그녀를 데려오기도 전에 또 조왕이 죽어버렸다. 후에 왕정군의 아버지 왕치군(王穉君)과 잘 아는 사이인 점쟁이가 왕정군의 관상을 보더니 이렇게 말했다.

"귀하게 됨이 국모에 이르겠소."

당시는 선제(宣帝)가 황제로 있을 때였고, 원제(元帝)는 태자의 자리에 있었다. 왕치군은 위군위(魏郡尉)를 통해 왕정군을 태자에게 상납했는데, 태자가 그녀를 총애해 아들을 낳았다. 선제가 붕어하자 태자[즉 원제]는 왕정군을 황후로 삼았고, [왕정군의 아들을] 태자로 올렸다. 원제가 붕어하자 태자가 황제의 자리에 올랐으니, 이가 바로 성제(成帝)이다. 왕정군은 황태후가 되었으니, 결국은 국모가 된 것이었다. (『논형』)

漢王莽姑正君許嫁, 至期當行時, 夫輒死. 如此者再, 乃獻之趙王, 未取又薨. 後又與正君父穉君善者過相正君曰: "貴爲天下母." 是時宣帝世, 元帝爲太子. 穉君乃因魏郡尉納之太子, 太子幸之, 生子. 宣帝崩, 太子立正君爲皇后, 上爲太子. 元帝崩, 太子立, 是爲成帝. 正君爲皇太后, 竟爲天下母. (出『論衡』)

황 패(黃 霸)

황패가 양하(陽夏)의 유요(游徼: 한 지방의 순찰을 담당하던 관직)로 있을 때, 관상을 잘 보는 이와 함께 마차를 타고 가다가 17~18세 가량 되어 보이는 한 여인을 보았는데, 관상쟁이가 그녀를 가리키며 이렇게 말했다.

"이 여인은 분명 큰 부자가 될 것이며, 봉후(封侯)의 부인이 될 것입니다."

공(公: 黃霸)은 마차를 세우고 그 여인을 자세히 뜯어보았다. 관상쟁이가 말했다.

"만약에 이 여인이 부귀해지지 않는다면, 점 보는 책이 무용지물인 셈입니다."

차공(次公: 黃霸의 字)이 물어보니, 이 여인은 이웃 마을 무당 집 여식이었다. 공은 즉시 그녀를 맞이해 아내로 삼았는데, 훗날 차공은 과연 부귀해져 지위가 승상에 이르렀으며, 열후(列侯)로 봉해졌다. (『논형』)

黃霸爲陽夏游徼, 與善相者同車俱行, 見一婦人年十七八, 相者指之曰: "此婦人當大富, 爲封侯者夫人." 公止車, 審視之 相者曰: "今此婦人不富貴, 卜書不用也." 次公問之, 乃其傍里人巫家子也. 卽娶爲妻, 其後次公果大富貴, 位至丞相, 封爲列侯. (出『論衡』)

224・3(2619)
매퇴온(賣䭔媼)

　당(唐)나라 마주(馬周)는 자(字)가 빈왕(賓王)이다. 그는 어려서 고아가 되었고 집안도 가난했으나 『시경(詩經)』와 『좌전(左傳)』에 밝았다. 그러나 처지가 매우 불우해 제대로 된 가업도 없었던 터라 마을 사람들에게 중시 받지 못했다. 그가 박주(博州)의 조교(助敎)로 임명된 후에 매일 술을 마셔대자 자사(刺史) 달해(達奚)는 화를 내며 거듭 책망하고 꾸짖었다. 이에 마주는 분연히 떨치고 일어나 남쪽으로 조주(曹州)와 변주(汴州)의 경계지방까지 갔다. 그러나 술을 마신 뒤에 준의령(浚儀令) 최현(崔賢)의 뜻을 거스르는 바람에 또다시 욕을 먹고 이번엔 서쪽 신풍(新豊)으로 갔다. 여관에 머무는데, 주인이 다른 여러 상인들만을 위해 상을 차려 낼 뿐 마주는 거들떠보지도 않았다. 마주는 술 한 말을 가져오라고 시켜 자작하다가 남은 술로는 신을 벗고 발을 씻었다. 주인은 속으로 기이한 사람이라 생각했다. 도성에 도착한 뒤 찐 떡 파는 여자의 가게에 머물렀는데, 며칠 있다가 자신이 기거할 집을 찾아봐 달라며 그 여자에게 부탁했다. 이 여주인은 그를 데리고 중랑장(中郞將) 상하(常何)의 집으로 갔다. 이 여주인이 처음에 찐 떡을 팔 때, 이순풍(李淳風)・원천강(袁天綱) 등은 그녀를 보고는 이상하게 생각하며 서로 이렇게 소곤거렸다.

　"이 부인은 크게 귀히 될 상인데, 왜 이런 데 있을까요?"

　마공(馬公: 馬周)은 얼마 후 그녀를 아내로 맞아들였다.

　그로부터 얼마 후, 태종은 조서를 내려 문・무 5품 이상 관리들은 모두 봉사(封事: 신하가 천자에게 施政에 관련된 사항을 적어 올리는 奏疏의 일종)를 써서 올리게 했다. 마주는 시정편의(施政便宜) 20조(條)를 적어 상하를 보내 천자에게 올렸는데, 거리에 북을 설치할 것, 문·무 관리들은 적색·자색·푸른색·녹색 등 자신의 관직에 맞는 빛깔의 옷을 입고 성문 좌우로 나눠 출입할 것 등, 상소한 일들이 거의 태종의 뜻에 들어맞았다. 태종은 기이하게 여기고 상하의 의견을 물었다. 그러자 상하가 대답했다.

"이건 신의 가객(家客)인 마주라는 자가 쓴 것입니다."

태종은 그를 불러들여 함께 얘기를 나눠본 뒤 문하성(門下省)에서 일하도록 명했다. 또 방현령(房玄齡)으로 하여금 마주의 경(經)과 책(策)을 시험하게 한 후 유림랑(儒林郞)에 제수하고 감찰어사(監察御使)의 일을 맡겼다. 또 상하에게는 훌륭한 인재를 천거했다 하여 비단 100필을 하사했다. 후에 마주는 급사중(給事中)과 중서사인(中書舍人)으로 전임되었는데, 기지와 언변이 뛰어났고 주소(奏疏)도 잘 썼으며 사리 판단능력도 잘 갖추고 있었으므로 행동해 옮김에 있어 목적을 달성하지 못하는 바가 없었다. 잠문본(岑文本)은 마주를 보고 나서 이렇게 말했다.

"내 마군(馬君: 馬周)을 보아하니, 사람으로 하여금 피곤을 잊게 하는 상(相)이기는 하나 어깨가 독수리처럼 솟았고 얼굴빛이 붉으니 [이런 상은 유감이지만] 위로 치고 올라가기는 빠르나 오래 머물러 있을 수가 없을 것입니다."

몇 년 내에 마주는 관직이 재상까지 올랐고, 그 떡집 여주인은 재상부인이 되었다. 후에 마주는 이부상서(吏部尙書)가 되었는데, 소갈병(消渴病)에 걸려 몇 년이 지나도 낫지 않다가 48세 되던 해에 죽었다. 죽은 후에 그는 우복야(右僕射)・고당공(高唐公)으로 추증되었다. (『정명록』)

  唐馬周字賓王. 少孤貧, 明『詩』・『傳』. 落魄不事産業, 不爲州里所重. 補博州助敎, 日飮酒, 刺史達奚怒, 屢加笞責. 周乃拂衣南遊曹・汴之境. 因酒後忤浚儀令崔賢, 又遇責辱, 西至新豊. 宿旅次, 主人唯供設諸商販人, 而不顧周. 周遂命酒一斗豆, 獨酌, 所飮餘者, 便脫靴洗足. 主人竊奇之. 因至京, 停於賣餺媼肆, 數日, 祈覓一舘客處. 媼乃引致於中郞將常何之家. 媼之初賣餺也, 李淳風・袁天綱嘗遇而異之, 皆竊云: "此婦人大貴, 何以在此." 馬公尋娶爲妻.

  後有詔, 文武五品官已上, 各上封事. 周陳便宜二十條事, 遣何奏之, 乃請置街鼓, 乃文武官緋・紫・碧・綠等服色, 幷城門左右出入, 事皆合旨. 太宗怪而問何所見. 何對曰: "乃臣家客馬周所爲也." 召見與語, 命直門下省. 仍令房玄齡試經及策, 拜儒林郞, 守監察御史. 以常何擧得其人, 賜帛百匹. 周後轉給事中・中書舍人, 有機辯, 能敷奏, 深識事端, 動無不中. 岑文本見之曰: "吾見馬君, 令人忘倦, 然鳶肩火色, 騰上必速, 但恐不能久耳." 數年內, 官至宰相, 其媼亦爲婦人. 後爲吏部尙書, 病消渴, 彌年不瘳, 年四十八而卒. 追贈右僕射・高唐公. (出『定命錄』)

224・4(2620)
소씨녀(蘇氏女)

  소(蘇) 아무개는 신도(信都)에 사는 부자인데 딸이 열이나 있어 사윗감을 고르려던 참이었다. 장문성(張文成)이 찾아오자, 소 아무개는 이렇게 말했다.

"이 사람은 비록 재능은 있으나 부귀해지기는 어렵다. 운이 좋아 5품 벼슬을 얻게 되면 곧 죽어버릴 것이다."

위지고(魏知古)는 그 당시 이미 급제한 상태였으나 아직 관직은 받지 못하고 있었다. 소아무개가 말했다.

"이 사람은 비록 생긴 게 까맣고 왜소하지만, 필히 부귀해질 것이다."

이렇게 말하고는 장녀를 그에게 시집보냈다. 그 딸은 머리카락이 7척이나 되었는데 검고 빛나는 것이 마치 칠흑 같았고, 여러 여동생들은 모두 그녀에 못 미쳤다. 한 관상쟁이가 그녀를 보고 이렇게 말했다.

"이 여자는 부유하게 될 상(相)이니 묵은 밥은 절대 먹지 않겠습니다."

여러 여동생들이 위지고를 비웃으며 말했다.

"가난뱅이여서 쌀이 생기자마자 끓여먹기 바쁘니 묵은 밥이 생길 리가 없지."

그 후 위지고는 재상이 되었고, 매끼 식사마다 한 가지 이상의 음식은 모두 관가에서 제공한 것이었다.(『정명록』)

蘇某, 信都富人, 有女十人, 爲擇良壻. 張文成往見焉, 蘇曰: "此雖有才, 不能富貴. 幸得五品, 卽當死矣." 魏知古時已及第, 然未有官. 蘇云: "此雖形質黑小, 然必當貴." 遂以長女嫁之. 其女髮長七尺, 黑光如漆, 諸妹皆不及. 有相者云: "此女富, 不噉宿食." 諸妹笑知古曰: "只是貧漢得米旋煮, 故無宿飯." 其後魏爲宰相, 每食, 一物已上官供. (出『定命錄』)

224 · 5(2621)
무 후(武 后)

무사확(武士彠)이 이주도독(利州都督)으로 있을 때의 일이다. 천자는 원천강(袁天綱)을 도성으로 불러들였다. 원천강이 이주를 지날 때 무사확이 그를 불러 자신의 처 양씨(楊氏)의 관상을 보게 했더니 원천강이 말했다.

"부인의 골상(骨相)이 평범치 않으니 필히 귀한 자식을 두셨을 것입니다."

무사확이 아들들을 불러 모아 무원경(武元慶)·무원상(武元爽)의 관상을 보게 하자 원천강이 말했다.

"자사(刺史)에는 이를 수 있겠으나 말년에 좀 고생하시겠습니다."

한국부인(韓國夫人)을 보고는 이렇게 말했다.

"이 여자 분은 필히 귀해지겠으나 남편에게 이롭지 않습니다."

무후(武后)는 이때 남자 옷을 입고 유모의 품에 안겨있었는데, 원천강이 보고는 크게 놀라며 말했다.

"이 도련님은 기품과 풍채가 너무 심오하고 맑아 알아보기가 쉽지 않군요."

이에 무후를 침상 위에 내려놓게 한 후 다시 보게 하니, 원천강이 크게 놀라하며 말했다.

"이마가 툭 튀어나온 것이 용안(龍顔)이고 용의 눈과 봉황의 목을 갖추었으니, 이는 바로 복희(伏犧)의 상입니다. 귀인 중에서도 최고이십니다."

다시 아기를 돌려 옆모습을 보더니 또 한번 놀라며 말했다.

"만일 딸이었다면 응당 나라의 주인이 되셨을 겁니다."

(『담빈록』)

武士彠之爲利州都督也. 敕召袁天綱詣京師. 途經利州, 士彠使相其妻楊氏, 天綱曰: "夫人骨法非常, 必生貴子." 遍召其子, 令相元慶·元爽, 曰: "可至刺史, 終亦屯否." 見韓國夫人, 曰: "此女夫貴, 然不利其夫." 武后時衣男子之服, 乳母抱於懷中, 天綱大驚曰: "此郎君男子, 神彩奧澈, 不易知." 遂令后試行牀下, 天綱大驚曰: "日角龍顔, 龍睛鳳頸, 伏犧之相. 貴人之極也." 更轉側視之, 又驚曰: "若是女, 當爲天下主也." (出『譚賓錄』)

224 · 6(2622)
이순풍(李淳風)

칙천무후(則天武后)가 궁에 들어왔을 때, 이순풍이 상소를 올려 말했다.

"후궁 중에 천자의 기(氣)를 갖춘 자가 있습니다."

태종은 궁인들을 불러들여 살펴보게 했다. 백 명씩 한 줄로 세운 후, 이순풍에게 묻자 이순풍이 대답했다.

"어느 줄 안에 있습니다."

태종이 그 줄를 다시 둘로 나누자 이순풍이 말했다.

"어느 줄 안에 있으니 폐하께서 직접 고르시지요."

태종은 [그 후궁이 어느 줄 안에 있는지] 알 길이 없자 다 죽여버리려

했다. 그러자 이순풍이 간언하며 말했다.

"안됩니다. 폐하께서 만약 그 후궁을 살려두신다면, 황위는 비록 잠시 빼앗길지 모르나 사직은 이어나갈 수 있습니다. 폐하께서 지금 죽이신다면 그녀는 다음 생에 남자로 태어날 것이 분명하니, 그렇게 되면 황족을 남김없이 죽여 없앨 것입니다."

이 말을 듣고 태종은 비로소 죽이려던 생각을 접었다. (『정명록』)

武后之召入宮, 李淳風奏云: "後宮有天子氣." 太宗召宮人閱之. 令百人爲一隊. 問淳風. 淳風云: "在某隊中." 太宗又分爲二隊. 淳風云: "在某隊中, 請陛下自揀擇." 太宗不識, 欲盡殺之. 淳風諫: "不可. 陛下若留, 雖皇祚蹔缺, 而社稷延長. 陛下若殺之, 當變爲男子, 卽損滅皇族無遺矣." 太宗遂止. (出『定命錄』)

224 · 7(2623)
양귀비(楊貴妃)

귀비(貴妃) 양씨(楊氏)가 촉(蜀)에 있을 때 장씨(張氏) 성을 가진 점쟁이가 그녀를 보고는 이렇게 말했다.

"크게 부귀해질 상인데, 어찌 이런 곳에 계십니까?"

옆에서 혹자가 물었다.

"3품 부인이 될 수 있겠습니까?"

장 아무개가 말했다.

"아닙니다."

"1품은요?"

장 아무개가 또 말했다.

"아닙니다."

"그렇다면 황후가 된단 말씀입니까?"

장 아무개가 대답했다.

"그것도 아닙니다. 하지만 귀하심과 성대하심이 황후와 진배없습니다."

양국충(楊國忠)을 보고는 이렇게 말했다.

"공 역시 부귀한 자리에 올라 천하를 쥐고 흔드는 권세를 여러 해 누리겠습니다."

훗날 모두 그 말대로 되었다. (『정명록』)

貴妃楊氏之在蜀也, 有野人張見之云: "當大富貴, 何以在此?" 或問: "至三品夫人否?" 張云: "不是." "一品否?" 曰: "不是." "然則皇后耶?" 曰: "亦不是. 然貴盛與皇后同." 見楊國忠, 云: "公亦富貴位, 當秉天下權勢數年." 後皆如其說. (出『定命錄』)

224 · 8(2624)
강교(姜皎)(僧善相)

강교가 아직 높은 지위에 오르기 전의 일이다. 그는 사냥을 좋아했는데, 하루는 사냥을 마치고 돌아와 집 문으로 들어서다가 한 스님을 보았다. 강교가 말했다.

"도인께서 여기엔 무슨 일로 서 계십니까?"

스님이 말했다.

"밥을 구걸하기 위함이지요."

강공(姜公: 姜皎)은 고기와 음식을 가져오게 해 스님께 드렸다. 스님은 다 먹고서 떠났는데, [떠난 후에] 고기가 그대로 있었다. 강공이 사람을 보내 스님을 불러오게 하여 물어보았더니 스님이 말했다.

"공께서는 크게 부귀해지실 것입니다."

강공이 물었다.

"어떻게 부귀해질 수 있습니까?"

스님이 말했다.

"진인(眞人)을 만나면 부귀해집니다."

강공아 물었다.

"언제 진인을 만날 수 있습니까?"

스님은 눈을 들어 그를 보더니 말했다.

"오늘 바로 진인을 만날 수 있습니다."

강공의 팔뚝에 매 한 마리가 있었는데, 20만 냥이 나갔다. 강공은 스님과 함께 말을 타고 성밖으로 나갔다가 우연히 사냥 나온 천자[玄宗을 말함. 당시 玄宗은 아직 천자의 자리에 오르기 전이었으나, 후에 천자가 되었으므로 후대인들이 그냥 천자라 호칭한 것임]와 마주쳤는데, 당시 천자는 아직 임치왕(臨淄王)으로 있었다. 천자는 매를 보더니 [그 가치를] 알아보고는 이렇게 물었다.

"이게 당신의 매입니까?"

강공이 대답했다.

"그렇습니다."

이에 둘은 같이 어울려 사냥을 하게 되었는데, 잠깐 사이에 스님은 어디론가 사라졌다.

훗날 어떤 여자 무당이 강공의 집에 오자 강공이 물었다.

"오늘 누가 올지 좀 보시오."

여자 무당이 말했다.

"오늘 천자께서 오십니다."

강교가 웃으며 말했다.

"천자께서야 궁에 앉아계시지 왜 날 보러 오겠소?"

잠시 후 문을 두드리며 한 사람이 들어오면서 이렇게 말했다.

"삼랑(三郎)이 왔습니다."

강공이 나가보니 천자였다. 그 후 강공은 천자께 더욱 더 공경을 다했으며, 돈이나 말 등 천자가 필요로 하는 것은 아낌없이 준비해주었다. 훗날 천자가 노주부(潞州府)를 떠나게 되었을 때 백관들은 친히 나와 전송을 하는데, 오직 강공만이 보이질 않자 천자는 이상하게 생각했다. 그러나 위수(渭水) 북쪽에 이르렀을 때, 길가에 강공이 혼자 장막을 펼쳐 놓고 천자를 위해 성대한 전별연을 준비하고 있는 것이 보였다. 천자는 기쁜 마음으로 그와 헤어졌으며 그 후 두 사람은 군신의 연분으로 맺어졌다. 훗날 강교는 과연 부귀해졌다. (『정명록』)

姜皎之未貴也, 好弋獵, 獵還入門, 見僧. 姜曰: "何物道人在此?" 僧云: "乞飯." 姜公令取肉食與之. 僧食訖而去, 其肉並在. 姜公使人追問, 僧云: "公大富貴." 姜曰: "如何得富貴?" 僧曰: "見眞人卽富貴矣." 姜曰: "何時得見眞人?" 僧擧目看日: "今日卽見眞人." 姜手臂一鷂子, 直二十千. 與僧相隨騎馬出城. 偶逢上皇亦獵, 時爲臨淄王. 見鷂子識之曰: "此是某之鷂子否?" 姜云: "是". 因相隨獵, 俄而失僧所在.

後有女巫至, 姜問云: "汝且看今日有何人來." 女巫曰: "今日天子來." 姜笑曰: "天子在宮裡坐, 豈來看我耶?" 俄有叩門者云: "三郞來." 姜出見, 乃上皇. 自此倍加恭謹, 錢馬所須, 無敢惜者. 後上皇出潞府, 百官親舊盡送, 唯不見姜, 上皇怪之. 行至渭北, 於路側, 獨見姜公供帳, 盛相待. 上皇忻然與別, 便定君臣之分. 後姜果富貴. (出『定命錄』)

224·9(2625)
상 곤(常 袞)

상곤이 복건(福建)에 있을 때 한 스님이 있었는데, 그는 사람의 안색을 살펴 훗날을 점치는 데 매우 능해 앞일을 얘기함이 마치 신과 같았다. 상곤은 그 스님이 나이든 것을 안타까워하며 제자들에게 명해 그의 점술을 배우게 했다. 그러자 스님이 말했다.

"이 일은 [재주를] 타고나야지, 억지로 배운다고 전수될 수 있는 게 아닙니다. 제가 보아하니 당신의 주위에 가르칠만한 사람이 딱 한 명 있습니다."

스님이 모두를 불러 모아 그 중에서 소리(小吏) 황철(黃徹)을 고르자 상곤은 그에게 가서 배우라고 명했다. 스님은 암실 안에다 오색 빛의 비단을 사다리에 걸쳐둔 뒤, 황철에게 가서 가져오라고 했다. 그리고는 이렇게 말했다.

"세상 사람들은 자신들의 시력을 다 쓰지 못한다. 오래도록 보고 있노라면 열흘 후에는 희미하게 비단의 흰빛을 식별하게 되며, 반년이 지나면 비단의 오색빛이 명확하게 구별이 된다."

또 다음과 같이 명령하며 말했다.

"암실 중에서 오색의 비단을 보듯이 돌아가 대낮에 사람을 점치거라."

이에 그 비결을 전수해 주었으니 후대에 그보다 더 훌륭한 자가 나오질 않았다고 한다. 이길보(李吉甫)는 이렇게 말했다.

"황철의 점술은 원(袁: 袁天綱)·허(許: 許藏秘) 다음 간다."

(『전재』)

常袞之在福建也, 有僧某者善占色, 言事若神. 袞惜其僧老, 命弟子就其術. 僧云: "此事天性, 非可造次爲傳. 某嘗於君左右, 見一人可敎." 遍招, 得小吏黃徹焉, 袞命就學. 老僧遂於闇室中, 致五色綵於架, 令自取之. 曰: "世人皆用眼力不盡. 但熟看之, 旬日後, 依稀認其白者, 後半歲, 看五色, 卽洞然而得矣." 命之曰: "以若暗中之視五綵, 廻之白晝占人." 因傳其方訣, 且言後代當無加也. 李吉甫云: "黃徹之占, 袁·許之亞也." (出『傳載』)

224·10(2626)
유우석(劉禹錫)

태자빈객(太子賓客) 유우석이 둔전원외랑(屯田員外郞)으로 있을 때,

당시 정사(政事)에 약간의 변화가 생겨 조만간 출세할 것 같은 분위기가 있었다. 그는 한 스님의 점술이 매우 뛰어나다는 것을 알고 숙직서는 날 그를 성부(省府)로 초청했다. 유우석이 그에게 막 자신의 운명을 물으려던 참에 위수재(韋秀才)가 문 밖에 와있다는 전갈이 왔다. 공(公: 劉禹錫)은 어쩔 수 없이 그를 들게 해 만나면서 스님에게는 주렴 뒤에 앉아 있으라고 했다. 위수재가 문권을 올리자 공은 대략 한번 훑어보았을 뿐 별로 신경쓰는 것 같아 보이지 않았다. 위수재도 이를 눈치 채고 곧 자리를 떠났다. [위수재가 물러간 뒤] 공이 다시 스님과 얘기를 나누자 스님은 하는 수 없이 한참을 탄식하다가 이렇게 말했다.

"제가 하는 말들이 원외랑께는 필히 불쾌하게 여겨지실 것인데 어떻게 하시겠습니까?"

공이 말했다.

"그냥 말씀하십시오."

스님이 말했다.

"원외랑께서 다음 번에 옮겨가실 자리는 바로 지금 계신 부서의 정랑(正郞)입니다. 그러나 방금 들어왔던 위수재께서 [정권을 잡으신 후 더 나은 자리를] 안배해 주실 때까지 반드시 기다려야 합니다."

공은 크게 노했지만 스님을 정중히 돌려보냈다. 그 후 채 열흘도 안 돼 공은 폄관(貶官)되었다. 위수재는 바로 훗날의 재상 위처후(韋處厚)이다. 위수재는 이십여 년 간 중서성(中書省)에 머물렀으며 공을 둔전낭중(屯田郎中)으로 전임시켰다. (『유한고취』)

賓客劉禹錫爲屯田員外郞, 時事稍異, 旦夕有騰趠之勢. 知一僧術數極精, 寓直日, 邀之至省. 方欲問命, 報韋秀才在門. 公不得已且見, 令僧坐簾下. 韋秀才獻卷已, 略省之, 意氣殊曠. 韋覺之, 乃去. 却與僧語, 僧不得已, 吁嘆良久, 乃曰: "某欲言, 員外必不愜, 如何?" 公曰: "但言之." 僧曰: "員外後遷, 乃本行正郎也. 然須待適來韋秀才知印處置." 公大怒, 揖出之. 不旬日貶官. 韋秀才乃處厚相也. 後二十餘年, 在中書, 爲轉屯田郎中. (出『幽閑鼓吹』)

224·11(2627)
정 랑(鄭 朗)

상공(相公) 정랑이 처음 과거를 치를 때 사람의 안색을 잘 보는 스님 한명을 만났다. 그 스님이 말했다.

"낭군께서는 신하로서는 가장 높은 관직까지 이를 귀한 상을 가지셨지만 진사급제와는 연분이 없소. 만약 급제한다면 평생이 액운으로 막힐거요."

그 후 그가 장원급제를 하자 축하객이 문을 가득 메웠으나 이 스님만 오지 않았다. 정랑이 재시험에서 퇴출당하자 위로하는 사람이 매우 많았지만 이 스님만은 혼자 축하하며 이렇게 말했다.

"부귀가 그 안에 있습니다."

그 후 모든 일이 점 친 대로 되었다. (『척언』)

鄭朗相公初擧, 遇一僧善色. 謂曰: "郎君貴極人臣, 然無進士及第之分. 若及第, 則一生厄塞." 旣而狀元及第, 賀客盈門, 唯此僧不至. 及重試退黜, 唁者甚衆,而此僧獨賀曰: "富貴在裏." 旣而竟如所卜. (出『撫言』)

224·12(2628)
영호도문승(令狐綯門僧)

조공(趙公) 영호도가 재상의 자리에 있을 때, 마거(馬擧)는 택로(澤潞)의 소장(小將)이었는데 상주할 일이 있어 영호도의 집에 찾아왔다. 그때 마침 조공의 집에 한 문승(門僧)이 있었는데, 사람의 목소리와 안색을 보고 점을 잘 쳤다. 문승은 우연히 [마거를] 보고는 조공에게 이렇게 말했다.

"방금 상공(相公: 令狐綯)을 찾아 뵌 그 장군은 누구십니까?"

조공이 마거의 이름을 알려주자 문승이 말했다.

"제가 그 사람을 보건대, 훗날 상공과 방진(方鎭: 한 지방을 진수하던 軍事長官)을 교대할 사람입니다."

그러자 조공이 말했다.

"그 사람은 변방의 소장에 지나지 않는데 아무리 군공(軍功)이 있다고 하더라도 먼 변방의 번진이나 맡을 수 있겠지, 어찌 나와 교대할 수 있단 말이오?"

문승이 말했다.

"상공께서 다시 한번 그 사람을 불러들여 이야기를 나누시면 빈승이 자세히 보겠습니다."

조공은 문승이 시키는 대로 했다. 마거가 물러간 뒤에 문승이 말했다.

"이번엔 좀더 확실히 봤습니다. 아마도 양주(揚州)나 변주(汴州)가 될 것 같습니다."

이에 조공은 마거와 조금씩 가까이 시작했다. 함통(咸通) 9년(868)에 조공이 유양(維揚)을 진수하고 있을 때 마거는 방훈(龐勛)을 격파하는 데 공을 세웠다. 이에 앞서 의종(懿宗)은 마거에게 공을 세우면 양주를 주겠노라고 약속한 적이 있었다. 마거가 공을 세우자 [의종은] 이미 한 약속을 어길 수가 없어서 마거를 회남(淮南)의 행군사마(行軍司馬)에 제수했다. 조공은 이 말을 듣고서 자신이 맡고 있던 직책들을 처분한 후 사람들을 줄지어 놓고 새로운 관리를 영접했다. 아랫사람들은 모두 이렇게 말했다.

"그저 행군일 뿐인데."

조국공은 이에 [일전에 문승이 관상 본] 일을 얘기해 주었다. 과연 모든 일들이 문승이 말한 대로 되었다. (『척언』)

令狐趙公綯在相位, 馬擧爲澤潞小將, 因奏事到宅. 會公有一門僧, 善聲色. 偶窺之, 謂公曰: "適有一軍將參見相公, 是何人?" 公以擧名語之, 僧曰: "竊視此人, 他日當與相公爲方鎭交代." 公曰: "此邊方小將, 縱有軍功, 不過塞垣一鎭, 奈何與老夫交代?" 僧曰: "相公第更召與語, 貧道爲細看." 公然之. 旣去, 僧曰: "今日看更親切. 並恐是揚·汴." 公於是稍接之矣. 咸通九年公鎭維揚, 擧破龐勛有功. 先是懿宗面許, 功成, 與卿揚州. 旣而難於爽信, 却除擧淮南行軍司馬. 公聞之, 旣處分所司, 排比迎新使. 群下皆曰: "此一行軍耳." 公乃以其事白之. 果如所言. (出『摭言』)

승처홍(僧處弘)

처홍 스님은 무당산(武當山)에서 참선했다. 왕건(王建)은 아직 미천할 때에 여러 집들을 다니며 소금을 팔거나 좀도둑질을 하면서 살았는데, 사람들은 그를 '적왕팔(賊王八)'이라고 불렀다. 처홍은 그를 보고 권면하며 말했다.

"당신은 언젠가 신하 중에 가장 높은 자리까지 오를 사람인데 왜 종군하여 다른 공업(功業)을 도모하지 않으시고 밤엔 돌아다니고 낮엔 엎어져 자며 도적이라는 이름으로 남의 입에 오르내리십니까?"

왕건은 이 말에 감화되어 충무군(忠武軍)에 몸담았으며 훗날 촉(蜀) 땅에 나라를 세웠다. 처홍이 제자들을 이끌고 촉에 들어오자 [왕건은] 불사를 지어주고 그를 편히 모셨는데, 홍각선원(弘覺禪院)이 바로 그것이다.

강서(江西)의 종부(鍾傳: 王仙芝가 난을 일으키자 高安鎭撫使로 자칭하고 洪州를 지켰음)도 미천할 적에 소금 장사를 업으로 삼다가 상람(上藍) 스님을 만나 도적이 되어 홍정(洪井)을 지키라는 가르침을 얻었다. 이때부터 왕건은 더욱 더 스님들을 존경해서 군부의 대사에도 스님들이 참여했다. (『북몽쇄언』)

僧處弘習禪於武當山. 王建微時販鹺於均房間, 仍行小竊, 號曰'賊王八'. 處弘見而勉之曰: "子他日位極人臣, 何不從戎, 別圖功業, 而夜遊晝伏, 沾賊之號乎?" 建感之, 投忠武軍, 後建在蜀. 弘擁門徒入蜀, 爲構精舍以安之, 卽弘覺禪院也.

江西鍾傳微時亦以販鹺爲事, 遇上藍和尙敎其作賊而尉洪井. 自是加敬, 至於軍府大事, 此僧皆得參之也. (出『北夢瑣言』)

224 · 14(2630)
범씨니(范氏尼)

[唐나라] 천보연간(天寶年間: 742~756)에 범씨 성을 가진 비구니가 있었는데, 지식이 풍부했고 사람의 길흉을 예측할 수 있었다. 이 비구니는 노공(魯公) 안진경(顔眞卿)의 처가 쪽 친척 뻘 되는 사이어서 노공이 예천현위(醴泉縣尉)로 있을 때 범씨 비구니를 찾아가 자신의 운명을 물어보았다.

"제가 제과(制科: 천자가 친히 조서를 내려 임시로 거행하던 과거로, 주로 試策으로 사람을 뽑았으며 擧子 뿐만 아니라 이미 급제한 사람이나 현직 관리도 응시할 수 있었음. 制擧라고도 함)에 응시하려 하기에 이모님께 다시 한번 말씀을 부탁드립니다."

범씨가 말했다.

"안랑(顔郎: 顔眞卿)께서는 반드시 성공하십니다. 앞으로 한두 달 안에 필히 조정에서 천자를 배알하시게 될 것입니다. 그러나 반년 이내에 외국인과 분쟁을 일으키지 마십시오. 유배를 가게 될지도 모릅니다."

노공이 또 말했다.

"저의 관직이 다 했을 때, 5품까지는 이르겠습니까?"

범씨가 웃으며 말했다.

"거의 일품에 가까우실 겁니다. 안랑께서 바라시는 것이 어찌 그리소박하십니까!"

그러자 노공이 말했다.

"저는 관직이 끝났을 때 5품의 벼슬을 얻어 붉은 옷을 입고 은어(銀魚: 5품 이상의 관리들이 차고 다니던 장식품)를 차고, 또 내 아들은 태상재랑(太常齋郞: 제사를 장관하던 관직)에 제수되는 것, 그걸로 저의 꿈은 족합니다."

범씨가 앉은자리의 자줏빛 명주 식단(食單)을 가리키며 말했다.

"안랑께서 입으실 윗저고리의 색깔은 저것과 같습니다. 또 공업(功業)과 명예·절개 모두 칭송을 받으실 것이고 수명은 칠십을 넘기실 것이니 다음부터는 자꾸만 묻지 말아주십시오."

노공이 재삼 묻고 또 묻자 범씨가 말했다.

"안랑께서는 총명함이 남다르시니 꼭 끝까지 물어보실 필요가 없지 않습니까!"

한 달 후 조정에서 큰 연회를 베풀었는데, 노공은 이날 제과에 높은 등수로 급제해 장안현위(長安縣尉)에 임명되었고, 몇 달 뒤에는 감찰어사(監察御史)로 승진했다. 그가 백관(百官)을 세워놓고 조회(朝會)를 영도(領導)하고 있을 때 한 사람이 시끄럽게 떠들어댔다. 이에 노공은 관리에게 명해 그를 체포하고 상주하게 했는데, [그 떠든 자는] 바로 [호인(胡人)] 가서한(哥舒翰)이었다. 이때 가서한은 석보성(石堡城)을 격파한 공을 세운지 얼마 안 되지 않았던 때라 현종(玄宗)에게 이 일을 읍소(泣訴)했고, 현종은 노공에게 공신을 모욕한 죄를 물어 포주사창(蒲州司倉)으로 폄적시켰다. 노공의 행적에 드러난 [범씨 점괘의] 영험함은 곳곳에서 볼 수 있었다. 노공은 태사(太師)로 있을 때 채주(蔡州)에 사신으로 가게 되자 탄식하며 이렇게 말했다.

"범 이모님의 말씀대로, 내 운명이 적의 손에 달렸음이 분명하구나!"

(『융막한담』)

天寶中, 有范氏尼, 乃衣冠流也, 知人休咎. 魯公顔眞卿妻薰之親也, 魯公尉於醴泉, 因詣范氏尼問命曰: "某欲就制科, 再乞師姨一言." 范氏曰: "顔郎事必成. 自後一兩月必朝拜. 但半年內, 愼勿與外國人爭競. 恐有譴謫." 公又曰: "某官階盡, 得及五品否?" 范笑曰: "鄰於一品. 顔郎所望, 何其卑耶!" 魯公曰: "官階盡, 得五品, 身著緋衣, 帶銀魚, 兒子補齋郎, 某之望滿也." 范尼指坐上紫絲布食單曰: "顔郞('郞'字原闕, 據明鈔本補)衫色如此. 其功業名節稱是, 壽過七十, 已後不要苦問." 魯公再三窮詰, 范尼曰: "顔郎聰明過人, 問事不必到底!" 逾月大酺, 魯公是日登制科高等, 授長安尉, 不數月, 遷監察御史. 因押班, 中有諠譁無度者. 命吏錄奏次, 卽哥舒翰也. 翰有新破石堡城之功, 因泣訴玄宗, 玄宗坐魯公以輕侮功臣, 貶蒲州司倉. 驗其事跡, 歷歷如見. 及魯公爲太師, 奉使於蔡州, 乃歎曰: "范師姨之言, 吾命懸於賊必矣!" (出『戎幕閑談』)

224 · 15(2631)
임지량(任之良)

임지량은 진사과에 응시했으나 낙방했다. 그는 관동(關東)에 이르러 한 가게에서 쉬고 있다가 한 도사와 만났다. 그 도사 역시 서쪽에서 이곳까지 와 주인과 함께 쉬고 있었는데, 임지량은 그와 얘기를 시작해 어디서 오는 길이냐고 물었다. 도사가 임지량에게 이렇게 말했다.

"지금은 당신에게 있어 지위나 명예가 모두 뜻대로 될 시기인데, 왜 다시 도성으로 들어가지 않으시오?"

임지량은 경비도 없고, 도성에 가도 머무를 곳도 없다며 사양했다. 그러자 도사는 돈과 식량을 마련해 주고 서첩 한 통을 써 주며 숙명관(肅明觀) 본원(本院)에 머물도록 당부했다. 임지량은 도성에 도착하자 숙명관을 찾아가 숙소를 잡았다. 거기서 우연히 경을 읽고 있던 한 도사를 만났는데, 그 도사는 임지량에게 이렇게 말했다.

"태상로군(太上老君: 老子)의 생일은 2월 15일이다."

임지량은 이 일을 표문에 써서 올리고 현원황제(玄元皇帝: 老子)의 탄생일에 연등회(燃燈會)를 열 것을 청했다. 천자는 이 표문을 읽고 그대로 실행해 옮겼으며 중서령(中書令)에게 그를 불러들여 시험을 보게 하고 관직을 하사하게 했다. 그러나 이림보(李林甫)가 이를 거절하자 천자는 그를 특별히 출신(出身: 과거 급제자의 신분·자격)으로 명했다. (『정명록』)

任之良應進士擧, 不第. 至關東店憩食, 遇一道士. 亦從西來, 同主人歇, 之良與語, 問所從來. 云: "今合有身名稱意, 何不却入京?" 任子辭以無資糧, 到京且無居處. 道士遂資錢物, 並與一帖, 令向肅明觀本院中停. 之良至京, 詣觀安置. 偶見一道士讀經, 謂良曰: "太上老君二月十五日生." 因上表, 請以玄元皇帝生日燃燈. 上皇覽表依行, 仍令中書召試, 使與一官. 李林甫拒, 乃與別敕出身. (出『定命錄』)

224 · 16(2632)
은구하(殷九霞)

시랑(侍郞) 장 아무개가 하양(河陽) 오중예(烏重裔)의 종사(從事)로 있을 때, 같은 막부에 있던 사람들은 모두 당시의 유명인사였다. 그때 도사 은구하가 청성산(靑城山)에서 이곳에 왔는데, 사람을 알아보는 감식력을 가지고 있었다. 오공(烏公: 烏重裔)이 자신의 수명과 관록(官祿)을 묻자 은구하가 대답했다.

"사도(司徒: 烏重裔)께서는 이미 번진의 수장(守長)으로 계실만큼 귀하신 몸이십니다. 그러나 원하시는 것이 실권을 잡고 제후로 책봉되는 것이라면 오직 훈공을 착실히 지키시고 인의를 쌓으십시오. [그렇게 하신다면] 누리실 복이 풍성하여 끝을 헤아릴 수 없게 될 것입니다."

그리고 난 후 [오중예가] 여러 빈객과 막료들에 대해 두루 물어봤더니 은구하가 말했다.

"그중에는 틀림없이 재상감이 있습니다."

이 때 오공은 배부사(裴副使)라는 사람을 중히 여기던 터라, 은구하의 말을 받아 이렇게 말했다.

"배중승(裴中丞)은 재상감입니까?"

은구하가 대답했다.

"만약 지금까지의 일을 놓고 얘기하자면 사도의 말 대로여야 마땅하겠지만, 제 소견으로 볼 때는 지금 이 자리에 [재상감은] 없습니다."

당시 [훗날의 재상] 하후자(夏侯孜)는 관역순관(官驛巡官)으로 있었는데, 생김새도 볼품이 없어서 오공이 놀리듯 말했다.

"설마 순관 하후자란 말이오?"

은구하가 대답했다.

"사도님께서 하신 말씀이 옳습니다."

오공은 박장대소를 하며 말했다.

"도사님, 혹시 착각하신 거 아닙니까?"

은구하가 말했다.

"저는 산과 들에 묻혀 사는 사람으로 일찍부터 옳은 도리를 수행해 명예나 벼슬 또는 재물 따위에 뜻이 없습니다. 저는 그저 제가 아는 바를 솔직히 말씀드렸을 뿐입니다."

오공이 말했다.

"그런 건 내가 알 바 아니오. 그럼 그 다음으로 귀해질 사람은 누구요?"

은구하가 대답했다.

"장지사(張支使)는 비록 낭묘(廊廟: 조정을 가리킴. 그러나 여기서는 재상의 뜻으로 쓰임)에 거하지는 않겠으나, 두루 훌륭한 관직을 거쳐 역시 현달하실 분입니다."

은구하는 관부에서 나와 장시랑(張侍郎: 張支使)이 살고 있는 곳을 방문한 후 조용히 그에게 말했다.

"지사께서는 기품이 맑고 깨끗하시며, 기운(氣韻)이 고매하십니다. 만약 벼슬길에 계속 계신다면 이 삼십년 간은 속세에 기거하실 수 있습니다. 그러나 만일 이 어지러운 속세에서 벗어나 저를 따라 도를 배우신다면 20년 안에 대낮에 승천하실 수 있습니다. 제가 이번에 속세로 나온 것은 속념(俗念)이 있어서가 아니라 진리를 수행할 선비를 찾기 위함이었습니다. 그러나 사람을 많이 둘러보아도 지사만한 이를 찾아볼 수 없었습니다."

장지사는 도사의 말이 너무 과장된 것 같아서 그냥 '예, 예'만 했다. 도사는 일단 떠났다가 다시 장지사를 찾아왔는데, 그 마음이 매우 간곡했다. 도사는 장지사의 뜻이 바뀔 기미가 없음을 알고는 매우 안타까워했으며 떠날 때 약 몇 알과 누런 종이에 쓴 두루마리 한 권을 주면서 이렇게 말했다.

"이 약은 먹으면 무병할 수 있고, 이 두루마리에는 앞으로 얻을 벼슬자리가 적혀있습니다. 매번 관직을 옮기실 때마다 몰래 펴보십시오. 두루마리가 다 끝나는 날에는 지금을 기억하게 될 것입니다."

그 후 초공(譙公: 夏侯孜)은 혁혁하게 이름을 날렸고 재상의 자리에도 올랐으며, 장지사는 과연 조정 대신의 반열에 올라 대(臺: 御使臺)와 성(省: 門下省)을 출입하며 붉은빛·자줏빛의 조복을 입고 여러 주(州)를 청렴하게 다스렸다. 두루마리에 기재되어있던 말은 너무도 상세했다. 그 후 36년이 지나 하후자가 호부시랑(戶部侍郎)이 되었을 때 두루마리에 적힌 부분도 얼마 남지 않게 되었다. 비록 명예와 지위는 크게 얻었으나 이도 빠지고 머리도 희끗희끗해졌다. 장지사는 늘 그 도사의 일을 친지들에게 말하면서 뒤늦게 그의 도풍(道風)을 좇으려 했지만 이미 따를 길이 없었다. (『극담록』)

張侍郎某爲河陽烏重裔從事, 同幕皆是名輩. 有道流殷九霞來自青城山, 有知人之鑒. 烏公問己年壽官祿, 九霞曰: "司徒貴任藩服. 所望者秉持鈞軸, 封建茅土, 唯在保守庸勳, 苞貯仁義. 享福隆厚, 殊不可涯." 旣而遍問賓僚, 九霞曰: "

其間必有台輔." 時烏公重一裴副使, 應聲曰: "裴中丞是宰相否?" 九霞曰: "若以目前人事言之, 當如尊旨, 以某所觀, 卽不在此" 時夏侯相攽爲館驛巡官, 且形質低粹, 烏因戲曰: "莫是夏侯巡官?" 對曰: "司徒所言是矣." 烏公撫掌而笑曰: "尊師莫錯否?" 九霞曰: "某山野之人, 早修直道, 無意於名宦金玉, 蓋以所見, 任眞而道耳." 烏公曰: "如此則非某所知也. 然其次貴達者爲誰?" 曰: "張支使雖不居廊廟, 履歷淸途, 亦至榮顯."

旣出, 遂造張侍郎所居, 從容謂曰: "支使神骨淸爽, 氣韻高邁. 若以紱冕累身, 止於三二十年居於世俗. 儻能擺脫囂俗, 相隨學道, 卽二十年內白日上昇. 某之此行, 非有塵慮, 實亦尋訪修眞之士耳. 然閱人甚多, 無如支使者." 張以其言意浮濶, 但唯唯然. 將去復來, 情甚懇至. 審知張意不廻, 頗甚嗟惜, 因留藥數粒, 幷黃紙書一緘而別云: "藥服之可以無疾, 書紀宦途所得. 每一遷轉, 密自啓之 書窮之辰, 當自相憶."

其後譙公顯赫令名, 再居台鉉, 張果踐朝列, 出入臺省, 佩服朱·紫, 廉察數州. 書載之言, 靡不詳悉. 年及三紀, 時爲戶部侍郎, 紙之所存, 蓋亦無幾. 雖名位通顯, 而齒髮衰退. 每以道流之事, 話於親知, 追想其風. 莫能及也. (出『劇談錄』)

224·17(2633)
상수판유도민(相手板庾道敏)

[남조] 송(宋)나라 때 산양왕(山陽王) 유휴우(劉休祐)는 여러 차례 말실수로 사람들의 뜻을 거슬렀다. 유도민이라는 사람은 홀(笏)을 보고 점을 잘 쳤는데 유휴우가 자신의 홀을 다른 사람의 홀이라 속이고서 내보

이자 이렇게 말했다.

"이 홀은 귀한 상입니다. 그러나 사람의 심중을 많이 거스르겠습니다."

유휴우는 저연(褚淵)과 매우 가까운 사이여서 서로 홀을 바꿨다. 훗날 저연이 천자 앞에서 자신을 '하관(下官)'이라 칭하자 천자가 몹시 불쾌해했다[송나라 孝武帝는 신하들이 '下官'이라 칭하는 것을 꺼려했다고 함]. (『유양잡조』)

宋山陽王休祐屢以言話忤顏. 有庾道敏者善相手板, 休祐以手板託言他人者, 庾曰: "此板乃貴. 然使人多忤." 休祐以褚淵詳密, 乃換其手板. 別日, 褚於帝前稱'下官', 帝甚不悅. (出『酉陽雜俎』)

224 · 18(2634)
이참군(李參軍)

당(唐)나라 때 이참군이라는 사람은 홀(笏)을 보고 점을 잘 쳤는데, 길흉을 틀림없이 알아 맞혔다. 그래서 사람들은 이참군을 '이상홀(李相笏)'이라 불렀다. 염철원(鹽鐵院)의 관원 육준(陸遵)이 홀을 내보이자 이참군이 말했다.

"평사(評事)님의 아드님이 보입니다."

육준은 웃으며 말했다.

"조카 아닙니까?"

이참군이 대답했다.

"평사님의 아들입니다."

그러자 육군(陸君: 陸遵)이 말했다.

"당신은 명성을 잃으시겠군요. 나는 아들이 없습니다."

그리고는 주렴 밖으로 나오게 해 다시 보라하며 말했다.

"반드시 잘못이 있을 것이오."

육군은 그를 무시하며 사기를 친다고 생각했다. 이 일이 있기에 앞서 육군은 임지에 한 가희(歌姬)를 두고 있었는데, 그 달에 임신을 해 아이를 낳으니 과연 아들이었다. ([『일사』])

唐李參軍者善相笏, 知休咎必驗. 皆呼爲'李相笏'. 鹽鐵院官陸遵以笏視之, 云: "評事郎君見到." 陸遵笑曰: "是子姪否?" 曰: "是評事郎君." 陸君曰: "足下失聲名矣. 某且無兒." 乃更將出簾下看. "必有(明鈔本'有'作'不')錯." 陸君甚薄之, 以爲詐. 陸君先有歌姬在任處, 其月有娠, 分娩果男子也. (原闕出處, 明鈔本作'出'『逸史』')

224 · 19(2635)
용복본(龍復本)

[唐나라] 개성연간(開成年間: 836~840)에 용복본이라는 사람이 있었는데 앞을 볼 수 없었다. 그는 상대방의 목소리를 듣거나 골격을 손으로 만져보고서 점을 치는데 능했는데, 길흉을 점칠 때마다 들어맞지 않은

적이 없었다. 상아나 대나무로 된 수판(手板: 笏)이 있으면 손으로 한번 더듬어보고는 관록과 수명을 다 알아 맞혔다. 보궐(補闕) 송기(宋祁)는 당시에 매우 이름을 떨치고 있었는데 벼슬아치들은 모두 그에게로 와 붙으면서 손을 꼽고 발돋움하며 현달해질 날만을 기다렸다. 그때 영락(永樂) 사람 재상 소치(蕭寘)도 간서(諫署)에 있었는데, 송기와 같은 날 용복본을 찾아가 들고 있던 홀을 용복본에게 주었다. 용복본은 소공(蕭公: 蕭寘)의 홀을 오래도록 들고 있다가 책상 위에 놓으며 말했다.

"재상의 홀입니다."

다음으로 송보궐(宋補闕: 宋祁)의 홀에 이르자 이렇게 말했다.

"장관의 홀입니다."

송기가 이 말을 듣고 불쾌해 하자 소치가 말했다.

"근거 없이 해본 이야기인데 신경 쓰실 게 뭐 있습니까?"

한 달 쯤 지난 후 그 둘은 나란히 중서성(中書省)에 올라 재상의 접견을 기다리고 있었다. 이때 이주애(李朱崖: 李德裕)는 실권을 잡고 조야에 두루 위엄을 떨치고 있었다. 그들은 이주애가 아직 안나온 사이에 서서 농담을 하며 서로 시시덕거리고 있었는데, 잠시 후 승상(丞相: 李朱崖)이 갑자기 나왔는데도 송기는 홀(笏)로 얼굴을 가리며 여전히 웃음을 그치질 못했다. 이주애는 이를 보고는 좌우를 돌아보며 말했다.

"송보궐이 지금 나의 뭘 가지고 저렇게 웃는 것이냐?"

이 소리를 들은 사람들은 모두 모골이 송연해졌다. 이 일이 있은 후 채 열흘도 못 되어 송기는 청하현령(淸河縣令)으로 내침을 당했고, 일년이 넘게 그 자리에 있다가 임지에서 죽었다. 그 후 소공은 벼슬길이 순탄하여 절서관찰사(浙西觀察使)에서 호부판서(戶部判書)로 조정에 들어

왔으며, 얼마 있다가 재상이 되었다. 이 모든 게 용복본의 말대로 되었다. (『극담록』)

開成中, 有龍復本者無目. 善聽聲揣骨, 每言休咎, 無不必中. 凡有象簡竹笏, 以手捻之, 必知官祿年壽. 宋祁補闕有盛名於世, 縉紳之士無不傾屬, 屈指翹足, 期於貴達. 時永樂蕭相寘亦居諫署, 同日詣之, 授以所持竹笏. 復本執蕭公笏良久, 置於案上曰: "宰相笏." 次至宋補闕者曰: "長官笏." 宋聞之不樂, 蕭曰: "無憑之言, 安足介意?" 經月餘, 同列於中書候見宰相. 時李朱崖方秉鈞軸, 威鎭朝野. 未見間, 佇立閑談, 互有諧謔, 頃之丞相遽出, 宋以手板障面, 笑未已. 朱崖目之, 廻顧左右曰: "宋補闕笑某何事?" 聞之者莫不心寒股慄. 未旬日, 出爲淸河縣令, 歲餘, 遂終所任. 其後蕭公揚歷淸途, 自浙西觀察使入判戶部, 非久遂居廊廟. 俱如復本之言也. (出『劇談錄』)

태평광기

권제 225

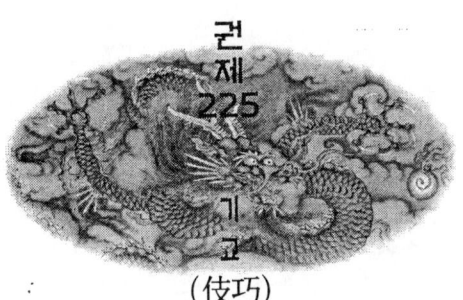

기교(伎巧) 1

1. 인기국(因祇國)
2. 갈 유(葛 由)
3. 노 반(魯 般)
4. 궁 인(弓 人)
5. 연교인(燕巧人)
6. 운명대(雲明臺)
7. 음연포(淫淵浦)
8. 신 풍(新 豐)
9. 장 형(張 衡)
10. 왕 숙(王 肅)
11. 능운대(凌雲臺)
12. 진사왕(陳思王)
13. 오부인(吳夫人)
14. 구 순(區 純)
15. 수지의기(水芝欹器)
16. 난릉왕(蘭陵王)
17. 승영소(僧靈昭)
18. 칠보경대(七寶鏡臺)

225 · 1(2636)
인기국(因祗國)

주(周)나라 성왕(成王) 5년(기원전 1020)에 도성(都城)에서 9만 리(里) 떨어진 인기국이라는 곳에서 여공(女功) 한 명을 바쳤는데, 그녀는 자태가 가냘프고 연약했으며, 직조에 매우 뛰어났다. 그녀는 긴 소매와 긴 옷자락의 얇고 고운 수놓은 비단옷을 입고 있었는데, 바람이 불면 옷고름과 허리띠를 여몄으나 불어오는 바람에 스스로 몸조차 가누지 못할 것만 같았다. 그녀는 직물을 짜는 데에 뛰어나서, 오색(五色) 실을 입안에 넣었다가 그 실을 빼내면서 짜면 무늬 있는 비단이 완성되어 있었다. 인기국에서는 또 운곤금(雲崑錦)을 바쳤는데 그 무늬가 마치 구름이 산중에서 피어오르는 것 같았으며, 열첩금(列堞錦)은 무늬가 마치 운하(雲霞)가 성벽·망루·성가퀴를 덮고 있는 것 같았고, 잡주금(雜珠錦)은 무늬가 마치 패옥(佩玉) 구슬 같았으며, 전문금(篆文錦)은 무늬가 마치 대전(大篆)의 글자 같았고, 열명금(列明錦)은 무늬가 마치 등촉(燈燭)을 나열한 듯했으며, 비단 폭의 너비는 모두 3척(尺)이었다. 인기국의 장정들은 모두 부지런히 농사를 지어 하루에 10경(頃)의 땅을 일구었다. 인기국에서는 또 좋은 벼도 바쳤는데, 벼 한 줄기가 수레를 가득 채울 만했다. 그리하여 당시 민간에서는 다음과 같은 사언시(四言詩)가 전해졌다.

힘써 10경의 땅을 경작하여,
좋은 이삭을 바칠 수 있었네.

(『습유록』)

周成王五年, 有因祇國去王都九萬里, 來獻女功一人, 善工巧, 體貌輕潔. 披纖羅繡縠之衣, 長袖脩裾, 風至則結其衿帶, 恐飄飆不能自止也. 其人善織, 以五色絲內口中, 引而結之, 則成文錦. 其國人又獻雲崑錦, 文似雲從山嶽中出也, 有列堞錦, 文似雲霞覆城雉・樓・堞也, 有雜珠錦, 文似貫珮珠也, 有篆文錦, 文似大篆之文也, 有列明錦, 文似羅列燈燭也, 幅皆廣三尺. 其國丈夫, 皆勤於耕稼, 一日鋤十頃之地. 又貢嘉禾, 一莖盈車. 故時俗四言詩曰: "力耕十頃, 能致嘉穎."
(出『拾遺錄』)

225 · 2(2637)
갈 유(葛 由)

갈유는 촉(蜀)의 강족(羌族) 사람이다. 그는 나무를 잘 깎아 양을 만들어 팔았다. 하루는 갈유가 [자신이 깎아 만든] 양을 타고 촉성(蜀城)으로 들어갔더니, 촉의 왕후(王侯) 귀인(貴人) 중에 어떤 사람이 그를 따라 수산(綏山)으로 올라갔다. 수산은 높고 험준하며 아미산(峨眉山)의 서쪽에 있는 산이다. 그를 따라간 사람들은 모두 득도(得道)하여 다시는 돌아오지 않았으므로 마을에서는 이렇게 말했다.

"수산의 복숭아 하나만 얻는다면 비록 신선은 되지 못하더라도 존귀한 사람은 될 수 있다."

산 아래에는 많은 사당이 세워졌다. (『법원주림』)

葛由, 蜀羌人. 能刻木爲羊, 賣之. 一旦乘羊入蜀城, 蜀之豪貴, 或隨之上綏山. 綏山高峻, 在峨眉之西. 隨者皆得道, 不復還, 故里語曰: "得綏山一桃, 雖不能仙, 亦足以豪." 山下多立祠焉. (出『法苑珠林』)

225 · 3(2638)
노 반(魯 般)

노반은 돈황(燉煌) 사람으로 연대는 미상이다. 그의 공교한 솜씨는 [조물주의] 조화(造化)에 가까웠다. 그는 양주(涼州)에서 불탑을 지을 때 나무 소리개를 만들어 매번 그것의 쐐기 부분을 3번 두드린 후 그것을 타고 [아내를 만나러 집으로] 돌아가곤 했다. 얼마 후에 그의 아내가 아이를 갖게 되자 그의 부모가 그녀를 다그쳐 물었고, 그녀는 그 이유를 자세히 설명해 주었다. 후에 노반의 아버지는 기회를 엿보다가 그 소리개를 얻게 되자 쐐기 부분을 10여 번 두드린 후 그것을 탔는데, 오군(吳郡)·회계군(會稽郡)까지 날아가고 말았다. 오땅 사람들이 그를 요물로 여겨 죽여버리자, 노반은 다시 나무 소리개를 만들어 그것을 타고 가서 아버지의 시신을 거두었다. 노반은 오땅 사람들이 자신의 아버지를 죽인 것을 원망하며 숙주성(肅州城) 남쪽에다가 손을 들어 동남쪽을 가리키고 있는 나무 선인(仙人)을 만들었다. 그러자 하나를 만들자, 오땅에는 3년 동안 큰 가뭄이 들었다. [오땅의] 점쟁이가 말했다.

"이것은 노반이 한 짓입니다."

그리하여 오땅 사람들은 많은 재물을 가지고 와서 그에게 용서를 빌자, 노반이 그들을 위해 선인의 한 손을 잘랐더니 그 달로 오땅에 큰비가 내렸다. 국초에 그곳 숙주 사람들은 그 나무 선인을 숭상하며 기도를 드렸다. 6국 시기[戰國時期: 六國은 楚·齊·燕·韓·魏·趙]의 공수반(公輸班) 역시 나무 소리개를 만들어 그것으로 송성(宋城)을 정탐했다. (『유양잡조』)

魯般, 燉煌人, 莫詳年代. 巧侔造化. 於涼州造浮圖, 作木鳶, 每擊楔三下, 乘之以歸. 無何, 其妻有姙, 父母詰之, 妻具說其故. 其父後伺得鳶, 楔十餘下, 乘之, 遂至吳·會. 吳人以爲妖, 遂殺之, 般又爲木鳶乘之, 遂獲父屍. 怨吳人殺其父, 於肅州城南, 作木仙人, 擧手指東南. 吳地大旱三年. 卜曰: "般所爲也." 齎物巨千謝之, 般爲斷其一手, 其月吳中大雨. 國初, 土人尙祈禱其木仙. 六國時, 公輸班亦爲木鳶, 以窺宋城. (出『酉陽雜俎』)

225·4(2639)
궁인(弓人)

[전국시대] 송(宋)나라 경공(景公)이 [궁인에게] 활을 만들게 했는데, 그는 9년이 지나서야 완성하여 경공에게 바쳤다. 그 궁인은 집으로 돌아간 후 3일만에 죽고 말았는데, 아마도 그 궁장(弓匠)이 온 힘과 마음을 모두 활에 쏟아 부었기 때문이었을 것이다. 후에 경공이 수권(獸圈:

苑囿 안의 야생동물을 키우는 곳)에 있는 대(臺)에 올라 그 활을 쏘자, 화살이 서패산(西霸山)을 넘어 팽성(彭城)의 동쪽까지 날아갔는데, [그 화살의] 남은 힘으로 화살의 깃털 부분까지 돌에 박혔다. (『회남자』)

　宋景公造弓, 九年乃成而進之. 弓人歸家, 三日而卒, 蓋匠者心力盡於此弓矣. 後公登獸圈之臺, 用此弓射之, 矢越西霸之山, 彭城之東, 餘勁中石飮羽焉. (出『淮南子』)

225 · 5(2640)
연교인(燕巧人)

　[전국시대] 연(燕)나라 왕이 뛰어난 기술을 지닌 장인을 초징하여 멧대추나무 가시 끝으로 어미 원숭이를 만들어 달라고 했다. 어미 원숭이가 완성되던 날 그 뛰어난 장인이 말했다.
　"군주께서 그것을 보고자 하신다면 반드시 반 년 동안 후궁(後宮)에 들어가지 마시고 술과 고기도 드시지 마십시오. [비가 그치고] 하늘이 개어 해가 나온 날, 해질 무렵에 자세히 보시면 멧대추나무 가시에 있는 어미 원숭이를 보실 수 있을 것입니다."
　연나라 왕은 정성들여 자신의 몸을 돌보았으나, 그것을 볼 수 없었다. (『예문류취』)

　燕王徵巧術人, 請以棘之端爲沐母猴. 母猴成, 巧人曰: "人主欲觀之, 必半歲不入宮, 不飮酒食肉. 而霽日出, 視之宴陰之間, 而棘刺之母猴, 乃可見矣.” 燕王恩養, 不能觀也. (出『藝文類聚』)

225 · 6(2641)
운명대(雲明臺)

[진(秦)나라] 시황제(始皇帝)는 운명대를 지을 때 사방의 진귀한 나무들과 천하의 뛰어난 장인들을 빠짐없이 모두 모았다. 그리하여 남쪽에서는 연구(煙丘)의 푸른 계수나무, 여수(酈水)의 타오르는 모래, 분도(賁都)의 붉은 진흙, 운강(雲岡)의 흰 대나무를 구했다. 동쪽에서는 총만(葱巒)의 구름 같은 가래나무, 표수(縹檖)의 용 같은 삼나무, 한하(寒河)의 별 같은 산뽕나무, 완산(岏山)의 구름같은 가래나무를 구했다. 서쪽에서는 누해(漏海)의 가벼운 금, 낭연(浪淵)의 깃털같은 둥근 옥, 조장(條章)의 안개같은 뽕나무, 심당(沈唐)의 둥근 산가지를 구했다. 북쪽에서는 명구(冥阜)의 마른 옻나무, 음판(陰坂)의 무늬있는 가래나무, 건류(褰流)의 검은 호박, 음해(暗海)의 향기로운 옥 등을 구했다. 진기한 것들이 모두 그곳에 모이자, 두 명의 장인은 모두 허공에 걸린 사다리에 올라가 구름 속에서 도끼를 휘둘렀다. 그들이 자시(子時: 오후 11시~오전 1시)에 공사를 시작하여 오시(午時: 오전 11시~오후 1시)에 이미 공사를 끝마쳤기 때문에 진나라 사람들은 그것을 ‘자오대(子午臺)’라 했다. 그런데 [일설에는] 자 · 오의 땅[子午는 방항을 가리키는 말로 북쪽은 子, 남쪽은 午임]에 각각 누대 하나씩을 지었다고도 하는데, 두 설 모두 의심

스럽다. (『습유록』)

　　始皇起雲明臺, 窮四方之珍木, 天下巧工. 南得煙丘碧樹・酈水燃沙・賁都朱泥, 雲岡素竹. 東得葱巒錦栢・縹橑龍杉・寒河星柘・岘山雲梓. 西得漏海浮金・浪淵羽璧・條章霞桑・沈唐員籌. 北得冥阜乾漆・陰坂文梓・襄流黑魄・闇海香瓊. 珍異是集, 有二人皆虛騰椽木, 運斤斧於雲中. 子時起功, 至午時已畢, 秦人皆言之'子午臺'也. 亦言於子・午之地, 各起一臺, 二說有疑. (出『拾遺錄』)

225・7(2642)
음연포(淫淵浦)

　　일남군(日南郡)의 남쪽에 음천(淫泉)의 물가가 있는데, 그 물이 땅에서 점점 스며 나와[浸淫] 못을 이루었기에 '음천'이라고 불렀다고 한다. 어떤 사람은 그 샘의 물이 달아서 남녀가 마시면 음란해진다고 한다. 음천의 물이 적은 곳은 잔을 겨우 띄울 정도여서 옷자락을 들어올리고 건널 수 있으며, 물이 많은 곳은 배를 나란히 하고 거슬러 올라갈 수 있는데, 물길을 따라 구불구불 돌아가기도 하고 곧바로 가기도 했다. 그 물이 돌에 부딪치는 소리는 마치 사람이 노래하거나 웃는 소리 같아서 그 소리를 들은 사람은 음란한 마음이 동하게 되므로 세속에서는 그 샘을 '음천'이라고 했다. 당시에 황금빛의 오리와 기러기들이 모래가 여울에서 무리 지어 날며 놀곤 했는데, 그물질해서 그것들을 잡아 보면 진짜 황금 오리였다. 옛날 진(秦)나라 때 여산(酈山)의 무덤[秦始皇陵을 말함]

이 파헤쳐졌을 때, 들을 지나가던 사람들은 황금 오리가 남쪽을 향해 날아서 음천으로 가는 것을 보았다. [오(吳)나라] 보정(寶鼎) 원년(266) 장선(張善)이 일남군의 태수가 되었는데, 군민(郡民)들이 황금 오리를 잡아 태수 장선에게 바쳤다. 장선은 박식하고 이치에 통달했기에 그 연도와 개월 수를 따져 보았더니, 그 황금 오리들은 바로 진시황(秦始皇)의 무덤에 있던 황금 오리였다. 옛날 진시황이 무덤을 만들 때 천하의 기이한 것들을 모두 모으고 공인(工人)들을 생매장했다. 진시황은 원방(遠方)의 진귀한 보물들을 모두 무덤 속에 두고 강·바다·내·도랑 및 산맥의 모습을 만들었다. 그리고 사당목(沙棠木: 果樹의 한 가지로 재목은 배를 만드는 데 씀)·침단목(沉檀木: 沉香木의 일종)으로 배와 노를 만들었으며, 금과 은으로 오리와 기러기를 만들고, 유리와 여러가지 보석으로 거북과 물고기를 만들었다. 또한 바다 속에는 옥으로 고래를 만들었는데 [고래가] 머금고 있는 화제주(火齊珠: 옥돌의 이름)로 별을 삼아 이것으로 촛불을 대신했다. 그 불빛이 무덤 밖까지 나왔으니 이것은 정령(精靈)의 위대함이었다. 진시황은 뛰어난 장인들도 모두 무덤 안에 생매장했는데, 등촉을 대낮처럼 줄지어 밝혀 놓았다. 일전에 무덤 안에 매장 당한 장인들은 무덤이 열릴 때까지 모두 죽지 않고 있었다. 장인들은 무덤 안에서 돌을 쪼아 용·봉황·선인(仙人)의 상을 만들었으며 비석을 세우고 비문을 기록했다. 한(漢)나라 초에 이 무덤을 발굴했는데 모든 사전(史傳)을 조사해 보았지만 열선(列仙)·용·봉황을 만들었다는 기록은 없었으니, 생매장 당한 장인들이 만든 것들임을 알 수 있다. 후인들이 그 비문을 다시 베껴 썼는데, 그 문장들은 대부분 혹독함을 원망하는 말들이었으므로 그것을 '원비(怨碑)'라고 했다. 『사기(史記)』에는 생략되어 기록되어 있지 않다. (『습유록』)

　日南之南, 有淫泉之浦, 言其水浸淫從地而出, 以成淵, 故曰'淫泉'也. 或言此泉甘軟, 男女飮之則淫. 其水小處可濫觴褰涉, 大處可方舟沿洑, 隨流屈直. 其水激石之聲, 似人之歌笑, 聞者令人淫動, 故俗爲之'淫泉'. 時有鳧・鴈, 色如金, 羣飛戱於沙瀨, 羅者得之, 乃眞金鳧也. 昔秦破酈山之墳, 行野者見金鳧向南面, 飛至淫泉. 寶鼎元年, 張善爲日南太守, 郡民有得金鳧, 以獻太守張善. 善博識多通, 考其年月, 旣是秦始皇墓金鳧也. 昔始皇爲塚, 歛天下瓌異, 生殉工人. 傾遠方奇寶於塚中, 爲江・海・川・瀆及列山嶽之形. 以沙棠・沉檀爲舟・楫, 金・銀爲鳧・鴈, 以琉璃・雜寶爲龜・魚. 又於海中作玉象鯨魚銜火珠爲星, 以代膏燭. 光出塚間, 精靈之偉也. 皆生埋巧匠於塚裏, 又列燈燭如晈日焉. 先所埋工匠於塚內, 至被開時皆不死. 巧人於塚裏, 琢石爲龍・鳳・仙人之像, 及作碑辭讚. 漢初發此塚, 驗諸史傳, 皆無列仙・龍・鳳之製, 則知生埋匠者之所作也. 後人更寫此碑文, 而辭多怨酷之言, 乃謂'怨碑'. 『史記』略而不錄矣. (出『拾遺錄』)

225・8(2643)
신　풍(新　豐)

　고조(高祖: 劉邦)는 신풍을 다 만들고 나서 옛 토지신을 함께 옮겨 왔다. 길거리와 가옥, 풍물과 경색이 모두 옛날 [풍읍(豐邑)] 그대로였다. 남녀노소가 길 어귀에서 서로 손을 잡고 각자 자신들의 집을 알아보았으며, 개・양・닭・오리를 네거리 큰 길에 풀어놓았더니 역시 다투어 자기 집을 알아보았다. 그것은 장인 조관(朝寬)이 건축한 것이었다. 이주자들은 모두 그 흡사함에 기뻐하며 그를 어여삐 여겼다. 그래서 다투어 선물을 보내주었는데, 한달여 만에 황금 100근이 쌓였다. (『서경잡기』)

高祖旣作新豊, 並移舊社. 街巷棟宇, 物色如舊. 士女老幼, 相携路首, 各知其室, 放犬・羊・雞・鴨於通衢望途, 亦競識其家. 匠人朝寬所爲也. 移者皆喜其似而憐之. 故競加賞贈, 月餘致累百金. (出『西京雜記』)

225・9(2644)
장 형(張 衡)

후한(後漢)의 장형은 자(子)가 평자(平子)로 후풍지동의(候風地動儀)를 만들었다. 그는 정련한 구리로 그것을 주조했는데, 원통의 지름은 8척(尺)이고 덮개가 불룩 솟아 있으며 술통과 같은 형상으로, 전문(篆文)과 산구(山龜: 남생이)와 조수(鳥獸)의 모습으로 장식되어 있다. 그 안에는 중심 기둥이 있고 그 옆으로 여덟 개의 통로가 나 있으며 기관이 설치되어 있다. 그 밖으로는 여덟 개의 용 머리가 각각 구리 구슬을 물고 있으며 용 머리 아래에는 개구리가 구리 구슬을 받을 수 있도록 입을 벌리고 있다. 그 중요한 기관들은 정교하게 만들어져 모두 통 속에 감추어져 있으며 뚜껑을 덮으면 세밀하게 만들어진 것이라 틈도 없었다. 만일 지진이 일어나면 통이 진동하여 기관이 작동하게 되는데, 그러면 용이 구슬을 토하여 개구리가 그것을 [받아] 입에 머금게 된다. 진동이 심해지면 지켜보던 사람이 이것을 보고 [지진이 일어났음을] 알게 되는 것이다. [어느 곳에 지진이 일어나면 그 방향에 해당하는] 한 개의 용머리에서만 기관이 작동되고 [다른] 일곱 머리는 작동되지 않기 때문에 지진이 일어난 방향과 지진이 일어난 곳을 알 수 있다. 이 후풍지동의는 [지진을 알리는 것이] 귀신같이 잘 들어맞았는데, 어떠한 전적에도 보이지 않았던 것이었다. 일찍이 한 용의 머리에서 기관이 작동했으나 지진이 일어나지 않은 적이 있었다. 도성(都城)의 학자들은 처음에는 모두 지진의 기미가 없는 것에 대해 이상하게 생각했으나, 며칠 후에 과연 [어떤 지방에서] 지진이 있었다는 파발이 도착했다. 그리하여 모두들 그 후풍지동의의 신묘함에 탄복했다. (『후한서』)

後漢張衡字平子, 造候風地動儀, 以精銅鑄之, 圓徑八尺, 蓋合隆起, 形如酒罇, 飾以篆文及山龜・鳥獸之狀. 中有都柱, 傍行八道, 施關發機, 外八龍首, 各銜銅丸下有蟾蜍, 張口承之. 其牙機巧制, 皆隱在罇中, 覆蓋周密無際. 如有地震, 則罇動機發, 龍吐丸而蟾蜍銜之, 震動激揚, 伺者因此覺知. 一龍發機, 而七首不動, 尋其方面, 乃知震動之所在. 儀之合契若神, 自書典所記, 未之有也. 曾一龍發機而地不動. 京師學者, 初咸怪其無徵, 數日驛至, 果地動. 於是皆服其神妙. (出『後漢書』)

225・10(2645)
왕 숙(王　肅)

왕숙은 구리로 축서환(逐鼠丸)을 만들었는데, 그것은 밤낮으로 저절로 돌았다. (『유양잡조』)

王肅造逐鼠丸. 以銅爲之, 晝夜自轉. (出『酉陽雜俎』)

225·11(2646)
능운대(凌雲臺)

능운대의 누관(樓觀)은 정교하게 만들어졌는데, 먼저 여러 목재의 무게를 저울질하여 합당하게 한 연후에 건축했기 때문에 조금도 어긋남이 없었다. 능운대는 굉장히 높아서 항상 바람에 흔들렸지만 결코 무너지지 않았다. 위(魏)나라 명제(明帝: 曹叡)가 능운대에 올랐을 때 그 형세가 위험함을 두려워하여 따로 큰 목재로 지지하게 했더니 누관이 무너져 버렸다. 논자들은 경중의 힘이 한쪽으로 쏠렸기 때문이라고 했다. (『세설』)

凌雲臺樓觀極精巧, 先稱平衆材, 輕重當宜, 然後造構, 乃無錙銖相負揭. 臺雖高峻, 恒隨風搖動, 而終無崩殞. 魏明帝登臺, 懼其勢危, 別以大材扶持之, 樓卽便頹壞. 論者謂輕重力偏故也. (出『世說』)

225·12(2647)
진사왕(陳思王)

위(魏)나라 진사왕(陳思王: 曹植)은 상상력이 뛰어나 압두표(鴨頭杓:

오리 머리 모양의 술 국자)를 만들어 구불구불한 술 연못에 띄워놓았다. 진사왕이 누군가에게 술을 권하려고 하면 압두표가 곧장 그 사람이 있는 방향으로 돌아갔다. 진사왕은 또 자루가 길고 곧은 작미표(鵲尾杓: 까치 꼬리 모양의 술 국자)를 만들었는데 진사왕이 어느 쪽으로 술을 권해야겠다고 생각하고 작미표를 술그릇 위에서 돌리면 까치 꼬리가 곧장 그 쪽을 가리켰다.

魏陳思王有神思, 爲鴨頭杓浮於九曲酒池. 王意有所勸, 鴨頭則廻向之. 又爲鵲尾杓, 柄長而直, 王意有所到處, 於罇上鏃之, 鵲則指之.

225 · 13(2648)
오부인(吳夫人)

오(吳)나라 군주[孫權]의 부인인 조부인(趙夫人)은 조달(趙達)의 누이동생이다. 조부인은 그림을 잘 그려서 그 절묘한 솜씨에 짝할만한 이가 없었다. 조부인은 손가락 사이에 채색 실을 끼고 구름과 용, 규룡과 봉황의 무늬가 수놓아진 비단을 만들 수도 있었는데, 큰 것은 사방 한 척이나 되었고 작은 것은 사방 한 촌 정도 되었다. 궁중에서는 [조부인의 이러한 솜씨를] '기절(機絶)'이라고 불렀다. 손권(孫權)은 항상 위(魏)나라와 촉(蜀)나라를 평정하지 못한 것을 한탄했는데, 군사가 쉬는 틈을 타서 그림을 잘 그리는 사람을 얻어다가 산천(山川)의 지세(地勢)와 군진(軍陣)의 모습을 그리게 하려고 했다. [손권의 생각을 알고서] 조달이 그의 동생을 바쳤는데, 손권이 구주(九州)의 강과 호수, 사방의 산세를 그리게 하자 조부인이 말했다.

"물감의 색은 쉽게 말라 사라지니 오래 보배로 간직할 수 없습니다. 첩은 자수에 능하니 온나라의 모습을 네모난 비단 위에 수놓아 오악(五嶽), 강, 바다, 성읍(城邑), 군진(軍陣)의 모습을 모두 묘사해 내겠습니다."

조부인은 자수를 완성해서 오나라 군주에게 바쳤다. 당시 사람들은 [그녀의 재주를] '침절(針絶)'이라 했다. 비록 멧대추나무와 [公輸班의] 운제(雲梯)나 [墨翟의] 비연(飛鳶)과 같이 정교한 기물이라 할지라도 이보다 더 훌륭할 수 없었다. 손권이 소양궁(昭陽宮)에 있을 때에 더위에 지쳐서 자주색으로 된 생사 비단 휘장을 걷어올리게 하자 조부인이 말했다.

"이 휘장은 귀한 것이 못됩니다."

손권이 조부인에게 그 까닭을 말하게 하자 조부인이 말했다.

"첩(妾)이 생각과 재주를 다하면 비단 휘장을 치면서도 맑은 바람이 절로 들어오고 밖을 보아도 가려진 것이 없게 할 수 있습니다. 폐하의 곁에 시립해 있는 사람들도 살랑거리는 바람에 절로 시원할 것이니 마치 바람을 부리는 것 같을 것입니다."

손권이 좋다고 하자 조부인은 머리카락을 잘라 신교(神膠)로 이었다. 신교는 울이국(鬱夷國)에서 나는데 활과 궁노의 끊어진 줄을 이어도 백이면 백 모두 이어졌다. 조부인은 몇 개월에 거쳐 머리카락 실로 비단을 만들었고, 그 비단을 마름질해서 휘장을 만들었다. 휘장은 안팎으로 훤히 보였으며 연기처럼 가볍게 팔랑여서 방안이 저절로 시원해 졌다. 당시 손권은 군진에 있을 때면 항상 이 휘장을 가지고 다니면서 군막에 쳤다. 휘장은 펼치면 폭과 길이가 몇 장(丈)이나 되었지만 말면 베개 속으로 들어갔다. 당시 사람들은 [조부인의 이러한 솜씨를] '사절(絲絶)'이라고 했다. 그리하여 오나라에는 삼절(三絶)이 있었으니 천하에 그 절묘한 솜씨에 비길 자가 없었다. 나중에 총애를 얻기 위해 아첨하는 어떤 사람이 조부인이 군주보다 더 명성을 떨친다고 손권에게 참소하여 조부인은 쫓겨나고 말았다. 조부인이 비록 의심을 받아 쫓겨났지만 그녀의 솜씨 좋은 작품은 수장되어 남았다. 오나라가 망하게 되자 그것들의 소재를 알 수 없게 되었다. (『왕자년습유기』)

吳主趙夫人, 趙達之妹也. 善畫, 巧妙無雙. 能於指間, 以彩絲織爲雲龍虬鳳之錦. 大則盈尺, 小則方寸, 宮中謂之'機絶'. 孫權常嘆魏·蜀未夷, 軍旅之隙, 思得善畫者, 使圖作山川地勢軍陣之像. 達乃進其妹. 權使寫九州江湖方嶽之勢, 夫人曰: "丹青之色, 甚易歇滅, 不可久寶. 妾能刺繡, 列萬國於方帛之上, 寫以五嶽·河海·城邑·行陣之形." 乃進於吳主. 時人謂之'針絶'. 雖棘刺木猴·雲梯·飛鳶, 無過此麗也. 權居昭陽宮, 倦暑, 乃襃紫綃之帷, 夫人曰: "此不足貴也." 權使夫人指其意思焉, 答曰: "妾欲窮慮盡思, 能使下絹帷而淸風自入, 視外無有蔽礙. 列侍者飄然自涼, 若馭風而行也." 權稱善, 夫人乃析髮, 以神膠續之. 神膠出鬱夷國, 接弓弩之斷絃者, 百斷百續. 乃織爲羅縠, 累月而成, 裁之爲幔. 內外視之, 飄飄如煙氣輕動, 而房內自涼. 時權尙在軍旅, 常以此幔自隨, 以爲征幕. 舒之則廣縱數丈, 卷之則可內於枕中. 時人謂之'絲絶'. 故吳有三絶, 四海無儔其妙. 後有貪寵求媚者, 言夫人多耀於人主, 因而致退黜. 雖見疑墜, 猶存錄其巧工. 及吳亡, 不知所在. (出 『王子年拾遺記』)

225 · 14(2649)
구 순(區 純)

　대흥연간(大興年間: 318~321)에 형양(衡陽) 사람 구순은 서시(鼠市)를 만들었다. 서시는 사방이 한 장(丈) 남짓했으며 사방의 문이 열리면 문 앞에 나무인형이 나왔다. 쥐 4~5마리를 서시에 풀어놓으면 쥐가 문을 빠져 나오려고 할 때마다 나무인형이 매번 방망이로 때렸다. (『진양추』)

　大興中, 衡陽區純作鼠市. 四方丈餘, 開四門, 門有木人. 縱四五鼠於中, 欲出門, 木人輒以椎椎之. (出『晉陽秋』)

225 · 15(2650)
수지의기(水芝欹器)

　서위(西魏)의 문제(文帝)는 의기(欹器: 고대 제기의 일종. 본래는 기울어져 있다가 물이 적당히 차면 똑바르게 되고, 가득 차면 기울어지도록 만든 그릇)를 두 개 만들었다. 그 중 하나는 신선 두 사람이 한 쟁반 위에서 함께 주발를 들고 있으며 덮개에 산이 있는데, 산에서 향기가 났다. 다른 신선 한 명이 의기 위에서 황금 두레박을 들고 산에다 물을 부으면 두레박에서 나온 물이 의기에 쏟아졌고, 산 속에서 향의 연기가 났다. 사람들은 이를 '선인의기(仙人欹器)'라고 했다. 또 하나는 한 쟁반

위에 1척(尺) 남짓 한 거리를 두고 떨어져서 연(蓮) 두 줄기가 있고 그 가운데에 부용(芙蓉: 연꽃)이 그릇 위로 드리워져 있어서 부용에 물을 부으면 그릇이 가득 찼다. 또 오리와 두꺼비로 장식하고 이를 '수지의 기'라고 불렀다. 두 개의 쟁반에는 각각 상(牀)과 주발이 하나씩 있었는데, 주발은 둥글고 상은 네모나며 가운데 사람이 있으니 천(天)·지(地)·인(人) 삼재(三才)를 상징한 것이었다. 이 그릇들은 뿔잔 모양과 비슷했으며 가득 차면 수평을 유지했지만 넘치면 기울어졌다. 문제는 이를 전전(前殿)에 놓아 가득 차 넘치는 것을 경계했다. (『삼국전략』)

西魏文帝造二欹器. 其一爲二仙人, 共持一鉢, 同處一盤, 蓋有山, 山有香氣. 別有一仙人持一金餠, 以臨器上, 以水灌山, 則出於餠而注於器, 煙氣通發山中. 謂之'仙人欹器'也. 其一爲二荷, 同處一盤, 相去盈尺, 中有芙蓉, 下垂器上, 以水注芙蓉而盈於器. 又爲鳧鴈蟾蜍以飾之, 謂之'水芝欹器'. 二盤各有一牀一鉢, 鉢圓而牀方, 中有人焉, 言三才之象也. 器如觥形, 滿則平, 溢則傾. 置之前殿, 以警滿盈焉. (原闕出處, 明鈔本作'出『三國典略』')

225·16(2651)
난릉왕(蘭陵王)

북제(北齊)의 난릉왕(蘭陵王: 高長恭)은 생각이 기발하여 춤추는 서역 인형을 만들었다. 난릉왕이 누군가에게 술을 권하려고 하면 서역 인형은 잔을 들고 그 사람에게 읍했다. 사람들은 어떻게 만든 것인지 알 수 없었다. (『조야첨재』)

　北齊蘭陵王有巧思, 爲舞胡子. 王意欲所勸, 胡子則捧盞以揖之. 人莫知其所由也. (出『朝野僉載』)

225 · 17(2652)
승영소(僧靈昭)

　북제(北齊)의 스님 영소는 생각이 매우 기발했기에 무성제(武成帝)가 그에게 정자에 술잔을 띄우는 연못을 만들게 했다. [영소가 만든 연못에서] 배가 황제 앞에 이르러 황제가 손을 뻗어 잔을 가져가려고 할 때면 배가 스스로 멈춰 서면서 배 위에 있는 작은 나무인형들이 박수를 치며 금슬과 피리의 소리에 호응했다. 술을 다 마시고 술잔을 배 위에 올려놓으면 곧바로 나무인형이 노를 저어 돌아갔다. 황제가 만약 다 마시지 않았다면 배는 결코 가지 않았다. 얼마 지나지 않아 영소는 갑자기 마치 칼에 찔린 듯이 심장을 어루만지더니 이내 피를 토하고 죽었다.

　北齊有沙門靈昭甚有巧思, 武成帝令於山亭造流杯池. 船每至帝前, 引手取盃, 船卽自住, 上有木小兒撫掌, 遂與絲竹相應. 飮訖放杯, 便有木人刺還. 上飮若不盡, 船終不去. 未幾, 靈昭忽拊心, 疑有刀刺, 須臾吐血而終.

225 · 18(2653)
칠보경대(七寶鏡臺)

　호태후(胡太后)는 영소(靈昭)에게 칠보경대를 만들게 했다. 경대에는 모두 36개의 방이 있었는데, 방마다 부인 인형 하나가 손에 열쇠를 들고 있었으며 기관(機關) 하나만 내려도 36개의 방이 동시에 저절로 닫혔다. 그 기관을 당기면 모든 문이 다 열리면서 부인 인형이 각각 문 앞으로 나왔다. (『황람』[『삼국전략』])

　胡太后使靈昭造七寶鏡臺. 合有三十六室, 別有一婦人, 手各執鑰, 纔下一關, 三十六戶一時自閉. 若抽此關, 諸門咸啓, 婦人各出戶前. (出『皇覽』,『御覽』七一七引作'出『三國典略』').

태평광기 9

Translation ⓒ 2003 by 김장환·이민숙 外
ⓒ HAKGOBANG Press Inc., 2003, Printed in Korea.

발행인/하운근
발행처/學古房
교정·편집/박분이

첫 번째 찍은 날/2003. 1. 20.
첫 번째 펴낸 날/2003. 1. 30.

등록번호/제8-134호
서울시 은평구 대조동 213-5 우편번호 122-030
대표(02)353-9907 편집부(02)356-9903 팩시밀리(02)386-8308

ISBN 89-87635-49-X 04820

http://www.hakgobang.co.kr
E-mail: hakgobang@chollian.net

값: 27,000원

파본은 교환해 드립니다.